Horst Ehmann

Was ist Gesetz und Recht, was Gerechtigkeit?

BIBLIOTHECA ACADEMICA

Reihe

Rechtswissenschaft

Band 2

ERGON VERLAG

Horst Ehmann

Was ist Gesetz und Recht, was Gerechtigkeit?

– Auf der Grundlage des Christentums, des Islams, des Faschismus, des Sozialismus und der Menschenrechte –

ERGON VERLAG

Bibliografische Information der Deutschen Nationalbibliothek
Die Deutsche Nationalbibliothek verzeichnet diese Publikation in der
Deutschen Nationalbibliografie; detaillierte bibliografische Daten sind im Internet über
http://dnb.d-nb.de abrufbar.

Gedruckt auf alterungsbeständigem Papier.
Umschlaggestaltung: Jan von Hugo

www.ergon-verlag.de

ISBN 978-3-95650-380-1 (Print)
ISBN 978-3-95650-381-8 (ePDF)
ISSN n. n.

Solang du Selbstgeworfnes fängst, ist alles
Geschicklichkeit und läßlicher Gewinn -;
erst wenn du plötzlich Fänger wirst des Balles,
den eine ewige Mit-Spielerin
dir zuwarf, deiner Mitte, in genau
gekonntem Schwung, in einem jener Bögen
aus Gottes großem Brücken-Bau:
erst dann ist Fangen-Können ein Vermögen, -
nicht deines, einer Welt. ...

Und wenn du gar zurückzuwerfen
Kraft und Mut besäßest,
nein, wunderbarer: Mut und Kraft vergäßest
und schon geworfen *hättest*...

erst in diesem Wagnis spielst du gültig mit.

Rainer Maria Rilke

Vorwort

Die Antworten auf die im Titel gestellten Fragen sind schwierig, weil die Begriffe *Gesetz, Recht und Gerechtigkeit* von Juristen, Philosophen, Politikern und allen, die in ihrem Studium und ihrem Beruf damit zu tun haben, verschieden verstanden werden und aus dem verschiedenen Verständnis sich verschiedene Antworten ergeben. Die Einleitung gibt allen Interessierten, auch Nichtjuristen erste leicht verständliche Antworten, auf deren Grundlage auch die nachfolgenden neun Kapitel verständlich sein sollten. Das Buch ist kein Kriminalroman, in welchem der Mörder erst auf der letzten Seite entdeckt wird, weil es ansonsten langweilig wäre. Hier soll das Ziel der Untersuchung schon im Vorwort klargestellt werden, weil es spannend genug ist zu erfahren, wie dieses Ziel erreicht werden kann. Die Grundlage, auf der die Antworten auf die gestellten Fragen zu finden sind, beruht vor allem auf drei Grundsätzen:

1. Göttliche Gerechtigkeit ist nicht zu erkennen: In der *platonischen Philosophie* wird die Gerechtigkeit verstanden als eine *Idee*, von welcher der in einer Höhle mit dem Gesicht zur Wand geschmiedete Mensch aber nur den Schimmer des Schattens erkennen kann, der durch den Eingang seiner Höhle fällt. Dieses Höhlengleichnis will uns verständlich machen, dass wir die göttliche Gerechtigkeit letztlich nicht erkennen, allenfalls einen Hauch davon verspüren können. Wenn die Gerechtigkeit jedoch nicht zu erkennen ist, so ist es nicht nur sinnlos, sondern auch gefährlich danach zu streben, weil die Gefahr besteht, dass schließlich etwas für gerecht erklärt wird, was es nicht ist und alle verdammt und bestraft werden, die es nicht glauben wollen. Das Recht sollte daher auch *nicht* aus religiösen Glaubenssätzen abgeleitet werden, weil dann anderen Menschen, die an diese Sätze nicht glauben und an anderes glauben oder gar nichts glauben, rechtlos gestellt sind und als Ketzer behandelt, bestraft und aussortiert werden. Recht und Glauben müssen daher voneinander unterschieden werden, Rechtsgemeinschaft und Glaubensgemeinschaft, Kirche und Staat voneinander getrennt (Laizität) und jedem Einzelnen *Glaubensfreiheit* als unveräußerliches *Menschenrecht* zugestanden werden. Schon *Thomas von Aquin* hat daher unterschieden zwischen göttlicher und menschlicher Gerechtigkeit und die menschliche Gerechtigkeit als eine Tugend (*Habitus*) verstanden, die ein Mensch aber nur erreichen könne, wenn er sich stets und fortwährend darum bemüht, in allen Dingen das Richtige und niemals einem anderen Unrecht zu tun. Diese menschliche Vorstellung von Gerechtigkeit erscheint vorzugswürdig, weil damit die Menschen verschiedenen Glaubens friedlich miteinander leben können und nicht denken müssen, dass die Menschen anderen Glaubens ständig Unrecht tun und als Ungläubige und Ketzer bestraft gar getötet werden müssten. Die Menschen können sich freilich auch irren und daher Unrecht tun, aber damit müssen wir alle leben, weil wir uns auch selbst irren und damit anderen Unrecht tun können. Wir mussten allerdings lernen, was *Thomas von Aquin* noch nicht wahrhaben wollte, dass es auch Menschen gibt, die sich nicht nur irren, sondern gelegentlich oder sogar ständig bewusst Böses tun wollen, aber so sind nicht so viele, und wenn wir wachsam sind, können wir Herr über sie sein und bleiben.

2. Ideologien dürfen nicht zur Grundlage des Rechts gemacht werden: Im 20. Jahrhundert sind in Deutschland zweimal Ideologien zur Grundlage des Rechts gemacht und damit großes Unrecht geschaffen worden: durch den *Faschismus* im sog. Dritten Reich und durch den *Sozialismus* in der DDR. Wie in „Gottesstaaten", in denen göttliches Recht gegolten hat, die Ketzer verfolgt, verbrannt und sonstwie umgebracht wurden, so sind auch in den von einer Ideologie beherrschten Staaten alle verfolgt, bestraft und getötet worden, die an deren Richtigkeit nicht glauben und sich mit der daraus entstehenden Unfreiheit nicht abfinden wollten.

3. Gesetze sind nicht ohne Rücksicht auf ihren Inhalt schon allein deswegen Recht, weil sie von einem Gesetzgeber in Form eines Gesetzes beschlossen und dem Volk verkündet worden sind: Die gegenteilige Auffassung des sog. *Rechtspositivismus* ist abzulehnen. Es gibt *materielle Kriterien*, welche die Menschen im Laufe ihrer Geschichte aus ihren Erfahrungen gelernt haben, auf deren Grundlage entschieden werden kann und muss, ob eine bestimmte gesetzliche Regelung als *Recht* oder *Unrecht* zu begreifen ist. Der *Kernbestand* dieser Kriterien ist heute als *Grund-* und *Menschenrechte* in den Verfassungen aller demokratischen Rechtsstaaten enthalten, in Deutschland vor allem in den Artikeln 1-19 des Grundgesetzes. Diese Grund- und Menschenrechte sind heute jedenfalls in der Bundesrepublik nicht mehr unverbindliche Programmsätze, sondern für den Gesetzgeber und die vollziehende Gewalt unmittelbar geltende Rechtsätze, die auch von jedem Bürger in Form von Verfassungsbeschwerden geltend gemacht und eingefordert werden können.

Mit diesen drei Prinzipien: 1. der Ablehnung göttlichen Rechts, 2. der Ablehnung ideologisch bestimmter Rechtssätze und 3. der Ablehnung des Rechtspositivismus mit der Möglichkeit der Kontrolle aller gesetzlicher Regelungen an bewährten und allgemein anerkannten Rechtsgrundsätzen sind die Voraussetzungen dafür gegeben, dass Menschen verschiedenen Glaubens und verschiedener weltanschaulicher Ansichten in einer rechtlich geordneten Gemeinschaft friedlich zusammenleben können. Im Einzelnen ist dieses System in der Praxis allerdings nicht so ganz einfach umzusetzen, was zurzeit am Beispiel des *Problems der Integration* der massenhaft zu uns gekommenen Flüchtlinge islamischen Glaubens deutlich wird. Die Politiker wollten dieses Problem zwar schaffen, haben es aber lange versäumt, die dafür erforderlichen rechtlichen Regelungen zu entwickeln und die schon gegebenen Regeln rechtzeitig und sachgerecht anzuwenden. Der fortwährende Streit über Nebensächlichkeiten in und zwischen den Parteien ist nur der sichtbare Ausdruck der mangelnden Fähigkeit, die notwendigen Regelungen zu erkennen, aufzustellen und das zu deren Umsetzung Erforderliche zu tun.

Immerhin hat die deutsche Bundesregierung inzwischen erkannt, dass die derzeitige rein positivistische Juristenausbildung nicht mehr den Erfordernissen unserer Zeit genügt. Das Bundesjustizministerium verfolgt mit einem Gesetzesentwurf daher die Absicht, das deutsche Justizunrecht des 20. Jahrhunderts in den Pflichtfachstoff der Juristenausbildung aufzunehmen und auch zum Prüfungsstoff zu machen.[1] Die von mir – ohne Kenntnis von diesem Reformvorhaben – im 7. und 8. Kapitel dargestellte Rechtsprechung zum NS- und DDR-Unrecht würde damit zum Lehr- und Prüfungsstoff der Juristenausbildung. Das ist aus meiner Sicht sicherlich ein begrüßenswertes Vorhaben, ob es aber durchgeführt werden wird und wirklich die heute überwiegend von Repetitoren bestimmte Juristenausbildung verändern kann, ist höchst zweifelhaft. Ein Vertreter der Gruppe deutscher Rechtsphilosophen hat jedenfalls schon darauf hingewiesen, dass den Rechtsprofessoren, die sich als *Vertreter des Rechtspositivismus* verstehen, aufgrund ihrer durch Art. 5 Abs. 3 Grundgesetz gesicherten Lehrfreiheit nicht verboten werden könne, ihre Auffassung in ihren Vorlesungen vorzutragen. Aus letztlich demselben Grunde sind auch die Anfang der siebziger Jahre des vorigen Jahrhunderts gestarteten Reformmodelle gescheitert und die Reformfakultäten in Fakultäten alter Art zurückverwandelt worden.

Mit derart schlichten Reformbemühungen lassen sich die durch die neuen Techniken auch für die Rechts- und Staatspolitik ausgelösten Probleme jedoch nicht mehr bewältigen. Diese Techniken haben schon jetzt eine weltweit vernetzte Produktions- und Wirtschaftsgemeinschaft geschaffen, die nicht nur den Abstand zwischen den hoch entwickelten Industriestaaten und den Entwicklungsländern weiter vergrößert, sondern auch die Macht der Großstaaten (USA, China) noch verstärkt hat und die alten Nationalstaaten Europas zum Zusammenschluss zwingt, wenn sie ihren Einfluss auf die weitere Entwicklung behalten wollen. Nach *Trumps* Pfeife wollen wir nicht tanzen. Ein europäischer Bundesstaat macht aber eine gemeinsame Rechtsordnung erforderlich, was eine Besinnung auf die gemeinsamen Grundsätze des europäischen Rechts voraussetzt, um auf dieser Basis ein gemeinsames Recht schaffen zu können. Der Primitivismus positivistischer Rechtsgrundsätze ist dazu nicht geeignet. Statt sich mit aller Kraft um die Schaffung eines europäischen Bundesstaates zu bemühen, streiten sich unsere einst staatstragenden Parteien jedoch über Banalitäten und schrumpfen auf die Größe von Splitterparteien, weil das Volk ihre Unfähigkeit nicht mehr verkennen kann. Was muss noch alles geschehen damit die offenkundig unfähigen Führungskräfte dieser Parteien abgelöst und durch fähige Persönlichkeiten ersetzt werden? Was nach der Merkel kommt, ja, das möchten wir noch erleben. Die Chancen dafür

[1] Entwurf eines Gesetzes zur Änderung des Deutschen Richtergesetzes vom 7.7.2017. Der Entwurf ist allerdings öffentlich bisher nicht zugänglich, wird jedoch „unter Interessierten" weitergereicht. Vgl. dazu *Andreas Funke*, Haltung zeigen oder Haltung einnehmen? – Justizunrecht des 20. Jahrhunderts in der Juristenausbildung, in: NJW 2018, 1930 ff.

stehen gut, denn am Tage bevor ich die Umbruchfahnen dieses Buchmanuskripts an den Verlag zum Druck sende, hat Merkel angekündigt, im nächsten CDU-Parteitag im Dezember nicht wieder für den Parteivorsitz kandidieren zu wollen. Es bleibt zu hoffen, dass sich dann auch bald wieder ein geeigneter Kandidat für das Amt des Bundeskanzlers findet.

Weil mir Hilfskräfte nicht mehr zur Verfügung standen, musste meine Frau, Katrin Ehmann-Schultze, weiland Vorsitzende Richterin, die einst schon die Fahnen meiner Doktorarbeit gelesen, ihren verdienten Ruhestand etwas unterbrechen und auch diesmal wieder Manuskript und Fahnen lesen, wofür ich sehr dankbar bin. Etwas haben die beiden Söhne *Dr. iur. Erik Ehmann* und *Dr. iur. Timo Ehmann* ihr trotz großer eigener Berufsbelastung dabei geholfen. Ohne diese familiäre Hilfe hätte ich's wohl nicht mehr geschafft.

Trier, im Oktober 2018 Horst Ehmann

Inhaltsübersicht

Inhaltsverzeichnis

Abkürzungsverzeichnis

Die im Sach- und Personenverzeichnis verwendeten Abkürzungen sind dort erläutert.

ALR	Allg. Preuß. Landrecht
BDSG	Bundesdatenschutzgesetz
BGB	Bürgerliches Gesetzbuch
BGH	Bundesgerichtshof
BGHSt	Amtliche Sammlung der Entscheidungen des BGH in Strafsachen
BGHZ	Amtliche Sammlung des BGH in Zivilsachen
BVerfG	Bundesverfassungsgericht
BVerfGE	Amtliche Sammlung der Entscheidungen des BVerfG
BVerfGG	Bundesverfassungsgerichtsgesetz
CJC	Corpus Juris Civilis
DDR	Deutsche Demokratische Republik
DJ	Deutsche Justiz
EinfRph	Einführung in die Rechtsphilosophie
EMRK	Europäische Menschenrechtskonvention
Erman/Bearbeiter	BGB-Kommentar
EU-CHARTA	Charta der Grundrechte der Europäischen Union
Fn	Fußnote
Grl	Grundlagen
GG	Grundgesetz
GrenzG	Grenzgesetz der DDR
GVG	Gerichtsverfassungsgesetz
IPbürgR	Internationaler Pakt für bürgerliche und politische Rechte
JZ	Juristen-Zeitung
Kap	Kapitel
Kom	Kommentar
KPD	Kommunistische Partei Deutschlands
KSSVO	Kriegssondergerichtsstrafrechtsordnung
KStPO	Kriegsstrafprozessordnung
KStVO	Kriegsstrafverfahrensordnung
MdS-RL	Metaphysik der Sitten-Rechtslehre nach dem Tode Radbruchs hrsg. von Erik Wolf
MStGB	Militärstrafgesetzbuch-BRD
NJW	Neue juristische Wochenschrift
NS	Nationalsozialistisch
NSDAP	Nationalsozialistische Partei Deutschlands
OLG	Oberlandesgericht
Phän	Phänomenologie
PolG	Polizeigesetz-DDR
RbürgG	Reichsbürgergesetz
RG	Reichsgericht

RGZ	Amtliche Sammlung der Entscheidungen des
RKG	Reichskriegsgericht
Rph	Rechtsphilosophie
Rph3	Radbruchs Rechtsphilosophie 3. Aufl. 1932
Rph4	Radbruchs Rechtsphilosophie 4. Aufl.1950 – Nach dem Tod Radbruchs mit einer Einleitung hrsg. von Erik Wolf
RR	Reine Rechtslehre
RSHA	Reichssicherheitshauptamt
Rz	Randziffer
SA	Sturmabteilung der NSDAP
Schweizer-ZGB	Schweizer Zivilgesetzbuch
SED	Sozialistische Einheitspartei Deutschlands
SJZ	Süddeutschen Juristen-Zeitung
SS	Schutzstaffel der NSDAP
StGB	Strafgesetzbuch
STh	Summa Theologica
StPO	Strafprozessordnung
TA	Deutsche Thomas-Ausgabe der Summa Theologica
TANF	Deutsche Thomas-Ausgabe Nachfolgeband
ThvA	Thomas von Aquin
Ulp	Ulpian
UN	United Nations (Vereinte Nationen)
UrhG	Urhebergesetz
UWG	Gesetz gegen den unlauteren Wettbewerb
UZwG	Gesetz über die Ausübung unmittelbaren Zwangs an der Grenze der BRD
VwGO	Verwaltungsgerichtsordnung
WRV	Weimarer Reichsverfassung
WStG	Wehrstrafgesetzbuch
ZPO	Zivilprozessordnung

Schriftumsverzeichnis

Abd ar-Râziq, Ali, Der Islam und die Grundlagen der Herrschaft, übers. u. kom. v. Ebert/Heny, 2009

Abdel-Samad, Hamed, Der Koran – Botschaft der Liebe, Botschaft des Hasses, 2016

Abdel-Samad, Hamed, Interpretation – Ein Protokoll des Scheiterns –2018

Achenwall/Pütter, ELEMENTA IURIS - Anfangsgründe des Naturrechts, hrsg. und übersetzt von Jan Schröder, Insel -Verlag 1995

Adachi, Hidehiko, Die Radbruchschen Formel, Baden-Baden 2006

Anschütz, Die Verfassung des Deutschen Reiches, Ein Kommentar, Berlin 1933

Arendt, H., Eichmann in Jerusalem. Ein Bericht von der Banalität des Bösen, München

Aristoteles, Nikomachische Ethik, übers. v. *Franz Dirlmeier,* Wiss. BuchG, 1956

Aristoteles, Politik, übers. v. E. Rolfes, 3. Aufl., Meiner-Verlag, Leipzig 1948

Augustinus, Die wahre Religion (*De vera religione*), hrsg. u. übers. v. Kurt Flasch, 1986

Averroes (*Ibn Rushd*), *Die entscheidende Abhandlung,* übers., mit Anm. u. Nachwort, hrsg. v. *P. O. Schaerer,* Reclam-Verlag, 2010

Bauer, Bausteine des Fiqh. Quellen und Methodik islamischer Beurteilungen, Frankfurt 2013

Baur/Stürner, Sachenrecht, 17. Aufl. 1999

Bayles, Toleranz – Ein Philosophischer Kommentar, hrsg u. übersetzt v. Buddeberg, Berlin 2016

Beling, Vom Positivismus zum Naturrecht und zurück, Festschrift für Heck, 1931

Benda, Handbuch des Verfassungsrechts, 2. Aufl. 1994

Bergbohm, Jurisprudenz und Rechtsphilosophie, Leipzig 1892

Bergsträßer, Grundzüge des islamischen Rechts, Berlin 1935

Beyer, Wilhelm, Rechtsphilosophische Besinnung – Eine Warnung vor der ewigen Wiederkehr des Naturrechts, Karlsruhe 1947

Bloch, Das Prinzip Hoffnung, Bd.1-3, Frankfurt 1967

Borowski/Paulson (Hrsg.), Die Natur des Rechts bei Gustav Radbruch, Tübingen 2015.

Borowski, Begriff und Geltung des Rechts bei G. Radbruch - Gegen die These seiner naturrechtlichen Bekehrung, in: *Borowski/Paulson* (Hrsg.).

Borst, Über das Naturrecht und dessen Übereinstimmung mit der Moral, 1818

Bossong, Das maurische Spanien – Geschichte und Kultur, 3. Aufl. 2016

Bott/Krell, Der Grundsatz „nulla poena sine lege“ im Lichte verfassungsgerichtlicher Entscheidungen, in: Zeitschrift für das Juristische Studium. 2010, S. 694 ff.

Brachtendorf, Die Struktur des menschlichen Geistes nach Augustinus. Selbstreflexion und Erkenntnis Gottes, in: De trinitate, Hamburg 2000

Braun, Einführung in die Rechtswissenschaft, 2. Aufl. Tübingen 2001

Brunner, August, Erkenntnistheorie, 2. Aufl. Bachem-Verlag Köln 1948

Jacob Burckhardt, Weltgeschichtliche Betrachtungen, mit einer Einleitung und textkritischem Anhang von *Rudolf Stadelmann,* Neske-Verlag, Pfullingen 1949

Cassirer, Die Philosophie der Aufklärung, Tübingen 1932

Cassirer, Vom Wesen und Werden des Naturrechts, ZfRph 1932, S. 2 ff.

Cicero, Gespräche in Tusculum, hrsg lateinisch-deutsch mit Anm von O. Gigon, 4. Aufl. München 1979.

Clot, André Das maurische Spanien, 800 Jahre islamische Hochkultur in Al-Andalus, Düsseldorf 2004.

Coing, Rechtsphilosophie, 2. Aufl. 1969.

Comte, Cours de Philosophie Positive, 6 Bde, 1826-1842; *Comte,* Discours sur l'ensemble du Postivisme =

Comte, Der Positivismus in seinem Wesen und seiner Bedeutung, Leipzig 1894.

Corpus Iuris Civilis, mit Institutionen, Digesten, Codex und weiteren Büchern, Geneve MDCVI.

Corpus Iuris Civilis, Text mit deutscher Übers. v. O. Behrends, R. Knütel u.a., Bd. I-IV, 1995-2005.

Coulmas, Die Arbeit in der Antike und Gegenwart, Bl. für dt. Philosophie, Bd. 14 (1940), S. 22 ff.

Dahm, Deutsches Recht, Stuttgart 1951.

Darmstaedter, Friedrich, Rechtsstaat oder Machtstaat – Eine Frage nach der Geltung der Weimarer Verfassung -, Berlin 1932.

Dempf, Sacrum Imperium, 1929.

Deutsch, Erwin, Freiheitsverletzung im Haftungsrecht, Festschrift für Hauss, Karlsruhe 1978, S. 43ff.

Dietsch/Tietz (Hrsg.), Transzendentalphilosophie und die Kultur der Gegenwart, Leipzig 2012.

Dohna, Graf zu: Kernproblem der Rechtsphilosophie, in: Arch. Rechts- u. Staatsphilosophie, 1940, S. 116 ff..

Dreier, Horst, Hans Kelsen – Jurist des Jahrhunderts, in: H. Heinrichs u.a. (Hrsg.), Deutsche Juristen jüdischer Herkunft, 1993, S. 705 ff.

Dreier, Horst, Die Radbruchschen Formeln – Erkenntnis oder Bekenntnis, in: *Borowski/Paulson (Hrsg.).*

Dreier, Ralf, Zum Begriff der „Natur der Sache", Berlin 1965.

Dreier, Ralf, Kon- und Diskontinuitäten in der Rechtsphilosophie Radbruchs, in: *Borowski/Paulson (Hrsg.)*

Dresch, Leonhardt von, Naturrecht 1822.

Droste-Hülshoff, Clemens, Lehrbuch des Naturrechts, 1823.

Ebadi, Shirin: Bis wir frei sind. Mein Kampf für Menschenrechte im Islam, München 2016.

Ehmann, AcP 188 (1988), 230, 283 ff., 337.

Ehmann, Erman-Handkommentar, 9.-12. Aufl. 1993-2012, Anh zu § 12 BGB.

Ehmann, Lehrbuch des Deliktsrecht, München 2014

Emge, Carl August, Einführung in die Rechtsphilosophie, Frankfurt-Wien 1955.

Enneccerus-Nipperdey, Allgemeiner Teil I, 14. Aufl. 1957.

Esser, Vorverständnis und Methodenwahl in der Rechtsfindung, 1970.

Faroqi, Suraiya, Im Angesicht des Feindes? – Die osmanische Elite und Venedig: Ein Überblick über die Forschungslandschaft, in: Leuschner/Wünsch (Hrsg.), Das Bild des Feindes. Konstruktionen von Antagonismen und Kulturtransfer im Zeitalter der Türkenkriege, Berlin 2013.

Feuerbach, Paul Johann Anselm von, Lehrbuch des in Deutschland geltenden Peinlichen Rechts, 1801.

Flückiger, Geschichte des Naturrechts, Zürich 1954.

Freudiger, Die juristische Aufarbeitung von NS-Verbrechen. Mohr Siebeck, Tübingen 2002.

Fukuyama, Das Ende der Geschichte, 1992

Funke, Radbruchs Rechtsbegriffe, in: Borowski/Paulson (Hrsg.).

Gadamer, Wahrheit und Methode, Grundzüge einer philosophischen Hermeneutik, 2. Aufl. Tübingen 1965.

Gigon, Olof (Hrsg.), Aristoteles Einführungsschriften, Bücher-Gilde Gutenberg, o. Datum

Gigon, Olof; Die antike Kultur und das Christentum, Darmstadt 1967.

Greif, Ehre als Bürgerlichkeit in den Zeitromanen Theodor Fontanes, Paderborn 1992.

Grimm, Jacob, Deutsche Rechtsaltertümer, 2.Bd., Nachdruck der 4. Aufl. Leipzig 1899, 1983.

Gröschner, Weil wir frei sein wollen, Tübingen 2016

Gros, Karl Heinrich v., Lehrbuch der phil. Rechtswissenschaft oder des Naturrechts, 3. Aufl. 1815; 6. Aufl. Stuttgart u. Tübingen 1841.

Gross/Renz (Hrsg.): Der Frankfurter Auschwitz-Prozess (1963–1965). Kommentierte Quellenedition, 2 Bde, Frankfurt am Main, New York: Campus Verlag, 2013.

Grotius, De iure belli ac pacis, Prolegomena, Paris 1625.

Häberle, Die Wesensgehaltsgarantie des Art 19 Abs. 2 GG, 3. Aufl. Heidelberg 1983.

Habermas, Erkenntnis und Interesse, Frankfurt1968.

Hanne/Flichy de la Neuville, Der islamische Staat, Berlin 2015

Hassan Abu Hanieh, Mohammed Abu Rumman, IS und AL QAIDA – Die Krise der Sunniten im globalen Deutschland, Bonn 2016

Hart, Recht und Moral, Drei Aufsätze, übersetzt von *Norbert Hörster,* 197

Hayek, Der Weg zur Knechtschaft, (The road to Serfdom) übersetzt von *Eva Röpke,* München 1971

Heckel, Wehrverfassung und Wehrrecht im Großdeutschen Reich, Hamburg 1939

Hegel, Enzyklopädie der Philosophischen Wissenschaften, 1830

Hegel, Grundlinien der Philosophie des Rechts, hrsg. v. J. Hoffmeister, 4. Aufl. Meiner-Verlag Hamburg 1955

Hegel, Phänomenologie des Geistes, in: Hegel, Hauptwerke in 6 Bänden, Darmstadt, Bd 2. Die Ausgabe ist seitengleich mit dem von *Wolfgang Bohnsiepen* und *Reinhard Heede* herausgegebenen Bd. 9 der historisch-kritischen Edition *Georg Wilhelm Friedrich Hegel,* Gesammelte Werke, i.V.m. der Deutschen Forschungsgemeinschaft hrsg. von der Rheinisch-Westfälischen Akademie der Wissenschaften, erschienen im Felix Meiner Verlag, Hamburg 1980

Heidegger, Holzwege, Frankfurt 1950

Henkel, Heinrich, Einführung in die Rechtsphilosophie, München 1964.

Hermann, Rainer, Arabisches Beben - Die wahren Gründe der Krise im Nahen Osten - Stuttgart 2018

Hesse, Grundzüge des Verfassungsrechts, 19. Aufl. Heidelberg 1993

Hinske/Bordoni, Immanuel Kant, Diritto Naturale (Naturrecht Feyerabend), Bompiani 2016 (Kants Naturrecht)

Hippel, Ernst v., Recht und Politik, in: Mechanisches und moralisches Rechtsdenken, Meisenheim 1959

Hirsch, Philipp-Alexander, Kants Einleitung in die Rechtslehre von 1784, Göttingen 2012

Hitler, Mein Kampf, 45. Aufl. 1933

Hobbes, Leviathan, hrsg. von Iring Fletscher, Luchterhand 1966

Höffe, Otfried, Politische Gerechtigkeit – Grundlegung einer kritischen Philosophie von Recht und Staat, erweiterte Neuausgabe 1989

Hoffmann, Birgit, Das Verhältnis von Gesetz und Recht, Eine Untersuchung zu Art 20 Abs 3 GG, Berlin 2003

Holmes, Wendell: The Path of the Law, in: 10 Harvard Law Review, 10 (1897), 457

Honnefelder, Ludger, Albertus Magnus und die kulturelle Wende im 13. Jahrhundert – Perspektiven auf die Epoche alle Bedeutung des großen Philosophen und Theologen, Münster 2012

Huber, Ernst Rudolf, Deutsche Verfassungsgeschichte seit 1789, Bd. 2, 3. Aufl. 1998

Isensee, Das Grundrecht auf Sicherheit, Berlin 1983

Jarass/Pieroth, Grundgesetz, 9. Aufl. München 2007

Jaspers, Vom Ursprung und Ziel der Geschichte, München 1949

Jellinek, Georg, Die Erklärung der Menschen- und Bürgerrechte, 1895; Reprint Duncker&Humblot Berlin 2016

Kant, Werke in 10 Bänden, hrsg. von Wilhelm Weischedel, Darmstadt 1971

Kant, Kritik der reinen Vernunft (KrV), 1781/1787

Kant, Grundlegung der Metaphysik der Sitten , 1785/1786 (GMdS)

Kant, Metaphysik der Sitten, Rechts- und Tugendlehre (MdS-RL), 1797/1798

Kant, Idee zu einer allgemeinen Geschichte in weltbürgerlicher Absicht, in Bd 9, S. 31 ff .

Kant, Der Streit der Fakultäten, in: Kant Werke Bd. 9, S. 261 ff.

Kant, Zum ewigen Frieden, in Kant Werke Bd. 9 , S. 191 ff.

Kant, Über ein vermeintliches Recht aus Menschenliebe zu lügen, in: Kant Werke Bd. 7, S. 635

Kant, Naturrechts-Vorlesung (Feyerabend), siehe Hinske

Kaser/Knütel, Römisches Privatrecht, 20. Aufl. München 2013

Kaufmann, Arthur, Rechtspositivismus und Naturrecht in erkenntnistheoretischer Sicht, 1961, in überarbeiteter Fassung in: Rechtsphilosophie im Wandel, Frankfurt 1972, S. 71 ff.

Kaufmann, Arthur, Analogie und Natur der Sache, Jur. Studiengesellschaft Karlsruhe, Heft 65/66, 1965

Kaufmann, Erich, Kritik der neu Kantilenen Rechtsphilosophie, Tübingen 1921

Kelsen, Die philosophischen Grundlagen der Naturrechtslehre und des Rechtspositivismus, Pan-Verlag Charlottenburg 1928 (Kelsen GrL)

Kelsen, Reine Rechtslehre, 2.Aul. 1960 (Kelsen RR)

Kepel, Gilles, Der Bruch. Frankreichs gespaltene Gesellschaft, Kunstmann-Verlag, München 2017

Kluxen, Philosophische Ethik bei Thomas von Aquin, 3. Aufl. 1998

Krämer, Demokratie im Islam – Der Kampf für Toleranz und Freiheit in der arabischen Welt, München 2011.

Kreß, Allgemeines Schuldrecht, 1929; unveränderter Nachdruck Aalen 1974

Kreß, Natürliche Grundlagen des Privatrechts, Festrede zum Stiftungsfest der Universität Würzburg, 1931, abgedruckt im Nachdruck seines Allg. Schuldrecht, hrsg. v. Weitnauer/ Ehmann, Aalen 1974

Krug, Wilhelm Traugott, Dikäologie oder Philosophische Rechtslehre, Leipzig 1817

Kunkel, Römische Rechtsgeschichte, 6. Aufl. 1972

Larenz, Rechtsperson und Subjektives Recht - zur Wandlung der Rechtsgrundbegriffe, in: *Dahm u.a.* (Hrsg.): *Grundfragen der neuen Rechtswissenschaft*, Junker und Dünnhaupt Verlag, Berlin 1935

Lasson, System der Rechtsphilosophie, Berlin und Leipzig 1882

Lecheler, Unrecht in Gesetzesform? Zur Radbruchschen Formel, Heft 138 der Jur. Ges. Berlin 1994.

Leuschner/Wünsch (Hrsg.), Das Bild des Feindes. Konstruktion von Antagonismen und Kulturtransfer im Zeitalter der Türkenkriege, Berlin 2013

Lisser, Der Begriff des Rechts bei Kant, Kant-Studien Nr. 58, 1922, S. 27 ff.

Löwenstein, Hegel Staatsidee, 1927

Luhmann, Grundrechte als Institution, Berlin 1965

Maihofer (Hrsg.), Naturrecht oder Rechtspositivismus (Ges. Aufs. v. 1947-1962), Darmstadt 1962

Mangold-Klein-Sommermann, Grundgesetz-Kommentar, 6. Aufl. 2010

Marezoll, Lehrbuch des Naturrechts, 1819

Mauss, *Marcel*, Die Gabe – Form und Funktion des Austauschs in archaischen Gesellschaften, 10. Aufl. 2013

Mauthner, Wörterbuch der Philosophie, Bd. I u. II, 1910/11, Nachdruck Zürich 1980

Meyer, *Hans*, Thomas v. Aquin – Sein System und seine geistesgeschichtliche Stellung, 2.Aufl. Paderborn 1961

Montesquieu, Vom Geist der Gesetze, übersetzt, eingeleitet und hrsg. v. E. Forsthoff, Tübingen 1951

Mugdan II, Materialien (Motive und Protokolle) zum Schuldrecht des BGB, Berlin 1899

Muqtedar Khan, Professor at Department of Political Science and International Relations,University of Delaware ULR: http://www.bpb.de/apuz/30396/demokratie-und-islamische-staatlichkeit?

Mourad/Anderson, Das Mosaik des Islams, Berlin 2016

Neumann, *Ulfrid*, Zur Rechtsgeltung - Wandlungen in der RPh Radbruchs, in: *Borowski/Paulson* (Hrsg.)

Nietzsche, Also sprach Zarathustra, Werke in sieben Bänden, Kröner-Verlag Leipzig

Nörr, Savignys philosophische Lehrjahre, Frankfurt 1994

Oliveira, Zur Kritik in der Abwägung der Grundrechtsdogmatik, 2013

Paulson, Zur Kontinuität der *nichtpositivistischen* RPh Radbruchs, in: *Borowski/Paulson* (Hrsg.)

Pesch, Das Gesetz, Kommentar zu Thomas von Aquin, Summa Theologica I – II, Fragen 90-105, 13. Bd. Deutsche Thomas-Ausgabe, Heidelberg und Wien 1977

Peters, The Doctrin of Jihad in Modern History, 1979

Petraschek, Karl, System der Philosophie des Staates und des Rechts, Zürich-Leipzig 1938

Platon, Der Staat, Sämtliche Werke in drei Bänden, Verlag Lambert Schneider, Berlin

Puchta, Cursus der Institutionen, Bd. 1, 5. Auflage (hrsg v. Rudorff), Leipzig 1856

Radbruch, Kulturlehre des Sozialismus, 2. Aufl. Berlin 1927; 4. unveränderte Auflage nach dem Tod des Verf. hrsg. von A. Kaufmann, Frankfurt 1970

Radbruch, Rechtsphilosophie, 3. Aufl., Leipzig 1 932

Radbruch, Flugblatt: Fünf Minuten Rechtsphilosophie, 1945; abgedruckt in der 4. Aufl. von Radbruchs Rechtsphilosophie hrsg., v. Erik Wolf, Stuttgart 1950

Radbruch, Gesetzliches Unrecht und übergesetzliches Recht, in Südd. JZ 1946, 105 ff.

Radbruch, Rechtsphilosophie, 4. Aufl. Stuttgart 1950, mit Einleitung (S. 17-79) hrsg. v. *Erik Wolf*

Radbruch, Vorschule der Rechtsphilosophie, Heidelberg 1948

Radbruch, Die Natur der Sache als juristische Denkform, FS Laun, 1948; nachgedruckt von Wiss. BuchG, Reihe Libelli, Bd. 59, Darmstadt 1960

Ramadan, Das islamische Recht, Kölner Diss. mit Vorwort v. *G. Kegel*, 2. Aufl. Marburg 1996

Rehfeld-Rehbinder, Einführung in die Rechtswissenschaft, Berlin 1953

Renan, Ernst, Der Islam und die Wissenschaft, eingel. u. hrsg. von Klaus H. Fischer,1997

Renzikowski, Die Hart-Radbruch-Kontroverse - eine Frage der Kompetenz? In: *Borowski/ Paulson (Hrsg.)*

Rohe, Das islamische Recht, Beck-Verlag, über Dr. München 2013

Rottleuthner, Gustav Radbruch und der „Unrechtsstaat“, in: *Borowski/Paulson* (Hrsg.)

Rousseau, Jean Jacques, Diskurs über die Ungleichheit, übers. v. Heinrich Meier, Paderborn 1990

Rüthers, Unbegrenzte Auslegung, Wandel der Privatrechtsordnung im Nationalsozialismus, 7.Auflage Tübingen 2012

Rüthers, Entartetes Recht, 3.Aufl. München 1994

Rüthers, Rechtstheorie, 2. Aufl. München 2005

Rüthers, Recht oder Gesetz, JZ 2013, 824

Rüthers, Rechtsphilosophie in den Trümmern der Nachkriegszeit, JZ 2017, 457

Rushd siehe Averroes

Ryback, Timothy, Hitlers Bücher – seine Bibliothek, sein Denken – übersetzt von Heike Schlattner und einem Vorwort von Norbert Frei, Fackelträger Verlag Köln, 2008

Saliger, Radbruchsche Formel und Rechtsstaat, Heidelberg 1995

Sarrazin, Feindliche Übernahme – wie der Islam den Fortschritt behindert und die Gesellschaft bedroht, München 2018

Sauter, Die philosophischen Grundlagen des Naturrechts, 1932

Savigny, System des heutigen römischen Rechts, Bd I, Berlin 1840

Schaerer, siehe *Ibn Tufail* und *Averoes*

Scheler, Der Formalismus in der Ethik und die materiale Wertethik, 4. Aufl. Bern 1954

Schilling, Die Staats- und Soziallehre des hl. Thomas, 2. Aufl. 1930

Schlink, Die Entlohnung der Staatsrechtswissenschaft durch die Verfassungsgerichtsbarkeit, Der Staat 28 (1989)

Schmidhäuser, Vom Sinn der Strafe, 2. Aufl. Göttingen 1971

Schmitt, Carl, Gesetz und Urteil – Eine Untersuchung am Problem der Rechtspraxis, Berlin 1912

Schönfeld, Grundlegung der Rechtswissenschaft, Stuttgart 1951

Schönke/Schröder, Kommentar zum Strafgesetzbuch, 23. Aufl. München 1988

Schopenhauer, Die Welt als Wille und Vorstellung, in: Sämtliche Werke Bd. I u. II, hrsg. v. Löhneysen, Frankfurt 1986

Schopenhauer, Über die Grundlage der Moral in: Sämtl. Werke Bd. III, hrsg. v. Löhneysen, Frankfurt 1986

Schopenhauer, Über die vierfache Wurzel des Satzes vom zureichenden Grunde, Bd. III

Schreiber, Hans-Ludwig, Gesetz und Richter. Studien zur geschichtlichen Entwicklung des Satzes «nullum crimen, nulla poena sine lege», Frankfurt am Main 1976

Schubert, Augustins Lex-Aeterna-Lehre, Münster 1924

Schulz, Geschichte der römischen Rechtswissenschaft, Weimar 1961

Schumacher, Rezeption und Kritik der Radbruch'schen Formel, Göttingen 1985

Söhngen, Sein und Gegenstand, 1930

Somlo, Juristische Grundlehre, 1917

Stahl, Die Philosophie des Rechts, Bd I, II 1 u.2, Nachdruck der 5. Aufl. Darmstadt 1963

Stammler, Die Lehre vom richtigen Rechte, 1926; unveränderter Nachdruck Darmstadt 1964

Strauss, Leo, Naturrecht und Geschichte, Stuttgart1953

Tanneberger, Die Sicherheitsverfassung, Tübingen 2014.

Thomas v. Aquin, *Summa Theologica* I-II, Das Gesetz, Fragen 90-105, übers. v. E, Welty, kom. von *O. Pesch*, 13. Bd. Deutsche Thomas Ausgabe (TA), 1977; zur Zitierweise vgl.3.Kap Fn 32

Thomas v. Aquin, Summa Theologica II-II, Recht und Gerechtigkeit, Fragen 57-79, übers. v. H. Christmann, kom. von *A. F. Utz*, 18. TA, 1953; ; zur Zitierweise vgl. 3.Kap Fn 32

Thomas v. Aquin, Summa Theologica I-II, Grundlagen der menschlichen Handlung, Fragen 49-70, übers. von Christmann, kom. von *A. F. Utz*, 13. TA, 1953; ; zur Zitierweise vgl.3.Kap Fn 32

Thomas v. Aquin, Summa Theologica II-II, Recht und Gerechtigkeit, Fragen 57-79, Nachfolgefassung von Bd. 18 der deutschen Thomas Ausgabe (NFTA), übers. v. Josef Groner, Anm. und Kommentar völlig neu bearbeitet von *A. F. Utz*, Bonn 1987; zur Zitierweise vgl.3.Kap Fn 32

Thomas v. Aquin, Summa contra Gentile, 3 Bände (Bd. III, Teil 1 u.2), hrsg. und übersetzt von K. Albert und P. Engelhardt (Bd 1 u. 2), K. Allgaier (Bd 3,Teil 1 u. 2), M. Wörner (Bd 4), Darmstadt 1974-1996

Tufail, Der Philosoph als Autodidakt - Ein philosophischer Inselroman über *Hayy Ibn Yaqzân* –, übers. mit einer Einl. u. Anm. hrsg. von P. Schaerer, Hamburg 2009 (Tufail, S. …)

Überweg, Friedrich: Grundriss der Geschichte der Philosophie, II. Teil: Die Patristische und Scholastische Philosophie, hrsg. von *Bernhard Geyer*, 12. Auflage 1951, 2. Periode, Die mittelalterliche Philosophie, 3. Abschnitt: Die Hochscholastik, insbes. §§ 33, 34 Der Augustinismus; § 35 Der Aristotelismus I.

Albert der Große und seine Schule, S. 400-419; II. § 36 Der Aristotelismus II. *Thomas von Aquin*, S. 419-445; § 37 Der Lateinische Averroismus, S. 445-462

Utz, Grundlagen der menschlichen Handlung, Kommentar zu Thomas v. Aquin, STh I-II F 57-79, 13. Bd. der Deutschen Thomas-Ausgabe, 1953

Utz, Recht und Gerechtigkeit, Kommentar zu Thomas v. Aquin, STh II-II F 57-79, 18. Bd. der Deutschen

Thomas-Ausgabe, 1953; vollständig überarbeitet und ergänzt in Nachfolgfassung, Bonn 1987

Utz, Der unzerstörbare Kern der Naturrechtslehre, Rechtstheorie 11 (1980), s. 283 ff.

Utz, Das Wirtschaftssystem der religiösen Orden oder: Ist der Kommunismus möglich? Walberberger Gespräche, 1982

Weber, Max, Wirtschaft und Gesellschaft, Vollmedia Paderborn. Ohne Datum

Welzel, Das Deutsche Strafrecht, 5. Aufl. Berlin 1956

Welzel, Naturrecht und materiale Gerechtigkeit, 4. Aufl. Göttingen 1962

Welzel, Vom irrenden Gewissen, in. Recht und Staat Nr 145, 1949

Wesel, Geschichte des Rechts, Von den Frühformen bis zum Vertrag von Maastricht, 1997

Wieacker, Privatrechtsgeschichte der Neuzeit, 2. Aufl. Göttingen 1967

Wiegand, Mark André, Unrichtiges Recht, Gustav Radbruchs rechtshistorische Parteienlehre, Tübingen 2004

Wieling, Sachenrecht, 4. Auflage 2001

Willoweit, Deutsche Verfassungsgeschichte, 5. Aufl. München 2005

Wolf, Erik, Problem der Naturrechtslehre – Versuch einer Orientierung, Karlsruhe 1955

Würtenberger, Entwicklungslinien des Sicherheitsverfassungsrechts, in: Dynamik und Nachhaltigkeit des Öffentlichen Rechts, FS Meinhard Schröder, hrsg. v. Matthias Ruffert

Würtenberger, Von der Aufklärung zum Vormärz, in: *Merten/Papier* (Hrsg.) Handbuch der Grundrechte, Bd. I 2004

Würtenberger, Privatisierung der inneren Sicherheit, in: Rückzug des Staates und Freiheit des Einzelnen, hrsg. von Martin Hochhuth, Berlin 2012

Würtenberger, Resilienz, in Staat, Verwaltung und Rechtsschutz, FS Wolf-Rüdiger Schenke, in: Schriften zum Öffentlichen Recht, Berlin 2011

Zippelius/Würtenberger, Deutsches Staatsrecht, 33. Aufl. München 2018

Einleitung

Ius est ars boni et aequi.
Ulpian D.1.1.1.pr.

Der Titel stellt drei Fragen: Was ist ein Gesetz? Was ist Recht? Und: Was ist Gerechtigkeit? Mit dem *Untertitel* wird jedoch zum Ausdruck gebracht, dass diese Fragen auf der Grundlage verschiedener Religionen (Christentum und Islam), verschiedener Ideologien (Faschismus und Sozialismus) sowie verschiedener Philosophien und nicht zuletzt auf der Grundlage der inzwischen in Geltung gesetzten unveräußerlichen Menschen- und Bürgerrechte beantwortet werden sollen. Um mit der damit aufgeworfenen Vielfalt der Antworten nicht Verwirrungen zu erzeugen, müssen für diejenigen, denen die zum Motto der Einleitung gemachte Antwort *Ulpians* nicht genügt, einleitend einige Begriffe geklärt werden.

I. Erste Antworten auf die Titelfragen

1. Was ist ein Gesetz? Der *Gesetzesbegriff* ist mehrdeutig: Zu unterscheiden ist zwischen a) *Naturgesetzen*, b) den Gesetzen des *Rechts* und c) den Gesetzen der *Moral, der Ethik* oder *der Sitten*. Gemeinsam ist dem *Begriff des Gesetzes,* dass ein bestimmter Sachverhalt (der Tatbestand des Gesetzes) eine bestimmte Folge (Wirkung, Sanktion) auslöst. Im Falle von *Naturgesetzen* erzeugt eine bestimmte Ursache notwendigerweise eine bestimmte Wirkung. Auch die *Gesetze des Rechts* lösen „Rechtsfolgen" und die *moralischen Gesetze* moralische Sanktionen aus, die allerdings nicht mit der notwendig zwingenden Wirkung der Naturgesetze eintreten, vielmehr zu ihrer Durchsetzung des Handelns von Menschen bedürfen. Wenn ein Mensch einen anderen schuldhaft schwer verletzt, macht er sich strafbar und/oder schadenersatzpflichtig; bestraft wird er aber nur, wenn die Polizei und die Staatsanwaltschaft die Straftat ermitteln, er angeklagt, von einem Gericht verurteilt und in ein Gefängnis gesperrt wird. Auch das Zivilrecht lässt im Falle der schuldhaften Schädigung der Rechtsgüter eines anderen nur einen Schadensersatzanspruch entstehen, der zu einer Entschädigung des Betroffenen aber nur dann führt, wenn der Schuldner den Schaden entweder freiwillig durch eine Geldleistung ausgleicht oder aufgrund einer Zivilklage des Geschädigten zur Ersatzleistung verurteilt wird und dann entweder selbst freiwillig zahlt oder der Kläger die Zwangsvollstreckung in das Vermögen des beklagten Schädigers betreibt und sich dazu der Hilfe eines Gerichtsvollziehers bedient. Gesetze des Rechts lösen also die Rechtsfolge nicht unmittelbar aus, begründen vielmehr nur ein Sollen, in der Regel eine rechtliche Verpflichtung des Betroffenen. Im Falle der Verletzung von Regeln der Ethik und der guten Sitten treten in der Regel auch Sanktionen ein, die aber der von der Verletzung Betroffene selbst nur bedingt beeinflussen kann. Wie die Bekannten und Verwandten und die sonstige soziale Umwelt der Beteiligten reagieren, wenn er z.B. seine Schulden in der Regel nicht bezahlt, ist von vielen Faktoren abhängig, kann aber durchaus in einer Art und Weise geschehen, die für den Betroffenen schwerer zu ertragen sind als rechtlichen Sanktionen.

2. *Was ist ein Naturgesetz?*

Beispiel Galilei: Ein Stein fällt von einem Turm und auf den Kopf eines vorbeigehenden Mannes, der 1,80 m groß ist. Der Mensch G, der den Stein fallen ließ, kannte das Weg-Zeit-Gesetz $s = 1/2\,g \times t^2$, wusste auch, dass die Schwerkraft (g) der Erde den Stein mit einer Beschleunigung von 9,8 m/sec^2 zu Boden zieht und dass der Turm 55,8 m hoch ist, wollte aber wissen, wie lange der Stein braucht (t = Zeit) bis zum Kopf des Mannes.
G rechnete also: $s = 1/2\,g \times t^2$; $t^2 = 2 \times (55{,}8 - 1{,}8) : 9{,}8 = 11{,}93$; $t = \sqrt{11{,}93}$; $t = 3{,}78$ sec.
Diese Berechnung ist eine leichte Aufgabe, wenn man das Gesetz kennt. Viel schwieriger ist dagegen die Aufgabe, das *Gesetz zu finden*, wenn man nur weiß, wie hoch der Turm ist und in welcher Zeit die Steine aus verschiedenen Höhen zu Boden fallen.

Die *Naturgesetze* gehören zum realen Sein, sie sind der Wirklichkeit zugehörende Tatsachen und bestehen, gelten und wirken völlig unabhängig vom Willen des Menschen. Allerdings ist nur die Wirkung der Naturgesetze durch einen unserer fünf Sinne wahrnehmbar, die *Gesetzmäßigkeit der Wirkung* aber nur durch unseren *Verstand* zu erkennen. Wenn uns der Stein *Galileis* vom Schiefen Turm in Pisa auf den Kopf fällt, können wir es fühlen, andere konnten damals auch sehen, dass ein Mensch Steine vom Turm herunterwirft, es vielleicht auch hören. *Galilei* konnte sogar die *Gesetzmäßigkeit* ($s = 1/2\,g \times t^2$) aufgrund seines *Verstandes* erkennen.[1] Der Mensch ist den *Naturgesetzen* unterworfen, er hat sie nicht geschaffen, er kann sie *nicht ändern*, sie gelten für ihn und stehen *außerhalb seiner Willensmacht*. Er wurde ohne seinen Willen gezeugt und geboren, er muss sterben, ob er es will oder nicht will. Der Mensch kann die Naturgesetze erforschen und erkennen, hat auch viele schon erkannt und kann sie für seine Zwecke nutzen, wenn er die *Ursachen auslöst*, welche die gewollten Wirkungen erzeugen; er kann sie aber nicht ändern, sie gelten völlig unabhängig von seinem Willen. Nach einer neueren Lehre der evangelischen Theologie soll auch Gott die Naturgesetze nicht ändern können oder jedenfalls niemals ändern wollen; wenn also ein Erdbeben oder ein Tsunami tausende von Menschen tötet, so geschieht es nicht aufgrund von Gottes Willen, sondern aufgrund der Naturgesetze, vor denen sich der Mensch selbst schützen muss, so gut er kann. Die sog. Wunder, die in Durchbrechung von Na-

[1] Wer wissen will, wie *Galilei* es gemacht hat, vgl. https://e-hausaufgaben.de/Referate/D4661-Referat-Galileo-Galilei-und-die-Fallgesetze.php.

turgesetzen geschehen sein sollen, beruhen nach dieser Lehre allein auf menschlichem Irrtum oder auf propagandistischen Zwecken. Nach den Naturgesetzen kann die Wirkung einer Ursache jedoch mit Sicherheit vorausgesagt werden, wenn der Mensch das Gesetz kennt; mit gleicher Sicherheit kann leider nie gesagt werden, was nach den *Gesetzen des Rechts* „Recht“ sein soll. Dieser Unterschied ist aber nicht in der verschiedenen Intelligenz von Naturforschern und Juristen begründet, sondern in der Verschiedenheit von *Naturgesetzen* und *Gesetzen des Rechts*, weil die Verwirklichung letzterer allen Mängeln menschlichen Willens ausgesetzt ist.

3. Was sind Gesetze des Rechts? Die Gesetze des Rechts unterscheiden sich von den *Naturgesetzen* vor allem dadurch, dass sie sich *nicht* nach dem *Gesetz eines kausalen Zwangs* von selbst vollziehen. Das wesensverschiedene Normensystem des Rechts steht *nicht* unter einem *kausalen Zwang*, sondern unter dem *Prinzip des Sollens. Zwischen dem Gesetz des Rechts und seiner Verwirklichung steht die menschliche Freiheit.* Nach den Naturgesetzen geschieht etwas, gleichgültig, ob der Mensch es will oder nicht will. Nach den Gesetzen des Rechts *soll* etwas geschehen, geschieht aber nur, wenn der Mensch, dem Gesetz gehorchend, so handelt, wie das Gesetz es befiehlt.[2] Wenn ein Bürger einem anderen 100 Euro schuldet, kommt das Geld nicht von selbst zum Gläubiger, der Schuldner muss es freiwillig leisten oder durch ein Gericht dazu verurteilt und im Wege staatlicher Zwangsvollstreckung dazu gezwungen werden. Wer einen anderen Menschen tötet, den trifft in der Regel kein Blitzschlag oder eine andere Strafe ganz von selbst, er muss von Menschen verurteilt und aufgrund dieses Urteils in einer bestimmten Weise bestraft werden. Die geltenden *Gesetze des Rechts*, die die Beziehungen der Menschen zueinander ordnen und regeln, kann der Mensch zwar nicht mit seinen fünf Sinnen erfassen, sondern nur mit seinem *Verstand*, sie gehören aber auch zu unserer Wirklichkeit.[3] Aus der Spannung zwischen Sein und Sollen der Gesetze des Rechts entsteht aber ein Problem, weil die Gesetze auch *Recht* und *gerecht* sein sollen und die geschichtliche Erfahrung und die Natur des Menschen uns lehren, dass die *Gesetze des Rechts* – anders als die Naturgesetze, die nur falsch oder unzulänglich erkannt sein können – auch *Unrecht*, manche meinen auch *„ungerecht“*, sein können; wie z.B. das Gesetz zum Schutze des deutschen Blutes und der deutschen Ehre (sog. *Blutschutzgesetz* vom 15. September 1935, RGBl I S. 1145), das die Eheschließung sowie den außerehelichen Geschlechtsverkehr (worunter auch schon Küssen verstanden wurde) zwischen Juden und Nichtjuden mit

[2] Glaubt ein Mensch allerdings, dass das geltende Recht göttlichen Ursprungs sei, und sieht er sich durch sein Gewissen gezwungen, das zu tun, was er danach tun soll, so wird die Kluft zwischen Sein und Sollen übersprungen. Auf dieser Grundlage ist das Naturrecht dann keine *Zwangsordnung* mehr wie das positive Recht, sondern bildet eine Art *anarchischer Ordnung*; dazu *Kelsen*, GrL § 2, S. 10.

[3] *Kelsen GrL* § 3.

Zuchthausstrafe bedrohte, aber tatsächlich meist in die Konzentrationslager und zum Tod der Betroffenen führte und den Völkermord an den Juden einleitete. Dieses Beispiel allein – viele andere könnten hinzugefügt werden – beweist *unwiderlegbar*,[4] dass ein in der Form der positiv geltenden Verfassung eines Volkes und Landes ausgearbeitetes, beschlossenes und förmlich verkündetes Gesetz nicht unbedingt *Recht* sein muss, sondern aufgrund des materiellen Inhalts des Gesetzes auch *Unrecht*, also *unwirksam* sein kann und in einem Rechtsstaat für unwirksam erklärt werden muss.

4. Wie entstehen die Gesetze des Rechts? Das bestimmt sich nach der Verfassung des Staates, dessen Gesetzgeber das Gesetz geschaffen hat. Es bestimmte sich in der Weimarer Republik also nach der Weimarer Reichsverfassung (WRV). Mit dem sog. Ermächtigungsgesetz vom 24. März 1933 wurde die Reichsregierung jedoch ermächtigt, Gesetze auch ohne Beratung und Beschlussfassung des Reichstags in Kraft zu setzen. Aufgrund dieses Ermächtigungsgesetzes wurde in der Folgezeit jeder Führerbefehl als Gesetz angesehen. Nach den heute geltenden Art. 70–82 des Bonner Grundgesetzes (GG) vom 23. Mai 1949 können die Bundesregierung oder die Abgeordneten des Bundestages oder des Bundesrates Gesetzesvorschläge machen und diese dem Bundestag vorlegen (Art. 76 GG). Sofern die dafür erforderlichen Voraussetzungen (insbesondere die Kompetenz des Bundes zum Erlass eines solchen Gesetzes aufgrund der ausschließlichen Gesetzgebungskompetenz gemäß Art. 73 GG oder der konkurrierenden Gesetzgebungskompetenz gemäß Art. 74 GG) gegeben sind, kann der Bundestag den Gesetzesvorschlag beraten und nach Beratung das Gesetz mit Mehrheit beschließen. Manche Gesetze bedürfen der Zustimmung des Bundesrates (Beispiele: Art. 29 Abs. 7; Art. 74 Abs. 2; Art. 84 Abs. 1, 2 GG). Sofern das Gesetz eine Änderung des Grundgesetzes erforderlich macht, sind gemäß Art. 79 Abs. 2 GG eine Mehrheit von zwei Dritteln der Mitglieder des Bundestags und zwei Dritteln der Stimmen des Bundesrates erforderlich. Die vom Bundestag beschlossenen Gesetze müssen vom zuständigen Minister, dem Bundeskanzler und dem Bundespräsidenten unterschrieben und im Gesetzblatt verkündet werden. Sofern nichts anderes bestimmt ist, tritt das Gesetz sodann nach Ablauf des Tages in Kraft, an dem es im Bundesgesetzblatt verkündet wurde (Art. 82 Abs. 2 GG). In ähnlicher Form werden auch in anderen demokratischen Rechtsstaaten Gesetze vom Parlament als Gesetzgeber ausgearbeitet, beraten, beschlossen, verkündet und in Kraft gesetzt. Auch in der Weimarer Reichsverfassung war es letztlich nicht wesentlich anders geregelt.

Vor der Französischen Revolution und der Schaffung *demokratischer Republiken* mit einem Parlament als Gesetzgeber war es insofern anders, als die Gesetze nicht von einem *parlamentarischen Gesetzgeber* durch *gewählte Abgeordnete* des Volkes be-

---

[4] Anders jedoch die Philosophie des Rechtspositivismus; dazu 5. Kap III u. IV und zu dem daraus entstandenen Unrecht des sog. *Dritten Reiches* die Fälle und Urteile des 7. Kap. I–V.

schlossen wurden, vielmehr von den Beratern des Königs ausgearbeitet, vom König unterschrieben und öffentlich bekannt gemacht wurden. Die Gesetze dienten daher gelegentlich mehr dem König und seiner feudalen Verwandtschaft als dem Volke. Das hat jedenfalls in der französischen Monarchie vor 1789 das Misstrauen des Volkes befördert und das Königtum in Misskredit gebracht. In der Hitlerdiktatur von 1933-1945 dienten die Gesetze überwiegend auch nicht mehr dem Wohl des Volkes, sondern vor allem dem Versuch, mit einem reinrassigen deutschen Volk die Weltherrschaft zu erringen. In ähnlicher Weise dienten die Gesetze in den seit 1917 real existierenden sozialistischen Staaten, die 1989 zusammenbrachen, auch weniger dem Wohl des Volkes als dem Versuch der Herstellung einer sozialistischen Ordnung. Und wie ist es bei uns? Wie in anderen Staaten dieser Welt?

Mit diesen Fragen und den vorstehenden Hinweisen soll der Untertitel des Buches verdeutlicht werden, wonach die Art der Rechtsordnung, also die *Gesetze* und das *Recht*, und auch die Art der *Gerechtigkeit* notwendig abhängig sind von religiösen, ideologischen und/oder philosophischen Vorstellungen zu der Frage, was die „richtige" und bestmöglich *gerechte Ordnung* ist, in welcher Menschen gemeinsam zusammenleben sollen. In den islamischen Staaten wird das Recht grundsätzlich als *göttliches Recht* verstanden, das sich aus dem *Koran* und der *Sunna* ergibt, weshalb sich dieses Recht in sehr vielen Fragen wesentlich von unserem Recht unterscheidet.[5] Auch das im sog. *Dritten Reich* in Deutschland geltende Recht und das in der *DDR* einst geltende Recht unterschieden sich durch ihr *großes Unrecht* wesentlich von dem in der heutigen *Bundesrepublik* geltenden Recht, obgleich es doch unsere Mütter und Väter (zumeist Großmütter und Großväter) waren, die dieses Recht hervorbrachten und sie nicht weniger klug oder sonst wesentlich anders waren als wir. Diese Verschiedenheiten des Rechts im Dritten Reich, in der DDR und in den islamischen Staaten unter Hervorhebung der Unterschiede zum Recht der Bundesrepublik werden im Wesentlichen in den Kapiteln 5 bis 9 dargestellt.

Gesetze des Rechts bedürfen der Veröffentlichung: Die *Gesetze des Rechts* müssen als Voraussetzung ihrer Geltung in einem *Gesetzblatt verkündet* werden, damit die Menschen erfahren und wissen können, was Recht ist, was sie tun sollen, was sie nicht tun dürfen und wie sie sich zu verhalten haben. Die meisten und die wichtigsten *rechtlichen Regelungen* lernen die Menschen allerdings *nicht* durch eine Lektüre des Gesetzblatts, sondern schon als Kinder von ihren Eltern und später als Heranwachsende in ihrem Leben, nicht selten auch aus böser Erfahrung und dann mit der Erkenntnis, dass sie es besser vorher gelernt hätten. Schon als Kinder lernen sie jedenfalls einen Teil der *Zehn Gebote*: Du sollst nicht stehlen, nicht Böses über andere reden, auch nicht lügen, du sollst Vater und Mutter ehren.

5 Dazu 9. Kap IV.

Später müssen sie auch noch lernen: Du sollst nicht töten, nicht ehebrechen, dich nicht gelüsten lassen nach deines Nächsten Weib, deines nächsten *Mannes* auch nicht. Die Frage bleibt, ob die Menschen dies alles von anderen lernen müssen oder auch schon aus sich selbst heraus begreifen können, weil es letztlich in der *Natur des Menschen* (als „Naturrecht") begründet ist.[6] Man könnte jedenfalls denken, dass es einem unverbildeten Menschen möglich sein müsste, auch ohne ein rechtswissenschaftliches Studium zu erkennen, dass es Unrecht sein könnte, einen Menschen deswegen zu einer Gefängnisstrafe oder gar zum Tode zu verurteilen, weil er einen Menschen jüdischer Abstammung geküsst hat. Es bleibt also die *Frage*, die auch der Titel des ganzen Buches sein könnte: *Können die von einem Parlament beschlossenen und im Gesetzblatt verkündeten Gesetze des Rechts auch Unrecht sein?* Die Frage kann, wie schon geschehen, nur bejaht werden, aber die Gründe dafür können in der Einleitung nicht dargelegt werden, ansonsten müsste das ganze Buch eine Einleitung sein. Im 3. Kapitel werden wir jedoch erfahren, dass *Thomas von Aquin* (1225–1274) nicht erkennen wollte, dass der Mensch das Böse wollen und also auch bewusst Unrecht schaffen könnte, er meinte vielmehr, der Mensch könne nur das Gute wollen, und wenn er Böses tue, geschehe es aus *Irrtum*. Ebenso konnten und wollten die Idealisten der Französischen Revolution und ihre philosophischen Vordenker nicht glauben, dass ein vom *Volk gewähltes Parlament* bewusst *gesetzliches Unrecht* schaffen könnte. Aber 160 Jahre später hat die nationalsozialistische deutsche Arbeiterpartei (NSDAP) in freien Wahlen die Mehrheit gewonnen und Hitler ist 1933 zum Reichskanzler gewählt und damit legal zur Macht gekommen und so sind 1935 das Blutschutzgesetz und das Reichsbürgergesetz geltendes Recht geworden. Wir können uns daher der Erkenntnis nicht mehr verschließen, dass auch durch die Gesetzgebung Unrecht geschaffen werden kann, dass es auch gesetzliches Unrecht gibt. Der Verfassungsgesetzgeber des Bonner Grundgesetzes hat mit den Art. 9 Abs 2 und 21 Abs 2 GG jedoch Regelungen dafür geschaffen, dass Vereine und politische Parteien, die nach ihren Zielen oder nach dem Verhalten ihrer Anhänger darauf ausgehen, die freiheitliche demokratische Grundordnung zu beeinträchtigen oder zu beseitigen, für verfassungswidrig erklärt und verboten werden können. Auch sind die Grundrechte des Bonner Grundgesetzes, anders als die der Weimarer Reichsverfassung nach Art 1 Abs. 3 GG als *unmittelbar geltendes Recht* und die vollziehende Gewalt nach Art 20 Abs. 3 GG an *Gesetz und Recht* gebunden. Damit sind im Bonner Grundgesetz rechtliche Voraussetzungen dafür geschaffen worden, politischen Bewegungen, die erkennbar zu solchem oder ähnlichem Unrecht streben wie die einstige NSDAP, rechtzeitig mit rechtlichen Mitteln entgegentreten zu können.[7] Im Übrigen ist aus den Erfahrungen des Dritten Reiches die Erkenntnis

[6] Dazu *Achenwall/Pütter* NaturR § 230.
[7] Dazu 6. Kap. VI.

zu ziehen, dass Gesetze auch Unrecht sein können. Gesetze dürfen daher nicht schon allein deswegen als Recht verstanden werden, weil sie in die Form eines Gesetzes gefasst wurden. Was aber ist dann das Recht, wenn es nicht die von einem Gesetzgeber erlassenen Gesetze sind? Dazu unten 7 a–d.

5. Was sind Gesetze der Moral, der Ethik und der Sitte? Die Gebote und Regeln der Moral, der Ethik und der Sitte werden vor allem im philosophischen Schrifttum (z.B. bei *Kant*) auch als „Gesetze“ bezeichnet, sind aber von den *Gesetzen des Rechts* zu unterscheiden. Der griechische Begriff der *Ethik* wurde von *Cicero „philosophia moralis“* (von *mos, moris*) genannt, was im Deutschen dann gleichbedeutend mit Sitte und Moral verstanden wurde. Diese Gesetze der Moral, der Sitte und der Ethik bedürfen auch keiner Veröffentlichung; sie gelten in einem Volk, in einem Stamm oder einer sonstigen menschlichen Gesellschaft und zumeist weiß man überhaupt nicht, wie sie entstanden sind; diese Gesetze gelten, und die Menschen kennen sie in der Regel auch mehr oder weniger gut, und sie ändern sich auch nicht schnell, aber von Generation zu Generation doch mehr oder weniger. Die Sexualmoral änderte sich zum Beispiel mit der Erfindung der „Pille“ und der dadurch ausgelösten „sexuellen Befreiung“ nach 1968 ausnahmsweise sehr schnell, jedenfalls schneller als in einem ganzen Jahrhundert davor. Auch die Erfindung des Handys veränderte das Verhalten der Menschen schnell in vielerlei Weise. Auch dazu entwickelte sich aber schnell eine Art von Moral und Sitte: man entfernt sich von einer Gruppe, wenn das Handy klingelt; man telefoniert nicht mit anderen, wenn man in einer Gemeinschaft zu Tisch sitzt usw.

Auch der Begriff der *Tugend* (abgeleitet aus dem Zeitwort *taugen*) hat etwas mit Moral zu tun, ist aber nicht ein Begriff für eine bestimmte Art von *Verhaltensregeln*, bezeichnet vielmehr (positive) *Eigenschaften eines Menschen*, die erstrebenswert sind, die man aber nicht einfach hat oder nicht hat, vielmehr in einem disziplinierten Leben mühsam erwerben muss. Das gilt insbesondere für die *Kardinaltugenden* (*Weisheit, Klugheit, Gerechtigkeit, Tapferkeit, Maßhaltung*), die im Mittelalter zu einem System entwickelt wurden, an dessen Spitze die *Glückseligkeit* steht. Die Tugenden sind also als Voraussetzungen der Glückseligkeit verstanden worden. Die *Tugend der Gerechtigkeit* versteht *Thomas von Aquin* im Anschluss an *Aristoteles* als einen *Habitus* (Eigenschaft), von dem her die Menschen die Fähigkeit haben, gerechte Handlungen zu vollziehen, von dem aus sie (*de facto*) gerecht handeln und ein festes Verlangen nach dem Gerechten haben.[8] Für Frauen ist schließlich einst auch der Begriff der *Keuschheit* zu einer *Tugend* erhoben worden (vor der Erfindung der Pille). Eine gewisse Disziplin im Umgang mit den Triebkräften ist aber wohl eine Tugend (*Selbstbeherrschung*) geblieben.

[8] Näheres dazu 3. Kap IV 1–3.

Dem Begriff der Moral und seinen Synonymen ist gemeinsam, dass sie sowohl *beschreibend* als auch *normativ* gebraucht werden. Zur bloßen Beschreibung eines in einer Gesellschaft üblichen Verhaltens wird allerdings überwiegend der Begriff der *Sitten* verwendet (die Sitten des Volkes, eines Stammes, z.B. schwäbische oder bayerische Sitten). Wenn das Verhalten eines Menschen jedoch als *unsittlich* bezeichnet wird, so ist es gleichbedeutend mit *unmoralisch* und ein Werturteil für die Abweichung von einer Norm. Als Gesetze der Moral, der Sitten, der Ethik und der Tugend sind jedenfalls solche zu verstehen, die *nicht* mit den Mitteln des Rechts zwangsweise gegen den unmoralisch Handelnden durchgesetzt werden, wohl aber den Verlust der Ehre nach sich ziehen können[9] mit der Folge von *Missachtung* oder *Verachtung* des Betroffenen und seiner *sozialen Ausgrenzung*. Diese und andere *soziale Sanktionen* eines *ehrlos* gewordenen Menschen sind aber nicht selten, vor allem in kleineren Gemeinschaften (einer Schulklasse, einem Verein, einem Dorf) viel schwerer zu ertragen als eine Geldstrafe oder auch eine Gefängnisstrafe auf Bewährung. Solche moralische Pflichten unterscheiden sich von rechtlichen Verpflichtungen vor allem dadurch, dass sie nicht mit den Mitteln des Rechts (aktiv) durchgesetzt werden können. Unter besonderen Umständen können jedoch Gesetze der Moral und der Sitten Gesetze des Rechts unwirksam machen, wenn das Zustandekommen und die Art der Durchsetzung der Gesetze des Rechts gegen Moral und gute Sitten verstoßen (gemäß §§ 138, 242, 826 BGB).

6. Der Unterschied zwischen Recht und Moral soll an den Beispielen 2 und 3 verdeutlicht werden:

Beispiel 2: Ein Mann U fährt eines Nachts bei starkem Regen und deswegen schlechter Sicht über eine Landstraße nach Hause. Plötzlich glaubt er am Straßenrand einen Menschen liegen zu sehen, ist sich aber nicht sicher, hält aber an und sieht einen schwerverletzten, stark blutenden Mann liegen, erkennt auch, dass dieser sicher sterben muss, wenn ihm nicht geholfen wird. Wegen der damit verbundenen Unannehmlichkeiten kann U sich aber nicht zu notwendigen Hilfeleistung entschließen und fährt daher mit etwas schlechtem Gewissen weiter. Der Tote wird später gefunden. Der Sachverhalt kann ermittelt werden. Hat U sich strafbar oder zumindest moralisch schuldig gemacht?

Es steht geschrieben: „Du sollst deinen Nächsten lieben wie dich selbst“ (3. Mose 19,18; Matth. 19,19; Luk. 10,27). Dein Nächster ist jeder, der deiner Hilfe bedarf, auch ein *Samariter* (Luk. 10,30–4). Jeder soll also entsprechend der *Goldenen Regel* (Tobias 4,16; Matth. 7,12)[10] einem anderen helfen, wenn er selbst in solch einer

---

9 Zum Zusammenhang von Ehre, Tugend, Staatsform und dem Geist der Gesetze vgl. *Montesquieu*, Vom Geist der Gesetze, S. 33–58; zu Sitten und Unsitten, Ehre und Ehrverlust und den daraus entstehenden Folgen lies: *Fontane*, Effi Briest (1894) und *Brentanos* schreckliche Geschichte *Vom braven Kasperl und der schönen Annerl* (1817) sowie dazu *Stefan Greif*, Ehre als Bürgerlichkeit in den Zeitromanen Theodor Fontanes, 1992.

10 Ähnlich der kategorische Imperativ *Kants*, GMdS BA 52; dazu 4. Kap I.

Lage von anderen geholfen haben will. In seiner Naturrechts-Vorlesung sagte *Kant* jedoch:[11] „Ich handle daher nicht ungerecht, wenn ich einen anderen umkommen sehe, ohne ihm zu helfen. Das ist *actio justa.* Die Handlung ist äußerlich Recht, obwohl innerlich nicht. Ich will also dem anderen sein Glück nicht rauben, übrigens geht es mich gar nichts an, er mag suchen glücklich zu werden wie er will."

Kant betrachtete also die Pflicht, seinem Nächsten zu helfen, nicht als *Rechtspflicht*, sondern nur als eine *moralische Pflicht.* Das war zur Zeit *Kants* auch richtig so. Heute ist es anders, weil später in das deutsche Strafgesetzbuch mit § 323 c StGB der Satz geschrieben wurde: „*Wer bei Unglücksfällen oder gemeiner Gefahr oder Not nicht Hilfe leistet, obwohl dies erforderlich und ihm den Umständen nach zuzumuten, insbesondere ohne erhebliche eigene Gefahr und ohne Verletzung anderer wichtiger Pflichten möglich ist, wird mit Freiheitsstrafe bis zu einem Jahr bestraft.*" Nach dieser Regelung wird U wegen der *unterlassenen Hilfeleistung* bestraft, nicht etwa für den Erfolg, der aufgrund seiner Unterlassung eintritt, also nicht wegen schuldhafter Verursachung des Todes des betroffenen Menschen. Wer eine solche Hilfeleistung nicht erbringt, obwohl er es könnte, verletzt also eine rechtliche Pflicht und wird bestraft, aber nicht wegen fahrlässiger oder gar vorsätzlicher Tötung, obwohl sein Unterlassen ursächlich für den Tod des Hilfebedürftigen wurde und er dies auch ganz *bewusst in Kauf genommen*, also mit bedingtem Tötungsvorsatz die Hilfeleistung unterlassen hat. Bestraft wird in solchem Falle jedoch *nur* das *Handlungsunrecht* der mangelnden Hilfeleistung, nicht aber das *Erfolgsunrecht* dieser Unterlassung, also nicht die Verursachung des Todes des Hilfebedürftigen, weil der Täter in diesem Fall *rechtlich* nicht verpflichtet war, den Erfolg abzuwenden, den er nicht verursacht hat, vielmehr *nur die moralische Pflicht* zu helfen *verrechtlicht* wurde. *Nach § 13 StGB* kann eine Unterlassung jedoch einem Tun gleichgestellt werden, „wenn der Unterlassende rechtlich dafür einzustehen hat, dass der Erfolg nicht eintritt, und wenn das *Unterlassen* der Verwirklichung des gesetzlichen Tatbestands durch ein *Tun* (aktive Handlung) entspricht". Eine solche Gleichstellung der Verursachung eines Erfolgs durch ein (negatives) *Unterlassen* mit der Verursachung durch eine *positive (aktive) Handlung* wird von der Rechtsprechung seit langer Zeit in drei Fällen angenommen: 1. in Fällen einer *gesetzlichen Verpflichtung* zur Hilfeleistung wie zum Beispiel der Eltern gegenüber den Kindern (§ 1626 I BGB), der Ehegatten zueinander (§§ 1353 I BGB); 2. in Fällen *vertraglicher Verpflichtung* zur Hilfeleistung (z.B. bei Babysittern); 3. in Fällen *vorausgegangenen Tuns*, das den Hilfebedürftigen in seine hilflose Lage gebracht hat.

Beispiel 3: Wie in Beispiel 2, aber U hat den Mann wegen des Regens und der Dunkelheit zu spät gesehen und selbst angefahren und derart verletzt, dass er ohne die erforderliche Hilfeleistung sterben musste.

---

11 *Hinske/ Bordoni*, Kants Naturrecht (Vorlesungs-Nachschrift Feyerabend), S. 86 Zeile 19.

In einem solchem Fall ist U *rechtlich* verpflichtet, nicht nur *irgendeine Art von Hilfe* zu leisten, sondern alles ihm Mögliche *zu tun*, um den von ihm *verursachten und drohenden Erfolg abzuwenden*. Hat U in solchem Falle erkannt, dass der Mann sterben kann, wenn ihm nicht sofort geholfen wird, ihm aber wegen der damit verbundenen Unannehmlichkeiten nicht geholfen und den Erfolg (billigend) in Kauf genommen, so hat er durch sein Unterlassen den Tod vorsätzlich verursacht und ist also der vorsätzlichen (*dolus eventualis*) Tötung im Sinne des § 212 StGB schuldig, was mit lebenslanger Freiheitsstrafe bestraft werden kann.[12] Hätte er dem Hilflosen deswegen nicht geholfen, weil er befürchtete, wegen fahrlässiger Tötung bestraft werden zu können, wenn der Mann trotz der Hilfeleistung stirbt, so hätte er eine vorsätzliche Tötung begangen, *um eine Straftat zu verdecken*, und wäre daher sogar des *Mordes schuldig*.[13]

7. Was ist Recht? a) Kant, Metaphysik der Sitten, Rechtslehre (MdS-RL), § B: Zu dieser scheinbar einfachen Frage hat kein Geringerer als *Immanuel Kant* erklärt, dass sie den *Rechtsgelehrten wohl in Verlegenheit* setze. Was die Gesetze sagen oder (irgendwann) gesagt haben, könne er wohl noch angeben; aber ob das, was sie wollten, auch Recht sei, und das *allgemeine Kriterium*, woran man überhaupt *Recht* sowohl als *Unrecht (iustum et iniustum) erkennen könne*, bliebe ihm wohl *verborgen*. Diese 1797 aufgestellte Behauptung Kants ist – wie im Einzelnen gezeigt werden wird – bedauerlicherweise heute noch für die meisten Juristen zutreffend. *Kant* selbst definierte damals in § B: „*Das Recht ist also der Inbegriff der Bedingungen, unter denen die Willkür des einen mit der Willkür des anderen nach einem allgemeinen Gesetze der Freiheit zusammen vereinigt werden kann.*“ *Kant* ging mit diesem Satz davon aus, dass dem Menschen grundsätzlich die Freiheit gegeben ist, *zu denken und zu tun, was er will* (*Willens- und Handlungsfreiheit*). *Willkür* ist in diesem Zusammenhang und zu dieser Zeit nur ein anderes Wort für *Freiheit*. Diese Freiheit eines Menschen muss „selbstverständlich“ an der gleichartigen Freiheit der anderen Menschen ihre Grenze finden. Es entsteht also das Problem, die Freiheit des einen

---

[12] Zu einem Fall solcher Art: BGHSt 34, 82; dazu *Schönke/Schröder*, § 13 Rz 32 ff., 38.

[13] Im Beispiel 2 ist der Unterschied zwischen moralischer und rechtlicher Pflicht durch § 323 c StGB eindeutig gesetzlich klargestellt. Im Beispiel 3 sagt § 13 StGB zwar klar, dass ein Unterlassen einem positiven Tun gleichgestellt werden kann, wenn der Unterlassende rechtlich für den Erfolg einstehen muss, d.h., wenn er rechtlich verpflichtet ist, Hilfe zu leisten; damit wird aber nicht gesagt, unter welchen Voraussetzungen eine solche *Rechtspflicht zur Hilfeleistung* bestehen soll. Wenn der Unterlassende kraft Gesetzes (Eltern gegenüber Kindern) oder aufgrund eines Vertrages (*Babysitter*) zur Hilfeleistung verpflichtet ist, bedarf dies keiner weiteren Begründung. Der Satz, dass ein *vorausgegangenes Tun* wie in Beispiel 3 zur Abwendung *des* Erfolgs verpflichtet, der sich daraus entwickeln könnte (also zur Hilfeleistung für den Verletzten), ist ein von der Rechtsprechung entwickelter Satz, der aber nicht in die Regelung des § 13 StGB aufgenommen wurde. Es könnten daher aus Art. 103 Abs. 2 GG Bedenken gegen die Strafbarkeit solcher Fälle entstehen, die aber nicht erhoben werden, weil der Grundsatz allgemein anerkannt war, als die Regelung des § 13 in das Strafgesetzbuch aufgenommen wurde.

(Willkür E) von der Freiheit des anderen (Willkür A) abzugrenzen, und dies soll geschehen nach einem „allgemeinen Gesetze". Dieses „allgemeine Gesetz" ist nichts anderes als das „Recht".[14]

b) Recht: Summe aller gesetzlichen Regelungen? Auch *Kant* wusste selbstverständlich, dass das „Recht" nicht mit einem einzigen Satz erfasst und definiert werden kann. Am 1. Juni 1794 – also drei Jahre vor dem Erscheinen von *Kants* „Metaphysik der Sitten" – ist in Preußen das *Allgemeine Preußische Landrecht* (ALR) veröffentlicht worden und damit in Kraft getreten. Dieses Gesetzeswerk enthält insgesamt etwa 19.000 Regelungen. *Königsberg* gehörte zu dieser Zeit zu Preußen, *Kant* kannte also sicherlich dieses Gesetz und, wie seinen Schriften zu entnehmen ist, auch die Grundbegriffe und Grundzüge des *römischen Rechts*, das uns im *Corpus Juris Civilis* überliefert wurde. Dieses Gesetzeswerk, das Kaiser *Justinian* (482–565) nach dem Untergang des Weströmischen Reiches (im Jahre 430) in Konstantinopel aus den damals noch vorhandenen Werken römischer Juristen unter der Leitung *Tribonians* zwischen 528 und 534 zusammenstellen ließ, enthält zahlenmäßig *noch mehr* Regelungen als das ALR, von denen sehr viele zu *Kants* Zeiten noch geltendes Recht waren und in Form der Übersetzung in die heutigen Sprachen teils auch heute noch sind, teils aber durch andere Regelungen außer Kraft gesetzt oder einfach obsolet wurden. Die *Summe dieser Einzelregelungen* war aber nie *das Recht*, jedenfalls nicht das „allgemeine Kriterium, woran man überhaupt Recht und Unrecht erkennen" (*Kant*) und voneinander unterscheiden kann. Was *Recht* wirklich ist und das entscheidende *allgemeine Kriterium* zu seiner Unterscheidung vom *Unrecht* lässt sich auch in dieser Einleitung nicht kurz mit einem oder mehreren Sätzen erklären, wird aber unter den verschiedensten Aspekten in den Kapiteln 3 bis 9 dargestellt.

c) Das Recht als Kunst und die „Natur der Sache": Dem sicherlich bedeutendsten Gesetzeswerk, das die Menschheit je hervorgebracht hat, dem *Corpus Juris Civilis* vorangestellt hat *Tribonian* – handelnd im Auftrag des Kaisers *Justinian* (482–565) – den römischen Satz: *Ius est ars boni et aequi* (Recht ist die Kunst des Guten und Gleichen). Danach ist das Recht also eine *Kunst*, das heißt ein *Werk des Menschen* (wie der *David* des *Michelangelo*), das der Mensch aufgrund seiner *Fähigkeiten*, insbesondere aus seiner *Vernunft* hervorgebracht hat. Der Kernsatz der Lehre des *Thomas von Aquin* lautet daher:[15]

> „Wie bei den Dingen, die durch die Kunst bewirkt werden, im Geiste des Künstlers der Gedanke, der als Regel der Kunst (*regula artis*) betrachtet wird, im Kopf des Künstlers schon vorher da ist (*in mente artificis praeexcistit*), so ist auch im Werk der Gerechtigkeit,

[14] Dazu 4. Kap I 1.

[15] *Thomas v. Aquin*, S.Th. 18. TA F 57, 1 zu 2; dazu unten 3. Kap III 6.

das von der Vernunft bestimmt wird (*ratio determinat*), im Geiste ein Rechtsgedanke – wie eine Regel der Klugheit (*regula prudentiae*) – schon vorher da (*ratio praeexistit in mente*).

Das so definierte *Kunstwerk* des Rechts soll für das Leben des Menschen und seine Beziehungen zu anderen Menschen das *Gute* und *Gleiche* schaffen. Weil die Menschen aber verschieden sind, jeder letztlich ein anderer ist, muss das Recht, wenn es gut sein soll, jeden auch *nach seiner Eigenart* behandeln. Diese letztlich *unlösbare Aufgabe, jeden gleich, aber auch jeden nach seiner Eigenart zu behandeln*, kann nicht für alle auftretende Fälle und Probleme mit *einem Begriff* oder *einem* oder *mehreren Sätzen* auf *dieselbe Art* gelöst werden, „*gut*" vielmehr nur unter Berücksichtigung der *Eigenart* des oder der betroffenen Menschen und der *sachlichen Art* des Rechtsproblems bestimmt werden, das es zu beachten gilt, also im Hinblick auf die spezielle „*Natur der Sache*" des rechtlichen Problems. Es kann zum Beispiel nicht jeder junge Mensch auf dieselbe Weise erzogen und ausgebildet werden, weil die Menschen *verschiedene Begabungen* haben, es sollte von Rechts wegen aber jedem dieselbe Chance gegeben sein, seine ihm eigene Begabung bestmöglich zu entwickeln. Es wäre auch ungerecht, jedem *denselben Lohn* zu bezahlen, einem Hilfsarbeiter also dasselbe wie einem tüchtigen Facharbeiter; es gibt allerdings auch eine Philosophie (Marxismus-Leninismus), die das Gegenteil für richtig erklärt. Es wäre aber auch ungerecht, wenn alle *denselben Prozentsatz* ihrer Einkünfte als Steuer an den Staat abführen müssten; vielmehr sollen reiche Bürger einen höheren Steuersatz bezahlen müssen als schlechter Verdienende, aber wie viel mehr oder weniger, das ist das *Kunstwerk*, das die Politiker schaffen sollen und verständlicherweise nicht zu aller Zufriedenheit schaffen können und auch abhängig von ihrem verschiedenen „*Glauben*" und ihrer *verschiedenen sozialpolitischen Prägung* in etwas verschiedener Weise entscheiden wollen.

d) Was ist Recht, was Unrecht? Wenn und weil das Recht ein *menschliches Kunstwerk* ist, kann es wie alles Menschenwerk auch nicht nur Kunst sein, sondern auch *Kitsch* und *Schund*, also *schlechtes Recht* und sogar *Unrecht*. Die *große Frage* aber, mit der jeder Jurist jeden Tag zu tun hat und über die auch die bedeutendsten Philosophen der Weltgeschichte (insbesondere *Aristoteles*, *Thomas von Aquin*, *Immanuel Kant*) große Werke verfasst haben, ist und bleibt: *Was ist das Kriterium zur Unterscheidung von Recht und Unrecht*? Diese Fragen aller Fragen der Jurisprudenz ist ebenso schwer zu beantworten wie die Frage, was Kunst und Kitsch unterscheidet. Die Geschmäcker sind verschieden, wie der Volksmund weiß. Viele Schlaumeier meinen, Recht sei nur, was ihnen selbst am besten nützt. Der *Utilitarismus* erhebt den Nutzen moralischer und rechtlicher Regelungen sogar zum *obersten Wertmaßstab*, muss aber zumindest unterscheiden, ob der *Nutzen des Einzelnen* oder des *gesamten Kollektivs* (*Individualismus* oder *Sozialismus*) den Vorrang haben solle. Besser und richtiger dürfte es jedoch sein, auch noch andere *Wertvorstellungen* bei der Bestimmung von *Moral* und *Recht* zu berücksichtigen, nicht zuletzt den

Gleichheitssatz, aber auch den *Zweck* und die *Würde* des Menschen, die sich nicht im Kunstgebilde eines *homo oeconomicus* erschöpfen. An diesem Punkt sollte hier verständlich werden, dass die Grund- und Glaubenssätze der im Untertitel aufgelisteten Religionen und Ideologien und die politischen Parteien, die diesen nahestehen und zuneigen, auch verschiedene Ansichten haben über das Problem, wo in den verschiedenen Fragen des Rechts die richtige Grenze zu ziehen sei zwischen Gut und Böse, zwischen Gleich und Ungleich, zwischen Angemessenem und nicht mehr Angemessenem, zwischen Moral und Unmoral und nicht zuletzt zwischen Recht und Unrecht.

8. Was ist Gerechtigkeit? Der Begriff der Gerechtigkeit wird in verschiedenem Sinne gebraucht. Ebenso wie die *Wahrheit* und die *Schönheit* wird die *Gerechtigkeit* als eine jener hohen *platonischen Ideen* verstanden, die der Mensch letztlich nicht begreifen und nicht erfassen, vielmehr festgeschmiedet mit dem Gesicht zur Wand seiner Höhle nur den Schatten eines dürftigen Scheins davon erkennen kann, der durch eine Öffnung in die Höhle fällt.[16] Jedenfalls in den drei abrahamitischen Religionen (Judentum, Christentum, Islam) wird auch *Gott* stets uneingeschränkt als ein *gerechter Gott* verstanden, der niemals ungerecht sein kann. In der bunten griechischen Götterwelt konnten die Götter dagegen ebenso wie die Menschen auch einmal ungerecht sein. In unserer christlich gewordenen Welt ist die Gerechtigkeit sodann als *Tugend* verstanden worden (wie die *Weisheit*, *Klugheit*, *Tapferkeit* und die *Maßhaltung* als *Kardinaltugend*), also als eine Eigenschaft (*habitus*) des Menschen, die ihm aber nicht angeboren ist, die er sich vielmehr im Laufe seines Lebens ständig erwerben und erhalten muss, also nicht durch eine *einmalige* Handlung, sondern nur durch ein fortwährendes Verhalten gleicher Art. Wer als Richter einmal eine richtige Entscheidung trifft ist deshalb noch kein gerechter Richter, sondern nur, wenn er in allen seinen Entscheidungen sich bemüht, ein gerechtes Urteil zu fällen; er bleibt auch ein gerechter Richter, wenn er einmal aus Irrtum ein falsches Urteil fällt.[17] In der Umgangssprache – mitunter auch in der „Fachsprache" – bezeichnet man auch ein *Urteil* oder eine sonstige *Rechtsentscheidung* oder ein *Gesetz* (also eine Entscheidung des Gesetzgebers) gelegentlich als *„gerecht"* oder *„ungerecht"*. Eigentlich können die menschlichen Rechtsentscheidungen (Urteile, Verwaltungsakte, Verträge, Gesetzgebung) aber nur Recht oder Unrecht sein und alles Unrecht sollte auch rechtsunwirksam sein oder jedenfalls in einem rechtlichen Verfahren für rechtsunwirksam erklärt werden können. Nur insoweit auch *unrichtiges Recht* noch als Recht verstanden wird hat der Begriff „gerecht" oder „ungerecht" bezüglich eines Gesetzes, eines Urteils eines Vertrags oder eines sonstigen Rechtsaktes oder Rechtsverhältnisses noch einen praktischen Sinn. Verständlich bleibt es jedoch, wenn ein Mensch, der zu Unrecht einen Pro-

16 *Platon*, Der Staat, S. 514 A: Höhlengleichnis.
17 Dazu 3. Kap IV 3.

zess verloren hat und das Urteil rechtskräftig wurde, also mit Rechtsmitteln nicht mehr geändert werden kann, zu der Auffassung kommt, dass ihm große Ungerechtigkeit widerfahren ist. Wenn er es aber aufgrund eigenen Verschuldens versäumte, binnen der gegebenen Frist Rechtsmittel gegen das Urteil einzulegen oder er den Prozess durch alle Instanzen und auch in letzter Instanz verloren hat, so bedarf es des Rechtsinstituts der Rechtskraft, etwas abgemildert durch die Möglichkeit der Wiedereinsetzung des Verfahrens in besonderen Ausnahmefällen, weil jeder Prozess einmal zu Ende sein muss und die Gerichte sich nicht lebenslang mit ein und demselben Verfahren befassen können. Die darin steckende Möglichkeit der „Ungerechtigkeit" müssen wir hinnehmen wie einen schweren Unfall oder sonstigen Schicksalsschlag. Die Vorstellung einer *absoluten Gerechtigkeit*, die wir aufgrund des *Schimmers*, den wir *erfassen*, zumindest *erahnen* können, wird damit nicht sinnlos, sondern bleibt als ewige *Zielvorstellung* ein Ansporn, jede Rechtsansicht an ihren Grenzen stets daraufhin zu überprüfen, ob es noch *Recht oder doch schon Unrecht* ist. Die Vorstellung einer absoluten Gerechtigkeit zwingt dazu, das *Sollen des Rechts* stets als ein *hypothetisches* zu begreifen und kritisch in Frage zu stellen.[18] Wer es nicht aushalten kann, auch einmal ungerecht behandelt zu werden, ist in dieser Welt nicht hinreichend lebenstüchtig. Juristen und andere Menschen, die rechtliche Entscheidungen treffen müssen, sind ebenso wie alle anderen Menschen in anderen Berufen dem Irrtum ausgesetzt und machen gelegentlich Fehler wie alle anderen auch.

II. Leitprinzipien des Rechts: Religionen, Ideologien, Menschenrechte

1. Sakrale Quellen des Rechts: Alle frühgeschichtlichen Rechtsquellen zeigen einen *sakralen Charakter*. Für das Juden- und das Christentum hat *Mose* die *Zehn Gebote* vom Sinai geholt, für den Islam hat *Allah* seinem Propheten *Mohammed* den *Koran* offenbart,[19] der für die Muslime bis heute die Rechtsquelle des islamischen Rechts bildet und als gültiges, unveränderliches göttliches Recht verstanden wird. Auch die ältesten Quellen des römischen Rechts weisen auf einen religiösen Ursprung hin.[20] Zur Zeit des Auftretens von Jesus Christus und der Entstehung des Christentums hatte sich das römische Recht allerdings schon zu einem völlig rationalen Ordnungssystem eines rein menschlichen Rechts entwickelt. Mit der Schlacht an der *Milvischen Brücke* (312: *in hoc signo vincis*) und *Konstantins* (um 270–337) Übernahme des *christlichen Glaubens* ist allerdings ein Rückfall eingetreten, in dessen Folge das Recht in der „römischen Kirche" und durch deren weltweites Wirken in der gesamten christlich gewordenen Staatenwelt Europas auf

[18] Dazu Kelsen GrL § 3.
[19] Dazu 9. Kap IV 1 und 2.
[20] Vgl. *Fritz Schulz* Geschichte der röm. Rechtswissenschaft 6 ff.; *M. Mauss* Die Gabe 121 ff.

der Grundlage der Schriften des *Heiligen Augustin* (354–430) wieder als *göttliches Recht* verstanden wurde.[21]

2. Christliche Kreuzzüge und Heilige Inquisition: Die Folge dieser *Christianisierung* waren die *Kreuzzüge ins Heilige Land* und nach *al-Andalus* (1212: *Innozenz III.*) und die massenhafte Tötung von Ungläubigen (1095–1291), wobei zumeist auch das eigene Heer in den Schlachten und auf dem Marsch dorthin und zurück verlorenging, weshalb der *Stauferkaiser Friedrich II.*, der sich wegen einer im Kreuzzugsheer ausgebrochenen Seuche weigerte, den versprochenen Kreuzzug durchzuführen und deshalb vom Papst gebannt wurde mit der Folge des Verlustes seiner Herrschaft.[22] Diese Verfolgung aller Ungläubigen und Abtrünnigen wurde auch nach der Kreuzzugszeit fortgesetzt durch die *Heilige Inquisition* und verschärft durch die Einführung der *Folter* (1252 durch *Innozenz IV.*), die es ermöglichte, jeden *Ketzer* und jede *Hexe* zum Geständnis aller Anklagen zu bringen und zur Herstellung „göttlicher Gerechtigkeit" auf dem Scheiterhaufen zu verbrennen.

3. Zur Rationalisierung des Rechts christlicher Staaten: Dieser Entwicklung christlicher Glaubenssätze zu einem System des göttlichen Rechts ist als Erster der in der Kreuzzugszeit lebende *Thomas von Aquin* (1225–1274) mit seinem Werk *Summa Theologica* entgegengetreten, indem er das Recht im Anschluss an *Aristoteles* und seine *Nikomachische Ethik*[23] nicht mehr als göttliches Recht, sondern wieder – wie schon das römische Recht – als *Menschenwerk* verstanden hat, das aus der *menschlichen Vernunft* aufgrund des *Willens der Menschen* geschaffen wurde.[24] Für *Thomas von Aquin* gab es daher *göttliche und menschliche Gesetze*, die göttlichen Gesetze verstehen wir heute als *religiöse Glaubenssätze*, die vielfach - wie z.B. die Zehn Gebote - auch zu Rechtssätzen oder auch von Ungläubigen anerkannten (moralischen) Verhaltensregeln (du sollst nicht lügen, nicht ehebrechen etc.) geworden sind. Das epochale Werk des *Aquinaten*, das aus nicht schwer zu erratenden Gründen erst *nach seiner Heiligsprechung* etwa zweihundert Jahre nach seinem Tod (1485) vollständig erscheinen konnte, ist jedoch erst in der Aufklärungszeit nach der Französischen Revolution mit der allgemeinen Anerkennung der Glaubensfreiheit und der strikten Trennung von Religion und Recht sowie von Kirche und Staat zur herrschenden Auffassung und zur Grundlage des geltenden Rechts geworden. Dieser Entwicklung verdanken die Bürger der demokratischen Rechtsstaaten der christlichen Welt letztlich ihre Freiheit, die auch zur Grundlage für

21 Dazu 2. Kap IV u. V.
22 Dazu 3. Kap I 1.
23 *Aristoteles* Nikomachische Ethik V 10, 1134 b.
24 Dazu 3. Kap III–VII.

den technischen Fortschritt und den Wohlstand in diesem Teil der Welt geworden ist.

4. Der Islam und sein göttliche Recht (Scharia): Anders verlief die Entwicklung in den islamischen Staaten.[25] Das Recht (*Scharia*) wurde im Islam von Anfang an als göttliches Recht verstanden, dessen Grundsätze von Allah seinem Propheten *Mohammed* mit dem Koran offenbart wurden. Neben dem *Koran* wird die *Sunna*, eine Aufzählung der ausgeübten Praktiken des Propheten zu seiner Leb- und Regierungszeit als *Quelle der Scharia* verstanden. Auch im Islam hatte es allerdings schon vor *Thomas von Aquin* eine philosophisch begründete Aufklärungszeit gegeben, an deren Spitze die in der Kultur von *al-Andalus* entstandenen Werke von *Ibn Rushd* (alias *Averroes*, 1126–1198) stehen. Diese Kultur, in der Muslime, Juden und Christen jahrhundertelang friedlich zusammenlebten, wurde jedoch durch den von *Innozenz III.* ausgerufenen Kreuzzug im Jahre 1212 vernichtet. Die Werke *Averroes'*, insbesondere seine *Aristoteles*-Kommentierung und seine „Entscheidende Abhandlung"[26] haben zwar die christliche Scholastik, vor allem *Thomas von Aquin* und seine Lehre, noch stark beeinflusst, fanden aber merkwürdigerweise in der islamisch-arabischen Kultur nur wenig Beachtung. Von zwei Ausnahmen (*Türkei*, *Iran* zeitweise) abgesehen, wird daher in den Staaten des Islams das Recht (*Scharia*) bis heute als *unveränderliches*, *ewig gültiges*, *göttliches Recht* verstanden, das einer Änderung weder bedarf noch zugänglich ist.

5. Gründe des Unfriedens in der islamischen Welt: Der technische und zivilisatorische Rückstand der islamischen Welt, die einst schon eine Hochkultur erreicht hatte, als die Germanen noch Jäger und Sammler gewesen waren, hat sicherlich viele Gründe, nicht zuletzt die imperialistische Ausbeutung und später betriebene falsche Politik vor allem durch Großbritannien und die Vereinigten Staaten. Der technische und wirtschaftliche Rückstand und der fortwährende Unfrieden in und zwischen den islamischen Staaten beruht aber nicht zuletzt auch darauf, dass die Muslime heute noch die Verse des *Korans als* unveränderliche *Grundlage ihres Rechts* betrachten, das der Mensch bei Vermeidung allerschrecklichster Höllenqualen niemals ändern darf. Nach diesem Recht sind aber alle *Ungläubigen* Feinde der Muslime, die nichts anderes wollen als deren Verderben (Sure 3/118 ff.). Nur gläubige Männer und gläubige Frauen können nach dem Koran untereinander *Freunde* sein (9/71): *„Die Ungläubigen aber, die nicht an den Koran glauben, sollen nach Allahs Willen in Höllenflammen braten, und so oft ihre Haut verbrannt ist, geben wir ihnen andere Haut, damit sie umso peinlichere Strafe fühlen; denn Allah ist allmächtig und allweise"* (4/58). Zu diesen *„Ungläubigen"* zählen aber nicht nur *Juden* und *Christen*, sondern vor allem auch diejenigen, die vom rechten

25 Dazu 9. Kap IV.
26 Dazu 3. Kap II 5.

Glauben abgefallen sind und den *Koran nicht im richtigen Sinne* verstehen. Obwohl es im Koran ausdrücklich heißt: „Macht keine Spaltungen“ (42/14); ihr sollt „*ein einziges Volk*“ sein (11/118), haben sich die Muslime schon nach *Mohammeds* Tod in *Schiiten* und *Sunniten* und fortan weitergehend in viele Schismen *aufgespalten* (*Salafisten, Wahhabiten, Aleviten, Ibaditen, Drusen, Babisten, Dschihadisten, nicht zuletzt in Al-Qaida-Kämpfer, IS-Krieger*). Und jeder Anhänger einer dieser Schismen begreift die Gläubigen einer anderen „Sekte“ als Ungläubige, also als seine *Feinde*. Darin liegt eine, vielleicht die wichtigste und wirksamste, Ursache für die Spannungen und kriegerischen Auseinandersetzungen zwischen und in islamischen Staaten.

Auf den Spaltungen des islamischen Glaubens und der Unversöhnlichkeit der verschiedenen Ansichten über den richtigen Glauben beruhen die fortwährenden Kriege der islamischen Staaten gegeneinander und die Bürgerkriege in diesen Staaten (z.B. in Syrien). Darauf beruht auch der *Terrorismus*, den die extremen Gruppen (al-Qaida, IS) seit dem 11. September 2001 in die christliche Welt gebracht haben. Derartige Glaubensstreitigkeiten mit kriegerischen Folgen sind in Europa (abgesehen von Nordirland und dem Zerfall Jugoslawiens aufgrund der Gegensätze zwischen Serbien und Kroatien) seit Jahrhunderten überwunden. Sicherlich will die große Mehrheit der Muslime solche Auseinandersetzungen auch nicht, kann ihren Willen aber nicht durchsetzen und sieht sich daher gezwungen, ihre Heimat zu verlassen. Die Gründe dieser Fehlentwicklung des Islams, deren Beseitigung Voraussetzung einer Veränderung der derzeitigen Zustände wäre, sind relativ leicht zu erkennen: 1. das Verständnis des Rechts als unveränderliches göttliches Recht, welches die Probleme der heutigen Zeit nicht rational erfassen kann; 2. der Mangel einer Organisation der Glaubensgemeinschaft, vergleichbar der Art der römischen Kirche mit einem Papst an der Spitze, welche die Kraft und die Macht zur Herstellung einer *einheitlichen* Glaubensgemeinschaft hat; 3. der Mangel einer wissenschaftlichen Ausbildung der Priester, die mit der Zeit zu einer gewissen Rationalisierung der religiösen Dogmen und damit zu einem Ausgleich zwischen den verschiedenen Glaubensrichtungen führen könnte. Der Versuch, diese Zustände zu ändern, ist jedoch mit allen denkbaren menschlichen Strafen und Höllenqualen bedroht.[27]

6. Fehlentwicklungen in der christlichen Welt: In unserer christlichen Welt drohen dagegen von religiösen Dogmen – außer den genannten Ausnahmen – keine derartigen kriegerischen Auseinandersetzungen mehr auszugehen, weil sowohl die römisch-katholische Kirche als auch die evangelischen Kirchen vor allem durch die wissenschaftliche Ausbildung ihrer Pfarrer und Bischöfe und durch ihre Organisation für eine vernünftige Entwicklung der Grundsätze ihres Glaubens gesorgt

[27] Dazu 9. Kap IV 1.

und auch eine *weitgehende Trennung* von *Kirche und Staat* sowie von *Recht und Religion* vollzogen haben.[28] Im vergangenen 20. Jahrhundert haben jedoch zweimal zu Ersatzreligionen gewordene *Ideologien* die christlichen Staaten Europas an den Abgrund größter Katastrophen gebracht. Zuerst die deutsche *NS-Ideologie (Faschismus)*, die wohl immer noch mehr Menschenleben gekostet hat als alle islamischen Streitigkeiten zusammen, weshalb nicht der geringste Grund für irgendeine christliche Überheblichkeit besteht. Zweitens hat der zum Sowjetimperialismus ausgeartete *Sozialismus* die Welt an eine kritische Grenze gebracht und auch in der sog. *Deutschen Demokratischen Republik* (DDR) die Rechtsordnung zu einem Unrechtssystem entwickelt. Diese Entwicklung der Unrechtssysteme des NS-Staates und der DDR werden im 7. u. 8. Kapitel unter der Lupe einiger Strafurteile gegen NS-Verbrecher und DDR-Mauerschützen kritisch dargestellt.

III. Gang der Darstellung

1. Das Recht ist letztlich nichts anderes als die notwendige Grenze der Freiheit eines jeden Menschen an der Freiheit anderer Menschen. Selbstverständlich kann sich nicht jeder Mensch sein eigenes Recht schaffen, vielmehr müssen die Menschen, die in einer staatlichen Gemeinschaft zusammenleben wollen, in demokratischer Weise durch die Mehrheit ihrer gewählten Abgeordneten – besser nicht durch einen König oder Diktator nach deren Willen – die Gesetze machen lassen, auf deren Grundlage sie friedlich in einer vernünftigen Ordnung zusammenleben können. Auf dieser Grundlage sind in Deutschland ähnlich wie in den anderen europäischen und außereuropäischen demokratischen Rechtsstaaten im 19. und 20. Jahrhundert die Gesetze und das Recht (öffentliches Recht, Zivilrecht, Strafrecht) geschaffen worden, über deren Eigenart und Bedeutung im *1. Kapitel* ein kurzer Überblick gegeben wird.

2. Im Zentrum des *2. Kapitels* stehen die geheimnisvolle Entstehung der *Zehn Gebote*, die *Mose* vom Sinai geholt hat, und die damit aufgeworfene Frage, wie es zur Entstehung des Rechts gekommen ist und ob es letztlich von Gott oder von den Menschen selbst geschaffen worden ist. Historisch betrachtet bleibt die *Herkunft des Rechts* im Dunkeln der Geschichte, jedoch zeigen alle wiederentdeckten Quellen aus frühgeschichtlicher Zeit einen sakralen Charakter, der in der Form und Symbolik älterer Rechtsinstitute noch klar zu erkennen ist. Irgendwie haben aber die Menschen, wie die von *Mose* überlieferte Geschichte zeigen soll, auch daran mitgewirkt.

3. Das *3. Kapitel* enthält im Kern die Darstellung der Grundsätze, mit welchen der Dominikanermönch *Thomas von Aquin* in seiner *Summa Theologica* für die

[28] Dazu 9. Kap III.

christliche Welt das für die Menschen geltende Recht wieder – wie schon die römischen Juristen – als aus *menschlicher Vernunft entwickeltes Menschenwerk* betrachtet hat und damit der vom *Heiligen Augustin* (354–430) begründeten herrschenden Meinung entgegengetreten ist, wonach das Recht als *ewig gültiges und unveränderliches göttliches Recht* verstanden werden müsse. Das war ein gefährliches Unternehmen, weil die mittelalterliche Macht der römischen Kirche sowie ihres Papstes und deren Machtanspruch gegenüber dem Kaiser letztlich auf diesem Dogma beruhten. Nach der Lehre des *Aquinaten* hatte der Mensch mit seiner Freiheit jedoch auch die Freiheit erhalten, aufgrund seiner Vernunft sich sein Recht selbst zu schaffen entsprechend den Bedürfnissen und Verhältnissen seiner Zeit. Das ist in der neuesten Zeit mit dem Übergang von der Agrar- zur Industriegesellschaft und mehr noch in der allerneuesten Zeit mit dem Übergang zur Computer- und Informationsgesellschaft von allergrößter Bedeutung geworden, weil schon eine Agrargesellschaft mit dem Recht der Ackerbauern sich nach Erfindung der Dampfmaschine ohne Arbeitsrecht mit dem seit Jahrtausenden geltendem *göttlichem Recht nicht* hätte in eine funktionierende Industriegesellschaft verwandeln können. Schon gar nicht könnte sich unsere heutige Industriegesellschaft mit ewig und unveränderlich geltendem göttlichen Recht ohne neue gesetzliche und sonstige rechtliche, insbesondere internationalrechtliche Regelungen, auf Grund der neuen Mikroprozessorentechnik in eine weltweit vernetzte Informationsgesellschaft verwandeln. Neue Technik macht neues Recht erforderlich. Das alte nationalstaatliche Denken und damit die nationalstaatlichen Grenzen werden zunehmend unhaltbar. Die handygesteuerten Flüchtlingsströme der letzten Jahre sind nur ein Anfang davon. Die Menschheit ist in Bewegung gekommen. Der in den europäischen Wohlfahrtsstaaten aufkeimende Nationalismus kann als Reaktion der Angst vor der Einschränkung oder dem Verlust von Sozialleistungen und rassistisch oder nationalistisch begründeten Vorrechten verstanden werden. Rational betrachtet können aber nicht einmal die Vereinigten Staaten von Amerika ihren Wohlstand bewahren, wenn sie sich dem weltweiten Wettbewerb entziehen und auf ihre nationale Wirtschaft beschränken. Schon gar nicht ist dies für einen europäischen „Kleinstaat" möglich. Die ehrwürdigen westeuropäischen Nationalstaaten müssen sich daher zu einem (west-)europäischen Bundesstaat zusammenschließen, um mit den Vereinigten Staaten von Amerika, China und allen anderen wettbewerbsfähig zu bleiben. Wir brauchen also einen neuen Staat, neues Recht, vor allem neue Vorstellungen über den *Zweck* und die *Aufgaben*, auch ein wenig dem *Ideal* einer staatlichen Ordnung und deren Grenzen auf der Grundlage der neuen Techniken. Auch das kleingewordene Großbritannien wird nach dem Brexit noch kleiner werden und, sofern es die unsinnige Sache (*vox populi vox dei*?) nicht noch aufgibt, bald wieder Anschluss suchen oder ein Bundesstaat der USA werden, sofern es für *Trump* und seine Wähler noch als akzeptabler *Deal* erscheint.

Die von *Thomas* in genialer Weitsicht auf der Grundlage menschlicher Vernunft entwickelten Rechtsgrundsätze beruhen im Wesentlichen auf der *griechischen Philosophie*, insbesondere der *Nikomachischen Ethik* des *Aristoteles* (384–324 v. Chr.), des *Alexanders* Lehrer,[29] und letztlich auf antikem griechischem Geist, entsprechen daher nicht den Dogmen monotheistischer Vorstellungen. Schon das Arbeitsrecht und alle anderen seit dem 19. Jahrhundert entwickelten rechtlichen Regelungen (auch das Bürgerliche Gesetzbuch und das Strafgesetzbuch) wären aber nicht möglich gewesen, wenn noch *göttliches Recht* gegolten hätte, das auf ewig und unveränderlich geltendes Recht hätte bleiben müssen, weil Gott der Gerechte und Allwissende seinen Willen niemals ändern muss und der Mensch dessen offenbarten Willen keinesfalls zu ändern berechtigt ist.

Die *Summa Theologica* des *Thomas von Aquin* und seine Grundsätze beruhen im Wesentlichen auf den Lehren der *Nikomachischen Ethik*, die *Thomas* wahrscheinlich in der Fassung des *Andronikos von Rhodos* zur Verfügung gestanden haben und in dieser Form auch schon *Cicero* und anderen Römern bekannt waren.[30] Aber auch die Philosophen von al-Andalus waren im Besitz von Schriften des *Aristoteles*, und *Ibn Rushd* (alias *Averroes*) hat dazu den umfangreichsten und wohl auch bedeutendsten mittelalterlichen Kommentar geschrieben. Thomas hat wohl von seinem Lehrer *Albertus Magnus* in Köln Kenntnis von der Nikomachischen Ethik und dem Aristoteles Kommentar von Averroes erhalten, weil Albert schon um 1240 in Paris diese Schriften kennen gelernt und sie zum Gegenstand seiner Vorlesungen gemacht und sein Baccalaureus *Thomas von Aquin* mitgeschrieben hat. Albert galt zu jener Zeit auch als bester Kenner der andalusischen Philosophie.[31] Der Darstellung der Lehren des *Aquinaten* muss daher eine kurze Darstellung der Geschichte und Philosophie von al-Andalus vorangestellt werden. Für die islamische Welt ist das Verständnis des Rechts als Menschenwerk aufgrund der Vernichtung der Kultur von al-Andalus durch den von *Innozenz III.* ausgerufenen Kreuzzug jedoch - wie im 9. Kapitel gezeigt wird - bedauerlicherweise verlorengegangen.

4. Das *4. Kapitel* überspringt die fünf Jahrhunderte zwischen *Thomas von Aquin* (1225–1247) und *Immanuel Kant* (1724–1804) und zeigt, auf welchem Wege *Kant* seinen gleichfalls von religiösen Dogmen befreiten *„naturrechtlichen“ Rechtsbegriff* als Abgrenzung „der Willkür des einen mit der Willkür des anderen nach einem allgemeinen Gesetz der Freiheit“, ausgehend von seiner *Naturrechts-Vorlesung*,[32] in seiner *Grundlegung zur Metaphysik der Sitten* (1785/86) und schließlich in den *metaphysischen Anfangsgründen der Rechtslehre* (1797/98) begründete.

---

29 Ob *Aristoteles* wirklich des *Alexanders* Lehrer war und inwieweit ist historisch zweifelhaft, vgl. *Gigon* (Hrsg.), Aristoteles, Einleitung 39.

30 Dazu *Gigon* , Aristoteles, Einleitung 45 ff.

31 Dazu *Honnefelder*, Albertus Magnus, 10, 22; dazu auch 3. Kap II 1-6.

32 Oben Fn 11.

5. Das *5. Kapitel* überspringt wiederum zwei Jahrhunderte ins 20. Jahrhundert hinein und stellt auf der Grundlage der Rechtsphilosophie von *Gustav Radbruch*[33] den Absturz der Rechtswissenschaft in die Primitivität des *Rechtspositivismus* dar, wonach jedes Gesetz, das in der Form eines Gesetzes beschlossen, unterschrieben und verkündet worden ist, ohne jede Beachtung seines Inhalts Recht sein sollte, weil – wie *Kant* erkannt habe (was *Kant* aber nirgendwo geschrieben und nach allem, was er geschrieben hat, auch nie gedacht haben kann)[34] – ein *Mensch nicht* erkennen könne, *was Recht sei.* Daraus folgerte *Gustav Radbruch*: „*Vermag niemand festzustellen, was gerecht ist, so muss jemand festsetzen, was rechtens sein soll. … Wer Recht durchzusetzen vermag, beweist damit, dass er das Recht zu setzen berufen ist, umgekehrt: Wer nicht Macht genug hat, einen jeden im Volke gegen den anderen zu schützen, hat auch nicht das Recht, ihm zu befehlen.*“ Diese Auffassung von Gesetz und Recht und seiner Geltung und die damit begründete *Lehre des Positivismus* hat – wie *Radbruch* selbst 1945 erkennen musste und erkannt hat – „die Juristen wie das Volk wehrlos gemacht gegen noch so willkürliche, noch so grausame, noch so *verbrecherische Gesetze.* Sie setzt letzten Endes das Recht der Macht gleich, nur wo die Macht ist, ist das Recht.“[35] Damit hat Radbruch letztlich die Voraussetzungen geschaffen für das nationalsozialistische Unrechtssystem.

6. Nach 1945 konnten alle erkennen, dass man die Katastrophe des sog. *Dritten Reiches* nur hätte verhindern können, wenn es möglich gewesen wäre, der nationalsozialistischen Bewegung schon vor der Machtergreifung rechtzeitig Einhalt zu gebieten. Im *6. Kapitel* wird daher aufgezeigt, mit welchen Mitteln der Bonner-Verfassungsgesetzgeber versuchte, in das am 23. Mai 1949 in Kraft gesetzte Grundgesetz einige Regelungen zu schreiben, die geeignet sein sollten, ein derartiges *Unrechtssystem in Zukunft zu verhindern.* Dazu gehören insbesondere die *Bürger- und Menschenrechte,* die nach der Weimarer Reichsverfassung bloß rechtlich unverbindliche „Programmsätze“ sein sollten, im Grundgesetz jedoch durch Art. 1 Abs. 3 zu *unmittelbar geltendem Recht* erklärt wurden. Außerdem wurde in Art. 20 Abs. 3 GG zum Ausdruck gebracht, dass die Gesetzgebung, die vollziehende Gewalt und die Rechtsprechung an *Gesetz und Recht* gebunden sind. Das ist entgegen verbreiteter Auffassungen *kein Pleonasmus* und *keine Tautologie,* sondern der unmissverständliche Hinweis darauf, dass die drei Staatsgewalten nicht nur an die Gesetze, sondern *auch* an das *(Natur-)Recht* gebunden sind, womit dem *Rechtspositivismus* unverkennbar eine *klare Absage* erteilt wurde. Mit Art. 79 Abs. 3 GG wurden schließlich die vorgenannten Regelungen *jeder Änderung entzogen* und darüber hinaus die Möglichkeit geschaffen, durch *Normenkontrollverfahren* und

33 *Radbruch* Rph3, 80 f.

34 Auch *Radbruchs* bester und treuester Schüler distanzierte sich eindeutig von dieser Auffassung in: *Arthur Kaufmann* Rechtsphilosophie im Wandel 71 ff.; dazu 5. Kap IX.

35 So *Radbruch* selbst in dem Flugblatt: Fünf Minuten Rechtsphilosophie, abgedruckt in *Radbruch* Rph4 , S. 335-337; dazu unten 5. Kap V.

Verfassungsbeschwerden gemäß Art. 93, 100 GG die Schaffung rechtswidriger Gesetze oder eine ungerechte Anwendung der Gesetze zu verhindern.

7./8. Im *7. und 8. Kapitel* wird mit Hilfe einiger ausgewählter höchstrichterlicher Entscheidungen des Bundesgerichtshofs (BGH) und des Bundesverfassungsgerichts (BVerfG) versucht, einen kleinen Einblick zu geben in das unglaubliche Unrecht, das „von Rechts wegen" im sog. *Dritten Reich* und in der *DDR* begangen wurde. Das Unrecht der DDR bleibt zwar weit hinter dem des Hitler-Staates zurück, war für die Betroffenen aber immer noch schlimm genug. Gezeigt werden soll mit diesen Entscheidungen jedoch weniger das Maß und das Ausmaß dieses Unrechts als die Art und Weise, mit welcher der Bundesgerichtshof glaubte, nach 1949 beziehungsweise nach 1989 auf „naturrechtlicher" Grundlage trotz des in Art. 103 Abs. 2 GG verankerten Grundsatzes *nullum crimen sine lege*, der auch schon im deutschen Strafgesetzbuch von 1871 stand und im *Dritten Reich* insoweit auch noch geltendes Recht war, dieses Unrecht mit den Mitteln des Strafrechts erfassen und strafrechtlich sanktionieren zu können.

9. *Im 9. Kapitel* werden schließlich die allgemeinen Grundsätze der in den vorherstehenden Kapiteln im Einzelnen sichtbar gewordenen *Einflüsse der Religionen und Ideologien* auf die Bildung und die Anwendung des Rechts herausgestellt, was deutlich macht, dass sich Derartiges zwar nicht gleichartig, aber in dieser oder anderer Form jederzeit wiederholen kann, wenn nicht rechtzeitig den Anfängen gewehrt wird. Der *Rechtspositivismus* macht jede Rechtsordnung machtlos und damit unfähig, einer solchen Fehlentwicklung wirksam entgegentreten zu können. Deswegen hat der Verfassungsgesetzgeber des Bonner Grundgesetzes die im 6. Kapitel dargestellten Regelungen geschaffen. Gegen die Verletzung der menschlichen Freiheit durch auf *religiöse Glaubenssätze und Dogmen* gestützte Handlungen und Maßnahmen sind in der christlichen Welt jedoch schon in Art. 10 der französischen Verfassung von 1789 und im 1. Amendment (1791) zur US-amerikanischen Verfassung von 1787 das *Grundrecht auf Glaubensfreiheit* geschaffen und damit eine weitgehende *Trennung von Kirche und Staat* (*Laizität*) vollzogen worden. Entsprechende Regelungen gelten gemäß Art. 140 GG durch dessen Verweisung auf die Art. 136 ff. WRV auch in der Bundesrepublik Deutschland. Mit diesen und entsprechenden Regelungen ist in diesen und vielen anderen Staaten zugleich klargestellt worden, dass das Recht in diesen Staaten *nicht mehr unveränderliches göttliches Recht* sein kann, vielmehr die Gesetze *menschliches Recht* sind, das dem Wandel der Zeiten unterliegt und unterliegen muss, weil sich die moderne Welt des Menschen täglich ändert und daher auch täglich neues Recht schaffen muss. Es durfte und konnte nicht länger sein, wie *Goethe* seinen Mephisto sagen lässt, dass sich Gesetz und Recht forterben wie eine ewige Krank-

heit.[36] Das ist in den Rechtsordnungen der rechtsstaatlichen Demokratien der *christlichen Welt* heute auch allgemein anerkannt, nicht aber in den *islamischen Staaten*, in denen die *Scharia* immer noch und zumeist sehr streng als *göttliches Recht* verstanden wird, das Allah seinem *Propheten Mohammed* in den Jahren zwischen 610 und 632 offenbart hat und seither unverändert geblieben ist, weil die Gläubigen des Islams es bis in alle Ewigkeit nicht ändern dürfen. Es bedarf daher auch in den islamischen Staaten der *Trennung von Religion und Recht*, von *staatlicher* und *kirchlicher Organisation*, damit das Recht den Bedürfnissen der Zeit angemessen gestaltet werden kann, und vor allem auch deswegen, damit Menschen verschiedenen Glaubens in einer staatlichen Gemeinschaft *friedlich zusammenleben* können. Welche Hindernisse einer solchen Entwicklung in Form des auf der Grundlage des *Korans* und der *Sunna* entwickelten göttlichen Rechts der Scharia tatsächlich höchst wirksam entgegenstehen, wird im 9. Kapitel unter IV. anhand der wichtigsten Regelung und deren Quellen im Einzelnen dargelegt.

36 *Goethe* mag es auch geglaubt haben, weil zu seiner Studienzeit noch das römische Recht und dies schon seit zwei Jahrtausenden gegolten hat und *Goethe* zur Qual geworden war („zur Rechtsgelehrsamkeit kann ich mich nicht bequemen"), aber eine zeitgemäße Fassung stand damals mit dem Preuß. Allg. Landrecht von 1794 schon bevor; dazu 5. Kap X 8 c.

1. Kapitel
Recht und Freiheit

Freiheit ruft die Vernunft, Freiheit die wilde Begierde.
Friedrich Schiller

Der ist nicht frei, der da will tun können, was er will, sondern der ist frei, der da wollen kann, was er tun soll.
Matthias Claudius

I. Recht als Korrelat der natürlichen Freiheit

Die Menschen bedürfen des Rechts, um auf längere Zeit mit anderen Menschen friedlich zusammenleben zu können. Das Recht ist die notwendige Kehrseite der Medaille der Freiheit, die dem Menschen gewährt ist. Die Tiere, die in Herden, Rudeln oder Staaten (Rinder, Wölfe, Bienen oder Ameisen) zusammenleben, gehorchen kraft der ihrer Natur eingegebenen Instinkte im Allgemeinen bestimmten Regeln, haben aber grundsätzlich (mit einigen Ausnahme bei Schimpansen, Delphinen und Krähen) nicht die Freiheit, sich abweichend davon zu verhalten. Gegen Naturgesetze hat auch der Mensch keine Freiheit, sie gelten für ihn, ob er will oder nicht. Wenn er von einem Turm springt, gilt für ihn das Weg-Zeit-Gesetz wie für einen Stein; ob er springt oder nicht springt, steht jedoch grundsätzlich in seiner Freiheit. In seinem Verhalten gegenüber der Natur und anderen Menschen ist der Mensch grundsätzlich frei, hat auch seine Instinkte weitgehend verloren, dafür ist ihm aber Vernunft gegeben, kraft derer die Menschen Moral, Sitten und Recht entwickelt haben, die dem Menschen eine Hilfe sein sollen und können, sich ordentlich, moralisch und rechtmäßig zu verhalten, was eine Voraussetzung dafür ist, um mit anderen Menschen in einer Gemeinschaft friedlich zusammenleben zu können. Der Mensch hat aber auch die Freiheit er- oder behalten, *unvernünftig* zu handeln. Fatalerweise ist es in vielen Fällen für den Menschen sogar unmittelbar vorteilhafter, wenn er entgegen der *allgemeinen Vernunft* und der üblichen Moral nur seinen *eigenen Vorteil* ohne Rücksicht auf den Schaden anderer sucht; auf Dauer zahlt es sich freilich nur selten aus, weil der Mensch zum Erfolg und zum Glück in seinem Leben den Beistand anderer Menschen braucht. Es kann daher nicht richtig, nicht Recht sein, wenn einer sich fortwährend auf Kosten anderer oder zum Schaden der Allgemeinheit bereichert. Lange haben die Menschen auch geglaubt, ein Mensch strebe immer zum Guten, müsse von Natur aus das Gute wollen und wenn er einmal das Böse wolle, beruhe es auf einem Irrtum.[1] Wenn es einen allmächtigen Gott gibt, der stets das Gute will, so erhebt sich natürlich die Frage, woher das Böse kommt. Aufgrund böser geschichtlicher Erfahrungen ist der Glaube daran, dass der Mensch stets zum Guten strebt, jedoch weitgehend verlorengegangen, wir müssen daher wohl davon ausgehen, dass es Menschen gibt, die das Böse wollen; manchmal können solche Menschen und ihre bösen Ideen sogar zur Macht in einem Staate kommen.

Letztlich ist es aber fast gleichgültig, ob diejenigen, die das Böse wollen, wissen oder glauben, dass das Gewollte böse oder gut ist. Wenn es böse ist, ist es für die davon Betroffenen immer böse. Und wenn diejenigen, die es wollen, es für gut halten und auch viele andere glauben machen können, dass es gut sei, so bleibt es doch böse, ist aber noch viel gefährlicher, weil die Vernünftigen verloren sind, wenn die Mehrheit das Böse will und glaubt, gar überzeugt ist, damit Gutes zu wollen. Es ist daher eine Aufgabe des Rechts, das Böse möglichst frühzeitig zu erkennen und zu verhindern, also Handlungen zu verbieten, die ersichtlich auf das Böse gerichtet sind oder das Böse möglich machen sollen. Die wichtigste Aufgabe des Rechts ist daher ein *negatives Sollen*, gerichtet auf die Unterlassung von Handlungen, die anderen Menschen und/oder dem Gemeinwohl aller Menschen Schaden zufügen können. Das *Recht* ist insofern das *Korrelat der Freiheit*, weil es seine Aufgabe ist, die dem Menschen in dieser Welt überlassene *natürliche* Freiheit *vernünftig* insoweit zu *begrenzen*, dass der Gebrauch dieser Freiheit anderen Menschen und/oder dem Gemeinwohl keinen unnötigen oder unangemessenen Schaden zufügen kann. Es ist folglich eine Sache der Vernunft, die natürliche, unbegrenzte Freiheit des Menschen mit den Mitteln des Rechts so zu begrenzen, dass die Freiheit anderer und deren Rechte sowie das Wohl der Gemeinschaft, in welcher der Mensch lebt, nicht unangemessen beeinträchtigt werden. Die *natürliche Freiheit* bedarf also einer *vernünftigen* Beschränkung auf die *vernünftige Freiheit* – und dies mit den Mitteln des Rechts: „Freiheit ruft die Vernunft, Freiheit die wilde Begierde“ (*Schiller*). Nur das Recht kann die unbegrenzte *„natürliche Freiheit“* der „wilden Begierde“ so begrenzen, dass sie zur *vernünftigen*, *rechtlich schützenswerten Freiheit* wird.

II. Zur Freiheit gehört die Freiheit der Rechtsetzung

1. Naturgesetze und göttliches Recht: Mit der unbegrenzten *natürlichen* Freiheit ist den Menschen auch die Freiheit gegeben worden, die Freiheit aller Mitglieder einer menschlichen Gemeinschaft mit rechtlichen Regelungen so zu beschränken, dass alle in bestmöglicher Freiheit zusammenleben können. Diese *Freiheit zur*

[1] So *Thomas v. Aquin*, 13. TA, F 97, 2A; zur Zitierweise 3. Kap III 2 Fn 3/32.

Rechtsetzung ist dem Menschen zwar gegeben, aber er *muss* auch davon Gebrauch machen, weil eine mangelnde rechtliche Ordnung zu einem *Chaos* führen würde mit der Folge einer Macht der Stärkeren und Schlaueren über die Schwächeren und Gutgläubigen, also einer Willkürherrschaft ohne alle Schranken: zur sprichwörtlichen *Freiheit des Fuchses in der Freiheit des Hühnerstalls.* Viele Menschen haben zwar zu allen Zeiten daran geglaubt und glauben es auch heute noch, dass es eine *göttliche Ordnung* (*lex divina*) geben müsse. Für die gesamte unbelebte und belebte Natur gibt es sicherlich eine *naturgesetzliche* Ordnung. *Hegel* sagt, der aus der Hand geworfene Stein sei des Teufels, was insofern nicht richtig ist, als er sehr genau einer naturgesetzlich bestimmten Flugbahn (Parabel) folgt, abhängig von der Kraft, mit der er geworfen wurde, vom Abwurfwinkel, der Masse des Steins, der Erdanziehungskraft und dem von seiner Größe und Form abhängigen Luftwiderstand; richtig ist der Satz aber insofern, als der aus der Hand geworfene Stein, wenn er „zufällig" den Kopf eines anderen Menschen trifft, Wirkungen erzeugen kann, die der werfende Mensch nicht wollte, nach dem Abwurf des Steins auch nicht mehr steuern konnte, insofern ist er, wie das ausgesprochene Wort, des Teufels. Der Mensch kann also die Folgen seines Tuns nur eingeschränkt voraussehen und steuern; im Maße dieser Einschränkung ist und bleibt sein Tun des Teufels. Es ist daher eine Aufgabe der Vernunft, das Steinewerfen zu verbieten, wenn nicht Vorsorge dafür getroffen worden ist, dass die Steine nicht den Kopf eines Mitmenschen treffen können. Dem Menschen ist jedoch, anders als dem Tier, das grundsätzlich nur seinen Instinkten folgen kann, ein *freier Wille* gegeben, in den *Grenzen der Naturgesetze* zu tun, was er will. Die *göttliche Ordnung* schafft für den Menschen – außerhalb der Naturgesetze – keine *zwingende* Ordnung. Die menschliche Freiheit ist durch die zwingenden Naturgesetze nur insoweit eingeschränkt, als das Dasein und Handeln des Menschen den Naturgesetzen und nicht seinem freien Willen unterliegt. Wenn daher ein Mörder oder ein sonstiger Verbrecher seine Taten verübt hat, muss er von einem *menschlichen Gericht* verurteilt und im Maße seiner Schuld bestraft werden. Für die *menschliche Ordnung* auf dieser Welt genügt es nicht anzunehmen, dass ein solcher Verbrecher, wenn die Zeit dazu gekommen ist, vom *Jüngsten Gericht* zu höllischen Strafen verdammt wird.

Viele Menschen glauben freilich, dass es *über die Naturgesetze hinaus* auch eine *göttliche Ordnung* gebe, welche das menschliche Verhalten durch *Sittengesetze*, *Moral* und auch eine *rechtliche Ordnung* bestimme, wie zum Beispiel die *Zehn Gebote*, die *Moses* vom Sinai geholt hat, oder einige Regeln des Korans, die Gott dem Mohammed offenbart hat. Grundsätzlich kann der Mensch jedoch den Willen Gottes nicht erkennen: „Was *er* sinnet, erkenn ich nicht!" (*Hölderlin*). An das, was von Gott offenbart wurde, kann der Mensch daher nur glauben. Die auf der zweiten Tafel Moses stehenden Gebote (wie z.B.: *Du sollst nicht töten, stehlen, ehebrechen* usw.) enthalten aber allgemeine Grundsätze, die in dieser und ähnlicher

Weise auch im Koran und in anderen religiösen Büchern stehen und sich im Laufe der geschichtlichen Entwicklung als gute Regelungen bewährt haben und, wenn auch nicht von allen, aber doch von den meisten Menschen als vernünftige Regelungen anerkannt und befolgt werden. Diese in langer Erfahrung bewährten und als vernünftig anerkannten Regelungen wirken in dieser und jener Form in allen Ländern und Staaten der Welt über das *Gewissen* und die *moralischen* und *sittlichen Kräfte* auf das Verhalten der Menschen ein. Diese Regelungen sind freilich von sehr *allgemeiner Art* und regeln nicht die konkreten Probleme, die täglich in tausenden von Fällen auftreten, wenn die betroffenen Menschen sich in ganz speziellen Fragen nicht einigen können. Auch hat der Mensch die Freiheit, sich aus Irrtum oder Bosheit gegen die göttliche Ordnung zu entscheiden und also zu sündigen.[2] Wie die Erfahrung lehrt, bedarf es daher jedenfalls für eine größere Gemeinschaft zusätzlicher *menschlicher* Gesetze und menschlichen Rechts und nicht zuletzt auch menschlicher Sanktionen (Strafen, Schadenersatzpflichten) für den Fall der Nichtbeachtung von Gesetz und Recht.

2. Das menschliche Recht und seine Sanktionen: Dem Menschen ist daher mit seiner Freiheit auch die Freiheit gegeben, die *Ordnung*, in welcher er mit anderen Menschen zusammenleben will, *selbst zu bestimmen*. Wie die geschichtliche Entwicklung und die gegenwärtige Ordnung der verschiedenen staatlichen Gemeinschaften auf dieser unserer Welt zeigen, können die Menschen in sehr verschiedenen Ordnungen mehr oder weniger gut zusammenleben, und es ist noch nicht abschließend bestimmt, welche die beste aller denkbaren Ordnungen ist. Jede dieser menschlichen Ordnungen muss jedoch, um Streitereien, Unfrieden und Chaos zu vermeiden, die wichtigsten Prinzipien für das Zusammenleben der Menschen rechtlich regeln. Jede Gemeinschaft braucht irgendeine Art der Führung. Diese kann aus der geschichtlichen Entwicklung der Gemeinschaft entstanden sein, die einer Familie oder mehreren Familien das Recht (von Gottes Gnaden) zugewiesen hat, zu bestimmen, wer König sein soll (*Monarchie*). Auch kann in vergangener Zeit bestimmt worden sein, dass die Regierung in bestimmten Zeitabschnitten durch die Mehrheit des Volkes gewählt werden soll (*Demokratie*). In einem demokratisch geordneten Staatswesen können auch Menschen zusammenleben, die grundlegend verschiedene Ansichten haben und sich dementsprechend in verschiedenen Parteien organisieren. Die einen können eine *kollektivistisch-sozialistische Ordnung* eingerichtet haben wollen, die anderen eine *individualistisch-liberale Ordnung bevorzugen*. Jede dieser gegensätzlichen Ordnungssysteme kann in vielerlei Spielarten gestaltet werden, auch sind zwischen diesen gegensätzlichen Systemen viele Zwischenformen denkbar und gestaltbar. In einer *aristokratischen Ordnung* sind solche Koexistenzen verschiedener Ordnungsvorstellun-

2 *Thomas von Aquin* 13. TA F 94, 2A; 18. TA F 57, 2 zu 1; zur Zitierweise 3. Kap III 2 Fn 3/32.

gen kaum, in einer *diktatorischen Ordnung* oder in einem *Einparteiensystem* praktisch gar nicht, jedenfalls nur im Geheimen, möglich; in einem demokratischen System allerdings auch nur, solange die *Minderheit* den *Mehrheitswillen* respektiert. Wird dieses *Grundprinzip der Demokratie* nicht mehr beachtet, so droht Bürgerkrieg und die gewaltsame Unterdrückung der Minderheit, wenn die Verschiedenheit der Meinungen mit rechtlichen Regelungen nicht mehr vernünftig ausgeglichen werden kann.

3. Gliederung der verschiedenen Rechtsgebiete: Wenn wir heute eine hochentwickelte, in allen Einzelheiten geregelte staatliche Gemeinschaft und ihre rechtliche Ordnung verstehen wollen, dürfen wir nicht versuchen, zigtausende oder gar alle Gesetze und sonstige Regelungen des geltenden Rechts kennenzulernen, weil ein solcher Versuch jeden in den Wahnsinn treiben müsste, wir müssen vielmehr verstehen lernen, was die wichtigsten Probleme und Fragen sind, die unbedingt einer rechtlichen Regelung bedürfen, auch von welchen allgemeinen grundlegenden Prinzipien diese Regelungen bestimmt sind und wie die große Masse dieses Stoffes gegliedert ist, damit wir möglichst schnell herausfinden können, was wir suchen. Haben wir die wichtigsten Prinzipien klar erkannt, so können wir auch leicht verstehen, ob irgendeine gesetzliche Regelung Recht oder Unrecht ist. Im Allgemeinen werden die große Masse der rechtlich zu regelnden Fragen und Sachverhalte und die dazu entstandenen Gesetze und sonstige Regelungen in *drei große Gebiete* aufgeteilt: in das *öffentliche Recht*, das *Zivilrecht* und das *Strafrecht*. Diese Trennung des Rechts in verschiedene Rechtsgebiete ist allerdings das Ergebnis einer langen geschichtlichen Entwicklung. Ursprünglich hat man *Strafe und Schadenersatz*, also *Strafrecht und Zivilrecht*, nicht voneinander getrennt; wenn einer einen anderen oder dessen Eigentum verletzt und ihm dadurch einen Schaden zugefügt hat, musste er eine Buße an den Verletzten und Geschädigten bezahlen. Eine Unterscheidung von Strafe (*poena*) und Schadenersatz (*id quod interest*) und damit zwischen Strafrecht und Zivilrecht ist erst später gemacht worden. Die Entwicklung des *öffentlichen Rechts* im heutigen Sinne demokratischer Rechtsstaaten beginnt erst viel später nach dem Ende der absoluten Monarchien und dem Entstehen demokratischer Rechtsstaaten mit einer Gewaltenteilung, deren Kompetenzen im Einzelnen in der Verfassung festgelegt sind. In der älteren römischen Republik (vor *Augustus* und der ihm folgenden Kaiserzeit) wurde das öffentliche Recht und das Zivilrecht derart definiert und voneinander abgegrenzt: *Publicum ius est, quod ad statum rei Romanae spectat, privatum quod ad singulorum utilitatem.*[3]

[3] *Ulpian*, Corpus Juris Civilis (CJC – dazu 2. Kap III 2), D. 1.1.1.2 in dt. Übers.: Das öffentliche Recht befasst sich mit den Verhältnissen des römischen Staates, das Privatrecht mit den Interessen der einzelnen Bürger.

a) Öffentliches Recht – Staatsrecht: Im *öffentlichen Recht* wird unterschieden zwischen dem *Staatsrecht* und dem *Verwaltungsrecht.* Das Staatsrecht wird vor allem durch die Verfassung, in Deutschland also durch das Bonner Grundgesetz vom 23. Mai 1949 bestimmt, das in seinem I. Teil die *Grund- und Menschenrechte* enthält und in den Teilen II–XI das Staatsorganisationsrecht regelt; dieses umfasst die Gliederung des Bundes in Bundesländer[4] (II) und die Aufgaben, Rechte und Pflichten des Bundestages (III), des Bundesrats (IV), des Bundespräsidenten (V), der Bundesregierung (VI), der Gesetzgebung des Bundes und der Länder (VII und VIII), der Rechtsprechung (IX) des Finanzwesens (X) sowie einige zusätzliche Übergangs- und Schlussbestimmungen (XI) und nicht zuletzt die mit Art. 140 GG aus der Weimarer Reichsverfassung übernommenen Regelungen des Staatskirchenrechts (Art. 136–141 WRV) mit der so grundlegend wichtigen Trennung zwischen Kirche und Staat: „Jede Religionsgemeinschaft ordnet und verwaltet ihre Angelegenheiten selbstständig innerhalb der Schranken des für alle geltenden Gesetzes" (Art. 137 Abs. 3 S. 1 WRV); ergänzt durch Art. 4 Abs. 1 GG: „Die Freiheit des Glaubens, des Gewissens und die Freiheit des religiösen und weltanschaulichen Bekenntnisses sind unverletzlich."

Exkurs zur Rechtsgeschichte: Die heutigen westeuropäischen Staaten sind nach dem Zerfall des Weströmischen Reiches zumeist als *Monarchien* entstanden und deren Könige sowie der Kaiser des Heiligen römischen Reiches Deutscher Nation haben ihre Würde und Macht zumeist nach erbrechtlichen Regeln an ihre Nachkommen vererbt. Waren keine Erben vorhanden, so mussten sich die ranghöchsten anderen Fürsten um die Nachfolge streiten, was nicht selten zu Kriegen führte, bis die Nachfolge durch Wahlen bestimmt werden konnte.[5] Der englische Philosoph *Thomas Hobbes* (1588–1679) versuchte, in seinem *Leviathan* (1651) die Macht der monarchischen Herrscher mit einem *Gesellschaftsvertrag* zwischen den zum Herrschaftsgebiet gehörenden Menschen zu erklären, mit welchem die Untertanen freiwillig und unwiderruflich ihre *Selbstbestimmungs-* und *Selbstverteidigungsrechte* dem *Souverän* übertragen hätten. Der Vertrag wurde nicht als mit dem Souverän selbst geschlossen gedacht, sondern als zwischen den Untertanen geschlossener *Vertrag zugunsten Dritter* erklärt, wodurch der Herrscher selbst zu nichts verpflichtet, vielmehr eine *absolute Herrschaft* für begründet und gerechtfertigt gedacht wurde.

In der *Aufklärungszeit* und mit der Französischen Revolution und der amerikanischen Unabhängigkeitserklärung entwickelten sich dann – teils mit Rückschlägen (*Napoleon*) und Verzögerungen (Deutschland bis 1918) – aus diesen Monar-

---

4 Mit dem Auftrag, die Länder neu zu ordnen, der bisher mit Ausnahme des Zusammenschlusses der Länder Württemberg und Baden zu *Baden-Württemberg* nicht erfüllt worden ist.

5 Dazu *Willoweit*, Deutsche Verfassungsgeschichte, §§ 11–13.

chien demokratische Staaten, in denen auch die Rechte einzelner Bürger durch die Verfassung (Menschenrechte) und sonstige gesetzliche Regelungen gegen den Staat und seine Organe und Behörden besser geschützt wurden: Grundsätzlich durfte in Eigentum und Freiheit der Bürger nur noch *aufgrund eines Gesetzes* eingegriffen werden (Art. 19 GG). Auch wurde die Macht der demokratischen Regierungen grundsätzlich auf die Zeit bis zu den nächsten Wahlen (zumeist vier Jahre) beschränkt (*Herrschaftsauftrag auf Zeit*). Heute erscheinen diese rechtlichen Regelungen, welche die *individuelle Freiheit* der Bürger in hohem Maße verbesserten, vielen als selbstverständlich, aber sie mussten vom 18. bis 20. Jahrhundert hart erkämpft werden, und sie gingen in Deutschland zwischenzeitlich auch wieder verloren (1933–1945); in der DDR sowie in den sozialistischen Satellitenstaaten Osteuropas (Polen, Tschechoslowakei, Ungarn, Rumänien, Bulgarien, Jugoslawien u.a.) bis zum Jahre 1989. Die westeuropäischen Demokratien waren im 20. Jahrhundert alle als *individualistisch-liberale Republiken* organisiert.[6] Die sozialistischen Satellitenstaaten verstanden sich zwar selbst auch als Demokratien, waren aber beherrscht von einer sozialistischen Einheitspartei, die in der Regel mit über 90 Prozent Mehrheit gewählt wurde. Die Macht lag in der DDR bei der Sozialistischen Einheitspartei (SED) und deren Führern, also bei *Ulbricht*, *Honecker* und zum Schluss bei *Krenz*. Der Staat war daher keine Demokratie, nicht einmal eine „Diktatur des Proletariats“, sondern eine Diktatur der Sozialistischen Partei und deren Führer. Die Bürger dieser Diktatur waren nicht frei, sondern Gefangene des Staates. Bürger, die unerlaubt die DDR verlassen wollten, wurden erschossen, wenn sie nicht mehr gefasst werden konnten, und das Menschenrecht auf Freizügigkeit (Art. 12 IPbürgR) stand allenfalls auf dem Papier, wurde aber in der Staats- und Gerichtspraxis nicht beachtet. Die kollektivistisch organisierten Scheindemokratien der sowjetischen Satellitenstaaten waren in Wahrheit also sozialistische Diktaturen, in denen die Rechte der Bürger so wenig geschützt waren wie einst in den absoluten Monarchien. Die DDR verkaufte zwar ihre Bürger nicht als Soldaten, sperrte sie aber ohne berechtigten Grund ein und die Bundesrepublik durfte sie freikaufen, was im Ergebnis in etwa dasselbe war.

b) Öffentliches Recht – Verwaltungsrecht: Vom Staatsrecht zu unterscheiden ist das *Verwaltungsrecht.* Es betrifft das Verhältnis der durch die staatsrechtlichen Regelungen organisierten Rechtsgemeinschaft des Staates zu den einzelnen Bürgern und regelt deren Rechte und Pflichten gegenüber dem Staat. Nach den Regeln des Verwaltungsrechts ist also beispielsweise zu entscheiden, ob ein Bürger auf seinem Grundstück ein Haus bauen darf, ob ein Führerschein zum Führen eines Kraftfahrzeugs ausgestellt wird oder ein erteilter Führerschein eingezogen werden muss, ob ein junger Bürger an einer Universität studieren darf. Wird ein derarti-

6 Auf die Frage, wozu brauchen wir einen Staat, antwortet *Rolf Gröschner*, Weil wir frei sein wollen, Tübingen 2016; dazu unten Fn 5/212.

ger Antrag eines Bürgers abgewiesen oder wird er durch eine sonstige staatliche Maßnahme in seinen Rechten verletzt, z.B. weil ihm ein Grundstück oder ein Teil davon zum Zwecke des Straßenbaus enteignet wird, so kann er gegen solche staatlichen Maßnahmen Widerspruch einlegen und, wenn dieser Widerspruch abgelehnt wird, Klage beim *Verwaltungsgericht* erheben z.B. auf Erteilung der Baugenehmigung oder Aufhebung der Enteignungsentscheidung. Ist der Bürger mit der Entscheidung des Verwaltungsgerichts nicht einverstanden, so kann er beim *Oberverwaltungsgericht* bzw. *Verwaltungsgerichtshof* des zuständigen Bundeslandes Berufung einlegen und gegen dessen Entscheidung noch Revision beim BVerwG.

Will der Bürger geltend machen, dass die Verweigerung der Baugenehmigung zwar dem Gesetz entspricht, dieses Gesetz aber sein grundrechtlich gesichertes Eigentumsrecht aus Art. 14 GG oder ein sonstiges Grundrecht verletzt, so kann er auch noch Verfassungsbeschwerde beim *BVerfG* erheben,[7] welches im Fall der Verweigerung einer Bauerlaubnis dann entscheiden muss, ob das von der Verwaltungsbehörde vorgetragene *öffentliche Interesse* daran, keine Bebauung auf diesem Grundstück zuzulassen, den *Vorrang verdient* vor der *Freiheit und dem Interesse des Eigentümers*, auf diesem seinem Grundstück ein Haus zu bauen. Entsprechendes gilt, wenn eine junge Frau Medizin studieren will, aber zum Studium nicht zugelassen wird, weil an dieser Universität nur dreihundert Studenten der Medizin pro Semester zugelassen werden sollen und daher ein *Numerus clausus* festgelegt wurde, der alle Zulassungen von Bewerbern mit einer Abiturnote schlechter als 1,2 ausschließt. Auch dann müssen die vorgetragenen Gründe dafür, nicht mehr als dreihundert Medizinstudenten an dieser Universität zuzulassen (zu wenige Laborplätze, nicht genügend Hörsäle), mit der dadurch beeinträchtigten, nach Art. 12 GG grundrechtlich geschützten *Freiheit der Berufswahl* abgewogen und entschieden werden, ob das vorgebrachte öffentliche Interesse an der Beschränkung der Studienplätze den Vorrang verdient vor dem gebotenen Schutz der Berufsfreiheit. Auch wenn der Staat im öffentlichen Interesse besserer Verkehrsbedingungen eine Straße bauen will, die über das Grundstück eines Eigentümers führen soll, und der Grundstückseigentümer zum Verkauf seines Grundstücks nicht bereit ist, muss entschieden werden, ob das Grundstück nach Art. 14 Abs. 3 GG enteignet werden kann, was voraussetzt, dass das öffentliche Interesse am Bau der Straße über dieses Grundstück den Vorrang verdient vor der grundrechtlich gesicherten Eigentumsfreiheit des Bürgers. Dabei muss berücksichtigt werden, dass das Eigentum am Grundstück dem Eigentümer nicht nur das Recht gewährt, dieses nach freiem Belieben zu benutzen und andere von jeder Einwirkung auszuschließen (§ 903 BGB), sondern den Eigentümer auch gegenüber der staatlichen Gemeinschaft dahingehend verpflichtet (Art. 14 Abs. 2 S. 1 GG), überwiegenden Interessen der Allgemeinheit den Vorrang einzuräumen. Auch in diesem

[7] Näheres zu diesem Rechtsweg im 6. Kap VI 3; 8. Kap VI.

Fall muss also die *rechtlich geschützte Freiheit des Eigentümers* abgewogen werden mit der *Pflicht und dem Recht der Gemeinschaft*, durch den erforderlichen Straßenbau die Verkehrsverbindungen zu verbessern und damit die Ansiedlung neuer wirtschaftlicher Unternehmen zu fördern, die das Bruttosozialprodukt und damit den Wohlstand aller in der Gemeinschaft erhöhen. Vor allem durch die Möglichkeit einer solchen rechtlichen Kontrolle der Entscheidungen staatlicher Behörden unterscheidet sich ein *demokratischer Rechtsstaat* von einer *Monarchie* oder *Diktatur*. Letztlich sichert und vergrößert eine derartige rechtliche Kontrolle die *individuelle Freiheit der Bürger*.

c) Von der Monarchie zum Sozialstaat: In den mittelalterlichen Monarchien war die Sorge um das persönliche Wohl der Menschen, dass sie genug zu essen und ein Dach über dem Kopf hatten, weitgehend den Untertanen selbst und ihren Familien überlassen. Wer keine Angehörigen hatte, die für ihn sorgen konnten und wollten, wenn er es selbst nicht konnte, musste betteln gehen oder sterben. Zwar gab es in den Städten meist das eine oder andere Spital oder Armenhaus, das von den Kirchen oder wohltätigen Spendern finanziert wurde, aber nur wenigen und nicht allen Bedürftigen helfen konnte. Die Grundidee war und blieb, dass ein jeder grundsätzlich für sich selbst sorgen muss und der Staat *nur für die Sicherheit*, aber *nicht für das Wohl*, auch nicht für das zum Leben erforderliche Mindestmaß und die Gesundheit seiner Bürger. Das änderte sich erst, als nach der Entwicklung der Dampfmaschine die *Agrargesellschaft* mit ihren *Bauern* sich langsam zu einer *Industriegesellschaft* mit *Fabrikarbeitern* verwandelte und für die Arbeiter, die im Falle von *Krankheit*, *Invalidität* (durch einen Arbeitsunfall) oder *Alter* kein Einkommen mehr hatten, um sich, ihre Frauen und Kinder zu ernähren, in Preußen 1845 die erste *Krankenversicherungsanstalt* für Arbeiter gegründet und danach (ab 1866) während der Kanzlerschaft von *Bismarck* Gesetze zur *Kranken-*, *Unfall-*, *Invaliditäts- und Altersversicherung* geschaffen wurden. Das war seinerzeit ein *ungeheurer sozialer Fortschritt*, der zum Beispiel in den USA bis heute nicht erreicht worden ist. Im Jahre 1911 sind diese Gesetze zur *Reichsversicherungsordnung* zusammengeführt wurden. Dem folgten noch viele andere Sozialgesetze, die heute alle in verschiedenen Büchern des *Sozialgesetzbuches* zusammengestellt sind. Dadurch ist die Bundesrepublik, in deren Verfassung es in Art. 20 Abs. 1 heißt: „Die Bundesrepublik ist ein demokratischer und *sozialer* Bundesstaat", auch tatsächlich zu einem „*Sozialstaat*" geworden. Im Bundeshaushalt ist heute der Sozialhaushalt mit großem Abstand der größte Haushaltsposten. Das *Sozialrecht* wird heute daher nicht mehr dem Verwaltungsrecht zugerechnet, ist vielmehr zu einem eigenen, zwischen Verwaltungsrecht und Zivilrecht stehenden Rechtsgebiet mit einer eigenen Sozialgerichtsbarkeit geworden.

d) Genügt es ein Rechtstaat und ein Sozialstaat zu sein? Es ist gut in einem Rechtsstaat zu leben, der jedem Bürger die Freiheit zusichert, in den Grenzen seines

Rechts seine von Menschenrechten gesicherte Persönlichkeit zu entwickeln und seinen ihm gebührenden Reichtum zu erwerben und es ist noch besser, wenn dieser Rechtsstaat zugleich ein Sozialstaat ist, der allen nicht ganz so Glücklichen eine erträgliches Existenzminimum sichert. Der individuelle Rechtsschutz in Form der Menschenrechte darf jedoch nicht dahingehend missverstanden werden, dass er in einer „nationalitätslosen Menschheit an sein Endziel gelangt" (Radbruch, Rph3, 67). Das Endziel staatlicher Entwicklung kann heute nicht mehr in den Nationalstaaten bestehen, die sich in zwei Weltkriegen zerfleischt haben, aber auch nicht bloß in einer europäischen Wirtschaftsgemeinschaft, sondern in einer föderalistischen Vereinigung der europäischen Staaten, die *im Bewusstsein ihrer gemeinsamen europäischen Geschichte und Kultur* ihre gemeinsamen Interessen verbinden und damit stärken, aber auch den verschiedenen Stämmen ihre Eigenarten belassen.

e) Das Zivilrecht regelt *das Verhältnis der Bürger zueinander* und ist und bleibt das wichtigste Rechtsgebiet in einer freiheitlichen Gesellschaft. Die Rechtsverhältnisse der Bürger zwischen einander können von zweierlei Art sein: Sie können kraft eines *Rechtsgeschäfts*, insbesondere eines *Vertrags*, entstanden sein (eines Kauf-, Miet-, Dienst-, Werk-, Arbeits-, Gesellschafts-, Versicherungs- oder sonstigen Vertrags) oder *kraft Gesetzes* durch zum Schadenersatz verpflichtende unerlaubte, also rechtswidrige Handlungen. Vor allem mit den Mitteln des *Vertragsrechts* kann der Bürger sein Leben selbst in größtmöglicher Freiheit gestalten. Die grundrechtlich gesicherte *Berufsfreiheit* (Art. 12 GG) ermöglicht es jedem Bürger, den Beruf zu wählen, der seiner Art und seinen Fähigkeiten am besten entspricht, mit dem er seine körperlichen und geistigen Kräfte am besten zur Geltung bringen kann. Das Geld, das er durch diesen Beruf verdienen kann, schafft ihm die Möglichkeit, alle Güter zu erwerben, die er sich wünscht und leisten kann. *Das Zivilrecht, insbesondere das Vertragsrecht, ist daher das bestmögliche Mittel zu einer freiheitlichen Lebensgestaltung.* Selbst im Recht der unerlaubten Handlung (Deliktsrecht, §§ 823 ff. BGB) kann in erster Linie der Geschädigte selbst darüber entscheiden, in welcher Höhe er von dem Schädiger Schadenersatz verlangen will, der Schädiger kann entscheiden, ob er so viel oder weniger leisten will; nur wenn beide sich nicht einigen können, muss letztlich ein Gericht entscheiden, ob und in welcher Höhe der Schadensersatzanspruch gerechtfertigt ist. Die Höhe der Prozesskosten (Rechtsanwalts- und Gerichtskosten) lässt es für Schädiger und Geschädigten in der Regel ratsam erscheinen, sich vernünftig zu einigen. Die Volksweisheit lautet: Ein magerer Vergleich ist besser als ein fetter Prozess.

Nach dem Recht der unerlaubten Handlungen (Deliktsrecht) verpflichten zunächst alle strafbaren Handlungen (z.B. Körperverletzung, Tötung, Diebstahl, Unterschlagung, Betrug, Raub), wenn sie zugleich dem verletzten Bürger einen Schaden (im Falle der Tötung z.B. den unterhaltsberechtigten Ehegatten und

Kindern den unterhaltspflichtigen Ernährer genommen haben) zugefügt haben, zum Ersatz des durch die rechtswidrige und schuldhafte Handlung verursachten Schadens (§§ 823 Abs. 2, 844, 249 BGB). Zum Schadenersatz verpflichten jedoch *nicht nur* alle strafbaren Handlungen, sondern auch viele nicht strafbare Handlungen, z.B. die *fahrlässige Eigentumsverletzung*, die zwar nicht strafbar, aber schadenersatzpflichtig macht (§ 823 Abs. 1 BGB), und vor allem auch vorsätzliche oder fahrlässige Verletzungen *vertraglicher Pflichten*, die dem Vertragspartner einen Schaden zufügen (§§ 280, 249 BGB). Die größte Masse aller zivilrechtlichen Klagen ist zweifellos auf den Ersatz eines Schadens gerichtet, der durch ein Delikt (unerlaubte Handlung) oder durch die Verletzung einer vertraglichen Pflicht entstanden ist.

Die allermeisten vertraglichen Pflichten sind nicht primär auf Schadenersatz gerichtet, sondern auf die *vertraglich versprochenen Leistungen*, z.B. auf Übereignung der in einem Kaufvertrag versprochenen Kaufsache sowie auf Zahlung des versprochenen Kaufpreises. Wenn der Schuldner der Sachleistung nicht leistet, so ist er zumeist aus irgendwelchen Gründen dazu nicht imstande oder einfach nicht leistungswillig, und der Gläubiger verlangt dann in der Regel *Schadenersatz statt der Leistung* und nicht die Leistung selbst, weil es oft sehr schwierig oder gar unmöglich ist, den Anspruch auf eine spezielle Leistung gegen den Willen des Schuldners rechtlich durchzusetzen. Bezahlt der Schädiger den entstandenen Schaden, so ist alles in Ordnung, zahlt er nicht, weil er denkt, dass er den Schaden nicht verursacht hat, oder weil er denkt, er hätte ein Recht gehabt, so zu handeln, wie er gehandelt hat, oder weil er meint, der Schaden sei viel geringer gewesen, so muss der Geschädigte eine *zivilrechtliche Klage* erheben (vor einem Amts- oder Landgericht je nach Höhe des Streitwerts) und das Gerichtmuss über den behaupteten Anspruch des Klägers entscheiden.

Ein Geschädigter darf grundsätzlich auch sein gewisslich gutes Recht *nicht selbst zwangsweise* gegen den anderen durchsetzen, z.B. ihn nicht so lange prügeln, bis er seine Schulden bezahlt; auch darf der Gläubiger dem Schuldner nicht heimlich oder mit List das abnehmen, was er ihm schuldet. Der Frieden der Gemeinschaft verlangt insoweit ein *Gewaltmonopol des Staates. Jeder Gläubiger muss daher sein Recht gegen einen anderen, falls dieser nicht freiwillig leistet, vor einem Gericht geltend machen.* Wird die Klage beim Amtsgericht erhoben (Streitwert bis 5000 €) und abgewiesen, so kann der Kläger gegen das Urteil Berufung einlegen, worüber das Landgericht zu entscheiden hat. Wird die Klage beim Landgericht erhoben (Streitwert über 5000 €) und abgewiesen, so kann Berufung beim Oberlandesgericht eingelegt werden. Gegen die Entscheidung des Oberlandesgerichts ist grundsätzlich das Rechtsmittel der Revision zulässig, über die der Bundesgerichtshof zu entscheiden hat. Verletzt eine rechtskräftige Entscheidung nach Ausschöpfung des Rechtswegs (Berufung und Revision) eine verfassungsrechtliche Regelung, so ist auch noch eine Verfassungsbeschwerde zulässig, über die das

Bundesverfassungsgericht (BVerfG) zu entscheiden hat.[8] Ist der Schuldner schließlich rechtskräftig verurteilt, zahlt aber auch dann noch nicht freiwillig, so kann der Gläubiger die *Zwangsvollstreckung* gegen den Schuldner betreiben, also mit Hilfe des Gerichtsvollziehers – aber keinesfalls selbstständig – seinen Anspruch zwangsweise durchsetzen. Auch zur Durchsetzung zivilrechtlicher Rechte bedarf es also einer funktionierenden unabhängigen *Gerichtsbarkeit* und der Institution des *Gerichtsvollziehers*, der die durch Gerichtsurteil zugesprochenen Rechte zwangsweise durchsetzen kann. Ohne ein funktionierendes Gerichtswesen und ohne solche Einrichtungen zum Vollzug strafrechtlicher Urteile und zur Zwangsvollstreckung zivilrechtlicher Urteile ist jede menschliche Rechtsordnung wertlos.

Wenn es in besonderen Zeiten, z.B. während eines Krieges oder in Nachkriegszeiten, zu einem *Stillstand der Rechtspflege* kommt, es also keine Gerichte mehr gibt, alle Gefängnisse zerstört wurden und auch Zwangsvollstreckungen nicht mehr möglich sind, so gibt es auch kein Recht mehr, außer *Faustrecht* und bei manchen Menschen auch noch einige *Moral*, kraft derer sie sich verpflichtet fühlen zu tun, was Recht ist und zu lassen, was Unrecht ist, auch wenn es zwangsweise nicht durchgesetzt werden könnte. Aber auch Moral und gute Sitten zerfallen im Falle eines solchen Stillstands der Rechtspflege zumeist ziemlich schnell, und Unrecht und Chaos breiten sich aus. So ist die Natur des Menschen, es gibt freilich Ausnahmen, aber weniger als man glauben möchte.

In die Gestaltung und Abwicklung der zwischen den Bürgern geschlossenen Verträge hat sich der liberale Staat des 18. und 19. Jahrhunderts und bis zur Mitte des 20. Jahrhunderts kaum oder nur wenig eingemischt. Der Staat hatte für *Sicherheit und Ordnung* zu sorgen, damit die Bürger in dieser Sicherheit und Ordnung in Ruhe ihre Geschäfte besorgen konnten (*Nachtwächterstaat*). Das änderte sich ab Mitte des 20. Jahrhunderts langsam, und der Staat versuchte mehr und mehr, den Bürger als Verbraucher auch gegen die Übervorteilung im Geschäftsleben zu schützen (*Verbraucherschutzrecht*), womit die *Privatautonomie* in den Geschäften des täglichen Lebens zwischen Verbraucher und Unternehmer zurückgedrängt wurde (§§ 13, 14, 305 ff., 312 ff., 474 ff. BGB). Dieses *Verbraucherschutzrecht* soll geschäftsunerfahrene Bürger vor der Übervorteilung und Ausbeutung durch allzu gerissene Geschäftsleute schützen, will also letztlich die Freiheit des Fuchses in der Freiheit des Hühnerstalls ein wenig einschränken. Wesentlich größere Einschränkungen sind nicht ratsam, weil sie einen Freiheitsverlust bedeuten würden, der große andere Nachteile zur Folge hätte. Die richtige Mitte zu finden ist schwer, aber bisher im Wesentlichen gelungen.

f) Strafrecht, Strafgerichtsbarkeit und Strafvollstreckung: Das Strafrecht wird heute zwar als selbstständiges Rechtsgebiet angesehen, ist aber letztlich doch *öffentliches*

8 Näheres zu diesem Rechtsweg im 6. Kap VI 3 und 8. Kap VI.

Recht. Der Staat bestimmt mit seinen Gesetzen, welche Handlungen strafbar, also Straftaten sind („du sollst nicht töten, nicht stehlen, nicht falsch Zeugnis reden“; früher auch noch: „nicht ehebrechen“). Die Polizei hat die Aufgabe, die Straftaten durch die Ermittlung der mutmaßlichen Täter unter Anleitung der Staatsanwaltschaft aufzuklären, die Staatsanwaltschaft klagt die Täter an, die, wenn sie vom Strafgericht für schuldig befunden und zu einer Gefängnisstrafe ohne Bewährung verurteilt werden, anschließend in ein Gefängnis gebracht und eingesperrt werden müssen. Viele Straftaten sind seit alters her strafbar und sind es auch heute noch (Mord, Diebstahl, Betrug, Vergewaltigung), manche sind es nicht mehr (Ehebruch, Homosexualität) und manche sind neu hinzugekommenen (z.B. die Verbreitung, Vervielfältigung oder sonstige Wiedergabe eines Werks ohne Berechtigung des Urhebers, § 106 UrhG; oder die unberechtigte Erhebung oder Verarbeitung personenbezogener Daten, § 43 BDSG). Straftaten ändern sich also im Laufe der geschichtlichen Entwicklung, manches erscheint nicht mehr strafbar, neue Tatbestände werden strafbar. Stark verändert haben sich auch die Methoden der Bestrafung. Früher gab es für schwere Straftaten die Todesstrafe in vielen Varianten:[9] Hängen, Kreuzigen, Pfählen, Rädern, Vierteilen, in Stücke reißen (mittels Pferden), Ausdärmen, Hängen, Enthaupten und zuvor Folterungen in vielfältigster Weise. Außer der Todesstrafe gab es auch Einkerkerungen oder Prügelstrafen und Folterungen der verschiedensten Art und Stärke, die nicht selten zur Todesstrafe wurden.

Zu allen Zeiten sollten diese und andere Strafen dazu dienen, dass derselbe Täter solche Taten nicht wieder begeht (*Spezialprävention*) und andere davon abgeschreckt werden, solche Taten zu begehen (*Generalprävention*). Eine solche Bestrafung darf aber grundsätzlich nicht demjenigen überlassen bleiben, der von einem anderen geschädigt worden ist, weil ansonsten viele Unschuldige mit solchen Strafen belegt würden und auch die meisten Schuldigen ein Übermaß an Strafen erleiden müssten. Jede staatlich geordnete Gemeinschaft musste daher gegen das *Fehdewesen* ein *Gewaltmonopol* für sich beanspruchen, aufgrund dessen *allein* staatliche Organe zu solcher Bestrafung berechtigt sind. Auch dürfen derart schwere *Eingriffe in die Freiheit* und *körperliche Unversehrtheit* der Bürger nur aufgrund des *Urteils eines unabhängigen Gerichts* erfolgen, das in öffentlicher Verhandlung die strafbare Tat eines Menschen feststellt und ihn zu einer bestimmten Strafe verurteilt. Bis zu einem solchen *Gewaltmonopol* des Staates und der Einrichtung einer *unabhängigen Gerichtsbarkeit* war es in allen menschlichen Gemeinschaften ein langer Weg. Lange hat es auch gedauert, bis allen Bürgern bewusst geworden ist, dass sie auch ein *gutes Recht* gegen einen anderen grundsätzlich *nicht mit Gewalt*

[9] Dazu und zu anderen Strafen *Jacob Grimm*, Deutsche Rechtsaltertümer, 2. Bd., 269. Was war der Sinn dieser Art der Bestrafung? Was ist heute der Sinn der Strafe? Dazu sehr lesenswert *Schmidhäuser*, Der Sinn der Strafe.

selbst durchsetzen dürfen, vielmehr den Weg über die Gerichtsbarkeit gehen müssen, wenn eine gütliche Einigung mit dem anderen nicht möglich ist. Zur Sicherung der Freiheit der Bürger vor der Strafgewalt des Staates musste nicht zuletzt der Satz *nulla poena sine lege* (keine Strafe ohne Gesetz) zum Gesetz und sogar zum *Verfassungsgrundsatz* erhoben werden: Nach Art. 103 Abs. 2 GG darf ein Mensch zu einer Strafe nur verurteilt werden, wenn der Tatbestand *vor der Tat* in einem *Gesetz* des positiven Rechts als strafbar genau beschrieben und mit einer solchen Strafe sanktioniert worden ist.[10]

Schließlich bedarf es der Gefängnisse zur Unterbringung der zu Freiheitsstrafen verurteilten Täter. Noch im 20. Jahrhundert gab es auch sog. *Zuchthäuser*, in denen schwere Straftaten (Mord, Totschlag, Raub, Notzucht, Hochverrat u.a.) verbüßt werden mussten, auch besondere Einrichtungen, in denen die Straftäter „zum Empfang" eine bestimmte Anzahl von Schlägen erhielten und „zum Abschied" nochmals dasselbe, damit sie, so die damalige Überzeugung, es sich gut merken und nicht mehr wiederkommen wollen. Sofern die Häftlinge sich während der Haft nicht ordnungsgemäß verhielten, erhielten sie „zu ihrer Erziehung" gleichfalls derartige Schläge. In einigen Staaten gibt es derartige und ähnliche Einrichtungen auch heute noch. In vielen Staaten der Welt, darunter allen, die heute zur Europäischen Union gehören, ist die Bestrafung von Straftätern im Laufe der Zeit jedoch ständig weiter humanisiert und in den meisten Staaten ist auch die Todesstrafe abgeschafft worden. In vielen Staaten steht daher heute die *Resozialisierung der Straftäter* im Vordergrund, was schon deswegen richtig ist, weil die meisten Straftäter aus einem *bestimmten Milieu* heraus nahezu zwangsläufig straffällig werden und höchstwahrscheinlich ein anderes Leben geführt hätten, wenn sie in *bürgerlichen Verhältnissen* aufgewachsen wären. Letztlich haben in Deutschland aber nur etwa *2 bis 3 Prozent der Bevölkerung* etwas mit Strafverfahren zu tun, die nicht mit Delikten im Straßenverkehr in Zusammenhang stehen. Aus vielen guten Gründen will der Gesetzgeber auch nicht jedes Unrecht zu einer strafbaren Handlung machen. Das Strafrecht soll – um der Freiheit willen – nur ein *ethisches Minimum* gewährleisten und den Rest der *Moral* und den *guten Sitten* überlassen sowie der Geltendmachung zivilrechtlicher Schadenersatzansprüche, sofern ein Schaden entstanden ist.

III. Zur menschlichen Freiheit gehört die Veränderlichkeit des Rechts

Das *göttliche Recht* ist notwendig *gerecht*, *allgemein gültig* und *unveränderlich*, weil Gott der Gerechte nur gerecht sein kann,[11] und auch von aller Ewigkeit bis in al-

[10] Zur Problematik des Art. 103 Abs. 2 GG: 8. Kap III 4 u. 6 b; V u. VI 5–8.
[11] Zu einem Problemfall dieses Dogmas vgl. 3. Kap V vor 1 Fn 3/89.

le Ewigkeit allwissend bleibt und sich selbst daher niemals zu ändern braucht. In einer Glaubensgemeinschaft, die das Recht als *göttliches Recht* (*lex divina*, *lex aeterna*) versteht, darf sich verständlicherweise der Mensch auch nicht anmaßen, dieses Recht ändern zu wollen. Das zwischen den Menschen geltende Recht, das die Beziehungen der Menschen zueinander regeln soll, muss jedoch den jeweiligen Verhältnissen, in denen die Menschen leben, angepasst sein und den im Tatzeitpunkt bestehenden Verhältnissen gerecht werden. Die Verhältnisse des Menschen haben sich aber im Laufe der geschichtlichen Entwicklung vom Jäger und Sammler, zum Ackerbauern, zum Fabrikarbeiter, zum Computerspezialisten jedoch ständig verändert und daher musste auch das Recht ständig an diese neuen Verhältnissen angepasst werden. Die Entwicklung der Industriegesellschaft hat z.B. ein Arbeits- und Sozialrecht erforderlich gemacht, weil ansonsten die Menschen heute ebenso wie zu Beginn des Industriezeitalters von den Kapitalisten ausgebeutet werden würden; wie es in anderen Teilen der Welt auch heute noch geschieht. Einige unveräußerliche Rechte (wie das Recht am eigenen Leben, Körper, Eigentum, auch an der persönlichen Ehre) sind zwar im Wesentlichen dieselben geblieben, ansonsten haben die angedeuteten Änderungen der menschlichen Kultur aber auch stets neue und geänderte rechtliche Regelungen erforderlich gemacht. *Neue Technik bringt neues Recht hervor* (*Jaspers*): Der Weg vom Faustkeil des Neandertalers zum Pflug des Bauern, zur Dreifelderwirtschaft und zum Kunstdünger, zur Entdeckung des Seewegs nach Indien und der Kugelgestalt der Erde, zur Dampfmaschine, zum Elektro- und Ottomotor, zum Atomkraftwerk, zur Raumfahrt, zur Mikroprozessorentechnik, zur elektronischen Steuerung nahezu aller Verfahrensabläufe, zum Internet und nicht zuletzt zur modernen Medizintechnik hat eine größere Zahl von Menschen und notwendigerweise auch ein anderes Verhalten der Menschen sowie des dazu erforderlichen Rechts hervorgebracht. Der Mensch erobert sich fortwährend neue Lebensräume, entwickelt neue technische Hilfsmittel, was neue Erfahrungen, neue Möglichkeiten, neue Staaten und neue Staatenverbände oder inter- und supranationale Organisationen (Vereinigte Staaten von Amerika, Europäische Union, Vereinte Nationen), neues Glück, aber auch neue Gefahren und neue Missbrauchsmöglichkeiten hervorbringt, die *neues Recht* erforderlich machen. Mit dem im Zeitalter der Agrargesellschaft geltenden Recht können die Verhältnisse eines Staates in der globalisierten digitalen Welt der Informationsgesellschaft nicht mehr brauchbar geregelt werden. Das Recht muss den durch die neuen Techniken entwickelten neuen Verhältnissen angepasst werden. Das kann nur durch menschliches Recht erfolgen. Göttliches Recht ist wie Gott unveränderlich ewig gültig und ewig gerecht, der Mensch aber braucht veränderliches, an die Verhältnisse der jeweiligen Gegenwart anpassbares Recht.

Die christliche Welt ist erstmals durch die Lehren des *Thomas von Aquin* zu der Erkenntnis gekommen, dass die Menschen sich aus ihrer eigenen Vernunft ihr eigenes Recht schaffen müssen, weil zur Freiheit des Menschen auch die Freiheit gehört, die Verhältnisse, in denen er lebt und leben will, angemessen, also recht und gerecht, zu regeln; den alten Griechen und den Römern ist dies allerdings längst bekannt gewesen, aufgrund der Christianisierung ist dieses Wissen aber verloren gegangen. Es hat daher weitere fünf Jahrhunderte gedauert, bis sich die Erkenntnis des *Aquinaten* gegen den christlichen Glauben in der Aufklärungsbewegung des 18. Jahrhunderts nach der amerikanischen Unabhängigkeitsbewegung und der Französischen Revolution in der US-amerikanischen und der französischen Verfassung und später auch in anderen Staaten praktisch wieder durchsetzen konnte.[12] In der Welt des Islams und deren Staaten hat eine derartige Entwicklung jedoch nicht stattgefunden. Das bringt die Menschen und die Staaten in der Welt des Islams, die sich von den neuzeitlichen technischen Entwicklungen auch nicht freihalten können und auch nicht wollen, andererseits aber von der Vorstellung göttlichen und also unveränderlichen Rechts beherrscht sind, in die allergrößten Schwierigkeiten, weil die auf dem *Koran*, also auf einer *göttlichen Offenbarung*, beruhenden Grundsätze von den Menschen bei Vermeidung der Todesstrafe nicht geändert, aber auch nicht außer Acht gelassen werden dürfen. Diese göttliche Rechtsordnung macht es den Menschen dieser Staaten sehr schwer, mit den Menschen anderer Staaten mit einer anderen Rechtsordnung oder mit einem anderen Koranverständnis in friedlicher Weise zusammenzuleben und zusammenzuarbeiten. In vielen islamischen Staaten herrschen daher Bürgerkriege oder vom Terrorismus beherrschte Verhältnisse, die letztlich auf einem verschiedenen Islamverständnis beruhen, und seit dem 11. September 2001 ist dieser Terrorismus auch in die westliche Welt getragen worden.

Die Kriegszustände und der Terror und die dadurch entstandene Not in den islamischen Staaten, aber auch die Hungersnöte und sonstige untragbare Zustände in vielen afrikanischen Staaten einerseits sowie der große Wohlstand und der Frieden in der westlichen Welt andererseits, haben in neuerer Zeit auch größere Wanderungsbewegungen zu den Wohlfahrtstaaten Westeuropas ausgelöst. Aufgrund des verantwortungslosen „wir schaffen es", verstärkt nach Deutschland, ohne dass die zur Aufnahme der ankommenden Flüchtlinge erforderlichen Maßnahmen auch tatsächlich und rechtzeitig geschaffen worden sind. So ist in der Bevölkerung, geschürt von gleichfalls verantwortungslosen Politikern die Sorge entstanden, dass die massenhaft ankommenden Fremden den inneren Frieden gefährden und die Sozialleistungen an deutsche Sozialhilfeempfänger mindern könnten. Die Sorgen der Bevölkerung sind zwar übertrieben, werden vor allem von denen übertrieben, welche sich davon einen politischen Erfolg versprechen, aber es muss trotzdem mit mehr Tatkraft alles getan werden, um die Ankömmlinge möglichst bestens in unsere Gemeinschaft zu integrieren. Daran mangelt es

12 Dazu 2. Kap VII.

aber in erheblichem Maße, was an der Entwicklung der Politikbarometer abzulesen ist. Flotte Sprüche genügen nicht. Wenn man etwas schaffen will, muss man etwas tun, nicht bloß davon reden und Sprechstunden in der Volkshochschule abhalten. Die Politik ist dadurch vor große und sehr schwierige Fragen gestellt worden, die *vernünftig* und damit *rechtlich* und *rechtmäßig* nur gelöst werden können, wenn man ihre Ursachen klar genug erkennt. *Grenzenloses „Gutmenschentum"* kann in dieser Problematik und Lage nicht das alleinige und auch nicht das vorrangige Ziel der Politik sein. Es ist und bleibt daher zu hoffen, dass *wir es schaffen*, aber Worte und gute Vorsätze genügen dazu nicht. Es steht zwar geschrieben am Anfang war das Wort (*in principio erat verbum*), aber Goethe übersetzte: „Am Anfang war die Tat!" Worte sind häufig nur Schall, manchmal auch Ausdruck guten Willens, vielfach aber nicht mal dies, sondern nur unzureichende Rechtfertigungsversuche für mangelndes oder mangelhaftes Tun.

2. Kapitel
Ursprung und Entwicklung des Rechts

Die Geburtsstätte des Rechts ist das Gericht.
Rehbinder

I. Die Frage nach dem Grund allen Seins

Schöpfungsakt oder Urknall, Schöpfungsglaube oder Evolutionstheorie? Die Menschheit konnte die Fragen bisher nicht in beweisbarer Weise beantworten und wird sie nach allem, was wir heute glauben, wissen zu können, bis ans Ende aller Zeiten nicht beantworten können. Die Fragen stellten sich aber wohl schon den ersten Menschen, und sie vermuteten hinter allem für sie unerklärbaren Geschehen *geheimnisvolle Kräfte*, denen sie irgendwann spezielle (Götter-)Namen gegeben haben, womit die Ursachen und Kräfte zunächst eine *nominale* Existenz und dem Glauben der Menschen entsprechend für sie bald auch eine *reale Existenz* als Herrscher der Mächte erlangten, denen ihre menschliche Existenz von ihrer Geburt bis zum Tode ausgeliefert war, wie sie tagtäglich erfahren konnten. So versuchten sie, den „Willen" dieser kraft ihres Glaubens existent gewordenen Götter zu erforschen und ihnen möglichst gehorsam zu sein, damit sie nicht deren Zorn erregen und großes Unglück über sie kommt. Dieser „Willen der Götter" ist später *teilweise* als Funktion von *Naturgesetzen* erkannt worden, teilweise ungeklärt geblieben und wird es wohl bleiben bis ans Ende aller Tage.

II. Die sakrale Herkunft des Rechts

Die Herkunft des Rechts liegt weitgehend im historischen Dunkel, aber viele wiederentdeckte Quellen aus frühgeschichtlicher Zeit zeigen einen *sakralen Charakter*, der in der Form und Symbolik älterer Rechtsinstitute noch zu erkennen ist. Auch war noch in historisch erforschter Zeit die Rechtspflege und Rechtsprechung den Priestern der zuständigen Gottheit anvertraut.[1] Aufgrund der gar nicht vermeidbaren Streitigkeiten der Menschen untereinander mussten die Priester darüber nachdenken, was in diesen Streitfällen *„Recht"* sein soll, auch, was in ähnlichen und anderen Fällen Recht sein soll. Ob die Priester auch noch darüber nachdachten, ob die Ergebnisse ihres Nachdenkens ihrem eigenen Kopf, ihrer *eigenen Vernunft* entsprungen oder ihnen *von Gott eingegeben*, also *offenbart* worden sind, ist

---

1 Vgl. *Fritz Schulz* GeschRömRWiss 6 ff.

uns nicht nachprüfbar überliefert worden.[2] Aber wir stehen mit großem Erstaunen und Ehrfurcht vor den Gedankengebäuden, die diese Propheten und Priester errichtet und in unsere geschichtliche Zeit überliefert haben. Die Rechtsgeschichte lehrt uns, dass unsere heutige Rechtsordnung in gewissem Maße noch auf diesen Quellen des Rechts beruht.

1. Gewohnheiten – Gebräuche – Sitten – Recht:[3] Ein Mensch für sich allein braucht kein Recht; allerdings wird er auch für sich selbst aus seiner Erfahrung heraus einige Grundsätze entwickeln, wie er sich selbst in bestimmten und ähnlichen kritischen Situationen künftig verhalten will, um Gefahren und Schäden an sich selbst und an seinen eigenen Gütern zu vermeiden. Ein Mensch lebt aber selten oder nie nur für sich allein, sondern in kleinen oder größeren Gruppen (Familien, Sippen, Stämmen, Völkern, Dörfern, Städten, Staaten) zusammen mit anderen Menschen, und dieses Zusammenleben bedarf der Regelung möglichst vieler oder gar aller Probleme, die das Zusammenleben von Menschen mit sich bringt: Was darf ein jeder tun, was darf er nicht tun, was darf er von einem anderen verlangen, wenn er der Stärkere oder der Schwächere ist? Wie kann dem Schwächeren geholfen werden, wenn er sich gegen den Stärkeren selbst nicht wehren kann? Was muss einer für einen anderen tun, wenn dieser sich nicht selbst helfen kann, was muss er für die Gemeinschaft tun, und wie weit darf er seinen Eigennutz betreiben? Muss der Jäger die Beute teilen, wenn er Jagdglück hatte, oder darf er sie für sich und seine engere Familie behalten?[4] In jeder Gemeinschaft von Menschen haben sich zur Beantwortung dieser und vieler anderer Fragen Regelungen herausgebildet und sind an neu zu der Gemeinschaft hinzugekommene Menschen weitergegeben worden, seit der Zeit, in der Menschen zusammenleben. In der Entwicklung des Menschen und der menschlichen Gemeinschaften von einer Horde von Sammlern und Jägern zu Ackerbauern, zu Industriearbeitern und zu Computerspezialisten und der damit fortschreitenden Arbeitsteilung sind zu diesen einfachen Fragen immer neue Fragen von immer größerer Komplexität hinzugekommen und bedürfen immer speziellerer Antworten. *Neue Technik bringt neues Recht hervor*[5] (*Jaspers*). Schon die alten Römer mussten zur Aufrechterhaltung ihrer Sklavenwirtschaft und Macht in ihrem Herrschaftsbereich die erforderlichen rechtlichen Regelungen schriftlich fassen, weil kein Mensch alles noch hät-

---

2 *Mose* hat, nach der Überlieferung der alten Bundesschriften (2. Mose 18,13–27; dazu unten II 2), den Rat, seinem Volk Gesetze zu geben, damit er nicht zu viel Mühe mit der Rechtsprechung hat, von seinem Schwiegervater erhalten, aber auch Zwiesprache mit seinem Gott gehalten (2. Mose 19,10–25). *Mohammed* sagte, der Koran sei ihm von Allah offenbart worden (Sure 10/38; dazu 9. Kap IV 1).

3 Zur Entstehung des Rechts aus Gewohnheiten, Bräuchen oder Sitten und zur davon zu unterscheidenden Sittlichkeit vgl. *Henkel* EinfRph §§ 15, 16.

4 *Mauss*, Die Gabe 38, 94 und öfters.

5 *Jaspers* Vom Ursprung und Ziel der Geschichte, 109 ff.

te richtig in seinem Kopf speichern können. Dieser Prozess hat sich im Laufe der Entwicklung zur global agierenden Industrie- und Informationsgesellschaft gewaltig gesteigert. *Mose* meißelte seine Gesetze noch in Stein, wir haben Loseblattausgaben erfunden und heute braucht man schon Computerkapazitäten, um die Rechtsmasse noch überschaubar erfassen und nutzen zu können. Die Rechtsentwicklung von der prähistorischen Zeit bis in unsere Tage kann hier im Einzelnen nicht nachgezeichnet, es muss dazu auf die Lehrbücher der Rechtsgeschichte verwiesen werden.[6] Einige markante Punkte dieser Rechtsentwicklung, die zum Verständnis des heutigen Rechtszustands erforderlich erscheinen, sollen im Folgenden jedoch aufgezeigt werden; zuerst eine Geschichte, die jeder Christenmensch kennt, aber mit der nachfolgenden Erzählung in etwas anderem Licht erscheint.

2. Mose als Richter und Gesetzgeber: Mose hatte zu *Kadesch*, wo er mit seinem Volk *Israel* nach seinem Auszug aus Ägypten lagerte, Besuch von seinem Schwiegervater *Jethro* erhalten, der ihm sein Weib und seine beiden Söhne mitbrachte, und *Mose* erzählte ihnen alle Mühsal ihres Auszugs. Am anderen Morgen setzte sich *Mose*, das Volk zu richten; und das Volk stand um *Mose* her von Morgen an bis zum Abend (2. Mose 18,1–13).

a) Der gute Rat des Schwiegervaters: Jethro aber sagte zu ihm (2.Mose 18,14-27): „Es ist nicht gut, was du tust. Du machst dich zu müde, dazu das Volk auch, das mit dir ist. Pflege du das Volk vor Gott, und bringe die Geschäfte vor Gott, und stelle ihnen *Rechte und Gesetze*, dass du sie lehrest den Weg, darin sie wandeln, und die Werke, die sie tun sollen. Wenn du ihnen die Gesetze gegeben hast, dann sieh dich um unter allem Volk nach *redlichen Leuten*, die Gott fürchten, die setze über sie, etliche über 1000, über 100, über 50 und über 10, dass sie das Volk allezeit richten, wo aber eine große Sache ist, dass sie dieselbe an dich bringen und sie alle geringe Sachen selber richten, so wird dir es leichter werden, und sie werden mit dir tragen." *Mose* aber antwortete ihm: „Sie werden Geschenke nehmen und die Gottlosen Recht haben lassen, denn Geschenke machen die Sehenden blind und verkehren die Sachen der Gerechten." „Weiß ich ganz gut", antwortete *Jethro*, „aber etwas davon muss man in Kauf nehmen, wenn nur Recht gesprochen wird überhaupt und eine Ordnung ist, werde sie auch etwas verwickelter durch Geschenke, das macht nicht so viel, siehe, die da Geschenke nehmen, das sind gewöhnliche Leute, aber das Volk besteht auch aus gewöhnlichen Leuten, darum hat es Sinn fürs Gewöhnliche, und wird ihm das Gewöhnliche gemütlich sein in der Gemeinde." Schwermütig hörte *Mose* ihm zu, versprach aber zu tun, wie ihm geraten war.

---

6 Dazu *Uwe Wesel*, Geschichte des Rechts, Von den Frühformen bis zum Vertrag von Maastricht.

b) Das Gesetz, geschrieben mit dem Meißel Moses: Tag für Tag mühte sich *Mose*, das Volk in Ordnung und Frieden zu halten, damit es gottgefällig lebe, aber es wollte ihm nicht richtig gelingen. Als eines Tages der Sinai Feuer spuckte und dieses den Berg hinabrollte wie Wasser, er auch ein schlechtes Gewissen hatte, weil er zum Ärger seiner Frau und seiner Söhne wieder bei seiner Mohrin gelegen hatte, betrachtete er dies als Zeichen aufzubrechen und das Ewig-Kurzgefasste, das Bündig-Bindende, *Gottes Gesetz der Sittlichkeit* herunterzuholen und festzusetzen. Allein und zu Fuß, ausgerüstet mit einem Wanderstab einer irdenen Flasche, ein paar Wecken und einigem Werkzeug: Haue, Meißel, Spachtel und Stichel machte er sich au den Weg zum Berge Sinai. Dort blieb er vierzig Tage und vierzig Nächte, denn die Aufgabe war viel schwieriger, als er gedacht, obwohl er nie geglaubt hatte, dass irgendein Mensch oder der liebe Gott ihm fertige Tafeln übergeben würde. Er musste das selbst machen, aber *wie sollte er schreiben*? Im thebanischen Internat hatte er zwar die ägyptische Bildschrift und die keilige Euphrat-Schrift erlernt, sie schienen ihm aber nicht gut und passend für das ewig-kurzgefasste, bündig-bindende *Gesetz der Sittlichkeit*, und so sammelte er die Laute der Sprache, die mit den Lippen, mit Zunge und Gaumen und mit der Kehle gebildet werden, indem er die wenigen leertönenden davon absonderte, die, von jenen eingefasst, abwechselnd in den Worten vorkamen und von ihnen erst zu Worten gemacht wurden. Er probierte feurigen Kopfes in loser Anlehnung an die Marken der Sinai-Leute Zeichen aus an der Felswand für die lallenden, prallenden und knallenden, die zischenden und gischenden, schnurrenden und murrenden Laute mit seinem Stichel, und als er die Sigel in einer gewissen Gefälligkeit wohl unterschieden beisammen hatte – siehe, da konnte man die ganze Welt damit schreiben, das, was Raum einnahm und was keinen Raum einnahm, das Gemachte und das Gedachte – reinweg alles. *Mose* hatte das Alphabet erfunden, um damit das Ewig-Kurzgefasste, Bündig-Bindende auf zwei Tafeln aus Stein festhalten zu können. Auf der ersten Tafel fünf Gebote, welche die Menschen Gott gegenüber beachten sollen; auf der zweiten Tafel fünf Gebote, welche die Menschen anderen Menschen gegenüber beachten sollen. Also stichelte, meißelte und spachtelte *Mose* mit seinen starken Händen in den harten Stein von *zwei Tafeln* die *Zehn Gebote*:[7]

ICH BIN DEIN GOTT: DU SOLLST KEINE ANDEREN GOETTER NEBEN MIR HABEN.
DU SOLLST DIR KEIN BILDNIS VON MIR MACHEN.
DU SOLLST MEINE GEBOTE HALTEN UND BARMHERZIG SEIN.
DU SOLLST MEINEN NAMEN NICHT MISSBRAUCHEN.
SECHS TAGE SOLLST DU ARBEITEN UND AM SABBAT SOLLST DU RUHEN.

7 Vgl. die nach der vorstehenden Geschichte (2. Mose 18 und 19) stehenden Zehn Gebote 2. Mose 20, 2–17; was in 2. Mose 19 u. 20 kurzgefasst ist, ergänzt und schildert mit genialem Einfühlungsvermögen etwas ausführlicher *Thomas Mann* in der Erzählung: *Das Gesetz*.

DU SOLLST NICHT MORDEN.
DU SOLLST NICHT EHEBRECHEN.
DU SOLLST NICHT STEHLEN.
DU SOLLST NICHT LUEGEN.
DU SOLLST VATER UND MUTTER EHREN, UEBER NIEMAND FALSCH ZEUGNIS REDEN UND[8] UEBERHAUPT NIEMAND ETWAS ANTUN, WAS DU NICHT WILLST, DASS MAN DIR TUT.

c) Es bleibt die menschliche Freiheit: So wie vorstehend geschildert, können sich „gewöhnliche Leute", auch außergewöhnliche wie *Thomas Mann*, die Entstehung des Gesetzes vorstellen. Freilich kann man sich die Sache auch anders vorstellen und heute entstehen die Gesetze gewiss auf andere Weise; inwieweit dabei göttliche Eingebungen noch vorausgehen, muss letztlich offenbleiben. Aber wenn die Menschen glaubten und weiterhin glauben, dass die Tafeln von Gott selbst übergeben worden sind, oder dass Gott einem auserwählten Menschen *eingegeben* hat, das ihm offenbarte Bündig-Bindende, Ewig-Kurzgefasste in steinerne Tafeln einzuhämmern und sie über sein Volk zu hängen, damit das Volk weiß, wohin Hand und Fuß setzen, so bekommt das so Eingehämmerte eine „höhere Richtigkeitsgewähr", und es fällt dem Volk leichter, die Gesetze einzuhalten und danach zu leben; denn auch dann, wenn diese Gesetze von Gott gegeben sind, *lassen sie dem Menschen die Freiheit*, sich danach zu richten oder nicht. Der Unterschied zu den Naturgesetzen bleibt bestehen, ansonsten hätte es der Tafeln und der Anstrengungen von *Mose* nicht bedurft; weil ein *allmächtiger Gott* doch auch die Fähigkeit hätte, die Befolgung der Gesetze des Rechts zu erzwingen, sie also zu „Naturgesetzen" zu machen. Aber, sofern nicht alles Zufall ist, hat Er es nicht getan, um uns die *Freiheit* zu lassen. Und das ist auch gut so, weil damit dem Menschen die Würde gegeben wurde, sich selbst für das Recht oder das Unrecht entscheiden zu können, was den Menschen vom Tier unterscheidet.

III. Vom göttlichen Recht zur griechischen Philosophie und zum römischen Recht

1. In der griechischen Welt hat sich die Geschichte des Rechtsbegriffs anders entwickelt. In der vielgestaltigen Götterwelt,[9] die uns *Homer* in seiner ganzen Herrlichkeit vermittelt hat, konnte in einer Streitigkeit zwischen Menschen einer diesen (*Apollo*) und der anderen jenen *Gott* oder eine Göttin (*Pallas Athene*) um Beistand bitten und im Maße ihres Glaubens deren Hilfe erwarten; freilich: *„Nicht*

[8] Der folgende Satz steht als „goldene Regel" in Tobias 4, 16; ähnlich in Matth. 7,12 (dazu 4. Kap I 2 zum kategorischen Imperativ Kants) und wurde an dieser Stelle v. Verf. „eingeschmuggelt", gehört aber auch hierher! Mose hat es leider vergessen.

[9] Vgl. auch *Schiller*, Die Götter Griechenlands: „Wo jetzt nur, wie unsere Weisen sagen, / seelenlos ein Feuerball sich dreht, / lenkte damals seinen goldenen Wagen / Helios in stiller Majestät".

errettet den göttlichen Held die unsterbliche Mutter, wann er, am skäischen Tor fallend sein Schicksal erfüllt."[10] In der griechischen Welt sind diese Gottesvorstellungen und die ihnen entsprechenden Rechtsvorstellungen jedoch nicht durch eine *monotheistische Religion* abgelöst, sondern philosophisch geklärt worden. Diese Philosophie, insbesondere die Werke *Platons* (428–348 v. Chr.) und *Aristoteles'* (384–322), beeinflussten wiederum stark die römische Rechtsentwicklung, auf deren Grundlage das Recht in der europäischen Staatenwelt, in Amerika und heute nahezu in der ganzen zivilisatorisch entwickelten Welt gebildet und fortwährend weiterentwickelt wurde.

2. Die Überlieferungen des römischen Rechts: Für die *westeuropäische Rechtsentwicklung* prägend wurde das römische Recht in der Form des CORPUS JURIS CIVILIS (CJC), das Kaiser *Justinian* (482–565 n. Chr.) ca. fünfzig Jahre nach dem Untergang des Weströmischen Reiches (476) von Tribonian hat zusammenstellen lassen und in den Jahren 529/534 als Gesetz verkündet hat. Dieses Corpus Juris Civilis war aber kein Gesetz, auch keine Gesetzessammlung im heutigen Sinne eines Gesetzbuches, das zur Regelung bestimmter Sachgebiete aus einer Vielzahl von einzelnen Gesetzen, das heißt einzelnen Rechtssätzen, besteht, sondern eine aus vier Teilen bestehende Sammlung juristischer Texte, die seit dem *Zwölftafelgesetz* (um 450 v. Chr.) im römischen Reich entstanden waren, bestehend aus:

1. den *Institutionen*,[11] was eine Art Lehrbuch nach dem Vorbild einer Schrift von *Gaius* (um 130–180 n. Chr.) ist;
2. den *Digesten*[12] oder Pandekten, die eine sachlich gegliederte Zusammenstellung von Textteilen aus Werken römischer Juristen sind, die zu dieser Zeit in den Bibliotheken von Beirut und Konstantinopel noch vorhanden waren, heute im Wesentlichen aber nur noch insoweit erhalten sind, als sie in das CJC aufgenommen wurden; diese Digesten bilden den Hauptteil des CJC;

---

10 *Schiller*, Nänie.

11 Die *Institutionen* sind eingeteilt in 4 Bücher, die Bücher in Titel und die Titel in Paragraphen und werden so zitiert: Inst. 1.1.2., d.h. Institutionen 1. Buch, 1. Titel, § 2: „Nach dieser allgemeinen Unterrichtung beginnen wir, das Recht des römischen Volkes darzulegen." Wenn vor einem Titel (als Einleitung) ein Satz steht (oder mehrere Sätze), so wird das mit pr. (*principium*) zitiert, Institutionen 1.1. pr. heißt also: 1. Buch, 1. Titel, 1. Satz vor § 1: „Gerechtigkeit ist der unwandelbare und dauerhafte Wille, jedem sein Recht zu gewähren." Die Institutionen gibt es als Taschenbuch mit lateinischem Text und deutscher Übersetzung von: *Behrends/Knütel/Kupisch/Seiler*, Corpus Juris Civilis – Die Institutionen.

12 Die *Digesten* bestehen aus 50 Büchern, diese zerfallen in Titel, die Titel in Fragmente (*leges*), die Fragmente in Paragraphen: D.1.1.1.1 heißt also 1. Buch, 1. Titel, 1. Fragment, § 1: „Mit Grund kann man uns Priester der Gerechtigkeit nennen." Vor dem Paragraphen können auch in den Digesten ein Satz oder mehrere Sätze stehen, die mit pr. zitiert werden, z.B. D.1.1.1. pr.: „Wer das Recht studieren will, muss zunächst wissen, woher das Wort Recht [*ius*] kommt." Von den Digesten sind die Bücher 1–27 mit deutscher Übersetzung, übersetzt und hrsg. von Okko Behrends, Rolf Knütel u.a., im C. F. Müller-Verlag 1995–2005 erschienen als Corpus Juris Civilis, Text und Übersetzung, Bd. II–IV.

3. dem *Kodex*, bestehend aus Entscheidungen der römischen Kaiser seit 31 v. Chr., als *Augustus* die römische Republik in ein Kaiserreich verwandelte;
4. den *Novellen* mit weiteren kaiserlichen Entscheidungen, zumeist von Justinian.

Entstanden sind die in den *Institutionen* und *Digesten* enthaltenen Rechtssätze, Rechtsgrundsätze und Rechtsvorstellungen jedoch teils schon in vorklassischer Zeit (3.–1. Jahrh. v. Chr.) in Schriftwerken namentlich bekannter großer Juristen ohne jede Berufung auf göttliche Offenbarungen oder sonstige metaphysische Voraussetzungen, wohl aber beeinflusst von der griechischen Philosophie, deren Werke damals noch nicht verlorengegangen und in Rom bekannt waren. Für die späteren kaiserlichen Entscheidungen im *Kodex* und in den *Novellen* gilt Entsprechendes. Das bleibt auch so in der klassischen und *nachklassischen Zeit*[13] bis zum 3. Jahrhundert n. Chr. Danach setzte mit dem wirtschaftlichen, sozialen und militärischen Niedergang des Weströmischen Reiches bis zu seinem Zusammenbruch eine fortschreitende *Vulgarisierung* ein, die aber im CJC von *Tribonian* weitgehend ausgeblendet wurde.

IV. Vom römischen Kaiser zum christlichen Glauben

Bekanntlich wollten die jüdischen Pharisäer Jesus kreuzigen lassen, weil er von sich gesagt habe, dass er der *König der Juden* sei. Der damalige römische Statthalter in Jerusalem, *Pilatus*, hat darin kein Verbrechen gesehen und Jesu für unschuldig gehalten (Lukas 23,14): „Ihr habt diesen Menschen zu mir gebracht, als einer der das Volk abwende, und siehe, ich habe ihn vor euch verhört und finde an dem Menschen der Sachen keine, denen ihr ihn beschuldigt; Herodes auch nicht, denn ich habe euch zu ihm gesandt, und siehe, man hat nichts auf ihn gebracht, das des Todes wert sei. Darum will ich ihn züchtigen und loslassen. Da schrie der ganze Haufe und sprach: Hinweg mit diesem und gib uns Barabbas los“ (Lukas 23,14–18). Dem Römer *Pilatus* waren die religiösen Streitigkeiten der Juden jedoch gleichgültig, er hat Jesu kreuzigen lassen, weil das jüdische Volk es wollte und *er* Ruhe und Frieden im Lande haben wollte und wusch also seine Hände in Unschuld.

Als später *Konstantin* (um 270–332) nach der Schlacht an der Milvischen Brücke (312: *in hoc signo vincis*) römischer Kaiser wurde und zum Christentum übertrat (und *Trier* zu seiner Hauptstadt machte, bevor er *Konstantinopel* gründete), beeinflusste im Laufe der Zeit die christliche Religion auch das römische Rechtsdenken. Aufgrund der Lehren des *heiligen Augustin* (334–430) ist daher wieder die

[13] Vgl. *Schulz* (Fn 20), S. 117 ff., 335 ff.; *Kaser/Knütel*, Röm. Privatrecht, § 1 I 2 a; zur Rechtsentwicklung in der Spätzeit des römischen Reiches bis zu Justinian: *Kunkel* Röm. Recht, 131 ff.; *ders.* zur justinianischen Gesetzgebung, 146 ff.

Auffassung zur Herrschaft gekommenen, dass das Recht nicht aus *menschlicher Vernunft* entstandenes *Menschenwerk*, sondern *göttliches Recht* sei, das als *lex aeterna*, als ewiges Gesetz, das heißt, als *Wille Gottes* zu verstehen ist. Diese *lex aeterna* musste, weil angenommen wurde, dass sie von einem ewigen und gerechten Gott stammt, als *ewig und allgemein gültiges, unveränderliches göttliches Recht* verstanden werden. Auf dieser Grundlage konnte oder wollte *Augustin* die jüdischen Ankläger nicht mehr verstehen und hat sie als *bösartig* und *grausam* bezeichnet und *für die Kreuzigung Jesu verantwortlich gemacht*,[14] was die Kreuzzüge zur Folge hatte und bis ins 20. Jahrhundert hinein die Rechtfertigung für zahllose Pogrome geworden ist, nicht zuletzt auch den Völkermord der deutschen Nationalsozialisten zwischen 1933 und 1945 rechtfertigen sollte und auch heute noch als Rechtfertigung für antisemitische Einstellungen und Handlungen benutzt wird.

V. Augustinus: Vom christlichen Glauben zum göttlichen Recht

> Der Verstand schafft die Wahrheit nicht,
> er findet sie vor.
> *Augustinus*

Die Lehre des *heiligen Aurelius Augustinus* (354–430) ist maßgeblich von der Philosophie *Platons* beeinflusst, der die (platonischen) *Ideen* (Urbilder) als Wesensgründe aller Dinge betrachtet hat. Die *Wahrheit* kann der Mensch nach dieser Lehre nur erkennen in der Erleuchtung seines Geistes durch *göttlichen Geist*, der in den Geist des Menschen einstrahlt. Den menschlichen Geist verstand *Augustin* anders als den menschlichen Körper als *Ebenbild Gottes*. Gott habe sich den Menschen durch die Menschwerdung von Jesus Christus zu erkennen gegeben. Auf dieser Grundlage kam *Augustinus* zu einem Verständnis von *Jesu* als *Gott und Mensch* zugleich, was Papst *Leo der Große* sich zu eigen machte. Das Recht verstand *Augustinus* als *ewiges göttliches Recht* (*lex aeterna*), worunter der Wille Gottes und sein idealer Weltplan zu verstehen ist.[15] Die Natur- und Sittenlehre hat Gott

---

[14] Vgl. https://de.wikipedia.org/wiki/Augustinus_von_Hippo#cite_ref-17, dort mit weiteren Nachweisen. Auch *Martin Luther* forderte 1543 in seiner Schrift *Von den Jüden vnd jren Lügen* das Verbrennen von Synagogen und jüdischen Häusern sowie die Konfiszierung aller jüdischen Bücher einschließlich des Talmuds.

[15] *Augustinus*, De moribus ecclesiae c. 15; ML 32, 1322; *Augustinus*, Die wahre Religion (*De vera religione*), hrsg. und übersetzt von *Kurt Flasch*, Reclam Stuttgart 1986; dazu *Thomas von Aquin*, F 57, 1, 3; 58, 2, 2; *Alois Schubert*, Augustins Lex-Aeterna-Lehre, 1924; *J. Brachtendorf*, Die Struktur des menschlichen Geistes nach Augustinus. Selbstreflexion und Erkenntnis Gottes in De trinitate, Hamburg 2000. Die Vorstellung, dass der Mensch das *Recht* nicht selbst schaffen kann, ihm vielmehr von Gott eingegeben wird, entspringt demselben Denken wie das Motto, wonach der Mensch die *Wahrheit* auch nicht mit seiner Vernunft erkennen, vielmehr nur die von Gott geschaffene vorfinden kann. So müssen gläubige Muslime

nach diesem Weltplan in die Seele des Menschen hineingeschrieben (*Eingebung, Einleuchtung*). Vom Menschen aus gesehen ist diese ihm eingeprägte göttliche *lex aeterna* als *lex naturalis* zu verstehen und kann kraft eines sittlichen Willens auch realisiert werden, soll aber – weil sie von Gott stammt – *ewig, unveränderlich* und *allgemeingültig* sein. Dieses vorgefundene göttliche Recht darf der Mensch auch nicht ändern, anders als schon die alten Griechen und Römer sich sein Recht also nicht mehr selbst schaffen. *Augustinus* war beherrscht von dem Glauben, dass seine Gottesvorstellung die allein richtige Wahrheit sei. Auf dieser Grundlage verstand er auch den Satz des Lukas (14,23), *compelle intrare* (zwinge sie hereinzukommen) als Rechtfertigung der Zwangskonversion von Anders- und Ungläubigen und rechtfertigte auch „heilsamen Zwang" (*terrore perculsi*) zur Rückgewinnung von Abtrünnigen (Donatisten).[16]

Den Krieg und damit auch die Kreuzzüge rechtfertigte *Augustin* wie folgt:[17]

> „Niemand darf jemals die Berechtigung eines Krieges bezweifeln, der in Gottes Namen befohlen wird, denn selbst das, was aus menschlicher Gier entsteht, kann weder den unkorrumpierbaren Gott noch seinen Heiligen etwas anhaben. Gott befiehlt Krieg, um den Stolz der Sterblichen auszutreiben, zu zerschmettern und zu unterwerfen. Krieg zu erdulden ist eine Probe für die Geduld der Gläubigen, um sie zu erniedrigen und seine väterlichen Zurechtweisungen anzunehmen. Denn niemand besitzt Macht über andere, wenn er sie nicht vom Himmel erhalten hat. Alle Gewalt wird nur auf Gottes Befehl oder mit seiner Erlaubnis ausgeübt. Und so kann ein Mann gerecht für die Ordnung kämpfen, selbst wenn er unter einem ungläubigen Herrscher dient. Was immer er tut, ist entweder eindeutig nicht gegen Gottes Vorschrift oder zumindest nicht eindeutig dagegen. Selbst wenn das Geben eines Befehls den Herrscher schuldig machen sollte, ist der Soldat, der ihm gehorcht, unschuldig. Wieviel unschuldiger muss da ein Mann sein, der einen Krieg führt, der von Gott befohlen wurde, der ja niemals etwas Falsches befehlen kann, wie jeder weiß, der ihm dient?"

Gesetz und Recht waren für *Augustin* „Objekte göttlicher Gerechtigkeit", durch welche der Mensch Gott unterworfen ist. Dem widersprach später *Thomas von Aquin*

---

auch heute noch denken, wenn sie glauben, dass das islamische Recht (Scharia) *göttliches Recht* sei; dazu 9. Kap IV.

16 Sieht man von *Thomas von Aquin* ab, mit dessen Rechtsbegriff das *compelle intrare* nicht zu vereinbaren ist, der aber trotzdem der *Zwangsbekehrung von Ketzern* (dazu 3.Kap V 5) nicht widersprochen hat, bekämpft *Pierre Bayles* in seinem philosophischen *Kommentar zur Toleranz* die zur Praxis der römischen Kirche gewordene Ansicht *des hl. Augustin* mit zwei Argumenten: 1. Eine Religion dürfe kein Wahrheitsmonopol für sich in Anspruch nehmen, vielmehr den Gläubigen die Freiheit zum Glauben belassen. 2. Jeder Zwang bedürfe einer *Rechtfertigung* und die Praxis der Zwangskonversionen zu einer bestimmten Religion könne der *goldenen Regel* nicht genügen, weil die Christen nicht wollen könnten, dass ihre Gläubigen zu einer anderen Religion gezwungen werden. Die Argumente erscheinen zwingend, konnten sich aber in der christlichen Welt erst circa zwei Jahrhunderte später gegen die *Heilige Inquisition* durchsetzen. In einigen islamischen Staaten kann der Abfall vom Glauben auch heute noch mit der Todesstrafe geahndet werden.

17 Vgl. https://de.wikipedia.org/wiki/Augustinus_von_Hippo#cite_ref-17, dort mit weiteren Nachweisen.

unter Berufung auf *Aristoteles* und *Isidor* mit dem Satz, das Recht (*ius*) gehört nicht (*non pertinet*) zu den *göttlichen* (*divina*), sondern nur zu den *menschlichen* (*humana*) *Dingen*, denn Isidor sagt, *fas lex divina est, ius autem lex humana* (Sittlichkeit ist göttliches Gesetz, Recht aber menschliche Regelung). *Thomas* unterscheidet also mit *Isidor* zwischen göttlichem und menschlichem Recht.[18]

Auf diesem *augustinischen* Verständnis vom göttlichen Recht und von göttlicher Gerechtigkeit war die mittelalterliche *Macht der Päpste* und die von ihnen beanspruchte *Vorrangstellung gegenüber dem Kaiser* begründet, die es ihnen ermöglichte, zu *Kreuzzügen* aufzurufen und die Kaiser (*Heinrich IV.* und *Friedrich II.*) mit einem *Bann* zu belegen, womit auch deren weltliche Macht in Frage gestellt und geschwächt wurde. Das Kaisertum des *Heiligen Römischen Reiches Deutscher Nation* drohte daher wiederholt an dem so begründeten Machtanspruch der römischen Päpste zu scheitern. Die rationale Begründung des Rechts auf der Grundlage der Philosophie des *Aristoteles* und der Lehren des *Thomas von Aquin* setzte sich jedoch letztlich durch, was einerseits auf der Wiederentdeckung eines Exemplars des *Corpus Juris Civilis* beruht und andererseits auf dem epochalen Werk der *Summa Theologica* des *Thomas von Aquin*, der gegen den *heiligen Augustin* auch theologisch das Recht als auf der *Vernunft des Menschen* beruhendes *Menschenwerk* begründete. Allerdings dauerte es nahezu fünf Jahrhunderte, bis sich diese Rechtsauffassung des *Aquinaten* in der Aufklärungszeit des 18. Jahrhunderts zunächst theoretisch und mit der Französischen Revolution dann auch praktisch durchsetzen konnte und in den inzwischen entstandenen europäischen Nationalstaaten allgemein *geltendes Recht* wurde.

VI. Die Wiederentdeckung und Rezeption des CJC

Auf dem Gebiet des Weströmischen Reiches waren nach dessen Untergang (Absetzung von *Romulus Augustus* durch *Odoaker*, 476) nicht nur die Originalquellen des römischen Rechts weitgehend verlorengegangen, sondern auch die von *Justinian* noch in die Gebiete des Weströmischen Reiches übersendeten *Abschriften des Corpus Juris Civilis* in Vergessenheit geraten. Durch Zufall wurde jedoch bei einem Raubzug der *Pisaner* im Jahre 1135 eine solche Abschrift in *Amalfi* erbeutet, den Pisanern aber später von den Florentinern wieder abgenommen. Eine Abschrift dieser sogenannten *Florentina*, die später *Vulgata* genannt wurde, kam nach *Bologna* zu Händen des Grammatiklehrers *Irnerius*, der damit zum Juristen wurde. Auf der Grundlage dieser *Vulgata* entstand sodann in *Bologna* mit den Glossatoren (*Azo*, *Accursius*) und den Konsilatoren (*Bartolus*, *Baldus* u.a.) die berühmteste *europäische Juristenschule*, wo zur Regierungszeit des *Stauferkaisers Barba-*

[18] 18. TA, F 57, 1, 3 und A zu 2 und 3; dazu ausführlich 3. Kap III u. IV.

rossa (1122–1190) etwa eintausend Studenten ein Recht erlernten, das etwa eintausend Jahre zuvor entstanden, aber immer noch theoretisch richtig und praktisch brauchbar war: 1. weil es in einem hohen Abstraktionsgrad verfasst war und 2. weil sich die Agrargesellschaft in diesem Jahrtausend nicht grundlegend geändert hatte; nicht zuletzt 3. weil es allgemein als *vernünftig* erkannt wurde. Diese Bologna-Studenten, meist aus den höheren Ständen Europas, haben das, was sie in Bologna lernten, in ihre Heimat zurückgetragen, wo sie aufgrund der erworbenen Rechtskenntnisse zumeist in hohe Stellungen gelangten, was die Voraussetzung dafür bildete, dass das römische Recht in Form der *Institutionen* und *Digesten* des *Corpus Juris Civilis* im Reich der Franken und im Heiligen Römischen Reich Deutscher Nation rezeptiert und zur Grundlage des Rechts der heutigen westeuropäischen Staaten wurde: In Form der drei großen naturrechtlichen Kodifikationen, des *Preußischen Allgemeinen Landrechts* von 1791/1794, des französischen *Code Napoleon* von 1804 und des *österreichischen Allgemeinen Bürgerlichen Gesetzbuchs* von 1812, die wiederum zur Grundlage des Privatrechts fast aller sonstigen europäischen Staaten – mit Ausnahme Großbritanniens – geworden sind. Letztlich ist der Vorgang dieser *Rezeption des römischen Rechts* nur schwer zu begreifen und kaum zu beschreiben. *Wieacker* meint, der Vorgang könne nur mittelbar an den äußeren Daten der Rechtsgeschichte abgelesen werden: *„Die Geschichtsschreibung des Geistes ist wie der Geist selbst an seine Erscheinung im Sichtbaren gebunden.“* Deshalb könne die Geschichte der Aufnahme des römischen Rechts in Deutschland nicht ohne die Geschichte der einzelnen *Rechtsinstitute* (Eigentum, Vertrag, Delikt, Ehe, Familie, Erbrecht u.a.) sichtbar und verständlich gemacht werden.[19]

VII. Über Thomas von Aquin zum menschlichen Recht

Thomas (1225–1274) schrieb seine *Summa Theologica* in den Jahren zwischen 1260 und 1273. Vollständig veröffentlicht wurde das Werk aber erst im Jahre 1485. Die Gründe dafür sind nicht überliefert, aber es ist wohl anzunehmen, dass sie im Widerspruch seiner Lehre mit der des *heiligen Augustin* bestanden, denn das Recht kann nicht *göttliches Recht* sein, wenn es aufgrund *menschlicher Vernunft* durch menschlichen Willen geschaffen wurde (STh 18. TA F 57,1A zu 2). *Thomas* ist jedoch im Jahre 1323 auch *heiliggesprochen worden* und trotzdem dauerte es noch mehr als 160 Jahre bis zu einer ordentlichen Veröffentlichung seines Werks. Die *Heilige Inquisition* beachtete aber die Lehren des *heiligen Thomas* auch dann noch *nicht*, ließ vielmehr Ketzer und Hexen noch bis ins 18. Jahrhundert foltern

19 *Wieacker* PrivatRG 226; zur Entstehung und Bedeutung der genannten Rechtsinstitutionen siehe 3. Kap III 5 u. 6; V u. VI; 4. Kap II–IV.

und auf dem Scheiterhaufen verbrennen. Erst mit der *Französischen Revolution* und der amerikanischen Unabhängigkeitserklärung wurde schließlich in diesen und anschließend langsam in allen europäischen und vielen weiteren Staaten eine strikte *Trennung* zwischen *Religion und Recht*, *Kirche und Staat* (*Laizität*) anerkannt und die *Gesetze* grundsätzlich von einem parlamentarischen Gesetzgeber durch die Mehrheit der vom *Volke gewählten Abgeordneten* beschlossen; auch die *richterlichen Urteile* auf der Grundlage der geltenden Gesetze *im Namen des Volkes* von unabhängigen Richtern gesprochen, nicht mehr im Namen Gottes oder im Namen des Kaisers oder Königs von Richtern, die zu jeder Zeit abberufen werden konnten, wenn sie die Gnade dessen verloren hatten, in dessen Namen sie Recht zu sprechen hatten.

In der heutigen christlichen Welt sind also *drei Aufklärungsbewegungen* zu erkennen und zu unterscheiden. Die *erste Bewegung* dieser Art ist im *Übergang vom Mythos* und der bunten *Vielfalt der Götterwelt* in die *rationale griechische Philosophie* (*Aristoteles*) zu erkennen. Danach kommt die große *Gegenbewegung* der *abrahamitischen Buchreligionen* (dem *Judentum* mit dem Talmud, dem *Christentum* mit dem Neuen Testament, dem *Islam* mit dem Koran). In der christlichen Welt führte diese Gegenbewegung gegen das rationale römische Recht zu der im Wesentlichen von *Augustinus* begründeten *Vorstellung*, dass das Recht der Menschen durch die *lex aeterna*, das *ewig unveränderliche göttliche Recht bestimmt* werde. Dagegen vor allem war die *Summa Theologica* des *Aquinaten* gerichtet, die – basierend auf der *Ethik des Aristoteles* und deren Überlieferung durch die andalusische Kultur und Philosophie – zu einer *zweiten großen Bewegung zu* einem *freien, vernunftbegründeten Rechtsdenken* wurde.[20] Vielfach wird allerdings gedacht, die Ablösung und Befreiung des Rechtsdenkens von seinen theologischen Wurzeln, Glaubenssätzen und Dogmen sei erst in der großen Aufklärungsbewegung des 18. Jahrhunderts erfolgt. Richtig ist sicherlich, dass die von *Thomas* begründete *Freiheit des Menschen, sich sein eigenes menschliches Recht zu schaffen*, erst in der amerikanischen Unabhängigkeitserklärung sowie der Französischen Revolution und den daraus hervorgegangenen neuen demokratischen Verfassungen mit einer Gewaltenteilung zwischen Regierung, Gesetzgebung und Rechtsprechung zu einem für alle Bürger und das ganze Volk sichtbaren *Rechts- und Verfassungsprinzip* wurde. In der *Welt des Geistes*, an den Universitäten, in den Studierstuben der Ordensgemeinschaften (Dominikaner, Benediktiner, Franziskaner, Jesuiten) war das durch den *Aquinaten* schon im 13. Jahrhundert entzündete *Feuer menschlicher Vernunft* jedoch nicht mehr erloschen, und als der Gedanke Ende des 18. Jahrhunderts auf das Volk übersprang, zerbrachen in der demokratischen und daher großen, das *ganze Volk*

[20] Dazu 3. Kap III–VIII; wozu auch *Duns Scotus* noch einen bedeutenden Beitrag leistete, dazu *Hans Welzel*, NaturR 66 ff.

erfassenden *dritten Freiheitsbewegung* die alten religiös begründeten Ordnungsstrukturen „von Gottes Gnaden" (endgültig?).

VIII. Recht ist die Kunst des Guten und Gleichen

Mit der vorstehenden kurzen Darstellung der Entwicklung vom göttlichen zum menschlichen Recht ist die Frage aus dem Blick gekommen, was das Recht „eigentlich" ist, unabhängig davon, ob es dem *göttlichen Willen* oder der *menschlichen Vernunft* entstammt, auch unabhängig davon, ob es die Ordnung des Staates betrifft (Staats- und Verwaltungsrecht) oder Geschäfte und Verhaltensweisen der Bürger zueinander regelt (Zivilrecht) oder bestimmt, welche Handlungen den Menschen verboten und strafbar sind (Strafrecht). *Tribonian*, der im Auftrag des Kaisers *Justinian* aus den Quellen des römischen Rechts das Corpus Juris Civilis zusammenstellte, also rechtliche Regelungen, die nahezu zwei Jahrtausende lang geltendes Recht waren und heute noch die Grundlage unseres Rechts bilden, hat an die Spitze dieses Gesetzeswerks den von dem römischen Juristen *Celsus* (um 100 n. Chr.) stammenden und von *Ulpian* (223 n. Chr. von den Prätorianern ermordet) überlieferten Satz gestellt: *ius est ars boni et aequi*[21] (Recht ist die Kunst des Guten und Gleichen). Der Satz ist freilich nur ein „Sprachbild", geschaffen aus der Not; weil wir das Recht nicht oder nur schwer definieren können, soll die Vorstellung einer „Kunst" (auch dieser Begriff entzieht sich weitgehend einer Definition) etwas bezeichnen, was der Mensch kann, mehr oder weniger gut und schön, aber nie in aller Vollkommenheit schafft. *Celsus* und *Ulpian* wollten uns also sagen, dass das Recht vom *Menschen* geschaffen wird.[22] Wenn es aber vom Menschen geschaffen wird, wie ein *Kunstwerk*, so wie *Michelangelo* aus einem Marmorklotz seinen *David* herausgeschlagen hat, so muss der Schaffung des Kunstwerks ein *Bild im Kopfe des Künstlers vorausgegangen* sein, das der Künstler zu verwirklichen trachtete. So groß die Anerkennung ist, die *Michelangelos David* bei allen Betrachtern gefunden hat und finden wird, *Michelangelo* selbst wird nicht ganz damit zufrieden gewesen sein, weil es ihm nicht gelang, das *Idealbild* seiner Vorstellung aus dem Stein herauszulösen. Dazu hätte er der Statue auch noch Leben einhauchen müssen, konnte es aber nicht. Ebenso kann der in seiner *platonischen Höhle*[23] fest geschmiedete Mensch die absolute *Gerechtigkeit, Wahrheit und Schönheit nicht* erkennen, sondern allenfalls einen Schatten des dürftigen Scheins der großen Ideen, der durch die Öffnung seiner Höhle dringt. Aber schon diese Schatten sind Anlass genug, darüber nachzudenken, was und wie das ewig *Wahre*, *Schöne* und *Gerechte* ist oder sein soll, auch darüber, ob es sein kann, also das Zu-

21 *Ulpian* D.1.1.1.pr., ebenso *Thomas von Aquin* 18. TA F 57,1,1 und A zu 1 und 2.
22 So gegen *Augustinus Thomas von Aquin* 18. TA F 57,1,3.
23 *Platon*, Der Staat, S. 514 A: Höhlengleichnis.

sammenleben der Menschen tatsächlich regelt, oder nur sein soll, also nur ein schöner Gedanke ist.

Ulpian und *Celsus* sagen mit den sechs inhaltsschweren Worten dieses Satzes aber nicht nur, dass das Recht eine *Kunst* und also *Menschenwerk* ist, sondern auch, *wie* das Recht sein soll: *boni et aequi*, gut und gleich. *Celsus* und *Ulpian* erhoben also den *Gleichheitssatz* zum *obersten Rechtsprinzip*. Weil aber jedem nicht nur gleich *Gutes*, sondern auch gleich *Böses* getan werden kann und jedem nicht nur das *Gleiche*, sondern auch jedem das *Seine* (*suum cuique*) gegeben werden soll (*Ulpian* D.1.1.10), ist ausdrücklich hinzugefügt, dass es auch das *Gute* sein solle. Das Gute kann daher auch darin bestehen, dass dem einen mehr und dem anderen weniger gegeben wird. *Gleiches soll gleich, Ungleiches aber ungleich behandelt werden.* Aber was gleich und was ungleich ist, ist oft nur sehr schwer zu entscheiden. Leistet eine Kindergärtnerin im Vergleich zu einer Grundschul- oder Gymnasiallehrerin gleichwertige Arbeit und soll sie gleichen Lohn bekommen? Sollen alle Menschen, weil alle Menschen doch gleich sein sollen, deswegen auch alle gleich behandelt werden, auch gleichen Lohn bekommen oder soll jede Leistung entsprechend ihrem Wert entlohnt werden? Aber wie ist das Maß des Wertes einer Leistung zu bestimmen?[24] *Thomas* übernahm aus dem *Corpus Juris Civilis* auch die Vorstellung des Rechts als einer Kunst und bemerkte dazu:[25] „*Wie auch das sichtbare Kunstwerk* (z.B. der *David* des *Michelangelo*) *zuerst als künstlerische Leitidee im Geiste des Künstlers vorhanden ist, so ist auch vom Werk der Gerechtigkeit das, was von der Vernunft bestimmt wird, zuvor im Geist* (des Menschen) *als eine Idee vorhanden, gleichsam als Richtschnur der Klugheit.*"

Als *Mose* auf dem Sinai in zwei steinerne Tafeln die *Zehn Gebote* meißelte, hatte er auch ein *Kunstwerk* geschaffen, er hatte das *Alphabet* erfunden und Worte in Stein gemeißelt, die für andere bis in unsere Tage einen Sinn erkennen lassen und den Menschen die wichtigsten Grundsätze des Rechts *offenbarten*. Bei diesem Werk erging es ihm sicher auch nicht viel anders als *Michelangelo*, gern hätte er die Vielfalt dessen, was nach den Vorstellungen seines Kopfes in seinem Volke Recht sein sollte, als das *Ewig-Kurzgefasste* dessen, was das *bündig-bindende Recht* sein sollte, noch klarer, noch deutlicher und für jeden verständlicher gefasst, so dass diejenigen, die er aus dem Volke über tausend, über hundert und über zehn setzen wollte, stets hätten wissen können, nach welchen Regeln sie Recht sprechen sollen. Auch *Mose* gelang es aber nicht in „höchster Vollendung", alle seine guten Ideen in *Zehn Gebote* zu fassen und auf zwei steinerne Tafeln zu meißeln. Er hätte zum Beispiel den Gleichheitssatz noch hinzufügen können oder auch die *goldene Regel* („*Was du nicht willst, dass man dir tut, das füg auch keinem anderen zu*"), sie steht erst bei Tobias 4,16 und Matth. 7,12, und auch all dies, was noch in

---

24 Zu dieser speziellen Problematik des Gleichheitssatzes unten 3. Kap IV 4.

25 18. TA F 57,1, A zu 2.

2. Moses 21,1 und 18–27 steht, aber dazu hätte er noch lange gebraucht, und sein Volk hätte noch länger um das Goldene Kalb tanzen müssen.

IX. Entsteht Recht aus dem Volksgeist?

Die Frage, was Recht ist, hängt nicht zuletzt mit der Frage zusammen, wie das Recht entsteht.

Wie die Berichte über die Entstehung der *Zehn Gebote*[26] und des *Korans*[27] gleichnishaft zeigen, wird die ursprüngliche Entstehung des Rechts zumeist *göttlicher Offenbarung* zugeschrieben. Auch die ältesten *Quellen des römischen Rechts* zeigen sakralen Charakter, deren dadurch geprägte Rechtsformen und Rechtsvorstellungen aber im Laufe der mehr als tausendjährigen Entwicklung bis zur Entstehung des *Corpus Juris Civilis* (534 n. Chr. in Konstantinopel) durch einen fortwährenden Rationalisierungsprozess abgeschliffen und zunehmend ausdifferenziert wurden.

Daher wurde das römische Recht, als es im 18. Jahrhundert zur Quelle der neuzeitlichen Kodifikationen wurde, nicht mehr als göttliches Recht, sondern als *ratio scripta*, als geschriebene Vernunft, verstanden. *Savigny*[28] (1779–1861) ging von der Beobachtung aus, dass in allen Völkern, welche jemals in die Grenzen urkundlicher Geschichte eintraten, ein *positives Recht*[29] schon vorgefunden wurde, dessen ursprüngliche Erzeugung also in der vorgeschichtlichen Zeit dieses Volkes zu suchen ist. Man könne aber nicht annehmen, dass dieses dem Volk gemeinsame Recht durch die Überlegungen, Weisheit und Willkür *Einzelner* entstanden sei, weil solche Willkür Einzelner nur zufällig dasselbe Recht, viel wahrscheinlicher aber ein sehr mannigfaltig verschiedenes Recht, zumindest heftigste Auseinandersetzungen, hätte hervorbringen können. Es müsse daher angenommen werden, dass der in allen Einzelnen *„gemeinschaftlich lebende und wirkende Volksgeist“* das allen gemeinsame *Volksrecht* hervorgebracht habe, ähnlich wie er die *Sitte* des geselligen Lebens, vor allem die *Sprache*, geschaffen habe. Weil diese Entstehung eine „unsichtbare“ gewesen sei, gebe es dafür zwar keinen *urkundlichen* Beweis, es sei aber in der allgemeinen gleichförmigen Anerkennung dieses Rechts und dem Gefühl seiner inneren Notwendigkeit zu erkennen. Dieses Gefühl spreche sich am bestimmtesten aus in der *uralten Behauptung* eines *göttlichen Ursprungs* des positiven Rechts oder der Gesetze. Die Gestalt, in welcher das Recht in dem gemein-

26 Dazu oben II 2.

27 Dazu 9. Kap IV 1.

28 *Savigny*, System des heutigen römischen Rechts, Bd. I, § 7.

29 *Positives* (*ponere*, *positum* = setzen, gesetzt) *Recht* werden die vom Menschen geschaffenen *Gesetze* genannt im Unterschied zum *göttlichen Recht (fas)* und dem *natürlichen Recht* oder *Naturrecht*; zu dessen Rechtsnatur unten 3. Kap III 1–6; IV 1–3; 5. Kap I–IV.

samen Bewusstsein des Volkes lebe, sei aber nicht die der *abstrakten Regel*, sondern die der „lebendigen Anschauung der Rechtsinstitute (Ehe, Familie, Erbrecht, Eigentum, Vertrag, Delikt) in ihrem organischen Zusammenhang“, so dass, wo das Bedürfnis entstehe, sich der Regel in ihrer logischen Form bewusst zu werden, diese erst durch einen künstlichen Prozess aus jener Totalanschauung gebildet werden müsse, wodurch Rechtswissenschaft entstehe. Die Rechtsentstehung *aus dem Volksgeist* erscheine am kräftigsten in der *Jugendzeit der Völker*, in welcher das gemeinsame Bewusstsein noch weniger durch die Verschiedenheit der individuellen Ausbildung verdeckt gewesen sei. In dem Maße aber, in dem die Bildung der Individuen ungleichartiger wird, werde die auf dem Bewusstsein der Gemeinschaft beruhende Rechtserzeugung immer schwieriger. Mit fortschreitender Arbeitsteilung müsse sich daher ein *Juristenstand* bilden und zur Rechtserzeugung eigene Organe geschaffen werden: *Gesetzgebung*, *Rechtsprechung* und *Rechtswissenschaft*, welche die Rechtsinstitute „zuerst gesondert construiren und hinterher willkührlich combinieren können“.[30]

X. Die Rechtsentwicklung in den islamischen Staaten

Ganz anders verlief die Rechtsentwicklung in den islamischen Staaten. Sie begann mit dem Auszug (*Hidschra*) *Mohammeds* und seiner Anhänger *von Mekka nach Medina* im Jahre 622 n. Chr. und der Gründung des islamischen Stadtstaates in Medina. Der *Koran* wurde von *Mohammed* in den Jahren 610 bis 632 n. Chr. verfasst und als ihm zuteil gewordene *göttliche Offenbarung* verkündet, also nicht als philosophisches Werk betrachtet. Die im *Koran* enthaltenen Rechtsgrundsätze sind zusammen mit der *Sunna* die *Quellen des islamischen Rechts* (*Scharia*) geworden, die bis heute in den islamischen Staaten mit wenigen Ausnahmen und Unterbrechungen als positiv geltendes, aber *göttliches Recht* verstanden wird.[31] In den *Hadithe, den Quellen der Sunna*, sind die Praktiken und Grundsätze aufgezeichnet, mit denen *Mohammed* den Stadtstaat von Medina, also den ersten islamischen Staat organisierte, verwaltete und regierte, und auch diese bilden bis heute ver-

[30] *Savigny*, System des heutigen römischen Rechts, Bd. I, § 6, S. 10; *ders.*, Vom Beruf unserer Zeit für Gesetzgebung und Rechtswissenschaft, in: Thibaut und Savigny, Ein Programmatischer Rechtsstreit. *Radbruchs* (Rph3, 16 f.) Beurteilung des Rechtsdenkens *Savignys* wird dessen Werk und seiner historischen Bedeutung nicht gerecht. Gegen *Savigny* und seine Meinung, die Zeit sei für eine Gesetzgebung noch nicht reif, vgl. insbes. *Thibaut*, Über die Nothwendigkeit eines allgemeinen Bürgerlichen Rechts für Deutschland, in: Thibaut und Savigny ; dagegen auch *Hegel*, Rph § 211; dazu *Löwenstein*, Hegels Staatsidee, 41 f. Gegen die Romantik der „Volksgeister“ auch *Stammler* RichtigR 30; 112 ff.; zu Leben, Werk und Bedeutung *Savignys* beachte jedoch vor allem *Nörr*, Savignys philosophische Lehrjahre, 1994.

[31] Dazu 9. Kap IV 1–4.

bindliches *göttliches Recht* in den Staaten des Islams. Die größte und längste *Unterbrechung dieses Rechtsverständnisses* des Islams war unzweifelhaft die in der Herrschaftszeit der Muslime in al-Andalus auf der Grundlage der Philosophie von *Ibn Tufail* und *Ibn Rushd* (alias *Averroes*), die schon *vor Thomas von Aquin* und *Duns Scotus* zu einem „freien Denken" gekommen waren. Die Kultur von al-Andalus[32] ist jedoch durch einen von dem römischen *Papst Innozenz III.* ausgerufenen *Kreuzzug* nach der Schlacht in der *Sierra Morena* im Jahre 1212, wo 150.000 Tote auf dem Schlachtfeld zurückgeblieben sein sollen, untergegangen, und die in dieser Zeit gewonnenen Erkenntnisse und Erfahrungen sind auch später nie mehr in gleicher Weise aufgenommen und fortgesetzt worden. Nur in einigen wenigen islamischen Staaten (Türkei, Iran) ist es zeitweise gelungen, die *Scharia* als göttliches Recht außer Kraft zu setzen und das Recht entsprechend den Forderungen *menschlicher Vernunft* den gegebenen Verhältnissen der Menschen anzupassen. *Atatürk* hat schon um 1920 aus der Türkei einen europäischen Staat machen wollen und setzte im Jahre 1921 die Scharia außer Kraft. Der derzeitige türkische Präsident, *Erdogan*, scheint jedoch eine Art Gegenreformation zu betreiben und wieder ein Alleinherrscher (Sultan) der Türkei werden zu wollen.

Ebenso hat im *Iran Reza Schah Pahlavi*, der Vater des 1979 zurückgetretenen Schahs *Mohammed Reza Pahlavi*, 1927 eine große Reform des Rechtssystems durchgeführt und das Zivilrecht weitgehend nach dem Vorbild des französischen *Code Civil* gestaltet. Anfang der 1970er Jahre erwirtschaftete der Iran ein Wachstum von jährlich 15 Prozent und hatte damit das höchste Wirtschaftswachstum der ganzen Welt noch vor Südkorea und Singapur. In einem Interview im Spiegel 1974 antwortete der *Schah Reza Pahlavi* auf die Frage nach der Zukunft seines Landes: „In 10 Jahren werden wir das sein, was Sie heute sind, Sie, die Deutschen, die Franzosen oder die Briten." Die Pläne des Schahs, die er wohl etwas zu schnell durchsetzen wollte, stießen jedoch auf den erbitterten Widerstand der *schiitischen Fundamentalisten* und der von den Russen in der Besatzungszeit gegründeten *Kommunistischen Partei*, die das Volk gegen den Schah aufwiegelten und sich mit allen terroristischen Mitteln den Reformen widersetzten. Die Islamisten wollten vor allem die *Scharia* wieder *zu geltendem Recht machen* und die Kontrollfunktion des Klerus über die Verfassung auf die Monarchie ausdehnen. Nach mehreren gescheiterten Attentaten sah sich der Schah am 16. Januar 1979 gezwungen, das Land zu verlassen. Am 1. Februar 1979 kam *Ayatollah Khomeini* aus dem französischen Exil in den Iran zurück, übernahm die Macht und machte aus dem Iran wieder einen *Gottesstaat* mit dem *Recht der Scharia*, der heute noch so besteht und zur Atombombe strebt. Trotzdem bleibt die historische *Tatsache*, dass auf der Grundlage des Islams und der Scharia in al-Andalus schon einmal ein Staat entstanden war, in dem Muslime, Juden und Christen friedlich zusam-

[32] Dazu unten 3. Kap I u. II 1–6.

menlebten und eine freiheitliche Rechtsordnung entwickeln konnten. Das ist und bleibt der geschichtliche Beweis dafür, dass ein derart friedliches Zusammenleben möglich ist. Aber die Geschichte lehrt auch, dass dies nicht einfach ist, sondern einen höchst langwierigen und überaus schwierigen revolutionären Prozess erforderlich macht, der große Opfer kosten wird, weil diese religiös fundierten Bewegungen gelernt haben, sich allen Mitteln des Terrors zu bedienen, um eine friedlich verfasste, demokratische Staats- und Rechtsordnung zu verhindern und bestehende staatliche Ordnungen zu zerstören.

3. Kapitel
Vom Glauben zur Vernunft, vom göttlichen zum menschlichen Recht

> Wie das sichtbare Kunstwerk zuerst als künstlerische Vorstellung im Kopf des Künstlers vorhanden ist, so ist auch das Werk des Rechts, das von der Vernunft bestimmt wird, zuvor im Kopf als Rechtsgedanke vorhanden, gleichsam als eine Regelung der Klugheit (*iurisprudentia*).
> *Thomas von Aquin*[1]

I. Kreuzzüge und das Schicksal von al-Andalus

Das Rechtsverständnis von *Thomas* ist stark von der *Nikomachischen Ethik* des *Aristoteles* (384–322 v. Chr.) geprägt. Jedoch war *Thomas* auch ein Kind seiner Zeit und hat seine Weisheit sicherlich nicht nur aus der *Nikomachischen Ethik* und aus anderen Büchern bezogen, sondern – als Schüler *Albert des Großen* – auch gewusst, was in der ihn umgebenden Welt geschieht und in überschaubarer Vergangenheit, insbesondere in al Andalus geschehen war.[2]

Die ersten fünf *Kreuzzüge* (1096–1221) wurden zwar vor der Lebenszeit von *Thomas* geführt. Als der Stauferkaiser *Friedrich II.* einen versprochenen weiteren Kreuzzug wegen Ausbruch einer Seuche im Kreuzfahrerheer verschieben musste und deswegen vom Papst gebannt wurde (1227), war *Thomas* (1225–1275) noch ein Kind, als der Papst aber 1248 zum sechsten Kreuzzug aufrief, war *Thomas* schon in den Dominikanerorden eingetreten (1243) und nach Köln zu *Albertus Magnus* geschickt worden (1244), der damals als bester *Kenner der andalusischen Philosophie* angesehen wurde. Die ersten Kreuzzüge ertranken in Jerusalem im Blut, der sechste und der siebte Kreuzzug scheiterten kläglich. Die mit diesen Kreuzzügen verbundene Problematik und deren Grausamkeiten waren *Thomas*

---

1 *Thomas von Aquin* (Fn 3/32), 18. TA, F 57, 1 zu 2: *Quod sicut eorum quae per artem exterius fiunt quaedam ratio in mente arteficis praeexistit, quae dicitur regula artis; ita etiam illius operis justi quod ratio determinat quaedam ratio praeexistit in mente, quasi quaedam prudentiae regula*; dazu 3. Kap III 4; IV 1–4.

2 Grundlegend dazu *Friedrich Überweg-Geyer*, Grundriss der Geschichte der Philosophie, II. Teil: Die Patristische und Scholastische Philosophie, hrsg. von *Bernhard Geyer*, 12. Auflage 1951 (unveränderter Nachdruck der 11. Aufl. 1927, bearbeitet v. B. Geyer), 2. Periode, Die mittelalterliche Philosophie, 3. Abschnitt: Die Hochscholastik, insbes. §§ 33, 34 Der Augustinismus; § 35 Der Aristotelismus I. *Albert der Große* und seine Schule, S. 400–419; II. § 36 Der Aristotelismus II. *Thomas*, S. 419–445; § 37 Der Lateinische Averroismus, S. 445–462; dazu aus neuerer Zeit: *Georg Bossong*, Das maurische Spanien.

wohlbekannt. Ebenso war ihm bekannt, dass Papst *Innozenz III.* im Jahre 1212 zu einem Kreuzzug gegen die zu dieser Zeit in al-Andalus herrschenden *Almohaden* aufgerufen hatte, obwohl dort seit Jahrhunderten Muslime, Juden und Christen zwar nicht ohne Spannungen und gelegentliche Auseinandersetzungen, insgesamt aber in einem guten „Zusammenhalt“ (*asabiyya*) gelebt und nicht trotz, sondern wegen der Verschiedenheiten von *ethnischer Herkunft*, *Sprache* (Gotisch, Arabisch, Latein, Hebräisch) und *Religion* (Islam, Judentum, Christentum) eine *Hochkultur* ohnegleichen in Europa hervorgebracht hatten. Dieser Kreuzzug war der Anfang des Untergangs dieser Hochkultur. Die Christen hatten ein großes Heer aus ganz Europa zusammengezogen, das unter der Führung der Könige von Kastilien, Aragon und Navarra dem Heer des Kalifen mit Kämpfern aus Nordafrika, Ägypten, Arabien, Kurdistan und der Türkei in der Sierra Morena im Jahre 1212 gegenüberstand; insgesamt sollen 200.000 Mann gegeneinander gekämpft haben und 150.000 Tote auf dem Schlachtfeld geblieben sein. *Kreuzzug gegen Djihâd*, es muss ein fürchterliches Morden gewesen sein. Zeitgenossen haben die Schlacht als Strafe Gottes verstanden. Die schwere Kavallerie der Christen brachte ihnen den Sieg, und sie ermordeten in den eroberten Städten noch zehntausende von Einwohnern. Die christlichen Führer brachen auch ihr Versprechen auf freies Geleit, töteten die wehrfähigen Männer und verkauften Frauen und Kinder in die Sklaverei. Diese Niederlage der Muslime beendete die Herrschaft der *Almohaden* und schaffte der *Gran Reconquista* den Weg in ein *rein katholisches Spanien*, indem alle Muslime und Juden entweder zum katholischen Glauben gezwungen oder vertrieben oder ermordet wurden. Es blieb nur noch (bis 1492) ein kleines Reich der *Nasriden* im Süden Spaniens mit der Hauptstadt Granada.

II. Die Hochkultur von al-Andalus

Im Schmelztiegel von al-Andalus lebten vor dem Kreuzzug zwischen 710 und 1212 *Muslime, Juden und Christen* als Menschen mit verschiedener Herkunft, verschiedener Sprache (Arabisch, Hebräisch und Latein) auf der Grundlage verschiedener heiliger Schriften (Talmud, Koran und christliche Bibel) mehr oder weniger friedlich, jedenfalls in einer Art zusammen, die eine Hochkultur hervorbrachte, wie es zu jener Zeit in Europa keine vergleichbare gegeben hat. Die verschiedene ethnische Herkunft der Bevölkerung und ihre verschiedenen Sprachen behinderten diese kulturelle Entwicklung offenbar nicht, beförderte sie vielmehr offenkundig. Die Oberschicht dieser Bevölkerung war mehrsprachig, *Shelemo Ibn Gabirol*, ein jüdischer Dichter und Philosoph, dichtete in Hebräisch und schrieb sein philosophisches Werk in arabischer Sprache, weil philosophisches Denken damit besser zum Ausdruck gebracht werden konnte.

1. Mathematik, Astronomie, Medizin, Botanik, Philosophie: Die Kultur in al-Andalus umfasste vor dem Kreuzzug alle Künste und Wissenschaften dieser Zeit auf allerhöchstem Niveau, insbesondere Mathematik, Astronomie, Biologie, Medizin, Zoologie mit Ackerbau und Viehzucht, Geographie und die Künste der Dichtung, Musik, Malerei, vor allem auch der Architektur und nicht zuletzt die große *Übersetzungsschule in Toledo*. Der erstaunliche Standard dieser andalusischen Kultur kann hier nicht einmal andeutungsweise wiedergegeben werden, die Bibliothek des Kalifen *al Hakam* (981–1002) umfasste etwa 400.000 Bände und Manuskripte aus Literatur, Philosophie und allen Bereichen der Wissenschaft. *Cordoba* war zu dieser Zeit die kulturelle Metropole in Europa, der gegenüber Paris und London unbedeutend waren.[3] Weil es ein verbreitetes Missverständnis klärt, sei noch darauf hingewiesen, dass sich das Rechnen mit dem Dezimalsystem über al-Andalus in Europa verbreitet hat. Es ist allerdings nicht von den Arabern erfunden, von diesen aber aus Indien nach Bagdad gebracht worden, wo im 9. Jahrhundert *al Khârizmî* das für die Verbreitung grundlegende Werk schrieb, das 1145 in Toledo von dem Engländer *Robert Chester* ins Lateinische übertragen wurde, womit die mittelalterlichen Europäer das Rechnen lernten, was bekanntlich mit den römischen Zahlen kaum möglich war. Auch die Astronomie stand in al-Andalus auf höchstem Niveau. *Al Zarkâlî* entwickelte eine *Wasseruhr* sowie ein ebenes *Astrolabium*, das für die Navigation in der Schifffahrt von allergrößter Bedeutung war. Wahrscheinlich hat auch *Kolumbus* aus diesen Quellen wesentliche Erkenntnisse für seine große Entdeckungsfahrt erhalten. *Ibn Basâl* und *Ibn al Awwâm* legten 1085 in Sevilla den ersten botanischen Garten an und verfassten auf der Grundlage ihrer zoologischen, biologischen und sonstigen Erkenntnisse ein Werk über die Landwirtschaft, worin erklärt wurde, auf welchem Boden welche Pflanzen am besten gedeihen, wie die Böden bewässert werden müssen und die Bewässerungssysteme zu konstruieren sind etc. Dieses Werk wurde für Jahrhunderte zu einem Klassiker und noch 1864 ins Spanische und 1867 ins Französische übersetzt, nicht aus historischem, sondern aus gegenwärtigem praktischem Interesse zur besseren Entwicklung der Landwirtschaft.

2. Die Lehren des Ibn Gabirol (alias Avicebron):[4] Weil in der andalusischen Kultur drei *Buchreligionen* (*Islam, Judentum und Christentum*) zusammengekommen waren, ist es leicht verständlich, dass alle Anstrengungen in der Theologie und Philosophie darauf gerichtet sein mussten, zwischen den Glaubenssätzen verschiedenartiger Offenbarungen einen („vernünftigen“) Ausgleich zu finden. Der Jude *Shelemo Ibn Gabirol* (*Avicebron*, um 1020 bis etwa 1057) hat in seinem Werk *„Die Quelle des Lebens“* als einer der Ersten versucht, die jüdische Offenbarungsreligion mit der Philosophie *Platons* in Einklang zu bringen. *Avicebron* bezweifelte, dass

3 Dazu *Bossong* 26 f.

4 Dazu *Bossong* 89 ff.; *Überweg-Geyer* II 335–338; 409–442, 726; *Meyer* ThvA 13 ff.

der Mensch fähig sei, die letzten Dinge und Wahrheiten zu erkennen, meinte aber, dass „unabhängige“ Menschen dank ihrer geistigen Gaben und ihrer Erfahrungen doch vieles richtig begreifen oder zumindest erahnen könnten. Den einfachen Glaubensgenossen sei dies aber nicht möglich, sondern nur „unabhängigen Geistern“. Diese Unterscheidung zwischen Menschen, welche die Glaubenssätze ihrer Religion nur undifferenziert wörtlich nehmen können, und solchen, die sie *allegorisch verstehen* und *vernünftig begreifen* können, wird, wie zu zeigen ist, *Avicebron* folgend in ähnlicher Weise auch von anderen andalusischen Philosophen gemacht; sie ist ein ganz wesentlicher Baustein zur vernünftigen Überwindung kategorischer Glaubenssätze. *Bossong* erkennt in dieser grundsätzlichen, aber teilweise durchbrechbaren Grenze menschlichen Erkenntnisvermögens eine Para0llele zum Höhlengleichnis *Platons*, dessen Höhlenmenschen auch nur einen Schimmer des Schattens dessen erkennen können, was draußen in der Welt geschieht. *Avicebron* ist in späterer Zeit häufig als *„christlicher* Philosoph“ (miss-)verstanden worden, was seinen Grund darin hat, dass sein Gottesbegriff sehr allgemein gefasst ist und nicht mehr als typisch jüdisch verstanden werden konnte, womit aber auch eine Brücke zwischen der Verschiedenheit der Religionen gebaut worden war.

3. Die Lehren des Ibn Baddja (alias Avempace):[5] Etwa vierzig Jahre nach dem Tode *Ibn Gabirols* wurde in Saragossa *Ibn Baddja*, um 1095–1138, geboren, wurde ein Dichter, Musiker und Philosoph und wirkte in hohen Staatsämtern in Valencia, Granada und Sevilla. In seinem philosophischen Hauptwerk, *Die Führung des Einsamen*, sind die einsamen Philosophen „Fremdlinge“, die sich von der Masse der anderen Menschen absondern und in einer „vollkommenen Stadt“ leben, nicht in der „unvollkommenen Stadt“ der Plebejer, die als Kollektiv an das islamische Glaubensbekenntnis gebundene asketische Glaubenskämpfer sind. Die „Einsamen“ sind dagegen befähigt, in der „Einsamkeit und Freiheit“ (in Unabhängigkeit von der Glaubensbindung) als Philosophen ihren Verstand zu gebrauchen und dadurch annähernd zur Erkenntnis der Wahrheit zu kommen, die in der *Vereinigung* der *individuellen Vernunft* der Menschen mit der *allumfassenden Vernunft Gottes* besteht. Damit erreichen die Einsamen ihre Glückseligkeit. Mit dieser Lehre distanziert sich *Avempace* von den *Sufisten*, die nicht durch einen rationalen Denkprozess, sondern durch *Kontemplation* und *Askese* die Erleuchtung in einem Zustand der Ekstase suchen, was *Avempace* als nur trügerisches und vergängliches Glücksgefühl versteht.

5 Dazu *Bossong* 91 f.; *Überweg-Geyer* II 312; 439, 722; *Meyer* ThvA 14 ff.

4. Die Lehren des Ibn Tufail (Abubacer)[6] *a) Hayy Ibn Yaqzân, der lebende Sohn des Erwachten: Ibn Tufail,* 1106–1182, schrieb seinen philosophischen Roman in arabischer Sprache.[7] Das Werk wurde in der ganzen damaligen Welt bekannt, 1671 auch zusammen mit einer lateinischen Version in Oxford gedruckt und zum Vorbild des Romans *Robinson Crusoe* von *Daniel Defoe. Hayy* wird auf einer einsamen, unbewohnten Insel des großen Meeres auf ungeklärte Weise in die Welt gesetzt (Urzeugung oder in einem Korb angeschwemmt?) und als hilfloser Säugling von einer Gazelle (wie einst *Romulus und Remus* von einer Wölfin) aufgezogen. Als er größer, älter und kräftiger wird, fertigt er für sich Kleider, Waffen, Werkzeuge u.a. und erlangt in seiner Einsamkeit durch bloßes Nachdenken immer mehr und höheres Wissen. Als die Gazelle ins Sterben kommt, will er ihr helfen und öffnet ihren Körper, um die Ursache zu finden und zu beseitigen, dabei entdeckt er ihr Herz und begreift es als *Sitz des Lebens* (der Seele); er kann ihr zwar nicht helfen, erkennt aber mit der Zeit, dass es bei Tieren und Pflanzen Individuen, *Arten* und *Gattungen* gibt und lernt zwischen *Form und Materie* zu unterscheiden. *Hayy*, der Einsame, begreift, dass *alles eine Ursache haben muss.* Aufgrund dieser Entdeckung der *Kausalität* kommt er auch zu einer Vorstellung von Gott, den er in „mystischer Kontemplation erschaut". Ausgehend von den sinnlich wahrnehmbaren Gegenständen erkennt er im Wege der Abstraktion auch den *Bereich des Intelligiblen.* Er lernt die Bewegung der Gestirne zu verstehen, kann aber trotz großer Bemühungen nicht klären, ob das Universum in der Zeit erschaffen oder ein ewiges Gebilde ist, begreift aber, dass es einen *Urheber* haben muss und erkennt darin *Gott*, den er sich *allmächtig, allwissend* und *barmherzig* vorstellt. Auf dieser Grundlage begreift er schließlich, dass er Gott, der keine Ursache hatte, aber die Ursache von allem ist, nicht mit seinen *fünf Sinnen*, sondern „mit seinem eigenen Wesen" erkannt hat, das nur teils körperlich, teils aber kraft der *Vernunft* auch *unkörperlich* und *rein geistig* und insoweit gottähnlich ist (Luther: „Ebenbild", Genesis 1,27). Aufgrund dieser Gottähnlichkeit glaubt *Hayy* die Notwendigkeit erkennen zu können, sein Leben in dreifacher Weise daran anzupassen: 1. Er muss seinen Körper wie die vernunftlosen Tiere ernähren; 2. in Angleichung an die Himmelskörper sich rein halten und im Kreis um Gott drehen, das heißt, ihn verehren; 3. sein Denken auf Gott ausrichten und seine körperlichen Eigenschaften und Handlungen weitgehend ablegen, sich also vor allem der Meditation und der Schau Gottes widmen.

[6] *Bossong* 93 ff.; *Überweg-Geyer* II 292, 313, 315, 322, 339, 439; 722; *Meyer* ThvA 13 ff; dazu auch *Schaerer* (nachstehende Fn 7), Einleitung.

[7] Jetzt auch in deutscher Übersetzung: *Abu Bakr Ibn Tufail*, Der Philosoph als Autodidakt – Ein philosophischer Inselroman über *Hayy Ibn Yaqzân* – übersetzt, mit einer Einleitung und Anmerkungen hrsg. von *Patric O. Schaerer.*

b) Absal, ein zweiter Mensch: Als *Hayy Ibn Yaqzan* zu dieser Erkenntnis gekommen war, entdeckte er, als er eines Morgens aus seiner Höhle trat, plötzlich ein „Tier", das er auf der Insel noch nie gesehen hatte, aber von ähnlicher Gestalt war wie er selbst. Ein *zweiter Mensch* war von einer weit entfernten Insel, wo viele Menschen lebten, auf die Insel *Hayys* gekommen. *Absâl*, so hieß dieser Mensch, hatte sich mit einem Schiff auf die vermeintlich unbewohnte Insel bringen lassen, um in der Einsamkeit sich ganz auf seinen neuen Gott konzentrieren zu können. Auf der einige Tagreisen entfernten Insel, von der *Absâl* herkam, hatte sich seit einiger Zeit eine neue Religion ausgebreitet, zu der in einem Buch die wichtigsten Fragen des täglichen Lebens in Gleichnissen dargelegt waren, auch geschrieben stand, wie gut es den Menschen gehen wird, wenn sie die geschriebenen Regeln beachten, und wie streng und grausam sie bestraft werden können, wenn sie sich nicht an die von Gott seinem Propheten *Mohammed* gegebenen Regeln halten. Bevor ein Prediger diese Religion zu ihnen gebracht hatte, glaubten die Menschen – wie die alten Griechen zu Zeiten *Homers* – an viele verschiedene Götter und diese Götter hatten auch des Öfteren Streit miteinander, so wie die Menschen auch. Aber die Menschen konnten nicht erkennen, warum die Götter in Streit gerieten und welcher Gott in solchen göttlichen Streitigkeiten im Recht war. Nach der neuen Religion gab es dagegen nur noch *einen* Gott und seinen Propheten *Mohammed*, der alles aufgeschrieben hatte, was man tun muss und nicht tun darf, und so wussten die Menschen, was sie tun durften, und das gefiel den meisten besser. Das alles aber konnte *Hayy* von *Absâl*, der sich zuerst sehr vor *Hayy* fürchtete und davongelaufen war, erst später lernen, als sie sich angefreundet hatten und *Hayy* von *Absâl* sprechen und auch schreiben und lesen gelernt hatte. Zwei Dinge konnte *Hayy* jedoch nicht richtig verstehen: 1. Warum in dem heiligen Buch das meiste in Gleichnissen berichtet und nicht die unverhüllte Wahrheit gesagt wird. 2. Warum der Prophet sich darauf beschränkte, nur genau jene Verpflichtungen und Verrichtungen des religiösen Lebens genau festzulegen, die das tägliche Zusammenleben mit anderen Menschen betreffen, und damit erlaubte, dass man Vermögen anhäufte und sich der Völlerei hingab, so dass sich die Leute der Beschäftigung mit unnützem Zeug und der Abkehr vom Wahrhaftigen hingaben.

Hayy war der Meinung, der Mensch brauche nur solche Dinge, die zum Leben wirklich nötig sind, und kein sonstiges Eigentum oder gar Reichtum. Die Regeln des religiösen Gesetzes in Bezug auf Vermögensangelegenheiten wie Almosensteuer und ihre Verteilung, über Wucher und die Strafen für die Übertretungen des göttlichen Gebotes und Strafen für andere Vergehen hielt er daher für überflüssig und bemerkte schließlich: „Wenn doch die Menschen zu einem wahren Verständnis der Sache gelangten, dann würden sie sich gewiss von all diesem nichtigen Zeug abwenden und sich auf die Wahrheit richten. Sie hätten all diese Regeln nicht nötig, und keiner brauche ein Privatvermögen, dann bedürfe es auch keiner Almosensteuer; man würde keine Hände wegen eines Diebstahls abhacken müssen und niemand müsste wegen eines begangenen Raubes zum Tode verurteilt und hingerichtet werden.“ Dass *Hayy* dies alles gar nicht verstehen konnte, lag daran, dass er die Menschen nicht kannte. *Absâl* hatte ihm mehr das Gute über die Menschen berichtet, weil er selbst ein guter Mensch war und es vorzog, in allen und allem das Gute zu sehen. *Hayy* dachte daher, dass die Menschen eine allen Tieren überlegene natürliche Veranlagung hätten mit einem durchdringenden Denkvermögen und einer standhaften Seele, so wie er selbst. Er hatte keine Ahnung von ihrer Dummheit, ihrer Unvollkommenheit, ihrem Wankelmut und wie unüberlegt sie handeln konnten. Als *Absâl* diesen seinen Fehler erkannte, versuchte er dem Freund zu erklären, wie die Menschen wirklich sind, und las ihm aus dem Koran die Sure 25/44 vor: „Oder glaubst du wohl, dass der größte Teil von ihnen hören und verstehen kann? Sie sind wie das unvernünftige Vieh, ja sie irren vom richtigen Wege noch weiter ab als dieses.“

Das konnte *Hayy*, der einsam Erstandene, nicht wissen, als *Absâl* es ihm erzählte, empfand er daher *Mitleid mit den Menschen* und wollte ihnen helfen, ihnen das Heil bringen und ihnen seine ganze Wahrheit verkünden. Er sprach über die Sache mit *Absâl* und fragte ihn, ob es eine Möglichkeit gebe, zu den Menschen zu kommen, weil er ihnen verkünden wolle, wie er Gott den Allmächtigen erkannt hat. *Absâl* sagte ihm daraufhin, dass er ihm noch nicht ganz die Wahrheit über die Menschen gesagt habe, darüber, wie ihre Veranlagung ist, wie sie ihren Gelüsten nachgehen, und dass sie Gottes Befehle nur ganz äußerlich beachten, aber letztlich nichts von ihnen wissen wollten. Aber *Hayy*, der einsam Erstandene, meinte, dass es seine Pflicht sei, die von ihm erhaltene Botschaft des Allmächtigen an die Menschen weiterzugeben, die sie noch nicht erfahren haben und sich im Irrtum befinden, weshalb man sie aufklären müsse. *Absâl* erkannte, dass er *Hayy* nicht umstimmen konnte, dachte auch, dass er vielleicht doch Recht habe und er mit seiner großen Überzeugungskraft, die er aus seiner unmittelbaren Beziehung zu dem Allmächtigen bekommen hat, die Menschen doch auf den richtigen Weg bringen könne. Sie beschlossen daher, gemeinsam auf die Insel *Absâls* zu fahren und den Menschen die reine Lehre zu verkünden.

Mit Feuer und Rauchzeichen gelang es den beiden, ein Schiff anzulocken, das sie zu den Menschen auf *Absâls* Insel brachte. Dort gelang es *Absâl* schnell und leicht mit Hilfe seiner alten Freunde bekanntzumachen, dass ein großer Prediger auf die Insel gekommen ist, der bereit sei, allen Menschen, die es hören wollen, sein Wissen zu vermitteln über den allmächtigen, allwissenden, gütigen und barmherzigen Gott, wodurch jeder im Lande in einfacher und klarer Weise erfahren könne, wie er sein Leben gestalten, wie er handeln müsse und was er zu unterlassen habe. Alle wollten es hören und erfahren, was der große Prediger zu sagen hatte, und es mussten für jeden der geplanten Vorträge viele Termine angesetzt werden. In seinem ersten Vortrag sprach *Hayy* zunächst darüber, wie er auf der Insel aufgewachsen, wie seine Gazellen-Mutter ihn ernährt, beschützt und bewacht hatte und wie sie gestorben war und wie er sodann nachgedacht hat über die anderen Tiere, die Pflanzen und sich selbst, auch über Sonne, Mond und die Gestirne des Himmels und dann vor allem auch über Gott, den notwendig Seienden, der kein körperliches Wesen sein kann mit Armen und Beinen, einem Kopf und einem Herzen, sondern nur ein *geistiges Wesen*, das selbst keine Ursache hat, aber die Ursache geworden ist für alles auf dieser Welt.

Nachdem er über diese seine Meditationen und die dabei gemachten Erlebnisse mit ganz ruhigen, leicht verständlichen, aber sehr überzeugenden Worten berichtet hatte, brach eine große Begeisterung aus, alle standen von ihren Sitzen auf und klatschten Beifall und riefen seinen Namen. *Hayy* versuchte diese Begeisterung zu dämpfen, wedelte mit seinen Händen und bat sie, sich doch wieder zu setzen. Als alle sich schließlich wieder etwas beruhigt hatten, versuchte er ihnen zu erklären, dass sie die Gleichnisse in dem heiligen Buch des Korans nicht wörtlich verstehen, auch Gott nicht als körperliches Wesen, wie einen Menschen begreifen dürften, sondern als *Geist*, den man nicht mit seinen fünf Sinnen, sondern nur mit seiner *Vernunft* verstehen kann, dass sie auch die Stellen in dem *Heiligen Buch*, die dazu etwas sagen, nicht wörtlich verstehen dürften, vielmehr nur als *Gleichnisse*, deren wahre Bedeutung er ihnen erklären wolle. Als er ihnen dies verkündete und im Einzelnen erklären und mit Beispielen belegen wollte, musste er jedoch mit großem Bedauern feststellen, dass sie ihm nicht mehr richtig zuhörten. Er wiederholte daher nochmals, auch mehrmals, was er gesagt hatte, und versuchte es mit besseren Worten noch genauer und verständlicher zu sagen, musste aber bemerken, dass sie diese Wiederholungen gar nicht mehr hören wollten. Er ließ sich aber nichts anmerken und als die für die erste Sitzung vorgesehene Zeit zu Ende ging, vereinbarte er mit den Zuhörern einen zweiten Termin, und alle waren äußerlich unverändert freundlich.

Zum vereinbarten zweiten Termin kam jedoch nur noch etwa die Hälfte und als er ihnen die Dinge erklären wollte, die dem bloßen *Wortsinn der Regeln* des Heiligen Buches *nicht* einfach zu entnehmen waren, fingen sie an zu murren. Aber er wollte ihnen doch die *Wahrheit* sagen über die *Doppelnatur des Menschen* und das körperlose Sein des *Notwendig-Seienden*, das keine Ursache hat, aber die Ursache der ganzen Welt ist, von Himmel und Erde und allem, was im Himmel und auf Erden ist. *Aber sie wollten das nicht hören*. Er spürte, dass sich die Ablehnung und Abneigung seiner Zuhörer mit jedem Wort, das er sprach und was nicht in ihrem Sinne war, vergrößerte und verschärfte, obwohl sie eigentlich doch das Gute liebten und nach der Wahrheit suchten. Aufgrund all dessen, was sie schon gehört und gelernt hatten und der ihnen eigenen Veranlagung wollten sie die „Wahrheit" jedoch möglichst einfach und ohne Mühe erkennen und waren zufrieden, wenn sie ein Wort aus dem Heiligen Buch, an das etwas Gutes gebunden war, mit irgendeinem Wortsinn belegen konnten, den sie einfach und leicht erfüllen und damit des Glaubens sein konnten, etwas Gutes getan zu haben. Der Wortsinn, der am einfachsten zu erfüllen war, war ihnen auch der allerbeste und allein richtige Sinn einer Sache, wer mehr von ihnen forderte, konnte nicht mehr ihr Freund sein. So musste er erkennen, dass die Menschen, wie der Dichter[8] sagt, „für alles was selten und schwer, das Leichte wollten, ein Ding, das wie Gold ist aus Lehm, wie Duft ist und Saft ist und Würze – und dazu die Kunst, ohne roden und säen und bauen zu saugen gespeicherte Kräfte". Das aber konnte und wollte *Hayy* ihnen nicht versprechen, es war nicht seine Sache, den Teufel zu spielen. Er wollte bei der Wahrheit bleiben, musste aber erkennen, dass sie diese Wahrheit zur reinen Selbsterhaltung ablehnen mussten, also ablehnten, was er ihnen sagen wollte und daher auch den Menschen ablehnten, der ihnen solches sagen wollte, also feindselig ihm gegenüber wurden. Er wollte ihnen helfen, aber sie wollten diese Hilfe nicht, weil sie erkannten, was *Hayy* nicht erkannt hatte, dass ihnen damit nicht geholfen werden kann. *Hayy* musste also erkennen, dass *Absâl* ihm zu Recht abgeraten hatte, zu den Menschen zu gehen und ihnen die ganze Wahrheit sagen zu wollen. *Hayy* hatte auch noch nie etwas von *Zarathustra* gehört und wusste daher nicht, dass diesem auf seinem „Niedergang" zu den Menschen ein weiser alter Mann geraten hatte, seine Weisheit nicht in die Täler zu den Menschen zu tragen, er solle den Menschen nichts geben wollen, ihnen lieber etwas nehmen, damit sie es leichter haben.[9] Zu seinen Zuhörern sagte *Hayy* daher sehr freundlich und leise, dass er sich heute nicht richtig wohl fühle und sie um Verständnis bitte, wenn er seinen Vortrag abbrechen möchte, er wolle ihnen aber mitteilen, wenn er wieder zu einem neuen Vortrag in der Lage sei. Alle waren sehr betroffen und gaben zu erkennen, dass sie großes Verständnis hatten, und wünschten ihm gute Besserung.

Hayy aber ging zurück zu *Absâl* und erzählte ihm alles, was geschehen war. *Absâl* tröstete ihn, sagte aber nicht, dass er genau dies erwartet hatte. Weil er aber das Heilige Buch immer noch besser kannte als *Hayy*, sagte er ihm, dass solches auch über die Menschen in diesem Buch geschrieben steht, und er las seinem Freund die Sure 25/45 vor, wo geschrieben steht: „*Was hältst du von dem, welcher sich seine Gelüste zum Gott erwählt? Willst du sein Beschützer sein? Oder glaubst du wohl, dass der größte Teil von ihnen hören oder verstehen kann? Sie sind wie das unvernünftige Vieh.*" Dazu las er auch Sure 102/2-4: „*Das eifrige Streben nach Mehrung des Reichtums beherrscht euch bis ihr in die Gräber sinkt*", und 3/187: „*Als Allah ein Bündnis mit denen schloss, welchen er die Schrift gab, mit dem Auftrage, sie den Menschen bekanntzumachen und sie nicht zu verheimlichen, da warfen sie dieses Buch hinter ihren Rücken und verkauften es um einen geringen Preis.*" *Hayy* aber bat seinen Freund *Absâl*, nicht mehr weiter solche Stellen vorzulesen, weil es ihm wehtue, dass viele Menschen

8 *Stefan George*, Der Widerchrist.
9 *Nietzsche*, Also sprach Zarathustra Vorrede Nr. 2.

offenbar so sind, aber er erkannte, dass der Nutzen, den der größte Teil der Menschen aus den Regeln des Heiligen Buches ziehen konnte, das *diesseitige Leben* war und darin bestand, *den Alltag zu regeln*, damit niemand *einen anderen unrecht* behandelt. Nur die allerwenigsten würden jedoch die „jenseitige Glückseligkeit" erlangen können, auch wollten sie gar nicht wissen, was das ist, weil es zu mühsam war, es zu begreifen. *Absâl* verschwieg auch nicht, dass geschrieben steht (Sure 17/19): „*Wer aber das zukünftige Leben für sich wünscht und sein Streben nach diesem richtet und gläubig ist, dessen Streben ist Allah wohlgefällig. Wer jedoch das vergängliche Leben für sich wünscht, der soll so viel davon haben, wie uns gefällt; dann aber haben wir die Hölle für ihn bestimmt, dort soll er brennen und mit Schmach bedeckt werden und gänzlich verstoßen sein.*" Nachdem *Hayy* alles dies vernommen und mit *Absâl* besprochen hatte, verstand er, dass die meisten Menschen wie vernunftlose Tiere sind, und erkannte, dass die ganze Weisheit, die ihnen zu ihrem Leben erklärt werden konnte, bereits in den Verkündigungen des Propheten und in den Regeln des Heiligen Buches enthalten waren. Etwas anderes als das war unmöglich, und es konnte dem auch nichts mehr hinzugefügt werden. Für jede Aufgabe gibt es entsprechende Menschen und jeder kann das am besten, wozu er geschaffen wurde, und es ist so, wie es geschrieben steht und nicht geändert werden soll: „*Du wirst in den Anordnungen Allahs nie einen Wandel finden*" (48/24). Nachdem *Absâl* ihm auch diese Sure noch vorgelesen hatte, wollte *Hayy* auch nicht mehr klüger sein als Allah, er umarmte *Absâl* und bat ihn, mit ihm zusammen auf seine Insel zurückzukehren. So geschah es und *Ibn Tufails* Bericht über die beiden wird sicherlich auch in tausend Jahren noch gelesen; seine Wahrheit ist also nicht verlorengegangen. Viele wollen diese Wahrheiten aber auch heute noch nicht wahr haben, vielmehr bei den einfachen Wahrheiten bleiben, die sie von ihren Eltern gelernt haben; andere wollen die Menschen auch umerziehen, sie von ihrem Egoismus befreien und sie zu zufriedenen Mitgliedern eines sozialistischen Systems machen, aber auch diese Versuche sind gescheitert. Die meisten Menschen wollen vor allem ihres eigenen Glückes Schmied sein und ertragen es auch, wenn sie dabei nicht richtig erfolgreich werden können; ertragen es aber nicht, gegen ihren Willen zu irgend einem Zweck gezwungen zu werden, auch nicht, wenn es idealistischen Zielen dient.

c) Wirkungsgeschichte von Hayy Ibn Yaqzan: In der *islamischen Kultur* ist der Roman von *Ibn Tufail* weitgehend unbeachtet geblieben;[10] im Judentum und später auch in Europa hat das Buch jedoch sehr große Beachtung gefunden. Grundlegend dafür war wohl der Kommentar von *Moses Narboni* (1300–1362) und dessen Kommentierung durch *Yohanno Alemanno* (1434–1504), der dazu auch eine lateinische Übersetzung verfasst hat, die über *Pico della Mirandola* (1463–1494) in Italien Ver-

[10] *Schaerer* Ibn Tufail Einl. LXXIII.

breitung fand. Sehr populär wurde der Roman von *Ibn Tufail* in Europa jedoch aufgrund der Entdeckung eines arabischen Manuskripts durch den englischen Orientalisten *Edward Porocke* (1604–1691) in Aleppo, der zusammen mit einer lateinischen Übersetzung zweisprachig 1671 in Oxford erschien. Auf dieser Grundlage erfolgten später Übersetzungen in nahezu alle europäische Sprachen, und es ist aufgrund von Zitaten nachweisbar, dass *Spinoza*, *Locke*, *Leibniz*, *Voltaire*, *Moses Mendelssohn*, *Lessing*, *Schelling* und viele andere den Roman kannten.[11] Dass der 1719 erschienene Insel-Roman von *Daniel Defoe* (1660–1731), *The Life and Strange Surprizing Adventures of Robinson Crusoe*, im Werk von *Ibn Tufail* sein Vorbild hat, wird allgemein vermutet. *Schaerer* berichtet interessanterweise noch, dass *Ernst Bloch* (1885–1977) 1952 in seinem Buch *Avicenna und die aristotelische Linke Ibn Sina*[12] und *Ibn Rushd* als Vertreter einer aristotelischen Linken darzustellen versucht habe, die mit ihrem *materialistischen Weltbild* einen Gegenpol gebildet hätten zu den echten Aristotelikern, zu deren Oberhaupt er *Thomas von Aquin* erklärte. Im philosophischen Roman *Ibn Tufails* habe *Bloch* auch eine Bestätigung seiner Auffassung gesehen, „dass der Mensch außer seiner Vernunft einen Glauben nicht brauche." Der syrische Philosoph *Tayyib Tîzîni*, der in den 1960er Jahren in Ost-Berlin studierte und promovierte und dort auch *Bloch* gehört hat, habe in seiner Arbeit über die *Materie-Auffassungen der islamisch-arabischen Philosophie des Mittelalters* versucht, eine marxistische Erklärung der islamischen Philosophiegeschichte zu entwerfen, und sei dabei auch von *Blochs* Verständnis des Romans von *Ibn Tufail beeinflusst gewesen.* Auf diesem krummen Weg hat also das Werk *Ibn Tufails* noch einmal in der arabisch-islamischen Welt etwas Gehör gefunden.[13]

d) Parallelen zu Zarathustra: Der Roman *Ibn Tufails* erinnert nicht nur an *Robinson* und *Freitag*, sondern auch an Nietzsches *Zarathustra*, der bei seinem „Untergang" nicht auf die Worte des alten Mannes hörte, der auf halber Höhe lebte:[14] *„Vor Jahren hast du deine Asche zu Berge getragen, jetzt willst du dein Feuer in die Täler tragen? Fürchtest du nicht des Brandstifters Strafen?" Zarathustra aber antwortete: „Ich bin meiner Weisheit überdrüssig, wie die Biene, die des Honigs zu viel gesammelt hat, ich bedarf der Hände, die sich ausstrecken. Ich will den Menschen ein Geschenk bringen."* Aber der alte Heilige sagte: *„Gib ihnen nichts, nimm ihnen lieber etwas ab und trage es mit ihnen – das wird ihnen am wohlsten tun: wenn es dir nur wohltut!" Zarathustra* erkannte, wie es um den alten Mann stand, verabschiedete sich und sprach zu sich selbst: *„Sollte es denn möglich sein! Dieser alte Heilige hat in seinem Walde noch nichts davon gehört, dass Gott tot ist."* Als *Zarathustra* auf seinem langen Wege später jedoch dem „häss-

---

[11] Dazu mit sehr genauen Nachweisen belegt *Schaerer* Ibn Tufail Einl. LXXV–LXXXV.

[12] Dazu *Überweg-Geyer* II 307–310; 404–469; 721.

[13] *Ernst Bloch* hat nach 1960 „nach dem Westen gemacht" und in seinem bei Suhrkamp erschienenen „Prinzip Hoffnung" (Bd. 1–3) auch verschiedentlich auf die Werke von *Avicebron*, *Averroes* und *Avicenna* hingewiesen, vgl. S. 239 f., 272, 996, 999, 1335 f.

[14] *Nietzsche* Also sprach Zarathustra Vorrede Nr. 2.

lichsten Menschen“ begegnete und erkannte, dass dieser derjenige war, der Gott ermordet hatte, musste er sich von ihm belehren lassen: *„Zu lange hat man ihnen Recht gegeben, diesen kleinen Leuten: So gab man ihnen endlich auch die Macht – nun lehren sie: Gut ist nur, was kleine Leute gut heißen. Und Wahrheit heißt heute, was der Prediger sprach, der selber aus ihnen herkam, jener wunderliche Heilige und Fürsprecher der kleinen Leute, welcher von sich zeugte ‚ich – bin die Wahrheit!‘.“ Zarathustra* stimmte dem „hässlichsten Menschen“ zu und sprach also: *„Wenn einer sagt, ‚ich bin die Wahrheit‘, den muss man ans Kreuz schlagen!“*

5. Die Lehren des Ibn Rushd (alias Averroes):[15] Anders als *Hayy zog sich Ibn Tufail* selbst nicht auf eine einsame Insel zurück, wurde auch nicht ans Kreuz geschlagen, sondern war als *Kadi von Cordoba* und als *Leibarzt des Sultans von Marrakesch* tätig.

a) Der Auftrag zum Aristoteles-Kommentar: Den Auftrag des Sultans, einen Kommentar über die Werke des Aristoteles zu schreiben, wollte *Ibn Tufail* aber aus Altersgründen nicht mehr übernehmen und schlug dem Sultan stattdessen vor, *Ibn Rushd* (alias *Averroes,* 1126–1198) mit dem Auftrag zu betrauen. *Averroes* erhielt vom Sultan den Auftrag und erfüllte ihn in den Jahren 1169 bis 1195, womit er seinen Ruhm als bedeutendster arabischer Philosoph des Mittelalters begründete, was ihm den ehrenvollen Beinamen *Aristoteles II.* einbrachte. *Averroes,* geboren in Cordoba, entstammte einer berühmten Juristenfamilie und studierte Astronomie, Medizin, Rechtswissenschaft und Philosophie. Nach dem Tod von *Ibn Tufail* (1185) wurde *Averroes* auch dessen Nachfolger als Leibarzt des Sultans, was seinen großen Einfluss noch verstärkte.

b) Die Entscheidende Abhandlung: Seine *eigene Philosophie* fasste *Averroes* in seiner *Entscheidenden Abhandlung*[16] zusammen, die heute noch, nunmehr übersetzt in alle Weltsprachen, nachgedruckt und gelesen wird. Die Abhandlung beginnt mit der Frage: *„Ist Philosophie von der islamischen Satzung verboten, erlaubt oder befohlen?“* Mit dieser entscheidenden Frage ist die Abhandlung der Problematik des Verhältnisses von *Religion und Philosophie,* von religiösem *Glauben und rationalem Erkenntnisvermögen,* letztlich also demselben Problem gewidmet wie die vorstehend kurz skizzierten anderen philosophischen Werke aus al-Andalus. Der Grund für die so

---

[15] *Bossong* 95 ff.; *Überweg-Geyer* II 292 f., 313–322; 334–251; 402–469; 722 f.; *Meyer*ThvA 13 ff.

[16] In Deutsch: *Averroes* (*Ibn Rushd*), *Die Entscheidende Abhandlung* oder die Bestimmung des Zusammenhangs zwischen religiösem Gesetz und Philosophie, übersetzt, mit Anmerkungen und einem Nachwort versehen und hrsg. von *Patric O. Schaerer..* Die im Text in Klammern gesetzte Zahlen zur „Entscheidenden Abhandlung“ geben nicht die Seiten, sondern die durchnummerierten Absätze der Abhandlung an, die auch in anderen Textausgaben verwendet werden. Die 1. dt. Fass. wurde 1874 hrsg. aufgrund eines Manuskripts, das *Marcus Joseph Müller* (1809–1874) in einer spanischen Bibliothek im arabischen Originaltext gefunden hatte.

ausführliche und intensive Behandlung dieses Problemkreises ist wohl in dem zeitlichen Zusammenhang der Verkündung und Verbreitung des Korans durch den Propheten und Feldherrn *Mohammed* (570–632) und der Wiederentdeckung bedeutender philosophischer Schriften vor allem von *Platon* und *Aristoteles* und deren Übersetzungen in Bagdad und Syrien ins Arabische und in al-Andalus (Toledo) auch ins Lateinische und der Verbreitung dieser Übersetzungen unter den Gebildeten der Zeit begründet.[17] Es war wohl unvermeidbar, dass die Beschäftigung der Gebildeten mit der griechischen Philosophie auch zu einer kritischen, rationalen Betrachtung der heiligen Bücher der drei großen Buchreligionen (Judentum, Christentum und Islam) führen musste. Die große Bibliothek in Alexandria soll verbrannt worden sein, weil alles im Koran stehe, was richtig sei, und alles unrichtig sei, was nicht im Koran stehe; ob dies aber wirklich der Grund war, ist zweifelhaft, und in Bagdad, Syrien und al-Andalus galt dieser Satz jedenfalls nicht. Wohl aber haben kritische Geister, aufgeweckt durch die griechische Philosophie, offenbar Zweifel ausgesät und diese Zweifel sind zur Ursache großer und bedeutender philosophischer Werke geworden.

Liest man die *Entscheidende Abhandlung mit heutigem Verständnis*, so löste *Averroes* das Problem gewissermaßen *hegelianisch*: Der Text des Korans sei die Wahrheit, weil er göttliche Offenbarung sei; die philosophischen Erkenntnisse seien aber gleichfalls wahr, wenn und soweit sie die Gesetze der Logik befolgen. Richtig verstanden sei also beides wahr und widerspreche sich nicht. Die Wirklichkeit des Glaubens der Muslime an Allah und die dem Mohammed offenbarte Wahrheiten im wörtlichen Sinn des Textes des Korans wurden für *vernünftig* erklärt, aber auch die dank der menschlichen Vernunft hinter den Gleichnissen des Textes erkennbaren Wahrheiten als vernünftig verstanden.[18] Nach *Averroes* verbietet der Koran nicht *rationales Denken*, er verpflichtet vielmehr zur Beachtung der kritischen Philosophie; deren *Ablehnung* sei mit den Grundsätzen der Satzung des Islams nicht zu vereinbaren, sei also *ketzerischer Unglaube*, was ein tödlicher Vorwurf war, weil er mit dem Tode bestraft werden konnte. *Averroes* verkannte dabei nicht, dass viele Stellen des Korans mit der Vernunft nur schwer zu vereinbaren sind, glaubte aber, diese im Wege der *Auslegung* vernünftig verstehen zu können, wobei er wie seine vorstehend zitierten Vorgänger darauf hinwies, dass viele Menschen zu einem *allegorischen* Verständnis solcher Stellen nicht imstande seien. Für diese Menschen sei es besser, sie bei ihrem wörtlichen, äußeren Verständnis des Texts zu belassen und ihnen nicht den dahinterliegenden, wahren inneren und tieferen Sinn aufzudrängen. Wie schon *Avicebron*, *Avempace* und *Ibn Tufail* unterscheidet also auch *Averroes* zwischen Menschen, die zu *eigenem Nachdenken*

17 *Thomas von Aquin* muss zu seiner Summa Theologica auch eine lateinische Übersetzung der Ethik des Aristoteles (aus Toledo?) benutzt haben, weil er die griechische Sprache nicht beherrschte.

18 Dazu *Hegel*, Enzyklopädie der phil. Wissenschaften, 1830, Einl. § 6.

befähigt sind, und ungebildeten, allein „schriftgläubigen" Menschen, die den hinter dem äußeren Sinne der Worte der allegorischen Fassung der heiligen Schrift stehenden wahren inneren Sinn des offenbarten Textes nicht erkennen können; ihnen soll man – wie auch *Hayy Ibn Yaqzân* am Ende einsehen musste – ihr Verständnis belassen. Für die dazu befähigten, gebildeten Menschen sei jedoch die *ratio* das Maß aller Dinge. Die *Entscheidende Abhandlung* ist gewissermaßen die rationale Erläuterung dessen, was *Ibn Tufail* in Romanform mit dem Gleichnis *Hayy Ibn Yaqzân*, dem einsam Erstandenen, dargestellt hat.

c) Ist philosophisches Koranverständnis erlaubt? Die im ersten Satz der *Entscheidenden Abhandlung* gestellte Frage, ob das Studium der Philosophie und der Disziplinen der Logik von der islamischen Satzung erlaubt oder verboten oder befohlen sei, beantwortete *Averroes* ebenso einfach wie klar: Die Philosophie sei nichts anderes als die Betrachtung der seienden Dinge (*mawgûdât*) und das Nachdenken über sie und über den Urheber aller dieser Dinge, weil alle seienden Dinge auf den sie erschaffenden Urheber verweisen (2). Der Koran und die sonstigen Quellen des Islams (*Sunna, Scharia*) forderten an vielen Stellen dazu auf, über die seienden Dinge nachzudenken. So heißt es zum Beispiel in Sure 6/75: „Und so zeigten wir dem Abraham die Herrschaft Gottes über Himmel und Erde, weil er einer von denen sein sollte, die sich von der Wahrheit überzeugt haben." Daran anschließend auch 7/185: „Haben sie denn keine Betrachtungen über die Herrschaft Gottes über Himmel und Erde angestellt, und darüber, was alles Gott geschaffen hat, und haben sie nicht bedacht, dass ihre Frist vielleicht schon nahegekommen ist? [Im Roman von *Ibn Tufail* hat Hayy Ibn Yaqzân dies alles auf das Sorgfältigste beachtet.] An was für eine weitere Verkündigung wollen sie denn glauben, nachdem sie diese Offenbarung des Korans abgelehnt haben? Er lässt sie in ihrer Widersetzlichkeit verharren, so dass sie zuletzt weder aus noch ein wissen." *Averroes* entnimmt aus diesen und anderen Stellen des Korans die *Pflicht*, *„die seienden Dinge mit dem Intellekt zu betrachten und also darüber nachzudenken."* Bei diesem Nachdenken über die seienden Dinge und das, was in der islamischen Satzung darüber geschrieben steht, ist allerdings auch zu bedenken, dass alle Worte einen *äußeren Wortsinn*, viele Worte aber auch noch einen *tiefen inneren Sinn* haben können, der nur im Wege einer *Auslegung* sachgerecht ermittelt werden kann, was insbesondere dann gilt, wenn Regelungen oder Aussagen in den Quellen in Form eines Gleichnisses (*allegorisch*) offenbart werden und also das, was in einer *Allegorie verhüllt* ist, aufgedeckt werden muss. Die Verwendung von Gleichnissen, die oft etwas geheimnisvoll sind, in den drei Büchern der drei großen Buchreligionen hat vor allem zwei Gründe: Die alten Sprachen hatten für die *geistigen* Erscheinungen („Dinge") der intelligiblen Welt ursprünglich noch keine oder nur wenige Begriffe, und wenn es schon welche gab, konnten sie die meisten Menschen („breite Masse", wie es bei *Averroes* übersetzt wird) (noch) nicht richtig verstehen. Es war daher notwendig, die Aussagen mit Worten zu erfassen, die jeder annähernd zu verstehen vermochte. *Averroes* unterscheidet daher drei Methoden zum Verständnis eines Textes: 1. die *rhetorische*, 2. die *dialektische* und 3. die *apodiktische* (19 ff.). Unter „rhetorischem" Verständnis versteht *Averroes* den äußeren Wortsinn, den der einfache Mann der „breiten Masse" den Worten eines Textes entnehmen konnte. Unter „dialektisch" war zur Zeit von *Averroes* nicht das zu verstehen, was im 18. Jahrhundert darunter verstanden wurde, schon gar nicht das, was *Hegel* unter Dialektik verstanden wissen wollte. *Dialektisch im Sinne von Averroes* war die Methode, mit der *Plato* den *Sokrates* den schlichteren Gemütern durch ständiges Fragen mit anschließendem Verwickeln der Antworten in Widersprüche sein Wissen vermitteln ließ. Unter „apodiktischem" Verständnis verstand Averroes schließlich das, was ein gebildeter Philosoph durch logische Schlussfolgerungen erkennen konnte, ein nicht philosophisch gebildeter Mann aber so wenig erkennen konnte, wie man ohne juristische Ausbildung einen schwierigen Fall richtig entscheiden oder ohne medizinische Ausbildung einen Kranken sachgerecht behandeln kann. Aus diesen *verschiedenen Verständnismöglichkeiten* und der *verschiedenen Verständnisfähigkeit verschiedener Menschen* folgt notwendigerweise, dass verschiedene Menschen ein und dieselbe Textstelle und denselben Rechts- oder Glaubenssatz verschieden verstehen können. Deswegen ist *für jeden Einzelnen unter Umständen Verschiedenes das richtige Verständnis*, das ihm ein ruhiges und zufriedenes Leben auf dieser Welt und ewige Glückseligkeit im Jenseits sichert; vielleicht aber auch ein falsches Verständnis und ein falscher Glaube, der schon auf Erden strafbar ist und der ihn im Jenseits in eine ewige Hölle mit fürchterlichen Qualen befördern kann. Ein einfacher Mann sollte jedoch aufgrund seines schlichten Verständnisses aber auch im Islam ebenso selig werden können wie im Christentum gemäß dem Satze: *„Selig sind, die da geistlich arm sind; denn das Himmelreich ist ihr"* (Matth. 5,3); auch *Jesaja* 57,4: *„An wem wollt ihr nun euere Lust haben? Über wen wollt ihr nun das Maul aufsperren und die Zunge herausstrecken?"*

Das *richtige Verständnis* einer Textstelle, insbesondere eines *Glaubens- oder Rechtssatzes*, ist letztlich das Problem, das der Jurist *Averroes* (ein *Rechts*philosoph also) in seiner *„Entscheidenden Abhandlung"* als eine *Rechtsfrage* verstand und auch in Form eines Rechtsgutachtens beantwortete (57). Weil im Islam nicht nur damals, sondern auch heute noch – wie im Christentum vor *Thomas von Aquin* und nach ihm auch lange noch, bis sich seine Lehre durchgesetzt hatte – das Recht (*Scharia*) als *göttliches Recht* verstanden wird, dessen Quellen der Koran und die Sunna sind, sind zwar nicht alle Glaubensfragen Rechtsfragen, aber alle *Rechtsfragen* auch *Glaubensfragen*, und jedenfalls das, was wir heute unter *ethischen Fragen* verstehen, stets auch *Rechtsfragen*. Ausgehend davon, dass es der Zweck der Regeln der islamischen Satzung ist, das wahre Wissen zum richtigen und gerechten Leben zu vermitteln, damit die Gläubigen erkennen können, was verboten und geboten ist, erkennt *Averroes*, dass die Wissensvermittlung durch zwei Elemente geschieht: den *Begriff* und das *Urteil.*

Der gläubige Mensch muss also zum Beispiel den in einem Satz des Korans enthaltenen Begriff „Betrug" verstehen, und er muss beurteilen können, ob es ein *Betrug* ist, wenn einer einem anderen ein krankes Pferd verkauft und übereignet, wissend, dass es krank ist, diesen Mangel, der für den Käufer nicht erkennbar ist, aber verschweigt. Schon der Begriff „Betrug" setzt also einige juristische Kenntnisse voraus, nämlich die Kenntnis der tatsächlichen Voraussetzungen dieses Begriffs, die im heutigen Sprachgebrauch *Tatbestandsmerkmale* heißen, weil es die Merkmale sind, die den Tatbestand eines Betrugs erfüllen. Im deutschen Strafgesetzbuch ist der Tatbestand des Betrugs in § 263 StGB wie folgt definiert: *„Wer in der Absicht, sich oder einem Dritten einen rechtswidrigen Vermögensvorteil zu verschaffen, das Vermögen eines anderen dadurch beschädigt, dass er durch Vorspiegelung falscher oder durch Entstellung oder Unterdrückung wahrer Tatsachen einen Irrtum erregt oder unterhält, wird mit Freiheitsstrafe bis zu fünf Jahren bestraft."* Der Tatbestand des Betrugs besteht also aus folgenden sechs *Merkmalen*: 1. *Täuschungshandlung* (Vorspiegelung falscher Tatsachen), die 2. einen *Irrtum* beim Getäuschten *verursacht*, der 3. eine *Vermögensverfügung* des Getäuschten *verursacht*, wodurch 4. der Getäuschte einen *Vermögensschaden* erleidet; 5. der *Absicht* des Täuschenden, sich oder einem Dritten 6. *aus dem Schaden des Getäuschten* einen *Vermögensvorteil* (Stoffgleichheit von Schaden und Vorteil) zu verschaffen.

Um den *Begriff* des *Betrugs* zu verstehen, muss der Leser also zumindest die genannten sechs *Tatbestandsmerkmale* aus dem Text des Gesetzes heraus in einer „Parallelwertung seiner Laiensphäre" ungefähr erfassen. Wenn der Leser darüber hinaus wissen will, ob er dies oder jenes tun kann, ohne einen Betrug zu begehen, so muss er auch beurteilen können, ob ein bestimmter Lebenssachverhalt von diesen Merkmalen erfasst wird und also einen Betrug begründet. Das kann in vielen Fällen sehr schwierig sein und ist in schwierigen Fällen ohne juristische Ausbildung zumeist nicht zu entscheiden. Um die Schwierigkeit zu verstehen, stelle ich einen Fall zur Beurteilung des Lesers, den die Rechtsprechung entscheiden musste: Einem Fußball-Schiedsrichter war eine größere Geldsumme versprochen worden, wenn er in einem bestimmten Spiel dafür sorgt, dass die favorisierte Mannschaft verliert, und dadurch derjenige, der die Zahlung versprochen hatte, und seine Hinterleute einen hohen Wettgewinn erzielen, was auch gelungen ist, weil der Schiedsrichter unberechtigt einen Elfmeter gepfiffen hat. Ein Landgericht verurteilte als Tatsacheninstanz den Schiedsrichter zu einer Gefängnisstrafe wegen Betrugs, der BGH hat das Urteil entgegen dem Antrag der Bundesanwaltschaft bestätigt, was jedoch fragwürdig bleibt, weil nach herrschender Lehre der Betrug gemäß § 263 StGB voraussetzt, das der vom Betrüger erstrebte Vorteil dem Schaden des Getäuschten entstammt (Stoffgleichheit von Schaden und Vorteil). Der *Vorteil*, den der Schiedsrichter mit der Täuschungshandlung seiner Fehlentscheidung erstrebte, kam tatsächlich aber nicht aus dem *Schaden dessen*, der durch die Täuschungshandlung einen Schaden erlitten hatte. Die Entscheidung über die man verschiedener Meinung sein kann, zeigt jedenfalls, was auch für viele andere Fälle gilt, dass jedes Urteil auf der Grundlage von Rechtssätzen ergehen muss, welche bestimmte Handlungen unter bestimmten Voraussetzungen als Unrecht definieren. Und diese Definitionen müssen mit Worten, genauer mit Begriffen, erfolgen, die wiederum bestimmte Voraussetzungen haben, die man kennen muss. Alle derartigen Begriffe haben einen bestimmten Kernbereich, dessen Bedeutung in der Regel von jedem, der diese Sprache versteht, auch klar verstanden werden kann. Die meisten Begriffe haben aber auch Randbereiche, in denen nur schwer zu entscheiden ist, ob sie von den Begriffen noch erfasst werden oder nicht. Auch aus dem Zusammenwirken der mit verschiedenen Begriffen erfassten verschiedenen Voraussetzungen eines begrifflich erfassten Tatbestands kann das Problem entstehen, ob ein Lebenssachverhalt von einem begrifflich definierten Tatbestand erfasst oder nicht erfasst wird. Im gegebenen Fall eines „Wettbetrugs" ist dies die Frage, ob zwischen dem *Schaden des Getäuschten* und dem erstrebten *Vorteil des Täuschenden* eine „Stoffgleichheit" bestehen muss.

Ob der Verkäufer des kranken Pferdes einen Betrug beging, ist ein anderes Problem. Der Verkäufer hat in dem Käufer nicht durch Täuschungshandlung einen Irrtum erregt, vielmehr hat der Käufer sich geirrt und der Verkäufer hat ihn nicht von seinem Irrtum befreit. Ein *Unterlassen* darf einem *Handeln* nach einem allgemeinen Rechtsgrundsatz aber nur *gleichgestellt* werden, wenn der Unterlassende eine Pflicht zum Handeln, beim Betrug also eine Pflicht zur Aufklärung eines gegebenen Irrtums hat. Für die alten Germanen galt der Rechtsgrundsatz: „Augen auf, Kauf ist Kauf", oder: „Augen auf oder Beutel auf"; es bestand also grundsätzlich keine Aufklärungspflicht des Verkäufers über Fehler oder Mängel der Kaufsache. Dieser Rechtsgrundsatz galt auch im BGB noch lange Zeit für den Viehkauf (der Käufer musste dem Gaul daher ins Maul schauen), heute wird dagegen zumeist angenommen, dass der Verkäufer nach Treu und Glauben (§ 242 BGB) zur Aufklärung des Käufers verpflichtet ist. Diese einfachen Beispiele aus dem Strafrecht kann jeder Jurastudent im ersten oder zweiten Semester verstehen, es gibt aber in der Jurisprudenz noch viel schwierigere Fälle, und die theologischen und philosophischen Probleme, die durch Urteile entschieden werden sollen, sind zumeist noch sehr viel schwieriger, weil schon die Begriffe dieser Wissenschaften schwieriger sind, zumeist auch kompliziertere Sachverhalte zu erfassen haben, deren Beurteilung von einer viel größeren Zahl problematischer Umstände abhängig ist.

Averroes erklärte zum Beispiel: Wenn ein Gläubiger, der die Fähigkeit zu einem apodiktischen Verständnis habe, eine Stelle des Korans, die nur aufgrund dieser Kenntnisse richtig zu verstehen ist, rein wörtlich verstehe (wie ein einfacher Mann sie verstehen kann), verstehe er sie falsch und habe daher im Diesseits und im Jenseits die Strafen Gottes zu befürchten. Wenn andererseits ein Mann, der unfähig ist zu apodiktischen Schlussfolgerungen, zufällig eine solche kenne und ihr, obwohl er sie nicht verstehe, folgen wolle, weil sie ihm günstiger erscheine als sein eigenes rein wörtliches Verständnis, so werde er deshalb zum Ungläubigen, der die Strafe Gottes zu erleiden hat (49). Ein und dieselbe Stelle kann also falsch verstanden werden, wenn sie (von einem Gebildeten) wörtlich verstanden wird, aber auch wenn sie (von einem Ungebildeten) apodiktisch verstanden wird. Solche Logik hätte *Hegel* erfreut, weil jeder eine Aussage nur in der Form für richtig halten kann, in der er sie versteht, auch wenn der Urheber sie anders verstanden haben wollte. Diese Erkenntnis ist sogar zu einer juristischen Auslegungsregel geworden mit der Formulierung, im Zweifel sei eine rechtlich erhebliche Willenserklärung aus dem Empfängerhorizont zu verstehen. Darum redet *Zarathustra* auch anders zu seinem Volke als zu seinen Jüngern und anders zu seinen Jüngern als zu sich selbst.

Auf dieser Grundlage erörtert *Averroes* ferner die Frage, unter welchen Voraussetzungen eine Stelle nicht wörtlich verstanden, vielmehr der Interpretation unterworfen werden dürfe. Wenn z.B. in einer Textstelle die apodiktische Betrachtung zu einer Erkenntnis über irgendeinen Gegenstand führt, dann könne es so sein, dass dieser Gegenstand entweder in der islamischen Satzung gar keine Erwähnung findet oder dass er in einer anderen Textstelle näher bestimmt wird. Falls es keine andere Textstelle gibt, kann es keinen Widerspruch geben. Falls das religiöse Gesetz jedoch eine Regelung dazu enthält, muss deren Wortlaut entweder mit dem Resultat der apodiktischen Betrachtung der anderen Stelle übereinstimmen oder aber ihm widersprechen. Im Falle einer Übereinstimmung bleibt weiter nichts zu sagen; im Falle eines Widerspruchs hingegen bedarf der Wortlaut einer *Interpretation* (*ta'wil*). Der Begriff „Interpretation" bedeutet: „Das exegetische Erschließen des Sinnes des Wortlauts durch Übergang vom ursprünglichen, wörtlichen Sinn zum übertragenen, metaphorischen Sinn, jedoch ohne dass dabei gegen die Sprachgewohnheiten der Araber beim Gebrauch metaphorischer Redeweisen verstoßen wird" (20). Den Grund dafür, dass in der islamischen Satzung einander im äußeren Wortlaut widersprechende Verlautbarungen vorkommen, erkennt *Averroes* darin, „dass damit denjenigen, die ein gründliches Wissen haben, ein *Fingerzeig* gegeben werden soll, auf diejenige Interpretation, die eine Übereinstimmung zwischen ihnen herbeiführen kann" (25). Das ist natürlich eine „Schönfärberei", zu der ein Philosoph zur Zeit von *Averroes* aber gezwungen war, weil der *Koran* und auch die *Sunna* von Gott offenbarte, also göttliche Sätze sind, und daher nicht falsch sein können. Wer sie für falsch erklärt, könnte vielmehr des Unglaubens beschuldigt und zu allen Höllenstrafen verurteilt werden. Wer aber schon einmal ein Buch geschrieben hat, weiß, dass es gar nicht möglich ist, in einem längeren Text jeden Widerspruch zu vermeiden. Man sollte zwar in der Schlusskorrektur solche Widersprüche ausmerzen, aber zumeist erkennt man nicht alle. In einem Text wie dem Koran, der nicht systematisch geordnet ist, aber auch kleingedruckt nahezu fünfhundert Seiten umfasst, sind daher Widersprüche für einen Menschen gar nicht zu vermeiden und auch in Jahrhunderten nicht alle zu erkennen. Letztlich sind diese Widersprüche darin begründet, dass auch ein und derselbe Mensch in schwierigen Fragen dieser und jener Meinung sein kann, und wenn er verschiedene Voraussetzungen eines Problems in einem etwas verschiedenen Problemzusammenhang betrachtet, kann er sehr leicht zu verschiedenen Auffassungen kommen, ohne zu bedenken, dass er in einem anderen Zusammenhang eine andere Auffassung vertreten hat. Es kann sogar richtig sein, ein und denselben Satz in einem anderen Zusammenhang verschieden zu verstehen. Darum kann ein längerer Text letztlich gar nicht richtig verstanden werden, wenn er nicht in seinem jeweiligen Zusammenhang richtig verstanden, das heißt vernünftig ausgelegt wird, wobei gelegentlich sogar ein Leser einen Schriftsteller besser verstehen kann, als er sich selbst verstanden hat.[19] Diesen Satz hätte selbstverständlich *Averroes* hinsichtlich des Korans niemals äußern können, wenn er am Leben bleiben und im Jenseits nicht auf ewig allen Höllenqualen ausgesetzt werden wollte. Auch in einem göttlichen Text können jedoch allzu menschliche Interpunktionsfehler zu Missverständnissen führen, die nur im Wege vernünftiger Auslegung beseitigt werden können, wozu *Averroes* auf den Koran, Sure 3/7 verweist:

> „Er ist es, der die Schrift auf dich herabgesandt hat. Darin gibt es eindeutig bestimmte Verse und andere, mehrdeutige. Diejenigen nun, die in ihrem Herzen vom rechten Weg abschweifen, folgen dem, was darin unklar ist, wobei sie darauf aus sind, die Leute unsicher zu machen und es nach ihrer Weise zu interpretieren. Aber niemand weiß es wirklich zu deuten, außer Gott [unklar: ob nach Gott ein Punkt oder ein Komma steht] *u(U)nd diejenigen, die ein gründliches Wissen haben*, sagen: ‚Wir glauben daran. Alles, was in der Schrift steht, stammt von unserem Herrn.' Aber nur diejenigen, die Verstand haben, lassen sich mahnen."

Steht in diesem Satz nach „Gott" ein *Punkt*, so weiß es *nur Gott allein*, steht aber ein *Komma*, so wissen es Gott *und diejenigen, die ein gründliches Wissen haben*. Auf meinem Schreibtisch liegen zurzeit vier verschiedene Koranausgaben mit verschiedenen Übersetzungen von verschiedenen Übersetzern. In allen vier Übersetzungen steht hinter „Gott" ein Punkt, aber *Averroes* entschied sich für ein Komma, war also der Auffassung, dass in solchen Fällen auch diejenigen, die ein gründliches Wissen haben, die Stelle richtig interpretieren können, was doch wohl auch die sinnvollere Interpretation ist, weil der Interpunktionsfehler auch von einem Setzer oder Übersetzer des von Gott dem Propheten offenbarten Textes gemacht worden sein könnte. Und wenn diejenigen, die Verstand haben, sich

[19] Dazu *Gadamer* Wahrheit und Methode 180.

mahnen lassen, soll das doch wohl heißen, dass sie sich irren können und angemahnt werden müssen, ihr Irrtum aber auch entschuldigt werden kann.

Es darf jedoch nicht alles (weg-)interpretiert werden, was nicht gefällt. Aussagen über die Grundlagen der islamischen Satzung dürfen jedenfalls nicht geleugnet, auch nicht (weg-)interpretiert werden, wie die Anerkennung Gottes oder des Propheten, die Auferstehung nach dem Tode, die Möglichkeit der Glückseligkeit oder der Höllenstrafen im Jenseits. Gleichgültig soll es aber sein, auf welchem der drei Wege ein Mensch zum Glauben kommt. Es genügt, wenn einer sagt: „Es gibt keinen Gott außer Ihm“ und an ihn glaubt. Das Verständnis der Regeln der islamischen Satzung kann jedoch aus verschiedenen Gründen falsch sein, wobei es *verzeihliche* und *unverzeihliche Fehler* gibt. Grundsätzlich unverzeihlich sind die Fehler über die genannten und anderen Grundlagen der religiösen Satzung, über die ganz allgemein Konsens herrscht. Mit Gottes Barmherzigkeit und Güte kann jedoch grundsätzlich rechnen, wer die Aussagen eines Gleichnisses nicht richtig versteht und nicht mit apodiktischen Schlussfolgerungen zur richtigen Erkenntnis des inneren Sinns einer Regelung kommen kann. Aber auch demjenigen, der die apodiktische Schlussfolgerung anzuwenden gelernt hat, kann ein Fehler unterlaufen, der *verzeihlich* ist, insbesondere, wenn eine Stelle von einigen Gelehrten so und von anderen anders verstanden wird. Weil der *freie Wille* eine *Voraussetzung der Rechtsfähigkeit* ist, müsse, so *Averroes*, auch derjenige, der falsch urteilt, entschuldigt sein, wenn er *wissenschaftlich gebildet* ist (und sorgfältig nachgedacht hat). Der Prophet habe gesagt, wenn der Richter sich bemühe und das Richtige treffe, so erhalte er zweifache Vergeltung; wenn er fehlgehe, nur einfache. Auch einem erfahrenen Arzt verzeihe man, wenn er einmal einen Fehler mache, ebenso einem erfahrenen Richter; wenn einer sich aber eine solche Tätigkeit anmaße, ohne dazu ausgebildet zu sein, so könne ihm nicht verziehen werden.

Zur Pflicht derer, die Apodiktisches von Natur aus und durch fachliche Ausbildung ableiten und erkennen können, gehöre es jedoch auch, diese *Erkenntnisse nicht* vor *Leuten der Dialektik* und jedenfalls *nicht* vor der „breiten Masse“ *offen zu verkünden*, weil dies bei solchen Menschen zur *Verwirrung* und zum *Unglauben* führe, weil es sie in „ihrem“ Glauben *verwirre* und erschüttere und sie das tiefere Verständnis und damit *den Glauben daran* nicht erreichen könnten. Solche im Wege der Interpretation gewonnenen Erkenntnisse dürften daher auch nicht in den diesen Menschen zugänglichen Büchern geschrieben werden (65/72). *Averroes* meint, solche Interpretationen – und ganz besonders die schlechten – sowie die Meinung, diese seien etwas, das man der „breiten Masse“ in Bezug auf die Satzung offen verkünden solle, seien die *Ursache für die religiösen Abspaltungen im Islam* gewesen mit dem Resultat, dass diese sich untereinander des Unglaubens bezichtigten. So hätten die Mu'taziliten und auch As'ariten viele Verse und auch Hadîthe interpretiert und der „breiten Masse“ verkündet und damit die Menschen in Feindseligkeiten, *gegenseitigen Hass und Kriege* gestürzt: „sie rissen die Satzungen in Stücke und entzweiten die Menschen untereinander im höchsten Maße."

Das *richtige Verständnis* im Sinne einer sachgerechten Interpretation sei im Sinne der Sure 33/72 f. das „anvertraute Gut", das der Mensch angenommen habe: „*Wir haben das Gut, das anvertraut werden sollte, zuerst den Himmeln, der Erde und den Bergen angeboten, doch sie weigerten sich, es zu tragen, und scheuten sich davor. Der Mensch aber nahm es auf sich. Wahrlich, er ist frevelhaft und töricht. Gott wird die heuchlerischen und die heidnischen Männer und Frauen bestrafen, jedoch den gläubigen Männern und Frauen sich (gnädig) wieder zuwenden.*" Dass der Mensch dabei frevelhaft und töricht gewesen sei, ist im Wege der Interpretation wohl dahingehend zu verstehen, dass es leichtsinnig gewesen sei, die schwere Aufgabe zu übernehmen, und dass der Mensch sie höchst sorgfältig wahrnehmen müsse, dass aber angesichts der Schwierigkeit der Aufgabe Fehler auch entschuldigt werden könnten. Zur Sorgfalt gehöre es jedoch auch, dass das *gefährliche Wissen* und möglicherweise nicht ganz richtige Wissen nicht zur Kenntnis von Menschen komme, die es nicht richtig verstehen können, wodurch dann Zweifel und Unruhe entstehen könnten.

d) Die Wirkungsgeschichte der Werke Averroes, insbesondere seiner *Entscheidenden Abhandlung* und seiner *Aristoteles-Kommentare* in der islamischen Kultur ist leider unklar und umstritten. Die in arabischer Sprache verfasste *Entscheidende Abhandlung* wurde zwar ins Hebräische, aber merkwürdigerweise *nicht* ins Lateinische[20] übersetzt, was ihre Rezeption in Westeuropa behinderte. *Bossong* meint jedoch, dass die „Abhandlung" auch im arabisch-islamischen Kulturkreis bedauerlicherweise wenig Beachtung gefunden, die *christliche Scholastik* dagegen *stark beeinflusst* habe. Ganz sicher ist jedoch, dass *Thomas* vor allem die *Aristoteles-Kommentare* von *Averroes* bestens kannte und sich mit ihm und auch mit *Ibn Gabirol* (*Avicebron*) in vielen Fragen des Verständnisses der *aristotelischen Philosophie* befasste und auseinandersetzte. Schon in seinem Erstlingswerk *De ente et essentia* zitierte *Thomas* die beiden arabischen Philosophen vielfach, er betrachtete den Kommentar von *Averroes* als Vorbild seiner eigenen *Aristoteles*-Kommentierung.[21]

Schon *Albertus Magnus,* der Kölner Lehrer des *Aquinaten,* galt als einer der besten Kenner der andalusischen Philosophie, der die *Aristoteles*-Kommentierung von *Averroes* kannte und hoch schätzte. Der Jugendlehrer von *Thomas, Petrus von Hibernia,* erkannte im *Aristoteles*-Kommentar von *Averroes* einen reinen *Aristotelismus.* Insofern ist und bleibt es auch richtig, wenn *Bossong* zu der Feststellung

20 So *Schaerer* (Averoes), Anh. S. 260; a. A. *Bossong* 97.

21 *Meyer*, *ThvA*, S. 15. Entgegen dem *Titelbild* dieses Buches von *Benozzo Gozzoli* (1420–1497) lag *Averroes* nicht vor *Thomas* am Boden, sondern war für ihn ein Vorbild und Vermittler der Philosophie des Aristoteles. Das Bild soll aber wohl zum Ausdruck bringen, dass der *hl. Thomas* die neben ihm stehenden Philosophen *Aristoteles* und *Platon* anders und besser verstanden hat als *Averroes.*

kommt, dass die Werke des *Averroes* die christliche Scholastik und insbesondere *Thomas von Aquin* sehr wesentlich beeinflusst haben und letztlich vorbildlich gewesen seien für die Rezeption der griechischen, insbesondere der aristotelischen Philosophie und deren Erkenntnisse *zur menschlichen Vernunft* sowie deren Grenzen und ihre Verschiedenheit von offenbarten göttlichen Wahrheiten. Mit seiner scheinbar widersprüchlichen Behauptung, dass eine göttliche Behauptung für die Gläubigen wahr ist, weil sie von Gott offenbart wurde, dass aber auch eine philosophische Erkenntnis wahr ist, wenn sie nach den Gesetzen der Logik vernünftig abgeleitet wurde, ließ *Averroes* das große Problem von *Offenbarung und Vernunft* nicht etwa offen, sondern löste es vielmehr *in vorbildlicher Weise* (*hegelianisch*) und gab jedenfalls *für Thomas* in der Frage des Rechts die Lösung vor: Das göttliche Recht (*lex aeterna*) ist unveränderlich und ewig gültig, wie Gott ewig und unveränderlich bleibt, das für das Verhältnis der Menschen zueinander geltende *Recht* aber muss *Menschenwerk* sein und kann und muss sich ändern in der Weise, wie die Menschen sich im Laufe ihrer Entwicklung ändern müssen, und bleibt auch dem *Irrtum des Menschen* unterworfen, kann also auch *Unrecht* sein, das der Änderung bedarf, wenn es als solches erkannt wird.

In der *christlichen Welt* ist diese Auffassung zur *herrschenden Meinung* und zur Grundlage der Verfassungen aller demokratischen Rechtsstaaten der westlichen Welt geworden. Freilich hat es etwa fünfhundert Jahre gedauert, bis diese Ansicht des *Aquinaten* sich in der Aufklärungszeit und mit der Französischen Revolution und in der US-amerikanischen Verfassung nicht zuletzt auch aufgrund der *Kant'schen* Philosophie durchsetzen konnte. Aber der Ausgang dieser Gedankenführung war in der *andalusisch-islamischen Philosophie* begründet. *Bossong* beklagt daher völlig zu Recht (S. 9), dass ein solcher „Gigant der Philosophiegeschichte" wie *Averroes* in seinem eigenen Kulturkreis keine Nachfolger gefunden hatte, schlimmer noch, dass seine Worte in der islamischen Zivilisation ungehört verhallt seien.[22] Darin liegt letztlich der Grund und die große Tragik, dass die islamischen Staaten bis heute zu keiner rechtsstaatlichen demokratischen Ordnung kommen konnten; selbst wenn sie, wie in der Türkei Atatürks, einmal erreicht wurde, besteht immer die Gefahr eines Rückfalls in eine theokratische Diktatur, weil es den Menschen unter der Herrschaft dieses Glaubens besonders schwerfällt, sich selbst eine eigenständige Meinung zu bilden und auf deren Richtigkeit zu vertrauen. Darin liegt letztlich auch der Grund, dass die Menschen in diesem Kulturkreis sich stets auf das härteste und grausamste bekriegen müssen, wenn sie im Verständnis des Korans unterschiedlicher Meinung sind, was wiederum der Grund für den fortwährenden *Dschihâd* aller gegen alle in Syrien und anderen islamischen Staaten ist, der seit dem 11. September 2001 auch in die übrige Welt,

[22] *Bossong* 9; auch *Schaerer* schreibt (Tufail, Einl. LXXIII), dass das Kommentarwerk von *Averroes* im islamischen Raum – *anders als in Europa* – wenig Beachtung gefunden habe.

insbesondere nach Westeuropa und die Vereinigten Staaten von Amerika, getragen wird.[23] Einige Auslegungsprobleme und philosophische Missverständnisse, die mit einigem guten Willen müssten behoben werden können, sind zu Gründen für ein fortwährendes grausames, schreckliches gegenseitiges Morden geworden. Und die Täter meinen, den Willen Gottes zu vollstrecken, schüren jedenfalls den Zorn des Volkes mit diesen und ähnlichen Behauptungen. Nicht selten würden die Opfer, wenn sie die Macht dazu hätten, genauso handeln wie die Täter. Alles ist also nur ein großes Missverständnis, aber niemand kann es in der gegenwärtigen Welt des Islams wagen, den Grund dieses Missverständnisses zu benennen, gar ihn beseitigen zu wollen, wenn er schrecklichste Strafen und ewige Verdammung vermeiden will.

6. Die Lehren des Moshe ben Maimon (alias Maimonides):[24] Etwa zur selben Zeit wie *Averroes* (1126–1198) wurde in Cordoba auch *Moshe ben Maimon* geboren (1135–1204). Er entstammte einer bedeutenden Rabbinerfamilie und studierte *jüdische Theologie, Philosophie und Medizin.* Wegen einer Judenverfolgung musste die Familie 1159 nach Fes fliehen,[25] wo *Maimonides* zum Leibarzt des *Sultans Saladin* wurde. *Maimonides* befasste sich als Philosoph auf der Grundlage seines jüdischen Glaubens mit derselben Problematik wie *Averroes* und die anderen andalusischen Philosophen, also mit dem Verhältnis von *göttlicher Offenbarung und menschlicher Vernunft.* In seinem auf Arabisch verfassten Hauptwerk *Führung der Verwirrten* (*Dâlâlat al hâ'irîn*; auch übersetzt: *Führung der Unschlüssigen*) wandte er sich ganz bewusst nicht an philosophische Laien oder Schüler, wollte vielmehr besonders Menschen ansprechen, die durch das Studium der kritischen Philosophie und der hebräischen Bibel „verwirrt" worden waren. Derart „Verwirrte" wollte *Maimonides* durch begriffliche Klärung und Auslegung problematischer Bibelstellen und deren *allegorische Deutung* mit menschlicher Vernunft *entwirren* und zur Klarheit führen. *Maimonides* erläuterte z.B. die Stelle 1. Mose 1,26: „Und Gott schuf den Menschen zu seinem Bilde" [Luther: „nach seinem Ebenbild"] dahingehend, dass nicht gedacht werden darf, *Gott* habe Arme und Beine wie ein Mensch. *Gott* sei vielmehr ein *unkörperliches Wesen* und der *Mensch* sei nur insoweit ein *Ebenbild Gottes,* weil ihm – anders als anderen Lebewesen – das „Licht des Verstandes" gegeben ist. Ähnlich wie *Averroes* für den Islam lässt auch *Maimonides* für das Judentum den Absolutheitsanspruch der Heiligen Schrift unberührt, hält jedoch deren *rationale Analyse* und *Auslegung* für zulässig und geboten: „Nicht verwirren soll das Irren!"

23 *Hamed Abdel-Samad,* Der Koran, Botschaft der Liebe – Botschaft des Hasses 99 ff; *Hassan Abu Hanieh, Mohammed Abu Rummann,* IS und al-Qaida, Die Krise der Sunniten und die Rivalität im globalen Dschihad, 142 ff.

24 *Bossong* 98 ff.; *Überweg-Geyer* II 339–341; 401–454; 727; *Meyer ThvA* 19–21; 289–291.

25 Diese Flucht war wohl nicht irgendwie persönlich, sondern im geistigen Klima von al-Andalus zu dieser Zeit begründet; dazu *Schaerer* (Tufail) Einl. LXXII.

Das Christentum verstand *Maimonides* als eine von Gott gewollte historische Wende, die der Verbreitung der jüdischen Lehre dienen und die Erscheinung des jüdischen Messias vorbereiten sollte. Die Philosophie des Judentums hatte damit in al-Andalus entsprechend der Entwicklung der islamischen Philosophie einen Standpunkt der Toleranz gegenüber Andersgläubigen erreicht, den das Christentum erst mit den Lehren des *Thomas von Aquin*[26] erreichen konnte und sich letztlich – trotz Luther und der Reformation[27] – in den christlichen Staaten erst am Ende des 18. Jahrhunderts durchsetzen konnte. Das in Arabisch, aber mit hebräischen Lettern geschriebene Werk *Maimonides'* fand in hebräischer Übersetzung große Verbreitung bei den Juden in ganz Europa und wurde 1391 auch ins Spanische übersetzt.

III. Das aristotelisch-thomistische Rechtsverständnis

> Damit das menschliche Wollen zum Gesetz wird,
> bedarf es einer Regelung durch die Vernunft.
> *Thomas von Aquin*, F 90, 1 zu 3

1. Zur historische Lage in der Lebenszeit von Thomas: Das Rechtsverständnis des hl. *Augustin*[28] war vor allem durch die Philosophie *Platons* und die Lehren des *Christentums* bestimmt, das von *Thomas* (1225–1274)[29] dagegen über seinen Lehrer *Albertus Magnus* im Wesentlichen von der *Nikomachischen Ethik* des *Aristoteles* geprägt, weshalb es auch als *aristotelisch-thomistisches* Rechtsverständnis bezeichnet wird.[30] Bei der Würdigung der Lehren des *Aquinaten* wird jedoch – jedenfalls in der juristischen Literatur – der Einfluss der andalusischen Philosophen, insbeson-

---

26 *Thomas* ist auch die Schrift von *Maimonides* bekannt, *Schaerer* (Tufail) Einl. LXXIII.

27 *Luther* hatte zunächst versucht, das Verhältnis zwischen reformierten Christen und Juden zu verbessern, hat aber später auf den Gebrauch des Vorwurfs des *hl. Augustin*, die Juden hätten *Christus* ermordet, nicht mehr verzichtet. Mit seiner Abhandlung *Von den Juden und ihren Lügen* kehrte er zu seiner antisemitischen Einstellung zurück und löste damit auch in lutherisch gewordenen Ländern neue Judenvertreibungen aus.

28 Dazu 2. Kap V.

29 Zu Leben und Werk des *Aquinaten* vgl. insbes. *Meyer* Thomas von Aquin; *Überweg-Geyer* II, §§ 35, 36.

30 *ThvA* 18. TA F 57, 1, 3. Das Verhältnis von *Thomas* zu *Augustinus* wird oft verglichen mit dem von *Aristoteles zu Platon*, von Vernunft zu Offenbarung, von Rationalismus zu Idealismus, von Intellektualismus zu Voluntarismus. Im thomistischen Intellektualismus hat der Intellekt den Vorrang vor dem Willen gewonnen (vgl. *Schilling*, Die Staats- und Soziallehre des heiligen *Thomas von Aquin*, 238). *Thomas* wird daher als Begründer des *ontologischen Naturrechts* betrachtet (dazu *Dempf*, Sacrum Imperium, 387), was er allerdings von *Aristoteles* übernommen hatte, aber dadurch 500 Jahre vor *Kant* in unsere Zeit brachte. Die Bedeutung des thomistischen Rechtsdenkens liegt vor allem darin, dass *Thomas* das für den Menschen geltende Recht *entgegen der Lehre des Heiligen Augustins* nicht mehr als *göttliches Recht*, sondern als *Menschenwerk*, als *ius naturalis*, d.h. als *„natürliches"* Recht (Naturrecht oder Ver-

dere des *Ibn Rushd* (Averroes), nicht hinreichend beachtet und die Unvereinbarkeit seines Rechtsverständnisses mit dem des *Heiligen Augustin* nicht selten unterdrückt oder zumindest verwischt. Die päpstliche Politik in der mittelalterlichen Auseinandersetzung mit dem Kaiser und in der Frage der Kreuzzüge war jedoch im Wesentlichen durch die Lehren des hl. *Augustins* bestimmt worden. Das macht es auch verständlich, dass die *Summa Theologica* erst zweihundert Jahre nach dem Tode von *Thomas* erscheinen konnte: *Habend sua fata libelli.* Auch die bis ins 18. Jahrhundert andauernden Praktiken der *Heiligen Inquisition* mit ihren Folterungen und Scheiterhaufen waren mit den Lehren des *Thomas von Aquin* nicht zu vereinbaren. Die Lehren des *Aquinaten* sind also fünf Jahrhunderte lang von der römischen Kirche unterdrückt und nicht in ihrem wahren Sinne akzeptiert worden. Auch heute noch wird *Thomas* mehr oder weniger bewusst unterstellt, er habe ähnlich wie der *heilige Augustin* das Recht als göttliches Recht verstanden.[31]

2. Vom göttlichen zum menschlichen Recht: Thomas von Aquin[32] unterscheidet im Anschluss an *Aristoteles*[33] – anders als *Augustin* – zwischen göttlichem Recht (*fas*)

---

nunftrecht) verstand, das nicht ewig gültig, sondern veränderlich sei, auch Unrecht sein könne, weil der Mensch dem Irrtum unterworfen ist; dazu im Text unten III 2–6; IV 1–4. Dadurch wurde die *Trennung von Religion und Recht*, von Kirche und Staat erst möglich und konnte damit *menschliche Freiheit*, vor allem *Glaubensfreiheit*, gewährleisten; dazu 9. Kap II und III

31 Dazu unten VIII Fn 3/136.

32 *Thomas von Aquin*, Summa Theologica, 3 Bücher, Buch 2 mit 2 Teilen, verfasst zw. 1260 und 1273, erstmals vollständig veröffentlicht 1485, wird herkömmlich zitiert nach der Gliederung von *Thomas von Aquin*: STh I-II F 90–105 heißt: Summa Theologica, 1. Teil des 2. Buches Fragen 90–105. Gemäß der scholastischen Methode seiner Zeit sind jeder Frage verschiedene Einwände entgegengestellt. Darauf wird eine allgemeine Antwort gegeben und nach der Antwort zumeist auf einzelne Einwände erwidert. Zitiert wird die so gegliederte Darstellung z.B. wie folgt: *ThvA*, STh I–II F 91. 2, 2A zu 2, d.h. *Thomas von Aquin*, Summa Theologica, 1. Teil des 2. Buches Frage 91 Artikel 2, Einwand 2 und Erwiderung zu 2. **Die Fragen 90–105** und die Antworten dazu aus dem 1. Teil des 2. Buches sind in der aus 36 Bänden bestehenden Deutschen Thomas-Ausgabe (TA) in **Bd. 13 unter dem Titel „Das Gesetz"** enthalten und dort übersetzt von *E. Welty* und kommentiert von *Otto Pesch*. Diese Fragen 90–105 des Bd. 13 TA und die Antworten dazu werden im folgenden Text des 3. Kapitel abgk. zitiert z.B. wie folgt: *ThvA* F 91, 2, 2A zu 2.
Die Fragen 57–79 aus dem 2. Teil des 2. Buches (STh II–II) stehen **unter dem Titel Recht und Gerechtigkeit in Bd. 18** der Deutschen Thomas-Ausgabe, 1953 (TA), übersetzt von *Christmann OP* und kommentiert von *Arthur F. Utz*; in der Nachfolgefassung 1987 (abgk. Bd. 18 NFTA), übersetzt von *J. Groner* – aber ohne die lat. Fassung des Thomas-Textes – mit vollständig überarbeiteter und wesentlich ergänzter Kommentierung von *Arthur F. Utz*. Die Fragen 57–79 aus diesem 18. TA werden im folgenden abgk. zitiert, z.B: ThvA F 57, 2. Zum Aufbau der einzelnen Fragen und Artikel vgl. *Utz*, Bd. 18 NFTA, S. XXV. Alle übrigen Stellen – außer F 90–105 des 13. TA und F 57–79 des 18. TA – aus der *Summa Theologica* werden wie allgemein üblich zitiert, z.B. *ThvA*, STh I–II F 49, 2A.

33 Aristoteles Nik V 10, 1134 b.

und menschlichem Recht (*ius*).[34] Göttliches Recht sei wie die Natur Gottes ewig *unveränderlich* und notwendig gerecht, denn Gott bestehe seit aller Ewigkeit bis in alle Ewigkeit unwandelbar, allwissend, allmächtig und gerecht (F 58, 1,3). Diese göttliche Gerechtigkeit bleibe dem Menschen grundsätzlich verborgen (F 57, 2 zu 3), soweit sie jedoch offenbart sei (*quod divinitus promulgator*; z.B. im Dekalog) oder sich auf das „naturhaft Gerechte" beziehe, könne sie für den Menschen auch erkennbar sein (F 57, 3A; 91, 3A). Das Verständnis des Rechts als göttliches Recht kann jedoch die „Natur des Rechts" nicht verändern; es wird dadurch nicht zu einem „Naturgesetz", das unabhängig vom Willen des betroffenen Menschen Geltung hat, vielmehr bleibt es in der Freiheit des Menschen, ob er dem göttlichen Recht, z.B. den Zehn Geboten, gehorchen oder nicht gehorchen will. *Thomas* sagt, der Mensch könne kraft seiner Vernunft am göttlichen Recht teilnehmen. Die mit der Vernunft erkannten *allgemeinen Prinzipien* und die daraus abgeleiteten Folgesätze, die das „natürliche Recht" (*ius naturale*) des Menschen bilden, sind nach *Thomas* eine „Teilhabe des mit Vernunft begabten Geschöpfes am ewigen Gesetz" (*participatio legis aeterna in rationali creatura*, F 91, 2A). Mit dieser Teilhabe (*participatio*) am ewigen Gesetz (*lex aeterna*) kann die menschliche Vernunft jedoch kein göttliches Recht schaffen, weil göttliches Recht über der menschlichen Natur liegt.[35]

34 *ThvA* F 57, 2,3; auch zwischen göttlichen und menschlichen *Gesetzen* (*lege divinum vel humanum*, F 79, 3A). Die göttlichen Gesetze können in der geschichtlichen Entwicklung zu menschlichen *Gesetzen* (Rechtssätzen) geworden sein, wie z.B. das „du sollst nicht töten" oder zu moralischen Grundsätzen, die grundsätzlich auch von Ungläubigen beachtet werden, wie z.B. das „du sollst nicht lügen" oder „du sollst nicht ehebrechen" oder auch von Ungläubigen und manchen Gläubigen unbeachtet bleiben, wie z.B. das „*du sollst deine Feinde lieben*" oder „*du sollst Gott mehr gehorchen als den Menschen*". Die Behauptung Radbruchs, das „du sollst Gott mehr gehorchen als den Menschen" sei ein *Rechtssatz*, liegt außerhalb juristischer Vernunft; dazu oben E I 3; II 3; unten 5. Kap, V 5. Min Anm 4.

35 *ThvA* F 57, 2, 3. Auch *Duns Scotus* (Opus Oxoniense, dazu *Welzel*, NaturR, S. 66 ff.) lehnt ein ewiges, unveränderliches Gesetz und damit die Lehre des *hl. Augustin* ab. *Ewig sei nicht das Gesetz*, sondern nur Gott als Gesetzgeber (voluntaristische Gottesauffassung); dazu *Ludger Honnefelder*, FAZ vom 26.10.2016: „Zweiter Anfang des freien Denkens"; *ders*, *Albertus Magnus* und die kulturelle Wende des 13. Jahrh, 2012. Glaubt man freilich (wie *Kluxen*, Philosophische Ethik bei Thomas von Aquin, Einltg XXXI u. S. 85 ff), dass philosophische Ethik nur als christliche Moralphilosophie möglich sei und dass *letztlich nur die offenbarten Wahrheiten* von der übernatürlichen Bestimmung des Menschen die *bedeutsamsten tatsächlichen Bedingungen menschlichen Handelns*, die bei allen konkreten Tun letztbestimmend sind, *erkennen* lassen, so kann man die Rechtslehre des *Aquinaten* auch als göttliches Recht verstehen. *Kluxen* hat sich allerdings mit den Fragen 57-79 von STh II-II nicht befasst. Sein Fundstellenverzeichnis weist kein einziges Zitat zu diesen Fragen auf. In F 57, 1,3 heißt es aber: Doch das *Recht* gehört nicht zu den göttlichen, sondern zu den *menschlichen Dingen* (*sed ius non pertinet ad divina, sed solum ad humana*). Das Recht gehört aber sicherlich zu den bedeutsamsten Bedingungen menschlichen Handelns, ist aber *Menschenwerk* und kann daher auch Unrecht sein (dazu Fn 3/30).

3. Positives und natürliches Recht: Thomas unterscheidet hinsichtlich des von Menschen geschaffenen Rechts zwischen „positivem Recht“ und „natürlichem Recht“ (*ius naturalis*). „Positives Recht“ ist jedoch nicht das Gegenteil von „negativem Recht“, vielmehr abgeleitet aus *ponere, positum* (setzen, gesetzt), ist also „gesetztes“ Recht, das heißt nach der im jeweiligen Recht des Staates vorgeschriebenen Form in einem Gesetzgebungsverfahren zu *Rechtssätzen*, zu *rechtlichen Regelungen* gemachte Vorstellungen über das richtige Verhalten der Menschen in einer bestimmten Situation. Zum *positiven Recht* in diesem thomistischen Sinne gehören zunächst alle gesetzlichen oder sonstigen rechtlichen Regelungen, in denen Rechtsfragen ohne Widerspruch zur „natürlichen Gerechtigkeit“ *so oder so*, also in verschiedener Weise geregelt werden könnten, aber in einer bestimmten Weise geregelt werden müssen, damit die erforderliche Rechtssicherheit gewährleistet ist (F 57, 2 zu 2), z.B. die Frage, ob im Straßenverkehr rechts oder links zu fahren ist. Wenn Rechts- und Verkehrssicherheit gewährleistet sein sollen, müssen diese Fragen in einer *bestimmten* Weise geregelt werden, was eine menschliche Willensentscheidung voraussetzt, die bestimmt, was für *alle* Recht sein soll. In solchen Fällen sagt die menschliche Vernunft nur, dass eine Regelung erforderlich ist und es ist scheinbar „nur“ eine Willensentscheidung erforderlich, damit jeder weiß, wie er sich zu verhalten hat, und darauf vertrauen kann, dass die anderen sich entsprechend verhalten. Dass *eine einheitliche Regelung* für alle erforderlich ist, ist allerdings auch schon eine Erkenntnis der Vernunft, wenn im gegebenen Beispiel auch für alle leicht erkennbar. Würde man nachweisen können, dass links fahren weniger Unfälle verursacht, dürfte man sich aber auch nicht für rechts fahren entscheiden und müsste die getroffene falsche Entscheidung ändern, was zeigt, dass auch die Frage der Gleichwertigkeit zweier Entscheidungen schon eine Entscheidung der Vernunft ist.

Die meisten Rechtsfragen sind aber nicht *so oder so* zu entscheiden, müssen vielmehr unter Berücksichtigung der gemeinsamen und der gegeneinander stehenden Interessen der Betroffenen und aller Umstände der zu regelnden Frage (der Natur der Sache) sowie der gegebenen Erfahrungen entschieden werden: Das menschliche Tun wird dadurch gut, dass es mit der maßstabsetzenden *Vernunft*, die ihm die Ausrichtung gibt, übereinstimmt.[36] *Thomas* meinte zwar, dass der Mensch das Böse nicht wollen könne,[37] sondern stets nach dem Guten strebe, erkannte aber, dass seine Vernunft gelegentlich versagen und er sich irren könne, weswegen menschliches Recht auch Unrecht sein könne.[38] Deswegen darf die

[36] F 58, 3 A; dazu *Meyer* ThvA 588 f.
[37] F 94, 2A.
[38] Dazu F 57, 2, zu 1 und 2; F 91, 4A; F 96, 4A. Selbst in den Fällen, in denen die Sache so oder so geregelt werden kann, setzt dies aber nur voraus, dass jemand es bestimmt, nicht aber, dass dieser die Gewalt zur Durchsetzung des Bestimmten habe, so gegen *Radbruch* (Rph3, 81; dazu 5. Kap IV 2 c) zutr. *Emge* EinfRph 359.

menschliche Gerechtigkeit nicht allein mit dem *Willen* gleichgesetzt werden, muss sich vielmehr aus der „praktischen Vernunft" und der *Tugend* des Menschen ergeben.[39] Verstößt eine naturrechtliche Regelung *gegen die Vernunft*, dann ist sie *iniquitas, perversitas legis*.[40] *Thomas* versteht daher auch *Ulpian*: *quod placuit principi, legis habeat* (D. 1.4.1. pr.), dahingehend, dass der *Wille des römischen Kaisers* nur insoweit *Gesetzeskraft* haben konnte, als er von der Vernunft bestimmt war (*quod legis rationem habeat*), ansonsten aber mehr Unrecht als „gesetzliches Recht" gewesen sei (*magis esse iniquitas quam lex*).[41] Werden aus der Vernunft des Menschen entwickelte Rechtsgedanken in *Gesetzesform* gebracht (in einem Gesetzgebungsverfahren zu Gesetzen gemacht), so sind sie nach *heutigem Begriffsverständnis* zwar „positives Recht", weil sie „gesetztes" Recht sind, das ist aber nur eine *formelle Betrachtung*, materiellrechtlich und im *thomistischen Sinne* sind bleiben sie auch in ihrer gesetzlichen Fassung aber Vernunftsrecht (*ius naturale*). Allein die Tatsache, dass bestimmte Regelungen von einem Gesetzgeber gewollt, in Gesetzesform gebracht und dem Volk verkündet worden sind, kann sie nicht zu „Recht" machen: „Steht jedoch etwas im Widerspruch zum Vernunftsrecht (*ius naturale*), dann kann es durch menschliche *Willensentscheidung* (*voluntate humanum*) nicht gerecht gemacht werden (*fieri iustum*), wie z.B. wenn festgesetzt werde, dass Diebstahl oder Ehebruch erlaubt seien."[42] Das Vernunftsrecht (*ius naturale*), das solche Gesetze als Unrecht erkennen lässt, ist allerdings kein *Naturgesetz* (im naturwissenschaftlichen Sinne), das sich von selbst vollzieht und widersprechendes positives Recht außer Kraft setzen könnte. Auch *Thomas* erklärte schon, dass das als Unrecht erkannte unter Umständen „zur Vermeidung von Anstoß und Verwirrung" noch befolgt werden dürfe, soweit es nicht dem *Gewissen* widerspricht. Wird heute ein Gesetz als Unrecht erkannt, z.B. weil es gegen verfassungsrechtliche Grundrechte verstößt, so kann es, wenn es vor dem Grundgesetz in Kraft getreten ist, von jedem Gericht für rechtsunwirksam erklärt werden, wenn es ein nach-

[39] F 58, 1, 1; dazu unten IV 1; *Thomas* räumt damit im Anschluss an *Aristoteles* dem Intellekt der Vorrang ein vor dem Willen und stellt den griechische *Intellektualismus* dem paulinisch-augustinischen *Voluntarismus* entgegen; dazu *Welzel* NaturR 57. *Meyer* ThvA 589 erkennt im *Erfordernis der Vernunft* einen Damm gegen den Rechtspositivismus und den Voluntarismus, was vor allem *Radbruch* völlig verkannt hat (dazu 5. Kap IV–IX) und erst in der Katastrophe der Jahre 1933–1945 für alle sichtbar wurde; dazu die Urteile im 7. Kap I–V.

[40] F 92, 1 zu 4. Perverserweise wurde jedoch im 19. und 20. Jahrhundert die Ansicht entwickelt, dass jede in der Form eines Gesetzes gebrachte Regelung Recht sein müsse (*Positivismus*), ohne jede Rücksicht auf den Inhalt der Regelung, selbst dann, wenn sie offensichtlich Unrecht zu Recht machen will; dazu 5. Kap IV.

[41] F 90, 1 zu 3; *Ulpian* D.1.4.1. pr: *Quod placuit principi, legis habet vigorem* (Was der Kaiser bestimmt, hat Gesetzeskraft). Vielleicht hat aber auch Ulpian schon ganz bewusst zwischen *lex, legis* und *ius* unterschieden und den Willen des Kaisers zwar als *Gesetz*, nicht aber unbedingt als *Recht* anerkennen wollen.

[42] F 57, 2 zu 2: *Sed si aliquid de se repugnantiam habeat ad ius naturale, non potest voluntate humanum fieri iustum.* Zur heutigen Technik der Feststellung unrichtigen Rechts und unrichtiger Gerichtsentscheidungen vgl. 6. Kap VI 3; 8. Kap VI.

konstituelles Recht ist, muss es aufgrund eines Normenkontrollverfahrens oder einer Verfassungsbeschwerde vom Bundesverfassungsgericht für unwirksam erklärt werden. Wer also glaubt, sich durch gesetzliches Unrecht in seinen Rechten verletzt zu werden, muss dies im Zweifel in einem gerichtlichen Verfahren klären lassen, jedenfalls dann, wenn ein anderer durch dieses gesetzliches Unrecht Vorteile genießt und diese als sein gutes Recht befindet.

4. Aus der Vernunft entwickeltes „natürliches" Recht: Das aus der *menschlichen Vernunft entwickelte* und durch den *menschlichen Willen gesetzte* (positive) Recht ist entsprechend der menschlichen Natur – anders als göttliches Recht – *nicht unveränderliches, ewig gültiges Recht,* kann sich vielmehr wie die Natur des Menschen und die Art der zu regelnden Angelegenheiten im Laufe der Zeit *verändern.* Dieses natürliche menschliche Recht kann auch *Unrecht* sein, weil die Natur des Menschen bisweilen versagen, der Mensch sich irren (F 57, 2 zu 1), auch böse sein kann. Das Recht kann im Laufe der Zeit durch eine Veränderung der Verhältnisse (vom Jäger und Sammler zum Ackerbauern, zum Fabrikarbeiter, zum von Indien aus für ein deutsches Unternehmen online tätigen Computerspezialisten) *unzureichendes* Recht werden, das den neuen Gegebenheiten nicht mehr genügt. Solches *ius naturale* (natürliches Recht) kann auch nicht mit dem Einwand widerlegt werden, dass die aus der Natur sich ergebenden Grundsätze *für alle Menschen gleich* seien und daher auch das *natürliche menschliche Recht für alle gleich* sein müsse (F 95, 2, 3), was es tatsächlich nicht ist,[43] wie die verschiedenen Rechtsordnungen verschiedener Staaten deutlich zeigen. Für *Thomas* ist daher die Ansicht falsch, dass das natürliche Recht für alle gleich sein müsse, weil die menschliche Natur – anders als Gott – nicht unveränderlich sei und daher auch das menschliche Recht veränderlich sein müsse, auch infolge der ausgedehnten Mannigfaltigkeit menschlicher Angelegenheiten die Grundsätze des Naturrechts nicht in gleicher Weise auf alle Sachlagen angewendet werden könnten. Das sei der Grund für die Verschiedenheit des menschlichen Rechts bei den verschiedenen Völkern und in verschiedenen Zeiten (F 95, 2 zu 3); nicht zuletzt könne der Mensch sich irren und menschliches Recht daher, wenn es gleichartige Probleme in verschiedener Art regele, in einer Art auch Unrecht (F 91, 4 A2; F 96, 4A) sein.

Die Verschiedenheit der Rechtsordnungen in verschiedenen menschlichen Gemeinschaften (Staaten, Vereinen, Gesellschaften) beruht aber vor allem darauf, dass nicht nur in den Fällen, in denen man das Problem so oder so lösen kann (wie im Straßenverkehr rechts oder links zu fahren), eine Sache in verschiedener Weise regeln kann, ohne dass eine Regelung Unrecht sein muss, weil es zumeist verschiedene Möglichkeiten einer rechtlichen Regelung gibt, wobei für manche Fälle diese und für andere Fälle jene die bessere Lösung sein kann oder von den

43 Dazu unten III 6.

einen diese und von anderen jene als bessere Lösung verstanden wird. Deswegen muss auch bei jedem Urteil oder jeder sonstigen Rechtsanwendung die Frage aufgeworfen und bedacht werden, ob nicht eine andere als die bisherige Lösung des Problems besser wäre. Die Rechtssicherheit verlangt zwar die Bewahrung bewährten Rechts, aber auch die grundsätzliche Bereitschaft zu seiner Verbesserung. Die meisten Veränderungen des Rechts, die stets Verbesserungen sein sollten, sind bedingt durch eine Veränderung der Verhältnisse, also der zu entscheidenden Sachverhalte, die wiederum zumeist durch von Menschen entwickelte neuen Techniken geschaffen werden.

Jaspers hat diese Erscheinung in den Satz gefasst: „Neue Technik bringt neues Recht hervor."[44] Die neue Technik schafft neues Recht, weil *neue Technik* dem Menschen neue Möglichkeiten schafft und damit auch *neue Gefahren* hervorruft, gegen die *neues Recht* erforderlich ist. Sicherlich hatte auch die Agrargesellschaft im Laufe der Jahrtausende schon etwas *neues Recht* hervorgebracht, aber die neuen technischen Entwicklungen haben diese Prozesse gewaltig beschleunigt. Man denke an die Dampfmaschine (schaffte die Industriegesellschaft und die Arbeiterklasse und die industrielle Revolution), den Elektromotor (befreite die Industriegesellschaft von der Reichweite der Transmissionsriemen und brachte die elektrische Kraft an jeden gewünschten Ort), die Mikroprozessorentechnik und das Internet (schaffen eine globalisierte neue („schöne"?) Welt). Die Globalisierung sprengt jedoch die Grenzen der alten Nationalstaaten und löst deren Ordnungsgefüge auf, und so begann man zu glauben, alle Grenzen für jedermann öffnen und in „grenzenlosen Staaten" friedlich zusammenleben zu können. Aber die neuen Medientechniken des Internets und Handys zeigten den im Nahen und Fernen Osten und in Afrika in Kriegs- und Hungersnot geratenen Menschen einen vermeintlich leichten Weg zum besseren Leben, riefen aber in dieser „besseren Welt" große Widerstände hervor und viele wollen die alten Mauern wieder aufbauen, auch neue dazu und die Grenzen wieder dicht machen und ihren Wohlstand für sich behalten. Die Regeln, nach denen dies alles geschehen oder teilweise geschehen soll, können dem göttlichen Recht nicht entnommen werden. Die Menschen (in Form demokratisch gewählter Politiker) müssen die richtige Lösung aus ihrer eigenen Natur und der ihnen zur Verfügung stehenden Vernunft und Tugend selbst entwickeln. Die neue Technik bedeutet sicher nicht das *Ende der Geschichte*,[45] wohl aber eine große *Wende*, die, wenn sie weitgehend friedlich verlaufen soll, einer großen Masse neuer rechtlicher Regelungen bedarf, die der Mensch aus seiner Vernunft, seiner Natur gemäß, entwickeln, gesetzlich festlegen oder vertraglich vereinbaren und soweit wie möglich auch praktisch durchsetzen muss. Bedauerlicherweise sind die heutigen Politiker dazu aber nur noch

---

44 *Jaspers* Ursprung 109 ff.
45 *Francis Fukuyama*, Das Ende der Geschichte.

bedingt geeignet, sie streiten sich darüber, ob der Islam zu Deutschland gehöre oder nicht und wollen aus der entstehenden Zwietracht Wählerstimmen gewinnen, verschärfen damit aber nur das Problem, statt es mit ordentlichen Bemühungen um die bestmögliche Integration der zu uns gekommenen und aufgenommenen Flüchtlinge zu lösen.

5. Das „Gesetz der Natur" als Richtmaß der Vernunft: Für *Thomas* ist *menschliches Recht* erforderlich, weil die Regeln *göttlichen Rechts* im Einzelfall für den Menschen *nicht erkennbar* sind. Erkennbar für den Menschen sind „aus seiner Natur heraus" die *allgemeinen Prinzipien* des „naturhaft Gerechten", nicht aber die *Erkenntnis jeder Wahrheit*, die in Gottes Weisheit beschlossen ist. *Für den Einzelfall* könne der Mensch aber kraft seiner Vernunft aus den allgemeinen Grundsätzen, die er erkennen kann, *Folgesätze*, also ins Einzelne gehende gesetzliche Regelungen, entwickeln (F 91, 3 zu 1; F 94, 4A). Weil diese Folgesätze im Bereich des Rechts nicht mit einem *notwendigen* (wie z.B. den Naturgesetzen), sondern mit dem *willkürlichen menschlichen Verhalten* zu tun haben, das auf dem grundsätzlich freien Willen des Menschen beruht, könnten diese Folgerungen zur Regelung von Einzelfällen nicht jene „unfehlbare Gewissheit" haben, die den erwiesenen Folgesätzen der (Natur-)Wissenschaft eigen sind (F 91, 3 zu 1–3). Derartiges *menschliches Recht* ist für *Thomas* jedoch kein *Objekt der göttlichen Gerechtigkeit*, sondern – in Anlehnung an *Aristoteles* und *Ulpian* – ein *Objekt der menschlichen Vernunft* (Klugheit, F 57, 1, 2), das aber auch auf Irrtum und Unvernunft beruhen kann. Wie das *sichtbare Kunstwerk* zuerst als *künstlerische Leitidee* im menschlichen Geist des Künstlers vorhanden sei, so sei auch das *Werk des menschlichen Rechts*, das von der Vernunft bestimmt wird, zuvor im Geist schon als eine Rechtsidee vorhanden, als eine *Regel der Klugheit* (F 57, 1 zu 2). Jede Tätigkeit der Vernunft leite sich in uns von dem her, was der Natur entspreche (F 91, 2 zu 2), also vom „Gesetz der Natur"[46] (*lex naturalis*). Könne es nicht aus einem solchen „Gesetz der Natur" abgeleitet werden oder verstoße es dagegen, so sei es *kein wahres Gesetz*, *sondern Un-*

46 Der Begriff „Gesetz der Natur" (*lex naturalis*) wird oft ins Deutsche übersetzt mit dem Wort „Naturgesetz", darf aber nicht im Sinne eines „naturwissenschaftlichen Naturgesetzes" verstanden werden, wird vielmehr von *Meyer ThvA*, S. 598 wie folgt definiert: „*Naturgesetz* ist also der Inbegriff jener Vorschriften, die aus der menschlichen Wesensnatur fließen, auf die Erfüllung des menschlichen Zweckes hin geordnet sind, durch das *natürliche Licht der Vernunft* erkennbar sind und mit dem Anspruch absoluter Verpflichtung dem Menschen zum Bewusstsein kommen."; dazu auch *Pesch* (Fn 3/32) Kom, S. 568 ff. Dieses „Naturgesetz" ist also *menschliches Recht* und zu unterscheiden vom *ewigen Weltgesetz* (*lex aeterna*), das *Thomas* definiert als *ratio gubernationis im supremo gubernante* (als Herrschaftswissen des höchsten Herrschers), auch als *ratio divinae sapientiae, secundum quod est directiva omnium actuum et motionum* (als *göttliche Weisheit*, die alle Handlungen und Bewegungen „dirigiert", *aber nicht naturgesetzlich bestimmt ist*). Das „Weltgesetz" ist gewissermaßen der *metaphysische Untergrund* (oder Überbau), auf dem das *menschliche Naturgesetz* (*lex naturalis*), das heute allgemein *Naturrecht* (*ius naturalis*) genannt wird, mit seinen menschlichen Schwächen und Grenzen aufgebaut ist. Das *Weltgesetz* (*lex aeterna*) ist für den Menschen im Einzelnen *nicht*

recht (F 95, 2 A), dürfe aber zur Vermeidung von „Anstoß und Verwirrung“ befolgt werden. Verstoße es jedoch gegen die durch Offenbarung gegebene *lex divina*, dürfe es keinesfalls befolgt werden.[47]

Nach der Auffassung von *Thomas* strebt der Mensch jedoch immer zum Guten (*bonum est quod omnia appetunt*, F 94, 2A), habe also keine Freiheit zum Bösen;[48] wenn er trotzdem Böses tue, beruhe es auf einem Irrtum des Verstandes (*omnes malus ignorans*).[49] Davon und von der Erkenntnis ausgehend, dass jeder handelt, weil er ein Ziel verfolgt, und er dieses Ziel verfolgt, weil es ihm gut erscheint,

---

erkennbar, der Mensch kann als vernünftiges Wesen aber an dem Weltgesetz teilnehmen: *lex naturalis nihil aliud est quam participatio legis aeterna in rationali creatura* (F 91, 2 zu 1 und 3). Aufgrund seiner Vernunft kann der Mensch sich jedoch in die *Prinzipien der natürlichen Ordnung* hineindenken und ihnen im Allgemeinen das Wesentliche ablauschen und so am ewigen Weltgesetz teilnehmen, soweit er „guten Willens“ ist.

47 F 96, 5 und 6. Für *Thomas* ist das *Gewissen* die letzte subjektive Instanz menschlichen Handelns, wobei er unterscheidet zwischen *synderis* (dem unserer Vernunft eingeborenen Erkenntnisvermögen), *habitus* und *conscientia*, worunter die Gewissenhaftigkeit der *Anwendung* der obersten Naturrechtssätze zu verstehen ist (dazu *Welzel*, NaturR 63 f. m.w.N.). Verstoße der Befehl eines weltlichen oder kirchlichen Vorgesetzten gegen das Gewissen, dürfe er keinesfalls befolgt werden, selbst das *irrende Gewissen* verpflichte den Menschen zu seiner Befolgung. *Thomas* hielt dies sogar dann für richtig, wenn ein Mensch aufgrund eines schuldlos irrenden Gewissens der Überzeugung ist, dass der Glaube an Jesus Christus etwas Schlechtes sei; auch dann soll er verpflichtet sein, sich vom christlichen Glauben fernzuhalten (STh I–II, Bd. 10. TA, F 19, 5). Der Mensch sei also dem göttlichen Recht (*lex divina*), soweit er es erkenne, und seinem Gewissen – auch wenn er sich irre – unbedingt verpflichtet, selbst wenn er deswegen exkommuniziert oder getötet werde (STh II–II, 20. TA, F 104, 1A zu 1). Der Irrtum über „oberste Naturrechtssätze“ sei grundsätzlich vermeidbar, entschuldige also nicht; dagegen könne der Irrtum über Regelungen von Einzelfällen erkennbar oder nicht erkennbar sein und entschuldige im Maße seiner persönlichen Unvermeidbarkeit (F 91, 3A1–3; 94, 4A; dazu *Welzel*, NaturR, 63 f.; *ders.*, Vom irrenden Gewissen, 10 f. und zur Anwendung am praktischen Fall BGHSt 2, 194 ff.; BGHSt 3, 357; dazu Näheres unten 7. Kap II). Die dargelegten Erkenntnisse des *Aquinaten* bilden also auch die Grundlage für die in unserer Zeit erkannte Unterscheidung zwischen *Tatbestands-* und vermeidbarem sowie unvermeidbarem *Verbotsirrtum*, Näheres dazu unten 7. Kap II 2 c; 8. Kap. III 5; VI 8 b.

48 Diesen Satz muss man wohl so verstehen, dass der Mensch zwar böse handeln könne, aber damit stets Gutes tun wolle, also selbst nicht denken könne, dass das, was er tut, böse sei. Ergänzt man diese Unterscheidung noch durch die Ansicht, dass ein Mensch, der das Böse will, krank sein muss, so kann man die Ansicht vertreten, dass ein vernünftiger Mensch nicht das Böse wollen kann, wohl aber das Böse tun und es für Gutes halten kann.

49 STh I–II.12. TA, F 76, 4; F 77, 2; F 57, 2 zu 1: das Naturhafte kann versagen; dazu *Welzel*, *NaturR* 60; anders *Meyer*, ThvA 476; die Frage, ob der Mensch das Böse wollen kann, führt in die Abgründe der weiteren Frage, woher das Böse kommt, wenn es einen Gott gibt, der nur das Gute will. *Thomas* antwortete: Der Seinsgrund des Bösen sei der *Teufel* (STh I, Bd. 8 TA, F 114; I–II, 13 TA F 90; I–II F 94, 2A; I–II; 20 TA, F 105, 2 zu 12), aber der könne den Menschen nicht zum Bösen zwingen, nur dazu verführen. Aber wozu bedarf es eines Teufels, wenn es *einen* allmächtigen Gott gibt, der nur das Gute will? Die Antwort kann nur sein, weil das Gute ohne das Böse nicht zu denken ist. *Goethe* lässt im Prolog seiner Tragödie „Faust“ den Herrgott sagen: „Des Menschen Tätigkeit kann allzu leicht erschlaffen, / Er liebt sich bald die unbedingte Ruh; / Drum gebe ich gern ihm den Gesel-

kommt Thomas zu dem Satz: „Das Gute ist das, wonach alle streben; das Böse ist das, was alle vermeiden“ (F 94,2 A; dazu Pesch; 13.TA, S. 575). Der Satz gilt auch für diejenigen, die objektiv das Böse wollen, weil sie es – jedenfalls für sich selbst - für etwas Gutes halten. Auf der Grundlage des zitierten allgemeinen Satzes kommt Thomas zu einer Spezifikation des „guten Wollens“, also gerechten Handelns durch Antworten auf die Frage, was die „natürlichen Neigungen und Bestrebungen“ sind, auf welche das Streben des Menschen, die Zwecke seines Handelns gerichtet sind und glaubt, sie mit *drei* etwas verschiedenen Begriffen umschriebenen Zielvorstellungen erfassen zu können[49a]: (1) Selbsterhaltung, Selbstschutz, Eigennutz; (2) Arterhaltung, Gemeinsinn, Geselligkeit; (3) Erkenntnisstreben nach Gott und dem Grund aller Dinge (F 94, 2A). Für das Streben nach Selbsterhaltung und sonstigem Eigennutz bedarf es keiner Beispiele; jeder erkennt sie bei anderen leicht und bei sich selbst weniger gut. Dass es selten gut ist und bleibt, wenn der Mensch alleine ist, lernt auch jeder mit der Zeit. Der Mensch sollte in der Regel in einer Familie gut geschützt und betreut heranwachsen und später ebenso für seine eigenen Kinder sorgen. In Zeiten, als es noch keine Versicherungen für alte, kranke und invalide Tage gegeben hat, war das den Menschen noch viel stärker bewusst. Für viele Menschen ist nicht zuletzt auch das Streben nach Gotteserkenntnis und auch nach den Ursachen sonstiger Dinge und deren Funktion unverzichtbar und auch objektiv unentbehrlich für das fortschreitende Wachstum der menschlichen Besiedlung auf unserer Erdkugel. Zu allem bedarf es aber noch etwas mehr als der Art 5 Abs. 3 und 140 GG i.V.m. Art 136-141 WRV, aber diese bestätigen schon hinreichend die Sachgerechtigkeit der Prinzipien des Aquinaten. Der Mensch handelt also gut, wenn er das „oberstes Natur*gesetz*“ befolgt: „Tue das Gute und meide das Böse“ (F 94, 2A), oder gleichbedeutend: „Handle vernunftgemäß“ (*secundum rationem agere*, F 94, 4A). Wird dieses „Gesetz der Natur“ (*lex naturalis*) befolgt, – das allerdings kein „Naturgesetz“ im naturwissenschaftlichen Sinne ist – handelt der Mensch also gut. „Na-

---

len zu, / Der reizt und wirkt, und muss, als Teufel, schaffen.“ In der Studierstube erklärt der Teufel dann selbst: „Ich bin ein Teil von jener Kraft, die stets das Böse will und stets das Gute schafft.“ *Hegel* erklärte darum nicht nur das Vernünftige für wirklich, sondern auch das Wirkliche (auch dann wenn es böse ist) für vernünftig. Zum oft missverstandenen Sinn dieses Satzes unten 5. Kap IV 3.

49a Merkwürdigerweise stimmen diese Zielvorstellungen auch weitgehend überein mit denen, die *Radbruch* seiner Rechtsidee zugrunde legt (Individualismus, Kollektivismus und Werkwerte), obwohl Radbruch, wie noch zu zeigen sein wird (dazu 5. Kap X), sich mit *Thomas von Aquin* nie ernsthaft beschäftigt hat. Anders als ThvA spezifiziert und konkretisiert *Radbruch* seine drei Zielvorstellungen aber in keiner Weise im Hinblick auf die zu lösende Rechtsfrage und kann daher nicht zu rechtsphilosophischen Erkenntnissen kommen, bleibt vielmehr im wesenlos Allgemeinen, wie *Emge* zutreffend erkannte; dazu unten 5. Kap IV 4 um Fn 5/56.

turgesetzlichkeit“ sei daher der Inbegriff der „natürlichen Sittlichkeit“.[50] Die Ordnung der „naturrechtlichen“ Vorschriften richtet sich also nach den „natürlichen Neigungen“ (*naturalis inclinatio*, 94, 2A) und dem „Erkenntnisvermögen“ (*naturalis conceptio*), welche die Grundlagen der menschlichen Vernunft bilden: „Der Mensch erkennt die seiner Wesensnatur eingeschlossenen Zwecke und das Verhältnis der Handlung zu diesen Zwecken und gelangt auf diesem Wege der Erkenntnis seines Wesens zu den Normen des zweckentsprechenden Handelns.“[51]

So seien z.B. aus der natürlichen Neigung der Geschlechter zueinander, der Sexualität, der Fortpflanzung, der Sorge um die Kinder und deren Erziehung die Institutionen der Ehe und der Familie entstanden und aus menschlicher Vernunft den natürlichen Bedürfnissen entsprechende Regelungen entwickelt worden, z.B. die gesetzlichen Regelungen zur Eheschließung, zum ehelichen Güterrecht, zu den Fürsorge- und Treupflichten der Ehegatten, zu den elterlichen Sorgepflichten gegenüber den Kindern, zu den Unterhaltspflichten der Ehegatten während der Ehe und nach einer Trennung, zu den Unterhaltspflichten gegenüber den Kindern, den Eltern und den Geschwistern, soweit sie bedürftig sind und auch Regeln über die Nichtigkeit oder Anfechtung der Eheschließung, später auch über Ehescheidung u.a. Solche natürlichen Beziehungen zu erfassen sei dem Menschen mit seinen Sinnen möglich, und aufgrund seiner Vernunft könne er dafür die notwendigen rechtlichen Regelungen schaffen. Heute werden diese Regelungen unter dem Begriff *Familienrecht* zusammengefasst (§§ 1297–1921 BGB), sind also *positives Gesetzesrecht* geworden, aber doch „natürliches Recht“ geblieben. Lange hat man auf der Grundlage dieser grundsätzlich richtigen Methode allerdings auch gedacht, dass vom „Normalmaß“ abweichende Neigungen (z.B. Homosexualität) „unnatürlich“ seien und bestraft werden müssten; heute glaubt man, darin einen „Irrtum der Natur“ zu erkennen, und versucht, die Be-

50 *Meyer ThvA* 600 f. Zur Zulässigkeit der Polygamie, zum Konkubinat sowie zum Geschlechtsverkehr außerhalb der Ehe, zur Onanie und zur Sodomie, vgl. *Meyer* ThvA 603.

51 *Meyer ThvA* 599; dazu bemerkt *Welzel* (NaturR 60 f.), der Mensch habe zwei „natürliche Neigungen“, eine *vernünftige* und eine *sinnliche* (dazu unten IV 3 vor Fn 3/78). Sofern man die sinnliche Natur als Quelle der Sünde und Laster begreife, werde das Naturrecht zur *petitio principii*, weil danach alles, wonach der Mensch eine „Neigung“ hat, die als *gut* befunden wird, sie damit auch *rechtens* sei; wodurch das Naturrecht aber seine Fähigkeit verliere, zwischen Gut und Böse, zwischen Recht und Unrecht zu unterscheiden. Damit werde im aristotelisch-thomistischen Naturrecht die „Natur“ wieder zum „Zauberstab“, durch den die formalen Rechtsprinzipien mit materialem Inhalt versorgt werden. Dieser Schwachpunkt der Lehre des Aquinaten ist natürlich groß, wenn jeder gut befindet, wozu er eine Neigung hat und die Beachtung der goldenen Regel oder des kategorische Imperativs nicht als notwendige Voraussetzungen guten Handelns anerkannt werden, reduziert sich mit deren Anerkennung jedoch gewaltig. Im Falle der Homosexualität bleibt der Einwand allerdings berechtigt, weil ein eindeutig Heterosexueller so etwas gar nicht tun will und gar kein Verständnis für die Neigung dazu haben kann. Darum bedurfte es des Verständnisses dieser Neigung als eines „Irrtums der Natur“, um eine Mehrheit für die Abschaffung der Strafbarkeit zu gewinnen.

troffenen auch rechtlich zu unterstützen und gegen die uralten Vorurteile zu schützen;[52] in Fällen der „Knabenliebe" (Kinderschändung) stößt diese Argumentation jedoch an ihre Grenzen; gegenüber einem solchen „Trieb der Natur" muss der Schutz der Kinder und deren „natürliche" Entwicklung den Vorrang behalten.

Die *Regelungen des Erbrechts* (§§ 1922–2385 BGB), wonach grundsätzlich die Ehegatten und die gemeinsamen Kinder die Erben sein sollen, beruhen letztlich ebenso auf dem Gedanken, dass es die Lebensfreude und Schaffenskraft der Menschen stärkt, wenn sie wissen, dass sie nicht nur für sich selbst, sondern auch für ihre Abkömmlinge fleißig tätig und erfindungsreich sein und bis ins hohe Alter bleiben können. Im Wesentlichen beruhen also die Regeln des Erbrechts gleichfalls auf der *Natur des Menschen*, sind jedenfalls aufgrund menschlicher Vernunft entsprechend dieser Natur gestaltet, also insoweit „natürliches Recht" (auch „Naturrecht") im Sinne von F 57, 3A. Im Erbrecht gibt es allerdings ebenso wie im Familienrecht auch viele Regelungen zu Rechtsfragen, die so oder so entschieden werden könnten, aber doch in einer bestimmten Weise entschieden werden müssen und also *positives Recht* sind, z.B., dass ein Testament nur wirksam ist, wenn es eigenhändig geschrieben und unterschrieben oder notariell beurkundet ist (§§ 2247, 2232). Die *Grundfragen* dieser Rechtsgebiete bleiben jedoch trotz ihrer gesetzlichen, also positivrechtlichen Fassung Regelungen, die den „Gesetzen der Natur" entsprechen, also als „natürliches" Recht verstanden werden dürfen, das auch der Gesetzgeber nicht ändern könnte, ohne damit Unrecht zu schaffen, zum Beispiel dadurch, dass sozialistischen Vorstellungen entsprechend die Erbschaftssteuer auf 90 Prozent des Werts des Erbes erhöht und damit das Erbrecht, das in Art. 14 Abs. 1 GG auch verfassungsrechtlich geschützt wird, weitgehend abgeschafft würde.

Thomas erkannte auch, dass der Mensch als Vernunftwesen die *ihm allein* (den Tieren und anderen Naturen nicht) eigene Neigung zur Wahrheitserkenntnis und zum Gemeinschaftsleben hat (F 94, 2A). Darum sei er von Natur aus ein geselliges und politisches Wesen (*naturaliter animal sociale et politicum*), das sich selbst zum Leben *nicht genüge* (STh II–II F 109, 3 zu 1; 114, 2 zu 1; 129, 6) und darum von Natur auf die Freundschaft mit anderen Menschen angewiesen sei: *homo homini amicus et familiaris.*[53] Aus diesen Neigungen der Natur des Menschen ergeben sich die rechtlichen Pflichten, die Wahrheit zu sagen, sein Wort zu halten

---

[52] Darin kann man eine Bestätigung des Einwands *Welzels* (NaturR60; dazu vorstehende Fn 3/51) sehen, der Mensch bestimme zuerst, was „natürlich" und darum gut sei, und erkläre es sodann zu Naturrecht. Wir müssen also anerkennen, dass wir einen „Irrtum der Natur" nicht dem betroffenen Menschen zurechnen dürfen, sondern den Fall „vernünftig" menschlich betrachten und für den ausnahmsweisen „Irrtum der Natur" auch eine (natur-)rechtliche Ausnahme für den Betroffenen finden müssen.

[53] *Welzel* (NaturR61) zitiert dafür *Thomas v. Aquin*, Summa contra gentile III 117, 125; IV 54.

(woraus *Grotius* die rechtswirksame Verpflichtung vertraglicher Versprechen ableitete), den Mitmenschen zu helfen und sie nicht zu verletzen. Diese Pflichten eines in einer Gemeinschaft lebenden Menschen begründen zugleich die Rechte anderer, nicht durch solche Pflichtverletzungen verletzt zu werden. Daraus sind nicht nur die absoluten Rechte entstanden, deren schuldhafte Verletzung schadenersatzpflichtig und in der Regel auch strafbar macht, sondern auch *alle Regelungen* des *Vertrags-* und *Gesellschaftsrechts*, auch des *Vereins-* und *Staatsrechts* sowie des *Kriegs-* und *Völkerrechts*, letztlich also eine umfassende rechtliche Ordnung aller Beziehungen der Menschen zueinander, hervorgegangen.

Wenn *Welzel*[54] in dieser Methode, das Recht des Menschen zu bestimmen, im Hinblick auf die Natur des Menschen selbst und der Natur, in welcher er lebt, zugleich einen „Zauberstab" erkennt, der es ermögliche, alles als rechtens zu begreifen, wonach der Mensch eine „natürlichen Neigung" habe (z.B. für manche auch die „Knabenliebe"), und also formale Rechtsprinzipien mit einem (beliebigen) materialen Inhalt zu füllen, so zeigt er damit scharfsinnig eine *Grenze und Missbrauchsmöglichkeit* der Methode des *Aquinaten* auf. *Welzel* stellt damit aber nicht die ganze Methode im gesicherten Bereich des „Natürlichen" in Frage, macht vielmehr nur deutlich, dass sie dort nicht mehr funktioniert, wo die Natur selbst ins *Perverse* abgleitet. Warum sollen homosexuelle Frauen oder Männer, die auf Dauer zusammenleben wollen, nicht in einer gesetzlich geregelten Gemeinschaft leben dürfen, wenn sie es wollen? Fraglich kann nur sein, ob eine solche Lebensgemeinschaft „Ehe" genannt werden sollte, obwohl dieser Begriff seit Jahrhunderten geprägt wurde für ein Paar aus Mann und Frau, das Kinder will und auch – auf natürliche Weise – bekommen kann. Warum die falsche Bezeichnung, wenn die anderen es richtig verstehen sollen? Richtig begreifen kann man es aber nur, wenn man es als einen „Irrtum der Natur" versteht, für den die Betroffenen nicht verantwortlich sind und dafür also auch nicht bestraft werden können.

6. Der Kernsatz der aristotelisch-thomistischen Lehre a) Gesetz und Recht: Mit der dem menschlichen Geist entsprechenden Begründung, dass das aus der menschlichen Vernunft entwickelte und durch den menschlichen Willen in Kraft gesetzte natürliche Recht (*ius naturale*) *menschliches* und *nicht (offenbartes) göttliches Recht* sei, vollzog *Thomas von Aquin* eine „kopernikanische" *Wende* in der Rechtsphilosophie. Gegen die Autorität des *Heiligen Augustin* ordnete er das Recht *nicht mehr* den *göttlichen*, sondern den *menschlichen* Dingen zu. *Thomas* versteht das Recht als ein Ergebnis der *Klugheit* des Menschen (F 57, 1, 2 u. 3): *„Das Recht gehört nicht zu den göttlichen, sondern zu den menschlichen Dingen"* und betrachtet es mit *Aristoteles*[55] als eine „Regel der *Kunst*" (*regula artis*), was als Hinweis auf *Celsus* (D.1.1.1.pr.) zu

[54] Vgl. Fn 3/51, 3/52.
[55] Nik VI, 8 1141 b.

verstehen ist: *Ius est ars boni et aequi*, Recht ist die Kunst des Guten und Gleichen. *Thomas* folgert daraus (F 57, 1 zu 2):

> „Wie bei den Dingen, die durch die Kunst bewirkt werden, im Geiste des Künstlers der Gedanke, der als Regel der Kunst (*regula artis*) betrachtet wird, schon im Kopf des Künstlers vorher da ist (*in mente artificis praeexcistit*), so ist auch im Werk der Gerechtigkeit, das von der Vernunft bestimmt wird (*ratio determinat*), im Geiste ein Rechtsgedanke – wie eine Regel der Klugheit (*regula prudentiae*) – schon vorher da (*ratio praeexistit in mente*). Wenn diese ‚Regel der Klugheit' schriftlich festgelegt wird (*in scriptum redigatur*), heißt sie ‚Gesetz' (*vocatur lex*); denn Gesetz ist nach *Isidor* eine schriftliche Bestimmung (*constitutio scripta*). Deshalb ist das *Gesetz* (*lex*) eigentlich nicht das Recht (*ius*) selbst (*lex non est ipsum ius, sed aliqualis ratio iuris*)[56], sondern (nur) der (Erkenntnis-)Grund (der Schein des Feuers), der uns erkennen lässt (dass ein Feuer brennt), was Recht sein soll."

Damit ist alles gesagt, was gegen den Primitivismus der *Lehre vom Positivismus*[57] gesagt werden kann und muss, die das *Gesetz* zum alleinigen Seinsgrund des Rechts machen will ohne jede Berücksichtigung des Inhalts des Gesetzes und der menschlichen Vernunft und damit wesentlich dazu beigetragen hat, dass Deutschland widerstandslos ins Elend der Hitler-Diktatur gefallen ist („Gesetz ist Gesetz"; „der Wille des Führers ist Gesetz"). *Thomas* hat das *ius naturale* („natürliche Recht") zwar klar und deutlich nicht mehr als göttliches Recht (*lex divina*) verstanden, aber „vermittelnd" als *spezifisch intellektuelle Teilnahme* (*participatio*) an der *lex aeterna* (F 91, 2A; F 93, 6A): „Es findet sich in jedem vernunftbegabten Geschöpf eine naturhafte Neigung zu dem, was mit dem ‚ewigen Gesetz' (*lex aeterna*) übereinstimmt. Wir sind nämlich dahin geboren, Tugenden zu haben (*Aristoteles*)." Der menschlichen Natur ist *Vernunft* gegeben und aufgrund dieser

---

56 In F 57, 1 zu 2 übersetzt *Christmann OP*: „*sed aliqualis ratio juris*" mit „sondern Rechtsgrund"; das ist irreführend, weil der Begriff „Rechtsgrund" (lat. *causa*) in der Jurisprudenz eine ganz andere Bedeutung hat. In 18. TANF übersetzt *Groner* dieses Satzstück mit: „sondern die *Ursache* des Rechts"; das trifft auch nicht das Richtige: wenn der Rechtsgedanke (*in mente*) schon *vorher vorhanden* war, so kann die schriftliche Fassung eines Gesetzes nicht dessen *Ursache* (im Sinne eines Grund des Werdens) sein, ist vielmehr offensichtlich dessen Folge; es sei denn, dass angenommen wird, nur die gesetzliche Fassung des Rechtsgedankens könne diesen zum Recht machen. So wollte es *Thomas* aber ganz bestimmt nicht verstanden wissen, weil er klar zum Ausdruck brachte, dass die gesetzliche Fassung nicht zum Recht machen könne, was dem *ius naturale* widerspricht. Die *gesetzliche Fassung des Gedankens* ist also nur der *Grund* dafür, dass wir *erkennen* können, was Recht sein soll. Das Gesetz ist wie der Schein des Feuers oder dessen Rauch, den wir sehen und wodurch wir erkennen können, dass dort ein Feuer brennt; der Feuerschein oder der Rauch sind aber nicht die Ursache des Feuers. Im Sinne der Lehre *Schopenhauers* (Über die vierfache Wurzel des Satzes vom Grunde, § 29) ist also das *Gesetz* nur der *zureichende Grund des Erkennens* (*Erkenntnisgrund*), nicht aber der zureichende Grund des Seins (§ 36) oder der zureichende Grund des Werdens (§ 20) des *Rechts*. Anders ist es nur für das „positive Recht" im engeren Sinne (dazu oben III 3), das so oder so geregelt werden könnte, aber einer einheitlichen Regelung für alle bedarf und also erst durch die *gesetzliche* Regelung zu Recht wird.

57 Einiges noch zu seiner Entstehung und dem daraus entstandenen Unrecht in: 5. Kap II–IV u. V 1. Min Anm. 1; 7. Kap I–V.

Vernunft kann der Mensch etwas, was ist, mit dem vergleichen, was daraus folgt oder folgen kann: Und deshalb kann der Mensch aufgrund seiner Vernunft erkennen, was aufgrund der „Natur des Menschen" in einer Sache richtig und in einer Rechtssache „Recht" ist.[58] *Das „Natürliche" besteht nicht nur in den der Natur entsprechenden, sondern auch in den vom Menschen selbst kraft seiner Vernunft erkennbaren und daher bewusst und gewollt herbeigeführten Folgen.*[59] *Thomas* zitiert dafür auch *Gaius*:[60] „Die natürliche Vernunft (*naturale ratio*) hat unter allen Menschen festgesetzt (*inter omnes homines constituit*), was bei allen Völkern beobachtet (*omnes gentes custoditur*) und *ius gentium* genannt wird" (*vocaturque ius gentium*).

b) Ius gentium: Im 18. Band der deutschen *Thomas*-Ausgabe wird *ius gentium* mit „Völkerrecht" übersetzt, was zwar dem Wortsinn entspricht, aber ein *Fehlverständnis* begründet, weil in der deutschen Rechtssprache der Begriff „*Völkerrecht*" das zwischen verschiedenen Völkern geltende Recht erfasst, das durch völkerrechtliche Verträge oder durch für die Mitgliedstaaten verbindliche Beschlüsse der Vereinten Nationen entsteht. Völkerrecht ist also nach heutigem Rechtsverständnis kein Recht, das für einzelne Bürger oder zwischen einzelnen Bürgern Geltung hat. „*Ius gentium*" ist dagegen ein Begriff des römischen Rechts, der im antiken Rom im Wesentlichen das *Privatrecht* erfasste, das für Rechtsgeschäfte zwischen römischen Bürgern und Fremden (Peregrinen) oder zwischen Peregrinen Geltung hatte, weil das zwischen römischen Bürgern geltende *ius civile* für Rechtsgeschäfte unter Fremden oder zwischen Römern und Fremden keine Geltung hatte.[61] Das richtige Verständnis des Begriffs „*ius gentium*" ist deswegen für das Verständnis des von *Thomas* mit seinem *Gaius*-Zitat verfolgten Zwecks von Bedeutung, weil *Thomas* damit zum Ausdruck bringen wollte, dass das „natürliche Recht" nicht auf *göttlicher Gerechtigkeit* beruhe, sondern auf der *Vernunft des Menschen.* Nach dem Stand der Forschung zum römischen Recht beruht das *ius gentium* auf einer aus der *griechischen Philosophie* hervorgegangenen und von der *römischen Jurisprudenz* (vor allem *Cicero*) *übernommenen Naturrechtslehre.* Diese Lehre ging davon aus, dass im Grundsatz allen Menschen ohne Unterschied der Rasse oder Nationalität die entscheidenden Wesenszüge des Menschen gemeinsam sind. Daraus leitete die römische Jurisprudenz Rechtssätze ab, die allen Menschen übereinstimmend mitgegeben sind. Auf dieser Grundlage entstand das *ius gentium* im Wesentlichen als Privatrecht, das für alle *freien Menschen* gelten sollte.[62] Dieser Gedanke eines für alle Menschen aller Völker und Staaten gleichermaßen geltenden (Pri-

---

[58] F 57, 3A: *Considerare autem aliquid comparando ad id quod ex ipso sequitur, est proprium rationis. Et ideo hoc quidem est naturale homini secundum rationem naturalem, quae hoc dictat.*

[59] Vgl. *Pesch* 13. TA, Kom. 570.

[60] F 57, 3A letzter Satz.

[61] Zutr. dazu schon *Utz* 18. NFTA, Kom. zu F 57, 3, S. 292 ff.

[62] Vgl. *Kaser/Knütel* RömPrR § 3 Rz 12–19 m.w.N.; *Meyer ThvA*, S. 641 erkennt zwar zutreffend, dass *ius gentium* im römischen Recht den Rechtsverkehr mit den *Peregrinen* regelte im

vat-)Rechts hat sich in der Wirklichkeit dieser Welt jedoch nicht allgemein durchsetzen können; zwar haben viele Staaten viele allgemeine Rechtsgrundsätze gemeinsam, letztlich besitzen jedoch alle eine in vielen Einzelheiten verschiedene Rechtsordnung, sowohl im Bereich des Privatrechts als auch des öffentlichen Rechts und des Strafrechts. Das Völkerrecht ist andererseits bis heute im Wesentlichen ein Versuch geblieben, für das *Verhältnis der Staaten* zueinander einige wenige Rechtsprinzipien durch völkerrechtliche Verträge zwischen den einzelnen Staaten als gemeinsames Recht zu begreifen, um auf diese Weise Kriege zu verhindern und den Weltfrieden zu sichern.

Thomas hat damit fünfhundert Jahre vor *Kant* die *Quellen des Rechts nicht in göttlicher Offenbarung*, sondern in der *menschlichen Vernunft* gesucht und gefunden. Das „Naturhafte", das einem Wesen mit *unveränderlicher Natur* (Gott) eigen sei, müsse immer und überall gleich bleiben (F 57, 2 zu 1). Die *Natur des Menschen sei* aber *veränderlich*[63] und könne gelegentlich auch versagen und *Unrecht* schaffen (57, 2A zu 1 und 2; F 96, 4A). Der Mensch habe die Freiheit erhalten oder behalten, sich sein eigenes Recht zu setzen und sich dabei auch irren zu können und daher auch von göttlichem Recht Abweichendes zu menschlichem Recht zu machen; weil der Mensch aber grundsätzlich nach dem Guten strebe, geschehe dies nur aus Irrtum.[64] Je freier jemand sei, desto weniger unterstehe er jedoch dem Gesetz. Und der Mensch sei kraft seines Wahlvermögens freier als alle Sinnenwesen und daher zwar den (naturwissenschaftlichen) Naturgesetzen unterworfen (er muss sterben), habe aber die Freiheit erhalten, sowohl seiner eigenen Vernunft als auch den „natürlichen (menschlichen) Gesetzen" zuwiderzuhandeln (F 91, 2, 3: *homo non subdantur legi naturali*); er muss sich also aufgrund seiner Vernunft selbst dem „natürlichen Recht" (*ius naturale*) beugen. Durch Sanktionen (Strafe und Schadenersatz) für die Nichtbefolgung des Gesetzes kann die Vernunft allerdings in die Bahnen des Rechts gelenkt werden (F 91, 5A; F 95, 1,3A), weil solche Sanktionen vernünftigerweise von den Menschen möglichst vermieden werden. Es ist

Unterschied zum *ius civile* für die Rechtsgeschäfte *römischer Bürger* untereinander, meint aber im Anschluss an *Isidor*, der auch Friedensverträge, Kriegsrecht, Sklaverei u.a. unter den Begriff des *ius gentium* brachte, dass der Begriff „*ius gentium*" dem modernen Begriff des Völkerrechts „nahekomme"; damit wird aber der Sinn des *Gaius*-Zitats nicht zutreffend erfasst. Aus der Tatsache, dass in verschiedenen Völkern zu verschiedenen Zeiten verschiedene rechtliche Regelungen gelten, darf nicht der Schluss gezogen werden, dass es kein allgemeines „Gesetz der Natur" (oben Fn 3/46) und also kein Naturrecht geben könne oder ein „Ende der Geschichte" (Fn 3/45) dessen Voraussetzung wäre (*Leo Strauss* NaturR 11, 31).

63 Ebenso schon *Aristoteles*, Nik V 9,1134 b: „Bei den Göttern allerdings mag das (die Veränderlichkeit) wohl ausgeschlossen sein; bei uns aber gibt es wohl auch manches, was von Natur gilt, aber das alles ist der Veränderung unterworfen" – und dennoch besteht die Scheidung: „von Natur" – „nicht von Natur"; dazu Fn 3/62 u. 3/46.

64 F 94, 2A: „Das Gute ist das, wonach alle streben, aber menschliches Streben kann bisweilen versagen"; F 57, 2A zu 1; 13. TA 96, 4A; dazu oben IV 2 b Fn 3/48 u. 49..

und bleibt aber ein großer Irrtum, das Recht verdanke seine Geltung im Wesentlichen den Sanktionen in Fällen seiner Nichtbeachtung; wäre es so, so müssten die Gerichte und die Polizei vervielfacht werden. Immer noch halten aber die meisten Menschen sich an das Recht, weil sie im Recht bleiben und kein Unrecht tun wollen, also aus Gründen der Moral oder Sittlichkeit. Die Sanktionen sind vor allem gegen die „Schlaumeier" gerichtet, die meinen, es sei für sie vorteilhafter, rechtliche Pflichten nicht zu erfüllen; denen soll und muss gezeigt werden, dass es sich nicht lohnt, dass Ehrlichkeit letztlich doch am längsten währt.

7. Das Naturrecht und die „Natur der Sache": Meyer meint (S. 605), mit den Sätzen „Das Gute ist zu tun" und „Du sollst vernunftgemäß handeln" sei noch wenig gesagt ist, weil das Problem im Wesentlichen darin bestehe, zu erkennen und zu entscheiden, worin das *Gute* und das *Vernünftige* besteht, was freilich auch *Thomas* nicht verkannte. Diesbezüglich werde immer wieder auf das „Wesen von Menschen und Dingen", also auf die „Natur der Sache",[65] verwiesen. Mord, Tötung, Raub, Diebstahl, Ehebruch, Ehrverletzungen, Lüge usw. seien auf Grund des „Naturgesetzes" (*lex naturalis*) verboten, aber es bleibe stets das Problem zu bestimmen, welche Handlungen mit diesen Begriffen zu erfassen sind und welche nicht oder nicht mehr; z.B., ob es Diebstahl ist, wenn ein zum Essen eingeladener Gast ohne den Hausherrn zu fragen ein Buch mitnimmt, es nach der Lektüre aber zurückgeben will. Solche Begriffsbestimmungen könnten, so *Meyer*, erst durch die „konkrete Sitten- und Rechtsordnung eines Volkes" erfolgen. Durch die Analyse dieser Sitten- und Rechtsordnung stoße man sodann auf *feste Grundsätze und Normen*, die der „Natur der Sache" entspringen würden.

Es wäre sicherlich schön, wenn die gesuchten Normen immer munter der *Natur der Sache* „entspringen" würden, wie so manche Gedanken beim Anblick schöner Dinge dem Kopf entspringen. Wenn es für einen vergleichbaren Sachverhalt eine Norm gibt, die eine vernünftige Regelung enthält, so wird seit alten Zeiten gelehrt, dass deren analoge Anwendung möglich sein kann; in der Regel wird aber zugleich darauf hingewiesen, dass grundsätzlich auch ein Gegenschluss (*argumentum e contrario*) möglich ist. Nach § 248 b StGB wird bestraft, wer ein Kraftfahrzeug oder ein Fahrrad gegen den Willen des Berechtigten in Gebrauch nimmt. Gilt dies auch für ein Buch? Die Antwort ist nein, weil § 248 b StGB als Ausnahme von § 242 StGB zu verstehen ist, wonach die Wegnahme einer fremden beweglichen Sache nur strafbar ist, wenn sie in der *Absicht rechtswidriger Zueignung* erfolgt. Die bloße Gebrauchsanmaßung bleibt straflos, weil es nur die Ausnahmeregelung für Kraftfahrzeuge und Fahrräder gibt. Das ist ein relativ einfacher Gedankengang, der im Rechtsunterricht im Allgemeinen gut zu vermitteln ist. Ist aber ein Sachverhalt gegeben, für den in der Rechtsordnung keine Norm

[65] Dazu auch *Radbruch*, Natur der Sache, FS Laun, 1948; *Ralf Dreier*, Natur der Sache, 1965; *Arthur Kaufmann*, Natur der Sache, 1965.

gefunden werden kann, die eine brauchbare Lösung bietet, so muss der Richter, weil er den Fall nicht unbearbeitet lassen darf, mit der Begründung, es gebe keine brauchbare gesetzliche Grundlage für eine Entscheidung, eine *Regelung erfinden* und den Fall danach so lösen, wie der Gesetzgeber den Fall entschieden hätte, wenn er an ihn gedacht haben würde. Er muss also die Entscheidungsnorm für den gegebenen Fall entwickeln und dabei alle in Betracht kommenden Umstände berücksichtigen. *Aristoteles* gab zu diesem Problem schon die Empfehlung, den Fehler des Gesetzbuchs zu berichtigen: „So wie er (der Gesetzgeber) selbst die Bestimmung getroffen hätte, wenn er im Lande gewesen wäre, und wie er sie, wenn ihm der Fall bewusst geworden wäre, in sein Gesetz aufgenommen hätte.“[66]

Der Richter[66a] muss in einem solchen Fall also die „Natur der Sache“ so erforschen, wie der Gesetzgeber sie erforscht hätte, und aufgrund seiner Vernunft daraus eine Regelung entwickeln, die der Gesetzgeber entwickelt hätte, wenn er im Land gewesen wäre und das Problem erkannt hätte. Das Problem kann auch in der Form auftreten, dass der Sachverhalt zwar auf den ersten Blick völlig den tatbestandlichen Voraussetzungen einer gegebenen Norm entspricht, bei genauerer Betrachtung aber doch einige Besonderheiten enthält, welche eine Lösung nach dieser Norm nicht mehr gerecht erscheinen lässt. *Thomas* gibt dazu das Beispiel, dass nach dem Gesetz bei Einbrechen der Dunkelheit die Tore der Stadt zu schließen sind, die Tore aber entgegen dem Gesetz geöffnet bleiben müssen, wenn eine Feuersbrunst ausbricht (F 96, 6A). In diesem Beispiel ist klar, dass das Gesetz nur den allgemeinen Fall eines jeden Tages regeln wollte, nicht aber die Ausnahmefälle, in denen aus dringenden Gründen die Tore offen bleiben müssen. Jeder Rechtssatz ist letztlich ein allgemeiner Satz, der Ausnahmen zulassen muss. Das gilt sogar für das absolute Tötungsverbot, weil in Notwehr auch ein Mensch getötet werden darf; höchst ausnahmsweise kann sogar der *Tyrannenmord* rechtens sein, „praktisch“ freilich nur in den Fällen, in denen die damit geplante Revolution gelingt. Allgemein betrachtet sind dies Probleme der Rechtsprechung, mit denen es jeder Richter – in weniger spektakulären Fällen – nahezu jeden Tag zu tun hat, weil das Leben so vielgestaltig ist und die Lebenssachverhalte nur in Ausnahmefällen völlig genau den Voraussetzungen entsprechen, die den allgemeinen Tatbestand einer gesetzlichen Regelung bilden (dazu F 96, 6 zu 1–3). Darum betrachten die Angelsachsen ihr *Case-Law-System* als überlegen, weil sie sich primär auf den Fall konzentrieren können und nicht Normen erweitern oder beschränken müssen, damit sie zur Lösung des Falles geeignet sind. Dafür müssen sie aber in jedem Fall „die Welt neu erfinden“ und hunderte oder tausende

[66] So *Aristoteles* Nik V 14 1137 b; ebenso § 1 Schweizer ZGB

[66a] Mit Ausnahme des Strafrichters, der auf Grund des nulla poena-Grundsatzes (Art 103 Abs. 2 GG) streng an den Wortlaut des Gesetzes gebunden ist; dazu 8/III 4 c + 6 a; 9/VI 6 + 8 a.

Fälle im Kopf haben, weil sie das allgemeine Prinzip (noch) nicht erkannt haben, jedenfalls nicht als Gesetz verstehen wollen. Die gesetzgeberische Lösung ist im Zweifel dem *Fall-Recht* deswegen überlegen, weil der Richter nur den einen Fall vor sich hat und nur dessen *Natur der Sache* erfassen kann, der Gesetzgeber aber die Möglichkeit hat, das Problem weitergehend zu erforschen und eine Lösung nicht nur für den Einzelfall zu geben, sondern für die gesamte Problematik, die mit diesem Fall und ähnlichen Fällen verbunden ist, also auch Regelungen für bestimmte Ausnahmen zu treffen. Für den Richter besteht das Problem eines jeden Falles und seiner „Natur der Sache" immer darin, den Sachverhalt sachgerecht zu erkennen und dafür die richtige Lösung auf der Grundlage der Normen zu entwickeln, welche eine gesetzliche Ordnung zur Verfügung stellt oder zur Verfügung stellen sollte; erforderlichenfalls muss die Norm aus den allgemeinen Grundsätzen der Rechtsordnung noch entwickelt werden. Wenn *Ulpian*[67] sagt, die Jurisprudenz sei die *Kenntnis der göttlichen und menschlichen Dinge*, die *Wissenschaft von dem, was Recht und Unrecht* ist, so spricht er mit dem ersten Halbsatz die Kenntnis der Sache (*res*) an (die Natur der Sache und der Dinge); *aus der Kenntnis der Natur dieser Sache (der Dinge) soll die Rechtswissenschaft erkennen, was Recht und Unrecht ist.* Letztlich ist also die „Natur der Sache" nichts anderes als das vorstehend unter 5. erörterte „Gesetz der Natur", bezüglich dessen der Mensch kraft seiner Vernunft die rechtlichen Regelungen zu suchen und zu finden hat. Von der „Natur der Sache" bzw. dem *Gesetz der Natur* (*lex naturalis*) soll der Mensch kraft seiner Vernunft zum Recht kommen. Das ist der notwendige *Sprung vom Sein zum Sollen*, wenn man das Sollen zu geltendem Recht erklären will. Anders als *Kant* und die *Neukantianer* (z.B. *Radbruch*) trennt *Thomas* nicht zwischen *Sein und Sollen*, zwischen *Wirklichkeit und Wert*, vielmehr ist für ihn das Sein durch seinen Wert bestimmt und die Begriffe vertauschbar (*ens et bonum convertuntur*). Das wertwidrige Sein, das Unrecht, sei daher nur ein „unvollkommener Modus des

---

67 Ulpian D.1.1.10: „*Juris prudentia est divinarum atque humanarum rerum notitia, iusti atque iniusti scientia.*" Herkömmlicherweise wird diese Stelle so übersetzt: „Rechtswissenschaft ist die Kenntnis der göttlichen und menschlichen Dinge, das Wissen vom Rechten und Unrechten." Das ist wörtlich völlig korrekt, aber in einem Kopf wie dem des *Ulpian* können zwei Satzteile nicht so beziehungslos zueinander gestanden haben, vielmehr wollte er uns wohl sagen, dass die Rechtswissenschaft auf der Grundlage der göttlichen und menschlichen Dinge zu erforschen hat, was Recht und Unrecht ist. *Ulpian* unterscheidet also nicht streng zwischen göttlichem und menschlichem Recht, meint vielmehr die menschlichen Dinge müssten mit menschlicher Vernunft und entsprechend dem erkennbaren göttlichen Willen entschieden werden. Das ist römische Rechtskultur, auf deren Grundlage *Pilatus* in Jerusalem den Juden auch ihren Willen lassen konnte, obwohl er selbst die gegen Jesus erhobenen Vorwürfe nicht als strafwürdig angesehen hat. In Rom hätte er denselben Fall anders entschieden, weil die Römer nicht monotheistisch dachten.

Seienden".[68] In der Weltgeschichte ist jedoch auch in der Form des Rechts schon eine Art von Unrecht in Erscheinung getreten, die nicht mehr nur als schlechtes oder unvollkommenes Recht, sondern nur noch als *reines Unrecht* verstanden werden kann. Es gibt allerdings auch Zwischenformen, in denen man zweifeln darf, ob es schon Unrecht ist oder noch als schlechtes Recht verstanden werden kann. Die Grenze ist fließend, aber es gibt eine Art von Unrecht, die nicht mehr als eine Form des Rechts verstanden werden kann. Die Fälle 7/I-V und 8/II 1u. 2 zeigen das.

IV. Was ist menschliche Gerechtigkeit?

1. Verständnis menschlicher Gerechtigkeit als Tugend: Auf die Frage, ob *Ulpian* die Gerechtigkeit mit dem Satz *Iustitia est constans et perpetua voluntas ius suum cuique tribuendi* (Gerechtigkeit ist der fortwährende und feste Wille des Menschen, jedem das Seinige (das ihm Gebührende) zu gewähren, D.1.1.10.pr.) sinnvoll bestimmt habe, zitiert *Thomas* (F 58, 1,1) *Aristoteles*[69] mit dem lateinischen Satz: *Iustitia est habitus a quo sunt aliqui operativi justorum, et ad quo operantur et volunt justa. Franz Dirlmeier* hat diesen Satz aus dem Griechischen so übersetzt: Gerechtigkeit ist eine „Haltung" (*habitus*), von der her *die Menschen* die Fähigkeit haben, gerechte Handlungen zu vollziehen, von der aus sie (*de facto*) gerecht handeln und ein festes Verlangen nach dem Gerechten haben.[70] *Thomas* erkennt also mit *Aristoteles* dem *Menschen die Eigenschaft* oder *Fähigkeit* (*habitus*) zu gerechten Handlungen zu und unterscheidet zwischen *gerechten menschlichen Handlungen* und *göttlicher* Gerechtigkeit. Anders als *Aristoteles*,[71] welcher der Auffassung war, dass es Menschen gebe mit einem *ungerechten Habitus* (Untugend), auf dessen Grundlage sie mit einem Verlangen nach dem Ungerechten auch ungerecht handeln könnten, meinte *Thomas*, dass der Mensch immer zum Guten strebe. Die menschliche Ge-

---

68 *Welzel* (NaturR 58) verweist dazu auf STh I-II, 9. TA, F 18, 3 und 13. TA F 93, 6 sowie *Hegel* (Rechtsphilosophie, Vorrede; Enzyklopädie § 6; dazu unten 5.Kap IV 3 b), für den das Vernünftige wirklich, aber das Wirkliche auch vernünftig ist; a. A. *Radbruch* (Fn 33), Rph3, 80 f.; auch *Kelsen*, RR 5 ff.; dagegen *Coing*, Rph 287.

69 Nik V 1129a7.

70 *Welzel* (NaturR 63) definiert den Begriff „*habitus*" als das unserer *Vernunft eingeborene Erkenntnisvermögen*; demzufolge ist der Satz des *Aquinaten* etwa so zu verstehen: Gerecht sein ist eine (durch Veranlagung und Erziehung erworbene) Eigenschaft (*habitus*), aufgrund derer ein Mensch den standhaften und unwandelbaren Willen hat, gerecht zu handeln (*operantur et volunt justa*). Vgl. zum Begriff „Habitus" auch F 94, 1A und dazu *Pesch* 573 f.; 578 f.): „Das *Wesen des Gehabens* (abgeleitet von *habitus*) ist eine Verfassung des Wirkvermögens – in diesem Falle der praktischen Vernunft – durch die das Vermögen in die Bahn eines bestimmten Tuns gebracht ist." Dieses „Wirkvermögen der praktischen Vernunft" entspricht dem Verständnis *Welzels*. Zum Begriff des *Habitus* ferner *Meyer* ThvA 155 f.

71 Nik V 1 1129 a.

rechtigkeit darf nach den Lehren des *Aristoteles* und des *Aquinaten* jedoch *nicht* (allein) mit dem *Willen* gleichgesetzt werden. Das menschliche Tun werde nämlich dadurch gut, dass es mit der maßstabsetzenden *Vernunft*, die ihm seine Ausrichtung gibt, *übereinstimmt*. Weil die *Tugend der Gerechtigkeit* menschliche Rechtshandlungen gut und richtig macht (*bonum reddit*), sei klar, dass sie damit das Tun des Menschen selbst gut mache (F 58, 3A).

Die Gerechtigkeit *beruhe* also letztlich auf der *menschlichen Vernunft*; nur ein *vernünftiger Willen* könne *gerechtes Recht* schaffen. Die Gerechtigkeit werde also nicht allein durch den *Willen* bestimmt (F 58, 1, 1 zu 1–3). Wenn *Ulpian* in seiner Definition an erster Stelle den Willen nenne (*iustitia est … voluntas ius suum quique tribuendi*), so *nur* deswegen, weil eine gerechte Regelung freiwillig (*voluntarius*) erfolgen müsse, nicht etwa deswegen, weil der menschliche Willen in erster Linie die Gerechtigkeit bestimme. Der Willen könne gerecht und ungerecht sein, was ihn *vernünftig* und *gerecht* mache, sei die Vernunft. Der Willen sei also nur die „Kraft", welche das als vernünftig Erkannte zur Tat verwirklichen könne. Außerdem müsse der Willen *constans et perpetua* (beständig und fest) sein. *Constantia et perpetuitate* würden aber nur beigefügt, um das Erfordernis der Festigkeit (*actus firmitatem*) des Willens festzustellen. Die Definition des *Ulpian* stimme also, man müsse sie nur richtig verstehen (*definitio justitiae conveniens est, si recte intelligatur*, F 58, 1A), was zusätzlich voraussetze, dass man die „Sache" versteht (*intelligit res*). Die „Sache", das seien „die göttlichen und die menschlichen Dinge", also die „Natur der Sache" oder wie man heute sagt, der rechtlich zu beurteilende und zu entscheidende Sachverhalt, dessen Kenntnis, wie *Ulpian* sagt, Voraussetzung der Entscheidung über Recht und Unrecht ist. Wer also die „Sache", d.h. das Rechtsproblem, nicht richtig versteht, kann es allenfalls zufällig richtig entscheiden.

2. Fachliches Können oder sittlicher Charakter: Was durch fachliches Können hervorgebracht werde, habe seinen Wert in sich selbst. Handlungen im Bereich des Sittlichen hätten demgegenüber nicht ohne weiteres den Charakter des Gerechten und Besonnenen. Vielmehr müsse der handelnde Mensch selbst in einer ganz bestimmten Verfassung wirken. Für den Besitz fachlichen Könnens spiele dieser Charakter (*Habitus*) keine Rolle, dafür sei nur fachliches Wissen vonnöten. Für den Besitz eines sittlichen Charakters bedeute das Wissen wenig oder nichts, wogegen alles darauf ankomme, dass der Mensch häufig *gerechte und besonnene Handlungen* vollziehe, dass er also *fortwährend* den *standhaften Willen* habe, gerecht zu sein. Und dennoch handelten die meisten Menschen nicht so, sondern nähmen ihre Zuflucht zur Theorie, glaubten, „Philosophen" zu sein und so zur sittlichen Tüchtigkeit gelangen zu können.[72] Für *Aristoteles* ist ein Mensch *ungerecht* und

---

[72] Nik II 3 1105 b; „Philosophen" in diesem Sinne sind für *Aristoteles* wohl die „Schlaumeier", die mit aller Rabulistik stets einen Grund suchen und finden, um eine Sache zu ihren Vorteil zu entscheiden.

handelt ungerecht, wenn er entweder die *Gesetze* nicht achtet oder die *bürgerliche Gleichheit missachtet*, dagegen gerecht, wenn er die Gesetze und die bürgerliche Gleichheit beachtet.[73] Die Nichtbeachtung der (speziellen) Gesetze ist für *Aristoteles* eine *Sache der Rechtslehre*, die er beiseite lässt,[74] die *Missachtung des Gleichheitssatzes* sei dagegen eine *allgemeine Frage der Gerechtigkeit*, die er näherer Betrachtung unterzieht und dabei unterscheidet zwischen „Verteilungsgerechtigkeit" bei der Verteilung von Gütern und der „ausgleichenden Gerechtigkeit" beim Tausch von Ware gegen Ware oder Ware gegen Geld, die gleichwertig sein müssten (*Austauschgerechtigkeit*).[75]

3. Ist das Recht Gegenstand der Gerechtigkeit? Die Gerechtigkeit ist auf das Recht bezogen (F 58, 4,2). Das Recht regelt die Verhältnisse und das Verhalten der Menschen zueinander. Wir sagen,[76] eine rechtliche Entscheidung (z.B. das Urteil eines Richters) könne „gerecht" oder „ungerecht" sein. Aber *Thomas* sagt, das Recht sei nicht *Objekt der Gerechtigkeit* (*ius non est objectum justitiae*) (F 57, 1,3), womit er sagen will, dass das Recht *nicht* – wie der *Heilige Augustin* meinte[77] – *Ausdruck des Willens des stets gerechten Gottes*, also nicht *göttliches Recht*, sei. Die Menschen haben aber kein objektives (Gerechtigkeits-)Maß für gerechte und ungerechte Urteile, sie können allenfalls erkennen, ob ein Urteil oder eine sonstige rechtliche Entscheidung Recht oder Unrecht ist, was aber *gerecht* und *ungerecht* im Sinne *absoluter göttlicher Gerechtigkeit* ist, können sie grundsätzlich nicht erkennen. Wir nennen einen Menschen auch nicht gerecht, weil er etwas richtig erkennt (F 58, 4A). Der Verstand, welcher die Fähigkeit hat, die menschlichen Dinge zu erkennen, kann

---

73 Nik V 2 1129 b.

74 Auch *Thomas* befasste sich *nicht* im Einzelnen mit dem positiven Recht und dessen Gesetzen zur Gewährleistung der Rechtssicherheit, begnügte sich vielmehr im Wesentlichen mit der Darstellung der „natürlichen" *absoluten* Rechte (Leben, Körper, Ehre, Eigentum) und dem Gleichheitssatz. Wir wollen später (4. Kap III) zumindest die Verschiedenheit der Funktionen der (gesetzlichen) Regelungen des positiven Rechts zur Erfassung eines *Handlungs*unrechts dem *Erfolgs*unrecht der Verletzung absoluter Rechte gegenüberstellen, und hier nur vorwegnehmen, dass die Verletzung absoluter Rechte ein *Erfolgs*unrecht begründet und demzufolge alle Handlungen grundsätzlich rechtswidrig sind, die eine adäquate *Ursache für die Verletzung eines absoluten Rechts* setzen. Demgegenüber bestimmen die gesetzlichen Gebote und Verbote des positiven Rechts bestimmte *Handlungen als rechtswidrig*, sie begründen also nicht ein *Erfolgs*unrecht, sondern ein *Handlungs*unrecht, z.B.: Wer innerhalb einer geschlossenen Ortschaft über 50 km/h fährt, muss ein Bußgeld in Höhe von 100 Euro bezahlen; es ist also verboten, schneller zu fahren als 50 km/h, gleichgültig, ob dadurch jemand verletzt oder auch nur gefährdet wird. In der Regel beschreiben die gesetzlichen Regelungen bestimmte Handlungen als rechtswidrig und verboten, welche die Gefahr in sich bergen, nicht selten andere Bürger und deren Rechtsgüter oder Vermögen zu beschädigen. Die Verletzung oder konkrete Gefährdung eines geschützten Rechtsguts ist jedoch nicht Voraussetzung eines *Handlungs*unrechts; Näheres dazu im 4. Kap III.

75 *Aristoteles* Nik V 5 und 6; *Thomas* F 61, 1–4; dazu unten 4 a.

76 Dazu Einleitung I 8.

77 2. Kap III 5.

also die göttliche Gerechtigkeit weder erkennen noch bestimmen. *Thomas* meint daher, die Menschen würden „gerecht" genannt, wenn sie etwas *auf rechte Weise tun*, deshalb müsse der unmittelbare Ausgangspunkt des Handelns (*proximum autem principium*) in einer „Strebekraft" (*vis appetitus*) liegen, müsse also die Gerechtigkeit notwendigerweise ihren Sitz in einer Strebekraft haben (F 58, 4A). Es gebe aber zwei verschiedene Strebekräfte (*duplex appetitus*), nämlich den in der *Vernunft beheimateten Willen* (*voluntas quae est in ratione*) und das *sinnliche Streben* (*appetitus sensitivus*), das der sinnlichen Wahrnehmung folge (*consequens apprehensionem sensus*) und in das *überwindende* und das *begehrende sinnliche Vermögen* eingeteilt werde. Einem jedem das Seine (*ius suum*) zu geben könne aber nicht aus dem *sinnlichen* Streben hergeleitet werden, da die sinnliche Wahrnehmung nicht zur Erfassung des „Verhältnisses des einen zum anderen" ausreiche. Diese Aufgabe löse allein die *Vernunft*. Daher könne die menschliche Gerechtigkeit ihren Sitz weder im *überwindenden* noch im *begehrenden Vermögen*, sondern nur (*im vernünftig gesteuerten*) „Willen" (F 58, 4A) haben.[78] Die Gerechtigkeit sei also eine *Tugend* des Menschen (wie *Klugheit*, *Maßhaltung* und *Tapferkeit*). Menschliche Tugend mache das menschliche Tun und den Menschen selbst gut. Das menschliche Tun werde nämlich dadurch gut, dass es mit der *maßstabsetzenden Vernunft*, die ihm seine Ausrichtung gibt, übereinstimmt. Gerecht sei also nicht die *Handlung* (oder das Urteil), sondern der *durch die Vernunft* hervorgebrachte menschliche *Wille*, also die *Ursache der Rechtshandlung* (F 58, 1A zu 2). Ein gerechter Richter kann daher aufgrund eines Irrtums auch ein ungerechtes Urteil fällen. Ein ungerechter Richter kann auch gerechte Urteile sprechen, nicht nur hin und wieder, sondern sogar öfters, aber er urteilt nicht auf der Grundlage des Rechts und mit der Absicht Recht zu schaffen, sondern nach seiner Laune oder seinen Vorurteilen oder aus irgendwelchen sonstigen Gründen oder Absichten.

Thomas begreift den *voluntas perpetua* in F 58, 1, 3 und zu 3 nicht als *ewigen Willen*, weil nur Gottes Willen *ewig und unwandelbar* sein könne (II 2 F). *Voluntas perpetua* sei dahingehend zu verstehen, dass ein Mensch nicht nur den Willen hat, für den Augenblick in einer geschäftlichen Sache gerecht zu sein, sondern den *festen* Willen hat, *fortwährend* und in allen Dingen die Gerechtigkeit zu wahren (*habeat voluntatem perpetuo et in omnibus justitiam conservandi*): „Ohne einen solchen permanenten Willen (*voluntatem perpetua*) hat niemand auch nur die leiseste Aussicht, jemals ein *sittlich wertvoller Mensch* zu werden."[79] *Thomas* unterscheidet also bei der Gerechtigkeit, wie auch beim Recht, zwischen göttlicher und

---

78 *Matthias Claudius* fasst diese Erkenntnis in den Vers: „Der ist nicht frei, der da will tun können, / was er will, sondern der ist frei, / der da wollen kann, was er tun soll."

79 Zur Frage, warum nicht schon die Natur des primär egoistischen Menschen zur Gerechtigkeit strebt und der menschliche Wille dazu der Tugend bedarf, vgl. *Utz*, STh, 11. TA, Kom. zu F 56, 6, S. 545 ff.; 18. TANF, Kom. S. 244 Anm 9; grundlegend dazu *Kant*, Idee zu einer allgemeinen Geschichte in weltbürgerlicher Absicht, in: Bd. 9, S. 31 ff., 36 f.

menschlicher Gerechtigkeit. Die absolute göttliche Gerechtigkeit (*lex aeterna*) währe ewig, sei aber für den Menschen jedenfalls im Einzelnen nicht zu erkennen. Für *Platon* war diese *Gerechtigkeit* wie die *Wahrheit* und die *Schönheit* eine der erhabenen *Ideen*, von denen der in seiner Höhle festgeschmiedete Mensch[80] allenfalls einen Schatten des in seine Höhle scheinenden Schimmers erkennen könne. *Thomas* verstand dagegen, wie auch schon *Aristoteles*, die Gerechtigkeit als eine *Eigenschaft* (*Tugend, Habitus, Haltung, Charakter*) des Menschen, die zwar nicht ewig währe, aber auch nicht in allen einzelnen Handlungen in Erscheinung trete, vielmehr eine zur *Tugend gewordene menschliche Eigenschaft* (*Habitus*) sei, aufgrund derer ein Mensch fortwährend in allen rechtlichen Dingen die Gerechtigkeit wahren wolle.

Im Unterschied zu anderen *Idealen* (Tugenden) verstand *Thomas* das Wesen der *menschlichen Gerechtigkeit* darin, den *sachbezogenen Umgang des Menschen mit anderen* in eine Ordnung zu bringen (*ut ordinet hominem in his quae ad alterum*; F 57, 1A). Recht ist also für *Thomas die Ordnung der Beziehungen der Menschen zueinander*. Er zitiert dazu *Cicero* (Pflichtenlehre I c7): „Die Gerechtigkeit ist jenes Ordnungsprinzip, das die menschliche Gesellschaft und das Gemeinschaftsleben zusammenhält" (F 58, 2 vor A). Wie schon der Name besage, bedeute Gerechtigkeit (*justitia*) etwas „richtigstellen" (justieren), „einen Ausgleich schaffen". Die Gerechtigkeit sei daher auf den Ausgleich mit einem anderen bezogen (*aequalitas ad alterum est*; F 57, 1A); allerdings nicht nur zwischen zwei Einzelpersonen, sondern auch zwischen der Gemeinschaft und jedem einzelnen (Austausch- und Verteilungsgerechtigkeit).

4. Der Gleichheitssatz: Für *Aristoteles* ist der *Gleichheitssatz* – ungeachtet der Sklavenfrage, die ausgeklammert bleibt – ein *oberstes Prinzip der Gerechtigkeit*, was die Vorstellung der *Gleichheit* und *Gleichwertigkeit der Menschen* – in der Antike jedenfalls die *Gleichheit aller Bürger* – zur Voraussetzung hat.[81]

a) Tausch- und Verteilungsgerechtigkeit: Thomas unterscheidet im Anschluss an *Aristoteles* gleichfalls zwischen *ausgleichender und austeilender Gerechtigkeit* (F 61, 1A). *Beim Austausch* von Gütern, zum Beispiel beim Kauf einer Sache oder der Leistung von Arbeit gegen Lohn, muss jeder dem anderen etwas Gleichwertiges als Gegenleistung geben, also Geld im Wert der Sache, Lohn im Wert der Arbeit und gleichen Lohn für gleiche Arbeit. *Bei der Verteilung von Gütern* (des Fürsten an die Untertanen, des Vaters an die Kinder, der Leistungsnoten des Lehrers über die Schüler, des Gutsherren an die Arbeiter im Weinberg[82]) muss grundsätzlich auch *jedem das Gleiche* gegeben werden. *Gleiches muss also gleich, Ungleiches aber ungleich*

80 Dazu *Platon*, Der Staat, Höhlengleichnis, 514 A.
81 *Aristoteles* Nik V 5 1131 a; dazu *Thomas* F 63, 1–4.
82 Anders dagegen Matth. 20,12 f; dazu unten VI 3.

behandelt werden.[83] Bei der Verteilung von Gütern kann es daher unter Umständen auch richtig sein, nicht jedem genau das Gleiche zu geben (jedem 1 Groschen, gleichgültig, ob er eine oder zwölf Stunden arbeitete), sondern das, was er aufgrund seiner Leistung, seines Verhaltens, eventuell auch seiner erworbenen Würde verdient hat, also jedem das Seine, d.h. das, was er *„verdient"* hat (*Ulpian: suum cuique tribuere*; dazu *Thomas* F 61, 2A). Wenn die Güter demgemäß nach Verdienst und Würdigkeit verteilt werden, entsteht freilich die Frage, *nach welchem Maß* „Verdienst und Würdigkeit"[84] zu messen sind. Was angemessen ist, kann jedoch *nicht nur nach dem Gleichheitssatz* festgelegt, sondern auch vertraglich durch *Vereinbarung* bestimmt werden, wie es in der Regel geschieht, wenn die Parteien Waren oder Dienstleistungen gegen Geld tauschen. Dabei entsteht die Frage, ob eine solche Vereinbarung unwirksam ist, wenn die vereinbarte Gegenleistung kein *gerechter Preis* ist, oder nur dann Unwirksamkeit eintritt, wenn unter Ausnutzung der Unerfahrenheit eines Vertragspartners oder Ähnlichem ein viel zu geringer oder weit überhöhter Preis vereinbart wurde (so § 138 BGB). Das Richtige und Angemessene kann auch gesetzlich bestimmt werden oder, wie *Thomas* formulierte, sich auch aus einer „öffentlichen Übereinkunft" ergeben, zum Beispiel wenn ein ganzes Volk zustimmt, dass etwas einem anderen adäquat und angemessen (*adaequatum et commensuratum alteri*) gelten soll, oder wenn der Landesherr, dem die Sorge für das Volk obliegt und der es in seiner Person vertritt, dies anordnet (F 57, 2 A).

Die schwierige Frage, was gleich und was ungleich ist, lässt *Thomas* letztlich ebenso wie Aristoteles offen, sie kann auch allgemein nicht entschieden werden, sondern nur im Hinblick auf die „Natur der Sache" (also auf der Grundlage des Sachverhalts), hinsichtlich dessen entschieden werden muss, ob zwei verschiedene Dinge als gleich oder ungleich betrachtet werden dürfen. Wenn zwei das „Gleiche" tun, muss es nicht das Gleiche sein, kann vielmehr auch verschieden zu beurteilen sein; wenn zum Beispiel ein Armer einem Bettler 1 Euro gibt, ist es viel, wenn ein Reicher 1 Euro gibt, ist es nicht das Gleiche, sondern wenig, wenn auch nicht weniger. Deswegen ist es gerecht, wenn die Steuersätze gestaffelt sind und die Mehrverdienenden einen höheren Prozentsatz leisten müssen als die Wenigverdienenden. Über die richtige Staffelung der Steuersätze kann man sich lange streiten, darf aber jedenfalls die Reichen nicht so hoch besteuern, dass sie in jene Länder auswandern, die in der Nähe liegen und niedere Steuersätze anbieten. Das wäre unvernünftig. Aber die Steuergerechtigkeit ist ein weites Feld, es soll hier nur angedeutet werden, dass die Bestimmung der Steuersätze eine der *praktisch wichtigsten Gerechtigkeitsfragen* unserer Zeit ist; diese werden aber nicht

83 *Aristoteles* Nik V 5 1131 a; *ThvA* F 57, 2A; 61, 2A.

84 *Shakespeare*, Hamlet: „Behandelt jeden nach seinem Verdienst und wer ist vor Strafe sicher?"

von Göttern oder Philosophen entschieden, sondern von der Bundes- oder Landesregierung oder im Streitfalle von den Finanzgerichten oder dem Bundesverfassungsgericht.

Nach einer berühmten Geschichte aus dem neuen Testament, die in China etwas „modernisiert“ in den Schulbüchern steht als Beispiel für die Ungerechtigkeit des Kapitalismus, hat ein Gutsherr in Trier, der Vaterstadt von Karl Marx und kritisch beobachtet von diesem, einem Arbeiter im Weinberg, der zwölf Stunden gearbeitet hatte, das Gleiche gegeben wie dem, der nur eine Stunde gearbeitet hatte (Matth. 20,1–16,13 –16), und glaubte, diese Ungerechtigkeit mit dem Spruch rechtfertigt zu können: „Mein Freund, ich tue dir nicht unrecht, bist du nicht mit mir eins geworden, um einen Groschen oder habe ich nicht die Macht, mit dem Meinen zu tun, was ich will? Siehst du darum scheel, dass ich gütig bin?“ Damit missbrauchte der Gutsherr nicht nur die Privatautonomie, sondern versuchte, sie auch noch zynisch zu rechtfertigen, weil der Arbeiter das Angebot für 1 Groschen annehmen musste, wenn er nicht Hunger leiden wollte. Der Gutsherr hat also seine Macht missbraucht und den Arbeiter ausgebeutet, was nicht nur *Karl Marx* nicht richtig finden konnte. Zusätzlich verhöhnte der Gutsherr die Arbeiter: *„Also werden die Ersten die Letzten und die Letzten die Ersten sein.“* Das ist kein vernünftiger Rechtsgrundsatz für die Lohnzahlungspflicht des Arbeitgebers, denn damit könnte jede Art von Willkür gerechtfertigt werden. Nach protestantischer Lehre soll das Heil und die ewige Glückseligkeit zwar nicht durch gute Werke, sondern nur durch die Gnade Gottes erreicht werden. Das kann es aber nicht rechtfertigen, denjenigen, die den ganzen Tag gearbeitet und die Hitze des Tages ertragen haben, dasselbe zu geben wie demjenigen, der nur eine Stunde gearbeitet hat und diese Ungleichbehandlung zu rechtfertigen mit der Frage: „Oder habe ich nicht Macht, zu tun, was ich will, mit dem Meinen? Siehst du darum scheel, dass ich so gütig bin?“

b) Gleichheit als Abstraktion von der Ungleichheit: Letztlich besteht die Gleichheit immer in einer Abstraktion von der Ungleichheit des Beurteilungsgegenstands, das heißt der Dinge, die als gleich *bewertet* und darum gleich behandelt werden sollen. Vielfach weiß man auch ganz genau, dass die Dinge oder die handelnden Personen nicht gleich sind, will aber die Ungleichheit aus den verschiedensten Gründen nicht erkennen, so z.B. wenn ein Lehrer, wohl wissend, dass seine Schüler verschiedene Leistungen erbracht haben, allen gleiche Noten gibt, weil er aus pädagogischen Gründen den Wettbewerb zwischen den Schülern nicht für gut befindet. Wenn bei der Güterverteilung jedoch die Verhältnisse der Leistungsempfänger – ihre Leistungen, Fähigkeiten, ihre wirtschaftliche Lage etc. – in die Verteilungsgerechtigkeit einbezogen werden sollen, so muss jedem *nicht genau das*

Gleiche, sondern *jedem das Seine* (*suum cuique*) gegeben werden,[85] jedem also das, was er verdient hat. *Thomas* anerkannte daher, dass unter Umständen bei der austeilenden Gerechtigkeit einem umso mehr von den gemeinsamen Gütern gegeben werden dürfe oder solle, je höher seine Stellung in der Gemeinschaft ist: „In der aristokratischen Gesellschaft wird diese Vorrangstellung der *Tüchtigkeit* zuerkannt (oder dem Zufall der Geburt?), in der oligarchischen dem Reichtum, in der demokratischen der Freiheit und in anderen anderes“ (F 61, 2A). In unserem heutigen Sozialstaat (Art. 20 Abs. 1 GG) müssen zur Herstellung „sozialer Gerechtigkeit“ die Reicheren – wie schon gesagt – einen höheren Prozentsatz an Steuern bezahlen. Sozialleistungen (z.B. „Hartz IV“) werden in der Regel nach dem Maß der *Bedürftigkeit* erbracht. Selbstverständlich erschöpft sich für *Thomas* ebenso wenig wie für *Aristoteles* die Verletzung der Gerechtigkeit in der Verletzung des Gesetzes und des Gleichheitssatzes. Das beweisen schon seine in der Summa Theologica II-II gestellten Fragen 57 bis 79 und deren Beantwortung. Ich habe mich hier auf einige Antworten zu den Fragen F 57, 58, 61 und 66 beschränkt, weil vor allem diese für das Problem der *Natur des Naturrechts* bis heute von größter Bedeutung sind.

5. Art der Güterverteilung: Privateigentum oder Sozialismus: Müssen die Güter und das Eigentum an den Gütern möglichst gleich auf alle Bürger verteilt werden, oder darf jeder so viel erwerben, wie seine Tüchtigkeit es ermöglicht? *Thomas* meint dazu, es könne keine Art der Gerechtigkeit geben, die der Gemeinschaft *schadet*, weil die Gerechtigkeit auf das *Gemeinwohl* ausgerichtet sein muss (F 61, 1,1). Wenn die gemeinsamen Güter auf viele verteilt würden, würde dies dem gemeinen Wohl aller schaden, weil dadurch nicht nur die zur Verfügung stehenden *Güter bald erschöpft* sein würden, sondern vor allem auch die *Moral der Menschen untergraben* werden würde. So sage *Cicero* in seiner Pflichtenlehre (II, 15): „Wer empfängt, wird schlechter und möchte dauernd dasselbe erwarten.“ Also könne, so *Thomas*, das Verteilen (aller oder der wichtigsten Güter) nicht eine Art von Gerechtigkeit bilden (F 61, 1,1).

Aus der Erfahrung mit dem heutigen Sozialstaat muss man freilich erkennen, dass diejenigen, denen Sozialleistungen zugewendet werden, nicht nur „dauernd dasselbe erwarten“, sondern *immer mehr* erwarten und bloß mit demselben alsbald nicht mehr zufrieden sind. Das ist sicherlich auch schon bei kleinen Kindern so, wenn man ihnen immer gibt, was sie wollen, so wollen sie immer mehr. Das entspricht der *Natur des Menschen*, welche durch die aus der Vernunft des Menschen zu entwickelnde Sitten- und Rechtsordnung in vernünftige Bahnen gelenkt werden soll. *Aristoteles* und *Thomas* kamen jedoch auch schon aufgrund ihrer Erfahrungen und Einsichten in die „Natur des Menschen“ zu der Auffas-

[85] Ulpian, D.1.1.10.1.

sung, dass man nicht nur Frauen, sondern auch Sklaven, Pferde, Hunde, Grundstücke und beweglichen Sachen *nicht* vergemeinschaften dürfe, vielmehr *Privateigentum anerkennen* und *Ehe und Familie* pflegen solle. *Aristoteles* meinte zwar, man solle erproben, ob nicht diese oder jene Verbesserung der gegebenen Ordnung möglich wäre, aber nur, damit man erkennen könne, dass es auf die sozialistische Weise nicht besser werde.[86] Die 68er-Generation wollte es nicht erkennen, obwohl schon 1961 die Mauer gebaut werden musste. Die große Mehrheit unserer Brüder und Schwestern jenseits der Mauer hat es aber erkannt; einige haben es allerdings nicht begriffen und andere vergessen es schon wieder.

6. *Gehört zur Gerechtigkeit auch Freiheit? Liberté, Egalité, Fraternité* (Freiheit, Gleichheit, Brüderlichkeit) war der Schlachtruf der französischen Revolution und das Gerechtigkeitsideal jener Zeit. Seit dieser Zeit steht auch in nahezu allen Menschenrechtsordnungen der neuzeitlichen Verfassungen der Schutz von *Freiheit* und *Gleichheit* (vgl. Art. 1–6 der französischen Erklärung der Menschen- und Bürgerrechte vom 26. August 1789; Art. 1–3 des Bonner Grundgesetzes vom 23. Mai 1949) der Bürger an vorderer Stelle, und dem Gedanken der *Brüderlichkeit* wird zumeist durch die Zusage *sozialer Gerechtigkeit* (Art. 20 Abs. 1 GG: demokratischer, sozialer Bundesstaat) Ausdruck gegeben. Es ist und bleibt ein wenig erstaunlich, dass nicht nur von *Aristoteles*, sondern auch von *Thomas* die *Sklavenfrage*[87] nicht als ein *Gerechtigkeitsproblem* betrachtet wurde. Zu dem einfachen Satz, dass *alle Menschen gleich* sind oder jedenfalls vor dem Gesetz alle gleich sein sollten, war man nicht gekommen, obwohl *Aristoteles* nicht verkannt hat, dass manche Sklaven klüger sind als ihre Herren.[88] Schlimmer noch, dass – wohl im Bann der Sklavenfrage – nicht erkannt wurde, dass auch die *Freiheit* als ein aus der Natur des Menschen erkennbares absolutes Recht anerkannt werden muss, das jedem Menschen zusteht. Auch die Herren in der Sklavengesellschaft bedürfen doch eines rechtlichen Schutzes ihrer Freiheit gegenüber anderen freien Herren in dieser Gesellschaft, ansonsten sie – wie im späteren Mittelalter – eine *Fehde miteinander austragen* müssen, solange nicht ein *Gewaltmonopol* des Staates mit einer funktionierenden *Gerichtsbarkeit* aufgerichtet ist. Die Herren der Sklavengesellschaft waren zwar „frei“, ihre „natürliche Freiheit“ bedurfte jedoch auch einer *rechtlich gesicherten Grenze* an der Freiheit der anderen freien Herren.

---

86 *Aristoteles*, Politik II 5 1163 a; dazu unten VI 1–4.
87 Dazu unten VII 1–3.
88 Dazu unten VII 1.

V. Absolute natürliche Rechte an Leib und Leben und Ehre

Thomas unterscheidet zwischen Rechten, die *unmittelbar durch die Natur* bestimmt sind, wie das Leben, der Körper des Menschen und seiner Ehre, sowie solchen, die aufgrund von Erfahrungen *durch die menschliche Vernunft* bestimmt worden sind, wie das *Eigentum* (dazu unten VI). Die schon im Dekalog geschützten natürlichen *Rechte eines Menschen* an seinem *Leben*, seinem *Körper* und seiner *Ehre* sind für *Thomas* aufgrund einer absoluten Betrachtung (*secundum absolutum considerationem*), jedenfalls aber nach natürlichem Recht (*iustum naturale*), *speziell geschützte Rechte.* Aufgrund *absoluter Betrachtung* (*ius naturale est, quod natura docuit omnia animalia*) ergibt sich für *Thomas* z.B. das *Tötungsverbot*[89] aus dem *natürlichen Selbsterhaltungstrieb*, ebenso das Verbot der Verletzung des *Leibes* (Körper und Gesundheit, F 65,1 und 2) sowie der *Seele* (durch Verletzung der Ehre, F 72–76), weil vernünftigerweise niemand getötet, verletzt oder beleidigt werden will. Jedoch wird das hohe Gut der *menschlichen Freiheit* nicht als *geschütztes Rechtsgut* betrachtet, worauf bei der *Sklaven-* und *Ketzerfrage*[90] noch zurückzukommen ist. Die natürlichen Rechte an Leben, Körper und Ehre werden – ebenso wie das *Eigentumsrecht an Sachen* – heute auch noch *absolute Rechte* genannt, weil sie anders als *vertraglich begründete* (sog. *relative*) Rechte nicht nur dem Vertragspartner gegenüber, sondern *jedermann gegenüber gelten*. Jeder, der das Leben, den Körper, die Ehre, das Eigentum oder ein sonstiges *absolutes* Recht[91] eines anderen verletzt, ist ihm zum

[89] Das Tötungsverbot (dazu und zu den Einzelfragen, ob man in Notwehr töten darf, ob man einen Sünder töten darf, ob eine private Person einen Sünder töten darf, ob man sich selbst töten darf, etc. F 64, 1–8; 100, 7 und 8) ergibt sich nach *christlicher Lehre* allerdings nicht nur aus der „Natur des Menschen“ und seinem Selbsterhaltungstrieb, sondern auch aus dem Dekalog (2. Mose 20,13), also aus *offenbartem göttlichen Recht.* Weil Gott aber Abraham befohlen hat, *Isaak zu opfern* (was Mord war), und den Juden empfohlen hat, beim Auszug aus Ägypten ägyptisches *Eigentum mitzunehmen* (was Diebstahl war), sowie dem *Hosea* geboten hat, sich *mit einer Hure zu verbinden* (was unsittlich war), wurde zu Zeiten von *Thomas* heftigst darüber gestritten, ob das *Recht* auf ewigen *Vernunftwahrheiten* (*Idealismus*) oder auf schöpferisch-einmaligen *Willensentscheidungen Gottes* beruhe (*Voluntarismus*). Wenn Recht ist, was Gott will, so müsste Gott von seinem Willen abweichen können, aber dann wäre das göttliche Recht nicht mehr *allgemeingültig* und *unveränderlich. THvA* (F 94, 5, 2; 100, 8 zu 2) entschied sich gegen den Voluntarismus und für die Auffassung, dass die ewigen Ideen und Gottes Wille unveränderlich sein und bleiben müssten, konnte aber in den genannten drei Fällen die göttlichen Befehle nicht mehr überzeugend rechtfertigen; dazu *Welzel*, NaturR62 f.; *Meyer, ThvA*, 627 ff. Das Dilemma ist teuflisch: Entweder hat Gott der Gerechte ungerechte Befehle gegeben oder Gott sich die Freiheit genommen, einmal ungerecht zu sein, er wäre also *nicht* immer der Gerechte; dazu *Pesch* 13. TA Kom. 231. In dem *Mohammed* offenbarten *Koran* hat Gott sich aber noch mehr Widersprüche erlaubt; dazu 9. Kap IV 2 b.

[90] Dazu unten VII 5.

[91] Nach dem Vorbild des Eigentums an beweglichen Sachen und Grundstücken sind durch die menschliche Vernunft noch weitere „absolute Rechte“ geschaffen worden. Zuerst sog. *beschränkt dingliche Rechte,* die als verselbstständigter Teil des Eigentums begriffen werden

Ersatz des daraus entstehenden Schadens verpflichtet (§ 823 Abs. 1 BGB). Wir werden im 4. Kap I 1–7 erkennen, dass dieselben absoluten Rechte (Leben, Körper, Ehre, Eigentum) für *Kant* Erscheinungsformen der *schützenswerten Freiheit* des Menschen sind, an der die Freiheit der anderen Menschen grundsätzlich ihre *Grenze* findet.

1. Recht am Leben: Das Tötungsverbot des Dekalogs kann aufgrund von 2. Mose 20,13 auch als *offenbartes göttliches Recht* verstanden werden, ist für *Thomas* (F 64, 1–8) aber zugleich ein *natürliches Recht*, weil es dem natürlichen *Selbsterhaltungstrieb* des Menschen entspricht. *Thomas* bezieht das Tötungsverbot des Dekalogs jedoch *ausschließlich auf den Menschen*. Pflanzen und Tiere dürfe man töten, weil es keine Sünde sei, eine Sache zu dem Zweck zu benutzen, zu dem sie da sei.[92] Nach der Hierarchie der Natur seien die Pflanzen für die Tiere und die Tiere für den Menschen da (Kartoffeln für die Schweine und die Schweine für die Menschen), also sei es nicht verboten – wie schon *Aristoteles*[93] gesagt hat –, Tiere zum Nutzen der Menschen zu töten (F 64, 1A).

Das absolute Recht am Leben begründet zwar für jedermann ein Tötungsverbot, das aber nicht als *absolut* in dem Sinne verstanden werden darf, dass nicht ausnahmsweise seine Verletzung zulässig sein kann, obwohl der Dekalog keine *Ausnahmen* benennt (F 64, 1–8). *Thomas* erkennt jedoch, dass Gott, wie der Mensch von menschlichen Gesetzen, auch von göttlichen Gesetzen Ausnahmen zulassen kann (F 100, 8, 2, A zu 2 und 3). *Mose* hat das sicher nicht vergessen, hatte er selbst doch einmal einen Ägypter erschlagen müssen, er war sich also der Notwendigkeit eines *Notwehrrechts* wohl bewusst gewesen, hielt es im Ewig-Kurzgefassten aber für entbehrlich, wohl weil es selbstverständlich und auch schon damals allgemein anerkannt war (F 64, 7; F 100, 8 zu 2). Nach *Thomas* ist eine Tötung nicht nur zur *Verteidigung des eigenen Lebens* zulässig, sondern auch zur Verteidigung anderer Rechte, zum Beispiel zur *Verteidigung seines Eigentums* gegen einen Dieb (F 64, 7, vor A). Die *Notwehr* müsse jedoch ihrem Zweck angepasst sein. Es sei daher nicht erlaubt, mehr Gewalt einzusetzen als nötig. Es sei jedoch erlaubt, mit „moralisch abgewogenen Schutzmaßnahmen“ Gewalt zurückzuweisen (F 64, 7A). Diese „moralisch abgewogene“ Notwehr ist nichts anderes als die „erforderliche Notwehr“ des heutigen Rechts (§ 32 StGB; § 227 BGB), die letztlich eine *Gü-*

können. Das sind vor allem die Pfandrechte an beweglichen Sachen und Grundstücken (Hypotheken, Grundpfandrechte) sowie der Nießbrauch und Dienstbarkeiten. Darüber hinaus aber auch „geistiges Eigentum“, insbesondere das *Urheberrecht*, *Patentrecht*, *Markenrecht*, die den Rechtsinhaber ebenso *absolut* gegen Eingriffe aller anderen Menschen schützen wie einen Eigentümer. Die Darstellung dieser Rechte muss der Spezialliteratur überlassen bleiben.

92 So denkt später auch *Kant*, für den allein der Mensch letzter Zweck ist, der keinem anderen Zweck mehr dienen dürfe; *Kant*, NaturR-Vorlesung 68 ff.; GMdS, BA 64 ff.

93 *Aristoteles* Pol I 8 1256 b.

terabwägung nach Maßgabe des *allgemeinen Verhältnismäßigkeitsgrundsatzes* erforderlich macht. Kinder, die Kirschen klauen, darf man nicht vom Baum schießen. Im *Krieg* ist die Tötung von Feinden gestattet (F 64, 2 und 3), wenn die Erhaltung der Gemeinschaft und des Lebens und der Freiheit anderer dies erfordert. *Thomas* erklärt auch die *Todesstrafe* gegen einen Sünder für gerechtfertigt, weil ein Mensch durch sein *Sündigen* aus der *Vernunft* aussteige und damit auch seine *menschliche Würde* von sich werfe, in der seine natürliche Freiheit und ein Leben um seiner selbst willen beschlossen liege; er sinke damit hinab in die Sklaverei des Tieres, weshalb entsprechend seinem Nutzen für andere über ihn verfügt werden könne, insbesondere, wenn der Sünder auch weiter eine Gefahr für die Gemeinschaft darstellt (F 64, 2 A3). Eine Privatperson dürfe einen Sünder aber nicht töten, sondern nur die Gemeinschaft, wozu es eines *öffentlichen Gerichtsverfahrens* bedürfe, in dem entschieden werden muss, ob die Tötung zum Wohl der Gemeinschaft erforderlich ist: „Die Gemeingefährlichen tötet sie, Sünder, die anderen keinen schweren Schaden zufügen, schont sie, damit sie Buße tun“ (F 64, 2 zu 2). Die Tötung eines anderen Menschen macht jedoch nicht nur strafbar, sondern verpflichtet auch zum Ersatz des daraus den Erben des Getöteten entstandenen Schadens, insbesondere in Höhe der Unterhaltspflichten, die der Getötete bisher erfüllt hat oder später hätte erfüllen müssen, wenn sein Ehegatte oder seine Eltern unterhaltsbedürftig geworden wären (so auch § 844 BGB).

Zur *Selbsttötung* war *Aristoteles* (Nik V 15, 1138 a) entsprechend der in der Antike herrschenden Auffassung der Meinung, *niemand könne sich selbst Unrecht tun*, also dürfe jeder sich selbst töten. Aufgrund seines christlichen Glaubens konnte *Thomas* dieser Meinung nicht folgen und hielt die *Selbsttötung* aus drei Gründen für *unerlaubt* (F 64, 5A): 1. weil der Mensch *sich selbst liebe* und die Selbsttötung daher seinem Selbsterhaltungstrieb widerspreche; 2. weil der Mensch Teil der Gemeinschaft sei, füge er der *Gemeinschaft*, wenn er sich das Leben nehme, einen *Schaden* zu; was der Gemeinschaft schade, könne jedoch niemals rechtens sein; 3. weil das Leben ein *Geschenk Gottes* für den Menschen sei und der Macht dessen unterworfen bleibe, „der tötet und lebendig macht“.

Diese Gründe sind beachtenswert, aber auch zu relativieren, denn das Gegenteil kann auch richtig sein. Zu 1: Auch die Selbstliebe kann absterben und der Tod vorzugswürdig erscheinen, insbesondere, wenn der Mensch nur noch an schweren Schmerzen leidet. Zu 2: Wenn ein Mann seine Frau mit kleinen Kindern unversorgt zurücklässt, obwohl er noch für sie hätte sorgen können und müssen, ist und bleibt es eine Schandtat, aber wenn er für diese nur noch eine Last war, weil er nichts mehr für sie tun konnte, entfällt auch dieser Grund. Zu 3: Der Macht Gottes ist er insofern *nicht* unterworfen, als ihm die Freiheit zur Selbsttötung belassen und das auch vernünftig sein kann, wenn er selbst nur noch leidet und für die Seinen nur noch eine Last ist; ob er damit *göttliches Recht* verletzt, können wir nicht erkennen. *Menschliches Recht* verletzt er in den heutigen Staaten Europas jedoch nicht mehr, was allgemein anerkannt ist.

2. Recht am Körper: Der Mensch hat nicht nur ein Recht auf Leben, sondern auch auf seinen *unversehrten Leib*, also auch ein *absolutes gegenüber jedermann wirksames Recht an* seinem eigenen *Körper* und an seiner *Gesundheit*, deren Verletzung durch einen anderen also strafbar macht und zum Schadenersatz verpflichtet. Für *Thomas* (F 65, 1 und 2) sind daher Verletzungen des Körpers eines anderen Menschen grundsätzlich nicht erlaubt, er unterscheidet zwischen *Verstümmelungen* und *Schlägen*, die schmerzen, also zwar einen Schaden zufügen, aber keinen nicht wiedergutzumachenden Schaden.

a) Verstümmelungen, also Abtrennungen von Gliedern oder sonstigen Teilen des Körpers sollen grundsätzlich nur erlaubt sein, wenn es für den ganzen Körper gut ist (F 65, 1A), wenn also ein faules Körperglied oder ein fauler Körperteil abgetrennt werden soll, um die Gesundheit des ganzen Körpers und des Lebens zu erhalten; das solle grundsätzlich ein Arzt tun, dürfe der Betroffene aber – anders als eine Selbsttötung – auch selbst tun (F 65, 2 A2 und 3). Auch *zur Bestrafung* soll eine Verstümmelung gestattet sein: Weil der ganze Mensch auf die ganze Gemeinschaft, deren Teil er ist, zielhaft ausgerichtet sei, könne es vorkommen, dass die Beseitigung eines Glieds, obwohl sie zum Nachteil des ganzen Körpers ausschlage, dennoch dem Wohl der Gemeinschaft diene, insofern sie einem als *Strafe zur Verhinderung von Sünden* auferlegt werde. *Thomas* zitiert nicht, weckt aber doch den Gedanken: *Auge um Auge, Zahn um Zahn, Glied um Glied* (2. Mose 21,24). Wie daher einer durch die öffentliche Gewalt wegen größerer Schuld berechtigterweise sein Leben verlieren könne, so dürfe er auch wegen geringerer Schuld eines Gliedes beraubt werden (z.B. Kastration im Falle eines Sexualverbrechers). Außer als *Strafe zur Verhinderung von Sünden* dürfe ein gesundes Glied aber nicht entfernt werden, auch nicht zur Erhaltung der „geistigen Gesundheit“, insbesondere dürfe sich niemand durch Kastration selbst verstümmeln, *um die Keuschheit zu bewahren* und ins Himmelreich zu kommen, zumal dadurch die Begierde nicht gebändigt, sondern – wie *Thomas* schon vor *Freud* erkannte – nur noch heftiger werde, weil deren Quell ganz woanders sitze, vor allem in einem ungezügelten Gemüt und einem ungeregelten Gedankenleben (F 65, 1, 3 A3).

b) Einen anderen schlagen zur *Bestrafung oder Züchtigung* dürfe nur, wer die *Machtbefugnis* dazu habe, also der Vater über den Sohn und der Herr über den Sklaven und die staatliche Gemeinschaft, die auch töten dürfe; nach Sure 4/35 dürfen Männer auch heute noch ihre Frauen züchtigen, wozu sich *Thomas* nicht äußert. Weder Sklaven noch Kinder dürften aber durch die Schläge zum Zorn gereizt werden (Epheserbrief 6,4). Der Vater und der Herr über den Sklaven habe auch nur unvollkommene Zwangsgewalt zu *leichter, maßvoller Bestrafung*, die keinen nicht wiedergutzumachenden Schaden mit sich bringe (F 65, 2 A2). Die staatliche Gemeinschaft dürfe jedoch auch strenger strafen. So dachte man bis in die Mitte des 19. Jahrhunderts, z.B. gab es in Zuchthäusern „zum Empfang“ und „zum Abschied“ eine tüchtige Tracht, damit der Sträfling nie mehr wiederkommen will und bei Unbotmäßigkeiten auch zwischendurch, damit er besser lernt, wie er sich zu verhalten hat.

c) Notwehr gegen Körperverletzungen: Das Recht am eigenen Körper und seiner Gesundheit rechtfertigt auch die Notwehr gegen deren Verletzung; sogar die Tötung des Angreifers, sofern sie zur Verteidigung erforderlich ist. *Thomas* rechtfertigt *in Fällen äußerster Not*, insbesondere, wenn das Leben bedroht war, auch die Aneignung fremden Eigentums durch den Notleidenden, sogar unter Anwendung von Gewalt, *weil in Fällen äußerster Not die Güter der Welt allen gemeinsam seien* (F 66, 7A). Im Falle eines solchen *Notstands* (*äußerster Not*) ist auch nach heutiger Auffassung nicht nur der Mundddiebstahl, sondern auch ein echter *Mundraub* gerechtfertigt.

3. Recht auf Ehre: Thomas unterscheidet die Verletzung der *äußeren Güter* (Leib und Leben) von der *Verletzung der Seele* des Menschen durch Ehrverletzungen. Die Seele sei *das höchste Gut* des Menschen, aber man könne sie ihm – anders als das Leben – nicht nehmen, sondern nur verletzen.

a) Zweck des Ehrenschutzes: Der Ehrenschutz dient aber nicht nur dem Schutz der Seele der Betroffenen, sondern soll vor allem – ähnlich wie *Thomas* das für die Bestrafung mit Schlägen zu beachten empfiehlt – den *Zorn der Betroffenen* verhindern. Die Erfahrung lehre, dass die allermeisten Schlägereien und darüber hinaus sehr viele Streitereien unter Menschen durch Beleidigungen ausgelöst werden; sogar Kriege sind schon durch Beleidigungen verursacht worden: „*Singe den Zorn, oh Göttin, des Peliaden Achilleus, / ihn, der entbrannt den Achaiern unsagbaren Jammer erregte.*“[94] Der Ehrenschutz soll also seit alters her vor allem dem *Frieden in der Gemeinschaft* dienen, *den Zorn vermeiden*, der schon so viele Streitereien unter den Menschen und großes Elend verursacht hat. Auch *Gott* soll man nicht *lästern* und den *Propheten nicht beleidigen*, schon deswegen nicht, weil auch dies zumeist *großen Zorn* auslöst. Solche Gotteslästerungen gehören nicht zur schützenswerten Mei-

94 *Homer*, Ilias, Vers 1. Es blieb nicht bei diesem unsagbaren Jammer. *Bismarcks* Emser-Depesche („Seine Majestät hat beschlossen, den *Grafen Benedetti* [frz. Botschafter in Preußen] nicht mehr zu empfangen, sondern ihm nur durch seinen Adjutanten sagen zu lassen …“) wurde von den Franzosen als Beleidigung verstanden und zum Kriegsgrund erklärt. Den Krieg gewannen die Preußen – wie *Moltke Bismarck* zuvor versprochen hatte – und krönten ihren König 1871 im Spiegelsaal von Versailles zum Deutschen Kaiser. Das aber wurde u.a. zum Kriegsgrund für den Ersten Weltkrieg und zum „Schmachfrieden“ von Versailles 1918, der wiederum zu *einer* Voraussetzung (manches andere kam hinzu) für den „Führer“ *Adolf Hitler* und den unsagbaren Jammer des Zweiten Weltkriegs wurde.

nungsfreiheit, weil sie stets viele gottesgläubige Menschen unnötigerweise beleidigen. Der *Glaube* anderer Menschen ist grundsätzlich zu *respektieren*, die *religiöse Einstellung betreffende Beleidigungen sind daher ebenso grundsätzlich nicht durch die Meinungsäußerungsfreiheit gerechtfertigt.* Wie die Erfahrung lehrt, können solche Beleidigungen auch Attentate zur Folge haben mit vielen Toten, was wiederum Gegenschläge auslösen kann, die wieder unschuldigen Menschen das Leben kosten, und diese Gegenschläge werden wiederum Gegenschläge der „heiligen Krieger" auslösen, und diese Schraube hat ein endloses Gewinde. Die üblich gewordene Drohung mit solchen Attentaten darf zwar unser Leben nicht ändern und unsere Ansichten auch nicht, rechtfertigen aber nicht die Beleidigung des Propheten und die darin liegenden Provokationen. Beleidigungen lösen den Zorn aus, und der Zorn hebt die Vernunft auf, und der Krieg tötet viele Menschen und zerstört wertvolle Sach- und Kulturgüter. Die Meinungsfreiheit hat ihre Grenze an der Ehre anderer (vgl. Art. 5 Abs. 2 GG), und zur Ehre anderer gehört auch ein gewisser Respekt vor dem Glauben anderer und deren Göttern und Propheten.[95]

b) Formen der Ehrverletzungen: Der *Aquinate* erörtert die schwierigen Fragen nach *Inhalt und Maß der Schuld* einer *Ehrverletzung*, der erforderlichen *Gegenwehr* und der Art der *Wiedergutmachung* unter den Begriffen *Schmähung und Beschimpfung* (72, 1–4), *Ehrabschneidung* (F 73, 1–4), *Ohrenbläserei und Verleumdung* (F 74, 1 und 2), *Verspottung und Verhöhnung* (F 75, 1 und 2) und der *Verfluchung* (F 76, 1–4). Aus heutiger Sicht wird mit diesen Begriffen in etwa auch unterschieden zwischen Beleidigungen (Ehrverletzungen) gegenüber dem *Beleidigten selbst* (unter vier Augen) und gegenüber *Dritten* oder der *Öffentlichkeit* (offen oder anonym) sowie zwischen Beleidigungen durch (falsche) *Tatsachenbehauptungen* und *Werturteile* (Meinungen) und reinen *Formalbeleidigungen* (wie Esel, Dummkopf u. dergl.).

Die *Vielzahl der Begriffe*, die *Thomas* benötigte und die wir auch heute noch in etwas anderer Form benötigen, um den *Tatbestand einer Ehrverletzung* zu erfassen, sind ein deutlicher Hinweis auf das große Problem, die *Ehre begrifflich zu erfassen* und damit die Grenzen der mit dem Ehrbegriff geschützten Freiheit rechtlich genau bestimmen zu können. Die Rechtsgüter des Lebens, des Körpers und des Eigentums sind demgegenüber sowohl *rein tatsächlich* mit den Händen als auch *begrifflich* leichter zu fassen, weil sie anders als die *Ehre und anders* als die *Freiheit* eine *„gegenständliche Verkörperung"* gefunden haben, welche den *geschützten Gegenstand*, den geschützten *Bereich* des absoluten Rechts, relativ *leicht erkennbar* macht.[96] Der Körper des Menschen hat im Raum eine leicht erkennbare, auch tastbare Begrenzung, um ihn zu verletzen, muss ein anderer ihn mindestens betasten oder etwas (Gift) in ihn hineinschütten; nicht anders ist es mit einer Sache, auch sie hat eine *deutliche räumliche Abgrenzung*, und deren Verletzung ist in der

95 Dazu *Erman/Ehmann* Anh. § 12 Rz 64 ff., 90 ff.
96 Dazu 4. Kap II 1–3.

Regel auch leicht zu erkennen. Auch das *Leben* kann einem Menschen grundsätzlich nur genommen werden, indem der Körper, in welchem es steckt, so verletzt wird, dass er nicht mehr lebt. Solche Grenzen gibt es nicht für die *Ehre*, die *Seele*, den *Geist*, die *Freiheit* des Menschen, und deswegen sind die Verletzung dieser „Güter" in der Regel auch nicht oder nur *schwer zu erkennen*. Die Seele ist mit den Händen nicht zu ergreifen, mit den anderen vier Sinnen auch nicht zu erfassen, die Verletzungen der Seele auch nicht: „Die Wunden des Geistes tragen keine Narben" (*Hegel*). Aus diesem Grund sind die Verletzungen der Seele, der Ehre, des Geistes und der Freiheit nur sehr schwer *begrifflich* und damit *rechtlich zu erfassen*. Letztlich bleibt nichts anderes zur *Bestimmung dieser Grenzen* der körperlich nicht erfassbaren „Freiheit im Geistigen", als im Einzelfall eines Konflikts dieser Freiheit mit den Freiheiten anderer durch *Güter- und Interessenabwägung* zu bestimmen, ob und inwieweit die Freiheit des einen und/oder der anderen eingeschränkt werden muss, damit jeder seine eigene Freiheit unter Beachtung der Freiheiten anderer optimal nutzen kann (Näheres zu diesen schwierigen Abgrenzungsproblemen im 4. Kap II 3 c u. d). Die genannten Formen der Beleidigungen entspringen nach *Thomas* der *Rache*, *dem Zorn*, *Hass*, *Neid*, *Hochmut* oder *reiner Bosheit* und sind nach dem Maß der *inneren Einstellung* (der verfolgten Absichten und Triebfedern) und dem *Maß der Schuld* des Beleidigers und dem dadurch *verursachten Schaden* beim Betroffenen zu bewerten.

Die *Verfluchung* unterscheidet sich allerdings – wie *Thomas* nicht verkennt – von den genannten *Ehrverletzungen* dadurch, dass derjenige, der einen anderen verflucht, nichts Schlechtes oder Ehrenrühriges über den Verfluchten sagen muss, vielmehr entweder in der Form eines Befehls oder als Wunsch eine göttliche oder teuflische „Strafe" für den Betroffenen fordert oder wünscht. Heute hat eine solche Verfluchung wohl kaum noch praktische Bedeutung, was teils daran liegt, dass die Menschen überhaupt nicht mehr an Gott glauben, hauptsächlich aber wohl darin, dass sie nicht mehr glauben, dass das Handeln des allwissenden Gottes durch eine solche Verfluchung beeinflusst werden könnte.

Einen besonderen Tatbestand bildet auch die *Ohrenbläserei*, die *Friedrich Schiller* in seinem Sekretär *Wurm* (in: Kabale und Liebe) meisterhaft „verkörpert" und dargestellt hat. Was zwei verschiedenen Menschen in verschiedener Weise ins Ohr geblasen wird, können Beleidigungen sein, müssen es aber nicht, es können auch Wahrheiten, insbesondere verschiedene Betrachtungen der Wahrheit in derselben Sache, sein, mit denen zwei oder mehrere andere gegeneinander *gehetzt* werden. Die vom Dominikanermönch *Thomas* kundig dargestellte Art der *Ohrenbläserei* ist daher wie die *Verfluchung* eine Besonderheit, die mit dem Ehrbegriff nicht immer und nicht ausreichend zu erfassen ist, aber großen Unfrieden stiften kann.

c) Sind Beleidigungen zu dulden oder zurückzuweisen? Thomas referiert zu der Frage drei Antworten: 1. Wer eine zugefügte Schmähung hinnehme, unterstütze die Frechheit des Beschimpfenden; 2. wer einen Toren zum Schweigen bringe, besänftige seine Verbitterung; 3. wer sich rächen wolle, solle schweigen, denn damit versetze man dem Beleidiger einen schweren Schlag. Aus allen drei Antworten ist zu erkennen, dass man eine zugefügte Beleidigung grundsätzlich nicht dulden soll. Dem stehe, so *Thomas*, aber das Gebot entgegen: „Schlägt dich einer auf eine Wange, dann halt ihm auch die andere hin"; dies gelte auch für eine Beleidigung. Der Mensch müsse daher *grundsätzlich bereit* sein, eine *Beleidigung zu ertragen*;[97] er sei jedoch nicht dazu verpflichtet, es immer zu tun, manchmal müsse eine solche zurückgewiesen werden, hauptsächlich aus zwei Gründen: 1. zum Vorteil des Schmähenden selbst, damit seine Frechheit einen Dämpfer erhält; 2. lebendige Vorbilder müssten ihre Verleumder zum Schweigen bringen, damit sie weiterhin als Vorbild dienen könnten. Nicht zuletzt könne die Zurückweisung der Beleidigung den *Zorn mildern* und weitere daraus erwachsende Auseinandersetzungen ersparen. Für den *Zuhörer einer Schmähung* stehe es jedoch *nicht* in seinem Belieben, die Rufschädigung eines anderen geduldig hinzunehmen, weil man dem Ehrabschneider beibringen müsse, dass er eine Sünde begeht, wenn er seinen Bruder heruntermacht (F 73, 4 zu 1 u. 2).

d) Wiedergutmachung der Ehrverletzung: Davon ausgehend, dass Worte – anders als Taten – zunächst nur Töne (Schallwellen) sind, die einen Schaden nur anrichten können, soweit sie etwas *bedeuten*, meint *Thomas*, dass die Beleidigung dem Beleidigten die Ehre nehme, und das sei nicht weniger als Diebstahl oder Raub, weil der Mensch seine *Ehre* nicht weniger liebe als seinen *Besitz*.[98] Soweit die Töne als Schmähung oder Beschimpfung oder Verleumdung zu begreifen sind, verursachen sie auch einen (inneren) *Seelenschmerz*; soweit sie den Ruf des Betroffenen und sein Ansehen, das heißt seine Beziehung zu anderen, verändern und verschlechtern, können sie dem Betroffenen auch einen *handfesten Schaden* zufügen, z.B. wenn er wegen der Rufschädigung eine Stelle nicht erhält, um die er sich beworben hat. Nach der Auffassung von *Thomas* ist der Beleidiger jedenfalls ebenso verpflichtet, die Ehre des Beleidigten *wiederherzustellen* und den verursachten Schaden wiedergutzumachen wie derjenige, der fremdes Eigentum verletzt hat (F 73, 2 A mit Verweis auf F 62, 2, 2). Der verursachte Schaden, der auch Art und Maß der Wiedergutmachung bestimmt, ist vor allem auch davon abhängig, ob

[97] Nach einem alten Sprichwort „kratzt es eine deutsche Eiche nicht, wenn sich Sauen daran wetzen".

[98] F 72, 2A und 3.

die *äußere Ehre* (der Name, der Ruf, die Meinung anderer) oder die *innere Ehre* (das Ehrgefühl, die Scham, die Furcht vor der Meinung anderer) verletzt wurde. *Thomas* erkennt, dass der Betroffene mit der inneren Ehre die innere Sicherheit, die Ruhe des guten Gewissens verliert (F 75, 2 zu 1 und 2), er im schlimmsten Fall sogar schwermütig werden kann. Mit dem Verlust des guten Rufes kann auch das Vermögen des Betroffenen schwer geschädigt werden.

Das Weggenommene (insbesondere Sachen) müsse grundsätzlich zurückgegeben werden. Dies sei ein Akt der (Austausch-)Gerechtigkeit. Wenn aber das Weggenommene, wie z.B. die (innere) Ehre oder der (äußere) gute Ruf, durch unrechtes Ausplaudern der Wahrheit nicht *zurückgegeben* oder nicht durch *Geld ausgeglichen* werden könne, müsse die Ungerechtigkeit, soweit möglich, auf andere Weise ausgeglichen werden, z.B. durch das Eingeständnis, dass etwas Falsches verbreitet worden sei (heute: Widerruf oder Gegendarstellung). Wenn jemand jedoch zu Unrecht die Wahrheit gesagt habe, dürfe er nicht lügen, aber erklären, er habe den anderen böswillig oder ungerechterweise um seinen guten Ruf gebracht (F 62, 2 A). Diese Wiedergutmachung der Ehrverletzung sei wiederum nicht nur für den Beleidigten, sondern vor allem für den *Frieden in der Gemeinschaft* notwendig.

e) Maß der Schuld und der Wiedergutmachung: Das Maß der Schuld und der erforderlichen Wiedergutmachung richtet sich nach der Absicht des Beleidigers und dem Maß des angerichteten Schadens. *Thomas* meint, es sei vor allem zu berücksichtigen, ob der Beleidiger etwas nur leichtfertig dahingesagt oder etwas versehentlich ausgeplaudert habe oder ob er bewusst und böse den anderen habe beleidigen oder seinen Ruf zerstören wollen, auch, ob er im Zorn, aus Hochmut, aus Rache, Hass, Neid oder reiner Bosheit geredet habe und daraus einen Vorteil habe ziehen wollen. Das Maß des Schadens von „Wortsünden", das die Schuld mitbestimme, hält *Thomas* im Allgemeinen für geringer als den Schaden von „Tatsünden" (Mord, Ehebruch, Raub, Diebstahl), sagt aber gleichzeitig, dass der Schaden und damit die Schuld je höher sei, desto wertvoller das zerstörte Gut sei, und der Mensch habe drei Arten von Gütern: 1. das Gut der Seele, 2. das Gut des Leibes und 3. das Gut des äußeren Besitzes. *Das höchste Gut sei die Seele*, die einem Menschen jedoch nicht genommen, sondern nur verletzt werden könne (*innere Ehre, der gute Ruf*). Das höchste Gut sei daher das Leben und der *Mord* die schwerste Sünde. Danach folge der *Ehebruch*, „welcher sich gegen die rechte Ordnung der menschlichen Zeugung – das ist der Weg zum Leben – richtet". Schließlich kämen die äußeren Güter, wobei der *gute Ruf vor dem Reichtum* stehe, weil er den *geistigen Gütern* nähersteht: „Guter Name ist mehr wert als viele Reichtümer." Ehrabschneidung sei daher eine schwerere Sünde als der Diebstahl, jedoch weniger schwer als Mord und Ehebruch. Es könne sich jedoch wegen erschwerender und erleichternder Umstände auch eine andere Reihenfolge ergeben. Die Körperverletzung ordnet *Thomas* merkwürdigerweise nicht in diese Skala ein, hier wirkt sich aus, dass er einerseits den Schaden von „Tatsünden" für größer hält als den von „Wortsünden", andererseits aber den *Schaden an der Seele* sehr hoch gewichtet: „Was hülfe es dem Menschen, wenn er die ganze Welt gewönne und nähme doch Schaden an seiner Seele" (Matth. 16,26).

f) Begriff und Wert der Ehre im Wandel der Zeit: Ehrverletzungen haben also für *Thomas* einen weit höheren *Unrechtsgehalt* als nach den heutigen *Wert-* und *Rechtsvorstellungen.* Der BGB-Gesetzgeber hat anno 1896 die *Ehre,* die in § 704 des 1. Entwurfs als absolutes Rechtsgut geschützt war, in der Gesetz gewordenen Fassung des § 823 BGB[99] wieder gestrichen,[100] weil am Ende des 19. Jahrhunderts noch die Meinung herrschte, die *Ehre* könne nur *mit Blut abgewaschen,* nicht aber mit Geld wiedergutgemacht werden. Im Laufe des 20. Jahrhunderts verkümmerte auch der *strafrechtliche Ehrenschutz* weitgehend, weil in der Regel das *öffentliche Interesse* an einer Anklage der Staatsanwaltschaft wegen einer Beleidigung verneint und der Beleidigte auf eine Privatklage nach den §§ 374 ff. StPO verwiesen wurde, in welcher *im Zweifel* (*in dubio pro reo*) die Klage auf Kosten des Beleidigten abgewiesen wurde, womit der beleidigte Kläger außer der Beleidigung auch noch die Kosten und den Hohn des Täters zu ertragen hatte. In der heutigen kapitalistischen Gesellschaft werden Ehrverletzungen nicht mehr ernst genommen, allenfalls noch Persönlichkeitsverletzungen bei sogenannten *Persönlichkeiten der Zeitgeschichte,* denen hohe Geldentschädigungen zugebilligt werden.[101] Der Wert des Geldes ist der Maßstab geworden, an dem alles andere gemessen wird. Das Amtsgericht Berlin-Tiergarten hat z.B. einen Angeklagten freigesprochen, der seine Meinungsfreiheit dazu benutzt hatte, die katholische Kirche als „Kinderficker-Sekte" zu bezeichnen. Die Kirche nahm das Urteil hin und verzichtete auf Rechtsmittel. *Thomas* hätte in solchem Falle eine Zurückweisung der Beleidigung für notwendig erachtet: 1. damit der Kerl für seine Frechheit einen Dämpfer bekommt und 2. um die Vorbildfunktion der Kirche zu wahren. Wie soll man den Verzicht auf Rechtsmittel und das darin liegende Verschweigen deuten?

VI. Privateigentum – ein Recht oder Diebstahl?

1. Der Drang, Güter zu erwerben und die erworbenen zu bewahren ist dem Menschen von der Natur gegeben. Zunächst sind es die materiellen Werte, die Vermögensgüter, auf welche sich dieses Streben und Hasten richtet: das Eigentum an

99 Dazu unten 4. Kap II 1.

100 *Mugdan* II Protokolle 1077, 1119.

101 *Caroline v. Monaco* wurden für Paparazzi-Aufnahmen, die sie beim Einkaufen, Skifahren und Tennisspielen zeigten 180.000 DM zugesprochen (BGHZ 128,1 ff.; OLG Hamburg NJW 1996, 2870); einer einfachen Frau für eine Vergewaltigung mit Todesangst aber nur 5000 DM, AG Radolfzell, NJW 1996, 2874; dazu *Erman/Ehmann* Anh. zu § 12 Rz 386 f.

Sachen, die Vermögensrechte, die Arbeitskraft des Menschen und andere natürliche Kräfte. Bei den Kulturvölkern sind auch immaterielle Güter, Genüsse für Geist und Gemüt begehrt, erhalten dadurch Vermögenswert und werden gleich den materiellen Gütern nach dem Golde gemessen: „Nach Golde drängt, am Golde hängt doch alles."[102]

Der Drang, den *Besitz von Sachen* und andere *Güter zu erwerben*, ist wohl von Natur gegeben, anders als Leben, Körper und Ehre ist jedoch das *Eigentum nicht von Natur gegeben*, sondern eine *von Menschen geschaffene* und mit einem Begriff erfasste *Institution*, womit Teile der Erdoberfläche (*Grundstücke*) und *bewegliche Sachen* (Haustiere, landwirtschaftliche Produkte: Eier und Schmalz, Hopfen und Salz, auch Weizen, Obst und handwerkliche und industrielle Produkte etc.) dem *Vermögen eines bestimmten Menschen zugeordnet* werden. Kleinere und größere menschliche Gemeinschaften (Mönchsorden, sozialistische Staaten) zeigen aber, dass es auch menschliche Ordnungen geben kann, in denen die Rechte an bestimmten Gütern nicht einzelnen Bürgern, sondern *der Gemeinschaft zugeordnet* sind und einzelnen Bürgern allenfalls zeitweise zum Gebrauch überlassen werden. Die archaischen Gesellschaften waren wohl im Wesentlichen so geordnet.[103] In der Antike war auch *Sparta* im Unterschied zu Athen im heutigen Sinne kommunistisch geordnet. Die neuzeitlichen, seit der Oktoberrevolution 1917 entstandenen sozialistischen Staatengemeinschaften haben sich dagegen eher weniger als gut bewährt, aus Gründen, die schon *Aristoteles* dargelegt und *Thomas* sich zu eigen gemacht hat. Dass der Kommunismus auch in katholischen Ordensgemeinschaften *nicht* funktioniert, hat ein anderer Dominikaner aufgrund langer Erfahrung in einer kleinen Schrift überzeugend dargestellt.[104]

2. Privateigentum kein „natürliches" Recht: Das Privateigentum ist kein „natürliches" Recht, ein Stück der Erdoberfläche gehört „von Natur aus" keinem Menschen, Grund und Boden können allenfalls nach irgendwelchen Regeln unter den Menschen dieser Welt verteilt werden. Und so ist es im Laufe der Entwicklungsgeschichte der Menschheit auch geschehen. Solange die Menschen nicht sesshaft waren, dachten sie wohl auch gar nicht daran, sich ein Stück der Erde zueignen zu wollen. In den späteren monarchischen Gesellschaften des Abendlandes gehörte grundsätzlich alles Grundeigentum dem Fürsten, der Teile davon an seine Gefolgsleute als *Lehen* vergeben konnte, die zunächst aber nach dem Tode an den Lehensgeber zurückfielen, von diesem auch eingezogen werden konnten, wenn der Beliehene seine Treupflichten nicht erfüllte. Als die Fürstenherrschaft fragwürdig wurde, verfluchte *Rousseau* bekanntlich denjenigen, der als erster Pflöcke in das Erdreich geschlagen und damit einen abgegrenzten Teil der Erdoberfläche

102 *Goethe*, Faust I (Margarete).
103 Vgl. *Mauss*, Die Gabe.
104 *A. F. Utz*, Das Wirtschaftssystem der religiösen Orden oder: Ist Kommunismus möglich?

als Eigentum beansprucht hat, dessen Nutzen allein ihm vorbehalten und wovon alle anderen ausgeschlossen sein sollten: „Der erste, der ein Stück Land eingezäunt hatte und dreist sagte: ‚Das ist mein' und so einfältige Leute fand, die das glaubten, wurde zum wahren Gründer der bürgerlichen Gesellschaft. Wie viele Verbrechen, Kriege, Morde, Leiden und Schrecken würde einer dem Menschengeschlecht erspart haben, hätte er die Pfähle herausgerissen oder den Graben zugeschüttet und seinesgleichen zugerufen: ‚Hört ja nicht auf diesen Betrüger. Ihr seid alle verloren, wenn ihr vergesst, dass die Früchte allen gehören und die Erde keinem'."[105] *Karl Marx* hat sich diesen Behauptungen später angeschlossen und betrachtete das Privateigentum als Grundübel der Welt, verantwortlich für die Unterdrückung des Menschen durch den Menschen. Die auf der Grundlage dieser sozialistischen Weltanschauung errichteten eigentumslosen Staats- und Gesellschaftssysteme brachen jedoch Ende der 80er Jahre des vorigen Jahrhunderts wirtschaftlich zusammen. Die Menschen haben sich *nicht* umerziehen lassen und die Ausschaltung ihres Drangs und ihrer Freiheit zum Erwerb von Gütern zu ihrem eigenen Nutzen mit *beharrlicher Arbeitsverweigerung beantwortet*. Die Nichtanerkennung des Privateigentums hat sich also in dem sozialistischen Großversuch von 1917 bis 1989 nicht bewährt, vielmehr hat es sich als notwendig erwiesen, das Privateigentum als solches anzuerkennen, um die *Naturkraft des Eigennutzes* in den Dienst der Allgemeinheit zu stellen.[106]

Mit den Erfahrungen des mit der russischen Oktoberrevolution von 1817 begonnenen sozialistischen Großversuchs bestätigte sich auf das Bitterste die alte und richtige Erkenntnis des mittelalterlichen Bettelmönches (Dominikaner) *Thomas von Aquin*, der im Anschluss an *Aristoteles* das Eigentum nicht wie das Leben, den Körper und die Ehre des Menschen als absolutes „natürliches" Recht verstanden hat, wohl aber als ein aus *menschlicher Vernunft* anzuerkennendes absolutes Recht verstehen wollte. Von Natur aus gehöre keinem Menschen ein Acker, sagt *Thomas*, und es könne auch aus der Natur nicht abgeleitet werden, wem der Acker gehören soll. Betrachte man aber den Acker nicht unter einem absoluten Betracht (*absolutum sui considerationem*), so wie zum Beispiel dem Männlichen eine naturhafte Hinordnung auf das Weibliche zum Zwecke der Zeugung eigen ist, sondern – wie *Aristoteles* – unter dem *Gesichtspunkt der vorteilhaften Bearbeitung* und der friedlichen Nutzung, dann zeige sich eine gewisse Angemessenheit dafür, dass er diesem und nicht jenem gehöre.[107] *Thomas* begründet also seine Anerkennung des Privateigentums nicht aus der *Natur der Dinge*, sondern aus der *menschli-*

---

105 *Jean-Jacques Rousseau*, Diskurs über die Ungleichheit, 173.

106 Vgl. *F. A. Hayek*, Der Weg zur Knechtschaft (The Road to Serfdom),135 ff.

107 *Aristoteles* Pol II 5 1262 a 21; dazu *ThvA* F 57, 3A. Die aristotelische Politik war ebenso wie die Nikomachische Ethik gleichfalls schon ein besonderer Forschungsschwerpunkt seines Lehrer *Albertus Magnus*, die also Thomas auch über ihn kennen gelernt hatte; dazu *Honnefelder*, Albertus Magnus, 25 f.

chen Vernunft unter Berücksichtigung des „natürlichen Eigennutzes" des Menschen. Der Besitzerstolz eines Grund- und Hausbesitzers oder Eigentümers einer sonstigen Sache darf auch nicht außer Betracht gelassen werden, er ist eine notwendige wichtige Triebkraft des Wirtschaftslebens. Ohne *Eigennutz und Besitzerstolz* erhält die Wirtschaft so wenig Antrieb wie ein Lastwagen durch einen Vortrag über das Gesetz von der Erhaltung der Energie (*Jhering*).

3. Vorteile der Vergemeinschaftung der Güter: Aristoteles[108] ist in der Frage der Zuordnung des Besitzes am Grundeigentum und an sonstigen Gütern von der Frage ausgegangen, ob es vorteilhafter ist, dass der Mensch Eigentum, insbesondere *Grundeigentum*, sowie auch *Frauen und Kinder als Privateigentum* für sich allein *oder* mit anderen oder allen (einer Gemeinschaft, allen Bürgern eines Staates) *gemeinsam* als *Gemeinschaftseigentum* hat. Er meint, es habe sich allgemein durchgesetzt, dass man die *Frauen* und *Kinder*[109] nicht gemeinsam hat. *Hinsichtlich der Grundstücke* gebe es aber in verschiedenen Völkerstämmen verschiedene Ordnungen: 1. die Grundstücke als Privateigentum, die Erträgnisse aber als Gemeingut; 2. die Grundstücke und deren Bestellung gemeinsam, aber Verteilung der Erträgnisse zum Privatverbrauch; 3. Grundstücke und Erträgnisse als Gemeingut. Letzteres würde wohl noch gut gehen, meint *Aristoteles*, wenn die Grundstücke von anderen als von Staatsbürgern, also von gemeinsamen Sklaven, bearbeitet würden. Wenn aber die Bürger für sich selbst arbeiteten, müsse es viele Rechtshändel und viele Probleme geben, „wenn zwischen dem *Genuss der Vorteile* und der *Arbeitsleistung keine Gleichheit* eingehalten wird, so müssen unvermeidlich gegen die, die *viel genießen* oder bekommen und *wenig leisten* von Seiten derer, die *weniger bekommen* und *mehr leisten*, Beschwerden laut werden" (Pol II 1263 a). Das Zusammenleben sei in allen menschlichen Dingen schwer, besonders aber in solchen. Man sehe das an den Gesellschaften der Reisegefährten, wo fast die meisten über Kleinigkeiten und das erste Beste, was ihnen in den Weg kommt, sich entzweien und aneinandergeraten.

---

108 Pol II 5 1263 a.

109 In Sparta wurden die Kinder ab dem 7. Lebensjahr „spartanisch" in staatlichen Einrichtungen gemeinsam überwiegend militärisch erzogen. Nach § 1626 Abs. 1 S. 1 BGB, abgesichert durch Art. 6 Abs. 2 GG, haben bei uns die Eltern die Pflicht und das Recht, für das minderjährige Kind zu sorgen (elterliche Sorge). Die elterliche Sorge umfasst die Sorge für die Person des Kindes (Personensorge) und das Vermögen des Kindes (Vermögenssorge). Auch in einigen neuzeitlichen kommunistischen Staaten ist die Kindererziehung weitergehend vom Staat übernommen worden als in den individualistisch geprägten westlichen Staaten. Die bei uns im Vordringen befindliche Ganztagesschule schränkt das Elternrecht jedoch wieder stärker ein und kann letztlich zu einer überwiegend *staatlichen Erziehung* führen, erlaubt es aber den *Eltern*, ungehindert von der alltäglichen Sorge um die Kinder, ihre Persönlichkeit entspr. Art. 1 Abs. 1 i.V.m. Art. 2 Abs. 1 GG frei zu entfalten. Die Eltern wollen, dass der Staat ihre Kinder erzieht, damit sie mehr Berufsfreiheit haben. Viele Kinder wollen aber zu Recht nicht in eine Ganztagsschule, weil ihnen damit alle Freiheit zum Spiel und damit zur Selbstgestaltung genommen wird.

Aristoteles meinte daher, dass die bestehende Ordnung (Privateigentum an Grundstücken und Erträgen) *wohl verbessert* werden könne. In gewissem Sinne müssen die Güter wirklich gemeinsam sein, im ganzen aber Privateigentum bleiben. Das könnte man mit unserem heutigen Grundgesetz dahingehend verstehen, dass Eigentum auch verpflichtet und hinter höherrangigen Interessen der Allgemeinheit zurücktreten muss. Grundsätzlich müssten die Sachen jedoch Privateigentum bleiben, weil mehr erwirtschaftet werde, wenn jeder für seinen eigenen Vorteil sorgt, und dann auch weniger Streitigkeiten entstünden. *Um der Tugend willen* könne es gemäß dem Sprichwort „Freunden ist alles gemeinsam" allerdings besser sein, wenn die Benutzung der Dinge, zum Beispiel der Hunde, Pferde, Sklaven und die Erträgnisse, auch anderen *wechselseitig überlassen* werde. In der Gesetzgebung einzelner Staaten (Sparta) sei damit schon ein Anfang gemacht worden, so dass man sehen könne, dass es nicht unmöglich ist. Aristoteles fügt hinzu, es sei zuvörderst *eigenste Aufgabe des Gesetzgebers*, „dass die Bürger ihrer Gesinnung nach dahin gebracht werden zu erkennen, dass der Besitz Privateigentum bleibt, aber durch die Benutzung gemeinsam wird" (vor 1263 a). Es sei nämlich mit Worten nicht zu sagen, welche „eigenartige Befriedigung" es gewähre, wenn man etwas *sein Eigen* nennen kann. Die Eigensucht und Habsucht erfahre zwar gerechten Tadel, doch im Einzelnen erfreue sich jeder an seiner Habe.

In der weiteren Frage des *Aristoteles* nach dem gemeinsamen Eigentum an den Frauen ist die Ironie nicht mehr zu verkennen: „Und wenn der Gesetzgeber die Weiber zum Gemeineigentum machen, die Güter aber im Alleineigentum lassen will, wer soll sich dann der Haushaltung so annehmen, wie ihre Männer die Feldarbeiten besorgen? – Eine Schwierigkeit, die ebenso gilt, wenn mit den Weibern der Bauern auch ihre Güter gemeinsam werden" (1264 b). *Thomas* amüsierte sich über diese Frage des großen Philosophen sicher sehr, ließ sie aber auch unbeantwortet. Es wäre zu schön zu wissen, ob *Marx*, *Lenin* und *Stalin*, auch *Ulbricht* und *Honecker* diesen Teil der aristotelischen Politik je zur Kenntnis genommen haben, und wenn ja, ob sie die Ironie erkannt haben, auch, ob sie selbst bereit gewesen wären, ihre Frauen zum Gemeingut zu machen. Jedenfalls ist es den Gesetzgebern der real existierenden sozialistischen Staaten auch nicht gelungen, „die Bürger ihrer Gesinnung nach dahin zu bringen, die Benutzung aller Dinge (einschließlich der Weiber) einander wechselseitig zu überlassen". Darüber hinaus meint *Aristoteles*, bei der Beurteilung der Gerechtigkeit der gemeinsamen Zuordnung der Güter dürfe man nicht nur „der vielen Nachteile gedenken, vor denen man bei der Gemeinschaftlichkeit der Güter behütet bleibt, sondern auch der Vorteile, deren man durch sie beraubt wird, und deren zu viele sind, dass es ganz unmöglich erscheint, unter solchen Einrichtungen zu leben" (1163 b).

4. Vorteile des Privateigentums: Auf die Frage, ob materielles Eigentum den Menschen *von Natur aus* zukommt, antwortet *Thomas*, dass niemand sich zueignen dürfe, was *Gott* gehöre. Und Gott gebühre das Eigentumsrecht gemäß dem Psalmwort (Psalm 24,1): *„Der Boden ist des Herrn und was darauf wohnt.“* Auf der Grundlage der Lehre des *Aquinaten* kann das Psalmwort aber allenfalls als *Glaubenssatz* und keinesfalls als *Rechtssatz* verstanden werden.[110] *Thomas* versucht jedoch aus guten Gründen, seine Zeitgenossen nicht dogmatisch, sondern „natürlich“ zu überzeugen. Er sagt: Materielles Eigentum stehe dem Menschen *nicht von Natur aus* zu (F 66, 1, 1) und unterscheidet zwischen dem „Wesen der Sache“, die nicht der Macht des Menschen unterliege, und dem *Gebrauch der Sache*, über die der Mensch ein „natürliches Herrschaftsrecht“ habe, weil nämlich das Unvollkommene immer dem Vollkommeneren dienen müsse. Auf dieser Grundlage habe aber *Aristoteles* schon bewiesen, dass die Pflanzen der Tiere wegen und die animalischen Wesen der Menschen wegen da sind und daher das Eigentum an materiellen Gütern *für den Menschen natürlich* sei (Pol I 8, 1256 b). Auf der Grundlage dieser „tiefsten metaphysischen Wurzel des Privateigentums“[111] kommt der *Aquinate* zu der Erkenntnis, dass es „keine Art der Gerechtigkeit geben kann, die der Gemeinschaft schadet, weil die Gerechtigkeit auf das Gemeinwohl ausgerichtet ist“ (F 61, 1,1). Wenn aber die gemeinsamen Güter auf viele verteilt werden, so schade es dem gemeinen Wohl aller, weil dadurch nicht nur die zur Verfügung stehenden Güter bald erschöpft werden, sondern vor allem auch die Moral der Menschen untergraben wird. So sage *Cicero* in seiner Pflichtenlehre (II, 15): „Wer empfängt, wird schlechter und möchte dauernd dasselbe erwarten.“ Also könne das Verteilen (aller oder der wichtigsten Güter) nicht eine Art von Gerechtigkeit bilden (F 61, 1,1). Sozialistischen Wirtschaftssystemen wird daher von *Thomas* keine Gerechtigkeit zuerkannt. Darum betrachtet *Thomas* das *Privateigentum* auch nicht als *Diebstahl* und gibt dazu noch folgende Begründung (F 66, 2A):

> „1. Weil jemand mit einer Sache sorgfältiger umgeht, wenn sie ihm allein, als wenn sie allen oder vielen gehört. Gerne überlässt man nämlich aus Bequemlichkeit die Arbeit am gemeinsamen Eigentum anderen, wie das bekanntlich vorkommt, wo die Verantwortung auf viele verteilt ist. – 2. weil die Dinge sachgerechter erledigt werden, wenn der Einzelne dies selbst mache. Es entstünde nämlich ein heilloses Durcheinander, wenn jeder unbekümmert irgendetwas mache (ohne Aufsicht und Verantwortung). – 3. weil der friedliche Zustand unter den Menschen besser gewahrt bleibt, wenn jeder für seine eigene Sache verantwortlich ist, denn es sei allgemein bekannt, dass dort, wo der Besitz im gemeinsamen und unterschiedslosen Eigentum aller Mitglieder der Gemeinschaft steht, häufig Streitigkeiten ausbrechen.“[112]

Thomas unterscheidet wie *Aristoteles* zwischen der *Zuordnung* (dem Eigentum) und der *Nutzung* der Güter und meint, hinsichtlich der Nutzung dürfe der Mensch „die materiellen Güter nicht als Privateigentum, sondern als Gemeingut

110 Dazu 5. Kap V 5. Min Anm 4.
111 *Meyer* ThvA 609.
112 Dazu *Utz* 18. TANF Anm. 34; Kom. 267 ff.

betrachten, so dass er sie ohne weiteres für den Bedarf anderer hergeben kann". Daher sage der Apostel (1. Tim 17 f.), *„den Reichen dieser Welt gebiete, ... sie sollen freigebig sein und mit anderen teilen"* (F 66, 2 A1). Zu *Basilius*, der gesagt hat: „Wer auf dem Weg zum Theater anderen vorauseilt, handelt nicht unerlaubt", bemerkt *Thomas*, das sei richtig, doch fragwürdig werde sein Verhalten, wenn er andere am Eintritt hindern wolle. Ein Reicher handele auch nicht unerlaubt, wenn er von dem, was zu Anfang Gemeineigentum war, etwas zu seinem Eigentum vorwegnimmt, um andere daran teilnehmen zu lassen. Er sündige aber, falls er andere vom Genuss jeder Sache rücksichtslos ausschließe (F 66, 2 A2). In Art. 14 II 1 GG heißt es heute: *Eigentum verpflichtet.*

Zur Frage, ob diese Art des Eigentums ein *Naturrecht* des *einzelnen Menschen* sei, bemerkt *Thomas*: „Die Gemeinsamkeit der Dinge geht auf das *Naturrecht* zurück, nicht weil es gebieten würde, alles gemeinsam zu haben und nichts als Privateigentum zu betrachten, sondern weil es zunächst keinen Unterschied in den rechtlichen Zuordnungen kenne: Diese hängen vielmehr von menschlicher Übereinkunft ab, die durch *positives Recht* zu bestimmen ist, wie oben (F 57, 2,3) erklärt wurde. „Daher richtet sich das Privateigentum nicht gegen das Naturrecht, sondern es bedeutet eine *Ausweitung des Naturrechts*, welche die *menschliche Vernunft herausgefunden* hat" (F 66, 2A zu1). Privateigentum soll also nicht anerkannt werden, um wenige reicher als andere zu machen, sondern um der Gemeinschaft und damit allen einzelnen *nicht Schaden* zuzufügen, *weil das Eigentum nicht sorgfältig instand gehalten und instand gesetzt wird, wenn es der Gemeinschaft zugeordnet wird* statt Einzelnen als *Privateigentum* (F 66, 2A). Das konnte man nach 1989 beim Besuch der Städte in den zusammengebrochenen sozialistischen Staaten an allen Häusern erkennen, also mit eigenen Augen sehen; genauso wie *Aristoteles* es schon gefordert hat, dass man beobachten solle, wie es funktioniere in den Staaten, in denen es schon angeordnet worden sei (Pol II, 5, 1263 a). Aristoteles forderte auch, dass man einen Staat einrichte, so wie *Sokrates* es gefordert hatte (weitgehend allen alles gemeinsam, aber mit Wächtern), weil man dann am klarsten sehen könne, was sich daraus ergebe (Pol II 5, 1264 a 8–10). Wir haben es inzwischen gesehen und das Eigentum ist bei uns als Grundrecht gemäß Art. 14 GG verfassungsrechtlich geschützt; allerdings erachtete man 1949 bei der Schaffung des Grundgesetzes eine Sozialisierung von Grund und Boden, Naturschätzen und Produktionsmitteln durch eine gesetzliche Regelung gemäß Art. 15 GG noch für zulässig, aber zu dieser Zeit hatte man auch die Erfahrung mit der aus der sowjetischen Besatzungszone entstandenen sozialistischen DDR und den anderen real existierenden sozialistischen Staaten des Ostblocks noch nicht gemacht. Auch der Rechtsphilosoph *Radbruch*, vor 1933 SPD-Mitglied und Justizminister im Kabinett von Joseph Wirth, der nach 1945 eine *christlich-soziale Partei* gründen wollte, war zu dieser Zeit der Auffassung,[113] dass „der deutsche Wiederaufbau … nur auf dem Grunde einer organisierten Wirtschaft, nur auf dem Wege eines *Sozialismus* irgendwelcher Art, nur durch *Sozialisierung* mindestens *wichtiger Wirtschaftszweige*, der *Banken*, des *Bergbaus*, der *Schlüsselindustrien*, denkbar" sei. *Radbruch* irrte auch in dieser Frage. Die Mehrheit war damals zum Glück anderer Ansicht. Anders schon lange auch *Thomas*, der mit seiner *Anerkennung des Privateigentums* (F 62, 2 zu 1) den Lehren des *Aristoteles* folgte und demjenigen, dem eine Sache weggenommen wurde, ein Recht auf Rückgabe zuerkannte, auch ein Recht auf Schadensersatz, wenn die Sache beschädigt war oder der Besitzer sie aus irgendwelchen Gründen nicht zurückgeben konnte. Eigentum sei nicht Diebstahl, vielmehr sei die Wegnahme des Eigentums ein Diebstahl (heute strafbar nach § 242 StGB).

VII. Die Freiheit im Bann der Sklaven- und Ketzerfrage

Die im Dekalog ungenannt gebliebene *menschliche Freiheit* wird erstaunlicherweise auch weder von *Aristoteles* noch von *Thomas* als ein „natürliches Recht" betrachtet, obwohl der Gedanke schon bei *Euripides* (480–406 v. Chr.) und bei *Platon* (427–348 v. Chr.) aufgeleuchtet war und *Gregor von Nyssa* (335–394) schon kantisch formuliert hatte: „Eine Person dürfe niemals als eine Sache behandelt, niemals gekauft oder verkauft werden",[114] also niemals bloß als Mittel, sondern jederzeit zugleich als Zweck behandelt werden.[115] Der Mensch hat demnach eine *Würde* und keinen *Preis*, kann also nicht gekauft werden. Ebenso gehörte für *Schiller* die Freiheit zu den unveräußerlichen und unzerbrechlichen *natürlichen Rechten*, „die droben hängen unveräußerlich und unzerbrechlich wie die Sterne selbst": „Der Mensch ist frey geschaffen, ist frey, / Und würd' er in Ketten geboren, / … Vor dem Sclaven, wenn er die Kette bricht, / Vor dem freien Menschen erzittert nicht."

1. Das Herrenbewusstsein bei Aristoteles: Aristoteles lebte jedoch noch in einer Sklavengesellschaft, in welcher alle körperliche Arbeit im Wesentlichen von Sklaven verrichtet wurde, was verständlicherweise allen Nichtsklaven ein „freies", relativ bequemes Leben ermöglichte. Die freien Herren konnten sich also damit begnügen, den Sklaven die erforderlichen *Weisungen* zu geben, was zu tun ist, und sich im Übrigen mit Philosophie und anderen Wissenschaften oder der Kunst oder den staatlichen Angelegenheiten beschäftigen.[116] Es ist daher verständlich, dass

113 Rhein-Neckar-Ztg Heidelberg v. 1.12.1945.
114 *Meyer* ThvA 614 m.w.N.
115 So *Kant* GMdS BA 74, 75.
116 *Aristoteles* Pol I 5–7.

solches *Sein* auch das *Bewusstsein* prägte und dementsprechende Auffassungen und Meinungen hervorbrachte. Wie das alles auch immer psychologisch und soziologisch zu erklären sein mag, *Aristoteles* war jedenfalls der Auffassung, dass wenn etwas aus *mehreren Teilen* bestehe und eine *Einheit* bilden solle, es immer den *Gegensatz* geben müsse von *Herrschenden und Dienenden*. Die Über- und Unterordnung bestehe notwendigerweise aus *Höherem und Niederem*, so müssten die *Tiere* dem Menschen dienen, auch das *Weibliche* dem Männlichen und *Sklaven* ihrem Herrn. Das war die Ordnung dieser Welt, und *Aristoteles* war kein Revolutionär, sondern des *Alexanders* Lehrer, also des Herrschers seiner Welt. Aristoteles unterschied zwischen zwei Arten von Sklaven: 1. denjenigen, die durch *Krieg und Gefangenschaft* kraft Gesetzes zu Sklaven gemacht werden, und 2. denjenigen, die „von Natur aus" *Sklaven* seien, „deren Aufgabe im Gebrauch ihrer Leibeskräfte besteht und bei denen das die höchste Leistung ist". Von Natur aus Sklave sei, „wer an der Vernunft nur insoweit teil hat, dass er sie im anderen vernimmt, sie aber selbst nicht hat". Für solche *natürlichen Sklaven* sei es nützlich und gerecht, dass der *eine* Sklave und der *andere* sein Herr sei, dem der Sklave zu dienen habe. Wenn wir heute meinen, dass eine solche Unterscheidung nicht menschengerecht sei, so müssen wir doch auch eingestehen, dass sie teils auch in unserer „postfaktischen" Gesellschaft *faktisch* fortbesteht, alle Menschen sind *rein rechtlich* zwar gleichgestellt, manche aber tatsächlich *körperlich, geistig, vermögensmäßig und in sonstigen Eigenschaften* so schwach ausgestattet, dass sie weitgehend von anderen abhängig sind und bleiben.

Die Frage, ob es auch gerecht sei, dass die durch *Krieg in Gefangenschaft* geratenen Menschen zu *Sklaven* gemacht werden, ließ *Aristoteles* offen mit dem Spruch: „Herr und Herr und Sklave und Sklave zweierlei." Auch zeige sich der Herr nicht an der Erwerbung des Sklaven, sondern in dessen *Verwendung*, denn was der Sklave zu tun wissen müsse, müsse der Herr anordnen. *Aristoteles* verkannte also nicht, dass in diesen Fällen auch der Sklave ein Herr und der Herr ein Dummkopf sein könne, neigte also wohl der Ansicht zu, dass in solchem Falle das Herrensein eine Begünstigung für den Sieger sei, das Sklavendasein aber eine Folge des verlorenen Krieges. Den Rest wollte er dem *Kriegsrecht* überlassen, mit dem er sich aber nicht näher befasste.

2. Thomas: Kein Widerspruch aus christlicher Sicht! Merkwürdigerweise schloss sich *Thomas trotz seines christlichen Glaubens* ziemlich unkritisch auch diesen Lehren des *Aristoteles* an. Aber auch zu Lebzeiten von *Thomas* waren diejenigen, die die *bäuerliche Arbeit* verrichteten oder verrichten mussten, noch teils *Grundhörige*, die zur Scholle gehörten, oder *Leibeigene*, die aufgrund ihrer Geburt von einer leibeigenen Mutter dem Gutsherrn gehörten, also auch eine Art von Sklaven waren, die im Wesentlichen die körperlichen Arbeiten verrichten mussten. *Thomas* meinte zwar, dass kein natürlicher Grund dafür bestehe, „dass ein bestimmter Mensch eher Sklave sei als ein anderer, es habe für sich betrachtet (*absolute considerando*) keinen natürlichen Grund (*non habet rationem naturalem*), sondern ergebe sich nur aus einem gewissen *Nützlichkeitsstandpunkt* (*aliquam utilitatem consequentem*), insofern es für den *einen vorteilhaft* sei, von *einem Klügeren gelenkt* zu werden, und für den anderen, von jenem Hilfe zu erhalten."[117] Wie der Sohn gleichsam ein Teil vom Vater sei, so sei auch der Sklave ein Teil seines Herrn. Zwischen dem Sklaven und dem Herrn bestehe daher kein Verhältnis wie zu einem anderen Menschen, zwischen ihnen gelte vielmehr das „herrschaftliche Recht", also das Eigentumsrecht;[118] allerdings mit der Einschränkung, dass auch die *Leibeigenen* im Mittelalter *nicht getötet* werden durften und auch nicht *übermäßig verprügelt* werden sollten. *Thomas* fügte noch hinzu: „Sklaven von Natur seien vor allem die Naturvölker, die ohne Schrift und ohne geschriebenes Recht in *Stumpfheit* und *tierischen Sitten* dahinleben." *Welzel* meinte dazu, dass diese Begründungen später gewichtige Argumente für die *Rechtfertigung der Kolonialkriege* geliefert hätten. Aber der derzeitige Präsident der USA äußerte dies im 21. Jahrhundert – ca. 800 Jahre nach *Thomas* – noch in ähnlicher Weise. Das zeigt, wie sehr die Wirklichkeit einer Ordnung von den Ansichten über die richtige Ordnung abhängig ist und stellt das Wahlsystem der Verfassung von Staaten in Frage, in denen Menschen mit solchen Ansichten zur Herrschaft kommen können.

3. Von den Bauernkriegen zur Sklavenbefreiung: Man kann darüber streiten, ob der Sklave die Kette brechen konnte, weil die rechtfertigenden Argumente für die Sklaverei nicht mehr überzeugungskräftig waren oder weil die Bauernaufstände und Bauernkriege in der anbrechenden Neuzeit die Herrschenden zu der Überzeugung gebracht haben, dass die Kette auf Dauer nicht zu halten ist; beides hat wohl zusammengewirkt. Im Ergebnis ist die Kette in den zivilisierten Rechtsstaaten jedenfalls gebrochen, obwohl sie mit der Entdeckung Amerikas und dem dadurch entstandenen Bedürfnis nach brauchbaren Arbeitskräften nochmals eine Blüte erlebte, bis sich schließlich im amerikanischen Unabhängigkeitskrieg die Ansicht durchsetzte, dass es vorteilhafter sei, die *Sklaven zu Lohnarbeitern* zu machen, womit das *Sklavenrecht* langsam, aber sicher über die Dienstmiete zu einem *Arbeitsrecht umgestaltet* wurde; den rechtlichen Änderungen musste allerdings auch eine Bewusstseinsänderung vorausgehen, der jahrhundertelang verkündete Glaubenssätze entgegenstanden: Der Gutsherr gab dem, der eine Stunde gearbeitet hatte, 1 Groschen und denen, die bis zu zwölf Stunden gearbeitet hatten, auch nur 1 Groschen und sprach nach Gutsherrenart also: „Oder habe ich nicht das Recht, zu tun, was ich will, mit dem Meinen? Siehst du darum scheel, dass ich so gütig bin" (Matth. 20,16). Auch dieser Satz stammt in seiner ursprünglichen Be-

[117] F 57, 3 zu 2 mit Verweis auf *Aristoteles* Pol I 6 1255 b.

[118] F 105, 4, 1–4: „Servus enim id quod est, domini est" (Ein Sklave gehört als das, was er ist, seinem Herrn).

deutung aus der Zeit und dem Geist der Sklavengesellschaft, ist aber umgedeutet worden und konnte in dieser Form nach „Gutsherrenart" noch lange Zeit weiter gepflegt werden.[119]

4. Vom Fehdewesen zum staatlichen Gewaltmonopol: Erst mit der Abschaffung der Sklaverei und der Leibeigenschaft, wodurch alle Menschen frei wurden, ist langsam massenhaft ins Bewusstsein gedrungen, dass auch die damit gewonnene Freiheit aller Menschen einer *Begrenzung der Freiheit* eines jeden Menschen *durch die Freiheit der anderen Menschen* bedarf.[120] In der Sklavengesellschaft war jeder Freie ein Herr und betrachtete seine Freiheit selbstverständlich als sein *unbeschränktes* und *unbeschränkbares Recht*, hielt aber grundsätzlich hinreichende Distanz zu anderen Herren, so dass ihre Freiheiten möglichst nicht in Konflikt zueinander gerieten, weil ansonsten die *Fehde mit Waffen* ausgetragen werden musste, also die Waffen darüber entschieden, welcher Freiheit der Vorrang gebührte. Es dauerte lange, bis das *Fehdewesen* durch einen *allgemeinen Landfrieden* mit einem *staatlichen Gewaltmonopol* abgelöst werden konnte, das jedem Einzelnen den Rechtsweg zu einer gerichtlichen Entscheidung ermöglichte, wenn er sich in seinen Rechten, also seiner rechtlich anerkannten Freiheit, durch einen anderen verletzt fühlte.[121] Das *staatliche Gewaltmonopol*, kraft dessen es für jeden *verboten* ist, sein Recht *eigenmächtig mit Gewalt* durchzusetzen, setzt selbstverständlich die Einrichtung einer *Gerichtsbarkeit* voraus, die es jedem ermöglichte, in einem gerichtlichen Verfahren zu einem rechtskräftigen Urteil zu kommen, mit dem er erforderlichenfalls sein Recht im Wege staatlicher *Zwangsvollstreckung* auch erzwingen kann. Die Einrichtung einer *funktionierenden Gerichtsbarkeit* als Voraussetzung für *ein staatliches Gewaltmonopol* war allerdings auch ein schwieriges und langwieriges Geschäft, wie uns *Heinrich von Kleist* mit der Figur des Dorfrichters Adam nochmals in Erinnerung gerufen hat.[122]

5. Zwang zum richtigen Glauben gerechtfertigt? In der *Ketzerfrage* versagte die großartige *Natur des Aquinaten* aber ausnahmsweise einmal, und er anerkannte weder die *Freiheit im Allgemeinen* noch die *Glaubensfreiheit* im Besonderen als ein der Natur des Menschen entsprechendes „natürliches Recht"; es bleibt freilich die Frage,

---

119 Dazu schon oben IV 4 a.

120 Dazu 4. Kap I.

121 Zum Erfordernis eines staatlichen *Gewaltmonopols* vgl. oben 1. Kap II 3 e u. f. *Reste des mittelalterlichen Fehdewesens* gibt es auch heute noch: Wenn Arbeitgeber und Gewerkschaften sich über das Maß einer Lohnerhöhung nicht einigen können, müssen die Gewerkschaften nicht vor einem Arbeitsgericht eine Klage erheben, sie dürfen vielmehr zu einem Arbeitskampf (Streik) aufrufen, weil die Meinung herrscht, dass Gerichte nicht darüber entscheiden könnten, ob Arbeitnehmer etwas zu Recht wollen, diese vielmehr das gute Recht hätten, sich zu erkämpfen, was sie wollen. Das Arbeitskampfrecht durchbricht also für die Frage des „gerechten Lohnes" das staatliche Gewaltmonopol.

122 *Kleist*, Der Zerbrochene Krug.

ob er dies nicht anerkennen durfte oder es ihm nicht ratsam erschien, zu dieser Frage zu sagen, was er denkt. Im Ergebnis schloss *Thomas* sich jedenfalls noch der Meinung des *heiligen Augustin* an, der die Berechtigung zur zwangsweisen Bekehrung eines Ketzers begründet hatte mit dem Satz:[123]

> „Es kommt nicht darauf an, ob jemand gezwungen wird, sondern allein darauf, wozu er gezwungen wird, ob es nämlich etwas Gutes oder etwas Böses ist."

Dem folgend billigte auch *Thomas* nur *Juden* und *Heiden* ein *schuldlos irrendes Gewissen* zu, nicht aber *Ketzern und Abtrünnigen*, da ein *getaufter Mensch* nicht mehr schuldlos irren könnte; also dürften diese zum *rechten Glauben gezwungen* werden (*compelle intrare*[124]), weil der „Unglaube" *contra naturam* sei und daher auch mit der *Todesstrafe* gesühnt werden müsse.[125] Auf dieser Grundlage ist noch jahrhundertelang bis in die Neuzeit hinein sehr viel schweres Unrecht geschehen. *Welzel* erkennt darin die schon bei *Platon* gegebene *Nichtachtung der individuellen Persönlichkeit* und ihrer *Autonomie* durch diejenigen, die sich im Besitze der *absoluten Wahrheit* glaubten. In solchem Besitze der Wahrheit wähnen sich jedoch nicht nur die religiös Gläubigen, sondern auch die Anhänger von *Ideologien*. Die Millionen Opfer des *Nationalsozialismus* und des *Marxismus-Leninismus-Stalinismus*, sind teils aus *abgrundtiefer Bosheit*, teils aber auch aufgrund *irrenden Gewissens* ermordet worden, wenn auch in vermeidbarer und meist nicht mehr zu entschuldigender Weise (dazu unten 7. und 8. Kapitel). Für die heutigen *IS-Krieger des Islamismus* gilt nichts anderes. Schließlich wird eines der größten Probleme der Inte-

---

123 Zitiert bei *Welzel* (NaturR, 65): „Non esse cogitandum, quod quisque cogitur, sed quale sit illud, quo cogitur, utrum bonum an malum".

124 Dazu *Augustin* und dagegen *Bayles* in 2.Kap V; ferner *Meyer ThvA* 622 f.; anders *Schiller*: Solche Gewalt entwürdigt den Menschen, weil es ihm seinen Willen und damit das nimmt, was sein Wesen bestimmt.

125 Entgegen der Meinung *Meyers* darf aber nicht vermutet werden, dass der große *Aquinate* den Widerspruch dieser Auffassung mit den Grundsätzen seiner Lehre nicht erkannte. Vielmehr muss angenommen werden, dass er die Zeit für die Anwendung seiner Lehre auf die *Ketzerfrage* noch nicht für reif befunden hat. Vielleicht befürchtete er auch den Bruch mit seinem Orden oder den Widerspruch des Papstes und der römischen Kirche, wenn er in dieser heiklen Frage dem *heiligen Augustin* widerspricht. Wir wissen es nicht, wissen aber auch nicht, warum die *Summa Theologica*, die *Thomas* zwischen 1260 und 1273 verfasst hat, erst 200 Jahre nach seinem Tode 1485 erscheinen konnte. *Meyer* (ThvA683) erklärt sich betroffen darüber, „dass selbst ein Mann von so hoher geistiger Warte die Zeitgebundenheit nicht abstreifen kann und sich innerhalb des kirchlichen Lebens für die Anwendung der Gewalt gegen die Häretiker ausspricht", lässt dabei aber die tatsächliche Umstände zur Lebenszeit von Thomas völlig außer Betracht. Die *Meinungs- und Glaubensfreiheit* war zu dieser Zeit noch nicht anerkannt und gesichert. Dass die *Summa Theologica* aber wenigstens 200 Jahre nach seinem Tod erscheinen konnte, war für die Durchsetzung ihrer allgemeinen Anerkennung von größter Bedeutung; denn trotz der Vorbehalte in der Sklaven- und Ketzerfrage brachte das Gesamtwerk von *Thomas* die Prinzipien eines menschengerechten Rechts doch hinreichend klar und deutlich zum Ausdruck, was die „Nachwelt" auch verstanden hat.

gration der Flüchtlinge, die zur Zeit nach Mitteleuropa kommen, in unsere Rechts- und Gesellschaftsordnung darin bestehen, schon erwachsene Personen davon zu überzeugen, dass in Fällen des *Widerspruchs* unserer *Rechtsordnung* mit ihren religiös bestimmten, als Kinder fest eingepflanzten *Glaubensvorstellungen* unsere menschliche Rechtsordnung unbedingten Vorrang haben und behalten muss, um ein friedliches Neben- und Miteinander gewährleisten zu können. Jedem muss Glaubensfreiheit gewährleistet werden, aber nur insoweit, als er selbst die Glaubensfreiheit anderer und deren staatliche Rechtsordnung achtet. Dies gilt auch dann, wenn die Beachtung der Glaubensfreiheit anderer und der Gesetze des Gastlandes den eigenen Gaubenssätzen widerspricht. Eine ordentliche und friedliche Integration der derzeit massenhaft nach Europa strömenden Flüchtlinge in unsere Rechtsgemeinschaft hat die Anerkennung unserer Rechtsordnung zur Voraussetzung, was aber auch voraussetzt, dass wir ihnen diese unabdingbare Voraussetzung in verständlicher Weise vermitteln; denn diese sind für sie anders als für deutsche Bürger keine Selbstverständlichkeit, weil ihnen schon als Kinder und Heranwachsende eine ganze Reihe von Grundsätzen indoktriniert worden sind, die sich mit den Grundsätzen unserer Rechtsordnung nicht oder nur schwer vereinbaren lassen.

VIII. Vom menschlichen Recht zur sittlichen Autonomie

Mit seiner vorstehend skizzierten *Rechtslehre* hat *Thomas* dem Menschen die Aufgabe zugewiesen, die *Regeln seines Zusammenlebens* mit anderen Menschen in einer Gemeinschaft *selbst zu bestimmen* und ihm dadurch eine *sittliche und rechtliche Autonomie* zuerkannt (mit den beiden *Ausnahmen* des Sklaven- und Ketzerrechts) und damit die Persönlichkeit des Menschen zum Ausgangspunkt und zur Grundlage allen Rechts gemacht. Der Dominikanermönch hat damit letztlich ein *neues Menschenbild* geschaffen, an das sich die realen Menschen aber erst noch gewöhnen und anpassen mussten, was Jahrhunderte benötigte. Damit hatte *Thomas* zugleich die Grundlage gelegt für die *Trennung von Recht und Religion*, von *Kirche und Staat*[126] und die spätere *Aufklärungsbewegung* mit der Anerkennung eines Menschenrechts auf *Glaubensfreiheit*, welche die heutige europäische Staatenwelt prägt. Welch hoher und allerhöchster Wert dieser Entwicklung zukommt, können wir einfach, deutlich und klar erkennen an den gegenwärtigen kriegerischen Auseinandersetzungen in der *islamischen Welt* und den von dort ausgehenden Attentaten gegen alle, die den *Koran* anders verstehen wollen oder überhaupt an eine andere Religion glauben oder an keinen Gott glauben wollen oder können. Darin zeigt sich der Unterschied zwischen dem *aristotelisch-thomistischen* und dem *islamischen*

[126] Dazu 9. Kap II u. III.

Rechtsverständnis. Die Streitigkeiten und kriegerischen Auseinandersetzungen in Syrien, im Jemen, in Mali und anderen Teilen Afrikas und ihre schrecklichen Grausamkeiten sind nur zu verstehen, wenn man erkennt, dass sie letztlich an der Grenzlinie eines verschiedenen Verständnisses des Korans verlaufen, insbes. zwischen *Sunniten* und *Schiiten* oder zwischen anderen Abspaltungen.[127] Im frühen Christentum (*Augustinus*) herrschte ein ähnliches Glaubens- und Rechtsverständnis mit der Folge entsprechender Verhältnisse der Christen zu Anders- und Ungläubigen, was in *Kreuzzügen* sowie den Ketzer- und Hexenprozessen der *Heiligen Inquisition* mit ihren Folterungen und Scheiterhaufen zu Tage trat. Davon hat uns *Thomas von Aquin* befreit, zu dessen Lebzeiten noch Kreuzzüge geführt wurden. Wir sollten daher nicht überheblich sein, sondern nur dankbar, dass er der Christenheit, dem Heiligen Land und den Muslimen weitere Kreuzzüge erspart hat, wenn auch die Inquisitionsprozesse, die letztlich auf demselben Fehlverständnis des Rechts beruhten, noch bis ins 18. Jahrhundert fortgeführt wurden; in Europa wurde die letzte Hexe 1782 in der Schweiz verurteilt und verbrannt. Wir müssen uns daher stets den Voraussetzungen unseres aristotelisch-thomistischen Rechtsverständnisses bewusst bleiben, aber auch die *Glaubensfreiheit* der Muslime respektieren, jedenfalls solange sie auch uns gegenüber dieselbe Toleranz walten lassen und unsere Rechtsordnung beachten.[128]

Wie die Berichte über die Entstehung der *Zehn Gebote* und des *Korans* gleichnishaft zeigen, wird die ursprüngliche Entstehung des Rechts zumeist *göttlicher Offenbarung* zugeschrieben. Das *göttliche Recht* ist und bleibt auch für *Thomas* die *allgemeingültige, unveränderlich ewig gerechte Ordnung* (*lex aeterna*). Er kam aber – fünfhundert Jahre vor *Kant* auf der Grundlage der Lehren des *Aristoteles* – zu der Auffassung, dass das *göttliche Recht* – jedenfalls im Einzelfall – für den Menschen *nicht zu erkennen* sei. Zu erkennen sei allenfalls offenbartes Recht und das, was der Mensch selbst aufgrund seiner ihm gegebenen Vernunft, seiner Natur und den seinen natürlichen Neigungen entsprechenden Regelungen begreifen und anerkennen könne. Dieses durch *menschliche Vernunft* und aus der *menschlichen Natur*[129] entwickelte „natürliche Recht“ (*lex naturalis*) versteht *Thomas* als *menschliches Recht,*

---

[127] Dazu 9. Kap IV.

[128] Zu den christlichen Regeln im Umgang mit Fremden vgl. *ThvA* F 105, 3; zu den Regeln des Korans über den Umgang mit Ungläubigen vgl. 9. Kap IV 1.

[129] Entweder unter einem absoluten Betracht der „Natur der gegebenen Dinge“, wie z.B. der Verschiedenheit der Geschlechter (dazu oben III 5) oder aus der menschlichen Vernunft, wie z.B. der Anerkennung des Privateigentums oder als logische Folge eines anerkannten allgemeinen Grundsatzes. Zu dieser „Natur des Menschen“ gehört auch die Vorstellung, dass jeder Mensch *das* (sein) Recht *in sich trage,* so dass er aus sich selbst heraus, „von Natur aus“ weiß, was Recht ist. Auch der Volksgeist *Savignys* und *Hegels* ist Ausfluss dieser „Natur des Menschen.“ Letztlich beruht auch der *Mythos der Demokratie* auf der Vorstellung, dass das Volk weiß, was Recht ist. Auch *Schiller* lässt den *Tell* „seine“ Rechte aus dem gestirnten Himmel „herunterholen“. Ein Rechtsstudium kann die Kenntnis dieses „Naturrechts“ also nur ausdifferenzieren und damit vertraut machen, was andere vor uns ge-

das aufgrund von Irrtümern oder menschlicher Schwäche auch fehlerhaftes Recht, also *Unrecht*, sein könne. Das „Naturrecht“ sei daher, anders als das *göttliche Recht*, *nicht* unveränderliches, ewig allgemeingültiges notwendig gerechtes Recht, sondern wie die *menschliche Natur veränderlich* und könne deshalb auch *ungerecht* sein, weil die menschliche Natur auch versagen könne.[130]

Wie gesagt unterschied *Thomas* im *menschlichen Recht* zwischen „Naturrecht“ und „positivem Recht“ und erachtete das *positive Recht* für praktisch notwendig, vor allem für Regelungen, die *so oder so* sein könnten, der guten Ordnung wegen aber *für alle gleich* sein müssten; solche Regelungen seien *rechtens*, wenn sie von der menschlichen Obrigkeit *so oder so festgelegt* worden sind; derart positives (gesetztes) Recht gelte also, *weil es gesetzt*, also *weil es Gesetz ist*. Die gesetzliche Festlegung ist in solchem Falle erforderlich, weil ansonsten niemand wissen könnte, wie er sich verhalten soll, weil auch anderes Verhalten richtig sein könnte. Das *Naturrecht*, das der Mensch durch seine *Vernunft* erkennen kann, bedarf dagegen keiner geschriebenen, gesetzlichen Festlegung, es sei *gültig, weil es der Vernunft entspricht*, nicht weil es schriftlich in einem Gesetz festgelegt ist. Es ist jedoch durch die Vernunft festgelegt und darum, wenn es *allgemein anerkannt* und in Form eines Gesetzes erlassen wird, *auch* positives Recht. Weil es der Vernunft entspricht, kann es auch von jedem Vernünftigen erkannt werden, wer es selbst nicht erkennen kann, weil er nicht genügend Vernunft hat, muss sich nach vernünftigen Mitmenschen richten und auf diese hören. Und wer nicht hören will, muss eben fühlen. Wird das *Natur-* oder *Vernunftrecht* in die Form eines Gesetzes gebracht, so bleibt es trotzdem Naturrecht (*ius naturale*). Das Gesetz ist nicht das Recht und schafft kein Recht, es kann auch Unrecht sein; ein Gesetz ist nicht die Ursache, sondern grundsätzlich nur *Erkenntnisgrund* des Rechts.[131]

Zu Lebzeiten des *Aquinaten* war – abgesehen vom antiken römischen Recht des *Corpus Juris Civilis* – das Recht in den meisten Staaten noch gar nicht oder nur sehr lückenhaft gesetzlich festgeschrieben. Das änderte sich erst in der Neuzeit, als man zu glauben begann, man könne und müsse das Recht *lückenlos* in *Gesetzen* festlegen; das war in der Zeit der großen naturrechtlichen Kodifikationen (*Allgemeines Preußisches Landrecht*, 1791/1794; *Code Napoleon*, 1804; österreichisches *Allgemeines Bürgerliches Gesetzbuch*, 1812). Mit diesen Kodifikationen kam dann auch die Meinung zur Herrschaft, nur gesetzlich niedergelegtes Recht sei geltendes Recht, alles andere seien nur unverbindliche Vorstellungen (*Lehre des Rechtspositivismus*). Die Entwicklung zu dem banalen Satz „Gesetz ist Gesetz“,

dacht haben, die „Tugend“ der Gerechtigkeit kann es aber nicht vermitteln, allenfalls etwas verfeinern, soweit der betroffene Mensch diese Tugend erworben hat.

130 F 96, 4A; F 57, A zu 1.

131 Dazu oben Fn 3/56

welcher schließlich die „Banalität des Bösen“ (*Hanna Arendt*)[132] in übler Weise begünstigte, wurde nicht zuletzt durch das bis heute weitverbreitete Verständnis des „Naturrechts“ als *göttliches Recht* und das Missverständnis oder Unverständnis der Transzendentalphilosophie *Kants* mitverursacht, weil daraus der Schluss gezogen wurde, göttliches Recht und also auch das als *göttliches Recht* verstandene „Naturrecht“ sei nicht zu erkennen und daher sei nur das positive Recht als geltendes Recht anzuerkennen. *Radbruch* lehnte daher das Naturrecht als „Irrlehre“ ab mit der Begründung:[133]

> „Wenn der Zweck des Rechts und die zu seiner Erreichung notwendigen Mittel wissenschaftlich deutlich erkennbar wären, wäre die Folgerung unausweichlich, dass vor diesem von der Wissenschaft einmal erkannten Naturrecht die Geltung abweichenden positiven Rechts erlöschen müsste wie der entlarvte Irrtum vor der enthüllten Wahrheit; für die Geltung erweislich unrichtigen Rechts lässt sich keine Rechtfertigung erdenken. Nun hat sich uns aber als unmöglich erwiesen, die Frage nach dem Zwecke des Rechts anders als durch die Aufzählung der mannigfaltigen Parteimeinungen darüber zu beantworten – und gerade nur aus dieser Unmöglichkeit eines Naturrechts kann die Geltung des positiven Rechts begründet werden.“

Hätte der Rechtsphilosoph *Gustav Radbruch* auch *Thomas von Aquin* gelesen und das Naturrecht als *menschliches*, aus der *Vernunft des Menschen* entstandenes Recht verstanden, so hätte er diese Sätze nicht schreiben können, so hätte er sein ganzes Buch nicht schreiben können, dessen mit neukantianischem *Wertpluralismus und Relativismus verbrämter Positivismus* mehrere Generationen deutscher Juristen beeinflusst und zutiefst verdorben hat. Ohne diesen Einfluss hätte wohl kaum jemand glauben können, dass das Gesetz zum Schutz des deutschen Blutes und der deutschen Ehre (*sog. Blutschutzgesetz*) vom 15. September 1934 (RGBl I S. 1146) und andere im Reichsgesetzblatt verkündete Führerbefehle *geltendes Recht* sein könnten.[134]

Nach der Lehre des *Aquinaten* ist und bleibt dagegen die Entscheidung über *Recht und Unrecht* eine Entscheidung von Menschen, die aufgrund ihrer Herkunft, ihres Charakters, ihrer Erziehung und Ausbildung zu Menschen geworden sind, die *Recht und Unrecht* zu unterscheiden gelernt haben. Das göttliche Recht kann nicht gegen jede Art *menschlichen Unrechts* schützen, das kann allenfalls das von Menschen selbst geschaffene Recht mit den dafür von Menschen vorgesehenen *Sanktionen* und deren *Vollstreckung*. Wir müssen unsere irdische Rechtsordnung selbst schaffen, weil uns die Götter in diese Freiheit und diese Verantwortung entlassen haben. Die Vorstellung, dass die menschliche Ordnung durch göttliches Recht geregelt wird, bleibt letztlich die Anmaßung einer alten *Priesterkaste*, die

---

132 *Hannah Arendt*, Eichmann in Jerusalem. Ein Bericht von der Banalität des Bösen; dazu 5. Kap IV.

133 *Radbruch* Rph3 80 f.; dazu 5. Kap IV 2–IX.

134 Dazu 5. Kap IV 1 u. 4; 7. Kap I–V.

ihre eigene *Meinung* zur *göttlichen Gerechtigkeit* emporheben wollte, um damit ihren Rechtsvorstellungen eine *höhere Autorität* zu verleihen. Den Glauben an diesen Kunstgriff hat der Dominikanermönch *Thomas von Aquin* lange vor *Kant* als Irrtum entlarvt. Seit Aufkommen des Rechtspositivismus wird allerdings von manchen das Naturrecht auch deswegen als *göttliches Recht* erklärt, um es leichter als „Aberglauben" abtun und den positivistischen Regeln unbedingte Gesetzeskraft zumessen zu können.[135] Dagegen hat der *Aquinate* mit seiner Rechtslehre, die im Wesentlichen der *Ethik des Aristoteles* entspricht, den mittelalterlichen Menschen selbst zum Gesetzgeber seiner menschlichen Ordnung gemacht und ihm damit eine *sittliche Autonomie* verliehen, auf deren Grundlage das Freiheits- und Selbstbewusstsein des heutigen europäischen Menschen immer noch beruht.[136] Der menschlichen Gemeinschaft bleibt danach die ständige Aufgabe, die ihr die Götter um unserer Freiheit willen nicht abnehmen wollen, aus Irrtum oder Bosheit entstandenes *ungerechtes positives Recht* ebenso wie *ungerechtes Naturrecht* alsbald durch vernünftige rechtliche Regelungen zu ersetzen.

---

135 Dazu *A. F. Utz* Kern der Naturrechtslehre 283, 296 f.

136 Es ist ein unendlich großes Verdienst von *F. A. Utz*, diese *kopernikanische Wende der Rechtsvorstellung* des *Aquinaten* immer wieder herausgestellt und gegen die Fehlvorstellung verteidigt zu haben, das aristotelisch-thomistische Naturrecht dürfe und könne als *göttliches Recht* verstanden werden, dazu F 57, 2, 3 zu 3: „Göttliches Recht ist nicht gleich Naturrecht"; dazu *Utz*, 18. TANF zu F 57, 1–3, Kom. S. 267 ff.; 274 ff.; 283, 293 ff.; 296; wo er klar herausstellt, dass der Hauptgrund der Ablehnung des (menschlichen) Naturrechts im juristischen Schrifttum in dessen „metaphysischer Fundierung" (der „tiefste Grund des Horrors") zu finden sei, die fälschlicherweise mit *göttlichem Recht* gleichgesetzt werde: „Mit dem in diesem Sinne (falsch) verstandenen Begriff (der Metaphysik) gegen das Naturrecht anzugehen, ist ein Gefecht gegen ein Phantom, das man sich in grotesker Phantasievorstellung ausgemalt hat" (S. 297 aaO).

4. Kapitel
Recht als rechtlich geschützte Freiheit

Was du nicht willst, dass man dir tue,
das tu einem anderen auch nicht.
Tobias 4,16

Alles nun, was ihr wollt,
dass euch die Leute tun sollen,
das tut ihr ihnen auch. *Matth. 7,12*

I. Kants Begriff des Rechts

1. § B MdS-RL: Kant spottete bekanntlich über die Rechtsgelehrten, weil sie die Frage danach, was *Recht* sei, so wenig beantworten könnten wie die Logiker die Frage danach, was *Wahrheit* sei, und daher in der Verlegenheit seien, nicht erklären zu können, was das allgemeine *Kriterium zur Unterscheidung von Recht und Unrecht* ist. Was die Gesetze zu einer bestimmten Zeit an einem bestimmten Ort bestimmen oder bestimmt haben, könnten sie wohl noch angeben, aber ob das, was sie wollten, auch *Recht* sei, und das *allgemeine Kriterium,* woran man überhaupt Recht sowohl als Unrecht (*iustum et iniustum*) erkennen könne, bleibe ihnen wohl verborgen, wenn sie nicht eine Zeit lang jene *empirischen Prinzipien* verlassen und die *Quellen des Rechts* in der bloßen *Vernunft* suchen würden, wozu ihnen jene Gesetze vortrefflich zum Leitfaden dienen könnten, um zu einer positiven Gesetzgebung die Grundlage zu errichten. Nach diesen guten Ratschlägen und Ermahnungen für alle Rechtsgelehrten definierte *Kant* in § B MdS-RL den Begriff des Rechts jedoch vorsichtshalber selbst dahingehend:[1]

> „Das Recht ist also der Inbegriff der Bedingungen, unter denen die Willkür des einen mit der Willkür des anderen nach einem allgemeinen Gesetze der Freiheit[2] zusammen vereinigt werden kann."

---

[1] *Kant,* MdS-RL, § B; krit. dazu *Hegel,* Rph § 29; in § 36 definiert *Hegel* jedoch das „*Rechtsgebot*" so: „Sei eine Person und respektiere die anderen als Person." Das ist letztlich aber auch nur die „Goldene Regel" (Tobias 4,16; Matth. 7,12) mit anderen Worten; dazu *Hirsch,* Kants Einleitung in die Rechtslehre; kritisch zum Versuch der Formulierung eines solchen oder ähnlichem „allgemeinen Rechtsgesetzes" ohne jede Rücksicht auf die „historische Situation" *Emge* EinfRph 360 ff.; ferner *Utz* 18. TANF, Kom. 271 f.

[2] Damit diese Freiheit von der *individuellen* Freiheit *vor* einer normativen Ordnung zu einer *sozialen* Freiheit *unter* einer normativen Ordnung werden kann, muss sie allerdings das positive Recht als *Zwangsordnung* akzeptieren, wonach ein anderer erforderlichenfalls sein Recht gegen ihn (den Freiheitsträger) zwangsweise durchsetzen kann, weil jede Rechtsordnung notwendigerweise mit einer Befugnis zum Zwang verbunden sein muss; dazu *Kelsen* RR 388; dazu 5. Kap III.

2. Geschützte und ungeschützte Freiheiten: „Recht" ist demnach: *rechtlich geschützte Freiheit.* In dieser verkürzten Definition kommt zum Ausdruck, dass die *Handlungsfreiheit* des Menschen über die Grenzen des Rechts hinausgeht, jeder hat also die Freiheit, andere Menschen zu verletzen, gar zu töten oder alles, was ihm gefällt, zu nehmen, auch wenn es einem anderen gehört, also die Wegnahme Diebstahl ist. Nicht jeder Gebrauch der Freiheit ist also rechtens. Also ist zu unterscheiden zwischen *verbotener* und *rechtlich geschützter* Freiheit. Weil jedoch nicht alles rechtlich verboten ist, was unanständig ist und ein ordentlicher Mensch nicht tut, ist auch zu unterscheiden zwischen *rechtlich* geschützter und durch die *guten Sitten (moralisch)* geschützter Freiheit. Das moralische Prinzip kennen die Menschen im Allgemeinen mit dem Satz: „*Was du nicht willst, dass man dir tue, das tu einem anderen auch nicht.*"[3] Entsprechendes steht bei *Matthäus* 7,12 aber positiv und nicht negativ formuliert: „*Alles nun, was ihr wollt, dass euch die Leute tun sollen, das tut ihr ihnen auch.*" *Kant* formulierte als Regel der Vernunft seinen *kategorischen Imperativ* in Anlehnung an diese Formeln der „Goldenen Regel" dahingehend:[4]

> „Handle nur nach derjenigen Maxime, durch die du zugleich wollen kannst, dass sie ein allgemeines Gesetz werde."

Wir erkennen also, der Gebrauch der Freiheit des Menschen kann unvernünftig, moralisch verwerflich oder rechtlich verboten, aber auch vernünftig, moralisch gerechtfertigt und rechtlich geschützt sein. Daraus folgt:

a) Der eine ist im Recht: Wenn E z.B. eine Sache, die ihm gehört, zerstören will, weil er sie nicht braucht, so ist dies seine rechtlich gesicherte Freiheit, weil er nach § 903 BGB als Eigentümer einer Sache, „soweit nicht das Gesetz oder Rechte Dritter entgegenstehen, mit der Sache nach Belieben verfahren und andere von jeder Einwirkung ausschließen kann". Wenn also der Nachbar A, der die Sache, die E zerstören will, gut gebrauchen könnte, die ihm E aber nicht geben will, weshalb er diesen an der Zerstörung hindern und ihm die Sache mit Gewalt abnehmen möchte, womit er aber rechtswidrig handeln würde, weil E mit seiner Sache nach Belieben verfahren kann, sie also auch zu zerstören kann, wenn er es will. Wir erkennen also, dass, wenn E im Rahmen des Rechts handelt, er auf die Freiheit, die Absichten, Meinungen, Bedürfnisse des A keine Rücksicht nehmen muss, wenn die von diesem beanspruchte Freiheit rechtlich nicht geschützt ist. Es ist aber unvernünftig und verstößt gegen die *Goldene Regel* und den *kategorischen Imperativ Kants,* wenn E eine Sache zerstört, obwohl sein Nachbar sie brauchen kann und gern haben möchte. Aber weder die Vernunft noch die Moral können von Rechts wegen den E daran hindern, mit seiner Sache nach Willkür zu verfah-

[3] So *Tobias* 4,16, in der Übers. *Luthers.*

[4] *Kant,* GMdS, BA 52; mit etwas abweichenden Formulierungen BA 81, 84; zur Verschiedenheit dieser Formulierungen *Mauthner* Philosophie, Stichwort: kategorisch.

ren oder, wie das BGB es ausdrückt, „nach Belieben" zu verfahren. Diese rechtlich geschützte *Willkür* des Eigentümers ist nur eingeschränkt durch den Satz, „soweit nicht das Gesetz oder Rechte Dritter entgegenstehen"; nur die *rechtlich geschützte Freiheit* des anderen oder eine gesetzliche Regelung kann also die *Willkür* des Eigentümers beschränken, z.B. darf ein Eigentümer seine Katze, die zwar nach § 90 a BGB keine Sache sein soll, für die aber grundsätzlich das Sachenrecht gilt, wenn sie ihn stört, nicht einfach totschlagen, weil für die Katze auch das Tierschutzgesetz gilt und danach das Totschlagen der Katze verboten ist. Das gilt entsprechend für alle anderen rechtlich geschützten Freiheiten eines Menschen, also zum Beispiel für sein Leben, seinen Körper, seine Ehre und alle seine sonstigen Rechte, das heißt seine *rechtlich* geschützten Freiheiten; *denn Recht ist rechtlich geschützte Freiheit.*

b) Der andere ist im Recht: E und A finden auf einem Waldspaziergang eine wertvolle, aber gefährliche Sache, und beide wissen, dass D diese verloren hat. E nimmt die Sache an sich und will sie zerstören, A hindert ihn, weil er die wertvolle Sache dem D zurückgeben will, mit Gewalt an der Zerstörung der Sache und verletzt ihn dabei geringfügig. In diesem Fall ist E nicht Eigentümer der Sache und hat daher kein Recht, sie zu zerstören. Ein Finder wird nach den §§ 958, 959, 965 BGB nur Eigentümer einer Sache, wenn sie herrenlos war, also niemandem gehört, was voraussetzt, dass der vorherige Eigentümer sie mit der Absicht weggeworfen hat, auf das Eigentum zu verzichten, nicht aber, wenn er sie nur verloren hat (§§ 958, 959 BGB). E hatte zwar die *tatsächliche Freiheit*, die Sache zu zerstören, weil er aber nicht Eigentümer der Sache wurde, hatte er *kein Recht zu dieser Freiheit*, seine Freiheit zur Zerstörung war nicht rechtlich geschützt. A durfte den E *grundsätzlich zwar nicht zwingen*, etwas zu tun, was dieser nicht will, weil derjenige, der einen anderen mit Gewalt oder durch Drohung mit einem empfindlichen Übel zu einer Handlung oder Unterlassung nötigt, nach § 240 StGB mit Freiheitsstrafe bestraft werden kann, solche Nötigung also verboten und strafbar ist. Wenn A aber den E deswegen an der Zerstörung hindern wollte, um dem rechtmäßigen Eigentümer die Sache zurückzugeben, so handelte er in *Notwehr*, genauer in *Nothilfe* für das Recht eines Dritten, sofern dies *erforderlich* war, um einen gegenwärtigen rechtswidrigen Angriff auf das Eigentum des D abzuwenden (§ 32 Abs. 2 StGB; § 227 BGB). Wenn die Verletzung des E nur geringfügig und die Sache wertvoll war, war die von A in Anspruch genommene Freiheit, den E an der rechtswidrigen Zerstörung der in fremdem Eigentum stehenden Sache zu hindern, also gerechtfertigt; die Freiheit zur Zerstörung der Sache, die E sich anmaßte, war dagegen nicht rechtlich geschützt. In diesem Fall durfte A von seiner rechtlich geschützten Freiheit Gebrauch machen, den E an der Zerstörung der Sache zu hindern, uneingeschränkt von der rechtlich nicht geschützten Freiheit des E, die Sache rechtswidrig zerstören zu wollen. Wenn die Sache sehr wertvoll, aber auch sehr gefährlich war und deswegen Gefahr drohte, dass der Eigentümer D damit einen größeren Schaden verursachen könnte, so war es möglicherweise unvernünftig von A, den E an der Zerstörung der Sache zu hindern, aber trotzdem so lange rechtens, als es nicht verboten war, so gefährliche Sachen in Privatbesitz zu haben; in solchem Falle wäre es aber wohl geboten gewesen, die Sache der Polizei zu übergeben oder die Polizei darauf hinzuweisen, dass eine so gefährliche Sache an einer bestimmten Stelle herumliegt.

c) Der eine und der andere sind im Recht: Drittens gibt es schließlich Fälle, in denen sowohl die Handlung des E, der etwas Bestimmtes tun will, als auch die Handlung des A, der will, dass das von E Gewollte nicht geschieht, rechtlich geschützt sind und in solchem Fall entsteht die Frage, ob die Handlung des A oder die Handlung des B rechtmäßig oder rechtswidrig ist oder ob es einen *Zwischenweg* gibt, der beiden Recht schafft und keinem Unrecht. Einen solchen Fall, in dem Handlungsfreiheiten zweier Menschen, die beide rechtlich geschützt sind, gegeneinanderstoßen, will *Kant* mit seiner oben (vor 1) gegebenen Definition des Rechts erfassen, in welcher er *drei verschiedene Begriffe der Freiheit* verwendet: die *Willkür* (was nur ein anderes Wort für *Freiheit* ist) des *einen* (Fe) und die *Willkür* eines *anderen* (Fa), die in aller Regel eine andere Art von Freiheit ist, als die ihr entgegenstehende Freiheit des E, weil ansonsten nicht die Freiheit des einen durch die Freiheit des anderen verletzt werden könnte; drittens das *„allgemeine Gesetz der Freiheit"* (aGF), das die beiden entgegenstehenden Freiheiten des E und des A in *vernünftiger Weise* zu einem *Ausgleich* bringen soll, also entweder der Freiheit des einen oder der Freiheit des anderen den Vorrang einräumen oder beider Freiheiten in einer Weise beschränken soll, dass jedem die größtmögliche Freiheit verbleibt.

Wenn der eine (E) seine rechtlich geschützte Freiheit durch eine freie Handlung eines anderen (A) beeinträchtigt sieht und sich also in seinem Recht verletzt fühlt, so kann ihm geholfen werden durch eine rechtliche Beschränkung der Freiheit des anderen (Fa) und wenn auch dessen Freiheit rechtlich geschützt ist durch eine Einschränkung seiner eigenen rechtlich geschützten Freiheit (Fe). Die Einschränkung des Rechts des anderen hätte allerdings zur Folge, dass – aufgrund des *Gleichheitssatzes* – auch die rechtlich geschützten Freiheiten, also die Rechte aller anderen Mitbürger (Faa) in der Gesellschaft, in der beide leben, in entsprechender Weise eingeschränkt werden müssten. Wenn andererseits nicht die rechtlich geschützten Freiheiten des anderen (Fa) und aller anderen (Faa) eingeschränkt werden, sondern die rechtlich geschützten Freiheiten des einen (Fe), so hätte dies aufgrund des *Gleichheitssatzes* gleichermaßen zur Folge, dass die entsprechenden Freiheiten und Rechte aller anderen derart eingeschränkt werden müssten. Eine dritte Möglichkeit besteht schließlich darin, nicht nur die rechtlich geschützte Freiheit des einen, sondern auch die rechtlich geschützte Freiheit des anderen insoweit etwas einzuschränken, dass sowohl die rechtlich geschützte Freiheit des einen als auch des anderen im Wesentlichen bewahrt bleibt. Diese Lösung eines Konflikts einander entgegenstehender rechtlich geschützter Freiheiten ist der *Königsweg des Rechts*, der schon Jahrhunderte oder gar Jahrtausende vor *Kant* den Menschen bekannt war, für den *Kant* aber eine solide *philosophische Grundlage* konstruiert hat, womit sich wieder einmal bestätigt, dass eine Gestalt des Lebens alt geworden sein muss, bevor die Philosophie ihr Grau in Grau malen kann, und sich mit Grau in Grau nicht verjüngen, sondern „nur *erkennen* lässt“ (*Hegel*).

d) Mit und ohne Interessenausgleich: Es ist nicht erforderlich, alle *Varianten* der denkbar einander gegenüberstehenden, rechtlichen und moralischen Freiheiten und deren Beschränkungen aufzulisten und gegeneinander durchzuspielen. Das *Prinzip* der möglichen Arten der Konfliktlösung ist mit den vorstehenden drei Fällen hinreichend klargelegt. Es sei nur noch einmal klargestellt, dass in Fällen, in denen nur die Freiheit des einen (Fe) rechtlich geschützt ist, diese sich auch allein und uneingeschränkt rechtlich durchsetzen muss; ist die dagegenstehende Freiheit des anderen (Fa) rechtlich *nicht* geschützt, so handelt der andere rechtswidrig, wenn er seine Freiheit (Fa) mit List oder Gewalt durchzusetzen versucht. Entsprechendes gilt, wenn nur die Freiheit des anderen (Fa) rechtlich geschützt ist und die Freiheit des einen (Fe) nicht. Ist die Freiheit des einen oder des anderen *rechtlich* und die des jeweils anderen *kraft der Goldenen Regel* oder des *kategorischen Imperativs Kants moralisch* geschützt, so kann es – wie oben unter a) dargelegt – unanständig und verwerflich sein, wenn der andere seine rechtlich geschützte Freiheit rücksichtslos durchsetzt, obgleich ein Verzicht darauf unschwer möglich wäre. Es gibt aber auch Fälle, in denen rechtlich geschützte Interessen gegeneinanderstoßen und in denen es nicht nur unbillig, sondern auch ungerecht wäre, wenn sich die Freiheit des einen uneingeschränkt gegen die rechtlich geschützte Freiheit eines anderen durchsetzen könnte. In diesen Fällen erscheint es daher – wie unter c) als *Königsweg des Rechts* dargelegt – allein *richtig*, *recht* und *gerecht*, dass die Freiheiten beider insoweit eingeschränkt werden, dass *beider Freiheiten* noch zu einer *möglichst optimalen Wirksamkeit* gelangen können. Derartige Fälle sind seit langem bekannt und haben teilweise auch in *gesetzlichen Regelungen* Ausdruck gefunden, z.B. in § 97 des *Allgemeinen Preußischen Landrechts* (ALR) vom 1. Juni 1794 welcher lautet:

> „Sind die in Kollision kommenden Rechte von gleicher Beschaffenheit, so muss jeder der Berechtigten von dem seinen so viel nachgeben, als erforderlich ist, damit die Ausübung beider zugleich bestehen könne.“

Diese Regelung, die drei Jahre vor *Kants Metaphysik der Sitten* veröffentlicht worden ist, ist allerdings heute nicht mehr geltendes Recht und unsere heutige Rechtsordnung kennt auch keine *gesetzliche* Regelung dieser Art, aber das BVerfG hat diesen *Rechtsgrundsatz* in BVerfG 7, 198 – Lüth wieder neu erfunden und mit dieser Entscheidung zu geltendem Verfassungsrecht gemacht, das in vielen weiteren richterlichen Entscheidungen bestätigt wurde.[5]

3. Die Rechtstechniken des Freiheitsschutzes: a) Der Schutz der Freiheit eines Menschen (Fe) kann nur geschehen durch eine Einschränkung der Freiheit aller anderer Menschen (Faa), also letztlich dadurch, dass jedem anderen verboten wird, etwas zu tun, was den schützenswerten Bereich anderer beeinträchtigen oder verletzen könnte. Das ist leicht gesagt, aber nicht so leicht mit rechtlichen Regelungen zu erreichen. Das Problem besteht darin, die Grenze der Freiheit eines jeden so genau und so weit wie möglich festzulegen, so dass die Freiheit anderer so klar und so weit wie nötig geschützt bleibt. Dazu sind im Laufe der Entwicklungsgeschichte des Rechts im Wesentlichen *vier verschiedene Rechtsformen* entwickelt worden, die sich gegenseitig ergänzen und in ihrem Zusammenwirken das „allgemeine Gesetz der Freiheit" (*Kant*), d.h. die rechtliche Abgrenzung der Freiheit des einen (Fe) zu der Freiheit anderer (Faa) praktisch brauchbar und hinreichend klar bestimmen können. Soweit das gelingt, ist *Recht also die freiheitliche Form, in der die Freiheit eines jeden Menschen mit den entgegenstehenden Freiheiten anderer Menschen derart in Einklang gebracht wird, dass die Freiheiten aller bestmöglich gewahrt bleiben.*

b) Vier Rechtsformen zur Abgrenzung der Freiheit eines Bürgers mit der Freiheit anderer Bürger:

(1) Absolute Rechte (z.B. das Recht an Leib und Leben, an Freiheit, an Ehre und an Eigentum sowie einige sonstige absolute , d.h. gegenüber jedermann wirkende Rechte), deren Verletzung durch einen anderen grundsätzlich eine rechtswidrige Handlung begründet, also die Freiheit anderer beschränkt (*Erfolgsunrecht* aufgrund indizierter Rechtswidrigkeit der Handlung eines anderen);

(2) Schutzgesetze, die gesetzlich so genau wie möglich bestimmte *Handlungen* verbieten, z.B. eine falsche Aussage als Zeuge vor Gericht oder innerhalb geschlossener Ortschaften schneller zu fahren als 50 km/h, was grundsätzlich für alle verboten ist (mit Ausnahme von Polizei, Feuerwehr, Krankenwagen mit Blaulicht), auch dann, wenn sie dadurch keinen rechtswidrigen Erfolg verursachen (tatbestandlich beschriebenes *Handlungsunrecht*); die Verletzung solcher Schutzgesetze ist grundsätzlich nicht nur strafbar, sondern verpflichtet auch zivilrechtlich zum Ersatz des durch die Pflichtverletzung entstandenen Schadens; solche Verbote gefahrträchtiger Handlungen sollen andere davor schützen, als Folge von derart verbotenen Handlungen verletzt und/oder geschädigt zu werden;

(3) Sitten und Moral: Weil es aber noch einige Handlungen gibt, die einem anderen Schaden zufügen können, ohne ein *absolutes Rechtsgut* oder ein *Schutzgesetz* zu verletzen, soll höchst hilfsweise auch eine *Verletzung der guten Sitten*, wenn da-

[5] Dazu unten I 5.

durch einem anderen *vorsätzlich* ein *Schaden* zugefügt wird, zu dessen Ersatz verpflichten (§ 826 BGB, dazu unten III 5); auch die vorsätzliche Verletzung der guten Sitten ist allerdings nicht strafbar, sondern verpflichtet nur zum Schadenersatz;

(4) Vertragliche Vereinbarungen, welche die *Freiheit* des einen (FE) oder des anderen (FA) über die gesetzliche Regelung hinaus *erweitern* oder *weitergehend* einschränken und damit die kraft Gesetzes gezogene Grenze zwischen den Vertragspartnern erweitern oder beschränken. Ein solcher Fall liegt z.B. vor, wenn E dem N für eine Gegenleistung von 20 € pro Monat erlaubt, bei der Einfahrt in sein Grundstück, dessen Zugang zu schmal ist, teilweise sein Grundstück mitzubenutzen, womit die Freiheit des N erweitert und die Eigentumsfreiheit des E durch eine vertragliche Vereinbarung eingeschränkt wird (dazu unten IV).

Diese *vier Rechtsformen*, mit denen die Juristen seit Jahrtausenden schon die Willkür des einen mit der Willkür anderer in rechtlicher Form derart miteinander vereinigen, dass beider Freiheiten bestmöglich erhalten bleiben, sind *nicht* aus dem Rechtsbegriff *Kants* abgeleitet worden, sie waren vielmehr schon vorher gegeben, jedenfalls im römischen Recht schon lange bekannt und sind teilweise auch schon in 2. Moses 20,13–17 und 21,12–37 enthalten. Auch dafür gilt also die Erkenntnis *Hegels*, dass der *philosophische Gedanke* erst in einer Zeit erscheint, in der die Wirklichkeit ihren Bildungsprozess schon vollendet hat: „*Dies, was der Begriff lehrt, zeigt notwendig ebenso die Geschichte, dass erst in der Reife der Wirklichkeit das Ideale dem Realen gegenüber erscheint und jenes sich dieselbe Welt in ihrer Substanz erfasst, in Gestalt eines intellektuellen Reichs erbaut. Wenn die Philosophie ihr Grau in Grau malt, dann ist eine Gestalt des Lebens alt geworden und mit Grau in Grau lässt sie sich nicht verjüngen, sondern nur erkennen*“ (Rechtsphilosophie, Vorrede). Das ist das Schicksal der Philosophen. Nur sehr wenigen gelingt gelegentlich ein Blick in die Zukunft sowie in die letzten Ursachen des Seienden und das ausnahmsweise Erspähte findet zumeist auch erst lange nach ihrem Tode die Anerkennung anderer.

4. Gesetzlich geregelte Gesetzeskonflikte: Man könnte denken, es sollte eigentlich keine Gesetze geben, die mit anderen Gesetzen in Konflikt stehen, in Wirklichkeit ist dies aber ganz unvermeidbar; einmal deswegen, weil es zu jeder gesetzlichen *Regelung* auch *Ausnahmen* gibt, zum Beispiel die Verletzung oder gar Tötung eines anderen in *Notwehr* oder in einem *Notstand.* Ferner gibt es nicht wenige *Fälle der Überschneidung gesetzlicher Schutzbereiche*, von denen zur Veranschaulichung hier einige aufgeführt werden sollen, die häufiger auftreten und daher auch gesetzlich geregelt worden sind.

a) Regel-Ausnahme-Verhältnis (Notwehr und Notstand): Allgemein bekannte und nicht selten praktisch in Erscheinung tretende Ausnahmeregelungen sind die Rechtfertigungsgründe der *Notwehr* und des *Notstands* (§§ 32–35 StGB, 227, 228, 904 BGB), die rechtswidrige Handlungen zu rechtmäßigen Handlungen machen können dadurch, dass sie die an sich geschützte Freiheit eines Menschen im Interesse eines höherwertigen Rechtsguts eines anderen einschränken. Die geschützten Rechte, also die rechtlich geschützten Freiheiten eines anderen Menschen, darf ein Mensch grundsätzlich nicht verletzen; wenn der andere Mensch ihn oder einen Dritten aber angreift und seine (Fe) oder eines Dritten (Fd) rechtlich geschützte Freiheit bedroht, so darf er ihn verletzten oder sogar töten, „soweit dies erforderlich ist, um einen gegenwärtigen rechtswidrigen Angriff gegen sich oder einen anderen abzuwenden". Das *Gesetz* rechtfertigt also die Abwehr des rechtswidrigen Angriffs und damit die Verletzung der rechtlich gesicherten Freiheit des anderen, in der Praxis muss freilich grundsätzlich *ein Richter* entscheiden, ob die Abwehr gegen den Angriff des anderen die Art der Verletzung von dessen Rechten „erforderlich" gemacht hat, was von der Art des Angriffs des anderen und den Abwehrmöglichkeiten des in Notwehr oder Nothilfe Handelnden abhängt. Allgemein anerkannt ist dazu nur, dass die rechtswidrige Angriffshandlung grundsätzlich nicht hingenommen werden muss, der Angegriffene dem Angriff auch nicht durch eine mögliche Flucht ausweichen muss, sich vielmehr wehren darf, aber nur mit den *erforderlichen* Mitteln, er muss das *mildeste Mittel* wählen, er darf den Angreifer also nicht töten, wenn er den Angriff auch mit anderen Mitteln abwehren kann. Die *Erforderlichkeit* der Abwehrhandlung ist auch *unabhängig vom Wert* des angegriffenen und des in Notwehr verletzten Rechtsgutes, auch das Eigentum kann notfalls mit der Tötung des Angreifers verteidigt werden. Jedoch darf die Notwehr nicht *missbräuchlich* sein, was anzunehmen ist, wenn ein Eigentümer mit seiner *Schrotflinte auf Kinder* schießt, die seine Kirschen klauen wollen, oder jemand einem Angriff eines Geisteskranken nicht ausweicht, wenn dies einfach möglich wäre. Außer durch Notwehr und Nothilfe, die einen *rechtswidrigen Angriff* eines anderen voraussetzen, kann eine rechtswidrige Tat gegen die rechtlich geschützte Freiheit eines anderen auch durch einen *Notstand* gerechtfertigt oder entschuldigt sein, wenn der Handelnde anders eine Gefahr für Leben, Leib, Freiheit, Ehre, Eigentum nicht abzuwenden in der Lage ist und bei Abwägung der *widerstreitenden Interessen*, namentlich der *betroffenen Rechtsgüter* und des Grades der ihnen drohenden Gefahren, das geschützte Interesse des Betroffenen das beeinträchtigte Interesse des anderen *wesentlich überwiegt.* Wer zu *verhungern* droht, darf also auch *stehlen.* Und wenn von *zwei Schiffbrüchigen* einer schon im Sterben liegt, darf der andere ihn auch verspeisen, wenn er glaubt, sich damit retten zu können.

b) Überschneidung gesetzlicher Schutzbereiche: Wenn z.B. die Früchte eines Baumes, der nahe an der Grenze steht, auf das Grundstück des Nachbarn fallen, so entsteht die Frage, über die sich viele Nachbarn lange streiten können, wenn sie das Gesetz nicht kennen, ob der Nachbar sie einsammeln und essen oder der Eigentümer des Baumes sie holen darf. Die Früchte des Baumes gehören demjenigen, dem der Baum gehört (§ 953 BGB), und dieser gehört demjenigen, dem das Grundstück gehört (§ 94 BGB), auf dem der Baum steht. Nach der sogenannten Tennisball-Regelung des § 867 BGB muss der Nachbar dem Eigentümer des Tennisballs dessen Aufsuchung und die Wegschaffung grundsätzlich gestatten; der Junge, dessen Ball über den Zaun geflogen ist, darf also nicht über den Zaun steigen, aber läuten und darum bitten, seinen Ball holen zu dürfen, was der Grundstückseigentümer gestatten muss. Danach müsste also auch der Besitzer des Apfelbaumes seine Äpfel holen dürfen, der Gesetzgeber hat jedoch mit der Regelung des § 911 BGB die Früchte ganz bewusst in das Eigentum des Nachbarn fallen lassen, um die Streitigkeiten über das Abholen zu vermeiden und die Grundstückseigentümer anzuhalten, die Bäume nicht in die Nähe der Grenze zu pflanzen. Der Gesetzgeber hat den Fall der Äpfel also anders entschieden als den des Tennisballs, und die verschiedenen Entscheidungen haben einen vernünftigen Grund. Wenn ein Grundstückseigentümer aus Versehen – ohne Vorsatz oder grobe Fahrlässigkeit –, weil ein Grenzstein verrückt „*ge*worden" (§ 919 BGB) ist, ein Bauwerk über die Grenze setzt, so entsteht ein ähnlicher Konflikt, weil nach § 94 BGB der überbaute Teil des Hauses dem Nachbarn gehören würde und der Nachbar nach § 1004 BGB auch den Abriss des Hauses verlangen könnte. Weil in früheren Zeiten die Vermessungen jedoch nicht so genau und die Grenzsteine auch öfters „verrückt *ge*worden" sind, hat der Gesetzgeber das Problem in § 912 anders gelöst. Der Nachbar muss den Überbau dulden, es sei denn, er hat vor oder sofort nach der Grenzüberschreitung Widerspruch erhoben. Ist dies nicht der Fall, kann er von dem Nachbarn eine angemessene Geldrente als Entschädigung verlangen. Würde es diese gesetzlichen Konfliktregelungen nicht geben, so müsste, sofern sich die Betroffenen selbst nicht einigen können, ein Richter so entscheiden „wie ein Gesetzgeber, wenn er im Lande gewesen wäre" (*Aristoteles*, Fn 3/66), also nach seiner Vernunft und seinem Rechtsverstand. In den meisten Fällen solcher Überschneidungen gesetzlicher Schutzbereiche gibt es auch keine gesetzlichen Regelungen, weshalb die Gerichte darüber entscheiden müssen, wenn sich die Parteien nicht einigen können. Deshalb mussten Rechtswissenschaft und Rechtsprechung zu diesem Problem auf der Grundlage ihrer praktischen Vernunft praktische Regelungen entwickeln. Der moderne Gesetzgeber packt in der Regel nur noch in gesetzliche Regelungen, was zuvor schon als Recht befunden wurde. Der Gesetzgeber des BGB hat kurz nach der Reichsgründung 1871 mit der Arbeit begonnen und 1874 eine Vorkommission einberufen, 1896 ist das Gesetz vom Reichstag beschlossen und am 1.1.1900 in Kraft getreten. Dieser Gesetzgeber hat noch harte Arbeit geleistet und diese Arbeit hatte die Vorleistungen von *Savigny, Puchta, Jhering* und nicht zuletzt von *Windscheid* zur Voraussetzung.

5. Die Regeln praktischer Konkordanz: Mit dem Inkrafttreten des Grundgesetzes am 23. Mai 1949 sind mit den Bürger- und Menschenrechten der Art 1–19 GG eine ganze Reihe von Freiheitsbereichen geschaffen worden, die gemäß Art. 1 Abs. 3 GG verfassungsrechtlich gesichert sind, aber damit sind zugleich auch eine große Menge von Bereichen entstanden, die in manchen Fällen von zwei oder mehreren derartigen Freiheitsrechten beschränkt sind. Das Grundgesetz enthält aber keinerlei Regelungen darüber, was rechtens sein soll, wenn einer sein Handeln durch eine grundrechtlich gesicherte Freiheit (Fe) gerechtfertigt weiß, aber mit seinem Handeln in eine gleichfalls grundrechtlich gesicherte Freiheit eines anderen (Fa) eingreift, zum Beispiel der eine seine Aussage durch seine grundrechtlich geschützte Meinungsfreiheit (Art. 5 GG) gerechtfertigt sieht und der andere durch dieselbe Aussage seine Berufsfreiheit (Art. 12 GG) und/oder sein gleichfalls verfassungsrechtlich geschütztes Persönlichkeitsrecht (Art. 1 Abs. 1 GG i.V.m. Art. 2 Abs. 1 GG) als verletzt betrachtet. Es konnte daher nur eine Frage der Zeit sein, bis ein solcher Fall sich ereignete und von den Gerichten entschieden werden musste. Letztlich war es das BVerfG, das entscheiden musste, was in solchen Fällen rechtens sein soll. In der Leitentscheidung (BVerfGE 7, 198) zu diesem Problem nahm ein Bürger namens *Lüth* Anstoß daran, dass in den Kinos der Bundesrepublik ein kitschiger Unterhaltungsfilm gezeigt wurde, bei dem *Veit Harlan* Regie geführt hatte. *Veit Harlan* hatte im sog. Dritten Reich im Auftrag *Goebbels'* Propagandafilme gedreht, unter anderem einen Film über *„Jud Süß"*. *Süß Oppenheimer* war im 18. Jahrhundert ein hoher Finanzbeamter im Königreich Württemberg und wurde, weil der König Misswirtschaft betrieb und Geld fehlte, beschuldigt, Unterschlagungen und sonstige Delikte begangen zu haben, und deshalb im Jahre 1738 als *Sündenbock* hingerichtet. Aus diesem Stoff, der auch dem 1925 erschienenen Roman *„Jud Süß"* von *Lion Feuchtwanger* zugrunde liegt, drehte *Veit Harlan* im Jahre 1940 einen fürchterlichen Propagandafilm, der am Beispiel dieses Juden die „völlige Verkommenheit" der ganzen jüdischen Rasse zeigen und damit den Judenhass schüren und den geplanten Völkermord rechtfertigen sollte. *Lüth* war daher der Auffassung, dass es *Veit Harlan* nicht mehr erlaubt sein sollte, als Regisseur tätig zu sein, auch dann nicht, wenn dieser nur völlig harmlose und unpolitische Unterhaltungsfilme kitschiger Art fabriziert. *Lüth* rief deshalb im Jahr 1951 die Öffentlichkeit zum Boykott des von *Harlan* gedrehten harmlosen Unterhaltungsfilms auf. Er stützte diesen Boykottaufruf auf seine durch Art. 5 GG geschützte Meinungsfreiheit. *Veit Harlan* erhob deswegen Zivilklage gegen *Lüth* mit dem Antrag, den Boykottaufruf, der von einem nicht geringen Teil der Bevölkerung befolgt wurde, zu unterlassen, und begründete dies damit, dass er durch den Boykott in seiner verfassungsrechtlich geschützten Berufsfreiheit verletzt und in seinem *Vermögen geschädigt* werde. Die Zivilgerichte haben diesem Antrag stattgegeben und verurteilten *Lüth* zur Unterlassung des Boykottaufrufs. Gegen diese Urteile erhob *Lüth* Verfassungsbeschwerde beim

BVerfG, das die Urteile der Zivilgerichte aufgehoben und damit die Klage *Harlans* abgewiesen hat.[6] Es kann nicht zweifelhaft sein, dass der Boykottaufruf *Lüths* letztlich die Berufsfreiheit *Harlans* verletzte. *Lüth* durfte zwar sicherlich die Meinung haben, dass es rechtens sei, wenn *Harlan* keine Filme mehr drehen dürfe. Aber durfte *Lüth* aufgrund dieser Meinung auch zum Boykott aufrufen? Jedermann durfte sicherlich auch dem Film fernbleiben, musste dem Boykottaufruf nicht folgen. Es blieb für jedermann die Freiheit, den Film anzusehen oder nicht anzusehen. Die Entscheidung war schwer, und das Urteil des BVerfG blieb nicht unbestritten, auch nicht bei solchen Juristen, die *nicht* im Verdacht standen, „alte Nazis" zu sein. Die rechtliche Problematik des Falles kann jedenfalls von den politischen Vorurteilen der einen und der anderen abstrahiert und letztlich vernünftig entschieden werden. In der Lüth-Entscheidung ist dazu vom BVerfG erstmals der Gedanke entwickelt und weitgehend allgemein anerkannt worden, dass die verschiedenen grundrechtlich geschützten Verfassungswerte (Menschenwürde, Gleichheit, Meinungsfreiheit, Berufs- und Eigentumsfreiheit u.a.) sich zu einem „einheitlichen Gesamtsystem ergänzen", dessen einzelne Bausteine untereinander in einem Verhältnis gegenseitiger Bedingtheit stehen[7]. Inhalt und Grenzen eines Grundrechts müssten daher stets im Hinblick auf die neben ihnen stehenden verfassungsrechtlich garantierten Rechtspositionen bestimmt werden. Zwischen den einzelnen Grundrechten solle auch *keine allgemeine Rangordnung* im Sinne eines starren Über- bzw. Unterordnungsverhältnisses bestehen, vielmehr müsse es stets das Ziel eines im Einzelfall (situationsgebunden[8]) vorzunehmenden *konfliktlösenden Abwägungsprozesses* sein, die gegeneinanderstehenden *grundrechtlich gesicherten Freiheiten* zu einer *möglichst optimalen Wirksamkeit* zu bringen (*Grundsatz praktischer Konkordanz*). Dieser Grundsatz ist letztlich nichts anderes als das „allgemeine Gesetz der Freiheit", mit dem *Kant* aus der Vernunft den Begriff des Rechts bestimmen wollte, und er ist auch vom BVerfG in vielen Nachfolgeentscheidungen zur Konkurrenz miteinander in Konflikt gekommener verfassungsrechtlich geschützter Freiheiten immer wieder bestätigt und zur allgemein herrschenden Auffassung geworden. Letztlich ist es nichts anderes als das *naturrechtliche Prinzip*, das in Fällen konkurrierender gesetzlicher Regelungen aus der *Natur der Sache* im Einzelfall die richtige Regelung entwickelt[9] und auch schon in § 97 ALR Ausdruck gefunden hat.[10]

Zwischen dem *Grundsatz* und der *richterlichen Entscheidung eines Einzelfalls* bleibt freilich immer noch ein *Sprung*, der keinem Richter erspart bleibt, wenn er in Fällen dieser Art entscheiden muss, inwieweit das Recht des einen unbedingt ge-

---

6 BVerfGE 7, 198 = NJW 1958, 257 – Lüth./.Veit Harlan; dazu *Nipperdey*, DVBl 1958, 445.
7 *Hesse* Grundzüge des Verfassungsrechts Rz 71; *Häberle* Wesensgehaltsgarantie 31 ff.
8 Im Sinne von *Emge* EinfRph 178, 186 ff, 199 ff.
9 *Joh. Braun* JZ 2013, 265, 273.
10 Dazu oben I 2 d; unten 5. Kap XI 8 c.

wahrt bleiben muss und inwieweit andererseits das Recht des anderen eingeschränkt werden darf, damit das edle Ziel *„praktischer Konkordanz“* erreicht wird, beide Rechte zu einer „möglichst optimalen Wirksamkeit zu bringen“. Angesichts der Vielfalt der zu berücksichtigenden und in jedem Einzelfall anders gelagerten Bedingungen kann die Anwendung dieses *Grundsatzes* auch nicht mit weiteren gesetzlich vorformulierten spezielleren Grundsätzen näher allgemein bestimmt werden, so dass grundsätzlich für den Richter ein größerer *Beurteilungsspielraum* verbleibt, den er nur aus der Tiefe seiner Vernunft, also seines Wissens und Gewissens, entscheiden kann und muss. In der Lüth-Entscheidung war dies die Frage, ob die Meinungsfreiheit *Lüths* in Abwägung mit der Berufsfreiheit *Harlans* nur die Äußerung dieser *Meinung* oder auch einen *Boykottaufruf* rechtfertigten konnte, der, soweit er befolgt wird, dem Betroffenen die Berufsfreiheit weitgehend nimmt. Es versteht sich leicht, dass damals *politisch links* Stehende den Boykottaufruf eher für gerechtfertigt und *politisch rechts* Stehende ihn eher für ungerechtfertigt hielten. Das *Ethos des Richters* verpflichtet grundsätzlich zur Abstraktion von derartigen politischen Einstellungen. Das Gericht durfte und musste jedoch berücksichtigen, in welcher Lage sich die Deutschen damals befunden haben und musste die *Berufsfreiheit Harlans* abwägen mit den *Opfern und dem Leid*, das die *NS-Ideologie* über das Volk gebracht hat. In diesem Sinne ist die Entscheidung des BVerfG damals ganz überwiegend als richtig anerkannt worden. Einen gleichartigen Fall kann es heute nicht mehr geben, weil sich eine derartige Konstellation kaum wiederholen kann. Im Allgemeinen darf aber gesagt werden, dass die *Meinungsfreiheit* zwar die Meinungsäußerung, aber grundsätzlich *keinen Boykottaufruf* rechtfertigen kann, wenn nicht – wie zu jener Zeit gegeben – ganz besondere Umstände hinzukommen.

Inzwischen sind vom BVerfG noch viele andere Fälle der Kongruenz verfassungsrechtlich geschützter Freiheit entschieden worden, die meisten wohl zu Fällen der *Kongruenz* der verfassungsrechtlich geschützten *Meinungs-*[11] und *Kunstfreiheit*[12] (Art. 5 Abs. 1 und 3 GG) mit dem gleichfalls verfassungsrechtlich gewährleisteten *Schutz der Persönlichkeit* (Art. 1 Abs. 1 i.V.m. Art. 2 Abs. 1 GG), so z.B. wenn Soldaten unter Berufung auf ein Zitat von *Kurt Tucholsky* ohne ersichtlichen Grund als *Mörder* bezeichnet werden oder wenn in einer Graphik *Franz-Josef Strauß als kopulierendes Schwein* gezeigt wird. In den Fällen dieser Art neigt das BVerfG allerdings zu einer *Überbewertung* des Schutzes der *Meinungs- und Pressefreiheit.*[13] Von wesentlich größerer Bedeutung ist jedoch das Gebiet des *Datenschutzrechts* geworden, das vom BVerfG auf die Ebene des Verfassungsrechts geho-

---

11 BVerfGE NJW 1985, 3303 – Soldaten sind Mörder IV; *Erman/Ehmann* Anh. § 12 Rz 64 ff. mit zahlreichen weiteren Nachweisen und Darstellung aller Grundsätze.

12 BVerfGE 75, 369 – Strauß als kopulierendes Schwein; dazu *Erman/Ehmann* Anh § 12 Rz 90 ff.

13 Dazu *Erman/Ehmann* Anh § 12 Rz 64–103.

ben wurde mit der Erfindung des sog. *Grundrechts auf informationelle Selbstbestimmung*, dem grundsätzlich Vorrang zukommen soll vor dem Interesse und dem Recht zur digitalen Verarbeitung und sonstigen Verwendung personenbezogener Daten.[14] Aufgrund dieser Fehlentscheidung wird auf vielen Gebieten die sinnvolle und notwendige Verwendung vorhandener Daten über die Maßen eingeschränkt. Die Polizei könnte z.B. größere Sicherheit vor Gewalttaten (z.B. auf dem Weihnachtsmarkt in Berlin) gewährleisten, wenn sie alle verfügbaren Daten nutzen dürfte und nutzen würde, als es die derzeitige Rechtsprechung des Bundesverfassungsgerichts gestattet.[15] In nahezu jedem Fernsehkrimi muss die Sekretärin heimlich im Internet die erforderlichen Daten ermitteln, damit der Kommissar den Verbrecher schnappen kann, in der Praxis aber geschieht eine derartige zwar erforderliche, aber vermeintlich rechtswidrige Datenerhebung und Datenverwendung selten oder nie mit der natürlichen Folge, dass viele Verbrechen geschehen, die hätten verhindert werden können, wenn die Polizei die gegebenen Möglichkeiten zur Datenverarbeitung auch nutzen dürfte.[16] Andererseits scheint es neuerdings möglich zu sein, demokratische Wahlen (USA) und Plebiszite (Großbritannien) mit vielen Millionen persönlichen Daten aus sogenannten sozialen Netzwerken derart zu beeinflussen, dass mit einer Auswahl von Schlagworten, die bei einer bestimmten Wählerschaft Gefallen finden, eine Mehrheit gewonnen werden kann für eine Partei und/oder einen Kandidaten für ein hohes Staatsamt, die politische Ziele verfolgen, die mit den allgemeinen Menschenrechten und den sonstigen verfassungsrechtlichen Grundsätzen dieses Staates nicht zu vereinbaren sind. Damit verlieren derart manipulierbare Wahlsysteme in demokratischen Rechtsstaaten aber ihren Sinn, weil sie geeignet sind, dafür völlig ungeeignete Personen in für die ganze Welt gefährliche Machtpositionen zu bringen. Wenn es, wie die Diskussionen mit den Milliardären dieser Datensammelstellen gezeigt haben, nicht möglich ist, Regelungen dafür aufzustellen und durchzusetzen, die derartige Manipulationen verhindern, so muss jedenfalls die *unmittelbare* Wahl in allerhöchste Staatsämter abgeschafft und, wie in der deutschen Verfassung, die Wahl des Regierungschefs (Kanzler, Präsident) mittelbar durch gewählte Parlamentarier erfolgen.

6. Was sind die Quellen des Rechts in der Vernunft? a) Der kategorische Imperativ als Abgrenzungskriterium: Versteht man das Recht im Sinne von § B MdS-RL als die Abgrenzung der Willkür, d.h. der *Handlungsfreiheit* des einen mit der *Handlungs-*

---

14 BVerfGE 65, 1ff – Volkszählung; dazu *Ehmann*, AcP 188 (1988), 230, 298 ff.

15 Vgl. insbes. BVerfGE 109, 279 = NJW 2004, 999 – großer Lauschangriff.

16 Zur unzureichenden Sicherheitsarchitektur der BRD auf der Grundlage des sog. Grundrechts auf informationelle Selbstbestimmung vgl. insbes. *Thomas Würtenberger*, Resilienz, in FS Schenke, 561–578; *ders.*, Privatisierung der inneren Sicherheit, in: Rückzug des Staates und Freiheit des Einzelnen; *ders.*, Entwicklungslinien des Sicherheitsverfassungsrechts, in: FS Meinhard Schröder, 285 ff.

freiheit anderer, „nach einem allgemeinen Gesetze der Freiheit", so bleibt zu fragen, wie dieses „allgemeine Gesetz der Freiheit" zu bestimmen ist und wer dies zu tun hat. Das kann jedenfalls nicht jeder selbst bestimmen, ansonsten wäre es kein *allgemeines* Gesetz. Die von den Menschen schon geschaffenen Gesetze des positiven empirischen Rechts sollen es auch nicht sein, vielmehr sollen sie in der *Quelle der Vernunft* gesucht und gefunden werden, wozu allerdings in der Rechtsordnung gegebene „empirische Gesetze vortrefflich zum Leitfaden dienen könnten, um zu einer möglichen positiven Gesetzgebung die Grundlage zu errichten".[17] Den *obersten Grundsatz*, den die (reine) Vernunft schlechthin gebietet, formuliert *Kant* als „kategorischen Imperativ" dahingehend: „Handle nur nach derjenigen Maxime, durch die du zugleich wollen kannst, dass sie ein allgemeines Gesetz werde."[18] Der Satz steht, wie schon gesagt, in volkstümlicher Formulierung schon bei *Tobias* (4,16) und etwas anderes formuliert auch bei *Matthäus* 7,12 und ist im Volk auch allgemein bekannt. Sowohl gegen den *kategorischen Imperativ Kants* als auch gegen die *Goldene Regel* haben *Hegel*[19] und *Schopenhauer*[20] sowie später noch viele andere, nicht zuletzt *Kelsen*,[21] jedoch geltend gemacht, dass sie letztlich bloß *formale Prinzipien* seien, die jede *materielle Norm rechtfertigen* könnten und stets unter der *Bedingung* stünden, dass der Handelnde für sich selbst das Gute wolle,[22] und unter der weiteren Bedingung, dass die *tatsächlichen Voraussetzungen* (Zwecke), die den Handelnden zum Handeln bewegen, genau bestimmt seien; z.B. stehe der Satz „Du sollst nicht lügen" stets unter der Bedingung, dass der Lügner die Wahrheit kennt. *Hegel* und *Schopenhauer* sind daher der Auffassung, dass der *kategorische Imperativ* stets ein *„hypothetischer* Imperativ" sei. *Hegel* fügt hinzu: „Die Zufälligkeit des Inhalts hat die Allgemeinheit nur an der Form

---

17 MdS-RL § B, AB 32.

18 GMdS BA 52 mit etwas anderer Formulierung auch BA 81, 84.

19 *Hegel*, Phänomenologie des Geistes, I, V C c in: Hegel, Hauptwerke, Bd. 2, S 233 f.

20 *Schopenhauer* (Über die Grundlage der Moral in: Sämtliche Werke III, 629 ff., 664) meinte in seiner Kritik gegen den kategorischen Imperativ *Kants*, vorzugswürdig sei die Formel: „*Neminen laede, imo omnes, quantum potes, iuva*!" „Verletze niemand, helfe vielmehr allen, so gut du kannst!". Die Quelle dieser Formel wird nicht genannt, das *neminen laede* erinnert aber an Ulpian, D. 1.1.10.1: Iuris praecepta sunt haec: *honeste vivere, alterum non laedere, suum cuique tribuere* („Die Gebote des Rechts sind: Ehrenhaft leben, den Mitmenschen nicht verletzen, jedem das Seine gewähren"). Die positive Formulierung des Hilfegebots schließt jedenfalls die Ausrede des Unterlassenden aus, er erwarte nicht, dass ihm in solcher Lage jemand helfe.

21 *Kelsen* RR 367, 369 f.

22 Die *Matthäus-Formel* ist insofern der *Tobias-Formel* und dem kantischen *kategorischen Imperativ* überlegen, weil sie nicht den Betroffenen selbst zum Maßstab macht („Handle nach derjenigen Maxime, durch die *du* (Singular) zugleich wollen kannst, dass ...), vielmehr sollen *„die Leute"* einen allgemeinen Maßstab setzen: „Alles was *ihr* (Plural) wollt, dass euch die Leute tun, das tut *ihr* ihnen auch." Mit dem Plural (ihr, euch, Leute) statt dem „du" wird der Wertmaßstab vom Handelnden des Einzelfalls auf das Denken einer Mehrheit im Allgemeinen verlagert und dadurch objektiviert.

eines Satzes, in der sie ausgedrückt ist; aber als sittlicher Satz verspricht er einen allgemeinen *und notwendigen* Inhalt und widerspricht so durch die Zufälligkeit desselben sich selbst." Es bleibt aber auch das Faktum, dass Kinder zwar häufig allgemein dahingehend belehrt werden, dass sie nicht lügen sollen, aber zumeist bald merken, dass ihre Eltern auch öfters lügen, und daher das Lügen trotz aller Ermahnungen auch schnell lernen, auch lernen müssen, weil sie ansonsten im Leben öfters in größere Schwierigkeiten kommen würden. Wenn der Befragte die Wahrheit kennt, z.B. weiß, wo der Mensch sich aufhält, den der, welcher danach fragt, erklärtermaßen ermorden will, so macht sich der Befragte der Beihilfe zum Mord (§§ 211, 27 StGB) schuldig, wenn der Mörder aufgrund der wahrheitsgemäßen Antwort den Gesuchten findet und tötet. Die Meinung des Befragten, er hätte die Wahrheit sagen müssen, kann seine Beihilfe zur Mordtat weder rechtfertigen noch entschuldigen.[23] Die Vernunft, die die Quelle des Rechts sein soll, kann daher nicht die „reine Vernunft" des *kategorischen Imperativs* sein, weil niemand einem Mörder helfen darf, sein Opfer zu finden, vielmehr grundsätzlich verpflichtet ist, diesen in die Irre zu schicken, ansonsten er für die Tötung mitverantwortlich wird. Die Vernunft fordert zwar, dass die Menschen einander grundsätzlich die Wahrheit sagen, ausnahmsweise kann es jedoch vernünftiger sein, unter bestimmten Voraussetzungen die Unwahrheit zu sagen. Die Wahrheit ist auch kein absoluter Wert, muss vielmehr in der Konkurrenz mit anderen Werten gleichfalls abgewogen werden und hinter dem gebotenen Schutz des Lebens eines Menschen im Zweifel zurücktreten. Auch das Recht selbst kann auf die Spitze und darüber hinaus getrieben werden und damit ins Unrecht umschlagen: *Summum ius summa iniuria.*

b) Das allgemeine Gesetz der Freiheit in § B MdS-RL: Aber *Kant* wollte die *rechtliche* Abgrenzung zwischen der Willkür des einen mit der des anderen auch gar nicht nach der Maxime des *kategorischen Imperativs* abgrenzen, sondern „nach einem allgemeinen Gesetz der Freiheit", nach dessen Maxime die Freiheit des einen mit der Freiheit des anderen „zusammen vereinigt" werden kann. In § C MdS-RL erklärte *Kant* dazu, dass derjenige *Unrecht* tue, der den anderen (gänzlich) an der Ausübung seiner Freiheit hindere. Es werde aber nicht verlangt, so *Kant*, dass dieses „Prinzip aller Maxime" selbst wiederum eine Maxime ist, d.h., dass ich es mir zur Maxime meiner Handlung mache, denn jeder könne frei sein, auch wenn ich ihm die Freiheit gerne nehmen wollte: „Das *Rechthandeln* mir zur Maxime zu machen, ist eine Forderung, die die *Ethik* an mich tut",[24] also nicht das *Recht.* Das „Rechtsgesetz": „Handle äußerlich so, dass der freie Gebrauch deiner Willkür mit

---

23 Anders *Kant*, Recht aus Menschenliebe zu lügen, in: Kant Werke Bd. 7, 635, 638; für das Recht in solchen Fällen zu lügen und gegen die Rechtslehre im Allgemeinen *Stammler*, RichtigR 27 ff.; ebenso *Lisser*, Begriff des Rechts 17.

24 *Kant* MdS-RL AB 35.

der Freiheit von jedermann nach einem allgemeinen Gesetze zusammen bestehen könne", sei zwar ein „Gesetz[25]", welches mir eine Verbindlichkeit auferlegt, aber ganz und gar nicht erwartet, noch weniger fordert, dass ich, ganz um dieser Verbindlichkeit willen, meine Freiheit auf jene Bedingung *selbst* einschränken solle, „sondern die Vernunft sagt nur, dass sie in ihrer Idee darauf beschränkt sei und von anderen auch tätlich eingeschränkt werden dürfe; und dieses sagt sie als ein Postulat, welches gar keines Beweises weiter fähig ist". *Kant* fügt dem hinzu: Wenn es nicht die Absicht sei, *Tugend zu lehren*, sondern vorzutragen, was *Recht* sei, so dürfe und solle man selbst nicht jenes *Rechtsgesetz* als *Triebfeder der Handlung* vorstellig machen.[26] Wenn dies so verstanden werden darf, dass das Recht – anders als die Ethik – nicht voraussetzt, dass ich von einem anderen nur fordern darf, was ich zugleich zu einem allgemeinen Gesetze zu erheben bereit bin, das auch gegen mich selbst gilt, so kann das, was die Freiheit des einen mit der Freiheit des anderen im Sinne der praktischen Konkordanz miteinander in Einklang bringen soll, durchaus so verstanden werden: Du sollst also das *Leben*, den *Körper*, die *Gesundheit*, die *Freiheit*, die *Ehre*, das *Eigentu*m und alle *sonstigen Rechte eines anderen achten*, so wie „anständige, gute Menschen" (oder vernünftige Leute) erwarten, dass man diese ihre Rechte achtet, auch wenn du selbst deine Rechte nicht so beachtet haben willst. Du sollst die *zugunsten eines anderen bestehenden Gesetze achten*, so wie „anständige, gute Menschen" (vernünftige Leute) erwarten, dass man diese Gesetze beachtet, auch wenn du selbst die zu deinen Gunsten bestehenden Gesetze nicht beachtet haben willst. Du sollst deine *Versprechen einhalten*, so wie alle „anständigen, guten Menschen" (vernünftigen Leute) erwarten, dass man die ihnen gegebenen Versprechen einhält, auch wenn du nicht willst, dass man dir gegebene Versprechen einhält.[27] Dieses „Du sollst …" ist für *Kant* aber nur eine *moralische* Verpflichtung und kein „Rechtsgesetz".

Soll jeder die derart geschützten Freiheiten eines jeden anderen so beachten wie seine eigenen, so werden diese Freiheiten mit dieser Anerkennung anderer zu *rechtlich geschützten Freiheiten*, sofern ein jeder von einem anderen verlangen kann, dass er sie derart achtet und dieses Verlangen notfalls mit den Mitteln des Rechts

25 Ein „Gesetz" im formellen rechtlichen Sinne, das von einem Gesetzgeber (in der Zeit *Kants* vom König) beschlossen, vom König (heute vom Staatspräsidenten) unterschrieben und in einem Gesetzblatt verkündet wurde, war es aber auch zu *Kants* Zeiten nicht und ein derartiges gemäß Art. 77–82 GG zustande gekommenes formelles Gesetz gibt es auch heute nicht. Was *Kant* hier als „Gesetz" bezeichnet, ist aber ein *Rechtsgrundsatz*; wenn ein Gesetz dagegen verstößt, bleibt dieses Gesetz zwar ein gültiges Gesetz, kann aber im Einzelfall Unrecht sein und heute, wenn es eine verfassungsrechtlich geschützte Freiheit eines anderen übermäßig einschränkt, nach den Grundsätzen praktischer Konkordanz eingeschränkt oder ausnahmsweise auch gänzlich außer Kraft gesetzt werden; dazu oben 3. Kap III 3 um Fn 3/122.

26 MdS-RL, AB 34.

27 Zu den versch. Formulierungen der Goldenen Regel vgl. *Tobias*, 4,16; *Matth.* 7,12; dazu oben I 2.

auch erzwungen werden kann. Dementsprechend sind auch (wie unter II näher dargelegt wird) Leib und Leben, Freiheit, Ehre, Eigentum und einige andere derartige Rechtsgüter eines Menschen sog. *absolut geschützte Rechtsgüter*, die grundsätzlich von niemandem anderen verletzt werden dürfen, weil vernünftigerweise niemand wollen kann, dass diese seine Rechtsgüter von anderen verletzt werden. Ein Eingriff in diese absolut geschützten Rechtsgüter anderer ist grundsätzlich nur gerechtfertigt, wenn Fälle der Notwehr, des Notstands, der Einwilligung oder sonstiger Rechtfertigungsgründe vorliegen. Deshalb sind diese Rechtsgüter in den Schutz sog. *absoluter* Rechte gefasst worden, die von anderen grundsätzlich nicht beeinträchtigt oder gar verletzt werden dürfen, es sei denn, dass ausnahmsweise besondere *Rechtfertigungsgründe*[28] zu einem Eingriff in diese Rechte und die dadurch geschützten Freiheiten gegeben sind. Ebenso allgemein anerkannt ist, dass grundsätzlich jedermann nicht nur die *absoluten Rechtsgüter* anderer nicht verletzen, sondern *alle Gesetze* nicht missachten darf, die dem Zweck dienen, die Rechtsgüter anderer Menschen vor gefährlichen *Handlungen* zu schützen; ebenso muss jedermann grundsätzlich die *guten Sitten* und auch die mit anderen vereinbarten *vertraglichen Pflichten* beachten (dazu oben 3 b (1) – (4)). Die mit dieser rechtlichen Anerkennung verbundene Erzwingbarkeit der Freiheitsbeschränkung eines jeden erachtete auch *Kant nicht als Widerspruch* zum Prinzip der Freiheit mit der Begründung: „Der Widerstand, der dem Hindernisse einer Wirkung entgegengesetzt wird, ist eine Beförderung dieser Wirkung und stimmt mit ihr zusammen."[29] Daher stimme der Zwang zur Verhinderung eines Hindernisses der Freiheit mit der „Freiheit nach allgemeinen Gesetzen" zusammen. Damit aber sind diese zum Schutz anderer aus reiner Vernunft gebotenen Freiheitsbeschränkungen zu anerkannten Rechten aller anderen geworden, die *Unterlassungsansprüche* (§ 1004 BGB) und im Falle der Verletzung auch *Schadenersatzansprüche* (§ 823 BGB) begründen können.

7. Kategorischer Imperativ - Nächstenliebe - Gleichheitssatz: Die Begründungen *Kants* zu seinem *kategorischen Imperativ* und die Argumente der Kritik dagegen, insbesondere die *Hegels* und *Schopenhauers*, haben zu Tage gefördert, dass in diesem Gebot auch Elemente der *Nächstenliebe* und des *Gleichheitssatzes* stecken.

a) Liebe deinen Nächsten wie dich selbst: Schopenhauer hat *Kant* vor allem vorgeworfen, dass er seinen *kategorischen Imperativ* von allen *objektiven und subjektiven Erfahrungen abgekoppelt* habe und außerdem den obersten *Grundsatz* seiner Ethik nicht klar und deutlich von seinem *Fundament* (also vom Grund des ethischen Prin-

[28] Dazu unten II 2.

[29] MdS-RL, § D, BA 35. Wenn die Verletzung der guten Sitten nicht zu einem Schaden führt, so hat der sittenwidrig handelnde Glück gehabt; ebenso im Falle einer Schutzgesetzverletzung, wenn nicht schon die Verletzung des Schutzgesetzes strafbar ist (wie z.B. in der Stadt schneller als 50 km/h fahren) oder er nicht erwischt wird.

zips) getrennt habe, weshalb er zu einer *petitio principii* geworden sei. Das Fundament des *obersten Grundsatzes aller Ethik*, also den *Urgrund allen guten Wollens*, welchen die Philosophen seit Jahrtausenden suchen, erkannte *Schopenhauer* daher im *Egoismus*, also der Triebkraft des *Gesetzes der Motivation.* Allein der reale Egoismus des Menschen könne die Triebfeder guten und vernünftigen Handelns sein, die die entgegenstehenden riesenstarken egoistischen Motive wenigstens möglicherweise überwinden könnten. Die Grundwahrheit sei und bleibe, dass aus einem Nichts nichts werden könne, also jede Wirkung einer Ursache bedürfe.[30] Auf dieser Grundlage wollte *Schopenhauer* das *oberste Prinzip der Ethik* so formulieren: „Verletze niemanden, helfe vielmehr allen, so gut du kannst!";[31] er räumte aber auch ein, dass die goldene Regel in etwa dasselbe besagt, meinte aber, dass daraus, dass ich nicht will, dass mir Böses geschieht, nicht zwingend folge, dass ich dasselbe anderen nicht antun solle. Die *positive* Formulierung „Helfe vielmehr allen, so gut du kannst" statt der *negativen* Formulierung „Tue anderen nichts, was du nicht willst, dass man dir tut" setze zwar nicht – wie die negative Formulierung der goldenen Regel – voraus, dass der Mensch nicht das Böse zum allgemeinen Gesetz erheben will, verlange aber, dass er – wenn auch letztlich aus Eigennutz – dem anderen ausnahmsweise Gutes tun solle, wenn er es kann. Er solle jedenfalls anderen helfen, wenn diese der Hilfe bedürfen und er helfen kann. Darin steckt zwar auch nicht mehr Egoismus als in der Goldenen Regel, aber sicherlich in vielen Fällen ein Stück *Nächstenliebe*, die aber auch egoistischen Menschen nicht ganz fremd ist und jedem gelegentlich ein wenig gut tut. Für sehr viele Menschen ist solche Nächstenliebe auch ein sehr starkes Motiv, das sie dazu drängt, hilfsbedürftigen Menschen zu helfen, soweit sie es können. Auch diese Erscheinungen sind eine Realität. Nicht zuletzt hat der deutsche Gesetzgeber das *Handeln des Samariters* auf der Grundlage des Gebots „Du sollst deinen Nächsten lieben wie dich selbst" (3.Mose 19,18; Lukas 10,25–37) *zum Gesetz erhoben* mit dem Satz des § 323 c StGB: „Wer bei Unglücksfällen oder gemeiner Gefahr oder Not nicht Hilfe leistet, obwohl dies erforderlich und ihm den Umständen nach zuzumuten, insbesondere ohne erhebliche eigene Gefahr und ohne Verletzung anderer wichtiger Pflichten möglich ist, wird mit Freiheitsstrafe bis zu einem Jahr oder mit Geldstrafe bestraft." Wer in der Praxis des Lebens, zum Beispiel bei einem Verkehrsunfall, eine derartige Hilfe leistet, tut es in aller Regel nicht nur deswegen, weil er sich ansonsten strafbar macht, sondern zumeist doch wohl deswegen, um den anderen zu helfen, um wenigsten *einmal* ein *guter Mensch* zu sein.

b) Der Gleichheitssatz als Gebot der Gerechtigkeit: Es mag sein, dass der Egoismus die stärkste Motivation des Menschen ist, aber wenn der Mensch in einer Gemeinschaft lebt und gut und in Frieden leben will, so muss er lernen und lernt es in

30 *Schopenhauer* Moral 662–670; dazu *Schopenhauer* Wurzel 157 ff.
31 *Schopenhauer* Moral 664: Neminen laede, imo omnes, quantum potes, iuva!

aller Regel auch, dass er gelegentlich die Hilfe der anderen braucht und dass, wenn er etwas von ihnen will, er grundsätzlich eine *gleichwertige Gegenleistung* (ausgleichende Gerechtigkeit) erbringen muss. Wenn kleine Kinder Geschwister haben, lernen sie es schon in ihrer Kinderzeit; andere müssen es jedenfalls später lernen. Jeder will „natürlich" in der Regel mehr und Besseres als die anderen, muss aber mit der Zeit lernen, dass er damit zufrieden sein muss, das *Gleiche* zu erhalten wie die anderen, z.B. wenn das *Essen* oder *Geschenke* verteilt werden oder der Lehrer in der Schule *Noten* gibt (*austeilende Gerechtigkeit*). Das Recht ist uns nicht angeboren, aber wir müssen es lernen, wenn wir in Gemeinschaft mit anderen Menschen leben wollen. Wenn man aber in Fällen des *Austauschs von Leistungen* (Ware gegen Preis, Arbeitsleistung gegen Lohn) von anderen für eine Leistung grundsätzlich eine *gleichwertige* Gegenleistung haben will, so muss man auch selbst bereit sein, für eine Leistung, die man erhält, eine gleichwertige Gegenleistung zu erbringen. Das alles steckt im *kategorischen Imperativ Kants* als oberstem Grundsatz aller Ethik gleichermaßen wie in der *Goldenen Regel* und auch im Vorschlag *Schopenhauers*, und dieser Grundsatz ist in der Form der Goldenen Regel auch tief im Menschen verwurzelt. Die meisten Menschen können sie in der Form der *Tobias-Formulierung* auswendig und sagen sie auch auf, wenn ein konkretes Problem dieser Art zu Tage tritt. Dabei wird der Satz aber ganz grundsätzlich stillschweigend ergänzt durch die Voraussetzung (Bedingung!), dass jeder „natürlich" nur will, dass man ihm selbst Gutes tut. Nur ganz wenige „Schlaumeier" wissen auch, dass sie auch anderen Böses tun können ohne zu wollen, dass man ihnen selbst Böses tun darf. Die meisten Menschen verstehen die Goldene Regel jedoch unter der Voraussetzung (Bedingung), dass ein (normaler) Mensch nicht will, auch nicht wollen kann, dass man ihm selbst Böses tut. Unter dieser Voraussetzung ist die Regel allerdings *kein kategorischer*, das heißt kein *unbedingter Imperativ* mehr. Für den alltäglichen Gebrauch wird sie unter dieser Voraussetzung aber ganz genau das, was die Menschen im Leben brauchen, um ein gutes Gefühl dafür erlangen zu können, was Recht und Unrecht ist, weil sie doch im Allgemeinen gerne aus reinem Egoismus davon ausgehen, dass sie gegen sich selbst nicht das Böse, sondern nur das Gute wollen.

Ganz in diesem Sinne hat nicht zuletzt auch *Mauthner*[32] mit *Hegel* und *Schopenhauer* den kategorischen Imperativ *Kants* als *leere Tautologie* bezeichnet, aber doch zugleich auch herausgestellt, dass der „Scheinbegriff" höchst wirksam geworden sei, weil er einer *realen Sehnsucht* entsprochen habe. Deswegen sei er sowohl vom *egoistischen Individualismus* als auch vom *altruistischen Sozialismus* aufgegriffen und mit einem Inhalt gefüllt worden. Auch habe *Schiller* ihn zu einer populären Tugend gemacht, so dass man die „tiefe Herzenssehnsucht" nach einem „Leben unter guten Menschen" hinter der so scholastisch-logisch abgeleiteten

32 *Mauthner* Philosophie, Stichwort: kategorisch.

Grundbedingung *Kants* nicht mehr leicht hätte erkennen können. Auf diese Weise bestätigt sich auch hier, dass das richtige Verständnis eines Textes letztlich nur aus einer *Wirkungsgeschichte*[33] heraus möglich ist. Die Kritiker *Kants* haben zwar recht, aber das Volk hat den schwierigen Text *Kants* letztlich doch so verstanden, wie er verstanden werden sollte, und er hat nicht nur in Preußen und im deutschen Volk, sondern weltweit eine Wirksamkeit erzeugt, wie sie besser hätte nicht erzeugt werden können.

II. Der Freiheits- und Schutzbereich absoluter Rechte

1. Entstehung der absoluten Rechte: In einem der ältesten Rechtsdokumente, das unseren Kulturkreis und die gesamte neue Welt tief geprägt hat, im Dekalog (2. Mose 20,1–27) heißt es unter anderem: *Du sollst nicht töten*, *nicht stehlen*, *nicht falsch Zeugnis* reden wider den Nächsten, darüber hinaus auch seine *Ehre* und seinen *Körper nicht verletzen.* Mit diesen Verboten – geschrieben mit dem Meißel *Moses* – wird also das Leben, der Körper, die Ehre, das Eigentum der Menschen durch *offenbartes göttliches Recht* geschützt, das aber auch mit der *Vernunft des Menschen* im Einklang steht und daher auch als „natürliches" *menschliches Recht* verstanden werden darf.[34] Diese Verbote und der damit verbundene Schutz dieser Rechtsgüter waren auch schon im vorchristlichen römischen Recht enthalten und sind in weitgehend gleicher Art – teils sicherlich auch aus anderen Quellen (z.B. *Hammurabi*, 1792–1750 v. Chr.; siehe 2. Mose 21,24) – in nahezu alle menschlichen Rechtsordnungen zivilisierter Staaten gekommen. In wohl allen *Strafgesetzbüchern* staatlich organisierter Gemeinschaften heißt es in dieser oder ähnlichen Formulierungen: Wer einen anderen Menschen tötet, seinen Körper, seine Ehre, sein Eigentum verletzt, wird mit Gefängnis, im Falle der Tötung teils auch jetzt noch mit dem Tode bestraft. Entsprechend heißt es in vielen *zivilrechtlichen Kodifikationen*: Wer einen anderen Menschen tötet, seinen Körper, seine Ehre, sein Eigentum verletzt, ist zum *Ersatz des daraus entstehenden Schadens verpflichtet*; im Falle der Tötung hat er daher die *Beerdigungskosten* zu tragen und den nahen Angehörigen den Schaden zu ersetzen, der aus dem Verlust ihrer *Unterhaltsansprüche* gegen den Getöteten entsteht; wer also einen Familienvater tötet, der mit seinem Einkommen eine Frau und vier Kinder versorgte, schuldet der Frau und den Kindern diese Unterhaltleistungen als Schadenersatz (§ 844 Abs. 2 BGB). Der Schutz der genannten absoluten Rechte wird also durch zwei rechtliche *Sanktionen* er-

---

33 Dazu *Gadamer* Wahrheit und Methode 284 ff.

34 *ThvA* F 57, 2 zu 3; *Thomas* erörterte Voraussetzungen und Grenzen dieser absoluten Rechte des Menschen – wie im 3. Kap V u. VI dargelegt – mit seinen Antworten zu den Fragen F 64, 1–7 (Leben); F 65, 1–4 (Körper); F 66,1 und 2; F 72–76 (Ehrenschutz gegen Schmähung, Ehrabschneidung, Ohrenbläserei, Verspottung und Verfluchung).

reicht: durch *Kriminalstrafen* und durch *zivilrechtliche Schadenersatzansprüche*, die in vielen Fällen, in denen durch die verbotene Handlung ein hoher Schaden entsteht, eine viel *härtere Sanktion* sein können als Geldstrafen oder Freiheitsstrafen auf Bewährung. In der Strafbarkeit der Verletzung des absoluten Rechts und der zusätzlichen Sanktion der Schadenersatzpflicht steckt der Gedanke, dass die allgemeine *natürliche Handlungsfreiheit* eines jeden Menschen durch die anderen Menschen zugeordneten absoluten („natürlichen") *Rechtsgüter* (*Leben*, *Körper*, *Ehre*) und dem (aus der Vernunft entwickelten) *Eigentum* eine *natürliche rechtliche Grenze* gesetzt ist. Das bedarf bezüglich der genannten und einiger anderer derartig „absoluter Rechte" noch einer etwas näheren Betrachtung.

2. Funktion der absoluten Rechte: Die absoluten Rechte haben eine *doppelte Funktion*: sie schützen die Freiheit des Berechtigten in Bezug auf den Gegenstand des absoluten Rechts und beschränken gleichzeitig die Freiheiten aller anderen in Bezug auf diesen Gegenstand. Das kommt in der Definition des Eigentums in § 903 BGB klar zum Ausdruck:

> „Der Eigentümer kann, soweit nicht das Gesetz oder Rechte Dritter entgegenstehen, mit der Sache (dem körperlichen Gegenstand des Eigentums) nach Belieben verfahren und andere von jeder Einwirkung ausschließen."

Der Eigentümer kann also jedem anderen das Berühren seiner *Stradivari* verbieten; er selbst kann das gute Stück aber auch an der Wand zerschmettern, wenn er es so will.[35] Das ist die rechtlich geschützte *Freiheit* des Eigentümers. In Bezug auf seinen eigenen *Körper* hat jeder grundsätzlich die entsprechende Freiheit; nur der Soldat im Krieg darf sich nicht selbst verletzen, um in der Sicherheit des Krankenhauses die Kriegsgefahr zu vermeiden (sog. Heimatschuss). Auch für das *Leben* gilt – nach heutiger Auffassung – entsprechendes: Jeder kann leben, wie und wo er will, er kann sich auch das Leben nehmen, aber alle anderen von jeder Einwirkung auf sein Leben ausschließen. Die *absolute* Geltung solcher *absoluten Rechte zeigt sich besonders deutlich auch* im allgemeinen *Unterlassungsanspruch* des Inhabers (oder Trägers) dieser Rechte, der (im deutschen Recht nach § 1004 BGB) *von jedermann verlangen* kann, jede Handlung zu unterlassen, die eine Gefahr der Verletzung dieser Rechte begründet und im Falle geschehener Beeinträchtigung diese zu *beseitigen* (*Beseitigungsanspruch*); geschieht die Beeinträchtigung vorsätzlich oder

[35] In Art. 14 Abs. 2 S. 1 GG heißt es allerdings: Eigentum verpflichtet. Wirtschaftsgüter, die auch für andere und für die Allgemeinheit von hohem Wert sind, darf der Eigentümer also nicht willkürlich zerstören, muss vielmehr auch einem überragenden allg. Interesse erforderlichenfalls den Vorrang einräumen; grundsätzlich allerdings nur gegen Entschädigung. Diese berechtigte Einschränkung des Privateigentums ist eine Konzession an den naturrechtlichen Satz, dass die Güter der Welt nicht einem einzelnen, sondern allen gehören. Die rechtliche Zuordnung dieser Güter zu einzelnen Eigentümern rechtfertigt sich nur dadurch, dass die individuelle Zuordnung eine bessere Nutzung und sorgfältigere Instandhaltung der Güter gewährleistet; dazu oben 3. Kap VI.

fahrlässig, also *schuldhaft*, so hat der Störer dem Rechtsinhaber auch den daraus entstehenden *Schaden zu ersetzen* (§ 823 BGB). Damit beschränken die absoluten Rechte die Handlungs*freiheit* aller anderen Menschen, die sich grundsätzlich so verhalten müssen, dass die *absoluten Rechte anderer* nicht beeinträchtigt werden.

Die *Besonderheit* der *absoluten* Rechte besteht also 1. darin, dass sie anders als vertragliche (*relative*) Rechte nicht nur gegenüber dem Vertragspartner, sondern *jedermann* gegenüber wirksam sind; 2. darin, dass sie die *Freiheit des Rechtsinhabers erweitern*, der mit dem realen Gegenstand des absoluten Rechts machen kann, was er will; 3. darin, dass sie die *Freiheit aller anderen beschränken*, die den realen Gegenstand dieses Rechts nicht beeinträchtigen oder verletzen dürfen; 4. speziell darin, dass sie nicht bestimmte *Handlungen* der anderen Menschen verbieten, zum Beispiel nicht die Wegnahme oder die Benutzung des Rechtsguts oder einen Aufenthalt in der Nähe des Rechtsguts, sondern jede *Beeinträchtigung des Rechtsguts*, also einen bestimmten *(Handlungs-)Erfolg verbieten* und damit mittelbar jede Handlung verbieten, die diesen Erfolg in nicht ganz unwahrscheinlicher Weise *verursachen* könnte. Die Verletzung eines absoluten Rechtsguts statuiert also ein *Erfolgsunrecht*, und der genannte *Unterlassungsanspruch* aus § 1004 BGB verbietet jede *Handlung*, die einen solchen *rechtswidrigen Erfolg* (adäquat kausal)[36] *verursachen könnte;* 5. darin, dass die Zerstörung oder Verletzung des durch das absolute Recht geschützten Rechtsguts den Schädiger gegenüber dem Geschädigten zum Ersatz des daraus entstehenden Schadens gemäß § 823 Abs. 1 BGB verpflichtet. *Absolut* sind die „absoluten Rechte“ allerdings insofern nicht, als deren Verletzung nicht in allen Fällen verboten ist, ein Eingriff in absolute Rechte oder deren Einschränkung kann vielmehr aufgrund von *Rechtfertigungsgründen* (*Notwehr, Notstand, Einwilligung, Wahrnehmung berechtigter Interessen*)[37] gerechtfertigt oder zur Gewährleistung des Schutzes absoluter Rechte anderer sogar geboten sein.

3. Das Abgrenzungsproblem a) Gegenständlich begrenzter Rechte: Die Funktion der *Freiheitsbeschränkung aller Menschen* (außer dem Rechtsinhaber) kann ein absolutes Recht umso besser erfüllen, je klarer der durch das absolute Recht geschützte Freiheitsbereich im *Gegenstand des absoluten Rechts* zu *erkennen* ist. Diese *Erkennbarkeit* wird bei den Prototypen der absoluten Rechte (am Leben, am Körper und an beweglichen Sachen und Grundstücken) durch die *gegenständliche Verkörperung* des Rechtsgegenstands (Leben, Körper, Sacheigentum) gewährleistet. Die Menschen wissen seit Jahrtausenden, und jeder kann es in aller Regel auch im Einzelfall erkennen, dass er den *Körper* eines anderen und erst recht das darin steckende *Leben* nicht verletzen und den Körper grundsätzlich auch nur berühren und betasten darf, wenn der Betroffene damit einverstanden ist. Wird der *Körper verletzt*, so

[36] Weil keine Handlung verboten werden soll, die nur in außergewöhnlichen Fällen einen Schaden verursachen kann.

[37] Vgl. §§ 32-35, 193, 228 StGB, §§ 227-231, 904 BGB.

ist dies in aller Regel auch *leicht erkennbar*, insbesondere wenn Blut fließt. Entsprechendes gilt für das *Sacheigentum* sowohl an *beweglichen Sachen* wie an *Grundstücken*; der Gegenstand der Sache und damit auch die Grenzen der Freiheit aller anderen als des Eigentümers der Sache sind in der Regel für jeden *leicht erkennbar* und damit auch das Signal für alle anderen: *Hier hört deine Freiheit auf.* Bei Grundstücken ziehen die Menschen nicht selten noch einen Zaun drum herum, um es zu verdeutlichen, oder stellen ein Schild auf: „Betreten verboten". Ebenso sind *Beschädigungen* einer beweglichen Sache und auch eines Grundstücks (z.B. wenn ein Tankwagen umstürzt und das Dieselöl auf den Acker läuft) zumeist *leicht feststellbar.* Ein Grundstück darf aber nicht nur nicht beschädigt, sondern auch nicht betreten oder sonst wie genutzt werden; Entsprechendes gilt für bewegliche Sachen. Mit dem absoluten *Recht am eigenen Körper, am eigenen Leben* sowie *an einer Sache* sind also die Freiheit des Menschen, der mit seinem Körper, seinem Leben, seinem Sacheigentum machen kann, was er will, weitestgehend geschützt und damit die Freiheit aller anderen entsprechend eingeschränkt. Die Grenze dieser körperlichen Gegenstände ist also zugleich die *Grenze der Freiheit des Berechtigten* und die *Grenze der Handlungsfreiheit aller anderen* in Bezug auf die Gegenstände dieser absoluten Rechte: Die Abgrenzung der Freiheit des Inhabers der absoluten Rechte am Leben, Körper und am Eigentum von der Freiheit aller anderen durch die Grenze der absoluten Rechte ist damit zugleich eines der *„allgemeinen Gesetze der Freiheit"* im Sinne *Kants*, welche die Grenze der Willkür des Rechtsinhabers zu der Willkür aller anderen deutlich gegeneinander abgrenzt, durch eine klare Abgrenzung aber auch rechtlich sichert.

b) Von Rechten ohne gegenständliche Verkörperung: Diese klare Grenze zwischen der Freiheit des Rechtsinhabers und den Freiheiten aller anderen ist grundsätzlich nur für Leben, Körper, Eigentum und für solche Rechte gegeben, die eine *„gegenständliche Verkörperung"* gefunden haben; es werden allerdings auch einige „absolute Rechte" rechtlich anerkannt, die *keine derartige Verkörperung* in einem *gegenständlich umgrenzten Bereich* gefunden haben, vielmehr allein durch einen *Rechtsbegriff* erfasst werden, z.B. die *Ehre*, aber vor allem auch die *Freiheit* selbst, die in § 823 Abs. 1 BGB auch als *absolutes Recht* anerkannt wurde. Außerdem hat die Rechtsprechung mit dem sog. *Recht am eingerichteten und ausgeübten Gewerbebetrieb* sowie dem *Allgemeinen Persönlichkeitsrecht*, das auch den Schutz der *Ehre* umfasst, noch zwei gegenständlich nicht erfassbare *absolute Rechte* geschaffen, deren Abgrenzung zur Freiheit anderer ein großes Problem darstellt.[38] Die absoluten Rechte am Leben, Körper und Eigentum zeichnen sich dadurch aus, dass sie auf

[38] Die Problematik der Abgrenzung dieser Rechte liegt außerhalb des hier behandelten Themas und kann daher im Einzelnen nicht dargestellt werden; vgl. dazu *Ehmann*, Recht ist rechtlich geschützte Freiheit, in: FS Lindacher, 91 ff.; *ders.* DelR § 21 II 2 u. 3; § 23; *ders. Erman/Ehmann* Anh zu § 12 Rz 18 ff.

einen *körperlichen Gegenstand* bezogen sind; sie haben also, wie man sagt, eine *gegenständliche Verkörperung* gefunden, die eine *sichere und klare Grenze* dieser Rechte und gleichermaßen für die Freiheit aller anderen abzeichnet und jede Handlung der anderen verbietet, die diese Grenze verletzt oder zu verletzen droht (§ 1004 BGB). Diese klare Grenze des menschlichen Körpers und einer Sache mit der Folge leichter Erkennbarkeit jeder Verletzung oder Beeinträchtigung fehlt aber bei der *Freiheit* und einigen anderen *nur durch Rechtsbegriffe* erfassten Rechtsgütern (z.B. der Ehre, des Allgemeinen Persönlichkeitsrechts und des Rechts am eingerichteten und ausgeübten Gewerbebetrieb).[39] Genau betrachtet sind jedoch die Rechte am eigenen Leben, Körper und Eigentum nichts anderes als die geschützte *Freiheit*, mit seinem Körper, seinem Leben und seinem Eigentum zu machen, was man will, und andere von jeder Beeinträchtigung auszuschließen. Die genannten *gegenständlich geschützten Freiheiten* sind also alle im allgemeinen *Begriff der Freiheit* mitenthalten. Alle auf einen bestimmten Gegenstand bezogenen Rechte, die die Verletzung des Lebens, des Körpers, der Gesundheit, der Ehre, des Eigentums und sonstiger absoluter Rechte verbieten, könnten also ersatzlos gestrichen und stattdessen *das Gesetz* erlassen werden:

> *Wer die Freiheit eines anderen übermäßig und also rechtswidrig verletzt, wird mit Gefängnis bestraft und hat den daraus entstehenden Schaden zu ersetzen; nicht übermäßig und also nicht rechtswidrig verletzt die Freiheit eines anderen jedoch derjenige, der im Rahmen seiner eigenen berechtigten Freiheit handelt.*

Das wäre dann *das kurzgefasste, bündig-bindende, ewig gültige Gesetz aller Gesetze* für das Zusammenleben von Menschen innerhalb einer Gemeinschaft. Das Problem aller Probleme eines so allgemein gefassten Gesetzes wäre nur, dass alle Probleme, die heute in der Feststellung bestehen, ob das Leben, der Körper, die Ehre, das Eigentum oder ein sonstiges absolutes Recht eines anderen Menschen objektiv rechtswidrig verletzt worden sind, dann in die allgemeine Frage gepackt wäre, *ob die Freiheit des Menschen O* (wie Opfer) verletzt worden ist, ob also der Täter T etwas getan hat, was O nicht wollte und auch nicht dulden muss, weil es seine eigene Freiheit einschränkt. Um dies feststellen zu können, müssten wir untersuchen:

(1) ob die Freiheit des O durch die festgestellte Handlung des T verletzt worden ist. Diese Feststellung einer Freiheitsverletzung des O setzt die Prüfung voraus, ob dem O die Freiheit, in der er sich durch die Handlung des T verletzt fühlt, als *rechtlich geschützte* Freiheit zusteht, denn alles, was ein Mensch will und wollen oder nicht wollen kann, kann ihm nicht als seine *rechtlich geschützte* Freiheit zugestanden

---

39 *Strafrechtlich* ist die Ehre in den §§ 185 ff. StGB nur gegen *vorsätzliche* Ehrverletzungen geschützt; *zivilrechtlich* werden Ehrverletzungen heute als Verletzungen des *Allgemeinen Persönlichkeitsrechts* verstanden und sind als solche auch gegen *fahrlässige* Verletzungen geschützt (dazu *Ehmann* DelR § 23 II 1); zum Recht am eingerichteten und ausgeübten Gewerbebetrieb vgl. *Ehmann* DelR § 21 II 1.

werden. Der Mensch kann zwar alles tun, was er tun kann, auch von einem anderen verlangen, dass dieser unterlässt, was ihm nicht gefällt; es kann aber kein Recht dazu gegeben werden, alles zu tun, was er tun könnte, und von allen anderen zu verlangen, dass sie alles unterlassen, was ihn stören könnte; weil es doch auch noch andere Menschen gibt, denen eine Freiheit zugestanden werden muss; die Freiheit eines jeden Menschen ist daher notwendig beschränkt durch die schützenswerte Freiheit anderer Menschen. Wenn wir glauben, feststellen zu können, dass eine Freiheit des O verletzt worden ist, so haben wir daher stets zu prüfen,

(2) ob T kraft eines Rechts die Freiheit zugestanden hat zu tun, was er getan hat. Wenn T die Freiheit hatte zu tun, was er getan hat, aber dadurch eine rechtlich geschützte Freiheit des O verletzt hat, so entsteht

(3.1) die Frage, ob die Freiheit des O Vorrang hatte und daher die „an sich“ im Allgemeinen gegebene Freiheit des T insoweit beschränkt war, dass die Freiheit des O nicht verletzt werden durfte, oder

(3.2) ob die Freiheit des O an der vorrangigen (höher zu bewertenden) Freiheit des T ihre Grenze hatte oder

(3.3) ob die Freiheiten von O und T insoweit beschränkt werden müssen, dass beider Freiheiten vernünftigerweise derartig beschränkt sind, dass beide in Freiheit zusammenleben können, oder allgemeiner: dass jedermanns Freiheit so zu beschränken ist, dass alle in einer Gemeinschaft lebenden Menschen friedlich und in weitgehender Freiheit zusammenleben können.

Mit dieser Ableitung zur Feststellung der *rechtlich geschützten Freiheit*, also des Rechts eines Menschen in der Gemeinschaft, in der er lebt, sind wir im Ergebnis zu derselben Definition des Rechts gekommen, mit welcher *Kant* – auf anderem Wege – das Recht definiert (in: MdS-RL § B) als „Inbegriff der Bedingungen, unter denen die Willkür des einen mit der Willkür des anderen nach einem allgemeinen Gesetze der Freiheit zusammen vereinigt werden kann.“ Die Willkür des einen, das ist die Freiheit des O, die Willkür des anderen, das ist die Freiheit des T. Und das „allgemeine Gesetz der Freiheit“, nach dem die Freiheit von O und T zusammen vereinigt werden können, das ist nichts anderes als der *angemessene Ausgleich* zwischen der Freiheit des O und der Freiheit des T.

Der „Inbegriff der Bedingungen“, unter denen die einander gegenüberstehenden Freiheiten einen angemessenen Ausgleich finden können, sind einerseits die *tatsächlichen Voraussetzungen* (der Sachverhalt), also der von O in Anspruch genommene tatsächliche Freiheitsraum, und die von T mit seiner Handlung in Anspruch genommene Freiheit, also die *„Natur der Sache“*[40] des gegebenen Sachverhalts und dazu die *rechtliche Bewertung* der Freiheit des einen und des anderen und die *rechtlichen Prinzipien zur Bewertung* und angemessenen Abwägung der ein-

[40] Dazu oben 3. Kap III 7.

ander entgegenstehenden Freiheiten, d.h. die Bestimmung dessen, welcher der in Konflikt zueinander stehenden Freiheiten der Vorrang zukommen soll oder auf welche Weise die in Konflikt geratenen Freiheiten einzuschränken sind, so dass beider Freiheiten bestmöglich erhalten werden können, jedenfalls nicht ungemessen beschränkt werden, also beide und letztlich alle in Frieden und Freiheit bestmöglich zusammen leben können.

c) Problematik des Freiheitsbegriffs: Diese Problembeschreibung zeigt, dass die Methode der Abgrenzung der Freiheit der Bürger gegeneinander mittels absoluter Rechte einfach, klar und praktikabel nur in Fällen ist, in denen das absolute Recht eine *gegenständliche Verkörperung* hat, die es erlaubt, die Freiheit des einen von der Freiheit der anderen klar und sicher abzugrenzen; ansonsten wird die Grenzziehung nahezu vollständig vom Gesetzgeber auf den Richter verlagert, der im Einzelfall die Freiheit, die Güter und die Interessen des einen mit der Freiheit sowie den Gütern und Interessen des anderen derart gegeneinander abzuwägen hat, dass die Freiheiten und Interessen beider sich in bestmöglicher Weise ohne übermäßige Störung des jeweils anderen entfalten können. Damit wird der *Richter* aber praktisch zum *Gesetzgeber*, was im Einzelfall zwar nie ganz vermieden werden kann, aber nicht für ein ganzes Rechtsgebiet zur Regel werden sollte. Wenn zur Lösung einer Rechtsfrage eine Abwägung aller gegeneinanderstehenden Freiheiten, Güter und Interessen erforderlich ist, so gibt es zumeist keine allgemein anerkannten Regelungen oder Grundsätze zur Bewertung und Gewichtung der verschiedenen gegeneinanderstehenden Freiheiten, Güter und Interessen und zu deren Abwägung gegeneinander zum Zwecke der Bestimmung des Vorrangs des einen oder des anderen oder des Maßes der Zurückdrängung der Interessen des einen oder des anderen. Die Abwägung der gegeneinanderstehenden Freiheiten, Interessen und Güter nach Maßgabe des allgemeinen, auch des *verfassungsrechtlichen Verhältnismäßigkeitsgrundsatzes*[41] ist und bleibt daher grundsätzlich eine *Einzelfallentscheidung* auf der Grundlage der „Natur der Sache". Nur in der Konkretisierung dieses Grundsatzes am Fall kann erkannt werden, was Recht ist. Ein Mensch kann zu Recht und zu Unrecht getötet, zu Recht und zu Unrecht verletzt und sein Eigentum zu Recht oder zu Unrecht beschädigt werden. Die Frage, ob der Verursacher dieser Taten rechtswidrig und schuldhaft gehandelt hat und also bestraft und zum Schadenersatz verurteilt werden muss, hängt daher davon ab, aus welchen Gründen, zu welchen Zwecken und in welcher Weise er gehandelt und die Zerstörung oder Beschädigung dieser Rechtsgüter verursacht hat. *Im Allgemeinen kann selten oder nie bestimmt werden, was Recht sein soll.* Es gibt zwar die Grundsätze, du sollst nicht töten, auch nicht den anderen verletzen oder bestehlen, aber selbst zu diesen Grundsätzen gibt es Ausnahmen (Notwehr,

41 Dazu oben I 5.

Mundraub) und wohl überhaupt keinen Rechtssatz, der völlig ausnahmslos Geltung haben kann. Die Frage, was Recht ist, kann grundsätzlich nur für einen konkreten Fall vorbehaltlos entschieden werden. Im Allgemeinen können nur Rechtsgrundsätze aufgestellt werden, für die es aber ebenso grundsätzlich stets Ausnahmegrundsätze gibt. Die Entscheidung darüber, ob der Grundsatz greift oder durch Ausnahmegrundsätze außer Kraft gesetzt wird, setzt zumeist die „Berücksichtigung aller Umstände des Einzelfalls voraus". Die Rechtsprechung des RG und des BGH hat die große Problematik einer solchen allgemeinen Freiheits-, Güter- und Interessenabwägung zur Normgewinnung am Beispiel des Begriffs der Freiheit wohl erkannt und hat daher ganz bewusst den *Freiheitsbegriff* des § 823 Abs. 1 BGB grundsätzlich auf die Verletzung der *Bewegungsfreiheit* beschränkt,[42] die im *abgeschlossenen Raum* und der *Technik der Einsperrung* auch eine Art *gegenständlicher Verkörperung* gefunden hat, die klar erkennbar macht, in welcher Weise die Freiheit des Eingesperrten beschränkt worden ist. Im Falle eines Schiffes, das in einem Hafen „zugeparkt", also eingesperrt wurde und den Hafen nicht wie gewollt verlassen konnte, hat der BGH[43] allerdings eine *Eigentumsverletzung*, nicht *eine Freiheitsverletzung* angenommen. Jede Eigentumsverletzung ist jedoch zugleich – wie oben klargestellt – auch eine Freiheitsverletzung. Auch hat derjenige, der dem Schiff die Ausfahrt versperrt hat, den auf dem Schiff lebenden Menschen die Freiheit genommen zu schiffen, wann und wohin sie wollen, und damit auch eingegriffen in die durch Art. 2 Abs. 1 GG geschützte Freiheit der persönlichen Entfaltung ihrer Persönlichkeit. Ähnliches geschieht heute jeden Tag tausendfach, wenn irgendwo ein Automobil auf einem Parkplatz der Welt „zugeparkt" wird und sein Eigentümer oder Besitzer seinen Platz längere Zeit nicht verlassen kann und ihm also die Freiheit genommen wird, dorthin zu kommen, wohin er will. Andererseits hat derjenige, der ihn „zugeparkt" hat, aber grundsätzlich auch die Freiheit, sein Auto dort abzustellen, wo er will. So erkennen wir, dass die mit vielen Verkehrsschildern festgelegten Parkregelungen auch „allgemeine Gesetze der Freiheit" im Sinne *Kants* sind, die die Freiheit des einen mit der Freiheit anderer durch ziemlich klare Abgrenzungen miteinander vereinigen sollen[44]. Selbstverständlich kann der „zugeparkte" Pkw-Besitzer den ihm daraus entstandenen Schaden ersetzt verlangen, wenn der andere die allgemein geltenden Regeln ordnungsgemäßen Parkens verletzt hat (§ 823 Abs. 2 BGB i.V.m.

42 RGZ 54, 28; dazu *Deutsch* FS Hauß 43 ff.

43 BGHZ 55, 153; dazu *Ehmann* DelR 54 f.

44 Das Abgrenzungsproblem des Begriffs der Freiheit im Sinne des § 823 Abs. 1 BGB, das die Rechtsprechung mit der Beschränkung auf die Bewegungsfreiheit zu lösen versuchte, stellt sich in vielfältiger Weise auch bei der Abgrenzung grundrechtlich gesicherter Freiheiten wie oben I 5 für den Fall der Abgrenzung der Meinungsfreiheit gegen die Berufsfreiheit gezeigt worden ist, konnte in diesen Fällen aber nicht durch eine Beschränkung des Freiheitsbegriffs gelöst werden, sondern nur mit dem Grundsatz praktischer Konkordanz.

§ 12 Abs. 3 StVO), was teuer werden kann, wenn der andere sein Flugzeug versäumt oder Ähnliches; allerdings muss der Betroffene notfalls ein Taxi nehmen, um den Schaden zu mindern, weil er sich ansonsten sein Mitverschulden nach § 254 BGB anrechnen lassen muss.

III. Schutzgesetze und gute Sitten als Freiheitsgrenze

1. Vorhersehbarkeit und Vermeidbarkeit als Freiheitsgrenze: Wir haben gesehen, dass den *absoluten Rechten* die Funktion zukommt, die Freiheit des Rechtsinhabers im Bereich dieses Rechts gegenüber jedermann zu schützen und damit zugleich die (Handlungs-)Freiheit anderer in diesem Bereich zu beschränken. Welche *Handlungen* anderer durch die absoluten Rechte verboten sind, wird damit aber *nicht genau bestimmt*, vielmehr nur gesagt, dass jeder sich so verhalten soll, dass seine Handlung *nicht zur Ursache* für die Verletzung eines *absoluten Rechts* werden kann. Verboten ist also nicht irgendeine *bestimmte Handlung*, sondern die Verursachung eines bestimmten *Erfolgs* durch eine Handlung, z.B. eine Körper- oder Eigentumsverletzung (*Erfolgsunrecht*). Wer einen solchen Erfolg und damit eine Bestrafung und/oder oder Schadenersatzpflicht vermeiden will, muss Handlungen unterlassen, die diesen Erfolg mit gewisser Wahrscheinlichkeit (*adäquat kausal*) verursachen können. Begeht jemand trotzdem eine solche Handlung, die einen anderen und oder dessen Eigentum verletzen könnte, tritt dieser Erfolg aber nicht ein, so hat er Glück gehabt. Tritt der Erfolg jedoch ein, so hat er sich, wenn der Erfolg voraussehbar und vermeidbar war, im Falle der Körperverletzung strafbar und schadenersatzpflichtig gemacht (§§ 229 StGB, 823 I BGB); im Falle der Sachbeschädigung aber nur schadenersatzpflichtig, weil nur vorsätzliche Sachbeschädigungen strafbar sind (§ 303 StGB), bloß fahrlässige Beschädigungen aber nicht (§ 15 StGB). Glaubt der Glücksritter jedoch, weil er beim ersten Mal Glück gehabt hat, auch künftige derartige Handlungen begehen zu dürfen, so kann derjenige, dessen Güter dadurch gefährdet werden, gemäß § 1004 BGB von ihm Unterlassung solcher Handlungen verlangen, die nach allgemeinem Erfahrungswissen das Risiko der Beschädigung der Rechtsgüter eines anderen nicht unerheblich erhöhen. Die Bestimmung der *Handlungsfreiheit* der Menschen lässt sich aufgrund des *Schutzes der absoluten Rechte* also so formulieren: Du sollst dich so verhalten, wie ein ordentlicher Mensch (*bonus pater familias*) sich in einem solchen Verkehr (Straßenverkehr, Handelsverkehr, Geschäftsverkehr, Internetverkehr, gesellschaftlicher Verkehr), also in bestimmten Situationen, zu verhalten pflegen, um nicht die Gefahr für die Rechtsgüter anderer in nicht unerheblicher Weise zu erhöhen. Die Verletzung dieser objektiven Sorgfaltspflicht macht den Störer zwar grundsätzlich noch nicht schadenersatzpflichtig, wenn er die Verletzung des Rechtsguts eines anderen nicht vorhersehen und vermeiden konnte, also nicht wenigsten fahrlässig gehandelt hat. Der Störer, der eine Ursache setzt, die *adäquat kausal*[45] für die Verletzung des Rechtsguts eines anderen werden könnte, setzt sich aber einem Unterlassungsanspruch gemäß § 1004 BGB aus, wenn der Betroffene das Bestehen einer solchen Gefahr erkennt.

2. Spezielle Handlungsverbote als Freiheitsgrenze: Es ist leicht einzusehen, dass die *Beschränkung der Handlungsfreiheit* durch die Verbote vorsätzlicher Sachbeschädigung und fahrlässiger, also voraussehbarer und vermeidbarer Verletzungen des Körpers und des Lebens, auf vielen Gebieten in vielen Fällen nicht ausreicht, um alle schützenwerte Freiheiten und Güter anderer in der erforderlichen Weise zu schützen.

a) Im Straßenverkehr: Am *Beispiel des Straßenverkehrs* lässt sich dies am leichtesten zeigen und verstehen. Würde es das Straßenverkehrsgesetz (StVG) mit der Straßenverkehrsordnung (StVO) und der Straßenverkehrszulassungsordnung (StVZO) mit ihren zusammen etwa zweihundert Paragraphen nebst Anlagen nicht geben, die im Einzelnen vorschreiben, unter welchen Voraussetzungen (z.B. auch mit welchen Abgaswerten) ein Kraftfahrzeug zum Verkehr zugelassen werden darf und in welcher Weise es benutzt werden darf, ob auf der rechten oder linken Straßenseite zu fahren ist, mit welcher Geschwindigkeit gefahren werden darf, welcher Abstand zu einem vorher fahrenden Fahrzeug einzuhalten ist, ob und wie überholt werden soll, was bei Abbiegungen zu beachten ist, wer bei Einfahrt in einen Kreisverkehr Vorfahrt hat, usw., so würde nicht nur die Umwelt noch stärker belastet, sondern es würden überall massenhafte Sachschäden, Körperverletzungen und Tötungen die unausbleibliche Folge sein. Es hat sich daher als notwendig, hilfreich und nützlich erwiesen, hunderte spezielle, sehr konkrete *Handlungsverbote und Handlungsgebote* (z.B. rechts fahren, links überholen, Vorfahrtsregeln etc.) gesetzlich *festzuschreiben* und durch *Fahrschulen* mit *Führerscheinprüfungen* allen Kraftfahrzeugführern zu vermitteln, um einen halbwegs sicheren Straßenverkehr zu ermöglichen. Damit wird also nicht mehr ein bestimmter *Erfolg* (Tötung, Körperverletzung, Sachbeschädigung) verboten und strafbar gestellt sofern er vorsätzlich oder vorsätzlich begangen wird, sondern es werden *Handlungen verboten*, welche die Gefahr in sich bergen, Rechtsgüter anderer zu verletzen oder *Handlungen geboten*, die geeignet sind solche Verletzungen zu verhindern. Allein die *absoluten Rechte* zum Schutz von Leben, Körper und Eigentum und die darin steckenden Gebote und Verbote , dieses zu tun, aber auch anderes nicht zu tun, so dass weder das Eigentum noch der Körper oder das Leben anderer in vorhersehbarer und vermeidbarer Weise verletzt werden, die im allgemeinen zur Aufrechterhaltung der erforderlichen Sicherheit und Ordnung genügen, hätten nicht genügt, um die in unserem Straßenverkehr gegebene Ordnung in

45 Zum Adäquanzerfordernis vgl. oben Fn 36.

der erforderlichen Weise sicherzustellen. Trotz der Vielzahl spezieller Einzelregelungen für den Straßenverkehr hat sich aber auch noch die allgemeine Generalklausel des § 1 StVO, die unschwer auf viele andere gefährliche Bereiche angewendet werden kann, zur Begründung und Verdeutlichung eines *Handlungsunrechts* als erforderlich erwiesen: „Die Teilnahme am (Straßen-)Verkehr erfordert ständige Vorsicht und gegenseitige Rücksicht. Jeder Verkehrsteilnehmer hat sich so zu verhalten, dass kein anderer geschädigt, gefährdet oder mehr als nach den Umständen unvermeidbar, behindert oder belästigt wird." Letztlich enthält die Formulierung des § 1 StVO nichts anderes als eine Definition der *objektiven Sorgfaltspflicht*, die eine Fahrlässigkeit im Sinne des § 276 BGB begründet.

b) Im Wirtschaftsverkehr (1) Schutzgesetze des UWG: Der Straßenverkehr ist nicht das einzige Rechtsgebiet, in dem es erforderlich ist, das Verhalten der Verkehrsteilnehmer über den Schutz der absoluten Rechte hinaus durch *zusätzliche Regelungen des Verhaltens* rechtlich zu ordnen. Im *Wirtschaftsverkehr* drohen den Teilnehmern zwar in der Regel weder Sachschäden noch Körperverletzungen oder gar Tötungen, aber mitunter große *finanzielle Verluste* durch *unredliches* oder, wie es im Gesetz heißt, *unlauteres Verhalten* anderer. Im Gesetz gegen den unlauteren Wettbewerb (UWG) vom 7. Juni 1909 (RGBl, S. 499) hatte man noch geglaubt, im Wesentlichen mit einer Generalklausel und einigen wenigen speziellen Vorschriften Ordnung schaffen und halten zu können. Die von § 826 BGB abgeleitete, speziell auf den wirtschaftlichen Verkehr bezogene Generalklausel des § 1 UWG a.F. lautete:

> „Wer im geschäftlichen Verkehr zu Zwecken des Wettbewerbes Handlungen vornimmt, die gegen die guten Sitten verstoßen, kann auf Unterlassung und Schadenersatz in Anspruch genommen werden."

Mit dieser Regelung *erhob* man letztlich einfach die *Geschäftsmoral eines ordentlichen Kaufmanns zum Gesetz*. Nicht ganz so ordentliche Kaufleute konnten aus dieser Vorschrift selbst aber nicht ableiten, was sie tun dürfen, was sie im Zweifel noch tun oder nicht mehr tun dürfen und was sie ganz sicher nicht tun dürfen. Die Rechtsprechung musste also mit tausenden von Einzelfallentscheidungen diese Generalklausel konkretisieren und spezielle Grundsätze daraus ableiten. Der Standardkommentar (*Baumbach-Hefermehl*) zu § 1 umfasste hunderte von Randziffern, unter denen diese Grundsätze aufgrund der Fälle der Judikatur und vielen Beispielen zu praktikablen Rechtssätzen konkretisiert wurden. Auf dieser Grundlage hat der Bundesgesetzgeber am 3. März 2010 (BGBl I 254; geändert durch Gesetz v. 2.12.2015, BGBl I 2158) das UWG mit einer großen Anzahl einzelner Regelungen neu gefasst, ohne aber auf eine Generalklausel ganz verzichten zu können, die in § 3 UWG wie folgt gefasst wurde:

„1. Unlautere geschäftliche Handlungen sind unzulässig.
2. Geschäftliche Handlungen, die sich an Verbraucher richten oder diese erreichen, sind unlauter, wenn sie nicht der unternehmerischen Sorgfalt entsprechen und dazu geeignet sind, das wirtschaftliche Verhalten des Verbrauchers wesentlich zu beeinflussen.
3. Die im Anhang dieses Gesetzes aufgeführten geschäftlichen Handlungen gegenüber Verbrauchern sind stets unzulässig."

Die Regelung des § 3 Abs. 3 UWG ist in einem *Anhang* mit dreißig speziellen Regelungen verdeutlicht worden, unter anderem wie folgt: „Unzulässige geschäftliche Handlungen im Sinne des § 3 Abs. 3 sind 2. die Verwendung von Gütezeichen, Qualitätskennzeichen oder Ähnlichem ohne die erforderliche Genehmigung; [...] 3. die unwahre Angabe eines Unternehmers, zu den Unterzeichnern eines Verhaltenscodex zu gehören; [...] 9. die unwahre Angabe oder das Erwecken des unzutreffenden Eindrucks, eine Ware oder Dienstleistung sei verkehrsfähig; [...] 29. die Aufforderung zur Bezahlung nicht bestellter, aber gelieferter Waren oder erbrachter Dienstleistungen oder eine Aufforderung zur Rücksendung oder Aufbewahrung nicht bestellter Sachen; 30. die ausdrückliche Angabe, dass der Arbeitsplatz oder Lebensunterhalt des Unternehmers gefährdet sei, wenn der Verbraucher die Ware oder Dienstleistung nicht abnehme."

(2) Sanktionen des UWG: Wer gegen diese Verbotsnormen durch unlautere Handlungen verstößt oder Verbraucher durch Unterlassungen irreführt, zum Beispiel durch Vorenthaltung von Informationen, die für den Geschäftsabschluss wesentlich sind (§ 5 a Abs. 2 UWG), kann auf Unterlassung und Beseitigung verklagt werden, was zumeist in Form einstweiliger Verfügungen geschieht. Der unlauter Handelnde ist außerdem den *Mitbewerbern*[46] (§ 2 Abs. 3 UWG) zum Ersatz des ihnen dadurch entstandenen Schadens verpflichtet (§ 9 UWG) und muss darüber hinaus auch den durch die unlautere Maßnahmen erlangten Gewinn herausgeben (§ 10 Abs. 1 UWG). Im Falle von unzumutbarer Belästigung, insbesondere durch Telefonwerbung ohne Einwilligung des Betroffenen (§ 7 Abs. 2 Nr. 2 UWG), begeht der Werbende außerdem eine Ordnungswidrigkeit, die mit einer Geldbuße von bis zu 300.000 Euro geahndet werden kann (§ 20 UWG). Nach den §§ 16–19 UWG sind einige schwerwiegende Wettbewerbsverletzungen auch mit Gefängnisstrafe bedroht.

(3) Zweck der spezialgesetzlichen Handlungsverbote: Diese Beispiele mögen genügen, um deutlich zu machen, dass moderne Industrie-, Handels- und Rechtsstaaten tausende und abertausende von rechtlichen Regelungen benötigen, um auf allen Gebieten, in denen viele Menschen tätig sind, die nötige Ordnung zu schaffen und zu erhalten. Letztlich aber dienen alle diese Regelungen dem *Zweck*, die *Freiheit der handelnden Menschen mit den Freiheiten anderer auf demselben Gebiet tä-*

[46] Die wettbewerbsrechtlichen Verbote schützen grundsätzlich *nur* die *Mitbewerber*, nicht Kunden, Verbraucher und sonstige Dritte.

tiger Menschen in eine vernünftige Ordnung zu bringen und möglichst sicherzustellen, dass sich keiner durch rücksichtsloses, unlauteres, unanständiges oder gar sittenwidriges Verhalten zum Schaden anderer einen Vorteil verschaffen kann.

3. Strafrechtliche Schutzgesetze: Eine notwendige Ordnungsfunktion für das Zusammenleben der Menschen haben auch die 359 Paragraphen des *Strafgesetzbuchs* (StGB) und die zahllosen weiteren Paragraphen im sogenannten *Nebenstrafrecht.* Die größte Bedeutung haben diese Rechtsvorschriften allerdings dadurch, dass sie in einem Gesetzbuch geschrieben stehen und dass die wichtigsten im Strafgesetzbuch stehenden Regelungen auch jedermann in etwa bekannt sind, weil jeder von klein auf lernt, dass man nicht stiehlt, betrügt, einen anderen verletzt, erpresst oder vergewaltigt oder gar andere Menschen tötet; die vielen Regelungen des Nebenstrafrechts sind dagegen in der Regel nur den Menschen bekannt, die auf den Gebieten tätig sind. Lässt man die fahrlässigen Körperverletzungen und Tötungen sowie sonstige *Delikte im Straßenverkehr* (auch Unfallflucht, § 142 StGB, grob verkehrswidriges und rücksichtsloses Verhalten, sowie Trunkenheit am Steuer, §§ 315 c, 316 StGB) außer Betracht, so kommen jedoch nur etwa 2 Prozent der Bevölkerung in ihrem Leben mit dem Strafrecht in Konflikt. Das Strafrecht regelt also nicht das alltägliche Leben und Handeln der Menschen, sondern nur extreme, letztlich seltene Ausnahmefälle, in denen Menschen manchmal versagen; manche freilich immer wieder und dauerhaft, was in der Regel auch zur Dauerhaft führt. Das Strafrecht soll ganz bewusst nicht das gesamte Leben der Menschen erfassen, es schützt, wie man sagt, nur ein *ethisches Minimum.* Strafbar soll grundsätzlich nur *schweres Unrecht* sein, das die Betroffenen und die Gemeinschaft keinesfalls hinnehmen wollen und sollen. Darum sind zum Beispiel auch fahrlässige Sachbeschädigungen und fahrlässige Beleidigungen nicht strafbar, verpflichten aber, wenn der Verletzte dadurch geschädigt wird, nach § 823 Abs. 1 BGB zum Ersatz des entstandenen Schadens. Dass das Strafrecht zu diesem Schutz des *ethischen Minimums* so vieler Vorschriften bedarf, ist nicht darin begründet, dass so vieles strafbar ist, sondern hat seinen Grund im *obersten Grundsatz des Strafrechts,* der in § 1 StGB steht und zusätzlich als grundrechtsgleiches Recht in die Verfassung geschrieben wurde (Art. 103 Abs. 2 GG): „Eine Tat kann nur bestraft werden, wenn die Strafbarkeit gesetzlich bestimmt war, bevor die Tat begangen wurde" (*nullum crimen sine lege*). Weil eine Bestrafung mit längerer Freiheitsstrafe (früher sogar Todesstrafe) ein sehr schwerer Eingriff in die Freiheit und das Leben eines Menschen darstellt, muss der strafbare Tatbestand *vor der Tat* schon *möglichst genau* (Bestimmtheitsgrundsatz) *begrifflich* in einem *Gesetz festgelegt* (Gesetzessvorbehalt) sein, weil nur dadurch gesichert ist, das niemand wegen einer Handlung bestraft wird, die *zur Tatzeit* gar nicht strafbar war, der Täter also gar nicht wissen konnte, dass er nicht tun durfte, was er getan hat und wofür er bestraft werden soll.

4. Zur Schadensersatzpflicht strafbarer Handlungen: Das Zivilrecht macht sich die sorgfältig gefassten Straftatbestände zunutze, indem § 823 Abs. 2 BGB alle strafrechtlichen Regelungen und auch viele andere *gesetzliche Spezialvorschriften*, die dem Schutz einzelner Bürger dienen, zugleich zu Tatbeständen von Schadenersatzansprüchen macht. Löst man die Verweisungsregel des § 823 Abs. 2 BGB auf, so lautet dieser *Schadenersatztatbestand* wie folgt:

> Wer vorsätzlich oder fahrlässig gegen ein Strafgesetz oder ein sonstiges den Schutz eines anderen bezweckendes Gesetz verstößt, ist zum Ersatz des daraus entstehenden Schadens verpflichtet.

Eine solche Regelung ist notwendig, weil z.B. derjenige, der einen anderen *täuscht* und sich dadurch zum Schaden des anderen einen Vermögensvorteil verschafft (*Betrug*, § 263 StGB), in der Regel mit der *Täuschungshandlung* weder das Eigentum noch den Körper oder ein anderes absolutes Rechtsgut des Getäuschten verletzt, also nicht nach § 823 Abs. 1 BGB zum Schadenersatz verpflichtet ist. Der *Unrechtstatbestand* des Betrugs liegt in der Täuschungshandlung des Betrügers, die beim Betrogenen einen *Irrtum erregt*, aufgrund dessen dieser sich *selbst schädigt*, wodurch der Betrüger einen *Vorteil* erlangen will. Entsprechendes gilt für andere Tatbestände, in denen einer einem anderen ohne Verletzung eines absoluten Rechtsguts einen Schaden zufügt. Wenn zum Beispiel ein Buchhalter ein Konto seines Geschäftsherrn „abwässert", so verletzt er nur das *Vermögen*, aber nicht das *Eigentum*[47] oder ein sonstiges absolutes Recht seines Arbeitgebers, begeht damit aber eine *Untreue* (strafbar gemäß § 266 StGB) und ist daher nach § 823 Abs. 2 BGB i.V.m. § 266 StGB zum Ersatz des daraus entstehenden Schadens verpflichtet. § 823 Abs. 2 BGB transformiert also alle *Straftatbestände*, die dem Schutz einzelner Bürger dienen, in *Schadenersatztatbestände*, die diejenigen, die dagegen verstoßen, nicht bloß strafbar machen, sondern auch zum Ersatz des den Betroffenen daraus entstandenen Schadens verpflichten.

5. Die guten Sitten als Freiheitsgrenze: Nicht zuletzt bilden auch die guten Sitten, also das „Anstandsgefühl aller billig und gerecht Denkenden" eine Grenze der Freiheit; die guten Sitten lassen dem Menschen zwar die natürliche Freiheit zu ihrer Missachtung, vernünftigerweise *sollte* der Mensch sie jedoch beachten. *Zivilrechtlich* ist nach § 826 BGB daher zum Schadenersatz verpflichtet, wer in einer *gegen die guten Sitten* verstoßenden Weise einem anderen *vorsätzlich* Schaden zufügt. Mit dieser Generalklausel wollte der BGB-Gesetzgeber alle Handlungen erfassen, die zwar *kein absolutes Rechtsgut* verletzen und auch *nicht* gegen ein den Schutz des anderen bezweckendes *Gesetz verstoßen*, es aber nicht den *guten Sitten*

---

47 Eigentum im Sinne des BGB ist nur das Eigentum an beweglichen Sachen und Grundstücken; der verfassungsrechtliche Eigentumsbegriff des Art 14 GG erfasst dagegen auch alle sonstigen Vermögensgegenstände, insbesondere Kapital, Forderungen, Urheberrechte u.a.

entsprechen würde, den *vorsätzlich herbeigeführten Schaden* auf dem Geschädigten sitzen zu lassen. Ähnliche zivilrechtliche Regelungen oder Grundsätze gab es schon vor dem Inkrafttreten des BGB (z.B. ALR I 6 § 11) und dagegen sind auch keine grundsätzlichen Bedenken zu erheben. Ein entsprechendes Strafgesetz, das denjenigen mit Gefängnisstrafe bedrohen würde, der gegen die *guten Sitten* verstößt und dadurch einem anderen Schaden zufügt, müsste aber für *verfassungswidrig* erklärt werden, weil es im Sinne von Art. 103 Abs. 2 GG die strafbare Tat *nicht hinreichend genau bestimmt.*

Die Verletzung der *guten Sitten* ist vor allem deswegen nicht strafbar gestellt, weil Moral und gute Sitten nicht mit Strafen erzwungen, sondern durch gute Erziehung erlernt werden sollen und darum nur durch die *sozialen Sanktionen* der Geringschätzung, Missachtung, Ausgrenzung und durch sonstige Peinlichkeiten geschützt werden. Die zivilrechtliche Schadenersatzpflicht nach § 826 BGB hat sich jedoch als erforderlich erwiesen, weil es viele Handlungen gibt, die ohne Verletzung eines *absoluten Rechtsguts* einem anderen einen großen Vermögensschaden zufügen können, und auch nicht alle diese Handlungen durch *Schutzgesetze* im Sinne des § 823 Abs. 2 BGB *verboten* sind. Um diese Lücke zu schließen, bedurfte es eines *Auffangtatbestands*, der nicht nur gesetzlich verbotene, sondern auch unanständige, gegen die guten Sitten verstoßende Handlungen erfasst, die – wie das Reichsgericht definierte – das „Anstandsgefühl aller billig und gerecht denkenden Menschen“ verletzen und einem anderen dadurch Schaden zufügen. Um mit einem solchen Schadenersatztatbestand die Handlungsfreiheit der Bürger nicht über die Maßen einzuschränken, wurde dieser Ersatzanspruch allerdings auf die Fälle *vorsätzlicher* Schadenszufügung beschränkt. Die Rechtsprechung lässt jedoch den sog. bedingten Vorsatz (*dolus eventualis*) genügen. Es ist also nicht erforderlich, dass der sittenwidrig Handelnde ganz bewusst den anderen schädigen will (direkter Vorsatz), es genügt vielmehr, dass er erkennt, dass der andere durch seine sittenwidrige Handlung geschädigt werden könnte, die Handlung aber jedenfalls begehen will und die erkannte Möglichkeit eines infolgedessen eintretenden Schadens zumindest *billigend in Kauf nimmt* (bedingter Vorsatz); handelt er in der Hoffnung, dass der mögliche Schaden nicht eintreten wird, so handelt er nicht vorsätzlich, sondern in bewusster Fahrlässigkeit. Wenn z.B. ein Arbeitgeber einem angestellten Buchhalter, der bei ihm größere Unterschlagungen begangen hat, zwar fristlos kündigt, aber trotzdem ein gutes Zeugnis schreibt, ohne die Unterschlagungen zu erwähnen oder auch nur anzudeuten, und ihm gleichzeitig mit Strafanzeige droht, wenn er ihm im Falle seiner Wiedereinstellung bei einem anderen Arbeitgeber nicht monatlich in etwa seinen halben Monatslohn zur Tilgung seiner Schulden zurückzahlt, so schädigt er bedingt vorsätzlich den neuen Arbeitgeber, bei dem der Buchhalter wieder Unterschlagungen begeht, um seine Schulden bei dem früheren Arbeitgeber tilgen zu können. Der neue Arbeitgeber hat daher gegen seinen Vorgänger, der ihn durch sittenwidrige Ausstellung eines falschen Zeugnisses zu der Einstellung bewegt hat, einen Schadenersatzanspruch aus § 826 BGB auf Ersatz des Schadens, den der Buchhalter bei ihm angerichtet hat.[48]

IV. Vertragliche Erweiterung und Begrenzung der Freiheit

1. Die Freiheitsbeschränkung des objektiven Rechts: Wir haben erkannt: Die Freiheit eines jeden Menschen ist von der Rechtsordnung allgemein begrenzt durch *drei Formen des objektiven Rechts*: 1. durch *absolute Rechte*, deren rechtswidrige Verletzungen Unterlassungsansprüche und deren schuldhafte Verletzung Schadensersatzansprüche und zumeist auch die Strafbarkeit des Täters begründet; 2. durch zahlreiche *Schutzgesetze*, deren rechtswidrige und schuldhafte Verletzung zivilrechtlich dieselben Rechtsfolgen auslöst, deren Strafbarkeit aber ebenso wie im Falle der Verletzung absoluter Rechtsgüter durch ein besonderes Strafgesetz bestimmt sein muss; 3. zivilrechtlich auch durch eine Schadenersatzpflicht in Fällen vorsätzlicher Schadenszufügung durch eine gegen die guten Sitten verstoßende Handlung. Diese drei Grenzen der Freiheit sind nicht erst durch das BGB geschaffen worden, sondern etwa so schon im *römischen Recht* gezogen worden. Letztlich sind diese Grenzen also *naturrechtlich* vorgegeben, weswegen sie auch in Art. 2 Abs. 1 des Bonner Grundgesetzes als *Grenzen der verfassungsrechtlich geschützten freien Entfaltung der Persönlichkeit* mit der Formulierung wiederholt wurden: „soweit nicht die *Rechte anderer* verletzt und nicht gegen die *verfassungsmäßige Ordnung* oder das *Sittengesetz* verstoßen wird“. Die verfassungsmäßige Ordnung im Sinne dieser *Grenze der Persönlichkeitsentfaltung* ist nichts anderes als die *allgemeine Rechtsordnung*, bestehend aus den Gesetzen, die auf der Grundlage der Verfassung erlassen oder als ältere Gesetze im Rahmen der Verfassung fortbestehen.

2. Privatautonomie und Vertragsfreiheit: Die durch die Gesetze und sonstiges *objektives Recht* festgelegten Freiheitsgrenzen können *kraft der Vertragsfreiheit* durch vertragliche Vereinbarungen *erweitert* und *beschränkt werden*, soweit das objektive Recht und die guten Sitten dem nicht entgegenstehen (§§ 134, 138 BGB; ebenso Art. 2 Abs. 1 GG). Die *Vertragsfreiheit* ist ein Teil der durch die *Privatautonomie* gewährleisteten Freiheit, die dem Bürger vom Staat gewährt oder als der staatlichen Ordnung vorgegeben anerkannt wird, um seine bürgerlichen Angelegenheiten selbst zu besorgen. Zur *Privatautonomie* gehört auch die Anerkennung des *Privateigentums* (Art. 14 GG), die *Testierfreiheit* (neben der gesetzlichen Erbfolge), die *Ehefreiheit*, d.h. die Freiheit, sich seinen Ehepartner selbst zu wählen, die *Erziehungsfreiheit für die eigenen Kinder* (Art. 6 GG), die *Berufsfreiheit* (Art. 12 GG) und die *Vereins- und Koalitionsfreiheit* (Art. 9 GG). Diese *Privatautonomie* ist wiederum

48 Dazu *Ehmann* DelR § 5.

nur ein Teil der allgemeinen menschlichen Freiheit, also Ausfluss des „natürlichen“ (*naturrechtlichen*) *Prinzips* der „Selbstbestimmung des Menschen“. In Anerkennung dieses *Selbstbestimmungsrechts* ist dem Menschen *Autonomie*, d.h. die *rechtliche Macht* gegeben, seine rechtlichen Beziehungen zu anderen Menschen in *freier Übereinkunft* mit diesen selbst zu gestalten. Diese *Privatautonomie* ist durch das Bonner Grundgesetz in Art. 2 Abs. 1 mit dem Recht auf freie Entfaltung der Persönlichkeit auch verfassungsrechtlich garantiert worden.[49] Die *Grenze der Entfaltungsfreiheit* an der „verfassungsmäßigen Ordnung“ ist nicht anders zu verstehen als die Gesetze zwingenden Rechts, die der zivilrechtlichen *Vertragsfreiheit* auch nach § 134 BGB Schranken setzen, die also vertraglich nicht durch Vereinbarung mit einem anderen abbedungen werden können; ebenso bilden die *guten Sitten* schon gemäß § 138 BGB *eine Grenze der Vertragsfreiheit.*

Die *Privatautonomie* und die *Vertragsfreiheit* stärken zwar die individuellen Rechte der Bürger und sind insofern auch Ausdruck des *individualistischen Prinzips*. Die staatliche Gewährleistung der Privatautonomie bestimmt aber zugleich das Wesen des Staates als *marktwirtschaftlich geordneter freier Rechtsstaat*, der es im Wesentlichen seinen Bürgern selbst überlässt, ihre *bürgerlichen Angelegenheiten* nach ihrem eigenen und freien Willen auf der Grundlage des *„bürgerlichen Rechts“* zu gestalten. Man kann sich darüber streiten, ob die *Privatautonomie* in diesem Sinne der staatlichen Ordnung durch die Vernunft des Menschen vorgegeben und vom Staat nur anzuerkennen ist oder ob diese Autonomie vom Staat aus seiner Allmacht heraus dem Bürger verliehen wird. Die Frage ist ebenso unsinnig wie die von der Henne und dem Ei.[50] Solange es keinen Staat und keine Rechtsordnung und keine Gerichtsbarkeit gibt, kann es auch keine Privatautonomie und keine Vertragsfreiheit und keine rechtswirksamen Verträge geben. *Robinson* und *Freitag* können zwar dieses und jenes gegeneinander tauschen, wenn sich aber einer nicht an sein gegebenes Versprechen hält, kann der andere ihn nur mit Gewalt dazu zwingen, wenn er der Stärkere ist oder die besseren Waffen hat. Eine rechtliche Regelung ohne eine Rechtsordnung kann es nicht geben; beides ist nur zusammen denkbar wie die Henne und das Ei. Es ist auch kein Staat denkbar, der nicht in irgendeiner Weise *Privatautonomie* anerkennt, weil jeder Staat überfordert wäre, wenn er alles regeln und zuteilen wollte, was für das Leben der Bürger erforderlich ist. Unterschiedlich ist nur das Maß, in dem die verschiedenen staatlichen Ordnungen Privatautonomie gewährleisten. Das unterschiedliche Maß ist allerdings theoretisch und praktisch von allergrößter Bedeutung und wird grund-

---

49 *Jarass/Pieroth*, GG Art 2 Rz 4.

50 Die Biologie kann heute aber erklären, wie es zur Entwicklung eierlegender Lebewesen gekommen ist, und die Rechtshistoriker und Soziologen können auch erklären, wie sich in archaischen Gesellschaften der Gedanke entwickelt hat, Geschenke zu erwidern, also zu Gegenleistungen verpflichtet zu sein und sonstige Pflichten als „rechtsverbindlich“ zu begreifen, vgl. *Marcel Mauss* Die Gabe.

sätzlich bestimmt durch das *religiös* oder *ideologisch* bestimmte Verhältnis des Wertes eines menschlichen Individuums im Kollektiv der Stammes- oder Volksgemeinschaft. Das Bonner Grundgesetz sagt in Art. 20 Abs. 1 S. 1: *Alle Staatsgewalt geht vom Volke aus*; Spötter meinen, sie komme aber nie dahin zurück. Nach Art. 2 Abs. 1 GG hat jedoch jeder das Recht auf freie Entfaltung seiner Persönlichkeit, aber nur soweit er nicht gegen die verfassungsmäßige Ordnung verstößt. Die Spannung zwischen *kollektiver Ordnung* und der *Freiheit des Einzelnen* wird also nicht zugunsten des einen oder anderen gelöst, sondern bleibt erhalten und ist im *Einzelfall* durch einen *konfliktlösenden Abwägungsprozess* im Sinne des Gebots praktischer Konkordanz zu entscheiden. Im Zweifel müssen die *Interessen eines Einzelnen* hinter einem *„überragenden Gemeinschaftsinteresse"* zurücktreten. Was ein „überragendes" Gemeinschaftsinteresse ist, kann *nur im Einzelfall vernünftig* unter Berücksichtigung aller im Spiel befindlichen Interessen entschieden werden.

3. Vertragliche Erweiterungen und Beschränkungen: Privatautonomie und Vertragsfreiheit können die *Freiheit des Bürgers* über die Grenzen des objektiven Rechts hinaus weitgehend erweitern. Mit einer solchen vertraglichen Erweiterung der Freiheit eines Bürgers muss allerdings notwendigerweise die Freiheit eines anderen Bürgers (des Vertragspartners) beschränkt werden, was aufgrund der im Vertragsschluss liegenden Zustimmung des anderen grundsätzlich zulässig ist, soweit die Grenzen des objektiven Rechts, der guten Sitten und der verfassungsmäßigen Ordnung nicht verletzt werden (§§ 134, 138 BGB; Art. 2 Abs. 1 GG).

a) Freiheitserweiterungen durch vertragliche Leistungen: Erweitern kann ein Bürger seine Freiheit mittels vertraglicher Vereinbarungen auf *Leistungsversprechen und tatsächliche Leistungen* zum Beispiel dadurch, dass er Sachen, Rechte oder sonstige Dinge, die im Eigentum eines anderen stehen, durch *Kaufvertrag und Eigentumsübertragung* erwirbt; ohne vertragliche Vereinbarung könnte er eine im Eigentum eines anderen stehende Sache nicht erlangen, weil er sie ihm nicht heimlich oder mit Gewalt oder List wegnehmen darf, und wenn er es trotzdem tut, das Erlangte zurückgeben muss und auch bestraft werden kann. Ein Eigentümer kann sein Eigentum einem anderen aber nicht nur auf Dauer als Eigentum übertragen, sondern auf Zeit zur Nutzung überlassen, unentgeltlich als *Leihe* oder entgeltlich zur *Miete* oder Pacht; auch damit wird die Freiheit des Mieters oder Entleihers erweitert und die Freiheit des Vermieters oder Verleihers eingeschränkt. Seine Freiheit erweitern kann ein Bürger auch dadurch, dass er sich eine Sache oder ein sonstiges Werk, das er brauchen könnte oder einfach gern haben möchte, von einem anderen, der das notwendige fachliche Können dazu hat, kraft eines *Werkvertrags* herstellen lässt, zum Beispiel sich ein Porträt von sich selbst malen lässt. In höherem Maße kann ein Bürger seine Freiheit erweitern, indem er dutzende oder hunderte anderer als Arbeitnehmer einstellt, die aufgrund eines *Arbeitsvertrags* nach seinen Anweisungen arbeiten sollen, wodurch er, sofern er die richtigen Ideen dazu hat, reich und mächtig werden kann. Er kann sich auch mit *einem* anderen oder *mehreren* anderen Fachleuten, die vieles können, was er nicht kann, zu einer *Gesellschaft* zusammenschließen, um einen bestimmten Gesellschaftszweck zu erreichen, wodurch alle reich und mächtig werden können. *Kraft der Vertragsfreiheit* kann also ein Mensch seine Freiheit erweitern und vieles erreichen, was er allein und ohne die Möglichkeit, sich vertraglich mit anderen zusammenzuschließen, nicht erreichen könnte. Die alten Römer haben diese Freiheitserweiterungen noch mit einer geschlossenen Zahl (*numerus clausus*) von vier Vertragstypen (*emptio venditio*, *locatio conductio*, *mandat*, *societas*), ergänzt durch die Allzweckwaffe der *stipulatio* (eine Art abstraktes Leistungsversprechen) zu erreichen versucht und auch weitgehend erreicht. Zu einer vollständigen Vertragsfreiheit ist man jedoch erst rund zweitausend Jahre später gekommen. Den wissenschaftlichen Durchbruch vom *Typenzwang des römischen Vertragsrechts* zur *Vertragsfreiheit* schaffte zwar schon *Hugo Grotius* (1583–1645) mit seinem großen Werk *De jure belli ac pacis* (*Über das Recht des Kriegs und des Friedens*, Paris 1625). Geltendes Recht wurde die Vertragsfreiheit jedoch erst durch die großen naturrechtlichen Kodifikationen des Allgemeinen Preußischen Landrechts (1791, 1794), des französischen Code Napoleon (1805) und des österreichischen Bürgerlichen Gesetzbuches (1812). Seither können sich die Bürger aller Staaten, in denen die Grundlagen dieser Rechtsordnungen übernommen wurden, wie zum Beispiel in Deutschland durch das BGB, von anderen Bürgern alles versprechen lassen, was diese geben (*dare*), tun und machen (*facere*) können, sofern sie dem jeweils anderen die dafür geforderte *Gegenleistung* versprechen und erbringen und soweit dadurch nicht Gesetz und gute Sitten verletzt werden.

b) Freiheitserweiterungen durch Rechtsschutzverzicht: Ein Bürger kann sich seine Freiheit nicht nur durch Leistungen und Leistungsversprechen eines anderen erweitern lassen, sondern auch *durch bloße Duldungen oder Erlaubnisse* (*volenti non fit iniuria*), zumeist in Form von *Einwilligungen* zu einem Tun, das ansonsten durch absolute Rechte oder Schutzgesetze verboten wäre, zum Beispiel Einwilligungen zu Operationen, aber auch zu Obduktionen von Leichen zur Feststellung der Todesursache oder zu Lehrzwecken, oder zum entgeltlichen oder unentgeltlichen Gehen, Fahren, Reiten oder Viehtreiben über ein fremdes Grundstück oder zu sonstigem entgeltlichen oder unentgeltlichen Gebrauch von Sachen des Eigentümers. Die Vertragstypen der Leihe, Miete und der Pacht enthalten sowohl Leistungs- als auch *Duldungspflichten*, weil die Leih-, Miet- oder Pachtsache zum Gebrauch überlassen, also *geleistet* werden muss; nach der Überlassung der Sache muss die erlaubte Nutzung *geduldet* werden, wodurch der Mieter oder Pächter das Recht und die Freiheit erhält, die Sache in der Vertragszeit vertragsgemäß zu nutzen, und damit die Eigentumsfreiheit des Vermieters oder Verpächters beschränkt. Nicht zuletzt kann die gesetzliche Haftung wegen Verletzung absoluter Rechte oder gesetzlicher Schutzpflichten vertraglich *beschränkt* und für *fahrlässige* Verletzungen auch *gänzlich ausgeschlossen* werden (§ 276 BGB); auch damit wird die Freiheit des Enthafteten erweitert und die Freiheit des ersatzlos Geschädigten eingeschränkt. Die Haftung für Vorsatztaten kann nicht im Voraus erlassen werden (§ 276 Abs. 2 BGB).

c) Freiheitserweiterungen durch Freiheitsbeschränkungen: Weil alle vertraglichen Rechte zugleich vertragliche Pflichten eines anderen sein müssen, ist notwendigerweise die *Freiheitserweiterung* des einen mit einer *Freiheitsbeschränkung* des anderen verbunden. Dies gilt sowohl für die *Leistungspflichten* wie für die *Schutzpflichten*; auch wer auf den Schutz gesetzlicher Schutzpflichten verzichtet, zum Beispiel einem anderen erlaubt, über sein Grundstück zu gehen oder zu fahren oder dessen Haftung im Voraus einschränkt oder erlässt, erweitert mit der Beschränkung der eigenen Freiheit die Freiheit des anderen. Vertragliche Erlaubnisse, Duldungen, Einwilligungen und sonstiger Rechtsschutzverzicht sind ebenso wie die Begründung von Leistungsansprüchen und Leistungspflichten selbstverständlich auch nur in den Grenzen der Gesetze und der guten Sitten rechtswirksam. *Vertragliche Vereinbarungen* sind also auch eines jener *„allgemeinen Gesetze der Freiheit“* (*Kant*), in welcher sich die Willkür des einen mit der Willkür eines anderen nach dem Maße der Vertragsfreiheit und ihrer Grenzen vereinigen kann.

4. Privatautonomie und marktwirtschaftliche Ordnung: Aufgrund der durch die Privatautonomie mit der Vertragsfreiheit gewährleisteten Möglichkeiten wird nicht nur die *individuelle Freiheit* des Bürgers erweitert, vielmehr entsteht, weil diese Möglichkeiten allen offenstehen, dadurch auch ein *marktwirtschaftliches, freies Staatswesen*, in dem sich jeder Bürger die Güter verschaffen kann, die er gern haben möchte, sofern er tüchtig genug ist, sich durch Klugheit und Fleiß genug Geld zu verdienen, um die Gegenleistungen für die gewünschten Güter erbringen zu können. Dadurch geht es nicht nur jedem Einzelnen, sondern der gesamten Gemeinschaft besser, wodurch wiederum die Chancen jedes Einzelnen besser werden, sogar derjenigen, die aus irgendwelchen Gründen nicht so tüchtig sind, weil ihnen aufgrund der Steuerleistungen der Besserverdienenden die zu einem menschengerechten Leben erforderlichen Sozialleistungen gewährt werden können. Sollen dagegen in einem planwirtschaftlich organisierten Staat die Güter nach den Ordnungsvorstellungen der Obrigkeit verteilt werden, so sind nach allen Erfahrungen (wonach *Planwirtschaft organisierter Irrtum* ist) nie genug von den Gütern vorhanden, welche die Bürger haben wollen, dafür aber eine Menge solcher, die niemand haben will, weil niemand sie brauchen kann. In solchem Fall müssen die begehrten Güter dann nach komplizierten Verteilungsregelungen zugewiesen werden. Zumeist muss ein Bürger dann nachweisen, dass er ein bestimmtes Gut notwendiger braucht als jeder andere. Das aber gelingt selten oder nie und *Bestechungen und Korruption* sind die notwendigen Folgen. Dieses *Krebsge-*

schwür aller planwirtschaftlicher Ordnungen frisst sich früher oder später durch die gesamte staatliche Ordnung und hat deren Zusammenbruch zur unvermeidbaren Folge, wie der Untergang der real existierenden sozialistischen Staaten bewiesen hat. Die *Ausschaltung der Triebkraft des Eigennutzes* führt nicht nur zum Zusammenbruch sozialistischer Staaten, sondern wie die Erfahrung zeigt auch zum Untergang religiöser Ordensgemeinschaften;[51] wenn der unbedingte Wille eines jeden Einzelnen, sein individuelles Interesse uneingeschränkt dem Interesse der Gemeinschaft unterzuordnen, sich im Laufe der Zeit mehr und mehr abschwächt und schließlich ganz verlorengeht, löst jeder Einzelne, der „umfällt", in den anderen die Frage aus, ob sie für diesen die Arbeit noch mit übernehmen sollen. Eine sozialistische Ordnung ist letztlich *contra naturam*, gegen die Natur des Menschen.[52]

Die Freiheit einer marktwirtschaftlichen Ordnung hat, wie die Erfahrung uns lehrt, allerdings zur Folge, dass stets einige schwächere, behinderte oder einfach weniger tüchtige Mitbürger an die Grenze des *Existenzminimums* kommen können; in solchen Fällen verlangt die *Brüderlichkeit*, dass ihnen geholfen wird. Der demokratische, marktwirtschaftlich freie Rechtsstaat muss daher auch ein *Sozialstaat* sein (Art. 20 Abs. 1 GG), der allen seinen Bürgern zumindest ein Existenzminimum sichert. Allerdings ist Gefahr im Verzug, wenn der Sozialstaat sich zu einer Art Wohlfahrtsstaat entwickelt, weil die Parteien, *um Wählerstimmen zu gewinnen*, immer höhere Sozialleistungen versprechen; je mehr desto weniger sie ansonsten leisten, um den technischen Fortschritt und wirtschaftlichen Wohlstand und damit die Einkünfte der Bürger zu erhöhen. In der Bundesrepublik sind die Sozialleistungen aus dem Bundeshaushalt auf jährlich 300 Milliarden Euro gestiegen (1970: 42 Milliarden DM) und sollen insgesamt eine Höhe von etwa 1 Billion € erreicht haben. Wenn ein Staat derartige Summen und damit einen so großen Anteil des Bruttosozialprodukts für Sozialleistungen aufwendet, wird immer mehr Kontrolle erforderlich und geht notwendigerweise immer mehr Freiheit verloren. Freie Bürger verwandeln sich mehr und mehr in Wohlfahrtsempfänger, und der Sozialstaat verwandelt sich in einen Versorgungsstaat, der seine Bürger mehr und mehr bevormunden muss. *Cicero* sagte, wer Leistungen ohne Gegenleistungen annehme, werde schlechter und wolle immer mehr. *Thomas von Aquin* stimmt ihm darin zu, nicht nur weil es dem Gemeinwohl schade, sondern weil die Sitten der Menschen dadurch verdorben würden (S.Th. II-II F 61,1.1).

51 Dazu aus großer eigener Erfahrung und Einsicht der Dominikanerpater *Arthur F. Utz*, Das Wirtschaftssystem der religiösen Orden oder: Ist der Kommunismus möglich?, S. 7–52.

52 *Hugo Kreß*, Grundlagen des Privatrechts.

5. Kapitel
Vom Relativismus zum Rechtspositivismus ins Unrecht und zum Naturrecht zurück

> Gesetz ist Gesetz.
> *Somlo, 1917*
>
> Wer Recht durchzusetzen vermag, beweist damit, dass er Recht zu setzen berufen ist.
> *Radbruch, 1932*
>
> Der Wille des Führers ist Gesetz.
> *Höhn, 1934*

I. Der Spannungsbogen

Am Anfang der historischen Zeit hatte das Recht noch *sakralen Charakter*; Rechtspflege und Rechtsprechung waren den Priestern der zuständigen Gottheit anvertraut. Ein selbstständiger Juristenstand und damit eine Rechtswissenschaft entstand erst im Laufe der Zeit, entwickelte aber alsbald die *Auffassung, dass ihre „Rechtsvernunft" keiner Anleitung oder Korrektur durch allgemeine theologische Vorstellungen oder philosophische Ideen bedürfe.*[1]

1. Zwischen Recht, Moral, Ideologie und Philosophie: Niemand kann völlig unabhängig sein von den religiösen Anschauungen, moralischen Vorstellungen, philosophischen Strömungen und sonstigen Gedanken und Ideologien seiner Zeit und Umwelt, schon gar nicht lässt sich eine Rechtsordnung gänzlich unabhängig davon errichten und bewahren. Wenn eine staatliche Ordnung aufgrund extremer Glaubensvorstellungen (nach Art der Heiligen Inquisition) oder Ideologien (*Faschismus* oder *Sozialismus*) aber ins Unrecht trudelt (Hitler-Deutschland; DDR), so lassen erfahrene Familien ihre Kinder nicht mehr Rechtswissenschaft studieren, sondern drängen sie in ein naturwissenschaftliches Fach, damit sie sich von dem Unrecht leichter frei halten können. Letztlich ist und bleibt eine staatliche Ordnung, insbesondere wenn sie zur Diktatur wird, immer in einem gewissen Maße von ihrer „Staatsreligion" oder ihrer sonstigen Ideologie abhängig, und Juristen,

---

1 *Wieacker* PrivatRG, 250; *Radbruch* (Rph3, 14; *ders.* Vorschule der Rechtsphilosophie 18) war dagegen der Auffassung, dass *alle Rechtsphilosophie von ihrem Anbeginn bis zum Anfang des 19. Jahrhunderts Naturrechtslehre gewesen* sei; diese Meinung ist unhaltbar und höchst verwunderlich, auch deswegen, weil *Radbruch* die Naturrechtslehre als *Irrlehre* versteht (Rph3, 80); alle Rechtsphilosophie bis ins 19. Jahrhundert wäre demnach eine Irrlehre gewesen; dagegen auch *Radbruchs* treuer Schüler *Arthur Kaufmann*, dazu unten IX.

die sich dem nicht beugen wollen, müssen, wenn sie ihrer Kunst treu und also „sauber“ bleiben wollen, aus dem Staatsdienst ausscheiden und ihren Lebensunterhalt mit einer anderen Tätigkeit verdienen. Auch in Zeiten nicht revolutionärer, sondern halbwegs „normaler“ Entwicklungen kann es schon zu Spannungen kommen zwischen der überkommenen geltenden Rechtsordnung und Rechtsvorstellungen, die den inzwischen entstandenen neuen (besseren oder schlechteren) Verhältnissen gerecht werden wollen. Eine gewisse Spannung zwischen Recht, Philosophie, Glauben oder Ideologie ist also grundsätzlich vorgegeben; sie kann aber in einem gut geordneten Staatswesen im Allgemeinen durch allmähliche Annäherung der überkommenen und der sich neu entwickelnden Denkform ausgeglichen werden. Wenn dieser Ausgleich jedoch längere Zeit unterbleibt, kann es nicht bloß zu Spannungen, sondern auch zu grundlegenden Systembrüchen, sogar zu Revolutionen kommen. In den „guten alten Zeiten“ der Agrargesellschaft, in welcher sich die Art des Lebens jahrhundertelang nur wenig änderte, konnte ein- und dasselbe Recht jahrhundertelang gelten; das römische Recht hat daher nahezu zwei Jahrtausende gegolten.

Durch die Erfindung der *Dampfmaschine* und die dadurch ausgelösten Entwicklung von der *Agrar- zur Industriegesellschaft*, die durch den *Elektromotor* noch gewaltig beschleunigt wurde, sowie durch den sonstigen wissenschaftlichen und technischen Fortschritt im 19. und 20. Jahrhundert, nicht zuletzt aufgrund der *Mikroprozessorentechnik* und der dadurch entstandenen weltweit vernetzten *Informationsgesellschaft*, haben sich die Lebensverhältnisse der Menschen in den technisch hochgerüsteten Staaten jedoch in 200 Jahren mehr und vielfältiger geändert als früher in Jahrtausenden. Diese Entwicklungen machen fortwährend auch neue rechtliche Regelungen erforderlich, um die durch die *neuen Techniken* und die dadurch eröffneten *neuen Gefahrenquellen* und *Konfliktfelder* beherrschen zu können. *Jaspers* hat frühzeitig erkannt (1949), dass die neuen Techniken zwar nicht zu einem *Ende*,[2] aber zu einer *Wende der Geschichte*[3] führen müssen, die zu einer *Zerstörung der Natur* und der ganzen *Menschheit* selbst führen kann, wenn alle Warnsignale unbeachtet bleiben.[4] Eine Zerstörung oder jedenfalls eine schwere Schädigung unserer Erdkugel kann durch einen *Atomkrieg* erfolgen, aber auch langsamer und nicht weniger schwer durch eine *Zerstörung des naturgegebenen Gleichgewichts*, welches Voraussetzung des pflanzlichen und tierischen Lebens auf diesem Planeten ist. Ob die Menschen sich für oder gegen das Leben entscheiden, ist in ihre Hand gegeben. Die richtige Entscheidung können die Menschen aber nur gemeinsam treffen und befolgen, was voraussetzt, dass die Mehrheit diesen zunächst schwierigeren Weg gehen will, wozu rechtliche Regelungen erforderlich

---

2 *Fukuyama*, Das Ende der Geschichte, 1992.
3 *Jaspers* Ursprung 127 ff.
4 *Jaspers* Ursprung 149.

sind, weil diejenigen, welche die Gefahren einer anderen Entscheidung nicht erkennen können oder wollen, gezwungen werden müssen, die richtige Entscheidung zu befolgen und den richtigen Weg zu gehen. Wer aber kann und will eine Atommacht wie die Vereinigten Staaten von Amerika und deren demokratisch gewählten Präsidenten gegen ihren Willen zwingen, solche Umweltsünden zu unterlassen, welche die ganze Welt vernichten können? Man kann auch ein Volk nicht zwingen, eine Regierung und einen Präsidenten zu wählen, der über die dazu erforderlichen Einsichten verfügt. Und *mit den Mitteln* des Rechts kann man einen Präsidenten, der über die zur Führung seines Amtes erforderlichen Einsichten nicht verfügt, auch selten oder nie aus seinem Amt entfernen. Auch mit dem Bonner Grundgesetz wäre dies nicht möglich.

2. Vom römischen Recht zu naturrechtlichen Kodifikationen: In der Zeit *nach* der *Rezeption des römischen Rechts*, die im 12. Jahrhundert von *Bologna* und von den Lehren des *Irnerius*, des *Accursius sowie* von *Baldus* und *Bartolus* ausging und in der Folgezeit das im *Corpus Juris Civilis* von *Justinian* (482–565) zusammengestellte Recht zum geltenden Recht (*ratio scripta*) in den neuentstehenden europäischen Staaten werden ließ, kam es im 17. und 18. Jahrhundert zu einer starken, später *Vernunftrecht* genannten *naturrechtlichen Gegenbewegung*, die das antike, teils tausendjährige Recht nicht mehr als zeitgemäß anerkennen konnte und wollte.[5] *Goethe* ließ seinen *Mephisto* dem Scholaren damals bekanntlich sagen:

Es erben sich Gesetz und Rechte
Wie eine ew'ge Krankheit fort;
Sie schleppen von Geschlecht sich zum Geschlechte
Und rücken sacht von Ort zu Ort.

Vernunft wird Unsinn, Wohltat Plage:
Weh dir, dass du ein Enkel bist!
Vom Rechte, das mit uns geboren ist,
Von dem ist leider nie die Frage.

Im Zuge dieser Bewegung und Entwicklung des *Vernunftrechts* kam es im europäischen Zivilrecht gegen den zu lange aufrechterhaltenen *Form- und Typenzwang* des römischen Rechts zur *Anerkennung einer allgemeinen Vertragsfreiheit* und am Ende des 18. Jahrhunderts zu den drei großen naturrechtlichen Kodifikationen (ALR; Code Napoleon; österr. ABGB). Auf deren Grundlage sind schließlich auch das deutsche BGB (1900) und letztlich alle heute geltenden kontinentalen europäischen Zivilrechtsordnungen entstanden, die wiederum in vielen Staaten des amerikanischen, asiatischen und afrikanischen Kontinents mehr oder weniger unverändert übernommen wurden. Diese großartige Entwicklung des europäischen Zivilrechts erfolgte im Rahmen einer völlig gewaltfreien Bewegung, die im Wesentlichen – auch beeinflusst durch das kanonische Recht – von dem Werk des großen niederländischen Juristen *Hugo Grotius* (*De iure belli ac pacis*) ausging und in den genannten naturrechtlichen Kodifikationen denkmalartigen Ausdruck gefunden hat.

[5] Dazu statt aller *Wieacker* PrivatRG 249 ff.

3. Von der Monarchie zur Revolution und Demokratie: Weniger gewaltfrei waren die durch Rationalismus und Aufklärung ausgelösten Veränderungen der *staatlichen Ordnungen.* Mit der Französischen Revolution wurde das *Gottesgnadentum der absoluten Monarchie* beseitigt:[6] „Wenn der Gedrückte nirgends Recht kann finden, wenn unerträglich wird die Last – greift er hinauf getrosten Mutes in den Himmel, und holt herunter seine ew'gen Rechte, die droben hangen unveräußerlich und unzerbrechlich wie die Sterne selbst." So erfasste *Schiller* am schweizerischen Beispiel den *naturrechtlichen Ausgangspunkt* des Weges *Tells* nach Küssnacht: „Hier vollend ich's. ... Mache deine Rechnung mit dem Himmel Vogt, fort musst du, deine Uhr ist abgelaufen." So ähnlich haben wohl auch die französischen Jakobiner gedacht, als sie ihre Rechte vom *Philosophenhimmel Montesquieus* (1689–1755), Voltaires (1694–1778), *Rousseaus* (1712–1778) u.a. herunterholten und im Schlagwort *Freiheit, Gleichheit, Brüderlichkeit* zusammenfassten, aber es blieb nicht bei einem *Bogenschuss.* Die Revolution musste ihre Kinder fressen. Und zur Rationalisierung der anfallenden Arbeit musste die *Guillotine* erfunden werden, unter deren Beil nicht nur der König und die Königin von Frankreich ihren Kopf verloren, sondern auch *Danton* den Scharfrichter bitten musste, noch einen Riemen für *Robespierre* aufzuheben. Große grundlegende philosophische Zeitströmungen – wie der Rationalismus und die Aufklärung – können nicht nur zum Bruch von seit alters her überkommenen Rechtsordnungen und zur Schaffung großer und guter Kodifikationen des Rechts führen, sie können auch weit über ihr Ziel hinausschießen und neues Unrecht hervorbringen. Aber die Geschichte der Aufklärung und der Französischen Revolution und die damit erfolgten Rechtsänderungen sind schon oft beschrieben worden, sollten hier nur in Erinnerung gerufen werden als ein Beispiel für eine mächtige geistige Zeitströmung, die zu einer grundlegenden Änderung des Rechts und der gesamten staatlichen Ordnung führte, von der *absoluten Monarchie* zur *parlamentarischen Demokratie.* Nicht immer ist das aufgrund solcher Umwälzungen entstehende *neue* Recht jedoch *besseres* Recht geworden, das eine bessere staatliche und gesellschaftliche Ordnung gewährleistete. Die Franzosen mussten zunächst noch die *Herrschaft Napoleons* überleben und dann eine *längere Phase der Restauration* erdulden, bevor eine neue *vernünftige demokratische Ordnung* geschaffen werden konnte. Dank seines wirklich „aufgeklärten" Königs verlief die Entwicklung in Preußen zunächst anders und besser: ohne große Revolution und Blutvergießen kam es zu einer konstitutionellen Monarchie, die erst nach dem verlorenen ersten Weltkrieg zusammenbrach und mit der Weimarer Reichsverfassung zur Demokratie wurde. In Russland kam es dagegen dank Lenin 1917 zur Oktoberrevolution mit der Folge des

[6] Dem *Sturm auf die Bastille* am 14. Juli 1789 folgte die Erklärung der *Bürger- und Menschenrechte* am 26. August 1789. Dem vorausgegangen war die Unabhängigkeitserklärung der USA vom 4. Juli 1776 und die Verkündung der Verfassung der USA am 17. September 1787; dazu *Georg Jellinek*, Die Erklärung der Menschen- und Bürgerrechte, 1895.

Marxismus-Leninismus-Stalinismus und deren bolschewistischer Ordnung, die Gorbatschow beendete, aber nicht in eine bestandskräftige freiheitliche Ordnung bringen konnte. Ebenso können auch religiöse Glaubensvorstellungen zum Unrecht führen wie der *christliche Hexenwahn* und die *Inquisitionsprozesse* gezeigt haben und wie die islamische *Scharia* und die *IS-Gräueltaten* heute noch zeigen. Aber nicht nur religiöse, sondern auch andere Wahnvorstellungen, insbesondere der *Rassenwahn* und der *Größenwahn* eines Volkes („Deutschland, Deutschland über alles, über alles in der Welt ...") oder eines Tyrannen können auch eine Demokratie wieder zum Tyrannenstaat machen und Unrecht schlimmster Art zur Folge haben. Derart zu Unrechtssystemen gewordene Staaten müssen zumeist eine mehr oder weniger längere Phase des Terrors und des Chaos durchlaufen, bis sich langsam wieder eine zivilisierte, vernünftige Ordnung bilden kann.

II. Vom Positivismus zum Rechtspositivismus

Als die von *Grotius* ausgelöste Naturrechtsbewegung Anfang des 19. Jahrhunderts mit den drei großen naturrechtlichen Kodifikationen ihre Ernte eingebracht hatte, hat sie zugleich auch den Boden dafür bereitet, dass die philosophische Strömung des *Positivismus*, die den großen *Siegeszug der Naturwissenschaft* ausgelöst hatte, schließlich auch die Jurisprudenz erfasste. Neben der großen Zeitströmung des allgemeinen, alle Wissenschaften erfassenden *Positivismus* waren für den *spezifisch juristischen Positivismus* sicherlich auch die großen, ursprünglich als naturrechtlich gedachten Kodifikationen verantwortlich, mit denen versucht wurde, das ganze Recht (mit dem ALR) oder jedenfalls das gesamte Zivilrecht (mit dem Code Napoleon und dem österr. ABGB) abschließend zu erfassen. Diese Gesetzeswerke ließen in ihrem Geltungsbereich sowohl bei den Bürgern als auch bei den Juristen unvermeidbar den Glauben entstehen – was auch der erklärte Zweck dieser Kodifikationen gewesen ist –, damit sei mit dem in Worte, Begriffe und Rechtsätze (*Normen*) gefassten „positiven" Recht das *wahre* und *richtige* Recht *abschließend* erfasst und geregelt worden. Der Preußenkönig hatte zur bestmöglichen Bewahrung des neuen Rechts und aus übertriebenem Misstrauen gegenüber den Juristen sogar ein *Kommentierungs- und Analogieverbot* erlassen. In den Jahrzehnten nach dem Inkrafttreten einer solchen Kodifikation (auch nach dem Inkrafttreten des BGB am 1. Januar 1900) waren die juristischen Bemühungen daher überwiegend darauf gerichtet, die Worte, Begriffe und Sätze dieser Gesetze richtig zu verstehen und auszulegen, was unvermeidlich zur Folge hatte, dass der zur Lösung eines Falles erforderliche Rechtssatz, wenn er sich nicht unmittelbar aus dem Gesetz ergeben hat, nicht mehr aus den allgemeinen Grundsätzen abgeleitet wurde, die dem Gesetzeswerk zugrunde lagen, sondern im Wege einer *„Begriffsjurispru-*

denz" mit allerlei Auslegungsregeln aus dem Gesetzestext, heraus- und in ihn hineingelegt wurde: „Legt ihr's nicht aus, so legt was unter."

Als Begründer der *Lehre des Positivismus* wird allgemein *August Comte*[7] (1798–1852) angesehen. Nach dessen Lehre soll in der Philosophie und in allen sonstigen Wissenschaften stets vom „Positiven", d.h. dem *tatsächlich Gegebenen* (den „Tatsachen"), nicht von *irgendwelchen Ideen* ausgegangen werden. Diese Lehre wird als eine der Voraussetzungen für den ungeheuerlichen Fortschritt der von den Kausalgesetzen bestimmten *Naturwissenschaften* im 19. Jahrhundert[8] angesehen, was wiederum – in Verkennung der prinzipiellen Verschiedenheit – ein Grund für die Übernahme dieser Lehre in die *Geisteswissenschaft* gewesen sein soll.[9] Der Kausalzusammenhang zwischen einem Rechtsgedanken, seiner Entstehung und einer dadurch entstandenen gesetzlichen Regelung wurde als hinreichende Rechtsbegründung verstanden. Dieses *positivistische Gesetzesverständnis*, das jeden in einem staatlichen Gesetzgebungsverfahren in Gesetzesform gebrachten Gedanken ohne Rücksicht auf seinen Inhalt als Recht betrachtete, darf jedoch nicht gleichgesetzt werden mit dem *thomistischen Begriff* des *positiven Rechts*. Thomas hat das positive Recht nur dann ohne Rücksicht auf seinen Inhalt als richtiges Recht verstanden, wenn ein Gegenstand *so oder so* geregelt werden konnte, wie z.B. rechts oder links fahren, also nur eine *Willensentscheidung* zwischen zwei gleichwertigen Möglichkeiten erforderlich war. Wenn aber eine Rechtsfrage in Abwägung gegensätzlicher Freiheiten und Interessen in bestimmter Weise „vernünftig" geregelt werden sollte, sollte nach seiner Lehre eine Regelung nicht nur deswegen als Recht verstan-

---

7 Hauptwerk: Cours de Philosophie Positive, 6 Bde., 1826–1842; ferner: *Discours sur l'ensemble du Postivisme*, in Deutsch: Der Positivismus in seinem Wesen und seiner Bedeutung, 1894.

8 Die Grundlagen für die explosionsartige Entwicklung der Naturwissenschaft wurden freilich schon im Rationalismus des 17. Jahrhundert gelegt, wofür die Namen *Galilei*, *Keppler*, *Descartes*, *Pascal*, *Leibniz*, *Newton* u.a. stehen, die den Glauben an die unendliche Macht der Vernunft begründeten und die Grundlage für die nachfolgende technische Revolution gelegt haben. Auf dieser Grundlage waren die Hoffnung und der Glaube entstanden, dass die menschliche Vernunft eine allgemeine, für alle Menschen gültige *Moral- und Rechtsordnung* hervorbringen könne. „Il existe un droit universel et immuable (gegen die *Unwandelbarkeit* menschlicher Vernunft jedoch schon *ThvA* F 57, 2 zu 1, dazu 3. Kap III 4), source de toutes les lois positives; il n'est que la raison naturelle en tant qu'elle gouverne tous les hommes" (aus den Materialien zum *Code Napoleon*). Auf der Grundlage solcher unwandelbarer Vernunft glaubte *Lessing* (*Nathan*, Ringparabel), auch Judentum, Christentum und Islam versöhnen zu können. Aufgrund der geschichtlichen Entwicklung kann heute jedoch als bewiesen gelten, dass der Glaube, im Besitz einer unveränderlichen Gerechtigkeit zu sein, das friedliche Zusammenleben mit Menschen anderen Glaubens nahezu unmöglich macht, sofern nicht *weltliches und menschliches Recht* unbedingte Glaubensfreiheit gewährt und zu sichern versteht. Darin besteht die *Großtat des Aquinaten*: Er hat erkannt, dass göttliches Recht grundsätzlich nur die Gläubigen dieses Gottes schützt und Anders- und Ungläubige verdammt und daher Unfrieden stiftet, wenn in einer Gemeinschaft Menschen zusammenleben, die nicht denselben Glauben haben.

9 Dazu *Kelsen* GrL 7; *Georg Dahm*, Deutsches Recht 154 ff.; *Habermas* Erkenntnis und Interesse 88 ff.

den werden, weil es durch menschlichen Willen in die Form des Rechts gebracht wurde, musste vielmehr mit den anerkannten Grundsätzen menschlicher Vernunft in Einklang stehen.[10] Die im 19. Jahrhundert entwickelte *positivistische Rechtslehre* wollte dagegen jeden in Form eines Gesetzes gefassten Satz eines Gesetzgebers zur Regelung einer Angelegenheit als *Recht* verstehen, ohne jede an einem Wertmaßstab ausgerichtete Bewertung des Inhalts dieses Satzes. Für diese neue *Rechtstheorie des Positivismus* wurde alsbald auch ein passendes Schlagwort gefunden: *Gesetz ist Gesetz*. Der Satz ist einfach und sagt nichts, aber das lieben viele Menschen, weil sie glauben, es leicht und gut verstehen zu können. Zum Ausdruck bringen will der Satz, dass ein Gesetz zu befolgen ist ohne darüber nachzudenken, ob es auch Recht ist, weil Gesetz stets Recht und niemals Unrecht sei. Mit dieser Rechtsvorstellung war das Tor zur Entwicklung des Unrechtsstaats des Dritten Reiches weit geöffnet worden.

III. Kelsens Reine Rechtslehre

Kelsens[11] *Reine Rechtslehre* gilt als die sublimierteste Form dieses *juristischen Positivismus* und besticht durch ihre logische Stringenz. *Kelsen* ist allerdings nicht nur sehr weit entfernt von der „nationalsozialistischen Unrechtslehre“, er ist auch weit entfernt von der Banalität des Satzes „Gesetz ist Gesetz“, seine Lehre stellt vielmehr sowohl formale als auch materiale Voraussetzungen an das positive Recht. Seine „Reine Rechtslehre“ unterscheidet sich vor allem dadurch von anderen positivistischen Lehren, dass sie eine „*Grundnorm*“ zur Voraussetzung ihrer Geltung hat.[12] Diese Grundnorm muss die Menschen, die eine Anordnung treffen, die für andere als Gesetz gelten soll, dazu berufen haben, Gesetze zu geben. Sind die gesetzgebenden Menschen von einer Verfassung dazu berufen, so muss diese Verfassung auf eine frühere Verfassung zurückgehen bis auf eine erste Verfassung, die nicht auf eine frühere zurückgeführt werden kann.[13] Diese Grundnorm soll im System *Kelsens* aber rein *formalen* und *keinerlei materialen Charakter*

[10] Dazu oben 3. Kap III 3.

[11] *Hans Kelsen* (1881–1973) gilt als einer der bedeutendsten Juristen des 20. Jahrhunderts. Er habilitierte sich in Wien und wurde dort 1917 zum Professor ernannt, 1919 wurde er Mitglied des österreichischen Verfassungsgerichtshofes und mit der Ausarbeitung eines Verfassungsgesetzes beauftragt. 1930 wurde er Professor in Köln und dort 1933, weil er jüdischer Abstammung war, in den Ruhestand versetzt. Er emigrierte 1940 in die USA und wurde 1942 Professor in Berkeley. *Kelsen* gilt unter anderem auch als Vater der Verfassungsgerichtsbarkeit, seine Werke wurden in alle Weltsprachen übersetzt. Näheres bei *Horst Dreier*, Hans Kelsen – Jurist des Jahrhunderts, in: H. Heinrichs u.a. (Hrsg.), Deutsche Juristen jüdischer Herkunft, S. 705 ff. und *Kley/Throphinke*, JA 2001, 169.

[12] *Kelsen* GrL § 4; *ders.* RR 196 ff.

[13] GrL § 4; RR 196 ff.; zur Frage der Geltung von Gesetzen, die nach einer erfolgreichen Revolution von den Revolutionären erlassen werden, vgl. *Kelsen* RR 212 f., 222, 279.

haben, so dass aus ihr keine inhaltlichen Regelungen abgeleitet werden könnten.[14] Jeder Inhalt eines Gesetzes, das von einem durch eine solche Grundnorm ermächtigten Gesetzgeber erlassen wurde, gilt als richtig und gerecht. Mit dieser Aussage bleibt *Kelsen*, der selbst nur am Leben blieb, weil er Deutschland um 1940 noch rechtzeitig verlassen konnte, konsequent bis zum Exzess eines gesetzlich geregelten *Holocaust*:[15]

> „Nach dem Recht totalitärer Staaten ist die Regierung ermächtigt, Personen unerwünschter Gesinnung, Religion oder Rasse in Konzentrationslager zu sperren und zu beliebigen Arbeiten zu zwingen, ja zu töten. Solche Maßnahmen mag man moralisch auf das schärfste verurteilen; aber man kann sie nicht als außerhalb der Rechtsordnung dieser Staaten stehend ansehen."

Nach diesem Verständnis von *Kelsen* lässt das *positive Recht* – anders als das Naturrecht – keine „Pflichten" für den Menschen entstehen, die er „aus sich heraus" (quasi mit naturgesetzlicher Notwendigkeit)[16] erfüllen *muss*. Das Recht wird als eine *Zwangsordnung* verstanden, die kraft ihrer Sanktionen die Einhaltung ihrer Regeln erzwingen kann. Diese Zwangsordnung macht Einrichtungen eines staatlichen Zwangsapparats erforderlich (Exekutive, Gerichte, Strafvollzug, Zwangsvollstreckung), der die rechtlichen Regelungen notfalls zwangsweise gegen den Willen des zuwiderhandelnden Bürgers durchsetzen kann. Diese Zwangsordnung *ist* für *Kelsen der Staat*. Damit werde der *Staat zur höchsten vollendeten Form des Rechts*.[17] In dieser Möglichkeit notfalls zwangsweiser Durchsetzung unterscheiden sich *rechtliche* von bloß *moralischen Regelungen*, die für einen Betroffenen nur insoweit gelten, als er sich selbst aus eigenem Antrieb zu ihrer Einhaltung verpflichtet fühlt oder er die gesellschaftliche Missachtung oder Geringschätzung und den damit verbundenen Ehrverlust fürchten muss. Nach der Lehre des Positivismus kann das *positive Recht* seine Geltung auch nicht nur deswegen verlieren, weil es gegen Naturrecht verstößt, denn allein aufgrund seines Inhalts kann ihm nicht die Geltung abgesprochen werden.[18] Nach dem von *Kelsen* als *göttliches Recht* verstandenen „Naturrecht" soll das von Gott geschaffene oder einem auserwählten

---

[14] Zur Bedeutung und zur Funktionen der Grundnorm vgl. *Kelsen* GrL § 11; RR 204 ff.

[15] *Kelsen* RR S. 42; dazu auch S. 201, 224, 225; GrL § 3, S. 11. Gegen diesen reinsten Positivismus des „Meisters des Rechtsformalismus" schon lange vor der Reinen Rechtslehre *Erich Kaufmann*, Kritik 20 ff., 79 f.

[16] Die Rechtspflichten sind auch keine „Gewissenspflichten" oder „Ehrenpflichten", die manche Menschen (nicht alle, immer nur solche, die ein Gewissen oder eine Ehre haben) zu manchen Zeiten unbedingt erfüllen mussten, selbst wenn es das Leben kostete; dazu *Henkel* Rph § 16.

[17] GrL § 2, S. 9; RR 289 ff.; womit *Kelsen* wieder bei *Hegel* angekommen ist, der den Staat als „Wirklichkeit der sittlichen Idee" (Rph, § 257), als das „an und für sich Vernünftige" versteht, „in welchem die Freiheit zu ihrem höchsten Recht kommt" (Rph § 258); dazu unten IV 3 b.

[18] *Kelsen* RR 224. Insoweit ist die „Reine Rechtslehre" *reiner Rechtspositivismus*, aber *Kelsen* bleibt nicht dabei stehen, sondern ergänzt das *formale Delegationsprinzip* durch *Gerechtig-*

Menschen eingegebene *Recht*, das notwendigerweise richtig, gerecht und *unwandelbar* sein müsse, für die Menschen auch *einleuchtend und verständlich* sein, so dass es keines Zwanges zu seiner Verwirklichung bedürfe.[19] Diese Vorstellung hielt *Kelsen* allerdings nur für vertretbar, wenn man das Naturrecht als *göttliches Recht* betrachtet, das vom Menschen befolgt werden muss wie ein *Naturgesetz* und ihm keine Freiheit lässt, das Gesetz nicht zu beachten.[20] Dazu bemerkte schon *Thomas* (18. TA F 58, 1, 3): „Gottes Wille allein ist unwandelbar, setzt man also Gerechtigkeit mit unwandelbarem Willen gleich, dann gibt es Gerechtigkeit nur in Gott, und das ist falsch." Wenn man jedoch daran festhalte, so *Kelsen*, dass naturrechtliche Normen befolgt würden, wenn sie einleuchtend sind, so sei die Naturrechtstheorie *idealer Anarchismus*; jeder Anarchismus – vom Urchristentum bis zum modernen Marxismus – sei im Grunde genommen *Naturrechtstheorie.*[21] Auch *Rosenberg, Goebbels und Hitler* und deren überzeugte Anhänger wollten ihren *Rassenwahn als Naturrecht* („aus Rasse, Blut und Boden") verstehen.[22] Die (naiven) *Krieger des Islamischen Staates* begreifen ihren Glauben und die *Scharia* – jedenfalls am Anfang ihrer Kriegerlaufbahn – wohl zumeist auch als *göttliches Recht.* Nur wenn sie sich nicht rechtzeitig selbst in die Luft sprengen, können sie noch verstehen, dass eine „Lügnerin, gedungen von Despoten, ihnen für die Wahrheit bloß Schatten hat geboten" (*Schiller*, Resignation).

Wenn die *Naturrechtslehre* jedoch ihren *absoluten Ursprung* und das daraus abgeleitete Postulat der *Unveränderlichkeit* aufgebe oder abschwäche, um eine „vermittelnde Brücke" vom reinen Naturrecht zum positiven Recht zu schaffen, so erfolgt – nach *Kelsens* Ansicht[23] – dies in der bewussten oder unbewussten Absicht, „das relativ-hypothetisch gültige, in seinem Inhalt wesentlich wandelbare und stets sich wandelnde *positive Recht* als *Naturrecht* oder doch als *eine Art Naturrecht* zu rechtfertigen". Das kann idealerweise so sein, wenn der Gesetzgeber stets völlig auf dem neuesten Stand der Entwicklung bleibt und alles sofort in Gesetzes-

keitsnormen, weil nur dadurch eine sinnvolle *material gerechte Ordnung* entstehen könne; dazu unten um Fn 24–27. *Radbruch* begründet die Geltung des positiven Rechts ohne Rücksicht auf seinen Inhalt mit dem Satz, dass derjenige, der die Macht habe, seinen Willen durchzusetzen auch das Recht habe, Recht zu setzen (dazu unten IV 2 und öfters), woraus schließlich der Satz entsteht: *Gesetz ist Gesetz.* Der scharfsinnige *Kelsen* hat diesen *Relativismus* jedoch schon 1928 als eine Spielart des *Positivismus* erkannt, GrL, S. 14.

19 *Kelsen* GrL § 2.

20 RR 227; ebenso schon *Kant* NaturR-Vorl 84.

21 *Kelsen* GrL 9 f.; für *ThvA* ist das Naturrecht jedoch geltendes Recht und begründet keinen Anarchismus (F 57, 2 zu 2). Wenn das positive Recht im Widerspruch zum Naturrecht steht, könne es allein durch „menschliche Willensentscheidung nicht gerecht werden" (*non potest voluntate humanum fieri iustum*; F 57, 2 A zu 2). Wenn das „Recht" nicht „gerecht" ist, höre es freilich noch nicht völlig auf *zu sein* (dazu oben 3. Kap III 3 u. 4), dürfe und müsse u.U. also noch befolgt werden bis es für unwirksam erklärt ist.

22 Dazu vor allem *Rüthers* Unbegrenzte Auslegung, insbes. §§ 12, 19; auch unten 5. Kap V 1. Min. Anm. 1 (5).

23 GrL § 5; RR 430 ff.; 435.

form bringt, was aufgrund neuer Entwicklungen einer rechtlichen Regelung bedarf. In der Wirklichkeit bleiben die Gesetzgeber unserer Staaten aber oft Jahrzehnte oder gar Jahrhunderte hinter dem Stand der Entwicklung zurück: „Vom Rechte, das mit uns geboren ist, von dem ist leider nie die Frage." Außerdem kann ein Gesetzgeber, sei es aus Irrtum oder Bosheit, auch Gesetze machen, die mit allgemein anerkannten rechtlichen Grundsätzen in Widerspruch stehen, und dies kann dann nicht nur deswegen Recht sein, weil es in Gesetzesform gebracht worden ist. Dieses Problem hat *Kelsen* zwar nicht verkannt, aber in seiner Bedeutung unterschätzt, wie sein eingangs zitiertes Holocaust-Beispiel zeigt, das kein anderer hätte gebrauchen dürfen. *Kelsen* selbst war schon durch seine ebenso unbestreitbare wie unantastbare fachliche Kompetenz, darüber hinaus aber auch durch seine Herkunft und sein persönliches Schicksal gegen eine moralische Verdammung immunisiert. Trotzdem kann das hinter dem schrecklichen Beispiel steckende Prinzip nicht akzeptiert werden. Dem Mörder, der nach seinem Opfer fragt, darf man die Wahrheit nicht sagen, muss ihn vielmehr in die Irre schicken, und verbrecherische Gesetze dürfen nicht mehr als Recht verstanden, müssen vielmehr, wenn sie als Unrecht zu erkennen sind, auch als solches qualifiziert und außer Kraft gesetzt werden.

Das in der „Grundnorm" verankerte rein formale *Delegationsprinzip* der Reinen Rechtslehre kann allerdings – wie *Kelsen* nicht verkennt – eine *sinnvolle material gerechte Ordnung* allein nicht begründen. Vielmehr müsse sich das durch Satzung erzeugte Rechtsmaterial als ein „sinnvolles Ganzes" begreifen, das heißt *„vernünftig"*, deuten lassen".[24] Daraus folge vor allem, dass eine Norm einer anderen Norm der auf derselben Grundnorm gestützten Rechtsordnung nicht *widersprechen* dürfe. Der *Satz vom Nichtwiderspruch* gelte nicht nur für die Seinssphäre, sondern auch für die Sollenssphäre. Im Übrigen könne eine auf eine „Grundnorm" gestützte Rechtsordnung des positiven Rechts auch allgemeine „Gerechtigkeitsnormen" enthalten, wie zum Beispiel den *Gleichheitssatz*, das *suum cuique*, denen die anderen Normen des positiven Rechts entsprechen müssten.[25] Es darf hinzugefügt werden: Nach Inkrafttreten des Grundgesetzes und gemäß Art. 1 Abs. 3 GG, wonach die Grundrechte unmittelbar geltendes Recht sind, sind diese Grundrechte als solche „Gerechtigkeitsnormen" zu verstehen, welche Gesetzgebung, Exekutive und Rechtsprechung binden.[26] Nach heute geltendem deutschen Recht wäre eine gesetzliche Regelung des *Holocaust* wegen Verletzung der

24 *Kelsen* GrL § 10, S. 21; RR 209 f.

25 RR 357 ff.

26 Aber entgegenstehende Normen nicht in allen Fällen unmittelbar (ipso iure) außer Kraft setzen, vielmehr erst für verfassungswidrig erklärt werden müssen; dazu 3. Kap III 3 u. 4; 6. Kap VI.

Menschenrechte der Art. 1 Abs. 1 und Art. 2 Abs. 2 GG rechtsunwirksam[27]. Das würde auch *Kelsen* anerkennen weil diese Menschenrechte Gerechtigkeitsnormen in seinem Sinne sind, er hat es allerdings in der 2. Auflage (1960) seiner *Reinen Rechtslehre* übersehen (1. Aufl. 1934).

Das in alle Weltsprachen übersetzte Werk der *Reinen Rechtslehre* mit einem Umfang von fünfhundert Seiten kann hier im Einzelnen nicht weitergehend referiert werden. Diese Rechtslehre ist jedoch von bewunderungswürdiger logischer Klarheit und unerbittlicher Härte, auch gegen *Kelsen* selbst; er übertreibt seine Logik aber insoweit, als er auch eine gesetzlich angeordnete Tötung von Menschen anderer Religion oder Rasse mangels einer entgegenstehenden Gerechtigkeitsnorm des positiven Rechts noch für rechtmäßig erklärt. Es ist schlimm genug, dass es geschehen ist, aber für rechtmäßig können und dürfen wir es niemals halten. Mit den heute in allen Kulturstaaten anerkannten Menschenrechten sind die für das System Kelsens erforderlichen „Gerechtigkeitsnormen“ auch geschaffen worden, deren Verletzung solche Gesetze und staatliche Maßnahmen jedenfalls rechtswidrig machen (Verfassungspositivismus).

IV. Der Anfang der „Banalität des Bösen“

1. Gesetz ist Gesetz: Nach 1933 löste der *Rechtspositivismus* in Deutschland – entsprechend der Lehre *Kelsens*, aber ohne Grund- und Gerechtigkeitsnormen – das Recht auch von seinen historischen und sonstigen Voraussetzungen, auf deren Grundlage es entstanden ist, ab und postulierte, dass *alles Recht* sei, was von einer Staatsregierung in der Form des Rechts festgelegt, also als *Gesetz* beschlossen und verkündet worden ist. Darüber, ob ein solches Gesetz auch Recht und gerecht ist,

[27] Die *Grundrechte* des Art. 1 Abs. 3 und Art. 20 Abs. 3 i.V.m. Art. 93 Abs. 1 Nr. 2 und Art. 100 Abs. 1 GG, welche im Wesentlichen die gesicherten *naturrechtlichen Grundsätze* enthalten, die sich in einer langen Rechtsentwicklung herausgebildet haben, haben insofern auch das Verhältnis des *Rechtspositivismus zum Naturrecht* verändert, weil damit – jedenfalls im Recht der Bundesrepublik Deutschland – die *juristische Geltungslehre* verfassungsrechtlich dahingehend rechtlich klargestellt wurde, dass *nach* dem Inkrafttreten des Grundgesetzes am 23. Mai 1949 ordnungsgemäß geschaffene und verkündete gesetzliche Regelungen des positiven Rechts *so lange rechtsgültig sind*, bis sie vom BVerfG *für rechtsunwirksam erklärt* wurden (dazu 6. Kap VI 3 u. 4). *Vor* dem 23. Mai 1949 geschaffene gesetzliche Regelungen, die mit den Grundrechten nicht vereinbart werden können, sind dagegen mit Inkrafttreten des Grundgesetzes *ipso jure* rechtsunwirksam geworden, was von jedem Richter und Rechtsanwender festgestellt werden kann (dazu 6. Kap VI 4 a). Das kann man *Verfassungspositivismus* nennen, weil danach letztlich die Verfassungsrichter auf der Grundlage der in der Verfassung formulierten Grund- und Menschenrechten darüber zu entscheiden haben, ob eine gesetzliche Regelung geltendes Recht oder Unrecht ist. Diese Rechte werden aber durch ihre Formulierung und das Gesetzgebungsverfahren nicht zu positivem Recht, bleiben vielmehr aus der menschlichen Vernunft entwickelte Rechte, wie schon *ThvA* richtig erkannte (dazu oben 3. Kap III 3).

sollte man nicht mehr nachdenken, weil Recht und Gerechtigkeit für den Menschen *nicht zu erkennen* sei (*Radbruch*). Es geriet in Vergessenheit, dass das *Recht* als Werk der menschlichen Vernunft, auch soweit diese die (göttliche) Gerechtigkeit nicht erkennen kann, jedenfalls doch eine Kunst bleibt (*ars boni et aequi*),[28] die in langer Tradition viele Regeln und Grundsätze entwickelt hat, auf deren Grundlage eine halbwegs gerechte Ordnung möglich und jedenfalls allerschlimmstes Unrecht auch klar als solches erkannt werden kann. Es ist nur schwer zu begreifen, dass gebildete Juristen und Rechtsphilosophen glaubten, ein Gesetz (z.B. das sog. *Reichsbürger-* oder das *Blutschutzgesetz*[29]) nicht als *Unrecht* erkennen und verstehen zu können, wenn jeder unverbildete, aber *vernünftige Mensch* es eindeutig und klar als *Unrecht* erkennen konnte und auch viele Millionen Menschen aufgrund dieser Gesetze ihr Leben verloren haben. Rechtsgeschichte, Rechtsphilosophie und der gesunde Menschenverstand wurden von diesem *Positivismus* ausgeschaltet mit der *Banalität* des Satzes „Gesetz ist Gesetz." Dieser Satz sollte sogar dann gelten, wenn das Gesetz einen *absolut unsittlichen Inhalt* hatte[30] oder *offensichtlich unrichtig* war:[31] „Ein Gesetz, das tatsächlich besteht (auf dem Papier), ist ein Gesetz, obgleich es unsere Missbilligung erregt."[32] Es geriet in Vergessenheit, dass jedes Gesetz einen „metajuristischen Ursprung" hat und eines *justus titulus* bedarf, der ursprünglich im göttlichen Willen verortet (*Augustin*) und seit *Thomas von Aquin* und *Duns Scotus* schon vor der Aufklärung des 18. Jahrhunderts in der *menschlichen Vernunft* gesucht und auch gefunden wurde. Nach der Logik der primitiven, völlig unzulänglichen positivistischen Definition des Rechts müsste in der Kunst der *David Michelangelos* nichts anderes sein als ein Marmorklotz und die *Nachtwache Rembrandts* nichts als eine Leinwand mit eingetrockneter Ölfarbe; der Aussagegehalt aller Kunstwerke wäre nur „Metaphysik, Aberglaube und Schimäre".[33] Zu diesem *positivistischen Exzess des Rechtsdenkens* konnte es nur kommen, weil

[28] Dazu oben 2. Kap VIII; 3. Kap III 4–6.

[29] Beide vom 15.9.1935 (RGBl I S. 1146). § 2 Abs. 1 RbürgG lautete: *„Reichsbürger ist nur der Staatsangehörige deutschen oder artverwandten Blutes, der durch sein Verhalten beweist, dass er gewillt und geeignet ist, in Treue dem deutschen Volk und Reich zu dienen."* Nach dem Blutschutzgesetz waren sexuelle Beziehungen zwischen Deutschen und Juden strafbar und sind teilweise mit der Todesstrafe geahndet worden; dazu *Wiegand* Unrichtiges Recht 168 ff., 191.

[30] So *Somlo*, Juristische Grundlehre, 1917, S. 431; dazu *Welzel* NaturR, 186, 246; auch *Kelsen* (RR 201) meinte, jeder beliebige Inhalt eines Gesetzes könne Recht sein, er schränkte diesen Satz aber durch das Erfordernis einer *Grundnorm* und die Vereinbarkeit mit gegebenen *Gerechtigkeitsnormen* ein; dazu oben III.

[31] *Graf zu Dohna*, Kernproblem der Rechtsphilosophie, 1940, S. 54; die Lehre des Positivismus löste aber schon früh eine Gegenbewegung aus, insbes. *Rudolf Stammler*, RichtigR, Halle 1926. Die von Relativismus zum Positivismus gewordene Philosophie *Radbruchs* verteidigen jedoch die Beiträge in: Borowski/Paulson, Die Natur des Rechts bei Gustav Radbruch, 2015; dagegen allerdings *Wiegand*, Unrichtiges Recht 103 ff.; dazu unten IV 4.

[32] So *Karl Bergbohm*, Jurisprudenz und Rechtsphilosophie, 1892, S. 549; dazu *Welzel* NaturR 184.

[33] So *Welzel* NaturR 185.

man glaubte, dass das *Naturrecht* – sei es *göttliches* oder aus der *Vernunft des Menschen* entwickeltes Recht – nicht zu erkennen sei. Göttliches Recht ist allerdings nicht zu erkennen, der von Menschen entwickelte und geäußerte Wille ist jedoch zu erkennen; es ist nur nicht zu erkennen, ob der Willen einem Menschen oder den Menschen von Gott eingegeben oder von den Menschen aus ihrer *eigenen Vernunft* entwickelt wurde. Der Mensch kann nicht wissen, ob die Zehn Gebote Moses und der Koran des Mohammed von Gott offenbart wurden oder die Propheten diese Erkenntnisse aus ihrer eigenen Vernunft entwickelt haben; die Menschen können nur das eine oder andere glauben. Der Mensch kann auch nicht immer wissen, ob das aus der Vernunft der Menschen entwickelte „Recht“ richtiges oder unrichtiges Recht ist, weil er dem Irrtum unterworfen ist. Aber im Laufe der Menschheitsgeschichte sind aufgrund vieler böser und einiger guter Erfahrungen eine Reihe allgemeine Rechtsgrundsätze, nicht zuletzt auch die *Grund- und Menschenrechte*, entwickelt worden, die sich lange bewährt haben und aus deren Verletzung das Unrecht im Allgemeinen erkannt werden kann. Wird das Unrecht nicht sofort erkannt, so zeigt es sich später an seinen Folgen und muss dann korrigiert werden. Der Rechtsphilosoph *Gustav Radbruch* behauptete jedoch, dass *Kant* nicht nur bewiesen habe, dass *göttlicher* Wille und also das *göttliche* Recht nicht zu erkennen ist, sondern dass auch aus *menschlicher Vernunft* entwickeltes Naturrecht in Wahrheit nicht zu erkennen sei.[34] *Radbruch* war zwar ein gläubiger evangelischer Christ, wollte seine Philosophie allerdings nicht auf die Glaubenssätze seiner Religion, sondern auf *rationale Erkenntnisse* gründen und verstieg sich dabei zu der Behauptung, *Kant* habe nachgewiesen, dass auch menschliches Naturrecht nicht zu erkennen sei. Das aber ist nachgewiesenermaßen falsch und *Radbruchs* bester und treuester Schüler, *Arthur Kaufmann*, hat dies auch klargestellt.[35] *Radbruch* kam aufgrund seiner falschen Voraussetzung jedoch zu dem Schluss, wenn nicht zu erkennen sei, was Recht ist, müsse *derjenige bestimmen*, was Recht sein soll, *der die Macht hat* durchzusetzen, was er will, weil ansonsten keine Ordnung, vor allem keine *Rechtssicherheit* gewährleistet sei, der Frieden in der Gemeinschaft also nicht gesichert werden könne.[36] Damit waren die Voraussetzungen geschaffen für die Diktatur des Machthabers und den Absturz ins bodenlose Unrecht des „Dritten Reiches“, das allerdings die *Grundnorm Kelsens* erfüllte, weil *Hitler* und seine NSDAP legal an die Macht gekommen waren.

2. Vom Relativismus zum Positivismus ins NS-Unrecht a) Die Entwicklung zum NS-Unrechtssystem: Die Philosophie *Radbruchs* in der Form der 1932 erschienenen 3. Auflage seiner Rechtsphilosophie, die er selbst *relativistischer Methoden-Dualismus*

---

34 Rph3 (1932), S. 15, 70 f., 80 f; dazu Vorschule (1947), S. 16–19, 35; dazu vor Fn 46.
35 Dazu ausführlich unten X 1–4.
36 Rph3, 70 f; 80 f. Diese Machttheorie *Radbruchs* kritisierte auch schon *Erich Kaufmann* Kritik 65 ff.

nannte, die aber aufgrund des der *Rechtssicherheit* eingeräumten Vorrangs[37] in einem „reinen Positivismus" endete, verstärkte und verschärfte die etwa seit der Jahrhundertwende herrschende positivistische Zeitströmung in hohem Maße, so dass der Satz „Gesetz ist Gesetz" nach dem *Ermächtigungsgesetz vom* 24. März 1933 (RGBl 1933, I, 141) in die Formel mündete, *„der Wille des Führers ist Gesetz"*[38] oder *„ein Befehl des Führers ist Volkswille"*.[39] Mit der Banalität dieser Sätze sollte jeder Wille des „Führers" zu *Gesetz und Recht* gemacht werden, auch wenn damit die Ausrottung des jüdischen Volkes befohlen war, allein deswegen, weil Juden nicht deutschen Blutes seien und nicht der „arischen Rasse" angehörten.[40] *Recht* sollte vor allem sein, „was dem Volke nützt". Was aber dem Volke nützen sollte, sollte allein der *Führer Adolf Hitler* zu entscheiden haben. Zu diesem *pervertierten Rechtsdenken* konnte es kommen, weil man glaubte, das Recht statt – mit *Thomas von Aquin* – auf *menschliche Vernunft* allein auf den *menschlichen Willen* und letztlich auf die *Macht zu seiner Durchsetzung* gründen zu dürfen. *Gustav Radbruch* (1878–1949), der nach dem Ersten Weltkrieg von manchen als der bedeutendste Rechtsphilosoph in Deutschland angesehen wurde, fasste diese Philosophie in

37 Dazu unten 4 b (2) u. 4 c.

38 *Heckel*, Wehrverfassung und Wehrrecht im Großdeutschen Reich, 1939, S. 325.

39 *Höhn*, DR 1934, 433; gegen den Satz D.1.4.1.pr: *„quod principi placuit, legis habet vigorem"*, bemerkte schon ThvA (F 90, 2 zu 3), dass der Wille des Herrschers von *Vernunft* bestimmt sein müsse, um Recht zu sein. Jedenfalls muss aber heute nicht mehr Recht sein, was einem Kaiser oder sonstigen Alleinherrscher alles gefällt. Scharfsinnig bemerkt *Emge* (EinfRph141) dazu, es heiße zwar *„auctoritas non veritas facit legem"*: aber *legem* und nicht *ius. Lex* sei ein euphemistischer Ausdruck, womit der gerade Mächtige seine Anmaßungen als maßgeblich behauptet.

40 Einen rechtlichen Weg in dieses Unrecht hat *Karl Larenz* schon 1935 aufgezeigt. Er war zu dieser Zeit der Auffassung, dass der Mensch entgegen § 1 BGB nicht allein deswegen, weil er von einer *menschlichen Mutter* geboren wurde, rechtsfähig sei (womit der BGB-Gesetzgeber einst die Sklaverei für abgeschafft erklärte), sondern nur als „Glied der Volksgemeinschaft" eine Ehre habe und die Achtung als Rechtsgenosse verdiene. *Larenz* schlug daher vor § 1 BGB wie folgt zu fassen: **„Rechtsgenosse ist nur, wer Volksgenosse ist; Volksgenosse ist, wer deutschen Blutes ist"** (*Larenz*, Rechtsperson und Subjektives Recht – zur Wandlung der Rechtsgrundbegriffe, in: *Georg Dahm u.a.* (Hrsg.), Grundfragen der neuen Rechtswissenschaft, Berlin 1935, S. 241). Nach dieser Vorstellung waren *Juden nicht mehr rechtsfähig*, sondern völlig rechtlos gestellt wie Tiere oder Ungeziefer, jeder hätte sie töten können, wenn dieser Satz Gesetz geworden wäre, ohne rechtliche Sanktionen fürchten zu müssen. Der Satz ist zwar nicht ins BGB aufgenommen worden, aber nach § 2 Abs. 2 der Verordnung zur Ausschaltung der Juden aus dem deutschen Wirtschaftsleben vom 12. November 1938 konnten alle leitenden jüdischen Angestellten mit einer Frist von sechs Wochen entlassen werden mit der Begründung: „Staatsbürger kann nur sein, wer Volksgenosse ist. Volksgenosse kann nur sein, wer deutschen Blutes ist, ohne Rücksicht auf Konfession. Kein Jude kann daher Volksgenosse sein" (zitiert bei *Rüthers*, Unbegrenzte Auslegung, 206 und 330; *Rüthers*, Entartetes Recht, 26 ff.; 30 ff.; 88 ff.). Bei der Kündigung der Arbeitsverhältnisse der Juden ist es nicht geblieben, aber der Rassenwahn hinter dem Völkermord findet in diesen Sätzen seine juristische Begründung; dazu ausführlicher unten 3 c.

den Satz:[41] „*Wer das Recht durchzusetzen vermag, beweist damit, dass er das Recht zu setzen berufen ist*"; womit alles, was ein Diktator oder sonstiger Machthaber schafft und macht, auch als *rechtens* verstanden werden sollte. Diese Philosophie nannte *Radbruch* „*relativistischen Methodendualismus*", der jedoch in einen reinen Positivismus mündete, der dem Weg in das Unrecht des NS-Staates Vorschub leistete. Auf diesen Weg zum *Positivismus* und zur *Rechtfertigung allen Unrechts* kam die Philosophie *Radbruchs* – für ihn selbst überraschend – durch seine *relativistische* Bestimmung des *Rechtsbegriffs*.[42]

Die Lehren Radbruchs sind heute nur noch Rechts- oder Philosophie*geschichte*. Die Fragen, ob z.B. das *Reichsbürger-* und das *Blutschutzgesetz* und darauf gestützte Urteile Recht oder Unrecht sind, wird heute nicht mehr nach den Rechtsgrundsätzen *Radbruchs*, auch nicht nach seinen 1946 entwickelten „*naturrechtlichen Formeln*" entschieden (dazu unten VIII), sondern wegen offensichtlicher Verletzung der Grundrechte der Art. 1 und 2 GG für verfassungswidrig befunden. *Radbruch* selbst wollte den individuellen Grund- *und Menschenrechten* eine derartige Funktion *nicht* zuerkennen, weil er – wie noch darzulegen ist – dem „*überindividuellen Wert*" einer sozialistischen Rechtsordnung den Vorrang einräumte. Trotzdem oder deswegen ist eine gewisse *Renaissance der Philosophie Radbruchs* nicht zu verkennen, wie insbesondere die Kontroverse im Jahre 2017 zwischen *Rüthers*, *Braun* und *Frommel*[43] sowie der von *Borowsky/Paulson* 2015 veröffentlichte Sammelband über die „Natur des Rechts bei Gustav Radbruch" beispielhaft zeigen. Weil aber in der Wirklichkeit alles noch etwas schwieriger ist und sich nie in ganz eindeutigen Begriffe fassen und theoretisch erklären lässt, wird auch die Auffassung vertreten, das aus der „*arischen Rasse und dem deutschen Blut und Boden*" entwickelte nationalsozialistische Recht sei als eine Art Naturrecht zu verstehen und deswegen vor der „*ewigen Wiederkehr des Naturrechts*" zu warnen.[44]

b) Irrlehre: Naturrecht nicht erkennbar: Grundlage der Rechtsphilosophie *Radbruchs* ist seine ganz offensichtlich falsche Behauptung, *Kant* habe bewiesen, dass das

---

41 Rph3 81; zur Person *Radbruchs* vgl. die Nachweise von *Horst Dreier*, Die Radbruch'sche Formel, S. 1 Fn 1, in: *Borowski/Paulson* (Hrsg.); dazu auch *Caspar Behme*, Gustav *Radbruch* (1878–1949) – ein politischer Professor, in: StudR 2006, S. 147 ff., auch veröffentlicht unter:
https://www.hjr-verlag.de/out/pictures/wysiwigpro/Gustav Radbruch.pdf.

42 Rph3, 5, 15, 51 ff., 58 ff., 80 ff.; *Kelsen* bemerkte dazu schon 1928 (GrL S. 14): „Positivismus und Relativismus gehören ebenso zusammen, wie (göttliche) Naturrechtslehre und (metaphysischer) Absolutismus".

43 Dazu Fn 46 und VII 1.Min. Anm. 1 (9).

44 *Beyer*, Rechtsphilosophische Besinnung – Eine Warnung vor der ewigen Wiederkehr des Naturrechts –, Karlsruhe 1947, S. 45 ff. Vgl. zu dieser Sorge auch schon *Lasson*, Rph 257 ff.; dazu unten 3 a.

Naturrecht nicht zu erkennen sei, was er auch selbst ausdrücklich zur unabdingbaren Voraussetzung seiner Philosophie erklärt:[45]

> „Nur aus dieser Unmöglichkeit eines Naturrechts kann die Geltung des positiven Rechts begründet werden." „Wenn der Zweck des Rechts und die zu seiner Erreichung notwendigen Mittel wissenschaftlich deutlich erkennbar wären, wäre die Folgerung unausweichlich, dass vor diesem von der Wissenschaft einmal erkannten Naturrecht die Geltung abweichenden positiven Rechts erlöschen müsste wie der entlarvte Irrtum vor der enthüllten Wahrheit; für die Geltung erweislich unrichtigen Rechts lässt sich keine Rechtfertigung erdenken".[46]

---

[45] Rph3, 15, 71, 81; Vorschule 17. *Wiegand* (S. 224) bemerkt zu der Ansicht, das Naturrecht sei nicht zu erkennen, er könne der Meinung *Radbruchs*, dass Werturteile nur des Bekenntnisses, nicht aber der Erkenntnis zugänglich seien, nicht uneingeschränkt zustimmen (S. 224); merkwürdigerweise lässt *Wiegand* jedoch die einschlägige Schrift des *Radbruch*-Schülers *Arthur Kaufmann* über das Schuldprinzip (dazu unten XI) und die darin enthaltene Stellungnahme zur Falschbehauptung *Radbruchs* völlig außer Betracht. Die *Geltungslehre* (Anerkennungs- und Machttheorie) *Radbruchs* fasst *Wiegand* dahingehend zusammen, dass es auch offensichtlich ungerechte Regelungen gebe, die aufgrund der ihnen eigenen Bedeutung auf die Rechtsidee bezogen und also in *Radbruchs* System als „Recht" zu qualifizieren seien (S. 214 f.). Das sagt *Radbruch* auch, stellt es aber unter die weitere Voraussetzung, dass derjenige, der dieses Recht schafft, auch die *Macht* hat, es durchzusetzen. Gegen die Geltungslehre *Radbruchs* auch schon *Erich Kaufmann* Kritik 81 f.

[46] Rph3, 80 f. Näheres dazu und dagegen unten XI 1–4. Damit und mit den nachfolgenden Sätzen versuchte *Radbruch* seinen *Positivismus*, in dem er gelandet war, zu rechtfertigen, was er in der 1. Minute seiner „Fünfminütigen Rechtsphilosophie" auch eingestand mit dem Satz: „ ... der (*sein eigener*!) Positivismus hat die Juristen wie das *Volk wehrlos gemacht* gegen noch so willkürliche, noch so grausame, noch so verbrecherische Gesetze". *Monika Frommel* (JZ 2016, 913) hat das zwar zu bestreiten versucht, obwohl es auch durch den Brief *Radbruchs* an seinen Freund *Erik Wolf* vom 26.4.1939 (s. unten VI) nochmals bestätigt wird; *Johann Braun* (JZ 2017, 451) und *Bernd Rüthers* (JZ 2017, 457) haben zu dieser Geschichtsverfälschung aber das Erforderliche gesagt; mehr dazu zu sagen wäre zu viel der Aufmerksamkeit für derartig offensichtlich falsche und unqualifizierte Behauptungen, die nicht bloß mangelndes Quellenstudium (völlig unbeachtet bleibt z.B. auch die einschlägige und kenntnisreiche Monographie von *Marc André Wiegand*), sondern auch mangelndes Verständnis des Zusammenhangs von *Relativismus* und *Positivismus* aufzeigen. Für alle anderen sei allerdings hinzugefügt, dass *Radbruch* letztlich *kein ganz reiner Positivist* – schon gar nicht im Range von *Hans Kelsen* – war. *Radbruch* fühlte sich selbst als *Neukantianer* (Rph3, S. 1 Fn 1) und nannte seine Lehre zuerst „Methodenpluralismus und Relativismus", bevor er selbst erkannte, dass er zum Positivisten geworden war (Rph3, 71). *Kelsen* hatte schon 1924 (Grundlagen § 4) diese Entwicklung als notwendig erkannt: „Positivismus und Relativismus gehören zusammen." Im Übrigen war *Radbruch* zeit seines Lebens ein gläubiger *evangelischer Christ* und er glaubte, über die Kluft von Natur und Ideal zwei Brücken schlagen zu können (Rph3, 3 f.): „Den niemals vollendbaren Brückenschlag der Kultur und den in jedem Augenblick ans Ziel gelangende Flügelschlag der Religion – Werk und Glaube! –". Mit einem solchen „Flügelschlag" beendete er auch seine Vorschule letztlich mit dem Bekenntnis zum (göttlichen?) Naturrecht (Vorschule 109): „... wie immer man dieses Recht bezeichnen möge, sei es als *Recht Gottes*, als Recht der Natur, als Recht der Vernunft". Zu Recht hat daher sein Freund *Erik Wolf* seine Einleitung zur 4. Aufl. 1950 mit dem Satz abgeschlossen, dass *Radbruch* an seinen Prinzipien festgehalten und nur die „Akzente etwas anders gesetzt" habe, was ihm „die neue Intensität der religiösen Lebens-

Ein deutlicheres Bekenntnis zum Positivismus ist kaum denkbar. Und *Radbruch* zieht daraus den furchtbaren Schluss: *„Wer das Recht durchzusetzen vermag, beweist damit, dass er das Recht zu setzen berufen ist.“*[47] Wer die Macht hat, Recht durchzusetzen, soll also nicht nur die Macht, sondern auch das Recht dazu haben und also jedes Unrecht zu Recht machen können. *Das ist der Kern der Radbruchschen Philosophie.* Der Ausgangspunkt dieser Philosophie ist jedoch, wie *Arthur Kaufmann* nachgewiesen hat, eindeutig falsch, was auch *Radbruch* selbst in der Vorschule schon – noch halbherzig – zugesteht (dazu unten VIII 6; IX 1–6). Richtig ist nur, dass ein göttlicher Wille nicht zu erkennen ist; der Mensch kann nur daran glauben oder auch nicht. *Göttliches Naturrecht* ist daher mit *menschlicher Vernunft* nicht zu erkennen. Die Rechtslehre *Kants* ist aber nicht auf *göttlichen Willen* gestützt, sondern auf den *kategorischen Imperativ* in der Formulierung des § B MdS-RL und *Kant* ging dabei davon aus, dass *a priori* zu erkennen ist, dass die Freiheit eines in einer Gesellschaft lebenden Menschen an der grundsätzlich gleichartigen Freiheit anderer Menschen seine Grenze haben muss. Auf diesen *kategorischen Imperativ* in der Fassung des § B hat *Kant* seine oben 4. Kap. I dargestellte Naturrechtslehre aufgebaut. Wie schon zitiert ist *Kant* dabei davon ausgegangen, dass der Rechtsgelehrte das *allgemeine Kriterium*, woran man überhaupt *Recht und Unrecht (iustum et iniustum)* erkennen könne, *verborgen* bleibe, wenn er nicht eine Zeitlang jene *empirischen Prinzipien* verläßt und die Quellen jener Urteile in der *bloßen Vernunft* sucht.[48] Man kann aber wohl kaum annehmen, dass *Kant* in der menschlichen Vernunft göttliches Recht gesucht habe noch darf man vermuten, dass er menschliche Vernunft für unerkennbar gehalten hat. Deswegen wird auch in der philosophischen Literatur, mit Ausnahme von Radbruch, die *Rechtslehre Kants* auch ganz allgemein als *Naturrechtslehre* verstanden.

---

werte des Christentums und die Auseinandersetzung mit einer oberflächlichen Daseins-, Lebens- oder Existenzphilosophie nahegelegt“ hatte.

47 Rph3, 81.

48 *Kant* MdS-RL AB 32 (dazu oben 4.Kap I 1); Kant KpV A 127 ff.; dazu *Kelsen* RR 420 ff; *Coing* Rph 104 f; *Höffe*, Politische Gerechtigkeit, S. 107 ff. Die Frage, welche Philosophie dem Naturrecht zuzuordnen ist, hängt natürlich sehr davon ab, was man unter Naturrecht versteht. So räumt *Lasson* (Rph, 98) zwar ein, dass *Kant* „auf den ersten Blick“ den Vertretern des Naturrechts zuzuordnen ist, jedoch dadurch einen Bruch mit dem Naturrecht vollzogen habe, dass er Recht und Staat „nicht aus einzelnen Seiten der menschlichen Natur, aus besonderen Bedürfnissen und Zwecken, sondern *aus der Vernunft allein*, aus der Freiheit des Willens und ihrem *kategorischen Imperativ* abgeleitet“ hat. Es steht in der Freiheit *Lasssons*, mit dieser Begründung die Philosophie *Kants* nicht als Naturrecht zu betrachten, wir verstehen – in der Tradition des *Aquinaten* – auch mit dieser Begründung die Rechtsphilosophie *Kants* als Naturrecht. Der Hegelianer *Lasson* wollte dagegen mit nachvollziehbaren Gründen (dazu unten 3 a) auch seine eigene Philosophie *nicht* als Naturrecht verstehen, die *wir auch als Naturrecht* verstehen wollen. Auf den Namen kommt es aber letztlich nicht an, sondern auf das, was darunter zu begreifen ist; vgl. dazu auch *Emge* (EinfRph 350 ff.), der die Philosophie *Kants* gleichfalls dem Naturrecht zuordnet.

c) Wegfall der Voraussetzung der Lehre Radbruchs: Auf den Satz, dass das *Naturrecht nicht zu erkennen* ist, ist die ganze Rechtsphilosophie *Radbruchs* gebaut und stürzt daher mit der Widerlegung dieses Satzes in sich zusammen wie ein Kartenhaus, was *Radbruch* selbst – wie schon zitiert mit höchstem Pathos – verkündet hat: *Wenn das Naturrecht zu erkennen ist, muss die Geltung abweichenden positiven Rechts erlöschen wie der entlarvte Irrtum vor der enthüllten Wahrheit* (Rph3, 80).

Kant hat daher keinen „entscheidenden Schlag gegen das Naturrecht“[49] geführt, sondern lediglich bewiesen, dass *göttliches Naturrecht* nicht zu erkennen ist, keinesfalls aber behauptet, dass das auf menschlicher Vernunft beruhende Naturrecht nicht zu erkennen sei, ansonsten könnte der Mensch seine eigene Vernunft nicht erkennen. Aus diesem Grunde sieht *Radbruch* sich auch gezwungen, seinen Methoden-Pluralismus und Relativismus aufzugeben und sich zu einem *reinen Positivismus* zu bekennen mit dem Satz, dass wer die Macht hat zu tun, was er will, auch das Recht dazu haben müsste (Rph3, 81):

> „Vermag niemand festzustellen, was gerecht ist, so muss jemand festsetzen, was rechtens sein soll, und soll das gesetzte Recht der Aufgabe genügen, den Widerstreit entgegenstehender Rechtsanschauungen durch einen autoritativen Machtspruch zu beenden, so muss die Setzung des Rechts einem Willen zustehen, dem auch eine Durchsetzung gegenüber jeder widerstrebenden Rechtsanschauung möglich ist. Wer Recht durchzusetzen vermag, beweist damit, dass er Recht zu setzen berufen ist. Umgekehrt: Wer nicht Macht genug hat, einen jeden im Volke gegen den anderen zu schützen, hat auch nicht das Recht, ihm zu befehlen (***Kant***).“

Auch dieses Zitat mit der Unterstellung, *Kant* habe die *Macht* zur Voraussetzung des *Rechts* gemacht, ist nachweisbar falsch. *Kant* hat niemals gesagt, dass die *Macht* Voraussetzung des Rechts sei (dazu unten X 4), vielmehr wie oben dargelegt, seinen Rechtsbegriff aus dem *kategorischen Imperativ* abgeleitet, der für *Kant a priori* zu erkennen war, für andere sich aus alter Erfahrung ergibt, die in den alten Bundesschriften (Tob. 4/16) und dem neuen Testament (Matth 7/12) in abstrahierter Form als *Goldene Regel* überliefert sind. Für *Radbruch* war dies alles jedoch nicht erkennbar und so ist er zum *„leidenschaftlichen Positivisten“* (*Rüthers*) und zum *Sozialisten* geworden und hat mit der dadurch erzielten Verstärkung der positivistischen Zeitströmung am Anfang des 20. Jahrhunderts, wenn auch gutgläubig und unabsichtlich, die Rechtspolitik *Hitlers* und seiner NSDAP mächtig begünstigt. In seinem 1945 an seine Hörer in Heidelberg verteilten Flugblatt „5 Minuten Rechtsphilosophie“ hat er dies in der ersten Minute selbst zugestanden mit dem Satz:

> „Diese Auffassung vom Gesetz (die seine eigene Auffassung war!) und seiner Geltung (wir [*Radbruch*] nennen sie die positivistische Lehre) hat die Juristen wie das Volk wehr-

[49] So die Behauptung *Radbruchs* in: Rph3, 15; 70 f; 80 f.

los gemacht gegen noch so grausame, noch so verbrecherische Gesetze. Sie setzt letzten Endes das Recht der Macht gleich, nur wo die Macht ist, ist das Recht.“

3. Zur Dialektik von Naturrecht und Positivismus: Vor einer Darlegung des Rechtsbegriffs der Philosophie *Radbruchs* im Einzelnen und seiner „anderen Akzentuierung“ nach 1945 soll zu dem allgemeinen Problem *„Positivismus und Naturrecht“* und dessen politischer Bedeutung für das Unrecht des Dritten Reiches und die nach 1945 entstehende Verfassung der Bundesrepublik Deutschland noch Folgendes klargestellt werden.

a) NS-Recht: Naturrecht oder positives Recht? Der Positivismus hat es zwar vielen Reichsbürgern ermöglicht und erleichtert, die nationalsozialistischen Gesetze (z.B. das Blutschutz- und Reichsbürgergesetz vom 24. März 1933) als „Recht“ zu verstehen, hat sie aber nicht zu Recht werden lassen, sondern nur erschwert oder verhindert, dass viele Menschen sie als *Unrecht* begreifen konnten. Zum Gesetz konnte die darin enthaltene nationalsozialistische Ideologie aber nur werden, weil die NSDAP in demokratischen Wahlen eine Mehrheit im Reichstag gewonnen hat. Das aber war nur möglich, weil *Hitler*, *Rosenberg*,[50] *Goebbels* und andere es verstanden haben, die Mehrheit des deutschen Volkes davon zu überzeugen, dass ihre Ideologie und die daraus abgeleiteten Vorstellungen von „Recht und Ordnung“ besser seien als die der real bestehenden Weimarer Republik. Die *Nazis* wollten für die *„arische Rasse“ deutschen Blutes auf deutschem Boden* eine neue, *bessere Ordnung* schaffen mit dem Endziel, *Herrscher der Welt* zu werden. Es ist deshalb schon früh erkannt worden[51], dass die *nationalsozialistischen Rechtsvorstellungen* auch als eine Art *„Naturrecht“* begriffen werden können, das zum Recht des *„arischen“ Herrscher-Menschen* gemacht werden sollte. Es ist auch nicht so, dass das Naturrecht stets das gute Recht und das positiv geltende Recht schlechtes oder schlechteres oder gar Unrecht ist. *Adolf Lasson*[52] hat z.B. seine aus heutiger Sicht als Naturrechtslehre erscheinende Rechtsphilosophie selbst als *Positivismus* verstanden und sich zu diesem bekannt, weil er das geltende Recht als etwas in der geschichtlichen Entwicklung aus der Anschauungs- und Handlungsweise des Volkes und seiner Gewohnheiten Entstandenes verstanden hat, das Naturrecht dagegen nur für einen *Traum vom Recht* hielt, der im Volke keine Wurzeln geschlagen habe („was wirklich ist, ist vernünftig“, aber … s.u.). Die oberste Sorge der Rechtsphilosophie müsse es immer bleiben, *„sich von jeder Art von falschem Idealismus utopischer Schwärmerei fernzuhalten, die nur die Köpfe erhitzt, die Leidenschaften*

---

50 *Alfred Rosenberg* (1892–1946) gilt aufgrund seines Hauptwerkes, *Der Mythos des 20. Jahrhunderts* (veröffentlicht 1930, 1939 wurde die 146. Auflage erreicht), als Chefideologe der NSDAP. Er wurde 1946 in Nürnberg zum Tode verurteilt und hingerichtet.

51 *Beyer* 49 ff. mit der Behauptung, auch für *Adolf Hitler* habe der Naturrechtsgedanke eine Selbstverständlichkeit bedeutet, und mit Hinweisen auf *Petraschek*, System der Philosophie, 1938, S. 37 Fn 6; 221 Fn 6.

52 *Lassson* Rph 257 ff.

aufregt und den gesunden Gang der Entwicklung schädigt". Aber *Lasson* verkannte als *Hegel*-Schüler auch nicht, dass *Sklaverei, Glaubenszwang, Folter, Zensur, Polygamie*, die einst *Rechtsinstitute* waren, heute als *Unrecht* zu erkennen sind und das Recht daher stets der Anpassung an die tatsächlichen Lebensverhältnisse seiner Zeit bedarf. Im Laufe der geschichtlichen Entwicklung haben sich die Lebensverhältnisse des Menschen (vom Jäger zum Sammler, zum Ackerbauern, zum Fabrikarbeiter, zum IT-Techniker) stets in einer Art und Weise entwickelt und verändert, dass mit dem in der Vergangenheit geltenden Recht die erforderliche Ordnung nicht hätte geschaffen werden können. *Hegel* selbst hat in seiner Rechtsphilosophie (Vorrede) diese im Recht bestehende Spannung zwischen dem seit altersher Überkommenen und Bewährten und dem durch die Veränderung der tatsächlichen Verhältnisse Erforderlichen in den berühmt gewordenen Satz gefasst: „*Was vernünftig ist, das ist wirklich; und was wirklich ist, das ist vernünftig.*"

b) Was vernünftig und was wirklich ist: Dieser Satz, den *Hegel* selbst in § 6 der Einleitung seiner Enzyklopädie noch etwas näher erläutert[53], ist zwar allgemein bekannt, wird aber oft missverstanden.[54] In Bezug auf den Staat und das Recht ist das *Wirkliche* der *Staat*, so wie er zu einer bestimmten Zeit ist (z.B. die Weimarer Republik vor *Hitler* und der NS-Staat von 1933–1945), und es ist auch das *Recht*, welches das zu dieser Zeit in diesem Staat *geltendes Recht* ist; viele Menschen haben aber in dieser Zeit gedacht, dass das *geltende Recht* und die darauf beruhende staatliche Ordnung nicht gut und nicht vernünftig seien, vernünftigerweise vielmehr manches anders sein müsse. Allerdings haben viele dieser Menschen zwar gemeinsam das Bestehende und Geltende für unvernünftig gehalten, aber an dessen Stelle *Verschiedenes* für richtig und vernünftig befunden. Die bestehende Ordnung und das geltende Recht kann jedoch in einer Demokratie, auch wenn viele oder gar die Mehrheit es für unrichtig und ungerecht halten, durch eine andere und bessere Ordnung nur abgelöst werden, wenn sich für diese bessere Ordnung auch eine *Mehrheit* findet, weil ansonsten Chaos herrschen würde. Das Vernünftige, das andere wollen, kann als *Idee* oder *Ideal* etwas *Vortreffliches* sein, das alle Menschen zufrieden und glücklich machen könnte, wenn es wirklich so wäre. Das vermeintlich Vernünftige können aber auch bloße *Hirngespinste* oder *Trugbilder* sein, so wie die nationalsozialistischen Vorstellungen über den Staat und das Recht, die *Hitler* in seiner Festungshaft entwickelt und in „Mein Kampf" zu Papier gebracht hat und später in die Wirklichkeit umzusetzen versuchte. Weil aber das vom Menschen geschaffene und wirklich bestehende Recht einst auch auf-

---

53 Vgl. dazu auch *Darmstaedter*, Rechtsstaat oder Machtstaat, 49 f.

54 Sogar von *Puchta*, Institutionen, Bd. I, § 2. *Puchta* meint, dass damit gesagt worden sei, dass uns die Vernunft der Freiheit beraube. Der Mensch verliert aber durch die Vernunft seine Freiheit nicht, weil er die Freiheit behält, unvernünftig zu handeln. Die Vernunft ist keine Zwangsordnung. Wahrhaft frei ist freilich nicht derjenige, der alles tun kann, was er will, sondern nur derjenige, der wollen kann, was er tun soll (*Matthias Claudius*).

grund der Vernunft (oder Unvernunft) des Menschen entstanden ist und auch fortwährend an die sich ändernden tatsächlichen Verhältnisse angepasst werden muss, bringt die menschliche Vernunft auch stets neue Wirklichkeiten hervor. *Hegel* sagt also, dass das wirklich Bestehende vernünftig ist, weil es in der Regel seine Funktionen erfüllt und sich damit bewährt hat, vielleicht nicht so gut, wie es idealerweise sein könnte, aber immer noch besser als das Chaos einer mangelnden Ordnung, also dem Krieg aller gegen alle. Wenn die bestehende Ordnung jedoch nur noch schlecht ist, meint *Hegel*, dann sei es *umso schlimmer für die Tatsachen*, was heißen soll, dass es dann vernünftigerweise geboten ist, eine vernünftige Ordnung zu errichten. Das Vernünftige ist aber auch nicht bloß notwendig, sondern auch wirklich, weil es dahingehend wirkt, die bestehende Wirklichkeit vernünftig zu machen. Es ist also ein ständiger Kampf der *wirklichen Vernunft* und der *tatsächlich bestehenden Wirklichkeit* und es bleibt stets die Hoffnung, dass eine „unvernünftigerweise bestehende Wirklichkeit“ aufgrund wirklicher Vernunft wieder in eine „vernünftige Wirklichkeit“ verwandelt werden kann. In der Geschichte der Revolutionen kommt dieses Prinzip in der Merkwürdigkeit zum Ausdruck, dass die gescheiterte Revolution von Rechts wegen zur Hinrichtung der Revolutionäre führt und die siegreiche Revolution ihre verfolgten Ziele zum Staatszweck und geltendem Recht machen kann.[55] In Anerkennung der Erkenntnis *Jaspers*, dass neue Techniken neue Lebensverhältnisse für den Menschen und damit auch neues Recht hervorbringen, können daher auch die zutreffenden Argumente *Lassons* für die Vorzüge des geltenden Rechts gegenüber bloßen neuen Rechtsgedanken letztlich nichts daran ändern, dass das geltende Recht sich fortwährend verändern und erneuern muss. Nicht zuletzt macht der naturrechtliche Gedanke auch bewusst, dass jede gesetzliche oder sonstige Regelung des positiven Rechts eines tragfähigen „Rechtsgrundes“ (*justus titelus*) aus der Vernunft des Menschen bedarf. Davon ist letztlich auch das System der Philosophie Lassons geprägt.

4. Radbruchs Parteien- und Zwecklehre: Nach der Lehre *Radbruchs* soll es nur drei *absolute Wertvorstellungen* geben, an denen die *Rechts- und Staatsidee* auszurichten ist: 1. Individualismus (*Freiheit und Menschenrechte*), 2. Kollektivismus/Überindividualismus (*Faschismus/Sozialismus*) und 3. transpersonale Werte (*Kultur*).[56]

---

55 *Radbruch*, Vorschule 29; *Radbruchs* „Kulturidee des Sozialismus“ (in: Kulturlehre des Sozialismus) hätte allerdings nach 1945 nicht zu einer besseren Ordnung geführt, sondern in das Elend, in das die sowjetische Besatzungszone in Form der DDR gekommen ist. In der Heidelberger Rhein-Neckar-Zeitung vom 1.12.1945 hat *Radbruch* jedoch die Auffassung vertreten, dass der deutsche Wiederaufbau nur durch eine Sozialisierung mindestens der Banken, des Bergbaus und der Schlüsselindustrien denkbar sei; dazu oben vor Fn 3/113.

56 Rph3, 50 ff. Gegen diese antithetische Gegenüberstellung von Personalismus und Transpersonalismus, von Individualismus und Überindividualismus vor allem schon *Erich Kaufmann* (Kritik 65 ff., 71), der früh erkannte, dass mit dieser *absoluten Hypostasierung relativer*

a) Der Individualismus in Form des *Liberalismus* verlange für den Einzelnen die rechtliche Möglichkeit, sich unter Umständen dem Mehrheitswillen gegenüber zu behaupten, wozu die *Menschen- und Grundrechte* entwickelt worden seien. In seiner „*Kulturlehre des Sozialismus*" schreibt *Radbruch*,[57] das liberale Zeitalter habe so „gründliche und eindringliche Geistesarbeit getan, dass uns der *vereinzelte Mensch*, von dem es ausgeht, nicht mehr als eine Abstraktion, sondern als eine Realität erscheint, die einfache Tatsache aber, dass es den vereinzelten Menschen gar nicht gibt, dass der Einzelne in all seinen Beziehungen und Eigenschaften durch und durch *vergesellschafteter Mensch* ist, erst wieder dem Bewusstsein nahegebracht werden muss". Nach dieser „rechtsphilosophischen Parteienlehre" sollte der einzelne Mensch daher *keine Rechte*, auch *keine Menschenrechte*, haben, die ihn vor dem Kollektiv der Mehrheitsgesellschaft und der staatlichen Ordnung schützen könnten. *Radbruch* lehnte daher *Menschenrechte*[58] zum Schutze der individuellen Interessen der Bürger ab (Rph3, 62 f.):

> „Für den Liberalismus sind Ausgangspunkt des staatsphilosophischen Denkens die Menschenrechte, die Grundrechte, die Freiheitsrechte des Einzelnen, Teilstücke seiner natürlichen vorstaatlichen Freiheit, die mit dem unbedingten Anspruch auf Achtung in den Staat eingebracht werden, weil der Staat seine Aufgabe und seine Rechtfertigung ausschließlich in ihrem Schutze hat: ‚Der Endzweck aller politischen Gesellschaft ist die Er-

---

Gegensätze der Weg zum Verständnis der sozialen Wirklichkeit, welche auf einem bestimmten Verhältnis zwischen den beiden antithetisch auseinandergerissenen Begriffspolen beruht, rettungslos verbaut wird. Gegen diese Trias absoluter Werte auch *Emge* (EinfRph 122 f., 369 f.), der offenbar die Schrift von *E. Kaufmann* übersehen hat, aber zu demselben Ergebnis kommt mit dem Hinweis, höchste Werte könnten nicht Gegenstand einer Rechts-, sondern nur der *Religionsphilosophie* sein. Dass *Radbruch* sie zu Rechtswerten gemacht habe, hätte zur *Irrlehre des Relativismus* und zum chaotischen Zustand der Wertphilosophie und schließlich zur *Richtigkeitslehre* geführt. Derart *antinomische Wertvorstellungen* könnten nicht gegeneinander gerichtet und auf dieser Abstraktionshöhe zur Rechtsgewinnung abgewogen werden. Ähnliches sagt *Wiegand* (Unrichtiges Recht, 204) mit den Worten, „der Transpersonalismus steht in krassem Gegensatz zur Rechtsidee". Von den „drei obersten Werten" *Radbruchs* stimme nur der *individualistische* mit der Rechtsidee überein (Unrichtiges Recht, 201). Damit argumentiert *Wiegand* allerdings mit einer zwar „richtigen", aber anderen „Rechtsidee" als *Radbruch* (dessen Rechtsidee allerdings keine Idee des *richtigen* Rechts ist) und kommt auf dieser Grundlage zu der Auffassung, dass der Transpersonalismus zur Verdrängung der Rechtsidee, also der Gerechtigkeit, aus dem Rechtsbegriff führe (S. 204). Mit den Rechtswerten *Radbruchs* (*Individualismus, Überindividualismus, Transpersonalismus*) erfolge keine „Konkretisierung der Rechtsidee", vielmehr werde die Rechtsidee schlicht dazu instrumentalisiert, „dem Recht andere Höchstwerte als den der Gerechtigkeit aufzupfropfen: Das *Wahre, Gute, Schöne* hätten sich der Gerechtigkeit bemächtigt und der Versuch *Radbruchs*, diese Werte mit der Gerechtigkeit zu vermitteln, sei misslungen. Freilich nicht wegen des Strebens nach dem Wahren, Guten und Schönen, sondern wegen des Strebens nach „transpersonalen Werten", die *Hitler* in der arischen Rasse erkannte, die zur Weltmacht strebt; dazu unten 4 c und 5d-f.

57 *Radbruch*, Kulturlehre des Sozialismus, 2. Aufl. 1927; hier und im Folgenden zitiert aus der 4., unveränderten Auflage (hrsg. von *Arthur Kaufmann*), 1970, S. 57 ff.

58 Zur Funktion der Menschenrechte im System *Radbruchs* vgl. auch unten IV 4 b und XI 7.

haltung der natürlichen und unverjährbaren Menschenrechte (Erklärung 1789).' [Rph3, 62] … Der individualistische Gedanke, der mit der dem individualitätslosen Individuum beginnt, kann folgerichtig nicht endgültig haltmachen, ehe er in der nationalitätslosen Menschheit an sein Endziel gelangt" (Rph3, 67).

Für *Radbruch* sind die *Grund- und Menschenrechte* also *nicht* im heutigen Sinne des Art. 1 Abs. 3 GG *unmittelbar geltendes Recht*, auch *nicht* naturrechtliche oder sonstige ethische Wertvorstellungen oder auch nur *platonische Ideen*[59], sondern ein verfehlter und überflüssiger Versuch, die Güter und Interessen einzelner Menschen vor der Gemeinschaft des Volkes und des Staates zu schützen und den Einzelinteressen Vorrang vor den Interessen der Gemeinschaft einzuräumen. In Rph3 § 26 erklärt *Radbruch*, dass eine Einschränkung der Staatsmacht zum *Schutz einzelner Menschen* in bestimmten Fällen *nicht Recht, sondern Willkür* wäre (S. 183): *„Wenn in einer Gemeinschaft ein höchster Gewalthaber vorhanden ist, soll, was er anordnet befolgt werden"* (S. 182). Nur so werde *„die unterdrückte Klasse in vielfältigen Kämpfen ums Recht zum Beschirmer eben der Rechtsordnung, welche die herrschende Klasse über sie verhängt hat, weil dieses Recht zwar Klassenrecht ist, aber doch eben Klassenrecht, weil es das Interesse der herrschenden Klasse nicht nackt zur Schau stellt, sondern im Gewande des Rechtes und weil, der Inhalt des Rechtes sei welcher er wolle, die Rechtsform immer gerade den Unterdrückten dient"* (S. 183). *Radbruch* ist es also nicht in den Sinn gekommen, die schon im 18. Jahrhundert erkannten Menschen- und Bürgerrechte zum Schutz des Lebens und der individuellen Freiheit der Bürger als (erkennbares) Naturrecht zu betrachten. Nach 1945 hat er allerdings auch diesbezüglich seine Meinung geändert und in § 9 der Vorschule (S. 33) anerkannt, dass ein Gesetz, das gewissen Menschen die Menschenrechte verweigert, kein Rechtssatz sein könne.[60]

b) Der Kollektivismus (Überindividualismus). Radbruch stellt dem Individualismus einen *Kollektivismus* gegenüber, den er auch *Überindividualismus* nennt, darunter aber Verschiedenes versteht: „Die überindividualistische Lehre veranschaulicht ihre Auffassung von Staat und Rechtsgemeinschaft mit dem Bilde des Organismus: wie im menschlichen Leben sei in einem guten Staate nicht das Ganze um der Glieder willen da, sondern die Glieder um des Ganzen Willen" (Rph3, 54).

---

59 So *Emge* (EinfRph 58, 352 f., 368), der die Menschenrechte als eine Art *platonische Ideen* und als *„Rechtsgrund des Rechts"* versteht; denn sie bestimmen letztlich, welche *gesetzlichen* Regelungen *Recht* und welche *Unrecht* sind. Ähnlich auch schon *Erich Kaufmann* (Kritik 7, 36 f.), der im Verzicht der Neukantianer auf die metaphysische *Ding-an-sich-Spekulation Kants* und damit auf jede Metaphysik, verbunden mit dem untauglichen Versuch ein „Reich absoluter Werte" zu schaffen, schon 1921 nahezu seherisch vor den Gefahren warnt, die sich ab 1933 verwirklicht haben (S. 98 ff.).

60 Den Versuch von *Larenz* (Fn 5/40), den Juden die Rechtsfähigkeit durch eine Änderung des § 1 BGB abzusprechen mit dem Satz, rechtsfähig sei nur, wer Volksgenosse und wer deutschen Blutes ist, hat *Radbruch* also nicht mehr billigen wollen, aber seine Vorbehalte gegen Grund- und Menschenrechte auch nicht ausdrücklich widerrufen.

Der *Liberalismus* verlange, dass der Einzelwillen sich – auf der Grundlage von Menschenrechten – auch dem Mehrheitswillen gegenüber behaupten kann. Die „Demokratie" (in Form des *Überindividualismus*) wolle dagegen die „unbedingte Herrschaft des Mehrheitswillens". Nach dieser „demokratischen Auffassung" (*Überindividualismus*) stelle der Einzelne *„seine vorstaatliche Freiheit restlos zur Disposition des Staatswillens, des Mehrheitswillens, um als Entgelt dafür nur die Möglichkeit zurückzuerhalten, sich an der Bildung dieses Mehrheitswillens zu beteiligen"* (Rph3, 62 f; vgl. dieses Zitat mit Fn 67). Diese *überindividualistische Auffassung* stünde der individualistischen *schroff* gegenüber:[61] „Es sei absolute Sittlichkeit nichts anderes, als das absolute Leben im Vaterlande und für das Volk, die absolute sittliche Totalität nichts anderes als das Volk selber, der Staat die Grundlage und der Mittelpunkt der anderen konkreten Seiten des Volkslebens, der Kunst, der Sitten, der Religion, der Wissenschaft; alles geistige Tun hat nur den Zweck, sich dieser Vereinigung bewusst zu werden (*Hegel*)." Im unmittelbaren Anschluss an das vorstehende *Hegel*-Zitat zitiert *Radbruch* als Beispiel für solchen *Überindividualismus Mussolini* mit den Worten: „Die italienische Nation ist ein Organismus mit Zwecken, Leben, Wirkungsmitteln, die nach Kraft und Dauer denen ihrer getrennten oder zu Gruppen vereinten Einzelglieder überlegen sind; sie ist eine sittliche politische und wirtschaftliche Einheit, die sich im (faschistischen) Staate wesensmäßig (*integralmente*) verwirklicht."[62] Als Quintessenz dieser „philosophischen Parteienlehre" glaubte *Radbruch* feststellen zu können, dass dem Liberalismus der *sittliche Wert* grundsätzlich in einem *einzelnen Individuum* vollkommen in Erfüllung zu gehen *scheint*. Dagegen erhalte in der *(sozialistischen) Demokratie* der *sittliche Wert* erst durch seine Anwendung auf die verschiedensten Individuen seinen Inhalt und für jedes Individuum einen anderen Inhalt – nur an einer *unendlichen Zahl von Individuen* könne sich der *ganze Reichtum der sittlichen Welt* entfalten (Rph3, 64). Solche *sozialistischen Traumbilder* wollte Lasson[63] nicht als Naturrecht begreifen und das jeweils geltende Recht dagegen schützen.

Aufgrund der Kritik an der politischen und bürgerlichen Gleichheit bei sozialer und wirtschaftlicher Ungleichheit sei dem *„demo-liberalen"* jedoch ein *„sozialer Individualismus"* (so bezeichnet *Radbruch* seine *sozialistischen* Vorstellungen) entge-

---

[61] Rph3, 53. *Erich Kaufmann* (Kritik, 66, 71) erkennt in diesen schroffen begrifflichen Antithesen *Radbruchs* ein „Heraufschrauben" zu „metaphysischer Dualität".

[62] Rph3, 53. 1948 bezeichnet *Radbruch* dagegen in seiner Vorschule, S. 26 f die überindividualistische, organische Lehre als *„Grundlage der autoritären oder konservativen Parteien*, nach welcher der Staat, das Ganze, nicht um der Glieder Willen, sondern die Glieder um des Ganzen Willen da sind und die Staatsaufgaben über den Interessen auch der Mehrheit der Staatsbürger stehen".

[63] Vgl. oben 3 a.

genzusetzen, welcher der „Verschleierung und Vertiefung gesellschaftlicher Ungleichheit“ entgegenwirke.[64]

> „Die für alle gleiche Eigentumsfreiheit gestaltet sich in der gesellschaftlichen Wirklichkeit für den Eigentümer an Produktionsmitteln aus einer bloßen *Herrschaft über Sachen* zu einer *Herrschaft über Menschen*, für die besitzlosen Klassen aber zur *Eigentumshörigkeit*. Die für alle gleiche *Vertragsfreiheit* wird für den Besitzenden zur *Diktatfreiheit*, für den Besitzlosen zu wehrloser *Diktatunterworfenheit*. Die für alle gleichen politischen Rechte bedeuten in der *Hand der Besitzenden*, die die Parteikassen zu füllen und die Presse zu finanzieren in der Lage sind, im Vergleich zu den Besitzlosen eine um Vielfaches *gesteigerte Macht*.“

Die unterschiedliche Behandlung des sozial Mächtigen und der sozial Machtlosen soll daher den *„demo-liberalen Gedanken“* (Polemik gegen die liberale Demokratie) durch den *„sozialen Gedanken der Ausgleichung“* ersetzen. Ein derartiges *„soziales Recht“* stelle sich als *„Sieg der Billigkeit über erstarrte Gerechtigkeit“* dar (Rph3, 65). Die so skizzierte Überwindung des „demo-liberalen Gedankens“ durch den „sozialen Gedanken der Ausgleichung“ (z.B. die Abschaffung des Privateigentums und der Vertragsfreiheit) könne jedoch, so *Radbruch*, nicht das letzte Wort der Rechtsphilosophie bleiben. In welche Richtung die *letzten Worte* gehen sollten, ist *Radbruchs* Schrift über die *„Kulturlehre des Sozialismus“* zu entnehmen, wo er den Sozialismus als eine Art diesseitige Religion begreifen will, in der *„sozialistische Schulen“* für das ganze Volk eingerichtet und *„alle Dinge zum Guten dienen“*.[65]

c) Der transpersonale Kulturzweck: Die „transpersonalen Werte“ umschreibt *Radbruch* zunächst mit zwei einprägsamen Zitaten:[66] „Ich wenigstens werte mein Leben nicht so hoch wie eine Schöpfung ewiger Kunst und schätze die Kunst nicht so niedrig ein, dass sie weniger wert sei als ein lebendiges Wesen“ (*Kurt Eisner*). „Eine Statue des *Phidias* wiegt alles Elend der Millionen antiker Sklaven auf“ (*Treitschke*). An diesen und anderen transpersonalen Werten der Kultur würden, meint *Radbruch* zu Recht, die Nationen in der Geschichte gemessen. Der *Gedanke der Werkkultur* drücke sich jedoch (noch) nicht in der Politik einer bestimmten Partei aus. Gesellschaft und Gemeinschaft (*Volk und Nation*) würden jedoch auf „Werk und Gemeinschaft zurückverweisen in einer Wechselwirkung, deren Ring nirgends durchbrochen werden kann (Rph3, 56 f.):

> „Und wie Persönlichkeit, so ist auch die *Nation Voraussetzung wahrer Werkgemeinschaft.*[67] Nicht das vereinzelte Werk ist Ziel der Gemeinschaftsarbeit, nicht das Buch, das in der

64 So in: Rph3, 64; dazu auch *Radbruch* Kulturlehre des Sozialismus 18 ff., 25 ff., 48 ff., 56 ff. und 65 ff. zur *Kulturidee des Sozialismus*, zu *Sozialismus und Nation*, zu *Sozialismus und Recht*, zu *Sozialismus und Religion* und zur Krisis der Demokratie.

65 *Radbruch* Kulturlehre des Sozialismus 25 ff., 33.

66 Rph3, 53.

67 Anders als für *Kant* ist für *Radbruch* nicht mehr der *Mensch der letzte Zweck*, der keinen anderen Zweck mehr hat, auch keinen Preis, sondern allein seine Würde (GMdS, 67, 75–80),

Bibliothek verstaubt, die Bildsäule, die verschüttet in der Erde ruht, vielmehr die Kultur, d.h. *das gegliederte Ganze, die lebendige Einheit, zu welcher alle Kulturwerke sich zusammenfinden.* Diese Einheit liegt aber nicht in den Werken selbst, sondern *im Bewusstsein*, das sie zusammenfasst, und *nicht in einem Einzelbewusstsein*, das ihre Fülle gar nicht aufzunehmen vermöchte, sondern *im gesamten Bewusstsein der Nation*, das die Einzelnen umfasst und die Generationen verbindet."

Aus diesen Gründen, die merkwürdigerweise mit Äußerungen *Hitlers* teilweise übereinstimmen,[68] sei es auch der „transpersonale Maßstab", an dem die Nationen von der Geschichte gemessen werden. Es habe aber noch nie einen Staat gegeben, der die oder eine bestimmte Kultur zum *Staatszweck* gemacht habe. Dieser Zweck sei daher aus empirischen Gründen nur partiellen Rechtsgemeinschaften, z.B. Universitäten, religiösen Orden oder der katholischen Kirche, angemessen. Auch hätten die *politischen Parteien* die Kultur noch nicht zum *Zweck ihrer Politik* gemacht und er wolle daher, „das Idealbild eines an der transpersonalen Werkkultur orientierten Staates nicht im „luftleeren Raume" konstruieren, vielmehr in seiner Rechtsphilosophie nur die *individualistische* und die *überindividualistische* (so nennt *Radbruch* seine kollektivistisch-sozialistische Lehre) *Staats- und Rechtsauffassung* in den *Parteiideologien* aufzeigen, weist aber darauf hin,[69] dass er in seiner Kulturlehre des Sozialismus *„Andeutungen"* dazu gemacht habe. Aus diesen *Andeutungen* entnimmt jedoch *Emge*[70] völlig zu Recht, dass *Radbruch* den *Wert des Individuums* (persönliche Freiheit und Menschenrechte) zurückgestellt, damit seinen *Relativismus aufgegeben* hat und zum *Sozialisten* geworden ist.

Offen lässt *Radbruch* auch die Frage, ob der *Wert von Kulturwerken* nicht unter gewissen ethisch-moralischen oder sittlichen Vorstellungen stehen sollte, ob also wirklich die Statue des *Phidias* das Elend von Millionen antiker Sklaven rechtfertigen kann. Von der Antwort auf diese Frage abhängig ist auch die Beantwortung der weiteren Frage, ob ein Staat bestimmte Eigenschaften der Mehrheit seiner Bürger aus „kulturellen Gründen" zur Voraussetzung der Rechtsfähigkeit aller in diesem Staat lebenden Menschen machen kann – wie *Larenz* es forderte –[71] und diejenigen verjagen oder töten darf, denen diese Eigenschaften fehlen.

---

sondern die *„Nation als Voraussetzung wahrer Werkgemeinschaft", die lebendige Einheit, zu welcher alle Kulturwerke sich zusammenfinden.* Für *Adolf Hitler* (Mein Kampf, 45. Aufl., S. 326) ist die *„erste Voraussetzung für die wahrhaft menschliche Kultur" „die Gesinnung, die das Interesse des eigenen Ichs zugunsten der Erhaltung der Gemeinschaft zurücktreten lässt"*; dazu unten 3 c.

68 Dazu Fn 5/74 und unten 5 a; dazu unten um Fn 5/192.

69 In Rph3 57 Fn 2.

70 EinfRph 369 f.

71 Und auch in § 2 Abs. 1 RbürgerG andeutungsweise zum Ausdruck gekommen ist, in dem Satz: *„Reichsbürger ist nur der Staatsangehörige deutschen oder artverwandten Blutes, der durch sein Verhalten beweist, dass er gewillt und geeignet ist, in Treue dem deutschen Volk und Reich zu dienen."* Zu Recht bemerkt *Wiegand* (Unrichtiges Recht 205) dazu, dass damit die „Rechtsidee" durch den *transpersonalen Zweck* ersetzt worden sei.

Diese Fragen sind deshalb von großer Bedeutung, weil *Radbruch* sich mit seiner Meinung, dass noch keine politische Partei die Kultur zum Zwecke ihrer Tätigkeit erhoben habe, in einem *verhängnisvollen Irrtum* befunden hat, denn *Hitler* hatte schon acht Jahre zuvor *„den transpersonalen Maßstab der Kultur“* zum Zweck seiner NSDAP erhoben und in seinem Buch „Mein Kampf“ für jeden verständlich dargelegt. 1933 ist *Hitlers* „Mein Kampf“ in 45. Auflage erschienen und es waren in diesem Zeitpunkt schon 650.000 Exemplare verkauft worden. Im Zeitpunkt des Erscheinens der 3. Auflage von *Radbruchs* Rechtsphilosophie (1932) werden es ein paar weniger gewesen sein. Viele Deutsche und offenbar auch *Radbruch* haben das Buch aber nicht gelesen,[72] hätte er es aber gelesen, so hätte er seine Rechtsphilosophie so nicht mehr schreiben können, aber wie dann? Im Folgenden sollen aus diesem Buch *Hitlers* einige Stellen herausgegriffen und zitiert werden, die erkennen lassen, dass *Hitler* den *transpersonalen Kulturzweck* zum Parteizweck seiner NSDAP gemacht hat und zum Staatszweck erheben wollte und ihn später als Reichskanzler und „Führer“ auch erhoben hat und danach versucht hat, diejenigen auszurotten, die diese Voraussetzungen nicht erfüllen konnten.

5. Hitlers transpersonale Staatsziele: Im 11. Kapitel über „Volk und Rasse“ des ersten Bandes seines „Mein Kampf“, in erster Auflage 1924 erschienen, also acht Jahre vor der 3. Auflage der Rechtsphilosophie *Radbruchs,* hatte *Hitler* u.a. schon Folgendes (die Überschriften sind vom Verf. formuliert) geschrieben:[73]

a) Der Einzelne und die Werke der Menschheit: „Diese Gesinnung, die das Interesse des eigenen Ichs zugunsten der Erhaltung der Gemeinschaft zurücktreten lässt, ist wirklich die erste Voraussetzung für jede wahrhaft menschliche Kultur. Nur aus ihr heraus vermögen alle die großen Werke der Menschheit entstehen, die dem Gründer wenig Lohn, der Nachwelt aber reichsten Segen bringen (S. 326). ... In der Hingabe des eigenen Lebens für die Existenz der Gemeinschaft liegt die Krönung allen Opfersinnes. Nur dadurch wird verhindert, dass, was Menschenhände bauten, Menschenhände wieder stürzen oder die Natur vernichtet. Unsere deutsche Sprache aber besitzt ein Wort, das in herrlicher Weise das Handeln nach diesem Sinne bezeichnet: Pflichterfüllung; d.h., nicht sich selbst genügen, sondern der Allgemeinheit dienen. Die grundsätzliche Gesinnung, aus der solches Handeln erwächst, nennen wir – zum Unterschied vom Egoismus, vom

[72] Vielleicht hatte *Hitler* aber *Radbruch* gelesen. *Hitler* gebrauchte z.B. auch den Begriff „Überindividualismus“. Es wird berichtet, *Hitlers* Handbibliothek habe 16.000 Bücher umfasst, er habe sehr viel gelesen, vgl. *Timothy W. Ryback*, Hitlers Bücher, Köln 2010. Die Frage wäre eine Doktorarbeit wert.

[73] Ich zitiere im Folgenden aus einem in meinem Besitz befindlichen Exemplar der 1933 erschienenen 45. Auflage von *Hitlers* „Mein Kampf“.

Eigennutz – Idealismus.[74] Wir verstehen darunter nur die Aufopferungsfähigkeit des Einzelnen für die Gesamtheit, für seine Mitmenschen“ (S. 327).

b) Idealismus als Voraussetzung der Kultur: „Wie nötig aber ist es, immer wieder zu erkennen, dass der Idealismus nicht etwa eine überflüssige Gefühlsäußerung darstellt, sondern dass er in Wahrheit die Voraussetzung zu dem war, ist und sein wird, was wir mit menschlicher Kultur bezeichnen, ja dass er allein erst den Begriff ‚Mensch' geschaffen hat. Dieser inneren Gesinnung verdankt der Arier seine Stellung auf dieser Welt, und ihr verdankt die Welt den Menschen; denn sie allein hat aus dem reinen Geist die schöpferische Kraft geformt, die in einzigartiger Vermählung von roher Faust und genialem Intellekt die Denkmäler der menschlichen Kultur erschuf“ (S. 327).

c) Gegen Individualismus und Überindividualismus: „Das hätte alles, abgesehen von dem darin angesprochenen Rassengedanken, so auch bei Radbruch stehen können, hätte der es gelesen, hätte er aber seine Rechtsphilosophie wohl nicht mehr so schreiben können. Die Vorstellungen, die Radbruch als oberste absolute Wertvorstellungen des Staates versteht, welche die Rechtsphilosophie der politischen Parteien beherrscht, also die individualistische und „überindividualistische“ (sozialistische), lehnte Hitler allerdings ab mit der Begründung: der Staat diene nicht individualistischen oder überindividualistischen Zwecken, sei vielmehr die „Voraussetzung zur Bildung einer höheren menschlichen Kultur“,[75] könne aber nicht deren Ursache sein; dies liege vielmehr ausschließlich „im Vorhandensein einer zur Kultur befähigten Rasse“. Diesen Gedanken variierte Hitler in verschiedenen Formulierungen im 2. Kapitel des in 1. Auflage 1927 erschienenen 2. Bandes von „Mein Kampf“ über den Staat wie folgt (S. 433 ff.):

d): Höheres Menschentums als Staatszweck: „Der Staat ist ein Mittel zum Zweck. Sein Zweck liegt in der Erhaltung und Förderung einer Gemeinschaft physisch und seelisch gleichartiger Lebewesen. Diese Erhaltung selber umfasst erstlich den rassenmäßigen Bestand und gestattet dadurch die freie Entwicklung aller in dieser Rasse schlummernden Kräfte. Von ihnen wird immer wieder ein Teil in erster Linie der Erhaltung des physischen Lebens dienen und nur der andere der Förderung einer geistigen Weiterentwicklung. Tatsächlich schafft aber immer der eine die Voraussetzung für das andere. Staaten, die nicht diesem Zwecke dienen, sind Fehlerscheinungen, ja Missgeburten. Die Tatsache ihres Bestehens ändert so we-

---

74 Vgl. das Zitat mit der Formulierung *Radbruchs* um Fn 5/67; ferner unten XI 3 um Fn 5/192 mit dem an das gemeinsame Werk gebundenen überindividuellen Persönlichkeitsideal *Radbruchs.*

75 *Hitler*, Mein Kampf, 45. Auflage 1932, S. 430 f. Die Formulierung, der Staat sei die Voraussetzung der Bildung einer höheren menschlichen Kultur, gleicht der Auffassung *Radbruchs* (Sozialismus und Nation, in: Kulturlehre 54) *„dass der Einzelne nur in der nationalen Gemeinschaft kulturschöpferisch ist“.*

nig daran, als etwa der Erfolg einer Flibustiergemeinschaft die Räuberei zu rechtfertigen vermag. ... Wir haben schärfstens zu unterscheiden zwischen dem Staat als einem Gefäß und der Rasse als dem Inhalt. ... Somit ist der höchste Zweck des völkischen Staates die Sorge um die Erhaltung derjenigen rassischen Urelemente, die, als kulturspendend, die Schönheit und Würde eines höheren Menschentums schaffen. Wir, als Arier, vermögen uns unter einem Staat also nur den lebendigen Organismus eines Volkstums vorstellen, der die Erhaltung dieses Volkstums nicht nur sichert, sondern es auch durch Weiterbildung seiner geistigen und ideellen Fähigkeiten zur höchsten Freiheit führt" (S. 434).

e) Empor zur beherrschenden Stellung: „Wer von einer Mission des deutschen Volkes auf der Erde redet, muss wissen, dass sie nur in der Bildung eines Staates bestehen kann, der seine höchste Aufgabe der Erhaltung und Förderung der unverletzt gebliebenen edelsten Bestandteile unseres Volkstums, ja der ganzen Menschheit sieht. Damit erhält der Staat zum ersten Male ein inneres hohes Ziel. Gegenüber der lächerlichen Parole einer Sicherung von Ruhe und Ordnung zur friedlichen Ermöglichung gegenseitiger Begaunerei erscheint die **Aufgabe der Erhaltung und Förderung** eines durch die Güte des Allmächtigen dieser Erde geschenkten **höchsten Menschentums** als eine **wahrhaft hohe Mission**. Aus einem toten Mechanismus, der nur um seiner selbst willen da zu sein beansprucht, soll ein lebendiger Organismus geformt werden mit dem ausschließlichen Zwecke: Einer höheren Idee zu dienen. Das Deutsche Reich soll als Staat alle Deutschen umschließen mit der Aufgabe, aus diesem Volke die wertvollsten Bestände an rassischen Urelementen nicht nur zu sammeln und zu erhalten, sondern langsam und sicher **zur beherrschenden Stellung** emporzuführen" (S. 439).

f) Der Arier als Prometheus der Menschheit: In seiner **Rassentheorie** teilte Hitler die Menschheit ein in: kulturbegründende, kulturtragende und kulturzerstörende Rassen. Kulturbegründend war für Hitler vor allem die „arische Rasse": „Was wir heute an menschlicher Kultur, an Ergebnissen von Kunst, Wissenschaft und Technik vor uns sehen, ist nahezu ausschließlich schöpferisches Produkt des Ariers. Gerade diese Tatsache aber lässt den nicht unbegründeten Rückschluss zu, dass er allein Begründer höheren Menschentums überhaupt war, mithin der Urtyp dessen darstellt, was wir unter dem Worte ‚Mensch' verstehen. Er ist der **Prometheus der Menschheit**, aus dessen lichter Stirne der göttliche Funke des Genies zu allen Zeiten hervorsprang, immer von neuem jenes Feuer entzündend, das als Erkenntnis die Nacht der schweigenden Geheimnisse aufhellte und den (arischen) Menschen so den **Weg zum Beherrscher der anderen Wesen dieser Erde emporsteigen ließ**" (S. 317).

Der „Rasse" der *Japaner* erkannte *Hitler* immerhin noch *kulturtragende Bedeutung* zu. Die Juden waren für Hitler „natürlich" die Bösewichte, welche die Kulturen anderer zu zerstören drohten: „Wären die Juden auf dieser Welt allein, so würden sie ebenso sehr in Schmutz und Unrat ersticken wie in hasserfülltem Kampfe sich gegenseitig zu übervorteilen und auszurotten versuchen, sofern nicht der sich in der ihrer Feigheit ausdrückende restlose Mangel jedes Aufopferungssinnes auch hier den Kampf zum Theater werden ließe“ (S. 331).

g) Millionenfach gedruckt, aber nicht gelesen?! In diesem Rassismus Hitlers sind das Blutschutz- und Reichsbürgergesetz, Auschwitz und die anderen „Konzentrationslager“ und der Völkermord an den Juden vorgezeichnet. Aber die Deutschen haben es nicht gelesen oder hinterher gesagt, sie hätten es nicht gelesen, weil sie nicht geglaubt haben, dass der „österreichische Gefreite“ seine Gedanken in Taten umsetzen könnte, aber er hat vieles, zu vieles davon umgesetzt, was viele Millionen Menschen das Leben kostete und Deutschland in Trümmer legte. Radbruch hat das Buch Hitlers aber wohl wirklich nicht gelesen, ansonsten hätte er seine Rechtsphilosophie so nicht mehr schreiben können. Radbruch blieb daher bei der Meinung, dass die politischen Parteien die Kultur noch nicht zum Parteizweck erhoben haben. Zum Faschismus und den Zielen faschistischer Parteien hat er zwar ein paar Worte verloren, dafür aber *Mussolini* zitiert (oben vor Fn 5/62), nicht Hitler. Als Radbruch diese Worte in der 3. Auflage von 1932 geschrieben hat, war Hitlers „Mein Kampf“ schon in 30–40 Auflagen mit etwa einer halben Million Exemplaren auf den Markt geworfen worden und es ist schwer zu verstehen, dass ein politisch interessierter Mensch, der schon Reichsjustizminister gewesen war, dies alles nicht zur Kenntnis nehmen wollte, wohl auch die Reden Hitlers nicht zur Kenntnis genommen und jedenfalls daraus für seine Lehren nicht die erforderlichen Konsequenzen gezogen hat. Sogar in seinen Schriften nach 1945 ist Radbruch auf den dargelegten transpersonalen Kulturzweck Hitlers und den ihm zugrunde gelegten Rassenwahn, der ihm ganz sicher fremd war, nicht eingegangen; er wollte seine Rechtsphilosophie in unveränderter 4. Auflage herausbringen und dazu nur noch ein Nachwort schreiben. Soviel zu den Fakten, die Folgerungen daraus mag jeder für sich selbst ziehen. Ich meine, er hätte als SPD-Mitglied und ehemaliger Reichsjustizminister seine Genossen und Deutschlands Bürger über die Bedeutung und die mögliche Folgen der Thesen Hitlers aufklären können und müssen und mit den Möglichkeiten dieser großen Partei das deutsche Volk besser darüber informieren können und sollen, was mit der Machtergreifung Hitlers wirklich droht, wo er doch den Parteienkampf um die richtigen politischen Ziele als eine „großartige rechtsphilosophische Diskussion“ betrachtete (Rph3, 9, 58 ff.). Warum hat Radbruch *Mussolini* gelesen, *Hitler* aber nicht? Und warum hat er *Erich Kaufmann* nicht gelesen? Warum hat er sich nicht um die Ideologie der NSDAP gekümmert, wo er doch wusste, dass diese nicht bloß ein Hirngespinst sein kann, sondern eine „wirklich wirksame soziologische Macht“ (Rph3, 59)?

h) Wiegands Verdienst: Das Verdienst, diese Zusammenhänge der Staatszweckbestimmung *Hitlers* mit der Rechtsphilosophie *Radbruchs* entdeckt und in seiner Dissertation zu dem Thema: „Unrichtiges Recht – Gustav *Radbruchs* rechtsphilosophische Parteienlehre, 2004“ veröffentlicht zu haben, kommt *Marc André Wiegand* zu. *Wiegand* wollte mit dieser Entdeckung und Veröffentlichung jedoch die Rechtsphilosophie *Radbruchs „nicht verabschieden“*, sondern nur darauf hinweisen, dass sie *unauflösbare Spannungen* in sich birgt, die bei der Interpretation und dem Verständnis seiner Lehre zu berücksichtigen seien. Der Buchtitel „Unrichtiges Recht“ ist jedoch offenbar auf die Lehre *Radbruchs* bezogen. Der letzte Satz des Buches lautet: *„Transpersonalistische Normen sind in Radbruchs rechtsphilosophischem System als unrichtiges Recht zu qualifizieren.“* Um dieses Urteil oder ein anderes über die Bedeutung dieser Rechtsphilosophie und ihres Einflusses auf die Rechtsentwicklung nach 1932 verständlich zu machen, sollen daher im Folgenden der *Rechtsbegriff Radbruchs* und seine *antinomische Rechtsidee* (mit den Merkmalen: *Rechtssicherheit, Zweckmäßigkeit und Gerechtigkeit*, die er aus den „höchsten Werten“ *Individualismus, Sozialismus und Kultur* heraus entwickelte) noch etwas kritisch betrachtet werden.

6. Radbruch: Vom Relativismus zum Positivismus. a) Vom Zweck des Tisches zum Zweck des Rechts: Radbruch betrachtet das Recht 1932 zwar als *Menschenwerk*[76], dessen Gerechtigkeit aber – wie das göttliche Recht – nicht zu erkennen sei. Auf dieser Grundlage will er die Rechtsidee wertbezogen verstehen, *„als die Gegebenheit, die den Sinn hat, die überpositive Rechtsidee zu verwirklichen“*.[77] Das Recht soll also nicht bestimmt werden nach den *Rechtssätzen*, aus denen es *tatsächlich besteht*, sondern nach der damit verfolgten *Idee.* So wie ein *Tisch* nicht eine Platte mit vier Beinen sei, weil es auch Tische mit drei Beinen oder nur einem Bein geben würde und auch Klapptische, könne auch ein Tisch nur begriffen werden als *Bretter, die dem Zweck* dienen, dass daran Sitzende etwas darauf stellen oder legen können, ebenso sei jede „wertblinde Betrachtung“ eines Rechts oder einer Rechtserscheinung *unmöglich.*[78] Die *Rechtsidee* selbst, die den Wertmaßstab für die Rechtswirklichkeit bilde, gehöre dem *bewertenden Verhalten* an. Die Gerechtigkeit und

[76] So jedenfalls noch 1932, Rph3, S. 4; nach 1945 neigte *Radbruch* wieder dem *göttlichen Naturrecht* („einem höheren und höchstes Sollen“ zu (vgl. Vorschule 35; dazu unten nach Fn 5/156), das auch *Kant* wirklich nicht erkennen konnte; dazu unten X 6 und XI.

[77] Rph3, S. 4. Dieser Rechtsbegriff bestimmt auch die an anderer Stelle gemachte Bemerkung, *„was nicht gut ist* (also das Unrecht), *ist nicht wesenhaft, existiert in einem tieferen wesenhaften Sein nur scheinbar“*. Dazu und dagegen Fn 5/172 .

[78] *Emge* (EinfRph, 371) bemerkt dazu, *Radbruchs* relativistische Wertvorstellungen erschienen ihm wie die Begriffe von Tischen, Stühlen und Betten, die sich anmaßen, als höchste Werte auftreten zu wollen und von uns dann die Antwort hören müssten: „Zum Teufel! Ich gebrauche je nachdem die eine oder andere Realität von Euch“.

das Recht selbst seien nicht zu erkennen, was *Kant* bewiesen habe.[79] An der Gerechtigkeit könne sich der Rechtsbegriff daher nur „orientieren", daraus könne aber nicht der erschöpfende Leitgedanke für die Ableitung des Rechtsinhalts gewonnen werden.[80] Dieser Leitgedanke könne sich nur aus der *Zweckmäßigkeit des Rechts* ergeben, allerdings nicht aus der *„empirischen Zwecksetzung"*, sondern aus der *„überpositiven Zweckidee"*.[81] Die Frage nach dem „Zweck des Rechts" lasse sich aber auch nicht eindeutig beantworten, sondern nur *„relativistisch durch die systematische Entwicklung der verschiedenen Rechts- und Staats-, der verschiedenen Parteiauffassungen"*,[82] also danach, welche Partei „in großartiger rechtsphilosophischer Diskussion" oder aufgrund ihrer sonstigen Macht ihre Ansicht durchsetzt.

b) Von der Trias absoluter Werte zum Sozialismus: Wie dargelegt wollte *Radbruch*, ebenso wie man einen Tisch nicht aus der Art, wie er tatsächlich ist, sondern nur durch seinen Zweck bestimmen könne, auch das Recht nur durch die *Zwecke dreier absoluter Werte* bestimmen, die *„absoluter Werthaftigkeit fähig sind"* (individuelle Freiheit, Sozialismus und Kultur), hat aber die Kultur als Staatszweck abgelehnt, weil sie noch von keiner Partei zum Zweck erhoben wurde und dem *„überindividuellen Zweck des sozialen Ausgleichs"* eindeutig Vorrang eingeräumt vor der *individuellen Freiheit* und den zu ihrem Schutz entwickelten *Menschenrechten*. Damit war von der ursprünglichen Trias antinomischer Zielvorstellungen letztlich nur noch der *überindividuelle Sozialismus* übrig geblieben. *Radbruch* konnte aber doch unmöglich das *Parteiprogramm der KPD* oder das der *damaligen SPD* zu rechtsphilosophischen Erkenntnissen erheben und damit zur Grundlage des Rechts machen.

(1) Rechtsicherheit, Zweckmäßigkei, Gerechtigkeit: Gefangen in dem Dilemma seiner antinomischen Zwecklehre besinnt sich *Radbruch* daher darauf, dass man sich an der *Gerechtigkeit, obwohl sie nicht zu erkennen sei*, doch *orientieren* könne und müsse (Rph3, 70), zumindest den *Gleichheitssatz* beachten sollte, auch wenn dieser „nur das Verhältnis, nicht aber die Art der Behandlung" bestimmen könne, womit

---

79 Rph3, 3, 15, 71, 80 f.; diese Begründung hat jedoch schon *Radbruchs* bester Schüler, Arthur Kaufmann, überzeugend widerlegt; dazu unten X und *Lisser* Fn 4/23 und 5/188; zum Missverständnis der Lehre *Kants* durch die Neukantianer auch schon *Erich Kaufmann* Kritik 56 ff. und öfters.

80 Rph3, 70; zur Funktion des Gleichheitssatzes S. 30 ff., 72; dazu oben vor Fn 5/65.

81 Rph3, 50. Kritisch zu dieser „überpositiven Zweckidee" und deren Zwecklehre sowie der darauf gegründeten „philosophischen Parteienlehre" außer *Erich Kaufmann* (Kritik 65 f, 71) vor allem *Emge*, EinfRph 75 ff.; 369 ff: Man dürfe nicht den Fehler machen, apriorisch-ontische oder apriorisch-soziologische Wesenheiten, die weder richtig noch unrichtig sein könnten, zu letzten Werten zu stempeln, statt die in der Wirklichkeit gegebenen Gesichtspunkte pragmatisch-empirisch, entsprechend der gegebenen Situation, der erforderlichen Entscheidung zugrunde zu legen. Die gebotene Sachlichkeit erfordere von Fall zu Fall, also so konkret wie möglich, die bestehende Situation zu erkennen und auf dieser Grundlage zu entscheiden (S. 370 f.).

82 Rph3, 70 f; zur Funktion des Gleichheitssatzes Rph3, 30 ff.; 70.

wohl gesagt sein sollte, dass er nicht bestimmt, was gleich und ungleich und also gleich oder verschieden zu entscheiden ist.[83] Deshalb bedürfe es neben der Gerechtigkeit der *Zweckmäßigkeit* als zweitem Bestandteil der *Rechtsidee.* Auch die Zweckmäßigkeit ließe sich aber nicht eindeutig bestimmen, sondern nur *relativistisch.* Dabei könne die Rechtsphilosophie jedoch nicht stehen bleiben. Das Recht dürfe als Ordnung des Zusammenlebens nicht den Meinungsverschiedenheiten der Einzelnen überlassen bleiben, es müsse *„eine Ordnung über allen sein“*, womit ein *dritter Bestandteil der Rechtsidee* zu berücksichtigen sei, die *Rechtssicherheit* (Rph3, 70 f.):

> „Die Sicherheit des Rechts fordert Positivität des Rechts: Wenn nicht festgestellt werden kann, was gerecht ist, so muss festgesetzt werden, was rechtens sein soll und zwar von einer Stelle, die, was sie festsetzt, auch durchzusetzen in der Lage ist.[84] Die Positivität des Rechts wird damit in höchst merkwürdiger Weise zur Voraussetzung seiner Richtig-

---

83 Rph3, 30 ff.; 72. Zum dürftigen „Gerechtigkeitsbezug“ der Philosophie *Radbruchs* vgl. *Ralf Dreier*, in: *Borowski/Paulson* (Hrsg.), S. 183 ff., 196 f., 210 f., 226; dazu unten 4 c.

84 Rph3, 70 f. Damit wird demjenigen, der die Macht hat, zu tun was er will, auch das Recht dazu gegeben, Unrecht zu schaffen und als Recht zu verstehen; dagegen schon *Erich Kaufmann* Kritik 67 ff. *Wiegand* (Unrichtiges Recht 222) meint dazu, die Frage, ob man die Radbruchsche Rechtsphilosophie als *positivistisch* oder *wertphilosophisch* einzuordnen habe, sei „nicht sinnvoll gestellt“. Es liege an der *Wertbezogenheit*, „gerade an der Unterscheidung von Rechtswirklichkeit, Rechtsbegriff und Rechtsidee, dass die Radbruchsche Rechtsphilosophie in einem so *unklaren Bereich zwischen Positivismus und Wertorientierung* zu verorten ist“ (dazu auch *Funke*, *Radbruchs* Rechtsbegriffe, in: Borowski/Paulson 129 ff.; ferner *Paulson*, S. 151 ff.). Es liegt aber *nicht* an der *Wertbezogenheit*, sondern am mangelnden Bekenntnis zu den richtigen, *konkret* erfassten Werten des Rechts, also am *Wertrelativismus absoluter*, gar *allerhöchster Werte* der Rechtsphilosophie *Radbruchs*, die wie *Emge* sagt, *Gegenstand der Religionsphilosophie* seien und bleiben sollten. *Wiegand* meint dazu (S. 159): „Ein Rechtsbegriff, dem als wesentliches Moment eine beliebige Wertbeziehung eigen ist, erhält eine *unverkennbare positivistische Färbung.*“ Diesem Satz fügt er, S. 213, hinzu: „dass der Radbruchsche *Relativismus* unhaltbar ist, wenn man sich nicht von der *Wertbegründung des Rechts*, also von der (richtigen!) Rechtsidee, verabschieden will“. Die Wertorientierung (gemeint wohl an den „höheren und höchsten Werten) und den Relativismus könne man aber nicht aufgeben, ohne die Rechtsphilosophie *Radbruchs* im Ganzen aufzugeben (S. 222). *Wiegand* relativiert allerdings diese Aussagen noch ein wenig mit dem Satz: „Die vorliegende Arbeit intendiert nicht, die Rechtsphilosophie *Radbruchs* zu ‚verabschieden‘, aber es ist dezidiert darauf hinzuweisen, dass sie *unauflösbare Spannungen* in sich trägt, die *jede Interpretation*, will sie den Texten *Radbruchs* gerecht werden, berücksichtigen muss.“ Aber auf S. 223 schließt er seine Arbeit dann ab mit den völlig zutreffenden Sätzen: „So wäre es auch schon 1932 möglich gewesen, das *nationalsozialistische Parteiprogramm* als ein *transpersonalistisches* zu identifizieren und als das zu brandmarken, was es immer war: Ausdruck einer im Wortsinne *unmöglichen Rechtsauffassung*, woran sich nach 1945 (m.E. auch vorher schon, spätesten nach der Veröffentlichung des Reichsbürger- und Blutschutzgesetzes) bruchlos und in höchstem Maße konsequent der Standpunkt hätte anknüpfen lassen können, dass es sich bei nationalsozialistischen Normen um *unrichtiges Recht* handelte. *Was diese Einsicht versperrt hatte, war eines derjenigen Elemente der Radbruchschen Rechtsphilosophie, die nicht selten als ihr Charakteristikum und als eine ihrer unbestreitbaren Leistungen bezeichnet werden: Der Wertrelativismus, der mit einer Konzeption theoretischer Wertgeltung nicht zu vereinbaren und daher in Wahrheit ein wesensfremdes Element ist.*“ *Kelsen* (GrL§ 4) hat diese Erkenntnis schon

keit: Es gehört ebenso sehr zum Begriffe des richtigen Rechts, positiv zu sein, wie es Aufgabe des positiven Rechts ist, inhaltlich richtig zu sein."

Damit war der Relativismus *Radbruchs* knallhart im *reinen Positivismus* gelandet, wie *Kelsen* es schon 1924 als notwendige Folge vorausgesehen hatte. *Radbruch* war davon aber offensichtlich selbst überrascht, ansonsten hätte er es nicht als „höchst merkwürdig" bezeichnen können, dass ihm unter der Hand die *Positivität des Rechts* zur *Voraussetzung seiner Richtigkeit* geworden ist, was er schließlich mit seiner *Machttheorie* und dem *Gebot der Rechtssicherheit* zu rechtfertigen versuchte: „***Sicherheit des Rechts fordert Positivität***" (Rph3, 81):

> **Wer Recht durchzusetzen vermag, beweist damit dass er Recht zu setzen berufen ist.** Umgekehrt: Wer nicht Macht genug hat, einen jeden im Volke gegen den anderen zu schützen, hat auch nicht das Recht, ihm zu befehlen (**Kant**[84a])."

Mit diesen bewusst wiederholten Sätzen (siehe nach Fn 49) spricht *Radbruch* demjenigen, der die Macht hat, seinen Willen gegen andere durchzusetzen auch das unbedingte Recht dafür zu, womit der Machthaber also das Recht erhält, jedes Unrecht zu Recht zu machen, was im „Dritten Reich" durch den „Führer" *Adolf Hitler* dann auch geschehen ist.

(2) Zum Primat der Rechtssicherheit: Eine Begründung für die Ersetzung der drei obersten Werte, die „absoluter Werthaftigkeit" fähig sein sollen (*Individualismus, Überindividualismus, Kultur*), durch die Trias von *Rechtssicherheit, Zweckmäßigkeit und Gerechtigkeit* hat *Radbruch* nicht gegeben, sie kann wohl nur darin gefunden werden, dass er den *Individualismus* ablehnte und den *Transpersonalismus* aus den genannten Gründen nicht berücksichtigen, aber den *Sozialismus* auch nicht zum *einzigen* Zweck des Rechts erheben wollte. Auf diese Weise kam *Radbruch* nahezu unvermittelt zu der Trias *Rechtssicherheit, Zweckmäßigkeit und Gerechtigkeit,* die den Inhalt des Rechts bestimmen soll. Um jedoch den Parteienstreit darüber, wie aus diesen drei „Elementen" der Rechtsidee *Radbruchs* das „richtige Recht" zu gewinnen sei, nicht in eine „endlose Diskussion über die Gerechtigkeit" und deren Verhältnis zur Rechtssicherheit und Zweckmäßigkeit zu bringen, hat *Radbruch* sich genötigt gesehen, eine *philosophische Rangordnung* für die Elemente seiner Rechtsidee vorzuschlagen: *1. Rechtssicherheit, 2. Zweckmäßigkeit, 3. Gerechtigkeit.*

Die *Rechtssicherheit* müsse an erster Stelle stehen, weil das *Dasein einer Rechtsordnung,* die Recht schafft, *wichtiger* sei als deren *Gerechtigkeit.* Die *Gerechtigkeit* sei zwar eine überparteiliche Forderung, aber *von der Parteistellung abhängig,* weshalb die von der Mehrheitspartei bestimmte *Zweckmäßigkeit* grundsätzlich Vorrang ha-

---

1924 kürzer gefasst: „Positivismus und (erkenntnistheoretischer) Relativismus gehören ebenso zusammen, wie (göttliche) Naturrechtslehre und (metaphysischer) Absolutismus."

84a Zu diesem bösen Fehlzitat unten X 4.

ben müsse vor der *Gerechtigkeit.*[85] Diese „Rechtslehre" hat die deutschen Juristen und das ganze Volk nach 1933 *„wehrlos gemacht"* gegen die nationalsozialistische Bewegung und ihre verbrecherische Gesetze. *Radbruch* hat sich daher 1946 genötigt gesehen, der Gerechtigkeit mit vagen Generalklauseln (dazu unten VIII) wieder Vorrang einzuräumen vor der Zweckmäßigkeit. Die Rechtssicherheit hat er jedoch an erster Stelle belassen, es sei denn, dass ein Gesetz als *Übermaß an Ungerechtigkeit* begriffen werden muss (dazu unten VIII u. IX).

7. Einschränkung richterlicher Entscheidungsmacht: Damit diese *„neukantianische Rechtstheorie"*, die demjenigen, der die Macht hat, seinen Willen gegen andere durchzusetzen, auch das Recht dazu zuspricht, nicht etwa durch die Rechtsprechung konterkariert werden könnte, wollte *Radbruch* den Beurteilungsspielraum richterlicher Entscheidungen wie folgt beschränken (Rph3, 83 f.):

> „Der **Richter**, der Auslegung und dem Dienste der positiven Rechtsordnung **untertan** (sic!), hat keine andere als die juristische Geltungslehre zu kennen, die den Geltungssinn, den Geltungsanspruch des Gesetzes der wirklichen Geltung gleichachtet.[86] Für den Richter ist es Berufspflicht, den Geltungswillen des Gesetzes zur Geltung zu bringen, das eigene Rechtsgefühl dem autoritativen Rechtsbefehl zu opfern, **nur zu fragen, was rechtens ist und niemals, ob es auch gerecht sei.** … Wir **verachten den Pfarrer**, der gegen seine Überzeugung predigt, aber wir **verehren den Richter**, der sich durch sein widerstrebendes Rechtsgefühl in seiner Gesetzestreue[87] nicht beirren lässt."

[85] Rph3, 71 f. Zur Problematik der Abwägung antinomischer Prinzipien (Sicherheit und Gerechtigkeit) auf dieser Abstraktionshöhe kritisch *Emge* (EinfRph 122 f., 151 ff.), der den Richter, der zwischen diesen Prinzipien zu entscheiden hat, in der Gefahr von *Buridans Esel* sieht, der zwischen zwei Heuhaufen stand und nicht wusste, von welchem er fressen wollte, und daher verhungerte. Zu Recht bemerkt *Emge* (EinfRph 186 ff., 199 ff., 353), dass die Richtigkeitsfrage nur unter Berücksichtigung der *konkreten Entscheidungssituationen* und der dafür geltenden Grundsätze sinnvoll beantwortet werden kann.

[86] *Wiegand* Unrichtiges Recht 135 f., 219 f. meint dazu, im System *Radbruchs* seien „auch *offensichtlich ungerechte Normen … auf die Rechtsidee bezogen, und damit als Recht zu qualifizieren*". Es müsse nämlich zwischen *juristischer* und *philosophischer Geltung* unterschieden werden, auf die Rechtsidee bezogene Normen hätten zwar *juristische*, aber *keine philosophische Bedeutung.* Die wissenschaftlich-theoretische Geltungslehre, welche die Kulturtatsache „Recht" auf die ihr zugrunde liegenden gedanklichen Voraussetzungen prüft und danach beurteilt, erhebe nicht den Anspruch, einer Norm die Wirksamkeit zu- oder absprechen zu können, sondern nur, sie wissenschaftlich zu beurteilen (S. 220). Zur Geltungslehre *Radbruchs* und deren Unterscheidung zwischen *soziologischer, juristischer und philosophischer Geltung* vgl. *Emge* EinfRph 74, 315 ff., 328 f; kritisch dazu auch schon *Erich Kaufmann* (Kritik) mit dem Hinweis, *Kant* habe den Satz aufgestellt, dass Rechtens sei, was ein *„Volk über sich selbst beschließen darf"*; vgl. dazu ferner *Funke*, in: Natur des Rechts (in: Borowski/Paulson), S. 37 ff.; *Neumann*, Wandlungen bei *Radbruch* (in: Borowski/Paulson) 129 ff.

[87] Wie diese „Gesetzestreue" eines Richters mit der Ansicht *Radbruchs* zu vereinbaren ist, dass es nicht die Aufgabe der Rechtsprechung sei festzustellen, was der Gesetzgeber subjektiv gedacht hat (Rph3, 110), vielmehr der objektiv gültige Sinn des Rechtssatzes ermittelt werden müsse, versucht *Funke* (*Radbruchs* Rechtsbegriffe, in: Borowski/Paulson, S. 23 ff., 31 f.) mit der transzendentalphilosophischen Stellung des Rechtsbegriffs zu verstehen, wobei zu beachten sei, dass dem System *Radbruchs* drei verschiedene Rechtsbegriffe zugrunde liegen:

Diese böse Karikatur eines Richterbildes[88] versuchte *Radbruch* auch noch mit *Paulus* zu rechtfertigen (Römer 13,1):[89] „Jeder sei untertan der Obrigkeit, die Gewalt über ihn hat." Die Rechtfertigung für diesen extremen Positivismus, der nicht nur keine „Grundnorm", sondern auch keine „Gerechtigkeitsnormen" im Sinne *Kelsens* mehr voraussetzte, glaubte er allein darin finden zu können, dass das richtige Recht vom Menschen mit aller Vernunft nicht zu erkennen sei. In der Fußnote beruft sich *Radbruch* zur Bestätigung der Richtigkeit seiner Auffassung auf *Kelsen*, den unbestrittenen Großmeister des Positivismus, der gesagt habe, „dass durch die Grundnorm als rechtserzeugende Autorität nur eine solche eingesetzt werden kann, deren Normen im Großen und Ganzen Gehorsam finden" (*Kelsen*, GrL, 65). Auf der Grundlage der Philosophie *Kelsens* ist der Satz stimmig, weil er bei ihm nicht auf den *Glaubenssatz* einer Religion, sondern auf eine *rechtliche Norm* bezogen ist, bei *Radbruch* ist er unhaltbar, weil *Paulus kein Gesetzgeber* war und der Satz *kein Rechtssatz* ist. Nur bei *Radbruch* sind später auch *„überpositives höheres und höchstes Sollen"* (dazu unten IX 5) zu Rechtssätzen geworden. Am 26. April 1939, also 4 Jahre nach der Verkündung und dem Inkrafttreten des *Reichsbürger- und Blutschutzgesetzes*, hatte *Radbruch* an seinen Freund *Erik Wolf*[90] noch geschrieben (S. 72 f.): *„Ich wurde mir zu meinem Erstaunen bewusst, wie sehr ich noch im positivistischen Zeitalter wurzele, obgleich meine ‚freirechtliche' Tendenz gerade auf Loslösung von ihm gerichtet war. Und jetzt will mir der Positivismus sogar als ein Ideal wieder erscheinen, das uns bitter nottut."*

8. Vom kulturellen Rechtszweck zum NS-Unrecht: Wenn nicht allein die *Gerechtigkeit*, sondern mit Vorrang auch die *Rechtssicherheit* und die *Zweckmäßigkeit* den *Begriff des Rechts* bestimmen und diese *Zweckmäßigkeit* auch von den Werkwerten und

1. die Definition des Rechts als generelle Anordnung für das menschliche Zusammenleben; 2. Begriff des positiven Rechts; 3. Begriff des sozialen Rechts. Das aber sind *nicht* verschiedene „Begriffe" des Rechts. Verschiedene Rechtsbegriffe ergeben sich aber daraus, dass der Rechtssicherheit Vorrang vor der Zweckmäßigkeit und dieser auch noch Vorrang vor der Gerechtigkeit eingeräumt wurde (Rph3, 70 f.), das hat – wie *Wiegand* zutreffend klargelegt hat – auch den *Holocaust rechtmäßig* gemacht.

88 *Roland Freisler*, Präsident des Volksgerichtshofes, schrieb nach seiner Ernennung – gewissermaßen als reale Verkörperung des Richterideals *Radbruchs* – an *Hitler:* „Der Volksgerichtshof wird sich stets bemühen, so zu urteilen, wie er glaubt, dass Sie, mein Führer, den Fall selbst beurteilen würden. ... In Treue, ihr politischer Soldat Roland Freisler."; dazu *Joh. Braun*, Einf. Rechtswissenschaft 337. Das Geschrei *Freislers* in den Verhandlungen gegen *Graf Stauffenberg* und andere hat das perfide Richterbild dieser Persönlichkeit besser als alles andere dar- und klargestellt. Von Unparteilichkeit, „Maß und Bescheidenheit" (*Eb. Schmidt*) keine Spur, nur noch jähzornige Parteilichkeit, Überheblichkeit und Gemeinheit.

89 Rph3, 82; dazu unten VI Anm 4 zur 5.Min.

90 Wie dieser in der Einleitung zu der von ihm nach dem Tode *Radbruchs* herausgegebenen 4. Aufl. von dessen Rechtsphilosophie (Rph4, S. 72 f.) berichtet.

dem *kulturellen Parteizweck* bestimmt wird,[91] so konnten – auf der Grundlage der Philosophie *Radbruchs* – die von *Hitler* in „Mein Kampf" dargelegten *Parteizwecke* des „arischen Volkes" auch bestimmen, *was Recht ist*, also mit Hilfe des Rechts dafür sorgen, dass das deutsche Volk *„arisch" möglichst „unvermischt"* bleibt. Mittel zu diesem Zweck sollten vor allem das *Reichsbürgergesetz* und das *Gesetz zum Schutze des deutschen Blutes und der deutschen Ehre* (die sog. Nürnberger Rassengesetze v. 15.9.1935) sein, welche die in „Mein Kampf" zu Papier gebrachten Zwecke *Hitlers* und seiner Partei von Rechts wegen *zum Staatszweck erhoben* und die Einrichtung der Konzentrations- und Vernichtungslager und den geplanten Völkermord an den Juden *rechtfertigen* sollten, auch tatsächlich rechtfertigen würden, wenn man mit *Radbruch* annehmen dürfte, dass derjenige, der die Macht hat, so etwas zu tun, auch das Recht dazu hat. Das hat *Radbruch* im Ergebnis sicherlich nicht gewollt und nicht gebilligt. Nach den Grundsätzen seiner Philosophie waren diese Gesetze und das daraus folgende staatliche Handeln – ebenso wie für den reinen Positivisten *Kelsen*[92] – jedoch *rechtmäßig*. Nach heutigem Recht wären das *Reichsbürger- und Blutschutzgesetz* jedoch als verfassungswidrig zu erkennen, weil sie offensichtlich die *Menschenwürde* und den *Gleichheitssatz* verletzen (Art. 1 Abs. 1; 3 Abs. 3 GG). Eine Partei, welche die Zwecke der NSDAP verfolgt, müsste wegen Verletzung der verfassungsmäßigen Ordnung gemäß Art. 9 Abs. 2 GG verboten werden. Für *Radbruchs sozialistische* Philosophie waren die *Menschenrechte* jedoch Ausdruck eines übersteigerten *Individualismus*, der im *Anarchismus* enden müsste.

V. Nach 1945: Radbruchs andere Akzente

1. Die anderen Akzente: Nach dem Zusammenbruch des sog. Dritten Reiches, nach der großen Katastrophe, nach Auschwitz und dem Völkermord an den Juden, nach Millionen von Toten in Europa, nach der Ausradierung vieler deutscher Städte wollte auch *Radbruch* selbst seinen *Positivismus* nicht mehr aufrechterhalten, er hat seine Irrlehren aber nicht widerrufen, sondern nur – wie sein Freund *Erik Wolf* es ausdrückte – „die Akzente etwas anders gesetzt".[93] Diese andere Akzentuierung habe ihm „die Erfahrung aus der Zeit des nationalsozialistischen Regimes und der Besatzung nach dem Kriege, die neue Intensität der religiösen Lebenswerte des Christentums und die Auseinandersetzung mit einer

---

[91] Dazu Rph3, § 7, S. 50; dazu Wiegand (Unrichtiges Recht), 148 ff. mit der Feststellung, dass die „transpersonalen Kulturwerte" *Radbruchs* im Nationalsozialismus notwendigerweise zu unrichtigem Recht hätten führen müssen.

[92] Was *Kelsen* (RR 42) selbst ausdrücklich zwar als moralisch verwerfliche, aber unvermeidbare Konsequenz seiner Philosophie klarstellt: *„Nach dem Recht totalitärer Staaten ist die Regierung ermächtigt, Personen unerwünschter Gesinnung, Religion oder Rasse in Konzentrationslager zu sperren und zu beliebigen Arbeiten zu zwingen, ja zu töten."*

[93] *Erik Wolf, in: Radbruch*, Rph4 Einleitung, S. 72.

oberflächlichen ‚Daseins-, Lebens-, oder Existenzphilosophie' nahegelegt". *Erik Wolf* zitiert in diesem Zusammenhang aber auch das briefliche Geständnis *Radbruchs* vom 26. April 1939, wonach der *Positivismus* ihm wieder „als *ein Ideal erscheinen will, das uns bitter nottut*". Im Zeitpunkt dieses Briefes war aber das Gesetz zum Schutze des deutschen Blutes und der deutschen Ehre vom 15. September 1935 (RGBl I S. 1146) und auch das *Reichsbürgergesetz* vom selben Tag schon lange in Kraft gesetzt worden. Das *Blutschutzgesetz* verbot die Eheschließung sowie den außerehelichen Geschlechtsverkehr zwischen Juden und Nichtjuden. Wie konnte einem Mann wie *Radbruch* nach diesen Gesetzen der *Positivismus* noch „als ein Ideal erscheinen"? Die „anderen Akzentuierungen" *Radbruchs* erfolgten zuerst in einem 1945 an seine Hörer verteilten Papier *Fünf Minuten Rechtsphilosophie*, dann in seinem Aufsatz in der Süddeutschen Juristen-Zeitung von 1946 über *Gesetzliches Unrecht und übergesetzliches Recht*, schließlich in seiner von ihm revidierten Vorlesungsnachschrift zweier Studenten, die er als *Vorschule der Rechtsphilosophie* (Heidelberg 1948) herausgegeben hat. Diese drei Darstellungen *Radbruchs* werden nachstehend unter VI–VIII noch referiert und kritisch kommentiert, weil nur auf diese Weise die unhaltbaren Voraussetzungen und katastrophalen Folgen dieser Philosophie klar genug zu erkennen sind.

2. Der andere Rechtsboden: Am 6. März 1948 haben die Siegermächte (ohne die Sowjetunion) in London die Gründung eines westdeutschen Staates beschlossen. Auf dieser Grundlage haben die Ministerpräsidenten der zu den westlichen Besatzungszonen gehörenden Länder einen Sachverständigenausschuss zusammengestellt (10.–23.8.1948 in Herrenchiemsee), der einen Verfassungsentwurf erarbeitete, welcher die Grundlage bildete für die Beratungen des *Parlamentarischen Rates*, der vom 1. September 1948 bis zum 8. Mai 1949 den Entwurf des Grundgesetzes beraten und schließlich beschlossen hat; er wurde am 23. Mai 1949 im Gesetzblatt verkündet und trat am folgenden Tag in Kraft.[94] Damit war ein neuer Rechtsboden geschaffen, der dem Rechtspositivismus mit den Art. 1 Abs. 3 und 20 Abs. 3 GG eine klare Absage erteilte.

In Art. 1 Abs. 3 GG werden die Grund- und Menschenrechte des Grundgesetzes (Art. 1–19 und die grundrechtsgleichen Rechte) zu *unmittelbar geltendem Recht* erklärt und in Art. 20 Abs. 3 GG die vollziehende Gewalt und die Rechtsprechung an *Gesetz und Recht* gebunden.[95] Die Formulierung „Gesetz und Recht" wollten nach 1949 einige, die nicht umlernen wollten, als *Pleonasmus* verstehen, sie sind inzwischen allerdings ausgestorben. Dafür sind einige andere nachgewachsen, welche den Gang der Geschichte nicht erlebt und auch nichts dazuge-

94 Dazu ausführlicher und m.w.N. *Zippelius/Würtenberger*, StaatsR § 2 II.

95 Der Verfassungsgesetzgeber knüpfte damit an die Grundrechteerklärung von 1948 an, die schon einen verfassungsgerichtlichen Rechtsschutz vorgesehen hat; dazu *E. R. Huber*, Deutsche Verfassungsgeschichte, S. 774 ff.

lernt haben und zum (Verfassungs-)Positivismus zurückkehren wollen und daher „Gesetz und Recht" als eine *Tautologie* verstehen. Zum Verständnis der Regelungen der Art. 1 Abs. 3 und 20 Abs. 3 GG scheint es daher geboten, die deutsche Entwicklung der Grundrechte kurz zu skizzieren. Die meisten und vor allem die wichtigsten Grundrechte des Bonner Grundgesetzes standen mit ähnlicher Formulierung auch schon in der Weimarer Reichsverfassung, die zur Zeit der Machtergreifung *Hitlers* geltendes Recht war und auch nie in aller Form vollständig außer Kraft gesetzt worden ist. Diese Grundrechte der Weimarer Reichsverfassung sind zwar teils auch schon als Menschenrechte und nicht bloß als Bürgerrechte für deutsche Staatsbürger betrachtet worden, hatten aber nicht die Funktion *„unmittelbar geltenden Rechts"*, sind vielmehr als sog. *Programmsätze* verstanden worden. Nach dem Willen des damals dafür zuständigen Ministers *Preuß* sollten in die Verfassung gar keine Grundrechte aufgenommen werden, die Mehrheit der zuständigen Kommission war jedoch anderer Meinung und man einigte sich schließlich doch auf die Aufnahme der Art. 109–165 WRV, die aber *keine subjektiven Rechte* der Bürger oder betroffener Menschen schaffen sollten, weil es für vordringlich angesehen wurde, zuerst und vor allem den *Aufbau und die Aufgaben des Reiches* zu regeln. Gegen die Aufnahme individualschützender Grund- und Menschenrechte in die Verfassung sprach jedoch auch die Philosophie *Radbruchs* und seiner damaligen sozialdemokratischen Partei, wonach der *„individualistische Gedanke*, der mit dem individualitätslosen Individuum beginnt", folgerichtig *niemals haltmachen könne*, „ehe er in der *nationalitätslosen Menschheit* an sein Endziel gelangt".[96] Die schließlich trotzdem formulierten und unter dem Titel „Grundrechte und Grundpflichten der Deutschen" in die Art. 109–165 WRV aufgenommenen Rechte bezeichnete der Kommentator von *Gerhard Anschütz* als *aliud* zum Begriff des Grundrechts. Hinsichtlich der Rechtsnatur dieser „Grundrechte" war nur klar, dass sie *keine subjektiven Rechte* zugunsten der Bürger begründen sollten; vielmehr sollten sie teils *Recht im objektiven Sinne* sein und als solches entgegenstehende gesetzliche Regelungen aufheben können, teils sollten sie aber nicht unmittelbar Anwendung finden, sondern nur durch *Ausführungsgesetze aktualisiert* werden können. Es war jedoch auch zweifelhaft, welches dieser Grundrechte dieser oder jener Art zuzurechnen oder auf eine sonstige Funktion beschränkt sein sollte. Die geringste Funktion sollte darin bestehen, dass sie nur die *„Gesetzwidrigkeit der Verwaltung konkretisieren"* sollten. Einige Grundrechte sind auch als „polizeifest" erklärt worden, d.h., sie sollten von der Polizei nicht auf der Grundlage der polizeilichen Generalklausel außer Acht gelassen werden.[97] Gegen dieses Grundrechtsverständnis der Weimarer Reichsverfassung ist die Regelung des Art. 1 Abs. 3 GG gerichtet, wonach – was ansonsten in keinem Gesetz ausdrück-

96 Dazu oben IV 4 a u. b.

97 Vgl. *Anschütz*, Kom zur WRV, Vorbem. vor Art. 109 ff. WRV, S. 505 ff.

lich geregelt wird – die damit gesetzlich gefassten Grundrechte als *unmittelbar geltendes Recht* zu verstehen sind. Diese Aussage wird in Art. 20 Abs. 3 GG nochmals wiederholt, wenn es dort heißt: „Die vollziehende Gewalt und die Rechtsprechung sind an Gesetz *und Recht* gebunden." Die Formel „Gesetz und Recht" sollte nach der großen positivistischen Katastrophe des sog. Dritten Reiches im damaligen „naturrechtlichen Aufschwung"[98] nichts anderes bedeuten als eine Bindung an die Gesetze des *positiven Rechts* und auch an das dem positiven Recht vorgegebene *ius naturale Natur- oder Vernunftrecht*, d.h. an die allgemeinen Rechtsgrundsätze, die als Rechtsgedanken jeder rechtlichen Regelung zugrunde liegen[99] und entgegenstehendes positives Recht auch verdrängen und ersetzen können. *Forsthoff* (jedenfalls in den Vorlesungen) u.a. haben jedoch diese Regelungen als *Pleonasmus* verstanden. Das mag der Grund dafür sein, dass auch das Bundesverfassungsgericht den Begriff „Naturrecht" grundsätzlich vermeidet und stattdessen den Begriff „überpositives Recht" zu verwenden pflegt, was aber nichts anderes bedeutet.[100] Mit dem gleichfalls häufigen Verständnis des Begriffs „Recht" in Art. 20 Abs. 3 GG als „Gerechtigkeit" wird auch nur ein anderer vieldeutiger Begriff für „Naturrecht" oder „überpositives Recht" verwendet, der in diesem Zusammenhang aber seiner besonderen Vieldeutigkeit wegen[101] besser vermieden werden sollte. Trotz alledem wird neuerdings der Begriff „Recht" in Art. 20 Abs. 3 GG auch wieder als *Tautologie* bezeichnet mit der Begründung, dass ansonsten die *Rechtserzeugungs- und Legitimationsgrundlagen des Grundgesetzes* einschließlich des staatlichen Gewaltmonopols *ausgehebelt* werden könnten.[102] Das ist aber eine Behauptung, die sich selbst oder jedenfalls den Voraussetzungen, auf

---

98 In der Bibliographie des von *Werner Maihofer* hrsg. Sammelbandes „Naturrecht oder Rechtspositivismus" (Darmstadt 1962) sind für die Zeit von 1945 bis 1960 *201 selbstständige Schriften* und *487 unselbstständig* erschienene Beiträge aufgelistet; dazu Fn 5/161 und VI Anm 1(5) zur1.Min.

99 Dazu 3. Kap III 4–6; IV 1–3; *Hoffmann* Gesetz und Recht 31 ff.

100 So zutreffend *Robbers* im Bonner Kommentar zum Grundgesetz, Art. 20 Rz 3267 mit umfangreichen Nachweisen zur Verfassungsrechtsprechung. Zu Recht weist *Robbers* darauf hin, dass es auch verfassungswidriges Verfassungsrecht geben kann oder gibt, welches nach Art. 20 Abs. 3 GG keine Bindungswirkung haben darf. Die Abweisung der Verfassungsbeschwerde der Mitglieder des Nationalen Verteidigungsrats der DDR und eines Grenzsoldaten in BVerfGE 95, 96 ff. wegen Nichtanwendung des Art. 103 Abs. 2 GG aufgrund bewusster Einschränkung seines Wortlauts kann z.B. als ein Fall rechtswidriger Verfassungs*rechtsprechung*, also die Geltung des Art 103 Abs. 2 GG mit diesem Inhalt als rechtswidriges Verfassungsrecht, verstanden werden; denn wenn ein einziger Rechtssatz unseres Rechts rein positivistisch zu verstehen ist, so muss es Art. 103 Abs. 2 GG sein, der mit seinem Gesetzesvorbehalt einen Rechtssatz des positiven Rechts zur Voraussetzung der Strafbarkeit macht, weil ansonsten der Richterspruch des BVerfG und nicht ein Satz eines vom Gesetzgeber erlassenen Gesetzes die Strafbarkeit begründet.

101 Dazu oben 3. Kap IV 3.

102 So *Jarass/Pieroth*, GG, 9. Aufl. 2007 Art. 20 Rz 38; mit der Begründung, andernfalls würden Widersprüche zu Art. 97 Abs. 1 GG entstehen, wonach der Richter nur dem Gesetz unterworfen ist, was jedoch ein verfehltes Verständnis des Gesetzesbegriffs in Art. 97

denen sie beruht und dem Zweck, den sie zu verfolgen vorgibt, widerspricht. Denn das Natur- oder Vernunftsrecht (*ius naturale*), das in den *Grund- und Menschenrechte* der Bonner Verfassung im wesentlichen zu positivem Recht geworden ist, kann die Rechtserzeugungs- und Legitimationsgrundlagen des Grundgesetzes doch nur bestätigen und nicht aushebeln.[103] Hinzu kommt, dass es in der einen oder anderen Frage auch eine Lücke in dem durch das Grundgesetz geschaffenen verfassungsrechtlichen System geben oder eine solche sich im Laufe der Zeit durch die Veränderungen der Verhältnisse, insbesondere der technischen Entwicklung, ergeben kann. In solchem Falle ist auf den Grundlagen und Grundgedanken unserer gesamten Rechtsordnung, die man Naturrecht oder anders nennen kann, die richtige rechtliche Regelung zu schaffen; diese könnte z.B. darin bestehen, dem Satz des Art. 102 Abs. 3 GG den Satz des Art. 7 Abs. 2 EMRK und des Art. 49 Abs. 2 EU-Charta als Art. 103 Abs. 2 S. 2 anzufügen, wonach der *nulla-poena-sine-lege-* Grundsatz es nicht ausschließt, „dass jemand wegen einer Handlung oder Unterlassung verurteilt oder bestraft wird, die zur Zeit ihrer Begehung nach den von den zivilisierten Völkern anerkannten allgemeinen Rechtsgrundsätzen strafbar war". Damit hätte auch die Entscheidung BVerfGE 95, 96 ff. eine verfassungsgemäße Begründung gefunden.[104] Unrichtig ist nicht zuletzt auch die Behauptung, das Verständnis des Rechtsbegriffs in Art. 20 Abs. 3 GG als Naturrecht sei schon deshalb verfehlt, weil der Verfassungsgesetzgeber auch den Gesetzgeber und nicht nur die vollziehende Gewalt und die Rechtsprechung unter den Vorbehalt des Naturrechts hätte stellen müssen.[105] Das hat er jedoch getan, indem er vorkonstitutionelle Gesetze, die den Grundrechten widersprechen, für rechtsunwirksam erklärt hat, so dass sie von jedem Gericht für nichtig befunden werden können; nachkonstitutionelle Gesetze können dagegen nur auf Grund von Verfassungsbeschwerden oder Normenkontrollverfahren gemäß Art. 93 GG vom Bundesverfassungsgericht für unwirksam erklärt werden.[106] Der Verfassungsgesetzgeber hat damit jedoch lediglich *besondere Verfahren geschaffen* für die Feststellung der Unwirksamkeit *einer bestimmten rechtlichen Regelung*. Die Grundlage für die Erkenntnis der Rechtsunwirksamkeit von Gesetzen ist jedoch nicht das verfassungsgerichtliche Verfahren, sondern die *Rechtsgrundsätze*, auf deren Grundlage das Verfassungsgericht die Unwirksamkeit eines Gesetzes erklärt. Solche Entscheidungen des Bundesverfassungsgerichts werden zwar in aller Regel

Abs. 1 GG voraussetzt; richtigerweise ist der Richter nach Art. 97 Abs. 1 GG an „Gesetz und Recht" gebunden; so zutr. *Maunz-Dürig-Hillgruber*, Art. 97 Rz 26; *Tschulicher*, Demokratische Legitimation der dritten Gewalt, 149. *Jarass/Pieroth* haben ihre Auffassung inzwischen auch geändert, vgl. 14. Aufl., Art. 20 Rz 51 mit Hinweis auf *Maunz-Dürig-Grzeszick*, Art. 20 VI Rz 69.

103 Im Ergebnis so richtig auch schon *Benda* Verfassungsrecht § 17 Rz 25–37.

104 Dazu oben Fn 5/100 (*Robbers*) und unten 8. Kap. VI 6 d.

105 So *Mangold-Klein-Sommermann*, Art. 20 Abs. 3 Rz 267.

106 Dazu unten 6. Kap. VI 2–4.

mit der Verletzung eines oder mehrerer in der Verfassung stehenden *Grundrechte* begründet, die Vereinbarung der gesetzlichen Regelung mit den Grundrechten ist jedoch in aller Regel auch vom Gesetzgeber überprüft und ein Verstoß nicht erkannt worden. Auch vorkonstitutionelle Gesetze sind zumeist längere Zeit als verfassungsgemäß betrachtet worden, bis jemand auf den Gedanken kam, dass sie letztlich mit diesem oder jenem Grundrecht nicht zu vereinbaren sind. *In der Verfassung stehende Grundrechte sind also auch kein feststehender Bestand an Rechtsgrundsätzen, sondern letztlich dank der Art ihrer Formulierung eine unerschöpfliche Quelle neuer Rechtsgedanken, gewissermaßen die Ermächtigungsgrundlage für die Gerichte zur ständigen Überprüfung der Gültigkeit der Gesetze.* Ansonsten bedürfte es auch nicht Dutzender von *Kommentaren* zum Grundgesetz und den Grundrechten mit tausenden von Seiten, um die Juristen darüber zu belehren, was alles diesem Grundgesetz und seinen Grundrechten an Rechtsgedanken zugrunde liegt. In diesen Kommentaren stehende Rechtsgedanken sind sicherlich keine Grundrechte und trotzdem werden die Entscheidungen in vielen Fällen mit den Sätzen dieser Kommentare begründet. Welche Rechtsqualität haben also die Sätze dieser Kommentare oder anderer Werke von Verfassungsjuristen? Die Tatsache, dass der Verfassungsgesetzgeber naturrechtliche Grundsätze in den Verfassungstext geschrieben hat, ändert daher nicht die Rechtsnatur der diesen Formulierungen zugrunde liegenden Rechtsgrundsätze, macht sie vielmehr bloß äußerlich zu positivem Recht ohne damit ihre Qualität als aus der Vernunft des Menschen geschöpftes Recht zu ändern.[107]

Das BVerfG hat inzwischen durch seine Rechtsprechung den Beweis erbracht, dass mit diesem Instrumentarium die *individualrechtlichen Werte* der *Grund- und Menschenrechte* der Art. 1–19 GG und damit die gesamte Rechtsordnung auf die bestmögliche Weise gesichert werden können. Zwar kann dieser juristische Kontrollmechanismus einen Rückfall in ein neues Unrechtssystem letztlich nicht mit Sicherheit verhindern, aber es kann damit einer dahingehenden Entwicklung *frühzeitig* wirkungsvoll entgegengetreten werden. In der Vorschule der Rechtsphilosophie von 1947/48 kam auch *Radbruch* zu der Auffassung, dass eine *völlige Leugnung individueller Menschenrechte* absolut unrichtiges Recht sein müsse.[108] In § 26 der Rechtsphilosophie von 1932 hatte *Radbruch* jedoch eine Bindung des Staates an „vorstaatliche Menschenrechte“ noch abgelehnt mit der Begründung, solches vor- und überstaatliches Recht setze eine Erneuerung der Naturrechtslehre voraus, „während doch gerade die staatsrechtlichen Grundfragen *nicht durch friedliche Rechtsausübung*, sondern *im Kampfe der Rechtsansichten* entschieden werden“ müssten, „den nur der „*Willensentschluss einer anerkannten Staatsgewalt beendi-*

107 Zur Unterscheidung von positivem Recht und *ius naturale* so schon *Thomas von Aquin*, 3. Kap III 3–6; IV 1–3.

108 Vorschule 28, 33; ebenso in der 3. Minute der Rechtsphilosophie; dazu unten V 3. Min. Anm. 4.

gen“ könne:[109] „Wenn in einer Gemeinschaft ein höchster Gewalthaber vorhanden ist, soll, was er anordnet, befolgt werden.“

VI. Radbruch 1945: Fünf Minuten Rechtsphilosophie

Nach den bitteren Erfahrungen mit der Schreckensherrschaft der Jahre 1933 bis 1945 begannen auch Deutschlands Rechtsphilosophen und Juristen mit dem Umdenken. Die Schreckensherrschaft selbst braucht hier im Einzelnen nicht geschildert zu werden, sie ist auch den Nachgeborenen, die ein solches Buch lesen, noch hinreichend bekannt. Die Stichworte Antisemitismus, Blutschutzgesetz, Reichskristallnacht und Auschwitz mögen genügen, auch auf die Kriegsverbrechen hinter der Ostfront an Polen, Russen, Tschechen, Slowaken, Ukrainern, Kroaten, Serben und anderen Völkern sei nur hingewiesen, ebenso wie auf die massenhaften Untaten an Deutschen, die versuchten, gegen das herrschende Regime Widerstand zu leisten oder sich auch nur abfällig äußerten und von anderen denunziert, verhaftet, gefoltert, verurteilt und hingerichtet oder einfach gleich ermordet wurden oder in irgendeinem KZ landeten und nicht mehr zurückkehrten.

Gustav Radbruch, dem 1933 Lehrverbot erteilt worden war, hat 1945 mit einigen wenigen Kollegen, die den Krieg überlebt hatten, den Vorlesungsbetrieb in Heidelberg wieder aufgenommen und für seine Hörer, die zumeist *Kriegsheimkehrer*[110] waren, ein Blatt verteilt mit der Überschrift *Fünf Minuten Rechtsphilosophie*. Dieses Blatt mit zwei Seiten ist auch in der von *Erik Wolf* 1950 herausgegebenen unveränderten 4. Auflage der Rechtsphilosophie abgedruckt (S. 335), und ich will den Text des Flugblatts hier unverkürzt wiedergeben, weil daraus schon die „anderen Akzente“ sichtbar werden, mit denen er seinen im Krieg gereiften Hörern seine alt gewordenen Irrlehren – mit „Akzentverschiebung“ – schmackhaft machen wollte. Für den heutigen Leser erlaube ich mir, einige kritische Anmerkungen zu den Sätzen hinzuzufügen, denen ich am Satzende eine Zahl angefügt habe. Anm. 1 zur 1. Minute ist in (1) - (10) Absätze unterteilt.

> „**Erste Minute:** Befehl ist Befehl, heißt es für den Soldaten. Gesetz ist Gesetz, sagt der Jurist. Während aber für den Soldaten Pflicht und Recht zum Gehorsam aufhören, wenn er weiß, dass der Befehl ein Verbrechen oder ein Vergehen bezweckt, kennt der Jurist, seit vor etwa 100 Jahren die letzten Naturrechtler unter den Juristen ausgestorben sind,[1)]

---

[109] Rph3, § 26, S. 178, 182 f.; dazu *Funke* Radbruchs Rechtsbegriffe 41.

[110] Die geschlagene Generation (mein Bruder Arno, Jg. 1927, gehörte dazu): Ab 15 oder 16 Jahren: Flakhelfer – Reichsarbeitsdienst – Wehrmacht – Ostfront – Gefangenschaft; nach der Rückkehr: „Notabitur“. In die Vorlesung mit gewendeter Wehrmachtsuniform, neue Kleider gab es nicht, Bücher auch nicht, Essen nur wenig – bis zum 20. Juni 1948: Währungsreform, alle erhielten 40 Deutsche Mark, danach ging es wieder aufwärts. Vgl. Festgabe Zivilrechtslehrer Jg. 1934/1935, hrsg. von *Walther Hadding*, de Gruyter 1999, S. 73 ff.

keine solche Ausnahmen von der Geltung des Gesetzes und vom Gehorsam der Untertanen des Gesetzes. Das Gesetz gilt, weil es Gesetz ist, und es ist Gesetz, wenn es in der Regel der Fälle die Macht hat, sich durchzusetzen.[2)] Diese Auffassung vom Gesetz und seiner Geltung (wir [*Radbruch*] nennen sie die positivistische Lehre)[3)] hat die Juristen wie das Volk wehrlos gemacht gegen noch so willkürliche, noch so grausame, noch so verbrecherische Gesetze. Sie setzt letzten Endes das Recht der Macht gleich, nur wo die Macht ist, ist das Recht.[4)]"

Anmerkung 1: (1) Die 1945 aufgestellte Behauptung *Radbruchs*, dass vor einhundert Jahren, also etwa 1845, der letzte Naturrechtler unter den Juristen ausgestorben sei, ist nachweisbar falsch (dazu Anm. 1 (5)). Richtig ist dagegen, dass *Radbruch* 1932 in der 3. Auflage seiner *Rechtsphilosophie die* Behauptung aufgestellt hat, das Naturrecht sei eine „Irrlehre" (Rph3, 80). Recht sei allein das, was Gesetz ist, sofern der Gesetzgeber die Macht habe, das durchzusetzen, was er als Gesetz angeordnet hat (Rph3, 81). Richtig ist auch, dass *Radbruch* über das Naturrecht wechselnde und widersprüchliche Vorstellungen hatte. 1932 bezeichnete er es als „Irrlehre"; nach 1945 neigte er dazu, es als göttliches Recht zu betrachten (dazu unten VIII 6). Mit der *Ethik* des *Aristoteles* und mit der *Summa Theologica* des *Thomas von Aquin* hat er sich jedoch nie ernsthaft befasst; auch nicht mit der *Kant'schen* Philosophie, ansonsten hätte er nicht behaupten können, *Kant* habe den „entscheidenden Schlag" gegen das Naturrecht getan mit dem Nachweis, dass man es nicht erkennen könne (dagegen unten XI). In *Radbruchs* Rechtsphilosophie von 1932 werden weder *Aristoteles* noch *Thomas von Aquin* zitiert; in der *Vorschule* wird beider Namen (ohne genaues Zitat) in einem Satz *einmal* genannt im Zusammenhang mit drei Sätzen, welche *Radbruchs* ganze Unkenntnis offenbaren: „Die Lehre vom richtigen Recht trug Jahrtausende den Namen des Naturrechts. Im Altertum war dieser Gedanke auf dem Gegensatz von Natur zur Satzung begründet (*Aristoteles*), im Mittelalter auf den Gegensatz vom göttlichen zum weltlichen Recht (*Thomas von Aquino*), in der Neuzeit auf dem Gegensatz von Vernunft und Zwangsordnung (*Hugo Grotius bis Rousseau*). Das moderne Naturrecht gründete seine Lehre auf die Theorie vom Gesellschaftsvertrag."

(2) Diese Behauptungen zur Entwicklung und zur Rechtsnatur des Naturrechts sind frei erfunden und völlig falsch. Die Lehren des *Aristoteles* sind nicht durch einen Gegensatz von Natur und Satzung bestimmt und von *Thomas* nahezu unverändert übernommen worden. Das mittelalterliche Recht war allerdings von der Lehre des *heiligen Augustin* beherrscht, der das Recht als göttliches Recht verstanden hat. Im härtesten Gegensatz dazu verstand *Thomas von Aquin* das Recht im Anschluss an Aristoteles und dessen Kommentierung durch *Averroes* jedoch als aufgrund menschlicher Vernunft geschaffenes Menschenwerk. Was *Radbruch* als „modernes Naturrecht" verstehen wollte, bleibt sein Geheimnis; im 18. und 19. Jahrhundert wollten es viele weiterhin mit *Augustin* als *göttliches Recht* verstehen und andere als aufgrund menschlicher Vernunft geschaffenes Menschen-

werk. *Radbruch* verliert auch kein einziges Wort zu der Tatsache, dass die Lehren des *heiligen Augustin* und sein Vorwurf, dass die Juden Gottes Sohn ermordet hätten, letztlich der Grund waren für die Kreuzzüge ins Heilige Land und deren Massenmord sowie den bis in die neuste Zeit reichenden *Antisemitismus*, auch für den von *Innozenz III.* ausgerufenen Kreuzzug gegen al-Andalus (dazu oben 2. Kap III 5; 3. Kap I) mit der Folge der Vernichtung dieser Hochkultur, in der Muslime, Juden und Christen friedlich zusammengelebt hatten.

(3) Bei *Erik Wolf*, dem Freunde *Radbruchs*, dem *Lydia Radbruch* nach dem Tod ihres Mannes die Herausgabe der 4. Auflage der *Rechtsphilosophie* anvertraute, sind dieselben irgendwo abgeschriebenen Fehler festzustellen. *Wolf* schreibt (NaturR-Lehre, S. 37): *Thomas von Aquino* habe die *augustinischen Gedanken* über das Naturrecht mit den Schriften des *Aristoteles* verbunden und *„gelangte so zu einer bis in Einzelheiten durchgeformten Naturrechtslehre“* (dazu unten X 5). Dieses „natürliche Recht“ sei *„kein besonderes neben anderen, sondern Erscheinungsform des einen, aus der lex aeterna, dem göttlichen Vernunftwillen hervorgegangenen Rechts: Obwohl der sündige Mensch seinen Urstand verloren hat, vermag er kraft der seiner Vernunft verbliebenen participatio luminis Dei das Naturrecht zu erkennen. Es ist also Recht der göttlich-menschlichen Vernunft-Natur.“* Wie oben (3. Kap III 3) dargelegt, sagte *Thomas* (STh II–II, F 57,1,3) jedoch gegen *Augustinus* ganz klar: *Sed ius non pertinet ad divina, sed solum ad humana*: Das Recht gehört nicht zu den göttlichen Dingen, sondern ist Menschenwerk. *Erik Wolf* hat also ebenso wie *Gustav Radbruch* die Entstehungsgeschichte des Naturrechts und dessen Entwicklung zum Vernunftrecht völlig verkannt.

(4) In der nationalsozialistischen Zeit verstanden *Erik Wolf* u.a. das „Naturrecht“ dagegen „aus Rasse, Blut und Boden“ entstandenes Recht, als „etwas im Blut lebendes“ aus der „völkischen Rechtsidee“ entwickeltes (vgl. *Erik Wolf*, Richtiges Recht im nationalsozialistischen Staate, 1934; dazu *Rüthers*, Entartetes Recht, S. 54–98; *ders.*, JZ 2013, 822, 825). Zu solchen Naturrechtsvorstellungen hatte sich *Radbruch* allerdings nie hinreißen lassen, aber zum *Positivismus*, zu dem er „merkwürdigerweise“, also *unabsichtlich*, aus der „Natur der Sache“ von seinem *Relativismus* aus (dazu oben IV 4 a) gekommen war, bekannte er sich nicht nur in Rph3, 71, sondern auch in dem schon zitierten Brief an *Erik Wolf* vom 26. April 1939, worin er gesteht, dass ihm der Positivismus wieder als Ideal erscheine. Diesen Brief hat *Monika Frommel* (JZ 2016, 913, 916) bei ihrer Verfälschung des Geständnisses der Wehrlosigkeit scheinbar übersehen. *Radbruch* war also fraglos ein *reiner Positivist* geworden; *Rüthers* (JZ 2013, 824) meint, ein „leidenschaftlicher Positivist“. Aufgrund dieser „Leidenschaft“ hat er wohl auch die zwischen 1845 und 1933 erschienenen nachstehen aufgelisteten Schriften zum Naturrecht und die Meinungen seiner Kollegen nicht mehr zur Kenntnis genommen.

(5) *Gegen die Behauptung Radbruchs, vor etwa 100 Jahren seien die letzten Naturrechtler ausgestorben*, soll hier nur auf folgende Schriften aus etwa dieser Zeit hingewie-

sen werden: *Karl Heinrich*, Lehrbuch der philosophischen Rechtswissenschaft des Naturrechts, 3. Aufl. 1815; *Johann Nepomuk Borst*, Über das Naturrecht und dessen Übereinstimmung mit der Moral, 1818; *Wilhelm Traugott Krug*, Rechtslehre, 1817; *Theodor Marezoll*, Lehrbuch des Naturrechts, 1819; *Georg Wilhelm Friedrich Hegel*, Grundlinien der Philosophie des Rechts, 1821; *Leonhardt von Dresch*, Naturrecht, 1822; *Clemens August von Droste-Hülshoff*, Lehrbuch des Naturrechts oder der Rechtsphilosophie, 1823; Friedrich Julius Stahl, die Philosophie des Rechts, 1829; 2. Aufl. 1847; 3. Aufl. 1854; 5. Aufl. 1878; Reprint 1963; *Heinrich Ahrens*, Das Naturrecht oder die Rechtsphilosophie nach dem gegenwärtigen Stand der Wissenschaft, 1846; *Heinrich Ahrens*, Die Rechtsphilosophie oder das Naturrecht auf philosophisch-anthropologischer Grundlage, 4. Aufl. 1852; *Adolf Trendelenburg*, Naturrecht auf dem Grunde der Ethik, 1860; 2. Aufl. 1868; *E. I. Becker*, Das Recht als Menschenwerk und seine Grundlagen, 1912; *Gustav Rümelin*, Werturteile und Willensentscheidungen im Zivilrecht, 2. Aufl. der Prorektoratsrede von 1891, 1912; *Max Rümelin*, Die Gerechtigkeit, 1920; *Erich Kaufmann*, Kritik der neukantischen Rechtsphilosophie – Eine Betrachtung über die Beziehungen zwischen Philosophie und Rechtswissenschaft, 1921; *Rudolf Stammler*, Die Lehre vom richtigen Rechte, 1926; *Ernst Beling* Vom Positivismus zum Naturrecht und zurück, in: Festschrift für Philipp Heck, Max Rümelin und Arthur Benno Schmidt (1931) kam zu der Feststellung, dass der *Positivismus in die Verteidigungsstellung gedrängt* worden sei, man könne sagen: *„Der Traum des positiven Rechts ist ausgeträumt“*; *Johannes Sauter*, Die philosophischen Grundlagen des Naturrechts, 1932; *Ernst Cassirer*, Die Philosophie der Aufklärung, 1932; *ders*, Vom Wesen und Werden des Naturrechts, ZfRph1932, Bd. 6, S. 1–56; *Hans Welzel*, Naturalismus und Wertphilosophie im Strafrecht – Untersuchungen über die ideologischen Grundlagen der Strafrechtswissenschaft 1935; dazu *Felix Flückiger*, Geschichte des Naturrechts, 1954. Wie konnte Gustav *Radbruch* angesichts dieser Liste 1945 sagen, die letzten Naturrechtler seien vor 100 Jahren also etwa 1845, ausgestorben? Kannte er die Literatur nicht oder hat er bewusst die Unwahrheit gesagt? Vergleiche auch die nach 1945 ausgebrochene Flut der nachstehend aufgeführten Titel zum Naturrecht.

(6) Die nach 1945 ausgebrochene Flut naturrechtlicher Schriften diente, soweit sie von Autoren stammen, die im sog. Dritten Reich mit dessen NS-Ideologie Karriere gemacht hatten, gewisslich in erster Linie dem Zweck, unter den geänderten Voraussetzungen als Jurist wieder brauchbar und verwendbar zu erscheinen und damit wieder in Amt und Würden zu kommen. Aber dies gilt nicht für alle Autoren oder auch nur die Mehrheit derer, die nach 1945 zur Problematik des Naturrechts Stellung bezogen haben. In dem von *Werner Maihofer* herausgegebenen Sammelband *Naturrecht oder Rechtspositivismus* (Gesammelte Aufsätze von 1947–1962, Darmstadt 1962) sind 32 Aufsätze enthalten, darunter Beiträge von *Karl Larenz*, *Ernst Forsthoff*, *Hermann Weinkauff*, aber auch von *Adolf Süste-*

rhenn, *Helmut Coing*, *Adolf Arndt*, *Ernst Topitsch*, *Arthur Utz* und vielen anderen, die es nicht nötig hatten, Naturrechtsliteratur zu produzieren, um ihre Karriere fortsetzen zu können, vielmehr sich und anderen versuchten zu erklären, wie es zu der Katastrophe des sog. Dritten Reiches gekommen ist und was getan werden sollte, um in Zukunft derartiges zu verhindern. In der in diesem Sammelband eingefügten Bibliographie (S. 580–622) werden für die Zeit von 1945 bis 1960 201 (in Worten: zweihundertundeins) selbstständige Schriften und 487 unselbstständige Beiträge zum Naturrecht aufgelistet. Die große Mehrheit dieser Beiträge kann nicht als „Wendeliteratur" abqualifiziert werden.

(7) *Tribonian* hat im Auftrag des Kaisers *Justinian* im sicherlich bedeutendsten Werk der Rechtsgeschichte, dem Corpus Juris Civilis, einen Satz des *Celsus* vorangestellt, der von *Ulpian* überliefert wurde (D.1.1.1. pr): *Ius est ars boni et aequi.* Danach transzendiert das Recht wie die Kunst vom Menschlichen zum Übermenschlichen mit dem Ziel, Recht und Gerechtigkeit zu schaffen. Die altrömische Vorstellung vom Recht als einer *menschlichen Kunst* ist auch von *Thomas* übernommen und zum Kernsatz seiner Lehre geworden (vgl. STh II–II F 57, 1 zu 2; dazu oben 3. Kap III 6). Wie alle frühgeschichtlichen Quellen zeigen, hatte das Recht ursprünglich *sakralen Charakter* (dazu 2. Kap II) und wurde erst durch die Philosophie mit menschlicher Vernunft zu erfassen versucht. Das geschah in der europäischen Kultur vor allem durch die *Nikomachische Ethik* des *Aristoteles* und fand seinen Niederschlag im römischen Recht, das uns im *Corpus Juris Civilis* überliefert wurde, wozu vor allem *Cicero* einen wertvollen Beitrag leistete. Diese Entwicklung erlitt allerdings einen Rückschlag, als *Konstantin* nach der Schlacht an der Milvischen Brücke (312) zum *Christentum* übertrat und als Folge davon die Bevölkerung des einstigen römischen Herrschaftsbereichs überwiegend die christliche Religion annahm und aufgrund der Lehren des *heiligen Augustins* der *Macht der römischen Kirche* das Recht überwiegend wieder bis ins 18. Jahrhunderts als *göttliches Recht* verstanden wurde.

(8) Auf dieser Grundlage hat der hl. *Augustin* das Recht wieder als *göttliches, unveränderlich gültiges Recht* verstanden und der christliche *Papst* das Recht beansprucht, zu bestimmen, wer Kaiser wird und bleiben darf. Dieses Rechtsverständnis der römisch-katholischen Kirche hatte die Kreuzzüge und die *Heilige Inquisition* zur Folge, deren Scheiterhaufen bis ins 18. Jahrhundert brannten. Dieser Entwicklung ist *Thomas von Aquin*, dessen Lebenszeit in die Kreuzzugszeit fiel, mit seiner *Summa Theologica* entgegengetreten und hat das Recht wieder wie die alten Römer als *ius naturalis*, als der Natur des Menschen entsprechendes *Menschenwerk* verstanden. Dieses epochale Werk des *Aquinaten* konnte allerdings erst zweihundert Jahre nach seinem Tode und etwa ein hundert Jahre nach seiner Heiligsprechung erscheinen, bedauerlicherweise aber die Folterinstrumente und Scheiterhaufen der *Heiligen Inquisition* noch nicht eindämmen. Erst als das Gottesgnadentum der monarchischen Herrschaften mit der Französischen Revolution zusam-

menzubrechen begann, wurde auch die *Glaubensfreiheit* und die *Trennung von Recht und Religion,* von *Kirche und Staat* zu einem *Verfassungsprinzip der demokratischen Staaten Europas* und der *Vereinigten Staaten von Amerika* erhoben.

(9) Diesen – hier gerafft dargestellten – Gang der *geschichtlichen Entwicklung des Naturrechts* muss man sich bewusst machen, um richtig verstehen zu können, dass im 19. und 20. Jahrhundert, als diese Zusammenhänge langsam in Vergessenheit gerieten, manche glaubten, in den *Begriff des Naturrechts* alles hineinfüllen zu dürfen, was sie in aller Naivität für richtig halten konnten: Die katholische Kirche die Lehren des *heiligen Augustin,* die evangelischen Kirchen die Lehren *Luthers* und die nationalsozialistischen „Rechtsdenker" schließlich das Recht als *„etwas im Blute Lebendes"*, als *„Naturrecht aus Rasse, Blut und Boden"*. Wenn das Naturrecht in diesem Sinne zu Recht werde, könne der alte Stamm des deutschen Rechts „in urwüchsiger Kraft auch dem *Geziefer* trotzen, dass wohl in seiner Rinde nisten, aber das Mark nicht schädigen kann" (alle Nachweise hierzu und deren Zusammenhänge bei *Rüthers,* Unbegrenzte Auslegung, §§ 12, 19; *ders.*, Entartetes Recht; *ders.*, JZ 2013, 822, 825, 826; *ders.* JZ 2017, 457). Vielleicht wollte sich *Radbruch* mit seinem Brief vom 26. April 1939 an *Erik Wolf* mit seinem Bekenntnis zum „Ideal des Positivismus" auf diese Weise von dem „nationalsozialistischen Naturrecht" und dessen Begründungen distanzieren? In diesen Zeiten konnten falsche Worte an falsche Adressaten das Leben kosten. Aber warum hat *Lydia Radbruch* ausgerechnet *Erik Wolf* mit der Neuauflage der *Rechtsphilosophie betraut?* Sie war eine gebildete Frau und gut vertraut mit allen akademischen Gepflogenheiten und kannte sicherlich auch die „Einstellung" von *Erik Wolf.*

(10) Klar bewusst war sich der „Natur" des Naturrechts jedenfalls *Welzel* (NaturR 61; dazu 3. Kap III 5 mit Fn 131, 132), wenn er erklärte, dass es zur typisch naturrechtlichen *petitio principii* komme, wenn nicht das „Naturgemäße" den Inhalt des Guten bestimme, sondern das Gute bestimme, was „naturgemäß" ist: „Was man zuvor gut empfunden hat, wird als das ‚Naturgemäße' hingestellt und dann als Erkenntnisgrund des Guten verwandt." Damit wird allerdings *nicht* das Wesen des Naturrechts gekennzeichnet, vielmehr nur eine Missbrauchsmöglichkeit seiner Ableitung aufgezeigt. Wenn dagegen *Erik Wolf, Karl Larenz* u.a. aus „Blut und Boden" und aus der „arischen Rasse" ein „nationalsozialistisches Naturrecht" ableiteten und damit den Holocaust und sonstige Schandtaten rechtfertigen wollten, so kann *weder* diese Rabulistik *noch* die Tatsache, dass auch der nationalsozialistische Rassenwahn und die NS- Blut- und Boden-Romantik als „Naturrecht" verstanden wurde, den Wert des Naturrechts im Sinne des thomistischen *ius naturale* in Frage stellen. Nicht das Naturrecht, sondern der *Positivismus* hat das deutsche Volk und seine Juristen „wehrlos gemacht" (dazu unten Anm. 3) gegen die Ausfüllung seiner inhaltlichen Leere mit der nationalsozialistischen Ideologie (zutr. *Rüthers* JZ 2013, 824 gegen *Lena Foljanty*, Recht oder Gesetz, 2013).

Anmerkung 2: Mit diesem Satz wiederholt *Radbruch* seine Auffassung von 1932 (oben IV 4 a): Wer die Macht hat, seinen Willen durchzusetzen, soll auch das Recht dazu haben. Das war 1932 die *positivistische Auffassung* von *Radbruch* (siehe Rph3, 70 f.; dazu oben IV 3) und sie ist es mit diesem Satz auch nach 1945 noch geblieben. *Horst Dreier* (Radbruchsche Formel, in: Borowski/Paulson S. 1 ff., 18, 21) meint, der „untypische Positivismus Radbruchs" sei dadurch gekennzeichnet, dass die Rechtsnormen auch einen sittlich-moralischen Anspruch auf Gehorsam aus dem Gewissen begründeten. Mit dieser Gleichstellung von Moralität und Legalität soll der Mensch also auch noch moralisch verpflichtet werden, unrichtiges Recht zu befolgen; dazu *Kant*, NR-Vorl. S. 84; zum Verhältnis von Recht und Moral bei *Radbruch* ferner *Adachi*, in: Borowski/Paulson, 119 ff.

Anmerkung 3: *Radbruch* nannte 1932 diese Lehre nicht nur Positivismus, sondern bekannte sich auch selbst dazu, war allerdings von einem „Methodendualismus und Relativismus" (Rph3, § 2) ausgegangen, deren Ableitung über die von der Rechtssicherheit dominierte „Rechtsidee" jedoch ebenso notwendig wie eindeutig im *Positivismus* endete (Rph3, 70 f., 80 f.: „Irrlehren des Naturrechts"), weil der Relativismus, der sich zu keinem Wert bekennen kann, mit Notwendigkeit im Positivismus enden muss, wie *Kelsen* (GrL 14) schon 1928 feststellte (dazu oben III **Fn 287).**

Anmerkung 4: Das ist ein erstaunliches Eingeständnis, wobei er aber verschwieg, dass dieser Positivismus seine eigene Auffassung war (Rph3, 71, 80 f; dazu oben IV 4 a), wozu er sich in einem Brief vom 26. April 1939 an seinen Freund *Erik Wolf* auch bekannt hatte, obwohl zu diesem Zeitpunkt das Blutschutzgesetz vom 15. September 1935 schon in Kraft getreten war und kein vernünftiger Mensch dies als Recht verstehen konnte, auch *Radbruch* nicht.

> „**Zweite Minute:** Man hat diesen Satz (den letzten Satz der 1. Minute: ‚Wo die Macht ist, ist das Recht') durch einen anderen Satz ergänzen oder ersetzen wollen: Recht ist, was dem Volke nützt.[1)] Das heißt: Willkür, Vertragsbruch, Gesetzwidrigkeit sind, sofern sie nur dem Volke nützen, Recht. Das heißt praktisch: was dem Inhaber der Staatsgewalt gemeinnützig dünkt, jeder Einfall und jede Laune des Despoten, Strafe ohne Gesetz und Urteil, gesetzloser Mord an Kranken sind Recht. Das kann heißen: Der Eigennutz der Herrschenden wird als Gemeinnutz angesehen. Und so hat die Gleichsetzung von Recht und vermeintlichem oder angeblichem Volksnutzen einen Rechtsstaat in einen Unrechtsstaat verwandelt.[2)] Nein, es hat nicht zu heißen: alles was dem Volke nützt, ist Recht, vielmehr umgekehrt: Nur was Recht ist, nützt dem Volke.[3)]"

Anmerkung 1: Das war in der Formulierung „Gemeinnutz geht vor Eigennutz" eine vielgebrauchte Naziparole. *Radbruch* distanzierte sich schon in Rph3, 68 etwas von dieser Formel, bezeichnete sie als vieldeutig und meinte, sie trage „konservativ-organisch-überindividualistische Züge". Parteien, die solche Schlagworte gebrauchten, erstrebten nicht die politische Macht, um ein vorher aufgestelltes Programm zu verwirklichen, sondern forderten erst die Macht, um dann das Programm zu geben. *Radbruchs* Rechtsidee mit der *Zweckmäßigkeit als Leitprinzip* stand dem Schlagwort aber nicht so fern; *denn wer will bestreiten, dass zweckmäßig ist, was dem Volke nützt?* Und die *Zweckmäßigkeit* hatte für *Radbruch* bei der Bestimmung des Rechts Vorrang vor der Gerechtigkeit (dazu oben IV 6 b (2); ferner unten Anm. 4 zur 3. Min und Anm. 3 zur 4. Min).

Anmerkung 2: Das ist gewisslich wahr, aber nicht bloß die Folge der Gleichsetzung von Gemeinnutz, Eigennutz und Recht aufgrund der zum Rechtsmerkmal erhobenen *Zweckmäßigkeit*, sondern vor allem auch aufgrund des Postulats *Radbruchs*: „Wer Recht durchzusetzen, vermag beweist damit, dass er das Recht zu setzen berufen ist" (Rph3, 81; dazu oben IV 4 a), womit *Radbruch* den reinsten Positivismus rechtfertigte: Gesetz ist Gesetz. Befehl ist Befehl. Der Befehl des Führers ist Gesetz. Zur späteren inflationären Verwendung des Begriffs Unrechtsstaat vgl. *Rottleuthner*, in: Borowski/Paulson S. 91–117.

Anmerkung 3: Mit dieser Umkehrung des im Satz 1 der 2. Minute abgelehnten Satzes, Recht sei, was dem Volke nütze, wird der Satz auch nicht richtig, weil Recht zwar dem Volke nützt, aber auch diese Umkehrung nicht ausschließt, dass etwas für Recht erklärt wird, weil es vermeintlich dem Volke nützlich sein soll, was *Radbruch* im ersten Satz der 4. Minute auch selbst einräumte.

> „**Dritte Minute:** Recht ist Wille zur Gerechtigkeit.[1)] Gerechtigkeit aber heißt: Ohne Ansehen der Person richten, an gleichem Maße alle messen.[2)] Wenn die Ermordung politischer Gegner geehrt, der Mord am Andersrassigen geboten, die gleiche Tat gegen die eigenen Gesinnungsgenossen aber mit dem grausamsten, entehrenden Strafen geahndet wird, so ist das weder Gerechtigkeit noch Recht.[3)] Wenn Gesetze den Willen zur Gerechtigkeit bewusst verleugnen, z.B. Menschenrechte[4)] Menschen nach Willkür gewähren und versagen, dann fehlt diesen Gesetzen die Geltung, dann schuldet das Volk ihnen keinen Gehorsam, dann müssen auch die Juristen den Mut finden, ihnen den Rechtscharakter abzusprechen.[5)]"

Anmerkung 1: Das ist falsch: Der menschliche Wille kann gerecht und ungerecht sein. Daher beruht das Recht *nicht auf dem Willen* des Menschen, sondern auf seiner *Vernunft* (*Aristoteles*, Nik V 1; *Thomas*, F 58, 1; 58, 3A; dazu 3. Kap III 4; V 1 u. 2). Solange die Menschen glaubten, dass das Recht *göttliches Recht* sei und *Gott der Gerechte* stets nur das Rechte wolle, konnte man allerdings denken, dass das Recht der *göttliche Wille zur Gerechtigkeit* sei. *Radbruch* aber will das Recht als *Menschenwerk* verstehen, glaubt offenbar auch, das *Gesetz* müsse „gerecht" sein, *nicht der Mensch*, der das Gesetz macht oder aufgrund des Gesetzes ein Urteil spricht (dazu oben Einleitung I 8). Deswegen sagt er auch in Satz 4, *Gesetze könnten den Willen zur Gerechtigkeit bewusst verleugnen*, was aber nur die Menschen können. Für *Radbruch* ist also offenbar die Gerechtigkeit eine Eigenschaft des Gesetzes und des Rechts und nicht eine Eigenschaft des Menschen. Ein Gesetz soll daher schon dann Recht sein, wenn es der Rechtssicherheit dient, auch wenn es Unrecht ist; ebenso wie Bretter schon ein Tisch sein könnten, wenn sie dem Zweck dienen, etwas darauf zu stellen, wohl auch dann, wenn sie sodann wie ein Kartenhaus zusammenstürzen. Weil jedoch der menschliche Wille an sich alles zu seinem Inhalt machen kann, konnte er auch für *Radbruch* den Inhalt des Rechts nicht bestimmen, weshalb er die Inhaltslosigkeit seines Rechtsbegriffs mit der „Zweckmäßigkeit" und der „Rechtssicherheit" aufzufüllen versuchte. Weil jedoch vieles zweckmäßig sein kann, auch gröbstes Unrecht, benötigte *Radbruch* noch die Rechtssicherheit, um zu dem Satz zu kommen, dass alles Recht sei, was derjenige schafft, der die Macht dazu hat, es durchzusetzen, wonach auch der *Wille des „Führers" Gesetz* gewesen sein muss. Das ist die *Radbruchsche* Philosophie, und was daraus geworden ist auf der Grundlage der pauschalen, undifferenzierten Behauptung, der Mensch könne nicht erkennen, was Recht ist, womit dem Menschen – unglaublicherweise unter Berufung auf *Immanuel Kant* – jegliche Vernunft abgesprochen wurde.

Anmerkung 2: Auch das ist falsch. Es ist *nicht gerecht*, alle mit gleichem Maße zu messen, von einem Professor der Rechtsphilosophie muss man erwarten, dass er bessere Einsichten hat in das, was Recht ist, als von einem Handwerker; er ist nach anderem Maß zu messen. Es ist nicht jedem das Gleiche zu geben, sondern jedem das Seine, wie Juristen seit zwei Jahrtausenden wissen: *iustitia est constans et perpetua voluntas suum cuique tribuendi* (Ulpian D. 1.1.10.pr). Jeder ist nach seiner Eigenart zu beurteilen, nicht nach gleichem Maße.

Anmerkung 3: Das kann kein vernünftiger Mensch bestreiten; kein anderer als *Radbruch* selbst hat aber genau dies für Recht erklärt mit dem Satz: „Wer Recht durchzusetzen vermag, beweist damit, dass er das Recht zu setzen berufen ist" (Rph3, 81; dazu oben IV 4 a).

Anmerkung 4: Diese *Menschenrechte* standen schon in der die US-amerikanische Verfassung erweiternden *Bill of Rights* vom 25. September 1789, in der der französischen Verfassung von 1791 vorangestellten Erklärung der Menschen- und Bürgerrechte vom 26. August 1789 und nicht zuletzt auch in der Weimarer Reichsverfassung vom 14. August 1919, wurden aber von *Radbruch* nicht als geltendes Recht oder als naturrechtlich beachtenswerte Rechtsgedanken betrachtet. Er meinte vielmehr in Rph3, 182 f. dazu: „Wenn in einer Gemeinschaft ein höchster Gewalthaber vorhanden ist, soll, was er anordnet, befolgt werden"! Auch in diesen fünf Minuten Rechtsphilosophie werden die Menschenrechte in keiner Weise dazu benutzt zu bestimmen, was Recht und Unrecht ist. Erst 1947/48 erkennt Radbruch in § 10 der Vorschule, dass von 1933 bis 1945 immer wieder verkündet wurde, dass Recht alles sei, was dem Volke nützt, womit in extremster Form die „überindividuelle Zweckidee" betont und die *individuellen Menschenrechte geleugnet* worden seien. Dies sei ein Beispiel der *Überhebung des Zweckgedankens über die Gerechtigkeit.* Deswegen müsse Gerechtigkeit Vorrang haben vor Zweckmäßigkeit und auch die Rechtssicherheit Vorrang haben vor der Zweckmäßigkeit (zu dieser Rangordnung der Elemente der Radbruchschen

Rechtsidee oben IV 6 b (2)). Der Vorrang der Gerechtigkeit vor der Rechtssicherheit solle aber nur gelten, „wenn die Ungerechtigkeit positiven Rechts ein solches Maß erreicht, dass die durch das positive Recht verbürgte Rechtssicherheit gegenüber dieser Ungerechtigkeit überhaupt nicht mehr ins Gewicht fällt" (dazu unten VII 2). Eine „einfache" *Menschenrechtsverletzung* war für *Radbruch* danach auch im Jahre 1947 noch *keine Ungerechtigkeit* und musste hinter dem Gebot der Rechtssicherheit weiterhin zurückstehen (zur wahren Rechtslage vgl. 4. Kap I).

Anmerkung 5: Damit bricht *Radbruch* 1945 mit seiner *Geltungslehre* von 1932 (Rph3, § 10), gibt aber den ihr zugrunde liegenden Rechtsbegriff, mit den antinomischen Prinzipien *Rechtssicherheit, Zweckmäßigkeit* und *Gerechtigkeit* nicht auf, will vielmehr nur der Gerechtigkeit Vorrang geben vor der Zweckmäßigkeit (dazu unten VIII 3) und lässt mit den sog. Radbruchschen Formeln lediglich zwei Ausnahmetatbestände zu (dazu unten VII 1 u. 2). Dieses Wechselspiel offenbart die ganze Beliebigkeit dieses Systems und des ihm zugrunde liegenden Rechtsbegriffs. Dass viele Deutsche nach 1933 den Mut nicht mehr hatten, Unrecht auch als solches zu bezeichnen, kann und muss man verstehen, weil sie damit ihr Leben gefährdet hätten. Aber *Radbruch* erklärte 1932, als noch kein besonderer Mut dazu erforderlich war, diesen Satz auszusprechen, genau das Gegenteil davon: „... wir verehren den Richter, der sich durch sein widerstrebendes Rechtsgefühl in seiner Gesetzestreue nicht beirren lässt" (Rph3, 84; dazu oben IV 7). *Radbruch* hatte nicht einmal genug Mut, sich nach 1945 von diesen seinen eigenen Sätzen klar zu distanzieren, glaubte vielmehr durch „andere Akzentuierungen" das Erforderliche getan zu haben. Wir lernen daraus, dass die *Gerechtigkeit eine Tugend ist, die Charakter und Mut voraussetzt* (dazu oben 3. Kap IV 3), was in der Regel denen nicht gegeben ist, die „mit lächelndem Positivismus über alle Dinge ihr Ja und Amen sprechen" (vgl. Rph3, 3).

> „**Vierte Minute:** Gewiss neben der Gerechtigkeit ist auch der Gemeinnutz ein Ziel des Rechts.[1)] Gewiss, auch das Gesetz als solches, sogar das schlechte Gesetz, hat immer noch einen Wert – den Wert, das Recht Zweifeln gegenüber sicherzustellen.[2)] Gewiss, menschliche Unvollkommenheit lässt dem Gesetze nicht immer alle drei Werte des Rechts: Gemeinnutz, Rechtssicherheit und Gerechtigkeit,[3)] sich harmonisch vereinigen, und es bleibt dann nur übrig abzuwägen, ob dem schlechten, dem schädlichen oder ungerechten Gesetze um der Rechtssicherheit willen dennoch Geltung zuzusprechen oder um seiner Ungerechtigkeit oder Gemeinschädlichkeit willen die Geltung zu versagen sei.[4)] Das aber muss sich dem Bewusstsein des Volkes und der Juristen tief einprägen: es kann Gesetze mit einem solchen Maß von Ungerechtigkeit und Gemeinschädlichkeit geben, dass ihnen die Geltung, ja der Rechtscharakter abgesprochen werden muss.[5)]"

Anmerkung 1: Damit wird das schon in der 2. Minute zitierte Schlagwort „Gemeinnutz geht vor Eigennutz" nochmals angesprochen und in etwas anderem Licht gezeigt. Gewiss ist es richtig, dass auch der allgemeine Nutzen der Gemeinschaft einen hohen Wert darstellt, den das Recht auch zu beachten und stets mit den Interessen und Werten des und der Einzelnen nach den Grundsätzen praktischer Konkordanz (dazu 4. Kap I 5) zu einen vernünftigen Ausgleich zu bringen hat. Nicht alle individuellen menschlichen Werte (Würde, Freiheit, Ehre, Leben) dürfen jedoch diesem Gemeinnutz *bedingungslos* untergeordnet werden: „Alles darf dem Besten des Staates zum Opfer gebracht werden, nur dasjenige nicht, dem der Staat selbst nur als ein Mittel dient. Der Staat selbst ist niemals Zweck, er ist nur wichtig als eine Bedingung, unter welcher der Zweck der Menschheit erfüllt werden kann, und dieser Zweck der Menschheit ist kein anderer als die Ausbildung aller Kräfte des Menschen" (*Schiller*, Die Gesetzgebung des Lykurgus und Solon).

Anmerkung 2: Damit versuchte *Radbruch*, die *Rechtssicherheit* als dominanten Bestandteil der Rechtsidee auch weiterhin gegen offenkundiges gesetzliches Unrecht zu rechtfertigen, dem nur in Fällen eines *Übermaßes an Ungerechtigkeit* die Rechtsnatur abgesprochen werden könne (dazu unten VII). Wohin diese Unterscheidung zwischen noch maßvollem Unrecht und einem Übermaß von Unrecht führen kann, hat der 5. Strafsenat im Fall BGHSt 39,1, 34 (dazu 8.Kap III) gezeigt, in welchem er einem Mauerschützen aufgrund der falschen Belehrungen seiner Vorgesetzten zwar einen Verbotsirrtum zubilligte, die Anerkennung des Befehlsnotstand jedoch verweigerte, weil das Unrecht als „Verstoß gegen das „elementare Tötungsverbot" *offensichtlich* gewesen sei; dazu 8.Kap. III 5 und 6 c. Mit dem Totschlagsargument des „elementaren Tötungsverbots" wurde der einfache Gedanke ausgeschaltet, dass ein Verbotsirrtum über offensichtliches Unrecht nur schwer, letztlich gar nicht möglich ist.

Anmerkung 3: 1932 nannte *Radbruch* diese Werte: 1. Rechtssicherheit, 2. Zweckmäßigkeit und 3. Gerechtigkeit, und gab ihnen diese Rangordnung. In der *Vorschule* (1948, S. 30 f.; dazu unten IX) änderte er die Rangfolge dahingehend, dass er der Gerechtigkeit den Vorrang vor der Zweckmäßigkeit gab, unter der Voraussetzung, dass die Ungerechtigkeit des positiven Rechts nicht ein solches Maß erreiche, „dass die durch das positive Recht verbürgte Rechtssicherheit gegenüber dieser Ungerechtigkeit überhaupt nicht mehr ins Gewicht fällt" (*Radbruchs* Formel; dazu unten VIII 2). In dieser 4. Minute wollte *Radbruch* die „Zweckmäßigkeit" noch durch den „Gemeinnutz" ersetzen, das heißt, letztlich die *individuellen Rechte*, die *Schiller* im obigen Zitat (Anm 1 zur 4. Minute) dem Staat keinesfalls als Opfer bringen wollte, *hinter die kollektiven Interessen des Staates zurücktreten lassen* und damit das Schlagwort „Gemeinnutz geht vor Eigennutz" zum *Rechtssatz* machen (dazu oben Anm. 1 u. 3 zur 1. Minute; Anm. 4 zur 3. Minute). Vielleicht hat *Radbruch* dies allerdings auch gar nicht gewollt, aber die *Leichtfertigkeit*, mit der er die Elemente seiner Rechtsidee miteinander vertauschte und durch andere ersetzte, zeigt nur, dass er letztlich die *Gerechtigkeit* nicht als einen *besonders hohen Wert* erachtete, er sich nicht einmal bewusst machte, ob die *Gesetze* „gerecht" sein sollen oder die *Menschen*, welche die Gesetze machen. Er hatte wohl den „metaphysischen Leichtsinn" erreicht, der über alle Dinge sein Ja und Amen spricht (Rph3, 4).

Anmerkung 4: Grundsätzlich soll also auch ein ungerechtes Gesetz noch gelten, wenn der Rechtssicherheit Vorrang zukommt; aber wer soll das entscheiden und nach welchen Kriterien? Dieses System ist nicht nur theoretisch verfehlt (*Emge*, EinfRph, S. 95 ff., 122 f., 151–168, 405), sondern auch praktisch unbrauchbar, wie die im 7. Kap I–V und im 8. Kap I–VII dargestellten Entscheidungen zum NS- und DDR-Unrecht zeigen, in denen letztlich das Unrecht mit der Verletzung der am Ende des 18. Jahrhunderts entwickelten und heute allgemein als Rechtssätze anerkannten Bürger- und Menschenrechte begründet wurde. Der *Relativismus Radbruchs* ist daher abzulehnen, ein *schlechtes, schädliches und „ungerechtes" Gesetz* ist *niemals* durch die *Rechtssicherheit* gerechtfertigt, ist und bleibt vielmehr *Unrecht*, wenn und soweit es als solches zu erkennen ist.

Anmerkung 5: Das ist immerhin eine klare Distanzierung von der 1932 vertretenen Auffassung, die dem positiven Recht *unabdingbare Geltung* zusprach (dazu oben IV 4 a). Ein Gesetz wird jedoch nicht erst durch ein *„Übermaß an Ungerechtigkeit"* (was immer das sein mag, weil das Maß von *Radbruch* überhaupt nicht bestimmt wird) zu Unrecht, sondern dann, wenn es mit *vernünftigen Kriterien zur Entscheidung von Recht und Unrecht* nicht mehr übereinstimmt, d.h. dem *„allgemeinen Gesetz der Freiheit"* (*Kant*, § B; dazu 4. Kap I 5) widerspricht, wonach einander entgegenstehende Grundsätze der Freiheit zu einem angemessenen, gerechten Ausgleich zu bringen sind.

> **„Fünfte Minute:** Es gibt also Rechtsgrundsätze, die stärker sind als jede rechtliche Satzung, so dass ein Gesetz, das ihnen widerspricht, der Geltung bar ist. Man nennt diese Grundsätze das Naturrecht[1)] oder das Vernunftrecht[2)]. Gewiss sind sie im Einzelnen von manchen Zweifeln umgeben, aber die Arbeit der Jahrhunderte hat doch einen festen Bestand herausgearbeitet, und in den so genannten Erklärungen der Menschen- und Bürgerrechte mit so weitreichender Übereinstimmung gesammelt, dass in Hinsicht auf manche von ihnen nur noch gewollte Skepsis den Zweifel aufrechterhalten kann.[3)] In der Sprache des Glaubens aber sind die gleichen Gedanken in zwei Bibelworten niedergelegt. Es steht einerseits geschrieben: Ihr sollt gehorsam sein der Obrigkeit, die Gewalt über euch hat. Geschrieben steht aber andererseits auch: *Ihr sollt Gott mehr gehorchen als den Menschen* – und das ist nicht etwa nur ein frommer Wunsch, sondern ein *geltender Rechtssatz* (?). Die Spannung aber zwischen diesen beiden Worten kann man nicht durch ein drittes lösen, etwa durch den Spruch: Gebe dem Kaiser, was des Kaisers und Gott, was Gottes ist – denn auch dieses Wort lässt die Grenzen im Zweifel. Vielmehr: es überlässt die Lösung der Stimme Gottes, welche nur angesichts des besonderen Falles im Gewissen des Einzelnen zu ihm spricht.[4)]"

Anmerkung 1: In Rph3 (1932), S. 80) hat *Radbruch* das Naturrecht als „Irrlehre" bezeichnet, weil man es – wie *Kant* nachgewiesen habe – nicht erkennen könne (Rph3, 15, 18, 70 f., 80 f.; dagegen auch *Radbruchs* bester Schüler *Arthur Kaufmann*, dazu unten XI 1–4). Wenn man das Naturrecht erkennen könnte, so *Rad-*

bruch, müsste davon abweichendes positives Recht erlöschen wie der entlarvte Irrtum vor der enthüllten Wahrheit. Die *Geltung des positiven Rechts* beruhe auf der *Unmöglichkeit des Naturrechts* (dazu oben IV 2 b). *Radbruch* hat jedoch die Lehren des *Aristoteles* und des *Aquinaten*, wonach Naturrecht nicht als *göttliches*, sondern als *menschliches Recht* zu verstehen ist, nie zur Kenntnis genommen oder sie jedenfalls nicht verstanden, vielmehr ohne sich mit der Frage ernsthaft auseinanderzusetzen, das Naturrecht letztlich als *göttliches Recht* begreifen wollen, das deswegen mit menschlicher Vernunft nicht erkannt werden könnte (dazu oben Anm. 1 zur 1. Minute; ferner IV 2 b). Im 2. Satz der 1. Minute hat *Radbruch* noch behauptet, dass der *letzte Naturrechtler vor einhundert Jahren ausgestorben* sei, und 4 Minuten später erkennt er, dass das *Naturrecht einen festen Bestand an Menschen- und Bürgerrechten herausgearbeitet* hat, denen gegenüber nur noch gewollte Skepsis Zweifel aufrechterhalten könne. Wer hat diesen Bestand an Menschen- und Bürgerrechten denn herausgearbeitet und zu welcher Zeit? Was also ist *Radbruchs* Meinung? Alles und nichts oder der metaphysische Leichtsinn, der über alle Dinge sein Ja und Amen spricht? Oder gehört der Satz vom Nichtwiderspruch auch zu den „Irrlehren des Naturrechts"?

Anmerkung 2: Das Naturrecht wird auch *Vernunftrecht* genannt, weil es in der *menschlichen Vernunft* und weder im menschlichen noch im göttlichen *Willen* begründet ist (dazu 3. Kap III u. IV; 4. Kap I). Vereinzelt wird das Naturrecht mit *Augustin* aber gegen *Thomas von Aquin* und gegen *Kant* auch noch als *göttliches Recht* verstanden, das als solches allerdings, auch für *Kant*, nicht erkennbar ist; *Radbruch* lehnte das Naturrecht 1932 jedoch allgemein ab, weil es nicht *erkennbar* und daher eine „Irrlehre" sei (dazu oben IV 2 b u. ausführlicher unten X 1–4), wollte es nach 1945 zwar (teils) wieder als *göttliches Recht* verstehen, hat sich aber weder für das eine noch für das andere richtig entscheiden können. Die Auffassungen von *Aristoteles* und *Thomas von Aquin* und vieler anderer, die das Naturrecht für menschliches Recht und als solches auch für erkennbar hielten, hat *Radbruch* offenbar nie ernsthaft zur Kenntnis genommen und jedenfalls nicht verarbeitet (dazu unten VIII 1–5; IX 1–6; X 1–4).

Anmerkung 3: *Coing* (Rechtsphilosophie, 2. Aufl., S. 83) meint, mit dieser *Anerkennung der Bürger- und Menschenrechte*, die im Wesentlichen auch schon in der Weimarer Verfassung enthalten waren, in § 26 der *Rechtsphilosophie* von 1932 aber *nicht als Rechtsbegriffe und Rechtssätze* verstanden wurden, habe *Radbruch*, nach den Erfahrungen der Hitler-Diktatur, seine Lehre „modifiziert". Das charakteristische der ursprünglichen Position von *Radbruch* will *Coing* darin erkennen, dass er eine inhaltliche Bestimmung des Gehalts von Werten zwar für möglich gehalten habe, aber eine Entscheidung zwischen verschiedenen Werten nicht für *rational begründbar*, sondern nur aufgrund eines „Gefühls- oder Willensaktes" als „Bekenntnis" für möglich gehalten habe. Offen lässt *Coing* die Fragen, warum *Radbruch* die menschliche Vernunft für derart unfähig erachtet hat, warum er sich mit den Lehren des *Aristoteles* und des *Thomas von Aquin* nicht befasst hat, warum er die erforderliche Entscheidung „nur aufgrund eines Gefühls- oder Willensaktes“ für möglich gehalten hat, eine solche Entscheidung aber nicht als „Recht“ anerkennen wollte, obwohl er das Recht doch als „Wille zur Gerechtigkeit“ definierte, also als *Ausfluss des menschlichen Willens* betrachtete. Warum qualifizierte *Radbruch* das Naturrecht vor 1932 als „Irrlehre“, ohne die Frage klar zu entscheiden, ob das Naturrecht *göttliches* oder *menschliches Recht* sein soll? Warum unterstellte er *Kant* die Behauptung, dass *menschliches Naturrecht*, also die *Vernunft* des Menschen nicht zu erkennen sei? Wie lässt sich das Bekenntnis zu den Menschenrechten in der 5. Minute damit vereinbaren, dass die *Rechtsidee Radbruchs* weiterhin aus den Elementen *Rechtssicherheit, Zweckmäßigkeit und Gerechtigkeit* bestehen und nur im Falle eines *Übermaßes an Ungerechtigkeit* die Gerechtigkeit Vorrang haben sollte vor der Rechtssicherheit? *Wie soll sich ein solches Übermaß erkennen lassen*, wenn unerkennbar sein soll, was gerecht und ungerecht ist? Wenn unklar bleibt, ob das Gesetz oder der menschliche Wille gerecht sein muss? Welche Art eines *Gefühls- oder Willensakts* ist dann erforderlich, um das *Übermaß an Ungerechtigkeit* erkennen zu können? Wenn man die dargelegten Veränderungen der Rechtsphilosophie *Radbruchs* als bloße „andere Akzentuierungen“ (*Erik Wolf*) oder als „Modifizierung“ (*Coing*) bezeichnet, wird immerhin aber erkannt, dass sich damit an den verfehlten und so verhängnisvoll gewordenen Grundsätzen der Rechtsphilosophie *Radbruchs* nichts Wesentliches geändert hat.

Anmerkung 4: In den letzten Sekunden der 5. Minute kam *Radbruch* noch auf *Paulus* Röm. 13,1 zurück, womit er 1932 seine Meinung abgestützt hatte, dass das Recht auf der Macht beruhe: „Jeder sei Untertan der Obrigkeit“; ebenso solle jeder Richter dem positiven Recht „untertan“ sein (Rph3, 82 f.). *Radbruch* distanzierte sich jetzt aber von Röm. 13,1 mit dem Hinweis, dass auch geschrieben stehe (Apg. 5, 29): „Man muss Gott mehr gehorchen als den Menschen.“ Und er fügte noch hinzu, das sei nicht nur ein frommer Wunsch, sondern ein *geltender Rechtssatz – ein Gesetz also!? Göttliches Recht also!?* Und nicht bloß für die Dauer eines Flügelschlags. Wenn nun aber ein *Gott* den *IS-Kämpfern empfiehlt*, alle *Ungläubigen und Andersgläubigen zu töten*, so ist dies nach unserem menschlichen Recht und dessen bisherigem Verständnis *Mord*, gleichgültig welcher Gott oder welcher Priester diesen Befehl gegeben hat. Wenn *Radbruch* den Satz Apg. 5, 29 als *Rechtssatz* begreifen will, so ist er von einem Extrem ins andere gefallen, vom Positivismus zurück ins göttliche Recht, das in der Geschichte schon *viel Unrecht* erzeugt hat (Kreuzzüge, Heilige Inquisition, IS-Terror). *Radbruch* hat *mit diesem Satz jeden Rationalismus verlassen* und sein Heil in Glaubenssätzen gesucht, denen *nicht* die Qualität von Rechtssätzen zukommt und zukommen darf, wie schon *Thomas von Aquin* erkannte und *Kant* bestätigte (dazu oben **Fn 114**). *Radbruch* aber schreibt in der *Vorschule* (1948, S. 35): „In der Tat kann die Geltung des Rechts weder auf positive Rechtssätze noch auf Tatsachen wie die der Macht oder

der Anerkennung gestützt werden, *sondern nur auf ein höheres oder höchstes Sollen, auf einen überpositiven Wert*" (Vorschule 35; dazu unten VIII 5). *Soll damit auch der unbedingte Gehorsam gegenüber Gottes Geboten verstanden werden?* Sollte dieser Gehorsam gegenüber Gottes Geboten dann auch wieder mit den Mitteln der *Heiligen Inquisition* durchgesetzt werden? Auch wenn die Menschen das göttliche Recht gar nicht erkennen konnten?

In diesen *„Fünf Minuten*" distanzierte sich *Radbruch* also sowohl etwas vom *Positivismus* als auch in gewisser Weise vom *Relativismus* und verwies in der 5. Minute auf die *Werte der Menschen- und Bürgerrechte*, erklärte allerdings auch den Satz „Du sollst Gott mehr gehorchen als den Menschen" (Apg. 5, 29) zum *Rechtssatz.* Aber was kann der Mensch erkennen und wissen, was soll er nach Gottes Willen tun, und was darf er tun? Hätte man alle ehemaligen Nazis nach 1945 sofort vor Gericht stellen und, wenn sie rechtswidrig getötet hatten, auch zum Tode verurteilen sollen, oder war es doch besser, *alle*, die noch arbeiten konnten, zum Wiederaufbau des Landes einzusetzen? *Radbruch* äußerte sich dazu in der Rhein-Neckar-Zeitung (Heidelberg) vom 1. Dezember 1945 (abgedruckt Rph4, S. 344 f) so: „Und auch heute noch möchte man oft verzweifeln, wenn man die neu entstehenden Parteien genau da wieder anfangen sieht, wo sie 1933 aufgehört haben, als hätten sie nichts gelernt und nichts vergessen in den zwölf Schreckensjahren, die hinter uns liegen. ... Der deutsche Wiederaufbau ist nur auf dem Grunde einer organisierten Wirtschaft, nur auf dem Wege eines *Sozialismus irgendwelcher Art*, nur durch *Sozialisierung* zum mindesten wichtiger Wirtschaftszweige, der Banken, des Bergbaus, der Schlüsselindustrien denkbar."

Radbruch wollte also von einem Unrechtssystem in ein anderes hinüberwechseln, hatte sich aber noch nicht zwischen *göttlichem* und *sozialistischem Recht* entschieden.[111] In dieser Frage haben zu unserem großen Glück *Adenauer*, *Erhard*, auch *Dehler*, *Kurt Schumacher*, *Willy Brandt* und selbst *Herbert Wehner* sowie die

111 In seiner *Kulturlehre des Sozialismus* schrieb *Radbruch* allerdings im Kapitel über „Sozialismus und Recht" schon 1927 (S. 47 f.; 1970: S. 58): „Privateigentum und Vertragsfreiheit sind nun die Grundsäulen des Rechtssystems. Die ganze Rechtswelt wird ideologisch als ein Gewebe freiwillig eingegangener gegenseitiger Verpflichtungen aufgefasst. Man verkennt, dass *Privateigentum und Vertragsfreiheit* zueinander in Widerspruch stehen, dass Privateigentum, verbunden mit Vertragsfreiheit, nicht nur eine *Macht über Sachen*, sondern eine *Macht über Menschen* bedeutet und Vertragsfreiheit Freiheit wohl für denjenigen, der diese Macht besitzt, Wehrlosigkeit aber für den, gegen den diese Macht sich richtet. Gestützt auf sein Privateigentum, kann der Besitzende warten, bis sich die arbeitenden Hände zu den ihm genehmen Arbeitsbedingungen anbieten, während der nicht Besitzende früher oder später genötigt ist, seine Arbeitskraft um den Preis zu verkaufen, den ihm der Besitzende bietet. Wir nennen Privateigentum, insofern es nicht nur über Sachen Macht verleiht, sondern über Menschen, Kapital. Das *kapitalistische Rechtssystem* bedeutet unter dem Scheine einer auf Freiheit und Gleichheit aller gegründeten Ordnung *in Wahrheit* nichts anderes als das von ihm überwundene *System der Hörigkeit* der Werktätigen – nur dass dieses, indem es in verschiedenen Rechtsformen Hintersassen ihrem Grundherrn zu eigen gab, diesem eben damit auch Pflichten der Treue und Fürsorge gegen die ihm an-

Mehrheit des deutschen Volkes aus der Erfahrung mit dem *Nationalsozialismus* sowie dem *Sowjet-Imperialismus* jener Zeit andere Folgerungen gezogen und damit nicht bloß ein „Wirtschaftswunder", sondern auch einen *liberalen, demokratischen Rechtsstaat* mit einer langen Friedenszeit geschaffen. Radbruchs Vorschlag hätte dagegen auch Westdeutschland zu einer Sowjetrepublik gemacht entsprechend der DDR. Das ist uns zum Glück erspart geblieben, weil die große Mehrheit der Deutschen klüger war als der Rechtsphilosoph Gustav Radbruch.

VII. SJZ 1946: Radbruchs naturrechtlichen Formeln

Zum geschehenen NS-Unrecht äußerte sich *Radbruch* nach 1945 öffentlich vor allem in seinem Aufsatz über *Gesetzliches Unrecht und übergesetzliches Recht,*[112] in dem er versuchte, auf der Grundlage seiner 1932 verfassten Rechtsphilosophie, die er nicht mehr verändern wollte,[113] das tatsächlich geschehene, schier unbegreifliche Unrecht ohne Widerspruch auch auf der Grundlage seiner Philosophie als juristisches und strafbares „gesetzliches Unrecht" zu begreifen. *Radbruch* beginnt diesen Aufsatz mit einem Bericht über drei Fälle, in denen Strafverfolgungen und Strafurteile der NS-Justiz schon Gegenstand neuer Gerichtsverfahren geworden waren, über welche die Tageszeitungen berichteten.

1. Radbruchs Fallmaterial: Die Sachverhalte dieser Entscheidungen (das Fallmaterial) waren für *Radbruch* die „Natur der Sache", die ihn in gewisser Weise zu einer „anderen Akzentuierung" seiner Rechtsideen gezwungen hat, aber nicht zu einer

---

vertrauten Menschen auferlegte, während das System des dem Rechtscheine nach nur auf Sachen bezogenen Privateigentums und der dem Rechtscheine nach bestehenden Vertragsfreiheit die Beziehungen zwischen Kapitalisten und Werktätigen ohne jeden sozialethischen Hintergrund lediglich auf die letzten Endes von der einen Seite diktierten Vertragspflichten beschränkte".

112 SJZ 1946, 105 ff.; abgedruckt im Anhang zu Rph4 347–357; dazu *Schumacher*, Kritik der Radbruchschen Formel, 1985. Auf der Grundlage des von *Radbruch* 1932 propagierten *Positivismus* ist der Begriff *„gesetzliches Unrecht"* ein Widerspruch in sich; er warnt daher selbst auch 1946 (SJZ 1946, 105 ff. = Rph4, 347 ff., 354 f.) vor den „furchtbaren Gefahren für die Rechtssicherheit", „welche die Leugnung der Rechtsnatur positiver Gesetze mit sich bringen kann": „Nicht jeder Richter sollte auf eigene Faust Gesetze entwerten dürfen" (Rph4, 355); anders dagegen Art. 100 GG; dazu 6. Kap VI 4 a.

113 Er wollte seine Rechtsphilosophie in 4. Auflage *unverändert* mit einem *Nachwort* herausgeben, hat dies aber nicht mehr geschafft; er starb am 23. November 1949, zwei Tage nach seinem 71. Geburtstag. Auf Bitten seiner Frau *Lydia Radbruch* hat sein Freund *Erik Wolf* die Aufgabe übernommen und das Lehrbuch in 4. Aufl. im Text unverändert mit einer *Einleitung* (79 S.) und einem Anhang mit einigen Schriften *Radbruchs* aus der Nachkriegszeit herausgegeben; das Manuskript des geplanten Nachworts ist veröffentlicht in: *Gustav Radbruch*, Rechtsphilosophie, hrsg. von *Ralf Dreier* und *Stanley L. Paulus*, 2. Aufl. 2003, als Anhang 1, S. 193–208.

prinzipiellen Änderung seines rechtsphilosophischen Systems bringen konnte. Diese Sachverhalte möchte ich deshalb auch hier kurz wiedergeben:

(1) Ein Justizangestellter namens *Puttfarken* hatte einen Bekannten (*Göttig*), mit dessen Frau er ein Verhältnis hatte, angezeigt, weil dieser *in einer Toilette an die Wand* geschrieben hatte: „*Hitler* ist ein Massenmörder und schuld am Kriege." Aufgrund der Anzeige wurde *Göttig* Ende 1944 zum Tode verurteilt und hingerichtet. Das Schwurgericht Nordhausen (Thüringen) hat dieses Todesurteil als eine Rechtsbeugung verstanden und den Denunzianten *Puttfarken* nach 1945 wegen Beihilfe zum Mord zu lebenslangem Zuchthaus verurteilt.

Radbruch stimmte dem Urteil – entgegen seiner 1932 geäußerten Ansicht, dass ein Richter allein das *positive Recht* beachten müsse –[114] im Ergebnis zu, weil das Todesurteil als Unrecht zu betrachten sei, obwohl es zur Tatzeit (Ende 1944) aufgrund des geltenden *positiven Rechts* ergangen war. *Radbruch* erklärte es auch für richtig, dass die Richter, die wegen der Toilettenschmierereien auf Todesstrafe erkannt hatten, der vorsätzlichen Rechtsbeugung und des Mordes schuldig zu sprechen seien, weil die Todesstrafe in einem solchen Falle „jedem Willen zur Gerechtigkeit Hohn spreche". *Radbruch* bemängelte rein dogmatisch lediglich, dass die Richter den Angeklagten *Puttfarken* wegen Beihilfe und nicht aufgrund mittelbarer Täterschaft verurteilt haben, und stellte in Frage, ob Richter, „die von dem herrschenden Positivismus – also *Radbruchs* eigener Lehre – soweit verbildet waren, dass sie ein anderes als das gesetzte Recht nicht kannten, bei der Anwendung positiver Gesetze den Vorsatz der Rechtsbeugung haben" könnten.[115] Auch das

---

114 Rph3, 84; dazu oben IV 4 b. Zu einem ähnlichen Todesurteil gegen einen Soldaten wegen abfälliger Äußerungen über den Krieg gegenüber seiner Ehefrau, die ihn deswegen angezeigt hat, vgl. 7. Kap IV.

115 *Welzels* berühmt gewordene Antwort auf diese Frage mit dem Begriffspaar Verbotsirrtum – Tatbestandsirrtum (*Welzel*, Gewissen), die später vom Großen Senat des Bundesgerichtshofs akzeptiert wurde (dazu BGHSt (GrS) 2, 194 und unten 7. Kap II) und damit zur Grundlage der Aufarbeitung des NS-Unrechts durch den BGH wurde, konnte *Radbruch* 1947 noch nicht kennen, er war – obwohl auch ord. Professor des Strafrechts – offenbar noch im römisch-rechtlichen Begriffspaar *error facti – error iuris* verfangen und hatte auf der Grundlage dieser Irrtumsvorstellungen *Zweifel am Vorsatz der rechtsbeugenden Richter* (Rph4 (Fn 35), 356), die möglicherweise in dem Glauben gehandelt hätten, Recht zu sprechen, nach den philosophischen Vorstellungen *Radbruchs* auch Recht gesprochen hatten gemäß dem *zur Tatzeit geltenden positiven Recht*, an dessen Buchstaben der Richter nach *Radbruchs* Philosophie gebunden sein sollte. Nach dieser Rechtsvorstellung hätten alle NS-Täter freigesprochen werden müssen; auch in den im 5. Kapitel dargestellten Fällen I–V. *Radbruchs* Vorstellungen über *Sinn und Zweck des Strafrechts* waren allerdings rein ideologisch bestimmt (Kulturlehre des Sozialismus 60): „In einer Gesellschaft der Ungleichheit bedeutet gerade gleiches Strafrecht für alle die erschütternde Ungleichheit gegen die Besitzlosen." Entweder treffe es diese oder das Verbrechen sei Ausdruck „biologischer Entartung". Das aus der Unvollkommenheit unserer sozialen Zustände entspringende Strafrecht müsse immer mehr durch „Fürsorge" ersetzt werden. Das zukünftige Strafrecht dürfe nur noch Maßnahmen zur Besserung und Sicherung, aber keine Strafen mehr kennen.

durch den Grundsatz *nullum crimen sine lege* aufgeworfene Problem wurde von *Radbruch* nicht erörtert, obwohl dieser Grundsatz auch schon in §2 StGB a.F. und in Art. 116 WRV gestanden hat, allerdings wie die anderen Grund- und Menschenrechte der Weimarer Reichsverfassung nur als Programmsatz, nicht als Rechtssatz verstanden wurde.[116]

(2) Der Zeitung „Thüringer Volk" vom 10. Mai 1946 hat *Radbruch* folgenden Fall entnommen:[117] Im Jahre 1943 war ein an der Ostfront eingesetzter sächsischer Soldat, der zur Bewachung von Kriegsgefangenen abkommandiert worden war, desertiert, weil er „angeekelt gewesen sei von der unmenschlichen Behandlung der Gefangenen, vielleicht auch des Dienstes in *Hitlers* Truppen müde". In der Wohnung seiner Frau wurde er entdeckt und sollte von einem Wachtmeister abgeholt werden; er erschoss den Wachtmeister mit seiner Dienstpistole und flüchtete. Als er nach 1945 nach Sachsen zurückkehrte, wurde er des Mordes angeklagt, das Verfahren aber gemäß § 54 StGB wegen unverschuldetem Notstand eingestellt mit der Begründung, Fahnenflucht aus *Hitlers* und *Keidels* Armee würde keine Verfehlung enthalten, die den Flüchtigen entehre und seine Bestrafung rechtfertige und könne also keine Schuld des Angeklagten begründen.

Diese Verfahrenseinstellung kommentierte *Radbruch* mit dem Satz: „Allerorten wird also unter dem Gesichtspunkt des ‚gesetzlichen Unrechts' und des ‚übergesetzlichen Rechts' der *Kampf gegen den Positivismus* aufgenommen." In diesem Falle hatte aber offensichtlich eine *neue Ideologie* vernünftiges Rechtsdenken schon wieder verdrängt, was für *Radbruch* vielleicht auch der Grund gewesen sein mag, diesen Fall neben den *Puttfarken*-Fall zu stellen. Der unmenschlichen Behandlung von Gefangenen durfte sich der Soldat sicherlich entziehen, als Deserteur aber keinesfalls einen Wachtmeister erschießen, der ihn gefangen nehmen sollte; denn Notwehr war nicht gegeben, weil der Wachtmeister nicht rechtswidrig handelte und die Notstandsvoraussetzungen waren auch nicht gegeben. Also hatte sich der Soldat der vorsätzlichen Tötung schuldig gemacht. *Radbruch* nahm dazu keine Stellung. Warum schwieg er auch gegenüber diesem Unrecht? Aufgrund seines Positivismus oder aus Respekt vor göttlichen Geboten, z.B. jeder sei *Untertan der Obrigkeit*!? Warum schwieg in ihm *„das höhere und höchstes Sollen"*? Ist er doch ein „leidenschaftlicher Positivist" (*Rüthers*) geblieben oder wollte er sich einfach in die weltanschaulichen Händel nicht mehr einmischen?

(3) Auch im dritten von *Radbruch* berichteten Fall wurde nationalsozialistisches Unrecht zum Anlass genommen, Unrecht auf anderer rechtspolitischer und ideologischer Grundlage zu begehen. Ein Gericht in Halle hatte im Juni 1946 die Scharfrichtergehilfen *Kleine* und *Rose* wegen aktiver Teilnahme an zahlreichen Vollstreckungen unrechtmäßiger Urteile zum Tode verurteilt. *Kleine* war von April 1944 bis März 1945 an 931 Hinrichtungen beteiligt gewesen, wofür er 20.433 RM als Vergütung erhalten hatte. *Radbruch* bezog sich auf einen Bericht der Liberaldemokratischen Zeitung in Halle vom 12. Juni 1946 und

116 Dazu oben V 2.
117 Rph4, 352.

meinte, die Verurteilung sei aufgrund des Kontrollratsgesetzes Nr. 10 vom 30. Januar1946 wegen Verbrechen gegen die Menschlichkeit ergangen.

In diesem Fall bekannte sich auch *Radbruch* zu der zutreffenden Auffassung, dass Scharfrichter wegen einer Hinrichtung *nur bestraft werden können, wenn sie nicht* die Vollstreckung einer Strafe darstellt; sie müssen nicht die Richtigkeit der Urteile überprüfen.

2. Radbruchs Formeln Auch wenn nur einer der von *Radbruch* ausgewählten drei Fälle typisches *nationalsozialistisches Unrecht* darstellt, waren diese Fälle für *Radbruch* doch Anlass zur Wiederholung eines Satzes aus der 1. Minute seiner fünfminütigen Nachkriegsphilosophie und dessen nähere Begründung:

> „Der Positivismus hat in der Tat mit seiner Überzeugung ‚Gesetz ist Gesetz' den deutschen Juristenstand wehrlos gemacht gegen Gesetze willkürlichen und verbrecherischen Inhalts."[118] Gegen seine eigene Begründung des Positivismus (1932) begründete *Radbruch* 1946 den zitierten Satz wie folgt: „Dabei ist der Positivismus gar nicht in der Lage, aus eigener Kraft die Geltung von Gesetzen zu begründen. Er glaubt, die Geltung eines Gesetzes schon damit erwiesen zu haben, dass es die Macht besessen hat, sich durchzusetzen. Aber auf Macht lässt sich vielleicht ein Müssen, aber niemals ein Sollen und Gelten gründen. Dieses lässt sich vielmehr nur gründen auf einen Wert, der dem Gesetz innewohnt. Freilich: Einen Wert führt schon jedes positive Gesetz ohne Rücksicht auf seinen Inhalt mit sich: Es ist immer noch besser als kein Gesetz, weil es zu mindestens Rechtssicherheit schafft. Die Rechtssicherheit ist nicht der einzige und nicht der entscheidende Wert, den das Recht zu verwirklichen hat. Neben die Rechtssicherheit treten vielmehr zwei andere Werte: Zweckmäßigkeit und Gerechtigkeit."

Dass er damit seine eigene gegenteilige Meinung[119] aufgab, ließ *Radbruch* wieder unerwähnt und formulierte sodann zur Lösung des für ihn neuartigen *Konflikts*[120] zwischen *Gerechtigkeit* und *Rechtssicherheit* die Sätze, die später *Radbruchsche Formel* genannt wurden. Sie sollten eine Hilfe sein für die Richter, die nun Urteile fällen sollten über Menschen, die in der NS-Zeit Straftaten begangen hatten, die nach *Radbruchs* Philosophie *rechtmäßig* gewesen waren. Dabei muss man bedenken, dass diese Richter alle im *Geiste des am Anfang des 20. Jahrhunderts vorherrschenden Positivismus* ausgebildet worden waren, viele *auf der Grundlage des Philosophie-Lehr-*

118 Fünf Minuten Rechtsphilosophie, 1.Min; dazu oben VI; ebenso später Vorschule 108; dazu unten VIII.

119 Rph3, 71, 81; dazu oben IV 3.

120 Das Evangelium, meinte *Radbruch* (SJZ = Rph4 353), habe diesen Konflikt großartig zum Ausdruck gebracht, indem es einerseits befiehlt (Röm. 13,1): „Seid untertan der Obrigkeit, die Gewalt über euch hat" und andererseits gebietet (Apg. 5,29), „Gott mehr zu gehorchen als den Menschen". Damit wird aber doch wieder das *Naturrecht ins göttliche Recht* abgeschoben und damit *unerkennbar* gemacht und als nicht existent ignoriert. Und wir handeln auch dann rechtswidrig, wenn wir meinen, dem göttlichen Willen – den wir nicht erkennen können – folgen zu dürfen, dieser aber gegen menschliches Recht verstößt. *Radbruch* meinte jedoch, es sei ein „Rechtssatz", Gott mehr zu gehorchen als den Menschen (5. Minute).

buchs von Radbruch, und nun Menschen verurteilen sollten, die Taten begangen hatten, die zur Tatzeit dem Willen der Obrigkeit entsprochen haben, der auch *nach der Philosophie Radbruchs als geltendes Recht* zu verstehen war. Das hat nicht wenige Richter in große Gewissensnöte gebracht. *Radbruch* diagnostizierte diese Gewissensnot auf der Grundlage seines Systems als *Konflikt* zwischen der „Gerechtigkeit“ und der „Rechtssicherheit“, weil nach seinem System doch die *Rechtssicherheit Vorrang* haben sollte vor der *Gerechtigkeit*, und diese Rechtssicherheit nach seiner Vorstellung nur durch das *positive Recht* gewährleistet werden konnte. Diese Auffassung *modifizierte* er in dem Aufsatz von 1946 jedoch mit folgender ***Übermaß-Formel*** (Rph4, 353):

„Der Konflikt zwischen der Gerechtigkeit und der Rechtssicherheit dürfte dahin zu lösen sein, dass das positive, durch Satzung und Macht gesicherte Recht auch dann den Vorrang hat, wenn es inhaltlich ungerecht und unzweckmäßig ist, es sei denn, dass der Widerspruch des positiven Gesetzes zur Gerechtigkeit ein so unerträgliches Maß (Übermaßformel) erreicht, dass das Gesetz als ‚unrichtiges Recht‘ der Gerechtigkeit zu weichen hat.“

Diese in späteren Urteilen[121] öfters zitierte sog. *Übermaßformel* scheint praktischer Vernunft zu entsprechen. Es kann nicht jeder Amtsrichter die Klagen von Stromkraftwerken gegen Verbraucher abweisen, weil die Beklagten die Zahlung verweigern, um damit zur *Atomkraft* „Nein danke!“ sagen zu können. Wenn jedoch ein Bürger zum Tode verurteilt wurde, weil er seinen politischen Unmut über „seine Majestät den Führer“ an die Toilettenwand geschrieben hat, so bedarf es weder eines Jura- noch eines Philosophiestudiums, um zu erkennen, dass dies nicht Recht sein kann. Jedoch ist auch nicht zu verkennen, dass ein *Übermaß an Ungerechtigkeit* nur schwer festzustellen ist, wenn der Urheber einer solchen Formel nicht einmal die richtigen Kriterien zu bestimmen weiß, nach denen *Recht* und *Unrecht* zu unterscheiden sind. Wer das *Maß* nicht kennt, welches *Recht und Unrecht* bestimmt,[122] kann auch das *Übermaß* nicht erkennen oder er erkennt es zwar, scheut sich aber vor der Entscheidung und hat auch nicht genügend *Mut, Charakter und Entscheidungskraft*, um das *Übermaß* vom noch zulässigen Maß des Unrechts unterscheiden zu können. Die Gerichte haben sich jedoch in der Folgezeit sehr bemüht, diese Grenze in ihren Urteilen genauer und überzeugender zu bestimmen.[123] *Radbruch* selbst ergänzte seine *Übermaßformel* noch durch eine später sog. ***Unrechtsabsichts-Formel***:[124]

---

121 Dazu 7. Kap I 2; II 2 b; V 3 b; 8. Kap III 4 c; 6 b; VI 4 u. 5.

122 Dazu 3. Kap III u. IV; 4. Kap I.

123 Vgl. die im 7. Kap I–V besprochenen Urteile; dazu *Freudiger* in Fn 7/1; ferner *Heidehiko Adachi*, Radbruchs Formel, 2006; *Saliger*, Radbruchs Formel 1995; *Schumacher*, Radbruchs Formel, 1985; *Lecheler*, Radbruchs Formel, 1994; Borowski, Begriff und Geltung des Rechts bei G. Radbruch in: Borowski/Paulson (Fn 312), S. 229; dazu aus anderer Zeit und Sicht: *Lange*, Verbrechen gegen die Menschlichkeit SJZ 1948, 655 ff.

124 Rph4 353; für *Funke* (S. 34) ist diese Formel *Radbruchs* ein *Systembruch* seiner Philosophie.

„Es ist unmöglich, eine schärfere Linie zu ziehen zwischen den Fällen des gesetzlichen Unrechts und den trotz unrichtigen Inhalts dennoch geltenden Gesetzen, eine andere Grenzziehung aber kann mit aller Schärfe vorgenommen werden: Wo Gerechtigkeit nicht einmal erstrebt wird, wo die Gleichheit, die den Kern der Gerechtigkeit ausmacht, bei der Setzung positiven Rechts bewusst verleugnet wurde, da ist das Gesetz nicht nur ‚unrichtiges Recht', vielmehr entbehrt es überhaupt der Rechtsnatur (Unrechtsabsichtsformel). Denn man kann das Recht, auch positives Recht, gar nicht anders definieren, denn als eine Ordnung und Satzung, die ihrem Sinn nach bestimmt ist, der (nicht erkennbaren) Gerechtigkeit zu dienen. An diesem Maßstab gemessen sind ganze Partien nationalsozialistischen Rechts niemals zur Würde geltenden Rechts gelangt."

Diese Formeln sollten der Rechtsprechung helfen, das im sog. Dritten Reich begangene Unrecht auch juristisch als solches zu erkennen und zu verurteilen, wozu sie insofern einen gewissen Beitrag geleistet haben, als sie Richtern, denen es schwer fiel, schriftlich zu begründen, dass eine Tat, die nach den zur Tatzeit geltenden Gesetzen zwar rechtmäßig, aber trotzdem Unrecht war, eine *„Formel fürs Geschäft"* (*G. Benn*) lieferte, die es ihnen ersparte, ihre Urteil gegen das alte Gesetz aufgrund ihrer eigenen Vernunft nach den neuen Rechtsvorstellungen begründen zu müssen. Man weiß dann zwar nicht, warum der Richter das alte Gesetz für Unrecht gehalten hat, aber das Urteil hatte eine Begründung, welche von der höheren Instanz akzeptiert oder verworfen werden konnte. Die Gerichte haben jedoch bei der Beurteilung dieser Fälle zumeist auch erkannt und teils auch darauf hingewiesen, dass die Gesetze, die zur Tatzeit die begangenen Taten rechtfertigen sollten, nach Gründung der Bundesrepublik und dem Inkrafttreten des Bonner Grundgesetzes am 23. Mai 1949 wegen eklatanten Verstoßes gegen die Grundrechte, die nach Art. 1 Abs. 3 GG für die Gesetzgebung, die vollziehende Gewalt und die Rechtsprechung unmittelbar geltendes Recht geworden sind, als *rechtsunwirksam* angesehen werden konnten; zur Tatzeit waren diese Grundrechte jedoch noch nicht unmittelbar geltendes Recht gemäß Art. 1 Abs. 3 GG, vielmehr nach der Weimarer Reichsverfassung nur sogenannte *Programmsätze*, keine *Rechtssätze*. Manche Richter waren allerdings der Auffassung, diese Grenze, die die Grundrechte heute der Staatsmacht ziehen, habe sich auch schon vor dem Inkrafttreten des Bonner Grundgesetzes „aus dem *Grundgedanken der Gerechtigkeit und Menschlichkeit* ergeben wie er im Bewusstsein der Menschen lebt".[125] Diese Begründung erscheint aufgrund der gesamten Geschichte der Entwicklung der *Grund- und Menschenrechte* überzeugender als die Radbruchschen Formeln, denn die Grundrechte des Bonner Grundgesetzes standen im Wesentlichen auch schon im Grundrechtskatalog der Weimarer Reichsverfassung und auch schon sehr viel länger in der durch entsprechende Amendments erweiterten Verfassung der Vereinigten Staaten von Amerika von 1787 und der französischen Verfassung von

125 So BGHSt 2, 234, 238; 3, 357, 362; dazu unten 7. Kap II.

1791. Sie sind schon lange als *Naturrecht* ein „Rechtsgut" der gesamten Menschheit, das freilich immer *noch nicht* in allen Ländern und Staaten als „geltendes Recht", vielmehr ähnlich wie einst in der Weimarer Republik nur als „Programmsätze" betrachtet wird, also als eine Art Verfassungslyrik, die schön und gut ist, deren Nichtbeachtung aber keine rechtliche Wirkungen hat. Von der heute entwickelten Grundrechtsdogmatik und deren Abwägungs- und Subsumtionstechnik waren die Gerichte zu Lebzeiten *Radbruchs* noch weit entfernt, aber der *Gleichheitssatz* und der durch die Grundrechte unmittelbar geschützte Bereich der *individuellen Freiheit* waren auch damals schon konkretere Schranken der Staatsmacht als ein bloßes *„Übermaß an Ungerechtigkeit"* oder der *„Mangel eines Strebens nach der Rechtsidee"*, die im unklaren Rangverhältnis zwischen *Rechtssicherheit*, *Zweckmäßigkeit* und *Gerechtigkeit* begrifflich nur schwer zu bestimmen sind und daher in der Unklarheit von *Maß* und *Übermaß* verschwimmen.

Nach der „Übermaßformel", soll die *Rechtssicherheit grundsätzlich Vorrang haben vor der Gerechtigkeit und der Zweckmäßigkeit, auch dann, wenn ein* Gesetz nur ganz schlicht „ungerecht und unzweckmäßig" ist, nur in den *„Ausnahmefällen horrend ungerechter Gesetze"* soll die Formel eingreifen und das Gesetz unwirksam machen. Dagegen will die „Unrechtsabsichtsformel" (auch „Verleugnungsformel" genannt) eine Norm nicht mehr anerkennen, wenn der Gesetzgeber mit dieser Regelung *„die Rechtsidee nicht einmal erstrebt hat"*, also *Unrecht* schaffen wollte.[126] Aber wollten *Hitler* oder *Ulbricht* oder *Honecker* oder *Egon Krenz* Unrecht schaffen oder nicht doch *nationalsozialistisches* oder *sozialistisches Recht? Radbruch* betrachtete selbst seine Unrechtsabsichtsformel als eine *schärfere Grenze*, aber wer will dem Gesetzgeber, der die *Macht* und nach *Radbruchs* Philosophie damit auch das *Recht* hat, Recht zu schaffen, nachweisen können, dass er damit nach seinen Vorstellungen nicht *Recht*, sondern *Unrecht* schaffen wollte? Wer hätte im Dritten Reich behaupten und beweisen wollen, dass die Gesetze, auf deren Grundlage eines Verbrechens angeklagt wurde, Unrecht sind? Welcher Grenzsoldat hätte in der DDR sagen sollen, dass das Schießen auf Flüchtlinge Mord ist? Auch die zweite Formel ist also völlig wertlos. Im Zweifel wird man sogar annehmen müssen, dass *Hitler* und seine Parteigenossen mit ihren Gesetzen nicht nur der „nationalsozialistischen Rechtsidee" zum Sieg verhelfen wollten, sondern auch fest daran glaubten, dass die *Gerechtigkeit* der „arischen Rasse" zum Siege verhelfen würde. Ebenso wollten *Ulbricht* und *Honecker* mit ihren Grenzgesetzen der *sozialistischen Idee* zum Siege verhelfen und waren sicherlich von der Gerechtigkeit ihrer sozialistischen Ideologie lange Zeit zutiefst überzeugt.

---

126 Dazu auch *Wiegand* Unrichtiges Recht 194 ff.; ferner *Adachi* 77 ff.

Damit die im *Geiste des Rechtspositivismus* ausgebildeten Richter in den *Auschwitz-Prozessen*[127] und anderen Prozessen dieser Art[128] zu einer Verurteilung kommen konnten, mussten sie allerdings auch den obersten Grundsatz des Strafrechts – *nullum crimen sine lege* –[129] überwinden, der schon in § 2 des Strafgesetzbuchs von 1871 und in Art. 116 WRV gestanden hat und mit dem Inkrafttreten des Bonner Grundgesetzes in Art. 103 Abs. 2 GG auch zu einem „grundrechtsgleichen Recht" geworden ist. Auch dieses Problem hat *Radbruch* völlig außer Betracht gelassen. Nicht strafbare Handlungen oder zwar grundsätzlich strafbare Handlungen, die aber durch einen Rechtfertigungsgrund des positiven Rechts gerechtfertigt sind, können daher aufgrund des nulla poena-Grundsatzes niemals durch eine in das Ermessen des Strafrichters gestellte *Übermaßformel* strafbares Unrecht begründen, weil dieser Grundsatz voraussetzt, dass die Strafbarkeit schon vor der Tat durch einen hinreichend bestimmten Strafrechtstatbestand des positiven Rechts unter Strafe gestellt war. Es mag naturrechtliche Grundsätze geben, die Vorrang beanspruchen können vor dem nulla poena-Grundsatz (z.B. die Art. 7 Abs. 2 EMRK und 49 Abs. 2 EU-Charta; dazu 8/VI 6 d); eine Übermaßklausel, die dem Strafrichter aufgrund einer solchen Generalklausel die alleinige Entscheidung überlässt genügt dafür aber keinesfalls.[130] Zur Tatzeit der NS-Täter war der Gesetzesvorbehalt des *nullum-crimen*-Grundsatzes zwar noch kein

127 „Auschwitz-Prozesse" werden insbesondere die sechs Frankfurter Prozesse genannt, von denen der erste in den Jahren 1963–1965 geführt wurde, der zweite und der dritte Prozess in den Jahren 1965–1968 sowie weitere drei Prozesse in den 1970er Jahren. Zum bahnbrechenden ersten Frankfurter Auschwitz-Prozess vgl. *Raphael Gross*, *Werner Renz* (Hrsg.), *Der Frankfurter Auschwitz-Prozess (1963–1965). Kommentierte Quellenedition*, 2 Bde., 2013. Schon zuvor war im Jahr 1947 in Krakau ein großer Auschwitz-Prozess geführt worden, der mit 20 Todesurteilen und vielen langjährigen Haftstrafen endete. Auch vor dem Volksgericht in Wien wurden mehrere Auschwitz-Prozesse geführt. Der bedeutendste im Ausland geführte Prozess war aber sicherlich der in Israel geführte Eichmann-Prozess, wozu die jüdische Philosophin und *Heidegger*-Schülerin *Hanna Arendt* ihren weltberühmt gewordenen Bericht erstattete: *Hannah Arendt*, Eichmann in Jerusalem. Ein Bericht von der Banalität des Bösen, München 2006.

128 Vgl. dazu die Urteilsbesprechungen in: 7. Kap I; 8. Kap III 4 c, 6 b; VI 5 a, b, 8 a.

129 In Deutschland wurde der Grundsatz, der auch in § 1 StGB n.F. steht, von *Feuerbach* (1755–1833), Lehrbuch des in Deutschland geltenden Peinlichen Rechts, 1801, entwickelt und kam durch seine Mitarbeit ins Bayerische Strafgesetzbuch von 1813 und danach in viele andere Strafgesetzbücher der zivilisierten Welt; dazu vor Fn 5/168, Fn 6/2 und 6/18; zur Problematik dieses Grundsatzes vgl. insbes. 7. Kap I; 8. Kap III 4 c, 6 b; VI 5 a, b, 8 a.

130 Im Ergebnis ebenso schon *H. L. A. Hart* (Recht und Moral 44 ff.), der eine Bestrafung in solchen Fällen nur für zulässig hält, wenn der Gesetzgeber die Einschränkung des Rückwirkungsverbots ausdrücklich angeordnet hat; dazu *Renzikowski*, Die Hart-Radbruch Kontroverse, in: Borowski/Paulson 75. Die *nulla-poena*-Regelung ist auch enthalten in Art. 15 IPbürgR; Art. 7 EMRK; Art. 49 EU-Grundrechtecharta. Nach Art. 7 Abs. 2 EMRK soll die Regelung des Abs. 1 jedoch nicht ausschließen, „dass jemand wegen einer Handlung oder Unterlassung verurteilt oder bestraft wird, die zur Zeit ihrer Begehung nach den von den zivilisierten Völkern anerkannten allgemeinen Rechtsgrundsätzen strafbar war". Entsprechende Regelungen sind in den Abs. 2 der Art. 15 IPbürgR und 49 EU-Grundrechte-

grundrechtsgleiches Recht, aber doch ein jahrhundertlang geltender *gesetzlicher Grundsatz*, der die *positivrechtliche Regelung der Strafbarkeit* vor der Tat zur unabdingbaren Voraussetzung der Strafbarkeit machte. Das setzte ein *gewaltiges Umdenken* voraus und war sicherlich für viele eine schwere *Gewissensentscheidung*,[131] die in vielen Freisprüchen der erstinstanzlichen Tatrichter auch zum Ausdruck kam.[132] In dieser Frage konnten die Radbruchschen Formeln daher keine Hilfe sein. Den Richtern blieb deswegen eine eigene Entscheidung und Begründung nicht erspart, wozu sie sich durchringen mussten, wenn sie KZ-Schergen und ihre Hintermänner sowie auch Schurken wie *Puttfarken* wegen vorsätzlicher Tötung verurteilen wollten.

„*Wir müssen hoffen*“, schrieb *Radbruch*, „*dass ein solches Unrecht eine einmalige Verirrung und Verwirrung des deutschen Volkes bleiben werde, aber für alle möglichen Fälle haben wir uns durch grundsätzliche Überwindung des Positivismus, der jegliche Abwehrfähigkeit gegen den Missbrauch nationalsozialistischer Gesetzgebung entkräftete, gegen die Wiederkehr eines solchen Unrechtsstaats zu wappnen*“. Als *Radbruch* diese Sätze schrieb, hatte das neue Unrecht in der sowjetischen Besatzungszone jedoch schon begonnen und verstärkte sich nach dem Mauerbau 1961, wie im 8. Kapitel auf der Grundlage von sechs Entscheidungen des Bundesgerichtshofs gegen Mauerschützen und deren oberste Befehlshaber sowie einer Verfassungsgerichtsentscheidung über Verfassungsbeschwerden gegen diese Urteile dargestellt werden wird. *Radbruch* wollte den Positivismus überwinden, er wollte ihn *andererseits* aber auch um der Rechtssicherheit willen *aufrechterhalten*; er konnte sich aber nicht mehr entscheiden, hatte sich auch nicht genug mit den *Grund- und Menschenrechten* befasst, um auf den Gedanken kommen zu können, dass ein Gesetz, das gegen *Grund- und Menschenrechte* verstößt, von dem Richter selbst oder einem Verfassungsgerichtshof für unwirksam erklärt werden kann, etwas, was andere sich schon vor 1945 gedacht, 1948 in Herrenchiemsee beraten und beschlossen und in Form der Art. 1 Abs. 3; 20 Abs. 3; 93 Abs. 1 Nr. 2, 100 GG mit Wirkung vom 23. Mai 1949 in Kraft gesetzt, allerdings auch den nulla poena-Grundsatz zu einem grundrechtegleichen Recht gemacht haben; dazu 6. Kap VI 4. Man stelle sich vor, welche Rolle *Radbruch* gespielt hätte, wenn er 1948 in den parlamentarischen Rat berufen worden wäre und dort seine Meinung vertreten hätte.

---

charta enthalten. Der Gesetzgeber der Bundesrepublik wollte diese Ausnahmetatbestände zum grundrechtsgleichen Recht des Art. 103 Abs. 2 GG jedoch bewusst nicht ratifizieren und BVerfGE 95, 96 glaubte trotzdem berechtigt zu sein, den Tatbestand des Art. 103 Abs. 2 GG entsprechend einschränken zu dürfen; dazu unten 8. Kap III 6 b; VI 5–8.

131 Wozu *Welzel* mit seinem Beitrag, *Vom irrenden Gewissen*, die richtige Lösung gezeigt hat.

132 Vgl. die Urteile im 7. Kap I–V.

VIII. 1947/48: Radbruchs „anders akzentuierte“ Vorschule

1. Vorschule als Vorlesungsnachschrift von 1947: Radbruch „erlaubte“ 1947 den Studenten *Harald Schubert* und *Joachim Stoltzenburg* eine Nachschrift seiner Rechtsphilosophie-Vorlesung anzufertigen; er hat den Text der Nachschrift „revidiert“, ihr aber den „Charakter einer Nachschrift“ erhalten.[133] Die kleine Schrift verdient deshalb besonderes Interesse, weil sie im Kern zwar nichts anderes ist als eine verdichtete Kurzfassung der dritten Auflage der *Rechtsphilosophie* (1932), die *Radbruch* selbst in 4. Auflage noch unverändert (mit einem Nachwort) herausgeben wollte. *Radbruch* hat in dieser Nachschrift jedoch auch die „anderen Akzente“ aus seinen Erfahrungen in den Jahren 1933 bis 1945 in die der 3. Auflage seiner *Rechtsphilosophie* entsprechende Systematik eingearbeitet, so dass halbwegs deutlich wird, an welchen Grundsätzen *Radbruch* festhielt und wo er Änderungen an seinem philosophischen System vornahm. Letztlich ist die *Vorschule* wohl nichts anderes als das Manuskript seiner 1947 gehaltenen Rechtsphilosophie-Vorlesung, mit welcher er den Positivismus seiner *Rechtsphilosophie* von 1932 zu verwischen versuchte, ohne freilich klare Grenzlinien zu ziehen zum *„übergesetzlichen, überpositiven, höheren und höchsten Sollen, auf einen überpositiven Wert“*.[134]

---

133 Vgl. Vorwort der 1948 im Verlag Hans Scherer, Heidelberg, unter dem Titel „Vorschule der Rechtsphilosophie“ erschienenen 109-seitigen Schrift. *Hollerbach* (Ordinarius für Rechtsphilosophie und Kirchenrecht der Universität Freiburg) berichtet in der Festschrift für Spendel (1992, S. 141–151) über den Lebenslauf dieser beiden Studenten (beide Jahrgang 1921 und belastet mit dem ganzen furchtbaren Schicksal dieses Jahrgangs) und lässt diese darüber berichten, wie und warum sie im *zweiten Semester* dazu gekommen waren, eine Vorlesungsnachschrift über *Radbruchs* Rechtsphilosophie-Vorlesung anzufertigen und mit diesem Vorschlag zu *Radbruch* gingen, der zuerst zögerte, sich dann aber einverstanden erklärte, „wenn wir es miteinander machen“. *Hollerbach* lässt beide auch berichten, mit welcher Freundlichkeit und Güte sie von *Radbruch* und seiner Frau *Lydia* behandelt worden sind. Welche Scham mag *Radbruch* diesen beiden gegenüber empfunden haben? Über die Abweichungen der *Vorschule* vom Text der 3. Auflage der Rechtsphilosophie (1932) verliert *Hollerbach* jedoch kein einziges Wort, auch nicht zur Frage, ob die beiden tapferen und braven Studenten diesen Widerspruch überhaupt erkannt haben.

134 Vorschule §§ 12, 36, S. 35, 108 f. *Hollerbach* (JZ 2017, 455) verteidigt *Erik Wolf* gegen die Angriffe von *Monika Frommel* (dazu oben Fn 5/46 und V 1. Min. Anm. 1(4)) mit der Erklärung, „für *Radbruch* sei als Element der Kontinuität die ‚Grundlehre‘ bestimmend geblieben, genauer die Überzeugung von der ‚Paradoxie der Werte', die sich in rechtsphilosophischer Hinsicht in der ‚Trialektik' von Gerechtigkeit, Rechtssicherheit und Zweckmäßigkeit kundtut“. Unter *Paradoxien* werden üblicherweise widersprüchliche Aussagen verstanden, deren Widerspruch sich bei tieferem Verständnis der verwendeten Begriffe auflösen kann. In der Radbruchschen „Trialektik“ tut sich der Widerspruch aber nur kund ohne sich aufzulösen. Außerdem betrachtete *Radbruch* nicht *Rechtsicherheit, Zweckmäßigkeit und Gerechtigkeit*, sondern *Einzelpersönlichkeit, Gesamtpersönlichkeit und menschliche Werke* als die drei Werte, „die absoluter Werthaltigkeit fähig sind“ und ersetzte diese drei nach der Ablehnung des Individualismus und der Kulturwerte ohne brauchbare Begründung durch die andere „Trialektik“, wobei Zweckmäßigkeit und Rechtssicherheit sicherlich nicht „absoluter Werthaftigkeit“ fähig sind.

2. Prinzipientreue für Methodenpluralismus und Relativismus: Radbruch wollte an den Prinzipien seiner Philosophie zwar weitgehend festhalten, neigte aber unverkennbar auch dem „göttlichen" Naturrecht zu, wollte *Gottes Gebote* (Apg. 5, 29) sogar zu „Rechtssätzen" machen.[135] Seine Vorstellung vom richtigen Recht wurde daher auch nach 1945 noch von drei verschiedenen Wertvorstellungen geprägt: *Rechtssicherheit, Zweckmäßigkeit* und *Gerechtigkeit*. Die *Gerechtigkeit* war für *Radbruch* aber eine rein *formale Idee:* „Die große Fülle der Rechtssätze empfange von der Gerechtigkeit ihre *Form*, die *Gleichheit* der Behandlung aller und die *Allgemeinheit der gesetzlichen Regelung*, während ihr *Inhalt durch ein anderes Prinzip bestimmt* sein müsse, das deshalb gleichfalls der *Idee des Rechts* angehöre: der *Zweckmäßigkeit*."[136]

Zur „überempirischen Zweckmäßigkeit" steht wiederum in § 8 der Vorschule in etwa das Gleiche wie in § 7 der 3. Auflage der Rechtsphilosophie: Es werden für „Staat und Gesellschaft" drei grundlegend *verschiedene Wertsysteme* genannt: *Individualismus, Überindividualismus* (*Kollektivismus*) und *transpersonale Lehre*, die schlagwortartig auch mit den Begriffen *Freiheit, Macht, Kultur* erfasst würden. Die *Demokratie* fordere nur eine *formale rechtliche Freiheit*, dagegen der *Sozialismus* eine *materielle Demokratie*, das heißt *die tatsächliche wirtschaftliche Freiheit für den Einzelnen*, ohne sich jedoch von dem *individualistischen Endziel* (Anarchismus) zu entfernen: *„Die überindividualistische, organische Lehre ist dagegen die Grundlage der autoritären oder konservativen Parteien, nach welcher der Staat, das Ganze, nicht um der Glieder willen, sondern die Glieder um des Ganzen willen da sind und die Staatsaufgaben über den Interessen auch der Mehrheit der Staatsbürger stehen."*[137] Ob dies nur eine ganz allgemeine Aussage über konservative Parteien sein sollte oder ob damit eine bestimmte, im August 1947, als *Radbruch* sein Vorwort zu der Vorschule geschrieben hat, schon gegründete neue Partei (CDU) gemeint war, bleibt offen. *Radbruchs* unverändert starke sozialistische Neigungen sind unverkennbar,[138] weswegen er nach dem Scheitern seines Vorhabens, eine „christlich-sozialistische Partei" zu bilden, wieder der SPD beigetreten ist, die sich unter der Führung von *Willy Brandt* und *Herbert Wehner* aber zur sozialen Marktwirtschaft bekannte und eine sozialliberale Partei (*Brandt, Schmidt, Schröder*) geworden ist.

---

[135] Vorschule §§ 7–10, S. 23–31; dazu oben V 5. Minute mit Anm. 4. Insoweit hat *Erik Wolf* (Rph4 Einleitung, S. 72) recht, dass *Radbruch* im Wesentlichen seinen Prinzipien treu geblieben ist, aber auch von der „neuen Intensität der religiösen Lebenswerte des Christentums" beeinflusst wurde; dazu auch *Joh. Braun*, JZ 2017, 451, 452 f.

[136] So Vorschule 25. Inhaltlich dasselbe steht schon in Rph3, 50: „*Gerechtigkeit* bestimmt nur die *Form rechtens*. Um den *Inhalt* des Rechts zu gewinnen, muss ein zweiter Gedanke hinzutreten: *Die Zweckmäßigkeit*." Die Zweckmäßigkeit kann die Gerechtigkeit aber niemals bestimmen, weil auch Unzweckmäßiges gerecht und Zweckmäßiges ungerecht sein kann; zur aristotelisch-thomistischen Gerechtigkeitsvorstellung oben 3. Kap IV; dazu auch *Lasson* Rph § 23, S. 215 ff.: Das Gerechte als Prinzip des Rechts.

[137] Vorschule 26 f.; dazu Rph3 S. 66 f.

[138] Vgl. vor allem „Kulturlehre des Sozialismus"; *Radbruch*, Rph3, 65; dazu oben IV 3 d; ferner seine Äußerungen in der RNZ HD v. 1.12.1945, zitiert oben IV 3 Fn 3/113, 5/55.

3. Veränderung der Rangordnung: In der Frage der *Rangordnung* der drei Elemente seiner Rechtsidee blieb *Radbruch* auch bei seiner Ansicht, dass diese *nicht* einseitig und beweisbar *wissenschaftlich festgestellt* werden könnte. Die Frage nach den höchsten, auch vom Recht zu erstrebenden Gütern zwinge daher zu *„relativistischer Resignation“*.[139] Die letzten Werte und Zwecke des Rechts seien nicht nur verschieden nach Maßgabe der sozialen Zustände der verschiedenen Völker und Zeiten, sie würden vielmehr auch subjektiv von Mensch zu Mensch verschieden beurteilt, je nach *„Rechtsgefühl, Staatsauffassung* und *Parteistandpunkt, Religion* oder *Weltanschauung“*. Die Entscheidung könne daher nur „aus der Tiefe der eigenen Persönlichkeit geschöpft“ werden und müsse eine *Gewissensentscheidung* bleiben. Diese Wertsysteme hätten allerdings in den politischen Parteien eine *„empirische Verkörperung“* gefunden. Die Wissenschaft (und die politischen Parteien) müssten sich aber darauf beschränken, diese drei Wertsysteme zur Entscheidung bereitzuhalten. Dieser *Relativismus* lehre auf dreifache Weise den Einzelnen zwar nicht zu erkennen, was er soll, wohl aber, was er eigentlich wollen sollte, wenn er sich dem Gesetz der Folgerichtigkeit unterwirft.[140] Was *Radbruch* selbst wollte, ist jedoch nicht klar zu erkennen. Er war aber der Meinung, der Kampf der Parteien um das Recht sei eine *„großartige rechtsphilosophische Diskussion“*.[141] Das bleibt freilich fragwürdig: Zumeist kämpfen die Parteien doch wohl um die Mehrheit der Wählerstimmen und die Macht im Staate und weniger um das Recht, und wenn sie es tun, selten oder nie mit rechtsphilosophischen Argumenten, allenfalls mit der *Parole für mehr Gerechtigkeit*, ohne dass zu erkennen ist, mit welchen Mitteln und zu welchem Ziel, außer mehr Lohn, mehr Sozialleistungen, weniger Arbeit, geringere Steuern für die potentielle Wählerschaft der eigenen Partei.

Auf dieser unveränderten Grundlage seiner Philosophie änderte *Radbruch* in der *Vorschule*[142] die 1932 gegebene Rangordnung (1. Rechtssicherheit, 2. Zweckmäßigkeit, 3. Gerechtigkeit) in zweifacher Weise etwas ab: 1. Die *Rechtssicherheit* blieb der Wert, dem nach wie vor unter den drei Elementen der Rechtsidee der höchste Rang zukommt; einem Gesetz sollte nur im Falle eines *Übermaßes von Ungerechtigkeit* die Geltung abgesprochen werden dürfen (*Übermaßformel*);[143] 2. sollte die Gerechtigkeit – anders als 1932, als er sie in den dritten und letzten Rang versetzte – Vorrang haben vor der Zweckmäßigkeit, weil von 1933 bis 1945 immer wieder verkündet worden sei, dass *alles Recht sei, was dem Volke nützt*, und die Zweckmäßigkeit mit diesem Vorrang vor der Gerechtigkeit und der Rechtssicherheit nicht mehr von der *Willkür* unterschieden werden könne;[144] 3. sollte ein

139 Vorschule 27.
140 Vorschule 27.
141 Rph3, S. 9.
142 Vorschule 27, 30 f.
143 Vorschule 31, 35.
144 Vorschule 30; dazu auch oben V. 2. Minute.

Gesetz auch dann Unrecht sein, wenn der Gesetzgeber bewusst nicht Recht, sondern Unrecht schaffen wollte, wobei ungesagt blieb, ob dies im Gesetz selbst zum Ausdruck gekommen sein muss.

4. Rechtsidee und Rechtsbegriff: Die andere Gewichtung der *Gerechtigkeit* im Verhältnis zur *Rechtssicherheit* und zur *Zweckmäßigkeit* und die damit veränderte Rangordnung dieser Werte veränderte auch die aus diesen drei Werten bestehende „Rechtsidee“ in entsprechender Weise und damit auch den *Begriff des Rechts*, der nach der Philosophie *Radbruchs* an der *Rechtsidee ausgerichtet* sein soll: In der *Rechtsphilosophie* von 1932 definierte *Radbruch* den *Begriff des Rechts* noch dahingehend: „Recht ist die Wirklichkeit, die den Sinn hat, dem Rechtswerte, der Rechtsidee zu dienen.“[145] In der *Vorschule* (S. 33) definiert *Radbruch* dagegen den *Begriff des Rechts* als *„Inbegriff genereller, positiver Normen für das soziale Leben“*. Man glaubt es kaum, aber es ist ein Rückfall in den *reinen Positivismus*: Die Normen müssen nach dieser Definition wiederum nur *allgemein gefasst* (generell) und als „positives Recht“ im Gesetzblatt verkündet sein, um als *Recht und gerecht* anerkannt werden zu können. *Radbruch* erläuterte diese Definition in der Vorschule jedoch so:[146]

> „Auch Willensäußerungen des Staates sind, wenn sie eines dieser Merkmale entbehren, nur Machtsprüche ohne Rechtsnatur. Wo also z.B. die generelle Natur des Rechts bewusst verleugnet, Gerechtigkeit nicht einmal erstrebt wird, können die so geschaffenen Anordnungen nur Machtsprüche sein, niemals Rechtssätze (Unrechtsabsichtsformel). So ist der Staat, der nur eine Partei legalisiert und andere Verbände gleichen Charakters ausschließt, der Einparteienstaat, kein Rechtsgebilde; so ist das Gesetz, das gewissen Menschen die Menschenrechte verweigert, kein Rechtssatz. Hier ist also eine scharfe Grenze zwischen Recht und Nicht-Recht gegeben.“

Radbruch benützte diese Definition des Rechts also nur, um sagen zu können, dass das so definierte Recht zu *Unrecht* erst werde, wenn der Gesetzgeber damit kein Recht, sondern *offen Unrecht erstrebe.* Diese *Unrechtsabsichtsformel* lässt aber auch die Frage offen, ob *Hitler* und seine Parteigenossen oder nach 1945 die Genossen in der sowjetischen Besatzungszone und der späteren DDR „aus der Tiefe ihrer Persönlichkeit“ nicht auch das Recht haben schaffen wollen, das ihren eigenen *Wert- und Zweckmäßigkeitsvorstellungen* über das Recht entsprochen hat. Selbstverständlich hielten vor allem die Nationalsozialisten das für Recht, was sie erstrebten, ebenso wie *Lenin*, *Stalin*, *Ulbricht*, *Honecker* und *Mielke* „natürlich“ nach einem „gerechten sozialistischen System“ strebten. Das ist doch das Schlimmste an solchen politischen Figuren, dass sie auch noch für „Recht“ halten, was sie wollen und was sie tun und es zumindest zeitweilig fertigbringen, auch viele andere, eventuell sogar die Mehrheit im Staate, glauben zu lassen, es sei Recht.

145 Rph3, 29.
146 Vorschule 33.

5. Siegreiche Macht schafft neues Recht: Zur Frage des Geltungsgrundes der durch die Staatsmacht geschaffenen Gesetze (des positiven Rechts) meinte *Radbruch* auch noch *nach 1945* in der Vorschule:[147] „Revolution ist *Hochverrat,* solange sie nicht gesiegt hat, aber nach dem Siege wird sie zu einem *neuen Rechtsboden.*“ Deshalb pflege am Tage nach einer gelungenen Revolution jede revolutionäre Regierung zu erklären, sie werde die (durch den eigenen Hochverrat gestörte) „Ruhe und Ordnung gewährleisten“. In diesem Zusammenhang verstand *Radbruch* 1932 seine Rechtsphilosophie als in die Sphäre des Geistes transponierten Parteienkampf und erklärte den *Parteienkampf* zur „großartigen rechtsphilosophischen Diskussion“:[148] „Am Anfang stand die Rechtsphilosophie, am Ende die Revolution.“[149] Auf dieser Grundlage kam *Radbruch* folgerichtig zu der Auffassung, dass die Grundlage des Rechts allein in der Macht begründet sein könne:[150] „Wer Recht durchzusetzen vermag, beweist damit, dass er das Recht zu setzen berufen ist. Umgekehrt: Wer nicht Macht genug hat, einen jeden im Volke gegen den anderen zu schützen, hat auch nicht das Recht, ihm zu befehlen.“[151] Und nach 1945 wurde dieses Denken wieder zur neuen Rechtsgrundlage und der „siegreiche Hochverrat“ wieder zu einem „neuen Rechtsboden“.[152] Wer immer bei den Siegern ist, ist und bleibt nach dieser Logik *Radbruchs* auch immer im Recht. Dieses Rechtsverständnis ist auf der Grundlage der positivistischen Philosophie auch schlüssig, auf der Grundlage des Naturrechts aber unhaltbar. Im nahtlosen Übergang und ohne jeden Hinweis auf seine eigene rein positivistische Auffassung im Jahre 1932[153] wiederholte *Radbruch* in der Vorschule 1947 seine in der Süddeutschen Juristen-Zeitung 1947 entwickelte Übermaßformel und erklärte seine eigene positivistische Auffassung für unbegreiflich:[154]

[147] Vorschule 29, 35.

[148] Rph3, S. 9: Mit dem in diesem Urteil steckenden Wertmaßstab für eine „rechtsphilosophische Diskussion“ (dazu oben Fn IV 5 g; VIII 3 vor Fn 141; unten nach Fn 165) kann man die ganze Rechtsphilosophie *Radbruchs* besser verstehen. Es erklärt, auf welcher Grundlage *Radbruch* die Transzendentalphilosophie *Kants* als den „entscheidenden Schlag“ gegen die „Irrlehre“ des Naturrechts verstehen konnte; dazu *Kant,* Kritik der reinen Vernunft, Werke in 10 Bänden (hrsg. 1968–71) von *Wilhelm Weischedel,* Bd. 3, S. 69 ff.; Bd. 4, S. 308 ff.; zu den Begriffen der Transzendenz, des Transzendentalen und der Transzendentalphilosophie *Mauthner,* Wörterbuch der Philosophie, 1910/11, Bd. II, S. 478 ff.; *Dietsch/Tietz* (Hrsg.), Transzendentalphilosophie 2012; *Hinske/Bordoni, Kant,* NaturR-Vorlesung; *Arthur Kaufmann,* Das Schuldprinzip 1972, 71 ff.; dazu unten XI.

[149] Rph3, 9.

[150] Rph3, 71.

[151] Rph3, 81; dazu oben IV 4 a.

[152] Vorschule 29, 35.

[153] Rph3, 71: „Wer Recht durchzusetzen vermag, beweist damit, dass er das Recht zu setzen berufen ist. Umgekehrt: Wer nicht Macht genug hat, einen jeden im Volke gegen den anderen zu schützen, hat auch nicht das Recht, ihm zu befehlen;“ dazu oben IV 4 b.

[154] Vorschule 35; Südd. JZ 1946, 105 ff. = Rph4 (Fn Einf/35), S. 347–357.

„Es wäre aber unbegreiflich, wenn eine empirische Tatsache wie das Gesetz durch eine prästabilierte Harmonie[155] so sehr mit dem Rechtswerte in Einklang stehen würde, dass sich daraus eine ausnahmslose Geltung, ein ausnahmsloses Sollen ergebe. Rechtssicherheit ist nur ein Wert neben anderen Werten. Die durch das positive Recht gewährleistete Rechtssicherheit eines ungerechten Gesetzes verliert diesen Wert, wenn die in ihr enthaltene Ungerechtigkeit ein solches Maß annimmt, dass demgegenüber die durch das positive Recht gewährleistete Rechtssicherheit nicht ins Gewicht fällt (Übermaßformel). Wenn sich also in der Regel der Fälle die Geltung positiven Rechts durch die Rechtssicherheit rechtfertigen lässt, so bleibt in gewissen Ausnahmefällen horrend ungerechter Gesetze die Möglichkeit, solchen Gesetzen ihrer Ungerechtigkeit wegen die Geltung abzusprechen."

Diese nach 1945 gewonnene neue Erkenntnis zur „Fortbildung seiner Rechtsphilosophie" von 1932 (vgl. Vorwort zur Vorschule von 1947) begründete *Radbruch* mit dem Satz:[156] „In der Tat kann die Geltung des Rechts weder auf positive Rechtssätze noch auf Tatsachen wie die der Macht oder der Anerkennung gestützt werden, *sondern nur auf ein höheres und höchstes Sollen, auf einen überpositiven Wert.*" Dieser neuen Erkenntnis stellte er jedoch wiederum unvermittelt seine alten Sätze aus der *Rechtsphilosophie* von 1932 entgegen:[157]

„Die Rechtssicherheit fordert die Geltung des positiven Rechts. ... Revolution, also Hochverrat, ist Verbrechen, solange sie nicht gesiegt hat, aber nach dem Siege wird sie zu einem neuen Rechtsboden. Wiederum stempelt die Rechtssicherheit hier Unrecht um zu neuem Recht. Eine revolutionäre Regierung legitimiert sich dadurch, dass sie sich fähig erweist, Ruhe und Ordnung aufrechtzuerhalten. ... Der Rechtssicherheitsgedanke führt also dazu, dass zwischen Macht und Recht höchst paradoxe Beziehungen entstehen: Macht geht nicht vor Recht, aber die siegreiche Macht schafft einen neuen Rechtszustand."

Macht schafft also den neuen Rechtszustand ohne jede Rücksicht auf das an anderer Stelle (Vorschule, S. 35) angesprochene *„höhere und höchstes Sollen"*. Damit ist *Radbruch* unverkennbar doch bei seinem fürchterlichen Satz von 1932 (Rph3, 81) stehen geblieben: *„Wer Recht durchzusetzen vermag, beweist damit, dass er Recht zu setzen berufen ist."* Eine weitere Begründung für eine allgemeine Geltung des „überpositiven Wertes" oder seiner Geltung in speziellen Fällen, auch für seinen Inhalt und seine Grenzen, gab *Radbruch* nicht. Was also soll das *„höhere und höchste Sollen"* sein, das diesen „überpositiven Wert" bestimmt? Die alten „Irrlehren des Naturrechts" verstanden als *göttliches Recht* oder doch wieder die „siegreiche Macht, die einen neuen Rechtsgrund schafft"? Da der „überpositive Wert" aber nichts anderes sein kann als ein *metaphysischer Wert*, also *göttliches Naturrecht* (oder *göttli-*

[155] Der Begriff „prästabilierte Harmonie" ist ein von *Leibniz* geprägter Begriff für eine von Gott im Voraus festgelegte harmonische Übereinstimmung von Körper und Seele, soll aber bei *Radbruch* wohl einen anderen Sinn haben; dazu und gegen den Satz, dass das Recht auf der Macht beruhe, *Erich Kaufmann* Kritik 67.

[156] Vorschule 35; dazu oben V 3.Min; auch Vorwort zur Vorschule von 1947.

[157] Vorschule 29.

che Gebote in Form von „Rechtssätzen“) sein soll, bleibt er auch nach der sonstigen Philosophie *Radbruchs* nicht erkennbar und also auch wirkungslos. Seine Hörer, die nahezu alle Kriegsheimkehrer waren (jüngere wurden zu dieser Zeit nicht zum Studium zugelassen), insbesondere die beiden Studenten, die die von *Radbruch* selbst „revidierte“ Nachschrift herausgegeben haben, führte *Radbruch* daher mit diesen nicht miteinander zu vereinbarenden Sätzen an der Nase herum; vielleicht war er sich dessen aber gar nicht bewusst.

6. Irrtum oder Irreführung: Wie erinnerlich hat *Radbruch* behauptet, dass *Kant* den entscheidenden Schlag gegen das Naturrecht getan habe (Rph3, 15) mit dem Nachweis, dass es nicht zu erkennen ist (Rph3, 79 f., 80 f.). Diese Falschbehauptung hat er selbst zur unabdingbaren Voraussetzung seiner Philosophie erhoben mit dem Satz, wenn das Naturrecht erkennbar wäre, müsste *„die Geltung abweichenden positiven Rechts erlöschen wie der entlarvte Irrtum vor der enthüllten Wahrheit; für die Geltung erweislich unrichtigen Rechts lässt sich keine Rechtfertigung erdenken“*. Diesen Irrtum entlarvte *Radbruch* in der *Vorschule der Rechtsphilosophie* (S. 17 f.) 1947 selbst, indem er die Behauptung, *Kant* habe den entscheidenden Schlag gegen das Naturrecht getan mit dem Beweis, dass es nicht erkennbar ist, nicht wiederholt, sondern sich dahingehend äußert:

> „Kant hat gelehrt, dass es unmöglich ist, Werte aus der Wirklichkeit abzuleiten, ein Sollen auf Seinstatsachen zu gründen, Naturgesetze in Normen umzuprägen. Die Richtigkeit eines Verhaltens kann nicht induktiv auf empirische Tatsachen gegründet werden, sondern nur deduktiv aus höheren und schließlich höchsten und letzten Werten abgeleitet werden.“

Die Behauptung, dass Kant den entscheidenden Schlag gegen das Naturrecht getan habe mit der Erkenntnis, dass es nicht erkennbar sei und also eine „Irrlehre“ darstelle, gibt *Radbruch* mit diesem Satz auf, erklärt aber nun, dass das Recht „aus höheren und schließlich höchsten und letzten Werten“ abgeleitet werden müsse. Ob er damit das Naturrecht wieder als *göttliches Recht* verstehen will oder was ansonsten die *„höheren und schließlich höchsten und letzten Werte“* sein sollen, lässt er jedoch offen. Man könnte zwar denken, dass dies wiederum der *Individualismus*, der *Überindividualismus* und die *kulturellen Werte* sein sollten oder auch die *Rechtssicherheit*, *Zweckmäßigkeit* und *Gerechtigkeit*. Aber in § 12 der Vorschule (S. 35) schreibt Radbruch: „In der Tat kann die Geltung des Rechts weder auf positive Rechtssätze, noch auf Tatsachen wie die der Macht oder der Anerkennung gestützt werden (so in Rph3, 70 f, 81), sondern nur auf ein *höheres und höchstes Sollen*, auf einen *überpositiven Wert*.“

Es könnte sein, dass *Radbruch mit diesen Sätzen auch nur davon ablenken wollte*, dass er die selbst aufgestellte Voraussetzung seines philosophischen Systems, dass das Naturrecht (auch das aus menschlicher Vernunft entwickelte) nicht erkannt werden könne, nicht aufrechterhalten kann, und er nunmehr das Naturrecht grundsätzlich anerkennen will, ohne sich aber klar genug zu entscheiden, ob er dieses Naturrecht als *göttliches* oder *menschliches Recht* verstehen will.

Wenn *Radbruch* erklärt, die Richtigkeit eines Verhaltens könne nicht induktiv auf empirische Tatsachen gegründet, sondern nur deduktiv aus „höheren und schließlich höchsten und letzten Werten" (göttlichem Recht?) abgeleitet werden,[158] so verkennt er damit weiterhin die allein richtige Methode zur Rechtsgewinnung, die von den Tatsachen (der Natur der Sache) ausgehen muss, die rechtlich geregelt werden sollen. Die dazu erforderlichen rechtlichen Regelungen können aber selbstverständlich nicht aus den Tatsachen, sondern nur aus der *Vernunft* des Menschen gewonnen werden, wozu *Kant* auf der Grundlage des *a priori* erkannten *kategorischen Imperativ* in seiner Rechtslehre eine ganze Reihe rechtlicher Regelungen ableitet, die letztlich alle dem Zweck dienen, die Freiheit eines Menschen und aller Menschen derart mit den gleichartigen Freiheit der anderen Menschen abzugrenzen, dass sich jeder einzelne und alle zusammen in bestmöglichster Weise zum eigenen Wohl und dem Wohl der Gemeinschaft entfalten können. Wenn *Radbruch* dagegen diese rechtlichen Regelungen aus „höchsten und letzten Werten" ableiten will oder auf ein „höheres und höchstes Sollen, auf einen überpositiven Wert" stützen will, so will er damit wohl wieder ins *göttliche Naturrecht* greifen, das schon *Kant* nicht erkennen konnte und bis heute niemand erkannt hat, und ein Mensch auch niemals wird erkennen können. Die Studenten *Schubert* und *Stolzenburg*, welche 1947 die Vorlesungen *Radbruchs* nachgeschrieben haben, womit *Radbruch* aber nur einverstanden war, *„wenn wir es miteinander machen"*,[159] haben die dargestellten Winkelzüge *Radbruchs*, der die Nachschrift auch „revidiert" hat, wohl kaum erkennen können, seinen übrigen Hörern war das schon gar nicht möglich; wahrscheinlich den Autoren des von *Borowski/Paulsen* zu Ehren *Radbruchs* herausgegebenen Sammelbandes, mit Ausnahme von *Wiegand*, auch nicht.

IX. Radbruchs Naturrechtsdarstellungen 1932 und 1947

1. Im Jahre 1932: In der dritten Auflage seiner Rechtsphilosophie (1927) glaubte *Gustav Radbruch*, die Grundsätze der „Irrlehren des Naturrechts", denen *Kant* mit seiner Erkenntnis, dass sie nicht zu erkennen seien, den „entscheidenden Schlag" versetzt habe, in *vier* „Wesenszügen" wie folgt zusammenfassen zu können:[160]

---

158 Vorschule 18, 35. Eine weitere Begründung für die Herkunft dieses *überpositiven Sollens*, entsprechend den in Rph3, 76 ff. aufgestellten Voraussetzungen, und seinem Inhalt gibt *Radbruch* nicht.

159 Vgl. Fn 133.

160 Ein Unterschied zwischen den „Wesenszügen" von 1932 (Rph3, 14 f.) und 1947 (Vorschule 18) ist nur schwer zu erkennen, soll im folgenden Text aber klargestellt werden. Nr. 1 von 1932 fehlt 1947. Ob daraus geschlossen werden darf oder soll, dass das Naturrecht nicht die Funktion hat oder nicht mehr hat, „Werturteile zu liefern", wird nicht gesagt,

„1. Das Naturrecht liefert inhaltlich bestimmte rechtliche Werturteile.
2. Diese Werturteile sind entsprechend ihrer Quelle – Natur, Offenbarung, Vernunft – allgemein gültig und unwandelbar.
3. Sie sind der Erkenntnis zugänglich;
[so Rph3, 18; jedoch Rph3, 80: „Das Naturrecht ist nicht erkennbar, ansonsten müsste das positive Recht erlöschen wie der entlarvte Irrtum vor der enthüllten Wahrheit"];
4. Sie gehen, einmal erkannt, widersprechendem gesetzten Recht vor: Naturrecht bricht positives Recht."

2. Im Jahre 1947: Im Jahr des großen „naturrechtlichen Aufbruchs"[161] versuchte *Radbruch* in seiner Vorschule (S. 18) die Wesenszüge des Naturrechts in drei Sätzen wie folgt zusammenzufassen:

„1. Das Naturrecht ist wie die Natur, wie Gott, wie die Vernunft unwandelbar und allgemein gültig, allen Zeiten und Völkern gemeinsam.
2. Das Naturrecht ist durch die Vernunft eindeutig erkennbar.
[so VS, 18; jedoch VS, 19: Die auf die Vernunft gegründete Idee des Rechts ist wie jene selbst allgemein gültig, aber (nach *Kant*) rein formal, also unfähig, aus sich allein eine ganze Rechtsordnung entfalten zu lassen, wie dies das Naturrecht unternommen hat];
3. Das Naturrecht ist nicht nur Maßstab, positives Recht daran zu messen, vielmehr berufen, an die Stelle positiven Rechts zu treten, soweit dies mit ihm in Widerspruch steht."

---

bleibt also offen. Die restlichen drei Wesenszüge sind zwar verschieden formuliert, entsprechen sich inhaltlich aber weitgehend. Wenn 1947 *Gott als Rechtsquelle* angegeben ist, so kann das nur auf solches Recht bezogen sein, das Gott *offenbart* hat (also z.B. auf die Zehn Gebote in 2. Mose 3–17), weil der Mensch es ansonsten nicht wissen kann. Jedem Menschen steht es aber frei, entweder zu glauben, dass Gott dem *Mose* die Gebote eingegeben hat, oder zu glauben, dass *Mose* sie aus seiner eigenen Vernunft geschöpft hat. Fünf Jahre nach der Veröffentlichung der Rechtsphilosophie *Radbruchs* in 4. unveränderter Auflage (1950), hat *Erik Wolf* selbst auch noch versucht, die verschiedenen Formen und Arten der Naturrechtslehre nach brauchbaren Kriterien zu ordnen (*Wolf*, Das Problem der Naturrechtslehre – Versuch einer Orientierung, Karlsruhe 1955; dazu unten VIII 5) und ist dabei zu dem Ergebnis gekommen, dass das Naturrecht nur noch vereinzelt als *göttliches Recht* begriffen wird, obgleich er dabei auf der Grundlage von Sekundärliteratur zu der Auffassung kam, dass *ThvA* ebenso wie *Augustin* das Naturrecht noch als *göttliches Recht*, nicht aber als Menschenwerk verstanden hätte (S. 38); dagegen oben 3. Kap III 2–6; IV–VI; richtig dagegen auch schon *Lasson*, Rph, Einleitung 79; Meyer *ThvA* 636 ff.; *Überweg-Geyer* II § 36; *Utz* in: Fn 5/32 u. 5/136.

161 In der Bibliographie des von *Werner Maihofer* hrsg. Sammelbandes „Naturrecht oder Rechtspositivismus" (Darmstadt 1962) sind für die Zeit von 1945 bis 1960 *201 selbstständige Schriften* und *487 unselbstständig* erschienene Beiträge aufgelistet. Veröffentlicht sind in dieser Sammlung 32 Aufsätze. Gegen die Behauptung *Radbruchs*, die letzten Naturrechtler seien Mitte des 19. Jahrhundert ausgestorben, siehe die Literaturangaben im 5. Kap V 1. Min Anm. 1 (5) und dazu die Nachweise in: *Strauss*, Naturrecht und Geschichte, 1953; *Felix Flückiger*, Geschichte des Naturrechts, 1954; *Welzel*, Naturrecht und materiale Gerechtigkeit, 4. Aufl. 1962.

3. Radbruchs Wesenszüge des Naturrechts: Die vorstehenden wörtlich wiedergegebenen „Wesenszüge" stehen so in der Rechtsphilosophie und in der Vorschule *Radbruchs*, sollen aber offenbar nicht seine *eigene Meinung* wiedergeben, sondern die in der Literatur vertretenen Auffassungen darstellen. Wenn *Radbruch* in der Vorschule 1947 im unmittelbaren Anschluss an die drei „Wesenszüge" schreibt: „Aus Gründen, die sofort darzulegen sind (allerdings nicht dargelegt werden), kann das Naturrecht nicht als allgemein gültig und unwandelbar betrachtet werden, vielmehr nur als ‚Naturrecht mit wechselndem Inhalt' (*Stammler*[162])", so darf dies wohl nicht als Widerspruch betrachtet werden, vielmehr sollen die „Wesenszüge" die allgemeine Meinung wiedergeben und die Wandelbarkeit des Naturrechts nunmehr *Radbruchs* eigene Meinung sein. Ansonsten ist aber in *Radbruchs* Vorschule trotzdem noch vieles sehr widersprüchlich.

Das beginnt damit, dass nach Wesenszug 1947 Nr. 1 das Naturrecht *„wie die Natur, wie Gott, wie die Vernunft unwandelbar und allgemein gültig, allen Zeiten und Völkern gemeinsam"* sein soll. Unwandelbar und allgemein gültig könnte nur *göttliches Naturrecht* sein, das aber nach Wesenszug 1947 Nr. 2 entgegen der Auffassung von *Kant* und der heute ganz überwiegenden Meinung durch die Vernunft eindeutig erkennbar sein soll und darüber hinaus nach Wesenszug 1947 Nr. 3 nicht nur Maßstab für das positive Recht sein soll, sondern überdies dazu berufen sein soll, „an die Stelle positiven Rechts zu treten, soweit dies mit ihm in Widerspruch steht". Das ist nach ganz allgemeiner Meinung ein Unding, um nicht zu sagen ein Unsinn, denn das Naturrecht kann nicht wie Gott allen Zeiten und Völkern gemeinsam sein und alles menschliche Recht, das mit ihm in Widerspruch steht, unwirksam machen, weil ansonsten das Recht der ganzen Welt unwirksam wäre, soweit es mit dem Recht anderer Staaten und Völker nicht übereinstimmt. Nicht zuletzt ist auch das Naturrecht nicht allen Völkern gemeinsam, vielmehr herrschen in verschiedenen Völkern über viele Fragen zumeist sehr verschiedene Auffassungen.[163] Vor allem aber ist der Wesenszug 1947 Nr. 1 mit dem Wesenszug 1947 Nr. 3 nicht zu vereinbaren, weil göttliches Recht, wie *Kant* in der Tat gezeigt hat, für den Menschen nicht erkennbar ist.[164]

---

162 Vorschule, 18. Verwiesen wird damit auf *Stammler*, Die Lehre vom richtigen Rechte, Halle 1926. In Rph3, 3 (1932), S. 23 hatte *Radbruch* die Lehre *Stammlers* vom richtigen Recht, der wie *Radbruch* der Schule der Neukantianer zugerechnet wurde, noch abgelehnt mit der Begründung, sie könne keinen einzigen Rechtssatz entwickeln, der mit Allgemeingültigkeit als richtig erwiesen werden könnte, sie erkaufe die Allgemeingültigkeit ihrer Begriffe um den Preis ihres formalen Charakters.

163 So hat auch schon *Thomas* (F 57, 3, 1) das Völkerrecht für Naturrecht erklärt, da es nicht positives Recht sein könne, weil niemals alle Völker übereinkommen könnten, dasselbe Recht zu wollen; dazu 3. Kap III 6 b.

164 Einige Autoren, insbesondere aus dem kirchlichen Bereich, sind auch noch nach *Thomas* und zum Teil bis heute dem Verständnis verhaftet geblieben, das Naturrecht sei göttliches Recht. So auch *Erik Wolf*, NR-Lehre 31, dessen „Versuch einer Orientierung" jedoch gescheitert ist, weil er wohl aufgrund dubioser Sekundärliteratur verkannte, dass *Thomas*,

1932 war das Naturrecht für *Radbruch* – wie *Kant* bewiesen habe, aber nicht hat – nicht erkennbar und 1947 sollte es ein „höheres und höchstes Sollen" sein, das 1932 noch nicht erkennbar war und es bis heute nicht ist. Wenn *Radbruch* 1932 die allgemeine Meinung zum Naturrecht mit den Worten dargestellt hat, die vom Naturrecht gelieferten „Werturteile" seien entsprechend ihrer Quelle – Natur, Offenbarung, Vernunft – „allgemein gültig und unwandelbar", so meinte er damit wohl „göttliches Naturrecht", weil das aus der menschlichen Vernunft gewonnene Naturrecht seit *Thomas von Aquin* als *wandelbar* zu betrachten ist; denn der Mensch kann sich nicht nur irren, in der weltweit vernetzten, computergesteuerten Staatengemeinschaft kann auch nicht das Recht der Jäger und Sammler oder der Ackerbauern gelten und auch nicht mehr das der Fabrikarbeiter nach der Erfindung der Dampfmaschine. Das menschliche Recht muss sich geänderten Verhältnissen anpassen. *Neue Technik macht neues Recht erforderlich* (*Jaspers*). *Radbruch* selbst hat 1932 allerdings das Naturrecht generell nicht für nicht erkennbar erklärt, ausdrücklich auch auf das menschliche Naturrecht bezogen, mit der Falschbehauptung, *Kant* habe bewiesen, dass auch das *menschliche* Naturrecht nicht erkennbar sei. Das *menschliche Naturrecht* hat *Radbruch* auch deshalb als Irrlehre abqualifiziert, weil es sich als unmöglich erwiesen habe, die Frage nach dem Inhalt des Rechts und seiner Zweckmäßigkeit anders als durch die Aufzählung mannigfaltiger *Parteimeinungen* zu beantworten.[165] Deswegen wollte *Radbruch* – die Auseinandersetzungen der Parteien als großartige rechtsphilosophische Diskussion betrachtend – nur das von diesen beschlossene positive Recht als geltendes menschliches Recht ansehen.

4. Zur Rechtsnatur des Naturrechts: Radbruch leitete die Darstellung seiner Wesenszüge des Naturrechts ein mit dem Satz: „Die Lehre vom richtigen Recht trug durch Jahrtausende den Namen des Naturrechts." Im Altertum sei der Gedanke des Naturrechts auf den „Gegensatz von Natur und Satzung" (*Aristoteles*) begründet gewesen, im Mittelalter auf den Gegensatz von göttlichem und weltlichem Recht (*Thomas von Aquino*), in der Neuzeit auf dem Gegensatz von Vernunft und Zwangsordnung (*Hugo Grotius* bis *Rousseau*). Das moderne Naturrecht sei dagegen auf die Lehre vom „Gesellschaftsvertrag" gegründet (*Hobbes*).[166] Das ist alles nur halb richtig. Das „moderne" Naturrecht, das aber schon mit Thomas von Aquin beginnt, zeichnet sich jedenfalls durch seine *strikte Trennung von religiösen Glaubenssätzen* aus, ist also nicht mehr *göttliches Recht* und daher auch nicht ewig gültig, sondern wandelbar und anpassbar an die Entwicklungen der menschlichen Verhältnisse, kann auch Unrecht sein, weil es aus menschlicher Vernunft

anders als *Augustin*, das Naturrecht als Menschenwerk betrachtete; dazu F 57, 2, 3; dazu oben 3. Kap III 3–6; IV 1–3.

165 Rph3, 80 f.

166 Rph3, 14; Vorschule 18.

stammt und der Mensch sich irren kann. An Stelle des göttlichen Rechts wird den Gläubigen „*Glaubensfreiheit*" als *unverzichtbares Menschenrecht* eingeräumt, womit auch Menschen verschiedenen Glaubens in einem Staat friedlich unter der Ordnung eines einzigen Rechts zusammenleben können. Wenn das Recht *göttliches Recht* ist und Menschen verschiedener Religionen in einem Staat zusammenleben, in dem Recht und Religion nicht voneinander getrennt sind, müssen sie dagegen mit verschiedenen Rechtsvorstellungen zusammenleben, womit unversöhnliche Streitigkeiten vorprogrammiert sind, z.B. zwischen Christen, Juden und Muslimen, aber auch zwischen Christen oder zwischen Muslimen mit verschiedenen Glaubensvorstellungen und also mit verschiedenem Recht. In solchen Staaten sind Bürgerkriege nahezu unvermeidbar; ebenso Kriege zwischen benachbarten Staaten mit unterschiedlichen Glaubens- und Rechtsvorstellungen (z.B. der Dreißigjährige Krieg in Europa und die derzeitigen Kriege im Nahen Osten).

Die auf menschlicher Vernunft statt auf religiösem Glauben begründeten (Natur-)Rechtsvorstellungen haben in Europa ihren Anfang bei *Aristoteles* und werden ca. 1500 Jahre später von *Thomas von Aquin* aufgenommen und in der Summa Theologica zu einem System entwickelt, können sich aber gegen die Herrschaft der katholischen Kirche jahrhundertelang nicht durchsetzen und werden erst am Ende des 18. Jahrhunderts auf der hinzugekommenen Grundlage der Aufklärungs-Philosophie in der nordamerikanischen Unabhängigkeitsbewegung und der Französischen Revolution in die Verfassungen der Vereinigten Staaten von Amerika und der französischen Republik geschrieben und damit in Worte gesetzt, die im Laufe der Zeit zur herrschenden Meinung und zu geltendem Recht geworden sind.

Radbruch erkennt dagegen in der Vorschule zwar an, dass die Idee des Rechts auf der Natur des Menschen beruht und das Wesen des Menschen seine Vernunft ist,[167] schwächt diese Erkenntnis aber sofort wieder ab, wohl weil er erkennt, dass damit seinem ganzen philosophischen System die Grundlage entzogen wird, wenn der Mensch aufgrund seiner vernünftigen Natur und der in Jahrtausenden angesammelten menschlichen Erfahrung erkennen kann, was Recht sein soll. Deswegen schließt er unmittelbar an den Satz, dass das Wesen des Menschen seine Vernunft ist, wieder ein unrichtiges *Kant*-Zitat an (VS, 19):

> „Die auf die Vernunft gegründete Idee des Rechts ist wie jene selbst allgemein gültig, aber (nach Kant) rein formal, also unfähig, aus sich allein eine ganze Rechtsordnung entfalten zu lassen, wie dies das Naturrecht unternommen hat."

Woher soll das Recht aber kommen, das sich nicht aus dem Naturrecht entfalten kann und auch *nicht aus der Vernunft des Menschen* und seiner Erfahrung? Es kann

---

167 Vorschule 19.

dann nur aus „einem höheren und höchsten Sollen", also von Gott kommen, womit *Radbruch* wieder im *göttlichen Naturrecht* endet. Der Satz, mit dem *Kant* wieder ein Unsinn zugeschoben wird, kann freilich nur als ein untauglicher Versuch betrachtet werden, die Tatsache zu verwischen, dass mit der Anerkennung eines auf der Vernunft des Menschen beruhenden Naturrechts der Rechtsphilosophie *Radbruchs* die selbst gesetzte Grundlage entzogen ist. *Radbruch* versucht daher in der Vorschule im unmittelbaren Anschluss an das obige Zitat zu erklären, dass das Recht weniger auf der Natur des Menschen als auf der *„Natur der Sache"* beruhe. Er begründete diesen Versuch mit den Gedanken, die er später in der Festschrift für *Laun* veröffentlicht hat, vergisst aber hinzuzufügen, dass diese im Wesentlichen richtigen Gedanken über die „Natur der Sache" letztlich auch aus der Vernunft des Menschen entstanden sind und in ihrem Kern auch schon der Nikomachischen Ethik des *Aristoteles* entnommen werden können und auch schon von *Thomas von Aquin* aufgegriffen wurden. Selbstverständlich muss der Mensch erst die Natur der zu beurteilenden Sache richtig verstehen, bevor er aufgrund dieses Verständnisses der „Sache" zu den richtigen rechtlichen Regelungen dafür kommen kann. Auf diesem etwas merkwürdigen Weg über die *Natur der Sache* bestätigt *Radbruch* schließlich die Kritik von *Erich Kaufmann* und *Emge*, die genau erkannten, dass sein Versuch, das Recht aus allerhöchsten antinomischen Wertvorstellungen abzuleiten, konkrete Rechtsprobleme gar nicht erfassen kann und daher zum Scheitern verurteilt ist.

5. Bricht Naturrecht positives Recht? 1932 verneinte *Radbruch* den Wesenszug 1932 Nr. 4, wonach Naturrecht positives Recht breche, mit den schon zitierten Sätzen: 1. dass das Naturrecht nicht zu erkennen sei und 2. das festgesetzt werden muss, *„was rechtens sein soll und zwar von einer Stelle, die was sie festsetzt, auch durchzusetzen in der Lage ist"*.

In der *Vorschule* formulierte *Radbruch* dagegen den entsprechenden Wesenszug Nr. 3 dahingehend, dass das Naturrecht nicht nur der Maßstab sei, an dem positives Recht zu messen ist, es vielmehr dazu berufen sei, an die Stelle des positiven Rechts zu treten, soweit dies mit ihm in Widerspruch steht. Die Behauptungen, dass das Naturrecht nicht zu erkennen sei und daher derjenige, der die Macht hat, auch das Recht hat, festzusetzen, was Recht sein soll, werden in der Vorschule nicht mehr wiederholt. Es darf daher vermutet werden, dass *Radbruch* diese Sätze aufgegeben hat und stattdessen jetzt selbst den Wesenszug 1948 Nr. 3 bejahte, mit dem vorstehend schon zitierten, zur *Radbruchschen* Formel gewordenen Satz, dass in der Tat die Geltung des Rechts weder auf positive Rechtssätze noch auf Tatsachen wie die der Macht gestützt werden könne, sondern nur auf *„ein höheres und höchstes Sollen, auf einen überpositiven Wert"* (so Vorschule 35), der jedoch unbegründet geblieben ist, wenn man von den nachstehend zitierten

Schlusssätzen in § 36 der Vorschule absieht, die erkennen lassen, dass *Radbruch* in seinem christlichen Glauben seinen Frieden gefunden hat.

Wohl darum hat sich *Erik Wolf* nach der Herausgabe der 4. Auflage der *Rechtsphilosophie Radbruchs* selbst zu einer Darstellung des Naturrechtsproblems genötigt gesehen: Das Problem der Naturrechtslehre – Versuch einer Orientierung, 1955. *Wolf* glaubte die „Wesenseigenart" des Naturrechts in *neun Thesen* erfassen zu können, was aber nicht gelungen ist. Das *göttliche Naturrecht* skizzierte er dabei so (S. 33):

> „Gott gab den Menschen sein Gesetz als Inbegriff ihrer Pflichten gegen den Schöpfer, aber auch untereinander als Nächsten. Gottes Gesetz verbindet die Menschen unter sich, weil sie mit Gott verbunden, durch ihn gebunden sind. Es wurde später von der christlichen Theologie (wenigstens teilweise) mit dem ‚Naturrecht' gleichgesetzt. Ambrosius, Augustin und Thomas stimmen darin überein, dass im Dekalog erinnert werde, was auch natürlich rechtens ist. Darin ist ihnen auch *Luther* gefolgt, und nach *Calvin* ist der Inhalt des göttlichen Gesetzes übereinstimmend mit ‚*communis sensus naturae*' und ‚*fluit ab ipso naturae fonte*'."

Auf dieser Grundlage fasste *Erik Wolf* die Lehren von *Thomas von Aquin* dahingehend zusammen (S. 37):

> „In abschließende Systemform wurden diese augustinischen Gedanken über das Naturrecht durch Thomas von Aquino gebracht. Die Kommentierung der Schriften des Aristoteles verschaffte ihm die genaue Kenntnis von dessen Rechtsgedanken; er verband sie mit augustinischen und gelangte so zu einer bis in Einzelheiten durchgeformten Naturrechtslehre."

Wie oben dargelegt, hat *Augustinus* das Recht als unwandelbares *göttliches Recht verstanden*, *Thomas* aber als *Menschenwerk*, das auch Unrecht sein könne, weil der Mensch sich irren kann. Wie diese Gegensätze miteinander zu *einer* bis in Einzelheiten durchgeformten Naturrechtslehre miteinander verbunden worden sein sollen, muss das Geheimnis von *Erik Wolf* bleiben; seinem Buch kann es nicht entnommen werden. Die Lehren *Augustins* und *Thomas von Aquins* sind himmelweit voneinander entfernt und ebenso wenig miteinander zu vereinbaren wie Feuer und Wasser.

6. Radbruchs Schlusswort: Statt einer Begründung des Wesenszugs 1948 Nr. 3 stellen sich für *Radbruch* im letzten Paragraphen seiner *Vorschule* auf den beiden letzten Seiten noch einige grundsätzliche Fragen: *„Soll es bei den Maßnahmen bleiben, die aufgrund der Nürnberger Rassengesetze verhängt worden sind? Hat die Beschlagnahme jüdischer Vermögen, wenn sie sich zu ihrer Zeit auf geltendes Recht der nationalsozialistischen Zeit stützen konnte, auch jetzt noch Rechtsgültigkeit? Haben wir ein Urteil als rechtsgültig hinzunehmen, durch das der nationalsozialistischen Judikatur entsprechend das Hören eines feindlichen Senders als Hochverrat mit dem Tode bestraft wurde? Müssen wir die Denunziation, die zu einem solchen Urteil geführt hatte, auch jetzt noch als gesetzmäßig ansehen?"*.

Die Frage, ob diejenigen, die sich in irgendeiner Weise an den Morden und sonstigen Verbrechen beteiligt hatten, und die Richter, die – den damaligen Gesetzen entsprechend – wegen Toilettenschmierereien oder des Abhörens von Feindsendungen Todesurteile gefällt hatten, nunmehr selbst wegen vorsätzlicher Tötung verurteilt werden können, stellte *Radbruch* nicht. Er fragte auch nicht, ob die Verurteilung solcher Richter und anderer NS-Täter nicht an dem Grundsatz *nulla poena sine lege* scheitern muss. Dieser Grundsatz ist zwar erst mit dem Inkrafttreten des Grundgesetzes am 23. Mai 1949 zu einem *grundrechtsgleichen Recht* geworden, der im Wesentlichen von *Feuerbach* (1775–1833)[168] begründete *oberste Grundsatz des Strafrechts* stand jedoch schon in § 2 des Strafgesetzbuches des Deutschen Reiches vom 15. Mai 1871 und auch in Art. 116 WRV. Mit der zur Aburteilung der NS-Täter notwendigen Ausschaltung dieses Grundsatzes hatten die Gerichte der Bundesrepublik deswegen große Probleme.[169] *Radbruch* gab auf seine vorstehend zitierten Fragen jedoch *Antworten*, die er wohl auch auf andere, von ihm nicht – aber von anderen – gestellte Fragen gegeben hätte:[170]

> „Der überkommene juristische Positivismus würde auf die Lösung dieser Fragen durch die Gesetzgebung verweisen. Ein Teil davon ist durch die Gesetze der amerikanischen Zone über die Wiedergutmachung nationalsozialistischen Unrechts und die Ahndung nationalsozialistischer Straftaten, ein anderer Teil durch das Nürnberger Statut und das Kontrollratsgesetz bereinigt worden. Dagegen erhebt aber der Positivismus den zweiten Einwand, dass diese Gesetze für sich rückwirkende Kraft in Anspruch nehmen; dieser Einwand ist nur zu widerlegen durch den Nachweis, dass, wenn auch nicht diese Gesetze selbst, so doch ihr Inhalt schon in Geltung stand, als jene Sachverhalte eintraten, jene Taten begangen wurden, dass sie inhaltlich einem übergesetzlichen Recht entsprechen, wie immer man dieses Recht im Einzelnen bezeichnen möge, *sei es als Recht Gottes, als Recht der Natur, als Recht der Vernunft.*
>
> So ist die Idee eines übergesetzlichen Rechts, an dem gemessen auch positive Gesetze als gesetzliches Unrecht sich darstellen können, nach einem Jahrhundert des juristischen Positivismus wieder mächtig auferstanden. Inwieweit Gerechtigkeit fordere, dass ihr widersprechende positive Satzungen als rechtsungültig anzunehmen seien, inwieweit Rechtssicherheit die Gegenforderung stellen kann, dass gesetztes Recht trotz seiner Ungerechtigkeit als gültig anerkannt werde: Auf diese Frage ist bereits in früheren Abschnitten dieser Vorlesung geantwortet worden. Die Richtung dieser Antwort ergibt sich schon daraus, dass diese Vorlesung über Rechtsphilosophie im Lektionskatalog mit einem Nebentitel versehen war, der seit vielen Jahrzehnten außer Gebrauch gekommen war, nämlich dem Titel:
>
> **Naturrecht.**"

In dieser Form – auch drucktechnisch – hat sich *Radbruch* also zum Schluss doch noch zum Naturrecht *bekannt*, dieses auch nicht mehr als „Irrlehre" bezeichnet, aber die Fragen offen gelassen, ob es als *göttliches Recht* zu verstehen ist und ob

---

168 Dazu 5/129; 6/2, 6/18.

169 Dazu 7. Kap I–V.

170 Vorschule 109.

auch *göttliches Naturrecht* erkennbar sein kann.[171] Aber was heißt *„bekennen"* und „erkennen"? *Radbruch* war sein Leben lang ein *gläubiger evangelischer Christ* geblieben, hatte sich aber bemüht, eine *rationale Rechtsphilosophie* zu entwickeln und darzustellen, die sicherlich das Unrecht des NS-Staates nicht herbeigeführt hat, aber, wie er selbst bekannte, das *Volk und die Justiz wehrlos gemacht* hat gegen das Unrecht der nationalsozialistischen Machthaber. Daran hat er sicherlich schwer gelitten, aber sich trotzdem nicht eingestehen wollen, dass sein System *grundlegend verfehlt war* und sein *Relativismus* notwendigerweise zum *Positivismus* führen musste und wissenschaftlich als gescheitert zu betrachten ist. In diesem Dilemma hat er sich in den Jahren von 1946 bis zu seinem Tode 1949 mehr und mehr auf seine „wertüberwindende" Religiosität zurückgezogen und im „göttlichen Naturrecht" seinen Frieden gefunden.[172] Sein Freund *Erik Wolf*, dem *Radbruchs* Ehefrau *Lydia Radbruch* die Herausgabe der 4. Auflage anvertraute, verstand „den Gebrauch des Wortes Naturrecht" nicht als Bekenntnis zu einer der „tradierten Naturrechtslehren", „sondern als Gedanken eines legitimierenden Grundes und normierenden Maßes in jedem positiven Rechts selbst". Er schrieb:[173] *„So haben sich die Antinomien (der die Rechtsidee bildenden Werte: Rechtssicherheit, Zweckmäßigkeit, Gerechtigkeit) bei ihm auch im Alter nicht formal verschliffen oder ihren Gehalt verloren; er hat sie festgehalten und nur die Akzente etwas anders gesetzt. Das hatte ihm nach eigenem Zeugnis die Erfahrung aus der Zeit des nationalsozialistischen Regimes und der Besatzung nach dem Kriege, die neue Intensität der religiösen Lebenswerte des Christentums und die Auseinandersetzung mit einer oberflächlichen ‚Daseins-, Lebens- oder Existenzphilosophie' nahegelegt."*

Diesen Freundesworten wird niemand widersprechen wollen, machen sie doch – trotz oder wegen der mangelnden Entscheidung *Radbruchs* für das eine oder andere – das ewige Problem der Spannung zwischen *Religion und Recht*, zwischen

---

171 Gegen die These der naturrechtlichen Bekehrung *Radbruchs*: *Borowski* 229 ff. *Wiegand* (Unrichtiges Recht 196) meint, *Radbruch* habe sich dem christlichen Naturrecht angenähert, seine vorherige Position zwar modifiziert, aber nicht aufgegeben. Das entspricht der Auffassung von *Erik Wolf* und *Coing* und ist auch zweifellos richtig, womit sie freilich im Maße der Modifikationen widersprüchlich wurde, weil sich die aus dem „dualistischen Relativismus" entwickelte positivistische Rechtsauffassung mit göttlichem Naturrecht nur schwer vereinbaren lässt.

172 Vgl. dazu auch *Radbruch*, Vorschule § 15 Recht und Religion, S. 40–42: „Was nicht gut ist, ist nicht wesenhaft, existiert *in einem tieferen Sinn wesenhaften Seins nur scheinbar*"?! Für die Gefangenen in den Konzentrationslagern und Millionen anderer war das Unrecht des sog. Dritten Reiches jedoch eine verdammte Wirklichkeit; dazu 7. Kap II u. III. Auch *Radbruchs* Lehrbuch der Rechtsphilosophie ist zwar nicht gut, existiert aber wirklich und nicht bloß scheinbar, macht jedoch das Naturrecht nicht zur Irrlehre! Aber auch die *Irrlehre*, welche das *Naturrecht als Irrlehre* bezeichnete, hatte im sog. Dritten Reich ganz reale Folgen, die im Massen- und Völkermord und in sonstigem furchtbaren Unrecht auch *in einem tieferen Sinn wesenhaften Seins nicht nur scheinbar* waren, sondern furchtbare Wirklichkeit geworden sind.

173 Rph4 72.

offenbarter Wahrheit und *rationaler Erkenntnis* für jeden sichtbar.[174] Hinzugefügt werden muss aber noch, was *Radbruchs* treuer und bester Schüler, *Arthur Kaufmann*, über die Grenzen menschlicher Vernunft in der Sache des Rechts und über den „entscheidenden Schlag" zu sagen hatte, den *Kant* gegen Metaphysik und das Naturrecht geführt haben soll.

X. Zur Erkennbarkeit der Vernunft und des Rechts

1. War der „entscheidende Schlag" ein Irrtum? Arthur Kaufmann, Radbruchs Meisterschüler, konnte dem Satz seines Lehrers, dass *Kant* den „entscheidenden Schlag"[175] gegen das Naturrecht getan und damit das „wissenschaftliche Todesurteil" über Naturrecht, Metaphysik und Ontologie gesprochen habe, nicht folgen.[176] *Kaufmann* hob daher das *Todesurteil gegen das Naturrecht* auf mit der Begründung, dass *Kants Kritik der reinen Vernunft* vor allem gegen die „rationalistische Metaphysik und Ontologie" von *Christian Wolff* gerichtet gewesen sei, *Kant* habe jedoch nicht nur die *Kritik der reinen Vernunft*, sondern auch die *Metaphysik der Sitten* geschrieben, deren *1. Teil* eine *metaphysische Rechtslehre* darstelle. Nach der Lehre *Kants* sollen unsere gesamten Erkenntnisse auf zwei Elemente beschränkt sein: die *sinnliche Anschauung* und die *Begriffe des menschlichen Verstandes*: „Der Verstand vermag nichts anzuschauen und die Sinne nichts zu denken." Daher enthalte die reine Anschauung lediglich die „Form", unter welcher angeschaut wird; der *Gegenstand* (das „Ding an sich") werde nur über den *Begriff* durch die *Verstandestätigkeit* (das Denken) erfasst. Der *Begriff* ermögliche also eine *verstandesmäßige Erfassung*; dies sei zwar mehr als das bloß *sinnlich Erkennbare* (z.B. eines Tisches), nämlich ein „übergreifender" Akt (*Hegel*) des Verständnisses des Sinnzusammenhangs des Dings, aber doch nur in dessen in Erscheinung tretender Form (*Phänomena*), nicht aber des „Dings an sich" (*Noumena*). Der Erkenntnisgebrauch der Verstandesbegriffe gehe nicht auf die *Wirklichkeit an sich*, sondern nur auf *Gegenstände möglicher Erfahrung*: *„Folglich ist uns keine Erkenntnis a priori möglich, als lediglich von Gegenständen möglicher Erfahrung"*, so *Kant* (KrV, B 166). *Kant* fügt diesem kursiv gesetzten Satz in einer Fußnote jedoch folgende Bemerkung hinzu: „Damit man sich nicht an den nachteiligen Folgen dieses Satzes stoße, will ich nur in Erinnerung bringen, dass die Kategorien im *Denken* durch die Bedingungen unserer sinnlichen Anschauung *nicht eingeschränkt* sind, sondern ein

[174] Für *Radbruch* war letztlich auch sein Sozialismus Religion; dazu *Radbruch*, Kulturlehre des Sozialismus, 66 ff. Zur Problematik der Spannung zwischen christlichem Glauben und Rechtswissenschaft vgl. den brillianten Versuch rationaler Erklärung von *Dieter Nörr* (Savigny, philosophische Lehrjahre, S. 344) zu einer ähnlichen Erscheinung bei *Savigny*.

[175] *Radbruch*, Rph3, 15, 80 f.

[176] *Arthur Kaufmann* Rechtsphilosophie im Wandel 71 ff.

unbegrenztes Feld haben und nur das *Erkennen* dessen, was wir uns denken, das Bestimmen des Objekts, (der) Anschauung bedürfe, wo, beim Mangel der Letzteren, der Gedanke vom Objekte übrigens noch immer seine wahren und nützlichen Folgen auf den *Vernunftgebrauch* des Subjekts haben kann."

Kant meint also, dass die Menschen durchaus fähig seien, über einen Gegenstand nachzudenken, den sie nicht *unmittelbar erkennen* können, und dass solches Nachdenken durchaus nützliche Folgen auf den „Vernunftgebrauch des Subjekts" haben könne. Das *verstandesmäßige Erkennen* soll demnach *nicht* auf die *Möglichkeiten der Erfahrung beschränkt* sein. Nicht nur manche Missverständnisse, sondern auch einige *Unklarheiten der transzendentalen Methode Kants* führten *Radbruch und andere Neukantianer* jedoch zu der Auffassung, die *Kant'sche Kritik der reinen Vernunft* habe *von der Metaphysik nichts übrig gelassen* als die „leere Form", als das bloße „Schema", wie unser Verstand das ihm durch die Sinne gegebene verarbeitet.[177] Die strenge Unterscheidung der Transzendentalphilosophie *Kants* zwischen „Form" und „Stoff" lasse ein durch die Vernunft erkennbares Recht nicht mehr zu. Ohne ernsthafte Diskussion der Frage, ob das Recht in diesem Sinne als „Form" oder als „Stoff" zu verstehen ist, wird aus diesem Satz die Behauptung abgeleitet: Das *Naturrecht*, verstanden als das „objektiv richtige Recht", als das „Recht an sich" müsse für die Menschen unerkennbar bleiben. Das so verstandene *Naturrecht* sei nur noch eine „Kategorie unseres Verstandes", eine „leere Denkform", die wir auf den empirisch gegebenen Rechtsstoff anwenden.[178]

2. Ist erkennbar nur, was mathematisch beweisbar ist? Entgegen dieser Meinung der Neukantianer erkennt *Arthur Kaufmann* jedoch, dass *Kant* selbst diese Folgerungen aus seiner *Kritik der reinen Vernunft* für seine Rechtslehre *nicht* gezogen hat.[179] *Kant* habe sich in seiner *Kritik der reinen Vernunft* vor allem die Frage gestellt, wie *Metaphysik als Wissenschaft* derart möglich sei, dass synthetische Urteile *a priori*, also sichere allgemeine Erkenntnisse, aus „reiner Vernunft" möglich sind. Mit dieser Fragestellung habe *Kant* die Denkformen und Möglichkeiten der Mathematik (Exaktheit, Distinktheit, Prädiktabilität) für seine Metaphysik nutzbar machen wollen. Diese Kritik der reinen Vernunft habe jedoch zu dem *Ergebnis* geführt, zu dem es – aus heutiger Sicht – führen musste, „dass nämlich nur *‚formale Regeln'*, *‚leere Denkformen'*, mathematische Exaktheit und Allgemeingültigkeit aufweisen, nicht aber die *‚materialen Wesenheiten'*, die im klassischen Sinne überhaupt erst die Metaphysik ausmachen".[180] So betrachtet sei aber nur bewiesen worden, dass es *(metaphysische) Fragen* gibt, die *nicht mathematisch* oder mit anderen *Methoden der Naturwissenschaft* geklärt werden können, *nicht aber* sei damit bewiesen worden,

[177] *Kaufmann* RphiW 71 ff., 96 Fn 96 zitiert dafür *Söhngen*, Sein und Gegenstand 179 ff.
[178] So *Stammler* 51; zitiert von *Radbruch* Rph3, 23 f.
[179] *Kaufmann* RphiW 88.
[180] *Kaufmann* RphiW 90 mit Hinweis auf *Brunner* Erkenntnistheorie 345.

dass solche Fragen völlig *außerhalb der Vernunft* liegen und *nicht* auch *wissenschaftlich geklärt* werden könnten. Schon gar nicht sei damit bewiesen worden, dass die Metaphysik des *Aristoteles* und des *Thomas von Aquin* und deren naturrechtliche Lehren *unwissenschaftlich* und *unvernünftig* seien[181] und in den Bereich des „philosophischen (oder religiösen?) Glaubens" gehören, weil weder *Aristoteles* noch *Thomas* versucht hätten, diese Fragen *mathematisch* oder mit *naturwissenschaftlichen Methoden* zu lösen. *Thomas* hat vielmehr bewusst sein „natürliches Recht" gegen *Augustin* nicht als *göttliches*, sondern als *menschliches Recht* verstanden wissen wollen, das deswegen auch *nicht ewig und unveränderlich* sein könne, vielmehr dem *menschlichen Irrtum* unterliege und sich mit der Natur des Menschen ändern könne.[182] Ein solches *menschliches Recht* kann auch nicht deswegen als *unerkennbar* betrachtet werden, weil es nicht mit mathematischen Regeln erfasst werden kann. Ein solches *menschliches Recht* tritt als fester *vernünftiger menschlicher Wille in Erscheinung*, indem es entweder neues Recht schafft oder aufgrund seiner Autorität dagegenstehendes *positives Recht* unwirksam macht. Es ist also nicht nur „Wissenschaft", was mathematisch oder mit sonstigen (exakten) naturwissenschaftlichen Methoden erklärt und bewiesen werden kann; auch ist nicht alles unwissenschaftlich und unvernünftig, was nicht mathematisch erklärt und bewiesen werden kann. Schließlich ist auch nicht jeder Versuch der Klärung einer Frage, die aufgrund eines Irrtums zu einem fehlerhaften Ergebnis führt, eine unwissenschaftliche Methode; vielleicht ist die Methode fehlerhaft angewendet worden oder die Methode ist zur Lösung der gegebenen Aufgabe nicht geeignet gewesen und es muss eine andere Methode zur Lösung des Problems gesucht und gefunden werden.

3. Zur Erforschung menschlichen Geistes: Viele Fragen des Menschen, seiner Seele, seines Geistes, seines Lebens und seines Verhaltens gegenüber anderen Menschen können nicht mathematisch gelöst und geregelt werden und trotzdem sind sie Gegenstand wissenschaftlicher Betrachtung und Erforschung und haben in der Philosophie, Jurisprudenz, auch in der Psychologie und Soziologie, sowie in sonstigen Geisteswissenschaften viele wertvolle Erkenntnisse hervorgebracht, die sich mathematischen Beweisverfahren entziehen. Der Grund dafür, dass eine mathematische Beweisführung auf einem bestimmten (Wissenschafts-)Gebiet nicht möglich ist, könnte auch in der unzureichenden Entwicklung der Mathematik ge-

181 Dazu auch *Heidegger* (Holzwege 70): „Wollen wir das Wesen der neuzeitlichen Wissenschaft begreifen, dann müssen wir uns zuvor von der Gewohnheit befreien, die neuere Wissenschaft gegen die ältere lediglich gradweise, nach dem Gesichtspunkt des Fortschritts, abzuheben".

182 Dazu oben 3. Kap III 2–4; IV 1–3.

sehen werden.[183] Schon die rein theoretische Möglichkeit der Unzulänglichkeit einer wissenschaftlichen Beweismethode zeigt von einer anderen Seite, dass die Unmöglichkeit eines mathematischen Nachweises oder jeder anderen unzulänglichen Erkenntnismethode noch kein Beweis dafür sein kann, dass ein „Nichts“ Gegenstand der Untersuchung war, das nicht deswegen nicht beweisbar ist, weil es ein „Nichts“ ist, sondern weil die Untersuchungsmethode nicht geeignet gewesen war, den Untersuchungsgegenstand hinreichend zu erfassen. Im Anschluss an *Heidegger* empfiehlt *Arthur Kaufmann* daher, das „naturalistische Vorurteil“, die *mathematisch-naturwissenschaftliche Erkenntnismethode* sei für alle Arten von Erkenntnisproblemen der *ideale und alleinige Weg zur Erkenntnis* und der Zugang zur Wirklichkeit an sich, endgültig aufzugeben.[184] Die Kausalitätstheorien, insbesondere die *Vierursachenlehre* des *Aristoteles* seien sicherlich zur Lösung der Frage naturwissenschaftlicher Kausalzusammenhänge besser geeignet als zur Beantwortung der Frage, ob und inwiefern ein bestimmtes literarisches Werk das Sexualverhalten der Menschen verändert hat oder die Frage, wie die Aussagen dieses Werkes richtig zu verstehen sind, gar die Frage, ob der Ausleger sie besser verstehen kann, als der Autor selbst sie verstanden hat.[185] Die *Regeln der Hermeneutik* sind nicht *mathematisch* zu erfassen, aber trotzdem ein wissenschaftliches Bemühen, auch wenn es allen fremd bleiben muss, die glauben, dass die Mathematik die einzig wahre Erkenntnismethode sei, über die allein man in allen Fragen zur Wahrheit kommen könne.

Aufgrund der Notwendigkeit, den Begriff der Wissenschaft und wissenschaftliches Denken *nicht* auf die mit der Sprache der Mathematik zu erfassende Naturwissenschaft zu beschränken, müssen auch der Verschiedenheit von Natur- und Geisteswissenschaft entsprechende verschiedene Erkenntnismethoden anerkannt werden. Aus diesem Grunde hat auch das Dogma der Beschränkung apriorischer Erkenntnisse auf die bloße *Form eines Dings* keinerlei Überzeugungskraft mehr.[186]

---

183 Immerhin hat die Mathematik in Form der Informatik heute schon Software entwickeln können, die im Schachspiel den menschlichen Weltmeister besiegen kann. Die Entwicklung wird weitergehen, die Fähigkeiten des menschlichen Gehirns in mancher Art – so hofft der Mensch – wohl nie ganz erreichen, ist ihm aber jedenfalls in manchen Dingen (Gedächtnis, Kombinationsfähigkeit) schon weit überlegen.

184 Zur Beantwortung der Frage, welche wissenschaftliche Methode zur Untersuchung eines Problems am besten geeignet ist, sind unter anderem die Begriffe „Materialobjekt“ und „Formalobjekt“ entwickelt worden (*Kaufmann* (RphiW 92 m.w.N.), die aber auch noch von der Unterscheidung zwischen „Form“ und „Stoff“ bestimmt sind.

185 Dazu *Gadamer* Wahrheit und Methode, 180 f.

186 So *Scheler*, Der Formalismus in der Ethik und die materiale Wertethik, 4. Aufl. 1954 (1. Aufl. 1916; 3. Aufl. 1926), S. 74: „Die Identifizierung des Apriorischen mit dem Formalen ist ein Grundirrtum der kantschen Lehre. Er liegt auch dem ethischen ‚Formalismus‘ mit zugrunde, ja dem ‚formalen Idealismus‘ – wie Kant selbst seine Lehre nennt – überhaupt“; zum Erfordernis der Notwendigkeit und Allgemeingültigkeit apriorischer Erkenntnisse: *Scheler* aaO, S. 94 ff.

Thomas von Aquin leitete aus der *Natur des Menschen* „natürliche Rechte" ab, was man zwar nicht mathematisch begründen, sondern – wie alles andere – auch im Einzelnen bestreiten kann,[187] in den allermeisten Fragen erkannte er aber – jedenfalls für seine Zeit – das Richtige. Er erkannte auch, dass das Recht *nicht ewig unveränderlich und richtig* sein kann, sondern sich mit den Verhältnissen des Menschen ändern kann und muss. Selbstverständlich kann man mit dem Recht einer Gesellschaft von mittelalterlichen Ackerbauern keine Industriegesellschaft und schon gar nicht eine weltweit agierende Informationsgesellschaft in Ordnung halten. Darum musste sich das Recht im Laufe der vergangenen Zeit entsprechend den Änderungen der Verhältnisse der Menschen mit ändern. Auch zeigt ein Blick in die Rechtsgeschichte (Kreuzzüge, Heilige Inquisition, Dreißigjähriger Krieg, Dschihad), dass das Recht nicht auf der Grundlage einer Religion als göttliches Recht verstanden werden sollte, weil ansonsten das Zusammenleben mit den Menschen anderen Glaubens notwendigerweise zu größeren Schwierigkeiten und nicht selten zu Kriegen und Bürgerkriegen führt.

4. Der „entscheidende Schlag" – ein Fehlschlag: Wenn *Radbruch* behauptete, *Kant* habe den „entscheidenden Schlag" gegen das Naturrecht getan, indem er gezeigt habe, „dass die Vernunft nicht ein Arsenal fertiger theoretischer Erkenntnisse, anwendungsreifer ethischer und ästhetischer Normen sei" (Rph3, 15), so legte er damit nicht einmal schlüssig dar, dass *Kant* einen entscheidenden Schlag gegen das Naturrecht getan habe, denn das Naturrecht besteht keinesfalls aus einem „Arsenal fertiger theoretische Erkenntnisse oder anwendungsreifer ethischer und ästhetischer Normen". *Menschliches Recht* kann nie aus „fertigen" Erkenntnissen bestehen, weil der Mensch die zukünftigen technischen Entwicklungen niemals in einer Weise voraussehen kann, dass er „fertige Normen" dafür schaffen könnte. Richtig ist, dass Rechtsnormen grundsätzlich allgemeine und abstrakten Regelungen sind, die zu „fertigen Urteilen" erst werden im Vorgang der Subsumtion eines gegebenen Sachverhalts. Insoweit unterstellte *Radbruch Kant* also nichts Falsches, behauptete nur zu Unrecht, *Kant* habe *„den entscheidenden Schlag gegen das Naturrecht getan"*. Dieser Satz ist und bleibt unrichtig. Völlig unberechtigt und unrichtig hat *Radbruch* auch für den folgenden Satz *Kant* zitiert (Rph3, 81):

> „Wer Recht durchzusetzen vermag, beweist damit, dass er das Recht zu setzen berufen ist. Umgekehrt: Wer nicht Macht genug hat, einen jeden im Volke gegen den anderen zu schützen, hat auch nicht das Recht, ihm zu befehlen (**Kant**)."

Ein Zitat aus den Werken *Kants* wird dafür nicht gegeben, auch kein Hinweis auf irgendeine Stelle, in der *Kant* dahingehend verstanden werden könnte; sie ist auch nicht zu finden. Im Gegenteil betrachtete *Kant* es als eine *Verspottung des*

[187] Vgl. den krit. Einwand *Welzels* (NaturR 61) gegen die naturrechtlichen *petitio principii*; dazu oben 3. Kap III 5 mit Fn 3/51 u. 52.

Schwächeren, wenn aus der *Macht des Stärkeren* das Recht abgeleitet wird, dass der *Schwächere ihm gehorchen solle.*[188] Es bleibt also festzuhalten, dass *Radbruch* nicht nur höchst mangelhafte Vorstellungen über die *Rechtsnatur des Naturrechts* in der Philosophie von *Aristoteles*, *Augustinus*, *Thomas von Aquin* und den Vorstellungen des 17. und 18. Jahrhunderts darüber hatte, sondern auch glaubte, *Kant* unterstellen zu dürfen, die Herrschaft des Stärkeren über die Schwächeren als „Recht" verstanden zu haben, was aber *Kant* nur als Verspottung des Schwächeren begreifen konnte. *Kant* hätte die Rechtsphilosophie *Radbruchs*, gipfelnd in dem Satz „Wer Recht durchzusetzen vermag, beweist damit, dass er Recht zu setzen berufen ist", daher nur als *Verspottung des Volkes* verstehen können, das unter solchem Recht leiden musste.

XI. Die Menschenrechte: Grenzsteine zwischen Recht und Unrecht

Nein, eine Grenze hat Tyrannenmacht,
Wenn der Gedrückte nirgends Recht kann finden,
Wenn unerträglich wird die Last – greift er
Hinauf getrosten Mutes in den Himmel

Und holt herunter seine ew'gen Rechte,
Die droben hangen unveräußerlich
Und unzerbrechlich wie die Sterne selbst.

Schiller

1. Menschliches Naturrecht statt göttlichem Recht: Gegen das *Naturrecht* ist und bleibt der Einwand berechtigt, dass aus dem *Begriff der Natur* allein nicht abgeleitet werden kann, was *Recht und Unrecht* sein soll. Es bleibt stets die Gefahr einer *petitio principii*, dass als „natürlich" erkannt wird, was *rechtens* sein soll und als „unnatürlich", was *Unrecht* sein soll;[189] das ist im Meinungsumschwung in der Frage der Strafwürdigkeit männlicher Homosexualität besonders deutlich zu erkennen, aber als mögliche Fehlerquelle auch in anderen Fällen nicht selten zu beobachten. Eine weitere Fehlerquelle für ein vernünftiges Naturrechtsverständnis ist das diesem Abschnitt vorangestellte Motto, das aufgrund seines unübertrefflichen Pathos auch außerhalb des Schwabenlandes in aller Munde ist, das auch die allermeisten auswendig hersagen können und daher bei sehr vielen auch das Bewusstsein bestimmt, dass das Naturrecht als ewiges Recht in den Sternen hängt, unver-

---

188 *Kant*, Zum ewigen Frieden, in Bd. 9, 210 = BA 33, 34 = Kants Werke, hrsg. von *Ernst Cassirer*, Bd. VI, S. 441; dazu *Kurt Lisser* Kants Rechtsbegriff 16; gegen diese Machttheorie *Radbruchs* und der „Neukantianer" auch *Erich Kaufmann* Kritik 65–68.

189 *Welzel* NaturR 61; dazu oben 3. Kap III 5 mit Fn 3/51 u. 52; ferner 5. Kap V Anm. 1 (10) zur 1. Min.

äußerlich und unzerbrechlich wie die Sterne selbst, und man nur hinaufgreifen müsse, um es herunterholen zu können wie reife Äpfel und Birnen. Das aber ist und bleibt leider Gottes eine eitle Hoffnung und *Tell* hat sich aus guten Gründen auch nicht darauf verlassen, sondern seinen Bogen gespannt und abgefeuert: *„Hier vollend' ichs, mache deine Rechnung mit dem Himmel Vogt, deine Uhr ist abgelaufen!"* Das Naturrecht und die Menschenrechte hängen nicht im Himmel, wir Menschen müssen sie selbst schaffen und für ihre Geltung und Verwirklichung sorgen. Kein Gott hilft uns dabei. Auch *Stauffenberg* wusste, dass er es selbst machen muss. Hätte er es vollenden können, wäre uns noch viel Leid erspart geblieben. In normalen Zeiten muss es aber nicht auf solche Weise geschehen, kann das Recht vielmehr auf der Grundlage der geltenden Gesetze mithilfe der Gerichte in einem geordneten Verfahren durchgesetzt werden. Aber die Gesetze müssen gemacht, die Gerichte müssen eingerichtet, Richter ausgebildet, Verfahrensregelungen aufgestellt werden usw. Ein geordneter Rechtsstaat ist die Voraussetzung für ein Volk, das in Frieden und Freiheit leben will.

Für *Thomas von Aquin* war einst der Begriff *„Natur der Sache"* eine gute und hilfreiche Vorstellung, um auf der Grundlage *menschlicher Vernunft* brauchbare Rechtsgrundsätze für das Zusammenleben der Menschen in einer Gemeinschaft entwickeln zu können. Diese Methode war jedenfalls besser geeignet als der Versuch einer Priesterschaft, das göttliche Recht zu erkennen. Die geschichtliche Entwicklung zeigt, dass die priesterliche Methode zur Schaffung einer göttlichen Rechtsordnung zumeist dazu führt, dass alle *un-* und *andersgläubigen* Menschen zu potentiellen *Feinden* gemacht, bekämpft, besiegt und getötet werden müssen (Kreuzzüge, Ketzerprozesse, Heilige Inquisition, Folterkammern, Scheiterhaufen, Dschihad). Unsere rechtliche Ordnung beruht daher zu Recht seit einigen Jahrhunderten auf der *Trennung von Recht und Religion*, Kirche und Staat und der *Zuerkennung allgemeiner Glaubensfreiheit.*[190]

2. Der transpersonaler Wert der „arischen Rasse": Letztlich hat auch *Radbruch* versucht, seine Rechtsvorstellungen an dem Recht vorgegebenen Wertvorstellungen (Wertepluralismus) auszurichten, weil er jedoch – auch noch 1945 in der 1. Minute seiner Rechtsphilosophie – glaubte, die letzten Naturrechtler seien vor 100 Jahren ausgestorben, und das Naturrecht als „Irrlehre" verstand, hat er den Inhalt seines Rechtsbegriffs an drei hohen Werten ausgerichtet, deren von ihm bestimmte Rangfolge Recht und Unrecht erkennen und unterscheiden können sollte. Weil seine Vorstellungen dazu aber weder theoretisch noch praktisch brauchbar waren, ist *Radbruch* zu seiner eigenen Überraschung bei seiner Darstellung der Rechtsphilosophie (1932) im platten Positivismus gelandet,[191] was letztlich den Siegeszug des Nationalsozialismus begünstigte. Wie dargelegt, wollte *Rad-*

190 Dazu 9. Kap. III u. IV.
191 Dazu oben IV 1–8.

bruch das Recht aus drei höchsten Werten ableiten: Der Einzelpersönlichkeit des Menschen (*Individualismus*), dem Kollektiv einer menschlichen Gemeinschaft (Überindividualismus) sowie dem sog. Transpersonalismus (*Kultur*). Eine Rangordnung dieser Werte könne allgemein nicht eindeutig für alle Zeiten und Verhältnisse bestimmt werden, sei vielmehr verschieden nach Maßgabe der sozialen Zustände der verschiedenen Völker und Zeiten und werde auch von Mensch zu Mensch verschieden beurteilt je nach *Rechtsgefühl, Staatsauffassung und Parteistandpunkt, Religion oder Weltanschauung.* Letztlich könne die erforderliche *Gewissensentscheidung* nur aus der *Tiefe der eigenen Persönlichkeit* geschöpft werden. In welcher Weise eine Persönlichkeit dies aus ihrer Tiefe schöpfen soll, beschreibt *Radbruch* in seiner Kulturlehre des Sozialismus wie folgt:[192]

> „Mag letztes Ziel der Erdenkinder immerhin die Persönlichkeit sein, so ist es doch die Persönlichkeit nicht im Sinne des aus der Gemeinschaft losgelösten Übermenschen, sondern die Persönlichkeit in der Gemeinschaft. Gemeinschaft ist nicht ein unmittelbares Verhältnis von Mensch zu Mensch, sondern die Verbundenheit des Menschen durch die gemeinsamen menschlichen Aufgaben, die Verbundenheit in einer gemeinsamen Sache, einem gemeinsamen Kampfe, einer gemeinsamen Arbeit, einem gemeinsamen Werke. Und so ergibt sich uns als Formel sozialistischer Weltauffassung: Persönlichkeit in Gemeinschaft, Gemeinschaft im Werke. Hier stehe diese Formel zunächst nur als eine Behauptung. Den Beweis ihrer Geltung für die sozialistische Kulturauffassung zu erbringen, ist die Aufgabe dieser Schrift in ihrer Gänze.“

Hitler hat jedoch – wie schon *Wiegand*[193] überzeugend gezeigt hat – diese Werkgemeinschaft als Partei- und Staatsführer zum *transpersonalen Wert* der *„Hochkultur der arischen Rasse“* und damit zum *obersten Staatszweck* erhoben und alles Recht und sonstiges staatliches Handeln daran ausgerichtet. Das NS-Unrecht ist damit zu *Recht im Sinne der Rechtsphilosophie Radbruchs geworden.*

3. Unveräußerliche Menschenrechte als Grenzsteine: Es hat sich also als *Irrlehre* erwiesen, aus *zwei oder drei Wertvorstellungen* ein sozialistisches Persönlichkeitsideal und eine vernünftige und halbwegs gerechte Rechtsordnung entwickeln zu wollen. *Hitlers* nationalsozialistische Parallelkonstruktionen zum *Radbruchschen* Transpersonalismus haben mit seiner Rassenlehre als Kulturideal im millionenfachen Völkermord geendet. Ebenso wenig kann es richtig sein, wieder *göttliche Gebote* zu *Rechtssätzen* machen zu wollen, weil dies nach aller Erfahrung zur Feindschaft, zu kriegerischen Auseinandersetzungen schließlich zur Ermordung aller Andersgläubigen führt. Damit muss *Radbruchs* Philosophie als gescheitert erkannt werden. Die schon im 18. Jahrhundert entwickelte Vorstellung von *unveräußerlichen Menschenrechten* und deren Fortentwicklung zu *unmittelbar geltenden Rechtssätzen* und eines Obersten Gerichtshofs als *„Hüter der Verfassung“* hat sich dagegen – anders als

192 *Radbruch*, Kulturlehre des Sozialismus 19 f.
193 *Wiegand*, Unrichtiges Recht 176 ff.

der Versuch der Ableitung des Rechts aus höheren und höchsten Werten – als überaus nützlich und brauchbar erwiesen zur *Abgrenzung von Recht und Unrecht.* Die Menschenrechte sind in der philosophischen Literatur aus der menschlichen Vernunft abgeleitet und folglich *nicht als unerkennbar betrachtet* worden; vielmehr entwickelt worden als Grenze der monarchischen Macht gegenüber den Bürgern. Das System dieser Art der Abgrenzung verzichtet bewusst darauf, die *Abgrenzung von Recht und Unrecht* mit einem einzigen Begriff oder zwei vagen Formeln (*Radbruch*) bewältigen zu wollen, hat aber den großen Vorteil, das grundlegende Abgrenzungsproblem des Rechts und damit die Grenzen staatlicher Rechtsetzung und Rechtsanwendung genauer und klarer erfassen zu können. Die Bonner Verfassung hat die Grenzlinie zwischen Staatsmacht und bürgerlicher Freiheit – drittwirkend auch zwischen den gegeneinander stehenden Freiheiten der Bürger – im Wesentlichen mit 19 Artikeln gezogen, die dem Schutz der wichtigsten Rechtsgüter und Freiheiten des Menschen dienen, wozu insbes. die *Menschenwürde*, das *Leben*, die *individuelle Freiheit*, die *Gleichheit*, die *Glaubens- und Gewissensfreiheit*, die *Meinungsfreiheit*, *Ehe und Familie*, die *Versammlungsfreiheit*, die *Vereinsfreiheit* sowie die *Berufs- und Eigentumsfreiheit zählen.* Mit diesen und einigen anderen Grundrechten der Art. 1–19 GG sowie einigen grundrechtsgleichen Rechten (Art. 101–103 GG) in Verbindung mit der Möglichkeit, jedes Gesetz, jedes Urteil, jeden Verwaltungs- und jeden Regierungsakt gerichtlich und notfalls mit einer Verfassungsbeschwerde daraufhin überprüfen lassen zu können, ob dadurch eines dieser Grundrechte verletzt worden ist, sind jedem Bürger in den Grenzen menschlicher Möglichkeiten die bestmöglichen rechtlichen Mittel gewährt worden, um seine *„unveräußerlichen Rechte“* gegen alle *staatliche Macht* verteidigen und durchsetzen zu können.[194] Wie oben unter V zu Art. 1 Abs. 3 u. 20 Abs. 3 GG dargelegt, war den Grund- und Menschenrechten der Weimarer Reichsverfassung diese Funktion noch nicht zuerkannt. Im Grundgesetz der Bundesrepublik heißt es heute jedoch in Art. 1 Abs. 3 GG ausdrücklich: „Die nachfolgenden Grundrechte binden Gesetzgebung, vollziehende Gewalt und Rechtsprechung als unmittelbar geltendes Recht.“ In Art. 20 Abs. 3 GG wird der Gedanke zusätzlich verdeutlicht mit dem Satz, „die vollziehende Gewalt und die Rechtsprechung sind an Gesetz *und Recht* gebunden“. Wie schon gesagt, ist das weder ein *Pleonasmus* noch eine *Tautologie*, soll vielmehr verdeutlichen, dass die Bürger nicht nur aufgrund positiven sehr speziellen und detailliert formulierten gesetzlichen Regelungen, sondern auch durch weitgehend offen formulierte Grund- und Menschenrechte (Würde des Menschen, Entfaltung der Persönlichkeit, Gleichheit etc.) weitgehend allgemein und umfassend „naturrechtlich“ geschützt sind. Dieser verfassungsrechtliche Schutz durch die Grund- und Menschenrechte wird zwar durch deren gesetzliche Formulierungen erfasst, die durch ihre Formulie-

194 Dazu klar und deutlich *Zippelius/Würtenberger*, StaatsR §§ 16–34.

rung zwar zu Regelungen des positiven Rechts geworden, ihrer Natur nach aber Grundsätze des Naturrechts geblieben sind. Diese Grund- und Menschenrechte sind inzwischen auch in einer Vielzahl von Entscheidungen des Bundesverfassungsgerichts nicht nur konkretisiert, sondern auch fortentwickelt und ausgebaut worden, in einem Einzelfall (BVerfGE 95, 96) sogar eingeschränkt worden.[195] Aber der Mensch kann sich auch irren und auch richtiges Recht unrichtig anwenden.

4. Die Vorteile verfassungsgerichtlicher Fallentscheidungen: Die Entscheidungen des deutschen Bundesverfassungsgerichts, die in der inzwischen auf 144 Bände angewachsenen amtlichen Sammlung abgedruckt sind, *beweisen die Richtigkeit* vorstehender Feststellungen; einige *Fehlentscheidungen* sind sicherlich auch dabei, aber auch diese beweisen nur, dass menschliches Recht auch *Unrecht* sein kann, weil das Denken und Handeln des Menschen von einem Irrtum bestimmt sein kann. Die Überlegenheit dieses grundrechtlichen Systems zur Abgrenzung zwischen Recht und Unrecht besteht nicht zuletzt darin, dass die Abgrenzung grundsätzlich für einen *Einzelfall* entschieden werden muss. In diesen Einzelfallentscheidungen eines Verfassungsgerichts sind allerdings stets auch die in den Grund- und Menschenrechten steckenden *allgemeinen Grundsätze* zu formulieren, die in einem Fall gegeneinanderstehen können, aber es muss auch im Einzelfall eine *klare Entscheidung* getroffen werden, und dies zwingt dazu, das Problem hart am Fall genau zu bestimmen und eindeutig und klar zu entscheiden,[196] womit der Schutzbereich der Grundrechte mit jeder Entscheidung stärker konkretisiert wird.

5. Kants „allgemeines Gesetz der Freiheit" als praktische Konkordanz: Die in diesen 144 Bänden angesammelten Entscheidungen des Bundesverfassungsgerichts haben vor allem auch gezeigt, dass die schwierigen Abgrenzungsfragen nicht nur in Fällen auftreten, in denen *Recht* und (erkennbares) *Unrecht* zu unterscheiden sind, sondern auch in Fällen, in denen zwei oder mehrere rechtlich gesicherte Positionen gegeneinander stehen, eine aber zurücktreten muss, weil sie miteinander nicht zu vereinbaren sind und der anderen Vorrang eingeräumt werden soll. Der erste vom BVerfG entschiedene und zum *leading-case* gewordene Fall ist der schon oben (4. Kap I 5) dargestellte Boykott-Aufruf *Lüths* gegen einen kitschigen

---

195 Dazu oben V und unten 8. Kap VI 6 u. 8, was freilich eine Fehlentscheidung war, die einen Fehler der BGH-Rechtsprechung korrigieren sollte.

196 Trotzdem wird gegen dieses System der Verfassungsgerichtsentscheidungen neuerdings der Vorwurf des „Verfassungsgerichtspositivismus" erhoben, aber auch eine allzu affirmative Haltung der Staatsrechtslehre beklagt; dazu *Zippelius/Würtenberger* StaatsR § 7 I mit Hinweis auf *Jestaedt*, Verfassungsgerichtspositivismus, in: FS Isensee, S. 183 ff.; *Schlink*, Die Entthronung der Staatsrechtswissenschaft durch die Verfassungsgerichtsbarkeit, Der Staat 28 (1989), S. 161; *Tanneberger*, Die Sicherheitsverfassung, 2014, S. 15 ff. *Isensee* hat dieses Phänomen in seiner Art deutlich gemacht: „Die Wissenschaft sollte dem Bundesverfassungsgericht die Fackel voraustragen und nicht die Schleppe hinterher".

Nachkriegsfilm von *Veit Harlan*. In Fällen dieser Art versagt die philosophische Methode *Radbruchs* vollständig. Es ist klar zu erkennen, dass der Boykottaufruf durch die *Meinungsfreiheit* gemäß Art. 5 Abs. 1 GG verfassungsrechtlich geschützt war, aber auch nicht zu verkennen, dass dieser Boykottaufruf die durch Art. 12 GG geschützte *Berufsfreiheit* Veit Harlans verletzte. Welchem Recht in solchem Falle der Vorzug gebührt, ist offensichtlich weder auf der Grundlage des Begriffs der *Rechtssicherheit* noch der *Zweckmäßigkeit* und auch nicht aufgrund des *transpersonalen Werkwertes* des Kitschfilms zu entscheiden. Es ist stattdessen zu prüfen und zu entscheiden, ob in solchem Falle der *Meinungsfreiheit* der Vorrang gebührt vor der *Berufsfreiheit* oder umgekehrt. Grundsätzlich ist dabei davon auszugehen, dass keinem der in Art. 1–19 GG geschützten Grund- und Menschenrechte im Verhältnis zu einem anderen ein *absoluter* Vorrang zukommt. Die in Art. 1–19 GG geschützten Verfassungswerte *ergänzen* sich vielmehr zu einem *„einheitlichen Gesamtsystem"*,[197] dessen einzelne Bausteine untereinander in einem *Verhältnis gegenseitiger Bedingtheit* stehen.[198] Dieses „Gesamtsystem" kann man *Naturrecht* nennen oder auch nicht, klar ist und bleibt jedenfalls, dass es keine geschlossene Zahl positivistischer Einzelregelungen darstellt, sondern ein auf Grund langer Erfahrung entwickeltes weitgehend offenes System zum Schutz der Würde und Persönlichkeit des Menschen. Inhalt und Grenzen eines Menschenrechts müssen daher stets auch im Hinblick auf die anderen verfassungsrechtlich garantierten Rechtspositionen bestimmt werden. Zwischen den einzelnen Grundrechten soll *auch keine allgemeine Rangordnung* im Sinne eines *starren Über- bzw. Unterordnungsverhältnisses* bestehen, vielmehr muss es stets das Ziel eines im Einzelfall vorzunehmenden *konfliktlösenden Abwägungsprozesses* sein, die gegeneinanderstehenden *grundrechtlich gesicherten Freiheiten* zu einer *möglichst optimalen Wirksamkeit* zu bringen (*Grundsatz praktischer Konkordanz*).[199] Dieser Grundsatz ist letztlich nichts anderes als das *„allgemeine Gesetz der Freiheit"*, mit dem *Kant* aus der Vernunft den Begriff des Rechts bestimmen will und ist auch vom BVerfG in vielen Nachfolgeentscheidungen zur Konkurrenz miteinander in Konflikt gekommener verfassungsrechtlich geschützter Freiheiten immer wieder bestätigt und zur allgemein herrschenden Auffassung geworden. Letztlich ist es nichts anderes als das *naturrechtliche Prinzip*, welches in Fällen konkurrierender gesetzlicher Regelungen aus der *Natur der Sache* im Einzelfall die richtige Regelung entwickelt.[200]

197 *Hesse* Verfassungsrecht Rz 71.

198 *Häberle* Wesensgehaltsgarantie 31 ff.

199 Dieses System ist nicht ohne Kritik geblieben, vgl. *Oliveira*, Grundrechtsdogmatik 197 ff.; dazu *Zippelius/Würtenberger* StaatsR, § 7 Rz 35; der Grundsatz ist jedoch keine neue Entdeckung des BVerfG oder der neuzeitlichen Wissenschaft, war vielmehr schon klar in § 97 ALR–Einl. formuliert, dazu unten XI 7 c.

200 Joh. Braun JZ 2013, 265, 273.

6. NS-Unrecht als Menschenrechtsverletzung: Das Unrecht des NS-Staates, gegen das der *Positivismus* „die Juristen und das Volk wehrlos gemacht hatte" (*Radbruch*), ist – jedenfalls heute – klar zu erkennen als Verletzung der in den letzten zwei Jahrhunderten entwickelten *unveräußerlichen Menschenrechte auf Würde, Leben und Freiheit*, die zwar schon in der Weimarer Reichsverfassung standen, im damaligen Rechtssystem aber nicht als *Rechtssätze*, sondern nur als *„Programmsätze"* verstanden wurden; sie sollten keine Rechte der von staatlichem Unrecht betroffenen Bürger und Menschen begründen und konnten daher nicht zur Verteidigung der *„unveräußerlichen Menschenrechte"* der Betroffenen benutzt werden. Erst 1948 in *Herrenchiemsee* haben die dazu berufenen Fachleute bei der Ausarbeitung eines Verfassungsentwurfs erkannt – manche individuell natürlich schon lange davor im stillen Kämmerlein – , dass die Menschenrechte *unmittelbar geltendes Recht* sein sollten, was sie mit Art. 1 Abs. 3 GG auch geworden sind.

Für *Radbruch* waren die Grund- und Menschenrechte *nicht* im Sinne des Art. 1 Abs. 3 GG unmittelbar geltendes Recht, auch *nicht* naturrechtliche oder sonstige ethische Wertvorstellungen oder auch nur „platonische Ideen" (*Emge*), sondern ein verfehlter und überflüssiger Versuch, die Güter und Interessen einzelner Menschen vor der Gemeinschaft des Volkes und dem Staat zu schützen und den Einzelinteressen Vorrang vor den Interessen der Gemeinschaft einzuräumen.[201] Für *Radbruch* waren die *Menschenrechte also nicht Rechtssätze*, deren Verletzung als *Unrecht* zu erkennen ist, er wollte die Grenze zwischen Recht und Unrecht vielmehr mit seinen beiden oben dargelegten Formeln *„naturrechtlich"* bestimmen, was, wie die Rechtsprechung zum NS-Unrecht (7. Kapitel) und gegen die Mauerschützen der DDR (8. Kapitel) zeigen wird, jedes Urteil begründbar macht, d.h., es kann damit in ein und demselben Falle ein Freispruch ebenso begründet werden wie eine Verurteilung wegen Mordes. In § 26 seiner Rechtsphilosophie (1932) erklärte *Radbruch*, dass eine Einschränkung der Staatsmacht zum Schutz einzelner Menschen in bestimmten Fällen nicht Recht, sondern Willkür wäre (S. 183): „Wenn in einer Gemeinschaft ein höchster Gewalthaber vorhanden ist, soll, was er anordnet, befolgt werden" (S. 182). So nur werde *„die unterdrückte Klasse in vielfältigen Kämpfen ums Recht zum Beschirmer eben der Rechtsordnung, welche die herrschende Klasse über sie verhängt hat, weil dieses Recht zwar Klassenrecht ist, aber doch eben Klassenrecht, weil es das Interesse der herrschenden Klasse nicht nackt zur Schau stellt, sondern im Gewande des Rechts und weil, der Inhalt des Rechts sei welcher er wolle, die Rechtsform immer gerade den Unterdrückten dient"* (Rph3, 183). *Radbruch* ist es also nicht in den Sinn gekommen, die schon im 18. Jahrhundert erkannten Menschen- und Bürgerrechte zum Schutz des Lebens und der individuellen Freiheit

[201] Dazu oben IV 3 b (1).

der Bürger als (erkennbares) Naturrecht zu betrachten.[202] Nach 1945 hat *Radbruch* allerdings auch diesbezüglich seine Meinung geändert und in § 9 seiner Vorschule (S. 33) anerkannt, dass ein Gesetz, das gewissen Menschen die Menschenrechte verweigert, kein Rechtssatz sein kann.[203]

7. Die historische Entwicklung der Menschenrechte a) In der US-amerikanischen Verfassung: In Art. 1 der *Virginia Bill of Rights* heißt es: „Alle Menschen sind von Natur aus gleichermaßen frei und unabhängig und besitzen gewisse angeborene Rechte (*inherent rights*), deren sie, wenn sie den Status der Gesellschaft annehmen, ihre Nachkommenschaft durch keine Abmachung berauben oder entkleiden können." Dementsprechend werden in den ersten zehn Amendments (1789) zur US-amerikanischen Bundesverfassung der gesamte Katalog der Grundrechte verkündet, vor allem die *Grundrechte auf Leben und auf individuelle Freiheit.* Der Grundgedanke der „angeborenen" und daher „unveräußerlichen Rechte" wurde der Philosophie von *John Locke* entnommen, der sie als gläubiger *Calvinist* aus seinem Verständnis des (göttlichen) Naturrechts entwickelte, wonach Gott dem Menschen die Vernunft gegeben hat, solche Gesetze zu schaffen: *„God gave man reason, and with it a law: that could not be otherwise than what reason should dictate."* Die Grundlage für diese unveräußerlichen Menschenrechte auf Leben, Freiheit, Ehre und Würde waren den gläubigen Christen allerdings schon durch die Offenbarung der *Zehn Gebote* vermittelt worden, aber erst durch die *menschliche Vernunft* von *Glaubenssätzen* zu *Rechtssätzen* gemacht worden.

b) In der französischen Verfassung: Die französische *Déclaration des droit de l'homme et de citoyen* vom 26. August 1789 war aufgrund der Mitwirkung von *Jefferson* und *La Fayette* stark von der amerikanischen Diskussion und Entwicklung beeinflusst, aber insofern davon zu unterscheiden, als es in Frankreich nicht mehr um den Schutz vor den Gesetzen des Königs ging, die Menschenrechte also nicht mehr Abwehrrechte gegen den Monarchen sein sollten, sondern eine Art „politischer Katechismus" darstellten, aus dem das Volk sich seiner Rechte bewusst werden sollte. Die *„droits"* wurden daher *nicht* als *geltende Rechte*, sondern als eine Art *Pro-*

202 Dass *Radbruch* die *Eigentumsfreiheit* nicht als Menschen- und Bürgerrecht anerkennen wollte, weil die Herrschaft über Sachen zu einer Herrschaft über Menschen führe, steht auf S. 64 seiner Rechtsphilosophie von 1932 und hätte ihn nicht zu hindern brauchen, Leben und Freiheit als Menschenrecht anzuerkennen; zu seiner Vorstellung über Freiheit in einer aus *herrschender und unterdrückter Klasse* bestehenden Gesellschaft vgl. nach Fn 5/64; Rph3, 183; Kulturlehre des Sozialismus, 58.

203 Den Versuch von Larenz, den Juden die Rechtsfähigkeit durch eine Änderung des § 1 BGB abzusprechen mit dem Satz, rechtsfähig sei nur, wer Volksgenosse und wer deutschen Blutes ist, hat *Radbruch* also nicht mehr billigen wollen; er hätte nach dem Inkrafttreten des Grundgesetzes (am 23.5.1949) auch die Menschenwürde verletzt, was er „naturrechtlich" auch vorher schon tat. Der *Radbruchschen* Formeln bedurfte es dazu nicht.

gramm verstanden, das durch den Gesetzgeber umgesetzt werden sollte.[204] Sie wurden daher ebenso wie die Grundrechte der Weimarer Reichsverfassung als *Programm-* und nicht als *Rechtssätze* verstanden.

c) Zur preußischen Verfassungsgeschichte: Den einheitlichen deutschen Staat gibt es im 18. Jahrhundert nicht und in den verschiedenen deutschen Einzelstaaten ist die Entwicklung sehr verschieden. Stellvertretend soll daher im Folgenden die preußische Entwicklung aufgezeigt werden, weil sie letztlich auch 1871 zur Reichsgründung führte. Diese preußische Entwicklung unterscheidet sich von der US-amerikanischen und der französischen vor allem dadurch, dass sie nicht vom Volk ausging, sondern vom *Preußenkönig Friedrich II.*, den man zu Recht den Großen nennt, weil er sich nicht als Verkörperung seines Staates (Louis XIV: *l'état c'est moi*), sondern als „Diener seines Staates" verstanden hat. Dieser Preußenkönig hat mit dem *Allgemeinen Preußischen Landrecht* vom 1. Juni 1794 die erste große *Kodifikation* in Europa geschaffen bzw. schaffen lassen (vor allem durch *Svarez*), die zwar keine Verfassung im heutigen Sinne sein sollte, jedoch nicht bloß *zivil- und strafrechtliche Regelungen* enthält, vielmehr auch einige bedeutsame *rechtsstaatliche Grundsätze*, die in anderen Staaten nur durch Revolutionen errungen werden konnten.[205] Nach § 22 ALR-Einl. sollten die Gesetze dieser Kodifikation alle Mitglieder des Staates „ohne Unterschied des Standes, Ranges oder Geschlechts verbinden". Damit ist die *ständische Gliederung Preußens*, die dem Gesetzbuch zugrunde lag, jedenfalls für einige Regelungsgegenstände des ALR aufgehoben und durch den *Gleichheitssatz* ersetzt worden. Auch der König selbst stand nicht mehr völlig außerhalb des Gesetzes. Nach § 80 ALR-Einl. sollten auch *„Rechtsstreitigkeiten zwischen dem Oberhaupt des Staates und seinen Untertanen bei den ordentlichen Gerichten nach den Vorschriften der Gesetze erörtert und entschieden werden"*. *Leib und Leben*, *Freiheit*, *Ehre* und das *Eigentum* der Bürger waren damit jedenfalls im Verhältnis zu anderen Bürgern durch die Regelungen des ALR in gesetzlich klar gefasster Form geschützt (§§ 83, 103 ALR-Einl.; ALR I 6; ALR II 20, 9). § 509 ALR II 20, 9 lautet: *„Niemand soll den anderen ohne Recht an seiner Ehre, Ge-*

---

204 *Zippelius/Würtenberger* StaatsR § 16 Rz 2; *Hesse*, Grundrechte, in: Herders Staatslexikon, 7. Auflage 1986; zur geschichtlichen Entwicklung *Georg Jellinek*, Die Erklärung der Menschenrechte, 1895.

205 Dazu *Herrmann Conrad*, Die geistigen Grundlagen des Allgemeinen Preußischen Landrechts von 1794 (in: Heft 77 (1958) der Arbeitsgemeinschaft für Forschung des Landes NRW-Geisteswissenschaft, Westdeutscher-Verlag Köln 1958). *Conrad* zitiert aus einem Vortrag *Svarez* vor der „Mittwoch-Gesellschaft" (S. 35): Werk der Gesetzgebung sei es, „feste, sichere und fortdauernde Grundsätze über Recht und Unrecht festzustellen, die besonders in einem Staat, welcher keine eigentliche Grundverfassung hat, die Stelle derselben gewissermaßen ersetzen soll, die also für den Gesetzgeber selbst Regeln enthalten muss, denen er auch in bloßen Zeitgesetzen nicht zuwiderhandeln darf...". Für *Conrad* steht es daher außer Zweifel, dass *Svarez* mit diesem Satz seinem Gesamtwerk den Charakter eines Grundgesetzes für die preußischen Staaten geben wollte.

sundheit, Leib, Leben, Freiheit oder Vermögen beschädigen oder kränken." Wer es trotzdem tat, machte sich strafbar und wurde wegen der unerlaubten Handlung auch zum Ersatz des daraus entstehenden Schadens verpflichtet (ALR I 6 §§ 1–138). Zum Vermögen gehörte auch das Eigentum (§ 103 ALR-Einl.; §§ 1–191 ALR I 8), dessen Verletzung auch strafbar war und zum Ersatz des daraus entstandenen Schadens verpflichtete (§§ 1 u. 8 ALR I 6; §§ 1105 ff. ALR II 20). In §§ 74, 75 ALR-Einl. sind auch die bis heute beachtenswerten Grundsätze der Entschädigung des Eigentümers für die Fälle geregelt, in denen dieser genötigt wird, „seine besonderen Rechte und Vorteile dem Wohle des gemeinen Wesens aufzuopfern". Nicht zuletzt kennt § 76 ALR-Einl. schon ein Recht des Bürgers auf *Sicherheit*: *„Jeder Einwohner des Staates ist den Schutz desselben für seine Person und sein Vermögen zu fordern berechtigt*"; eine entsprechende Regelung fehlt heute noch im Grundgesetz und muss in Art. 2 Abs. 2 GG hineininterpretiert werden.[206] Auch der Grundsatz der praktischen Konkordanz, der nicht im Grundgesetz steht, vielmehr – auf der Grundlage naturrechtlicher Grundsätze – in BVerfGE 7, 198 ff. mühsam entwickelt werden musste, ist in § 97 ALR-Einl. schon klar formuliert: *„Sind die in Collision kommenden Rechte von gleicher Beschaffenheit, so muss jeder der Berechtigten von dem seinen so viel nachgeben, als erforderlich ist, damit die Ausübung beider zugleich bestehen könne.*" Der Satz war aber in Vergessenheit geraten und musste von *Hesse* erst wieder neu entwickelt werden. In diesen Regelungen des ALR erkennt *Thomas Würtenberger* daher völlig zu Recht klassische Definitionen der Schranken grundrechtlicher Freiheit, die auch der modernen Grundrechtstheorie zugrunde liegen.[207]

Die vielfältige Entwicklung der anderen deutschen Staaten bis zur Reichsgründung 1871 und auch die bis zur Abdankung des deutschen Kaisers nach dem verlorenen ersten Weltkrieg geltende „Bismarck-Verfassung" seien hier ausgespart. Für die weitere Entwicklung war es allerdings von großer Bedeutung, dass in der für die Weimarer Republik geschaffenen Weimarer Reichsverfassung die darin enthaltenen *Grund- und Menschenrechte* noch nicht als *Rechtssätze* verstanden wurden, sondern nur als sog. *Programmsätze*, die von den staatlichen Behörden zwar beachtet werden sollten, dem Bürger aber nicht dazu dienen konnten, seine Rechte gegen den Staat verteidigen zu können.[208] Erst nach dem Untergang des sog. Dritten Reiches und aufgrund der in dieser Zeit gemachten bösen Erfahrungen sind im Grundgesetz der Bundesrepublik die *Grund- und Menschenrechte* nach Art. 1 GG zu *unmittelbar geltendem Recht* gemacht worden. Ob eine solche Regelung in Verbindung mit der in Art. 21 Abs. 2 GG gegebenen Möglichkeit, politische Parteien zu verbieten, die verfassungswidrige Zwecke verfolgen, es möglich

206 Dazu *Josef Isensee*, Das Grundrecht auf Sicherheit, Berlin 1983.

207 *Würtenberger*, Von der Aufklärung zum Vormärz, A III, in: *Merten/Papier* (Hrsg.), Handbuch der Grundrechte, Bd. I, § 2.

208 Dazu oben V; ferner Darmstädter S. 85 ff.

gemacht hätte, die NSDAP vor der Machtergreifung am 31. Januar 1933 zu verbieten, darf freilich bezweifelt werden. Es hätte jedenfalls sehr frühzeitig geschehen müssen, bevor die Mehrheit des Volkes eine Hitler-Regierung und sogar den „totalen Krieg" wollte. Die Weimarer Republik ist auch deswegen zusammengebrochen, weil sie von der Mehrheit des Volkes nicht wirklich und ernsthaft gewollt und anerkannt worden war; die Bürger vielmehr ihren „alten *Kaiser Wilhelm* wieder haben wollten", statt dessen aber *Adolf Hitler* gewählt haben.

8. Die philosophische Grundlage der Menschenrechte: Die Kenntnis der skizzierten historischen Entwicklung der *Menschen- und Bürgerrechte* bis zur Schaffung des Bonner Grundgesetzes, das am 23. Mai 1949 mit der Gründung der Bundesrepublik in Kraft getreten ist, ist eine notwendige Voraussetzung für eine sachgerechten Beurteilung der Taten und Untaten im *nationalsozialistischen Dritten Reich* und der späteren *Deutschen Demokratischen Republik. Nur wer die Vergangenheit kennt, kann die Gegenwart verstehen und die Zukunft gestalten.* Mit dem Inkrafttreten des Bonner Grundgesetzes war eine ca. 200-jährige Entwicklungsgeschichte der Menschen- und Bürgerrechte abgeschlossen worden in dem Sinne, dass in die „unveräußerlichen Rechte" auf *Leib* und *Leben, Eigentum* und *Freiheit* sowie sonstige anerkannte Menschenrechte von Staats wegen nur noch *aufgrund eines Gesetzes* eingegriffen werden durfte. Ferner können auch alle Gesetze der Bundesrepublik und der Bundesländer nur insoweit als rechtens gelten, als sie der *Wertordnung dieser Grund- und Menschenrechte* nicht widersprechen, ansonsten für verfassungswidrig und rechtsunwirksam erklärt werden können und müssen. Vor dem 23. Mai 1949 in Kraft getretene Gesetze können von jedem Gericht für verfassungswidrig und also als rechtsunwirksam befunden werden; nach dem Grundgesetz entstandene Gesetze können vom BVerfG aufgehoben werden. Diese Rechtsentwicklung ist nicht mehr oder weniger zufällig von *Politikern* und *Juristen* so gestaltet worden, sondern von *Philosophen* vorausgedacht und begründet worden. Auf den Einfluss der Lehre von *John Locke* wurde schon hingewiesen. Für die deutsche Entwicklung waren insbesondere die Regelungen des *Allgemeinen Preußischen Landrechts* und dafür neben den Vorstellungen und dem Willen des Preußenkönigs selbst vor allem das Wirken von *Carl Gottlieb Svarez* und über ihn die Philosophie *Kants* von allergrößter Bedeutung. *Kant* ging davon aus, dass der Mensch kraft seiner Natur alles, was über die mechanische Anordnung seines tierischen Daseins hinausgeht, *„gänzlich aus sich selbst herausbringen müsse und keiner anderen Glückseligkeit oder Vollkommenheit teilhaftig werde, als die er sich selbst, frei von Instinkt, durch eigene Vernunft verschafft hat"*.[209] Der Mensch wolle zwar in Eintracht mit anderen zusammenleben, aber die Natur wolle Zwietracht, weil jeder nach seinem Vorteil strebe. Dieser *Antagonismus* lasse es nicht zu, dass die Menschen in „wilder Frei-

209 *Kant*, Idee zu einer allgemeinen Geschichte, in: Weischedel (Hrsg.), Bd. 9, 3. Satz, A 390.

heit" lange zusammenleben und zwinge den Menschen aufgrund seiner Vernunft zu einer *rechtlichen Ordnung*, welche der Freiheit aller Schranken setze: *„Alle Kultur und Kunst, welche die Menschheit zieren, die schönste gesellschaftliche Ordnung, sind Früchte der Ungeselligkeit, die durch sich selbst genötigt wird, sich so zu disziplinieren, und so, durch abgedrungene Kunst, die Keime der Natur vollständig zu entwickeln.*"[210]

Eine solche rechtliche Ordnung musste für *Kant* mit den „natürlichen Rechten" der Menschen zusammenstimmen, was voraussetze, dass die den Gesetzen gehorchenden Menschen „in ihrer Vereinigung" zugleich *Gesetzgeber* sind.[211] Eine solche aus „reinen Vernunftbegriffen" gedachte republikanische Staatsform solle nicht bloß ein *platonisches Ideal* sein, sondern allen bürgerlichen Verfassungen zugrunde liegen. Soweit noch monarchischen Ordnungen bestehen, sollten die Monarchen, obgleich sie *autokratisch* herrschen, dennoch – wie *Friedrich der Große* es wollte – *republikanisch* regieren, d.h. „das Volk nach Prinzipien behandeln, die dem „*Geist der Freiheitsgrenze*" gemäß sind.[212] Dieser „Geist der Freiheitsgrenze", die ein Volk mit reiner Vernunft sich selbst vorschreiben würde, um in größtmöglicher Freiheit und doch in Frieden zusammenleben zu können, kann kurzgefasst nicht anders definiert werden als *Kant* seinen *Rechtsbegriff* definiert hat, also als *„Inbegriff der Bedingungen, unter denen die Willkür des einen mit der Willkür des anderen nach einem allgemeinen Gesetz der Freiheit zusammen vereinigt werden kann*" [213]. Dies ist der *Grundbegriff allen Rechts,* aus dem nicht nur die „absoluten Rechte" des Zivilrechts und die Vertragsfreiheit entstanden sind,[214] sondern auch die *Menschen- und Bürgerrechte* zum Schutze des einzelnen Bürgers vor staatlichen Eingriffen entwickelt wurden. Die so entwickelten *Menschen- und Bürgerrechte* sind heute in völkerrechtlichen Abkommen (UN-Menschenrechtskonvention v. 10.12.1948; Internationaler Pakt für bürgerliche und politische Rechte [IPbürgR] v. 16.12.1966; EU-Charta der Grundrechte v. 18.12.2000) enthalten und in allen zivilisierten Staaten anerkannt. Hätte man früher diese Menschen- und Bürgerrechte ebenso wie die Grundrechte der Bonner Verfassung als *unmittelbar geltendes Recht* (Art. 1 Abs. 3 GG) betrachtet, so wären alle unter der nationalsozialistischen Herrschaft des sog. Dritten Reiches begangene Verbrechen, die zur Tatzeit auf der Grundlage der NS-Ideologie im Namen des Rechts (auf Führerbefehl) begangen wurden, unschwer als *Unrecht* zu erkennen gewesen. Entsprechendes gilt für das in der Sowjetzone und der DDR von 1945 bis 1989 begangene Unrecht. Weil aber die Grundrechte vor dem 23. Mai 1948 noch nicht von einem Parlament

210 *Kant*, Idee … 4. u. 5. Satz, A 394 f.

211 *Kant*, Der Streit der Fakultäten, in: Bd. 9, 2. Abschnitt: phil. mit jur. Fakultät, A 155.

212 *Kant* (Streit …), A 156; dazu *Gröschner*, Weil wir frei sein wollen, 2016.

213 *Kant* MdS-RL § B; dazu oben 4. Kap I. Wie konnte *Radbruch* angesichts dieses Satzes behaupten, *Kant* habe nachgewiesen, dass aus menschlicher Vernunft entwickeltes Recht nicht zu erkennen sei?

214 Dazu oben 4. Kap II–IV.

beschlossen und verkündet worden waren und auch danach auf dem Gebiet der DDR nicht gegolten haben, glaubte die deutsche Rechtsprechung, das begangene Unrecht nicht allein und nicht in erster Linie in der Verletzung dieser *Grund-* un d *Menschenrechte* erkennen zu können, vielmehr mit der Verletzung allgemeinerer *naturrechtlicher Prinzipien*, auch in der Fassung der *Radbruchschen Formeln*, begründen zu müssen. Es wäre aber überzeugender gewesen, in den *Grund-* und *Menschenrechten naturrechtliche Grundsätze* zu erkennen, die auch schon gegolten haben, bevor sie in Form eines Gesetzes gefasst, von einem Parlament beschlossen und verkündet worden sind.[215] Ebenso wäre es überzeugender gewesen, wenn *Radbruch* das NS-Unrecht statt mit seinen *naturrechtlichen Formeln* mit einer Verletzung der schon längst als *Menschen-* und *Bürgerrechte* anerkannten „unveräußerlichen Rechte“ auf Leben und Freiheit begründet hätte, statt diese weiterhin als bloß den Kapitalismus fördernde *Programmsätze* unbeachtet zu lassen. Das richtige Verständnis der *Grund- und Menschenrechte* macht jedenfalls nicht nur *juristisch*, sondern auch *philosophisch* die Grenzlinie zwischen *Recht* und *Unrecht* deutlicher erkennbar und besser verständlich als irgendein *Methodenpluralismus und Relativismus* Radbruchscher Art, der von der Voraussetzung ausgeht, dass das Naturrecht nicht zu erkennen ist.

---

215 Näheres dazu bei der kritischen Darstellung dieser Urteile im 7. Kap. I–V; 8. Kap I–VI.

6. Kapitel
Das Bundesverfassungsgericht als Hüter des Rechts

> Die nachfolgenden Grundrechte binden Gesetzgebung, vollziehende Gewalt und Rechtsprechung als *unmittelbar geltendes Recht* (Art. 1 Abs. 3 GG).
>
> Die vollziehende Gewalt und die Rechtsprechung sind an *Gesetz und Recht* gebunden (Art. 20 Abs. 3 GG).
>
> Eine Änderung des Grundgesetzes, durch welche die in den Art. 1 und 20 niedergelegten Grundsätze berührt werden, ist unzulässig (Art. 79 Abs. 3 GG).

I. Das Unrecht der NS-Herrschaft

Das Bonner Grundgesetz ist nicht zuletzt zu verstehen als ein Versuch, mit den Mitteln des Rechts die Entstehung eines Unrechtsstaates nach Art des NS-Staates zu vermeiden. Vor dem Versuch einer Darstellung der *Methode und der Grundsätze*, mit denen die *Rechtsprechung* nach der Gründung der Bundesrepublik am 23. Mai 1949 – mit dem Inkrafttreten des Grundgesetzes – sich bemühte, das in der Zeit der *nationalsozialistischen Herrschaft* begangene massenhafte *Unrecht* schlimmster Art mit den Mitteln des Rechts aufzuarbeiten,[1] erscheint es mir für den Leser hilfreich, eine kurze Darstellung zu geben über die *Grundsätze*, die mit dem Grundgesetz dafür geschaffen wurden. Die Rechtsprechung, die das *nationalsozialistische Unrecht* überwiegend mit den Mitteln des Strafrechts aufarbeiten und sühnen sollte, konnte sich dieser neu geschaffenen Verfassungsgrundsätze allerdings nicht uneingeschränkt bedienen, weil sie an den obersten strafrechtlichen Grundsatz– *nullum crimen sine lege* –[2] gebunden war, der als § 2 schon im Strafgesetzbuch von 1871 stand.[3] Allerdings war § 2 StGB durch eine Novelle vom 28. Juni 1935 dahingehend abgeändert worden, dass auch eine „außergesetzliche" Bestrafung aus dem „*gesunden Volksempfinden*" ermöglicht wurde, was aber nur eine „Etappe

---

1 Dazu 7. Kap I–V.

2 Grundlegend: *Paul Johann Anselm von Feuerbach*, Peinliches Recht; dazu Fn 5/129, vor 5/168, 6/3, 7/2, 7/19;*Hans-Ludwig Schreiber*, Gesetz und Richter; *Ingo Bott/Paul Krell*, Der Grundsatz „nulla poena sine lege" in: Zf.JurStudium, 2010, 694 ff.

3 Der Grundsatz war als Art. 116 WRV auch in die Verfassung aufgenommen worden mit dem Wortlaut: „Eine Handlung kann nur dann mit Strafe belegt werden, wenn die Strafbarkeit gesetzlich bestimmt war, bevor die Handlung begangen wurde." Als Verfassungsregelung war der *Grundsatz in der WRV* jedoch ebenso wie die anderen Bürger- und Menschenrechte noch *kein Rechtssatz*, ist vielmehr auch nur als ein sog. *Programmsatz* verstanden worden; dazu 5/V 2.

auf dem Wege zu einer nationalsozialistisch gesteuerten Rechtsschöpfung unmittelbar aus dem gesunden Volksempfinden"[4] sein sollte. Im Übrigen wurde eine ganze Reihe spezifisch nationalsozialistischer Gesetze (z.B. die Volksschädlings- und Gewaltverbrecherverordnung) so gefasst, dass sie der Rechtsprechung nahezu jede Entscheidung ermöglichten. Nach 1942 wurde außerdem die strafrechtliche Rechtsprechung durch „Richterbriefe" und „Einzelanweisungen" weitergehend regimegerecht gesteuert. Aufgrund dieser Erfahrungen ist der *nulla-poena*-Grundsatz als *grundrechtsgleiches* Recht in Art. 103 Abs. 2 GG mit dem Satz aufgenommen wurde: *„Eine Tat kann nur bestraft werden, wenn die Strafbarkeit gesetzlich bestimmt war, bevor die Tat begangen wurde."*

Auch diese Regelung konnte jedoch keine Wirkung für in der Vergangenheit begangene Taten entfalten. Vielmehr musste zur Verurteilung der NS-Verbrechen grundsätzlich das *zur Tatzeit geltende Recht* angewendet werden, soweit es nicht aufgrund seit unvordenklichen Zeiten geltender *naturrechtlicher Grundsätze*, die auch in der NS-Zeit nicht völlig außer Kraft gesetzt werden konnten, offensichtlich als Unrecht zu erkennen war. Die Richter mussten die *Kernprobleme* der zu entscheidenden Fälle daher weitgehend auf der Grundlage *nicht positivrechtlich* formulierter Grundsätze entscheiden, was aber insbesondere vielen Tatrichtern der 1. Instanz sehr schwer gefallen ist, weil diese Richter ganz überwiegend in einer Zeit studiert und praktisch ausgebildet worden waren, in denen – wie am Beispiel der Lehren *Radbruchs* dargestellt – Wissenschaft, Lehre und Praxis von den Grundsätzen und Vorstellungen des *Rechtspositivismus* beherrscht waren. So ist es auch zu erklären, dass die Täter in den nachstehend dargelegten Fällen in 1. Instanz von den Tatrichtern vielfach freigesprochen wurden und der *Bundesgerichtshof* (BGH) zumeist die Entscheidungen aufheben und zur erneuten Verhandlung zurückverweisen musste.

In der Hyperkritik der 68er-Studentenrevolte und den Parolen der „Roten Armee Fraktion" (RAF) wurden diese Fehlentscheidungen zumeist mit der Nazi-Vergangenheit der Richter begründet, was im Einzelfall so gewesen sein konnte, in der Mehrzahl hatten diese Richter sich zwar, auch wenn sie in ihrer Jugendzeit begeisterte Hitlerjungen gewesen waren, nach 1945 – ebenso wie *Günter Grass* und viele andere – dem neuen Zeitgeist angepasst, aber sich in ihrer beruflichen Tätigkeit nicht ganz von dem lösen können, was ihnen in ihrer Studienzeit Professoren wie *Gustav Radbruch*, Repetitoren und ältere Richter, denen sie zur Ausbildung zugewiesen worden waren, eingepaukt und eingetrichtert hatten: *Gesetz ist Gesetz*! Die Problematik dieser Fälle lag für diese Richter also mindestens so sehr, wenn nicht noch mehr, in ihrer vom Positivismus geprägten Berufsausbildung als in einer fortwirkenden *nationalsozialistischen Gesinnung*. Die „Nachgeborenen" müssen dabei bedenken, dass nicht nur der Opportunismus, sondern

[4] So *Freisler*, DJ 1941, S. 479; dazu *Welzel*, Strafrecht, 19; *Helmuth Mayer*, Strafrecht § 12.

auch die *unglaubliche Schrecklichkeit* der verübten Verbrechen, die erst nach 1945 allgemein bekannt geworden ist, viele zuvor überzeugte Nazis zum *Nach- und Umdenken* gebracht hat.

Das kommt in einigen der im nachstehenden 7. Kapitel dargestellten Sachverhalten und Urteilen über einige typische NS-Verbrechen sehr deutlich zum Ausdruck. Die Problematik der strafrechtlichen Urteile kann jedoch – jedenfalls von Lesern, die keine Juristen sind – nur dann richtig verstanden werden, wenn auch die verfassungsrechtlichen Voraussetzungen dieser Rechtsprechung bekannt sind. Der Bonner Verfassungsgeber hat diese Grundsätze „natürlich" nicht allein aus sich heraus neu geschaffen, sie sind vielmehr, wie im ersten Teil dieser Arbeit dargelegt, in einer langen geschichtlichen Entwicklung entstanden und ausgeformt worden. Auf diese überpositiven (naturrechtlichen) Grundsätze konnten die Richter bei der Entscheidung ihrer Einzelfälle allerdings wegen des *nulla-poena*-Grundsatzes nicht uneingeschränkt zurückgreifen. In den ausgewählten fünf Revisionsentscheidungen des BGH zu NS-Verbrechen, die im 7. Kapitel dieser Darstellung der verfassungsrechtlichen Grundsätze nachgestellt sind, geht es jedoch nicht darum, die ganze *Bestialität des Unrechts*, wie sie insbesondere in den Auschwitz-Prozessen aufgedeckt wurde, in Einzelfällen aufzuzeigen, sondern vor allem um die Frage, wie in der Praxis der Rechtsprechung die Problematik bewältigt werden konnte, die *Grenze zwischen positivem Recht und gesetzlichem Unrecht zu bestimmen*. Teils wird dabei auch sichtbar, in welcher Weise die Richter bei der Entscheidung über das NS-Unrecht von den in ihrer Jugend gebildeten Wertvorstellungen beeinflusst waren. Einige dieser Richter hatten schon im Ersten Weltkrieg als Soldaten gedient, hatten auch die damalige Nachkriegszeit mit der Inflation und der hohen Arbeitslosigkeit, den Untergang der Weimarer Republik mit der Machtergreifung der NSDAP und der „Reichskristallnacht" und dann die nachfolgende „Judenverschickung" und ihre schrecklichen Folgen erlebt. Auch den Zweiten Weltkrieg haben die meisten dieser Richter im Kriegsdienst verbracht und danach die Hungerjahre bis zur Währungsreform. Die meisten hatten auch der NSDAP oder irgendeiner anderen NS-Organisation angehört, teils aus Überzeugung, teils auch bloß deswegen, weil sie ansonsten als Juristen in diesem Staat nur geringe Berufschancen gehabt hätten. Viele hatten auch die NSDAP gewählt, teils aus Überzeugung, teils damit die KPD nicht an die Macht kommt. Nahezu alle hatten in dem schrecklichen Krieg jedoch mehr oder weniger große Verletzungen und Verluste erlitten, viele hatten einen oder mehrere Söhne oder Brüder verloren und sind auch selbst mehr oder weniger schwer verletzt aus dem Krieg zurückgekommen, einige mussten nach ihrer Rückkehr erfahren, dass ihre ganze Familie (Frauen, Kinder, Eltern, Brüder und Schwestern), während sie im Krieg waren, zu Hause in den Bombennächten zu Tode gekommen ist. Nach Kriegsende sahen sie die Bilder von den Leichenbergen und Hungerskeletten aus den Konzentrationslagern, die 1945 in allen Zeitungen abgedruckt waren. Diese Ereignisse, Erlebnisse, Bilder haben natürlich das Bewusstsein und „Vorverständnis“[5] eines jeden, der es erleben musste, in einer bestimmten Weise geprägt und jeder wusste auch, dass andere Ähnliches oder noch Schrecklicheres erlebt haben.

II. Das Unrecht der SED-Herrschaft

Unrechtssysteme hat es im Laufe der Geschichte viele gegeben, kaum ein größeres Volk ist davon völlig verschont geblieben. In vielen Ländern sind diese Unrechtssysteme auch aus idealistischen Bewegungen entstanden, die ursprünglich nur das Gute wollten. Das gilt nicht zuletzt und vor allem für die *Französische Revolution* mit ihrem Schlachtruf der *Freiheit, Gleichheit und Brüderlichkeit*, deren große Helden, *Danton*, *Robespierre*, unter der Guillotine ihren Traum beendeten. Die Bürger eines Teils von Deutschland erlitten das Schicksal, zwei verschiedenartige Unrechtssysteme in einem Jahrhundert ertragen und bewältigen zu müssen. Die Deutschen, deren Wohnsitz nach Kriegsende unglücklicherweise in der sowjetischen Besatzungszone lag, sind nahezu ohne Übergang aus der Herrschaft des nationalsozialistischen Unrechtssystems unter die Herrschaft eines sozialistisches Unrechtssystems gekommen, sofern sie nicht noch vor dem Mauerbau rechtzeitig „auf die andere Seite der Grenze gemacht“ haben. Das hatte zur Folge, dass die Gerichtsbarkeit der Bundesrepublik mit der Aufarbeitung des nationalsozialistischen Unrechts noch nicht zu Ende gekommen war, als ab 1989/90 mit Prozessen gegen die Mauerschützen und andere Straftäter der Rechtsprechung die Aufgabe zufiel, das in der DDR begangene Unrecht strafrechtlich zu sühnen. Und in diesen Fällen stellte sich wiederum die Frage, ob und inwieweit das unter der Herrschaft der SED von der Exekutive und Judikative dieses Staates noch für rechtmäßig erachtete Handeln als unrechtmäßig verurteilt und im Interesse von Recht und Gerechtigkeit mit Strafe belegt werden kann und muss.

Auf der Grundlage von sechs Revisionsentscheidungen des BGH und einer Entscheidung des Bundesverfassungsgerichts über zwei Verfassungsbeschwerden gegen zwei dieser Entscheidungen des BGH will ich im 8. Kapitel zeigen, wie in diesen Fällen des DDR-Unrechts die Rechtsprechung das Problem der Grenzziehung *zwischen geltendem positivem Recht* und *strafbarem gesetzlichem Unrecht* gelöst hat. Auch diese Rechtsprechung konnte ihre Entscheidungen nicht auf die Grundrechte und die sonstigen Regelungen des Bonner Grundgesetzes stützen, weil diese verfassungsrechtlichen Regelungen zur Zeit der in der DDR begangenen Straftaten in diesem Teil Deutschlands nicht gegolten haben. Die Richter mussten also auch in diesen Fällen ihre Urteile im Wesentlichen mit allgemeinen naturrechtlichen Grundsätzen begründen, die nicht dem positiven Recht ent-

[5] Vgl. *Esser* Vorverständnis 133 ff.

nommen werden konnten, sofern die Taten nicht schon nach dem richtig verstandenen Wortsinn der Gesetze der DDR strafbar waren und nur deshalb zur Tatzeit straflos blieben, weil die Täter in der DDR nicht verfolgt, angeklagt und verurteilt worden sind. Die Gesetze über den Schusswaffengebrauch an der Grenze sind den Grenzsoldaten der DDR von ihren Vorgesetzten bewusst unrichtig erklärt worden. Das Erschießen der Flüchtlinge wurde ihnen auch in solchen Fällen befohlen, in denen der Schusswaffengebrauch nach den geltenden Gesetzen nicht gestattet war. Die Mauerschützen waren sich also in den meisten Fällen des Unrechts ihrer Handlungen gar nicht bewusst und haben außerdem auf Befehl geschossen, sich also auch in einem Befehlsnotstand befunden. Die im 8. Kapitel dargestellten Urteile des Bundesgerichtshofs sind diesem Sachverhalt im Wesentlichen *nicht* gerecht geworden. Vor der Betrachtung der großen rechtlichen Schwierigkeiten der Verurteilung von Straftaten, die unter dem Deckmantel des positiven Rechts eines Staates begangen wurden, soll im Folgenden allgemein aufgezeigt werden, wie sich der Verfassungsgesetzgeber der Bundesrepublik bemüht hat, mit der Aufstellung allgemeiner verfassungsrechtlicher Normen die Grenze zwischen *Recht und Unrecht* zu ziehen, um die Entwicklung solcher Unrechtssystem möglichst zu verhindern.

III. Die Geburtsstätte des Rechts ist das Gericht[6]

Vor der Lösung eines Rechtsproblems durch ein *Gesetz* steht in aller Regel ein *erster Fall*, der dieses Problem zur Entscheidung eines Gerichts stellt. Wenn ein solcher Fall öfters auftritt und von verschiedenen Gerichten eines Landes verschieden entschieden wird, kann es – um der *Rechtseinheit* und der *Rechtssicherheit* willen – gut und richtig sein, in diesem Lande ein *Gesetz* zu erlassen, in welchem durch einen *Rechtssatz* festgelegt wird, wie ein solcher Fall in der Regel zu entscheiden ist. Dass ein Gesetzgeber Regelungen aufstellt zur Lösung von Problemen und Fällen, die in der Rechtspraxis noch nie aufgetreten sind, ist zwar möglich, dürfte aber selten oder nie vorkommen. In der Rechtsgeschichte ist zu erkennen, dass es stets, lange bevor es für ein Volk in einem Land Gesetze gibt, eine *Rechtsprechung* gibt, die die alltäglich aufkommenden Rechtsstreitigkeiten der Menschen entscheidet, und dass es zumeist erst später zu einer Gesetzgebung kommt, in der die durch die Rechtsprechung angefallene *Kasuistik* zu allgemeinen und abstrakten Normen verdichtet und in eine systematische Ordnung gebracht wird. Auch heute noch gibt es viele Staaten, in denen große Rechtsgebiete, insbesondere das Zivilrecht, im Wesentlichen nicht durch Gesetze geregelt sind,

[6] Die Überschrift ist ein Zitat aus: *Rehfeld-Rehbinder*, Einführung in die Rechtswissenschaft, § 3 IV.

in denen vielmehr die Gerichte auf der Grundlage von *Präjudizien* Recht sprechen, also von Entscheidungen anderer Gerichte, die zuvor einen solchen oder ähnlichen Fall entschieden haben. Die Rechtssicherheit wird in diesen Ländern vor allem dadurch gewährleistet, dass die Gerichte von Entscheidungen gleichrangiger oder vorrangiger anderer Gerichte *nicht* abweichen dürfen (*stare decisis*), sofern die Fälle nicht aufgrund eines „spezifischen Unterschieds" auch verschieden zu entscheiden sind. Aufgrund dieses „Präjudizien-Kults" ist die Rechtsprechung in einem derartigen *Case-Law-System* im Allgemeinen noch wesentlich konservativer als in einem Rechtssystem mit kodifiziertem Recht. Ein solches Rechtssystem besteht zum Beispiel in Großbritannien sowie in den meisten Bundesstaaten der USA. In den Staaten Kontinentaleuropas wurde dagegen das Zivilrecht nach den großen Vorbildern des Preußischen Allgemeinen Landrechts, des französischen *Code Civil* und des österreichischen Allgemeinen Bürgerlichen Gesetzbuchs durch Zivilgesetzbücher gesetzlich geordnet, die im Wesentlichen alle auf dem im *Corpus Juris Civilis* überlieferten römischen Recht beruhen.

Aufgrund derart verschiedener Rechtssysteme entstehen verständlicherweise auch verschiedene Vorstellungen über die Aufgabe des Staates als Gesetzgeber, der Gerichte als Organe der Rechtsprechung und der Rechtswissenschaft, nicht zuletzt auch verschiedene Vorstellungen über den *Begriff des Rechts.* Im angelsächsischen Bereich soll sich der Staat als Gesetzgeber so weit wie möglich zurückhalten; in den kontinentalen europäischen Staaten erwartet man, dass der Gesetzgeber neu auftretende Rechtsprobleme so schnell wie möglich gesetzlich regelt, weil man denkt, *ohne Gesetze könnten die Richter nicht Recht sprechen.* Im angelsächsischen Bereich sind die Gerichte auf dem Gebiet des Zivilrechts von gesetzlichen Vorgaben weitgehend befreit, dafür aber an die Präjudizien der älteren Rechtsprechung gebunden. Der Rechtswissenschaft kommt im kontinentalen Europa vor allem die Aufgabe zu, das Recht in der Rechtslehre an die künftigen Generationen weiterzugeben, neu auftretende Rechtsprobleme systemgerecht in die gegebenen Kodifikationen einzufügen oder im Hinblick auf geänderte Verhältnisse notwendig gewordene neue gesetzliche Regelungen vorzubereiten, Widersprüche in der gegebenen Rechtsordnung aufzudecken und auszugleichen, auch problematische Entscheidungen der Rechtsprechung kritisch zu besprechen.

Für das amerikanische Recht hat der berühmt gewordene Richter *Oliver Wendell Holmes* die Aufgabe der Rechtswissenschaft dagegen im Wesentlichen darin gesehen *vorherzusagen, wie die Gerichte entscheiden werden (prophecies of what the courts will do in fact).*[7] Recht ist danach also nur das, was nach dem Richterspruch für richtig befunden wird und zu gelten hat. Alles andere soll nur eine Voraussage sein, wie

[7] *Oliver Wendell Holmes*, The Path of the Law, in: 10 Harvard Law Review, 10 (1897), 457. Hinter dieser Einstellung verbirgt sich ein exzessiver Rechtsprechungs-Positivismus, der den Richter nicht nur über das Gesetz, sondern auch über das Recht stellt; dazu Rüthers Rechtstheorie Rz 48.

die Richter eventuell entscheiden werden. Es versteht sich, dass auf diese Weise die Rechtswissenschaft zur *Rechtssoziologie* und *Rechtspsychologie* verkümmern muss, deren Aufgabe es ist zu untersuchen, wie sich die gesellschaftlichen Verhältnisse entwickelt haben, wie sie tatsächlich sind und wie der Richter, der die Sache zu entscheiden hat, kraft seiner Herkunft, seiner Erziehung, seinem gesellschaftlichen Umgang und nicht zuletzt seiner Parteizugehörigkeit zu denken pflegt. Der Rechtsunterricht wird infolgedessen zur *Rechtslehre*, das heißt zur Nacherzählung, wie die Gerichte in den praktisch wichtigsten Fällen bisher entschieden haben, und zur Vorhersage auf der Grundlage rechtssoziologischer und rechtspsychologischer Erkenntnisse, wie die Richter später entscheiden werden.

Für den kontinentaleuropäischen Juristen wird das Recht gebildet und fortgebildet durch *Gesetz, Rechtsprechung und Rechtswissenschaft*. Und es gibt auch vor einem Richterspruch schon das Recht, das in aller Regel von den Menschen auch beachtet wird und daher die rechtliche Ordnung, in der die Menschen zusammenleben, tatsächlich bestimmt. Dieses Recht kann entstanden sein durch lang andauernde Übung in der Überzeugung, dass es so rechtens ist (*Gewohnheitsrecht*), oder durch Gerichtsentscheidungen (*Richterrecht*) oder durch Gesetze (*Gesetzesrecht*). Gleichgültig, ob das Recht als Gewohnheitsrecht, Richterrecht oder Gesetzesrecht entsteht, es liegen ihm stets die ethischen Prinzipien zugrunde, die sich als Moral und Sittlichkeit im Laufe der geschichtlichen Entwicklung in einem Volk und einem Staat entwickelt haben und in der Philosophie auf der Grundlage der griechischen Tradition als *Ethik* verstanden werden.[8] Soweit diese Prinzipien metaphysisch verankert sind, entstammen sie grundsätzlich *religiösen Vorstellungen*, die die Menschen als ihnen vorgegebene Ordnungen verstehen, die ihr Handeln und Verhalten bestimmen sollen. Spätestens seit *Aristoteles* versuchen die Menschen aber auch, diese ethischen Prinzipien aus ihrer Vernunft abzuleiten und zu begründen, was die Spannung zwischen Religion, Vernunft und Recht begründet, die in der dargestellten andalusischen Philosophie so deutlich zum Ausdruck kam und in der christlichen Staatenwelt nicht zuletzt aufgrund des Werks von *Thomas von Aquin* durch die Trennung von Recht und Religion von Kirche und Staat eine im Wesentlichen vernünftige Ordnung gefunden hat.

Das so verstandene Recht, bestehend aus Gesetzesrecht, Richterrecht und Gewohnheitsrecht, gehört zur *intellegiblen Welt*, zur nur geistig wahrnehmbaren Gedankenwelt, die wir mit unseren *fünf Sinnen* nicht *erkennen*, sondern nur mit unserer *Vernunft erfassen* können. Das mag erklären, warum manche Menschen denken können, es gebe gar kein Recht, solange sie nicht zu einer lebenslangen Gefängnisstrafe verurteilt worden sind oder einen Zivilprozess und mit ihm viel Geld verloren haben. Am deutlichsten ist das Recht allerdings vor Gericht zu erkennen (nicht mit den Augen), also dort, wo Recht gesprochen wird (aber auch nicht

8 Dazu *Henkel* Rph §§ 15–17, S. 115–160.

bloß mit den Ohren). Wenn die Bauern A und B sich zum Beispiel darüber streiten, ob ein bestimmtes Kalb dem einen oder dem anderen Bauern gehört und der Richter auf der Grundlage der einschlägigen Gesetze *im Namen des Volkes* das Urteil spricht: „Das Kalb gehört dem A", so ist, wenn das Urteil *rechtskräftig* ist, *von Rechts wegen* festgestellt, dass das Kalb dem A gehört. A ist dann rechtmäßiger Eigentümer des Kalbs, selbst dann, wenn der Richter sich geirrt hat, weil ansonsten jeder Rechtsstreit bis in alle Ewigkeit fortgeführt werden könnte. Ein Fußballer weiß, es gibt Strafstoß, *wenn der Schiedsrichter pfeift*, gleichgültig, ob es ein Foul war oder nicht; damit hat er das *Wesen der Rechtskraft* verstanden, weil es gegen einen solchen Pfiff, wenn er aufgrund einer *Tatsachenentscheidung* erfolgt, kein Rechtsmittel (außer Videoüberprüfung) gibt; gäbe es dagegen sonstige Rechtsmittel, so könnten die meisten Fußballspiele – jedenfalls im Berufsfußball – erst Jahre später durch Gerichtsurteile entschieden werden. Wenn B dem A nach dem Urteil das Kalb nicht freiwillig herausgibt, kann A mit dem *rechtskräftigen* Urteil die Zwangsvollstreckung betreiben, und das Kalb wird dann vom Gerichtsvollzieher notfalls mit Hilfe der Polizei dem B weggenommen und dem A gegeben. Wenn der Richter sich geirrt hat, wird diese Zwangsvollstreckung von B als *Unrecht* empfunden, aber die Vollstreckung des rechtskräftigen Urteils geschieht von Rechts wegen, weil ansonsten kein Urteil mehr etwas wert wäre.

IV. Gründe für Fehlurteile: Tatfragen und Rechtsfragen

1. Es gibt hauptsächlich zwei Gründe für Fehlurteile: Erstens, weil der Richter nicht von dem richtigen Sachverhalt ausgegangen ist (*Tatfrage*); zweitens, weil der Richter das geltende Recht nicht richtig angewendet hat (*Rechtsfrage*). Die meisten Fehlurteile – vor allem im Strafrecht – beruhen auf Fehlern in der *Tatfrage*, weil es dem Staatsanwalt oft nicht gelingt nachzuweisen, dass der Angeklagte der Mörder oder Täter einer anderen Straftat ist, und dieser dann wegen des Grundsatzes *in dubio pro reo* freigesprochen werden muss; Fehlurteile zulasten des Angeklagten sind dagegen äußerst selten, weil dieser Beweisgrundsatz Fehlurteile gegen einen Angeklagten zwar nicht gänzlich verhindern kann, aber doch weitestgehend. Das Unrecht solcher Freisprüche mangels Beweises ist in Kauf zu nehmen, weil es nach allgemeiner Auffassung leichter zu ertragen ist, dass ein Schuldiger in Freiheit lebt als dass ein einziger Unschuldiger im Gefängnis sitzt. Im Zivilrecht sind Fehlurteile seltener als im Strafrecht, hauptsächlich, weil die entscheidungserheblichen Tatsachen häufiger durch Urkunden (z.B. Quittungen) belegt sind, aber auch, weil die Beweislast nicht so einseitig verteilt ist: Es genügt grundsätzlich, dass der Kläger einen Sachverhalt beweist, aufgrund dessen mit einiger Sicherheit darauf geschlossen werden kann, dass seine Behauptungen richtig sind (*prima-facie-Beweis*). Der Beklagte muss sodann beweisen, dass die vom Kläger aus dem bewiesenen Sachverhalt gezogene Schlussfolgerung im gegebenen Fall nicht berechtigt ist; sofern dem Beklagten eine solche „Erschütterung des Anscheinsbeweises“ gelingt, muss der Kläger den vollen Beweis für die anspruchsbegründenden Tatsachen erbringen, wenn er seinen Prozess gewinnen will. Ein derartiger *prima-facie*-Beweis genügt im Strafprozessrecht nicht zu einer Verurteilung. Wenn die zivilrechtliche Beweislastregelung der strafrechtlichen entsprechen würde, würden auch in Zivilprozessen die Kläger in den meisten Fällen ihren Prozess im Zweifel verlieren, würde also großes Unrecht herrschen, das nicht ertragen werden könnte.

2. Zur Tatfrage: Ein Kalb gehört, wenn es geboren wird, grundsätzlich dem Eigentümer der Kuh, weil es eine Frucht der Kuh ist (§§ 99, 953 BGB). Nehmen wir an: A behauptet im Prozess, dass ein bestimmtes Kalb von einer Kuh seiner Herde geboren worden sei, dann aber zur Herde des B entlaufen sei und dort von einer anderen Kuh, deren Kalb gestorben war, angenommen worden sei. B bestreitet diese Behauptungen jedoch und behauptet seinerseits, dass das Kalb von einer Kuh seiner Herde abstamme. Der Richter muss die streitige Tatfrage entscheiden und hat dazu einen Sachverständigen beauftragt, Gentests bei den genannten Mutterkühen und dem Kalb vorzunehmen. Auf der Grundlage des auf diese Tests gestützten Sachverständigengutachtens kommt der Amtsrichter zu der Entscheidung, dass das Kalb von der Kuh des Klägers A abstammt, und gibt der Klage des A auf Herausgabe des Kalbs statt. Die dagegen eingelegte Berufung des Beklagten wird vom Landgericht *rechtskräftig* zurückgewiesen. Weil B das Kalb nach diesem Urteil jedoch nicht freiwillig herausgegeben hat, beantragte A die Zwangsvollstreckung des erstrittenen Urteils und erhielt auf diese Weise das Kalb. Wenn sich später herausstellt, dass das Sachverständigengutachten aufgrund eines Irrtums falsch war, aber die sehr engen Voraussetzungen einer Wiederaufnahme des Verfahrens (§§ 579, 580 ZPO) nicht gegeben sind, ändert dies nichts an der Tatsache, dass dem A von Rechts wegen das Eigentum an dem Kalb zugesprochen wurde. Auch sind in diesem Falle die Gesetze nicht falsch, falsch war nur die Entscheidung zur Tatfrage auf der Grundlage des falschen Sachverständigengutachtens. Das Urteil war zwar im Ergebnis falsch, der Richter hat das Gesetz aber richtig angewendet, allerdings aufgrund des Sachverständigengutachtens den Sachverhalt unrichtig festgestellt; wenn er jedoch den Irrtum des Sachverständigen mangels dahingehenden Sachverstandes nicht erkennen konnte, musste er dem Gutachten folgen, hat also subjektiv auch die Sachfrage richtig entschieden. Die Gesetze sind auch insofern richtig, als ein Urteil nach Erschöpfung des Rechtswegs grundsätzlich rechtskräftig ist und bleiben muss, weil ansonsten jeder Prozess ins Unendliche fortgesetzt werden könnte. Irren ist und bleibt menschlich und nicht jeder aufgrund eines Irrtums begangene Fehler kann wiedergutgemacht werden. Deswegen müssen solche Fehler der Rechtsprechung hingenommen werden wie viele andere menschliche Irrtümer auch, die jeder in seinem Leben erleidet.

3. Zur Klärung der Rechtsfrage wähle ich einen etwas komplizierteren Fall: In einem anderen Rechtsstreit zwischen den Bauern E und K war nicht das Kalb in die Herde des anderen gelaufen, sondern wurde eine trächtige Kuh dem E gestohlen, vom Dieb D an einen Viehhändler V verkauft und von diesem dem K verkauft. Nach dem Verkauf und der Einigung über den Eigentumsübergang zwischen V und K sowie der Übergabe des Besitzes der Kuh an K hat diese das Kalb geworfen. Als E dies alles erfährt, verlangt er von Käufer K gemäß den §§ 985, 929, 955, 935 BGB die Herausgabe seiner Kuh und des Kälbchens dazu. K lässt sich von einem Rechtsanwalt beraten, der ihm erklärt, dass er nicht Eigentümer der Kuh geworden sei, weil ein gutgläubiger Erwerb nach § 932 BGB ausgeschlossen sei, da die Kuh dem E gestohlen worden ist (§ 935 BGB); dass er aber Eigentümer des Kälbchens geworden sei, weil er im Zeitpunkt der Geburt des Kalbs zwar nicht Eigentümer der Kuh war, aber geglaubt hat es zu sein, also *gutgläubiger Eigenbesitzer* der Kuh war (§ 955 BGB).[9] Aufgrund dieser Beratung gibt K dem E die Kuh heraus, aber nicht das Kalb. E erhebt daher Klage auf Herausgabe des Kalbs. In der mündlichen Verhandlung erklärt der Richter den Parteien, dass er den Ausführungen des Rechtsanwalts des Beklagten K nicht zu folgen bereit sei, denn aus § 955 BGB ergebe sich nicht, dass der gutgläubige Eigenbesitzer auch dann Eigentümer der Früchte einer Sache wird, wenn die Sache gestohlen worden ist; die Regelung des § 955 BGB sei vielmehr durch § 935 BGB zu ergänzen, die den gutgläubigen Erwerb gestohlener Sachen ausschließt. Der Rechtsanwalt des Beklagten erklärte darauf, dass es dem Richter nicht zustehe, die Regelung des § 955 BGB durch die Regelung des § 935 BGB zu ergänzen, ein Richter habe vielmehr den Wortlaut des Gesetzes zu beachten und verstoße im Übrigen durch seine Auslegung auch gegen Art. 14 GG und verletze so das Grundrecht seines Mandanten am Eigentum, weil durch diese Auslegung dem K sein Eigentum an dem Kalb genommen werde, und dass er sich deshalb eine Verfassungsbeschwerde vorbehalte. Der Richter bleibt jedoch bei seiner Meinung und gibt der Klage statt; auch die von K dagegen eingelegte Berufung bleibt erfolglos. Eine Revision gegen dieses Urteil wurde nicht zugelassen. Das Urteil gegen K auf Herausgabe des Kalbs wird damit rechtskräftig. Der Beklagte K meint aber, dass der Richter falsch entschieden und ihm Unrecht angetan habe. Was kann der Rechtsanwalt des Beklagten noch für seinen Mandanten tun? Das Verständnis der Antwort auf diese Frage nach den *Grenzen der Rechtskraft* macht einige Vorkenntnisse erforderlich.

[9] So mit der h.M. zutr. *Baur/Stürner*, Sachenrecht, 17. Aufl., § 53 Rz 53.

V. Inwieweit ist ein Richter an das Gesetz gebunden?

1. Im Unrechts- und im Rechtsstaat: Gegen die ganz großen Ungerechtigkeiten, gegen „Auschwitz“ und gegen eine völkermordende Staatsführung, die auch ihr eigenes Volk zugrunde richten wollte, wenn es nicht die ganze ihm feindliche gesinnte Welt besiegen kann, kann selbstverständlich jeder seine ewigen, „unveräußerlichen und unzerbrechlichen Rechte“ nach *Tells* Art „vom Himmel herunterholen“, und es bleibt nicht nur der Tyrannenmord, sondern auch jede „fromme List“ eines Richters gerechtfertigt, die offensichtliches schweres Unrecht vermeiden oder abschwächen will. Für die vielen kleinen Ungerechtigkeiten, die auch in einem grundsätzlich funktionierenden Rechtsstaat alltäglich – zumeist aus Irrtum – geschehen, muss, um der Rechtssicherheit willen, jedoch grundsätzlich der *gesetzlich vorgezeichnete Rechtsweg* eingehalten werden. Es darf nicht sein, wie vor einigen Jahren geschehen, dass vom grünen Zeitgeist beseelte Amtsrichter ihre richterliche Unabhängigkeit dazu missbrauchen, um die Klagen von Elektrizitätswerken gegen Atomstromgegner auf Zahlung ihrer Stromrechnung abzuweisen, weil die Beklagten zum Atomstrom „Nein danke!“ sagten, sich ihren Strom aber aus der Steckdose holen und ihn nicht bezahlen wollen.

2. Art. 20 Abs. 3 GG: Bindung an Gesetz und Recht: Nach Art. 20 Abs. 3 GG sind die vollziehende Gewalt und die Rechtsprechung an *Gesetz und Recht* gebunden. Diese Formulierung ist nicht als Pleonasmus zu verstehen. Es ist vielmehr die Antwort des Verfassungsgesetzgebers, die er mit dem Grundgesetz vom 23. Mai 1949 auf das Unrecht der Gesetzgebung, der vollziehenden Gewalt und der Rechtsprechung des sog. Dritten Reiches gegeben hat. Ein Gesetz soll nicht mehr geltendes Recht sein, wenn es einen absolut unsittlichen Inhalt hat oder unrichtig ist,[10] vielmehr soll der Richter nach Art. 20 Abs. 3 GG an Gesetz *und Recht* gebunden sein. Aber was heißt „Recht“ in diesem Zusammenhang? Der Verfassungsgesetzgeber hat den Begriff „Naturrecht“ vermieden, wohl weil manche es als „Irrlehre“ oder als „göttliches Recht“ verstanden. Wie schon oben[11] dargelegt ist die Formel „Gesetz und Recht“ daher nicht bloß als eine Bindung an die Gesetze des positiven Rechts, sondern auch an die diesem positiven Recht zu Grunde liegenden allgemeinen Rechtsgrundsätze zu verstehen, die herkömmlicherweise als Naturrecht begriffen, vom BVerfG aber als „überpositives Recht“ bezeichnet werden. Mit dem Bonner Grundgesetz und dessen in den Artikeln 1-19 formulierten Grund- und Menschenrechten hat der Verfassungsgesetzgeber allerdings einen großen Teil dieser naturrechtlichen Grundsätze in Rechtssätzen erfasst, die zwar notwendigerweise weit und offen formuliert werden, aber durch

[10] Zur gegenteiligen Auffassung des Rechtspositivismus und Radbruchs oben 5. Kap II–IX.
[11] 5. Kap V 2.

die Rechtsprechung inzwischen auch schon eine weitgehende Konkretisierung erfahren haben. Die Verletzung naturrechtlicher Grundsätze durch Regelungen des positiven Rechts können daher jedenfalls zumeist auch als Grundrechtsverletzungen betrachtet und schon deswegen als rechtsunwirksam erkannt werden. Diese Erscheinung berechtigt jedoch nicht zu einem Neopositivismus (Verfassungspositivismus) mit der Vorstellung, dass alle denkbaren Rechtsgrundsätze im Grundrechtskatalog des Grundgesetzes enthalten seien. Diese Vorstellung ist selbst dann nicht richtig, wenn wirklich alle naturrechtlichen Rechtsgrundsätze in irgendein Grundrecht hineingelegt werden könnten, weil diese „Hinein- und wieder Herauslegung" letztlich doch auf der Vernunft des Menschen beruht und nicht auf den Formulierungen der Grundrechte. Das wird besonders deutlich in neuen Fällen, die es vorher noch gar nicht gab und an deren Problematik vorher keiner denken konnte. Neue Technik, neue Bedingungen des Lebens müssen neues Recht hervorbringen[12]. Schon allein aus diesem Grunde kann das Recht niemals abschließend sprachlich erfasst werden und in dieser Form für alle Zeiten gültig sein.

3. Art. 1 Abs. 3 GG: Grundrechte sind unmittelbar geltendes Recht: Die Bindung an Gesetz und Recht nach Art. 20 Abs. 3 GG kann auch nur im Zusammenhang mit Art. 1 Abs. 3 GG richtig verstanden werden, wonach die nachfolgenden *Grundrechte* (Art. 2–19 GG) die Gesetzgebung, die vollziehende Gewalt und die Rechtsprechung als *unmittelbar geltendes Recht binden*. Drüber hinaus bekennt sich nach Art. 1 Abs. 2 GG das deutsche Volk zu den unverletzlichen und unveräußerlichen Menschenrechten als Grundlage jeder menschlichen Gemeinschaft, des Friedens und der Gerechtigkeit in der Welt. Damit sind die staatlichen Gewalten nicht nur an die („einfachen") *Gesetze*, sondern auch an die *Grundrechte* der Verfassung gebunden, dürfen also die *Menschenwürde* (Art. 1 GG) nicht verletzen, auch nicht *das Leben und die körperliche Unversehrtheit* der Menschen und die *freie Entfaltung ihrer Persönlichkeit* (Art. 2 GG), den *Gleichheitssatz* (Art. 3 GG), die *Glaubens- und Gewissensfreiheit* (Art. 4 GG), die *Meinungsfreiheit* (Art. 5 GG), *Ehe und Familie* (Art. 6 GG), die *Versammlungs-* und *Vereinigungsfreiheit* (Art. 8 und 9 GG), die *Berufs- und Eigentumsfreiheit* (Art. 12 und 14 GG), auch nicht alle anderen *Grundrechte* und *grundrechtsgleichen Rechte* im Sinne des Art. 93 Abs. 1 Nr. 4 Buchst. a GG. Damit sind die Grundrechte – anders als nach der Weimarer Reichsverfassung – nicht mehr bloß *unverbindliche Wertvorstellungen*, sondern wirklich *unmittelbar geltendes Recht geworden*.

Die Entscheidung, ob in einem *fachgerichtlichen Verfahren* (vor den Strafgerichten, Zivilgerichten, Arbeitsgerichten, Sozialgerichten, Verwaltungsgerichten, Finanzgerichten) bei der Anwendung des einfachen Rechts die Grundrechte und/

12 *Jaspers* Ursprung 127 ff.

oder andere Gerechtigkeitsprinzipien verletzt wurden, überließ der Verfassungsgesetzgeber nur bezüglich des schon vor dem Erlass des Grundgesetzes geltenden (*vorkonstitutionellen*) Rechts der *Fachgerichtsbarkeit*, hat sie für das *nachkonstitutionelle* Recht aber dem BVerfG übertragen. Jedem Bürger ist der *Rechtsweg eröffnet* worden, eine ihn selbst betreffende Verletzung dieser Grundrechte und grundrechtsgleichen Rechte, in deren Rechtsprinzipien die Rechtsauffassungen aus Jahrtausenden eingesammelt sind, in einem gerichtlichen Verfahren geltend machen zu können. Alle Naziverbrechen können nach verständiger Anwendung dieses mit so einfachen Sätzen errichteten Systems klar als Unrecht begriffen werden; auch soweit sie vor ihrem tatsächlichen Geschehen kaum oder gar nicht vorstellbar waren. Natürlich kann auch dieses System letztlich nicht verhindern, dass noch einmal Menschen an die Macht des Staates kommen, die diese rechtlichen Regelungen nicht beachten und alle anderen, die das nicht wollen, einsperren und/oder töten. Das Grundgesetz hat aber, um schon den Anfängen einer solchen Entwicklung entgegentreten zu können, die Vereinigungsfreiheit des Art. 9 Abs. 2 GG dadurch eingeschränkt, dass alle Parteien und sonstigen Vereine und Vereinigungen, die sich gegen die *verfassungsmäßige Ordnung* richten, verboten und aufgelöst werden können. Damit ist im Grunde alles getan, was von Rechts wegen getan werden kann, um einen *Rechtsstaat* aufzubauen und sein Abgleiten in ein *Unrechtssystem* in der Art des Übergangs von der Verfassung der Weimarer Republik zum System des sog. Dritten Reichs künftig zu verhindern.

VI. Der verfassungsmäßige Weg zum Recht

1. Zurück zum Fall des Kälbchens und der Kuh: In Zivilsachen sind in 1. Instanz nach § 23 Gerichtsverfassungsgesetz (GVG) die Amtsgerichte oder die Landgerichte (§ 71 GVG) zuständig, im gegebenen Fall des Kälbchens das Amtsgericht, weil der Streitwert unter 5000 Euro liegt. Wie dargelegt hat der Richter bewusst gegen die Regelung des § 955 BGB entschieden, wonach derjenige das Eigentum an dem Kalb erwirbt, der im Zeitpunkt der Geburt *gutgläubiger Eigenbesitzer* der Kuh gewesen ist, also der Besitzer der Kuh, der glaubte, Eigentümer der Kuh zu sein, aber nicht Eigentümer geworden war, weil er die Kuh, die dem rechtmäßigen Eigentümer gestohlen worden war, nicht gutgläubig erwerben konnte. Der Richter wollte mit seiner Entscheidung aber kein *Unrecht* schaffen, hat vielmehr die gesetzliche Regelung als Unrecht betrachtet und wollte „besseres Recht" schaffen. Müssen wir also nicht nur dem Pfarrer die Freiheit und das Recht einräumen, nach seiner Überzeugung zu predigen, sondern auch dem Richter das Recht geben, nach seiner Überzeugung Recht zu sprechen? Davor hat *Radbruch* in seinem Aufsatz in der Süddeutschen Juristen-Zeitung[13] – trotz seiner dortigen Distanzierung vom Rechtspositivismus – nicht zu Unrecht ausdrücklich gewarnt: „Nicht jeder Richter sollte auf eigene Faust Gesetze entwerten dürfen, diese Aufgabe sollte vielmehr einem *höheren Gericht* oder der *Gesetzgebung* vorbehalten bleiben." Im Gesetzesrecht heißt es in § 132 Abs. 4 GVG, dass der erkennende Senat des BGH eine Frage von grundsätzlicher Bedeutung dem *Großen Senat*, der aus dem Gerichtspräsidenten und je einem Mitglied der Zivilsenate besteht, zur Entscheidung vorlegen kann, „wenn das nach seiner Auffassung zur *Fortbildung des Rechts* oder zur *Sicherung einer einheitlichen Rechtsprechung* erforderlich ist". Daraus könnte man schließen, dass die Fortbildung des Rechts auf dem Gebiet des Zivilrechts allein dem *Großen Senat* des BGH vorbehalten ist. So ist es aber nicht, wie die folgenden Ausführungen zeigen sollen, wonach auch jeder Amtsrichter eine gesetzliche Regelung für verfassungswidrig ansehen kann, wenn es sich um *vorkonstitutionelles* Recht handelt. Nur wenn das *Gesetz*[14] erst nach dem Grundgesetz in Kraft getreten ist, muss jedes Fachgericht, das eine gesetzliche Regelung für verfassungswidrig erachtet, die Verhandlung aussetzen und die Sache dem Bundesverfassungsgericht zur Entscheidung vorlegen. Die Regelung des § 955 BGB, von welcher der Amtsrichter abgewichen ist, stammt aus dem am 1. Januar 1900 in Kraft getretenen BGB, ist also *vorkonstitutionelles Recht* und hätte auch vom Amtsrichter für verfassungswidrig erklärt werden können. Er hat das aber nicht getan, sondern die Klage abgewiesen aufgrund einer Rechtsauffassung, die mit dem Wortlaut der Regelung des § 955 BGB nicht zu vereinbaren ist. Dieser Unterschied hat rechtliche Bedeutung.

2. Rechtsmittel: Berufung und Revision: Gegen die Urteile aller ordentlichen Gerichte (Zivil- und Strafgerichte) und sonstigen Fachgerichte (Arbeitsgerichte, Sozialgerichte, Verwaltungsgerichte,[15] Finanzgerichte) ist grundsätzlich *Berufung* (in Zivilsachen gemäß § 511 ZPO) und *Revision* (in Zivilsachen gemäß § 543 ZPO, sofern sie zugelassen ist) zulässig. Gegen das Urteil des Amtsrichters hat K Berufung eingelegt, und diese war nach dem richtig verstandenen Recht des § 955 auch begründet. K hielt zwar den Besitzer V gemäß der Vermutung des § 1006 BGB für den Eigentümer, war also gutgläubig gemäß § 932 BGB, konnte aber nicht Eigentümer werden, weil dem wahren Eigentümer X die Kuh gegen seinen Willen *abhandengekommen* war und ein gutgläubiger Erwerb in solchem Falle gemäß § 935 BGB ausgeschlossen ist. Diese Regelung des § 935 BGB wollte der Richter *analog* auf die Fälle des § 955 BGB anwenden, wenn die gestohlene und daher trotz gu-

13 SJZ 1946, 105 ff. = Rph4, 347, 355 ff.; dazu 5. Kap VI.

14 Unter Gesetz im Sinne des Art. 100 GG ist nicht ein in der Regel aus einer Vielzahl einzelner Regelungen bestehendes Gesetzwerk wie z.B. das BGB gemeint, sondern die einzelne Rechtsnorm, im gegebenen Beispiel also § 955 BGB; BVerfGE 55, 274, 327.

15 Vor der Klage vor einem Verwaltungsgericht gegen die Entscheidung einer Verwaltungsbehörde ist zuerst noch ein Widerspruchsverfahren gemäß § 68 ff. VwGO durchzuführen.

ten Glaubens nicht zu Eigentum erworbene Kuh in der Zeit des gutgläubigen Besitzes ein Kalb geworfen hat. Die Regelung des § 935 BGB gilt jedoch nur für den *rechtsgeschäftlichen Erwerb*, also für den Erwerb der Kuh, deren Eigentum K nicht erworben hat, nicht aber für den *gesetzlichen Erwerb der Frucht* der nicht erworbenen Kuh nach § 955 BGB, wofür es genügt, dass der *Besitzer der Kuh gutgläubig* war. Die Sache durfte der gutgläubige Besitzer nicht behalten, weil sie dem wahren Eigentümer gestohlen worden war, wohl aber die Frucht, weil diese als Entschädigung dafür zu betrachten ist, dass er die Sache herausgeben musste und für die Besitzzeit die gemachten Verwendungen auf die Sache (z.B. Futterkosten oder Kosten eines Tierarztes, wenn sie angefallen sind) nicht ersetzt bekommt (§ 994 BGB), was durch die Regelungen der §§ 993, 987, 990 BGB bestätigt wird.[16] Das Landgericht hätte der Berufung des Beklagten K also stattgeben und die Klage des E auf Herausgabe des Kälbchens abweisen müssen, hat jedoch die Berufung zurückgewiesen und die Revision gegen dieses Urteil nicht zugelassen. Auch die Beschwerde des Beklagten gegen diese Nichtzulassung der Revision wurde zurückgewiesen. Damit war das Urteil gegen den Beklagten rechtskräftig und der ordentliche Rechtsweg ausgeschöpft.

3. Verfassungsbeschwerde wegen Grundrechtsverletzung: Gegen rechtskräftige Urteile – nicht bloß eines Zivilgerichts, auch eines Strafgerichts, Arbeitsgerichts, Sozialgerichts, Verwaltungsgerichts und Finanzgerichts – ist die Erhebung einer *Verfassungsbeschwerde* gemäß Art. 93 Abs. 1 Nr. 4 a GG möglich, über welche das *Bundesverfassungsgericht* zu entscheiden hat. Diese Beschwerde ist zulässig und begründet, wenn eine Partei nach voller *Ausschöpfung des Rechtswegs* durch die Entscheidung eines Gerichts oder durch sonstige öffentliche Gewalt (z.B. durch polizeiliche Maßnahmen) in ihren *Grundrechten* oder den in Art. 93 Abs. 1 Nr. 4 a GG genannten *grundrechtsgleichen Rechten* (z.B. Art. 103 Abs. 2 GG: *nullum crimen sine lege*) verletzt worden ist[17] und der Beschwerdeführer diese Grundrechtsverletzung schon in dem Verfahren, das zu der Verletzung geführt haben soll, gerügt hat. Wegen eine Verletzung des *„einfachen Rechts“*, also wegen eine Verletzung zivilrechtlicher, strafrechtlicher, arbeitsrechtlicher oder verwaltungsrechtlicher Regelungen, ist eine Verfassungsbeschwerde *nicht zulässig*. Diese Beschränkung der Verfassungsbeschwerden auf die Verletzung von Grundrechten und grundrechtsgleichen Rechten ist deshalb gerechtfertigt, weil für die Entscheidung über die Anwendung des „einfachen Rechts“ – im gegebenen Fall des Zivilrechts und dessen sachenrechtlicher Vorschriften über den Erwerb von Sachen und Früchten –

[16] So zutr. *Wieling* Sachenrecht § 11 Nr. 3.

[17] Zu den Einzelheiten vgl. *Zippelius/Würtenberger* StaatsR § 39 IV; dazu auch BVerfGE 95, 96; dazu unten 8. Kap VI 3 zur Frage, ob das BGH-Strafurteil gegen die Mitglieder des Nationalen Verteidigungsrats der DDR nur „einfaches Strafrecht“ oder Verfassungsrecht verletzt hat.

grundsätzlich schon der Rechtsweg über drei Instanzen gegeben ist, was grundsätzlich genügen muss. Nur wenn das damit an sich rechtskräftige Urteil Grundrechte des Betroffenen verletzt, soll dagegen noch eine Verfassungsbeschwerde zulässig sein Angesichts der weitgehend offenen Tatbestände der Grundrechte kann damit praktisch jede Entscheidung, die wirklich ungerecht ist, auch aufgehoben werden.

Die Verfassungsbeschwerde unseres Käufers gegen die rechtskräftige Entscheidung auf Herausgabe des Kälbchens wäre gemäß Art. 93 Abs. 1 Nr. 4 a GG zulässig, wenn der Richter mit seiner Entscheidung ein *Grundrecht* oder *grundrechtsgleiches Recht*, zum Beispiel sein *Eigentumsgrundrecht* (am Kälbchen) gemäß Art. 14 GG, verletzt hätte, was der Beklagte K auch schon im zivilrechtlichen Verfahren gerügt hat. Dass jedes Gericht bei der Anwendung eines Gesetzes auch die Grundrechte beachten muss, also ein Gesetz nicht anwenden darf, wenn es gegen Grundrechte verstößt, folgt aus Art. 1 Abs. 3 GG, wonach die Grundrechte die Gesetzgebung, die vollziehende Gewalt und die Rechtsprechung als unmittelbar geltendes Recht binden. Im gegebenen Beispielsfall musste der Richter also auch prüfen, ob er mit seiner Entscheidung nicht gegen Art. 14 GG, also das Eigentumsgrundrecht, verstößt. Art. 14 GG schützt den Eigentümer gegen Enteignungen und erhebliche Beeinträchtigungen und Beschränkungen seines Eigentumsrechtes durch sonstige staatliche Maßnahmen, nicht aber gegen gesetzliche Regelungen, die wie vorstehend dargelegt einen gutgläubigen Eigentumserwerb zulassen (§§ 932, 935 BGB) und den Erwerb der Früchte einer Sache einem gutgläubigen Eigenbesitzer gemäß § 955 BGB belassen. Diese gesetzlichen Regelungen und ihre Grenzen überschreiten nicht den Rahmen dessen, was ein *Gesetzgeber* nach Art. 14 Abs. 1 S. 2 GG als Inhalt und Schranken des Eigentums bestimmen kann. Allerdings haben die Zivilgerichte mit ihrer Fehlentscheidung dem K sein Eigentum an dem Kälbchen weggenommen, aber dies geschah auf der Grundlage einer *unrichtigen Anwendung „einfachen" Rechts* und kann daher keine Verfassungsbeschwerde begründen.[18] Eine Verfassungsbeschwerde wäre jedoch zulässig und begründet, wenn die Regelung des § 955 BGB, so wie sie ist, das Eigentumsgrundrecht verletzen würde; wenn man also der Meinung wäre, dass das Eigentumsrecht des Eigentümers der Kuh dadurch verletzt wird, dass ihm nicht auch das Eigentum an dem Kalb zugesprochen wird. Wie dargelegt, ist es jedoch sachgerecht, dem gutgläubigen Eigenbesitzer die Früchte der Sache zu belassen, weil er auch deren *Erhaltungskosten* zu tragen hatte. Die damit verbundene Einschränkung des Eigentumsrechts bleibt im Rahmen des Art 14 Abs. 1 S. 2 GG. Die Verfassungsbeschwerde war daher abzuweisen.

[18] BVerfGE 95, 96, 128; dazu unten 8. Kap VI 3.

4. Normenkontrollverfahren: Wie dargelegt sind nach Art. 1 Abs. 3 GG – anders als nach der Weimarer Reichsverfassung – die Grundrechte *unmittelbar geltendes Recht* und die Gesetzgebung, die vollziehende Gewalt und die Rechtsprechung daran gebunden. Ein Gesetz, ein Verwaltungsakt und ein gerichtliches Urteil sind daher, wenn sie gegen ein Grundrecht verstoßen, verfassungswidrig und damit rechtsunwirksam. Zur tatsächlichen Sicherung dieses Grundrechtsschutzes der Bürger in der Rechtspraxis sind neben der vorstehend dargestellten *Verfassungsbeschwerde* noch folgende *Normenkontrollverfahren* gegeben:

a) Konkrete Normenkontrolle nach Art. 100 GG: Nach Art. 100 GG kann jedes Gericht, wenn es ein *nachkonstitutionelles*[19] Gesetz, auf dessen Gültigkeit es bei der Entscheidung ankommt, für verfassungswidrig erachtet, das Verfahren aussetzen und die Entscheidung des Bundesverfassungsgerichts über die Verfassungswidrigkeit einholen. So wollte zum Beispiel eine volljährige Tochter, die zwar in der fortbestehenden Ehe ihrer Mutter mit deren Ehemann geboren wurde, aber wusste oder ahnte, dass dieser nicht ihr Vater war, ihre Abstammung gerichtlich klären lassen. Die Tochter erhob daher Klage gegen den Ehemann ihrer Mutter auf Feststellung, dass der Beklagte nicht ihr leiblicher Vater sei. Nach § 1593 BGB in der Fassung des Familienänderungsgesetzes vom 11. August 1961 war eine solche Klage jedoch nur zulässig, wenn die Ehe der Mutter mit dem Beklagten *geschieden*, *aufgehoben* oder für *nichtig erklärt* worden ist. Diese Regelung sollte der *Erhaltung des Familienfriedens* und der *Ehe der Eltern* dienen, die durch eine solche Klage gefährdet werden könnte.

Der *Amtsrichter* hielt diese gesetzliche Regelung für verfassungswidrig, setzte das Verfahren aus und holte die Entscheidung des Bundesverfassungsgerichts ein. Das BVerfG[20] erklärte die Regelungen der §§ 1593, 1596 Abs. 1 Nr. 2, 1598 BGB für verfassungswidrig, weil sie das durch Art. 1 Abs. 1 i.V.m. Art. 2 Abs. 1 GG begründete *verfassungsrechtliche Persönlichkeitsrecht* der Tochter verletzen würden, wozu das *Recht auf Kenntnis ihrer Abstammung* gehöre. Zwar sei auch die Ehe der Eltern ein durch Art. 6 GG verfassungsrechtlich geschütztes Rechtsgut. Die gegeneinanderstehenden verfassungsrechtlich geschützten Rechtsgüter seien daher nach Maßgabe des *allgemeinen Verhältnismäßigkeitsgrundsatzes* gegeneinander abzuwägen. Danach seien die Regeln der §§ 1593, 1596 und 1598 BGB, die Ehe und Familie schützen sollen, insoweit als verfassungswidrig anzusehen, als sie die gerichtliche Klärung der Abstammung von Kindern *für alle Fälle* ausschließen, in denen ein Kind in der Ehe geboren wurde und solange die Ehe fortbesteht, weil es auch Fälle geben könne, in denen durch die gerichtliche Klärung der Abstammung die Ehe der Eltern nicht gefährdet werde. Der Bundesgesetzgeber hat aufgrund dieser Entscheidung des Bundesverfassungsgerichts die Berechtigung eines

[19] Ein Gesetz, das nach Inkrafttreten des Bonner Grundgesetzes am 23.5.1949 erlassen wurde.
[20] BVerfG NJW 1989, 891=JZ 1989, 335 mit Anm. *Stark*.

Kindes zur Anfechtung der Vaterschaft in § 1600 BGB n.F. neu geregelt. Wären die für verfassungswidrig erklärten Regelungen des BGB nicht nach Inkrafttreten des Bonner Grundgesetzes neu gefasst worden, sondern *vorkonstitutionelles Recht* gewesen, hätte der Amtsrichter selbst die Verfassungswidrigkeit des Gesetzes feststellen können, ohne das Bundesverfassungsgericht anzurufen. Außerdem kann jeder Richter eines Zivil- oder Strafgerichts oder eines sonstigen Fachgerichts jede gesetzliche Regelung, soweit er damit nicht klar gegen den Wortlaut der Norm entscheidet, *verfassungskonform* derart *auslegen*, dass ihr Inhalt mit den Grundrechten im Einklang steht.[21]

b) Abstrakte Normenkontrolle nach Art. 93 I 2 GG: Schließlich können nach Art. 93 Abs. 1 Nr. 2 GG auch die Bundesregierung, eine Landesregierung oder ein Viertel der Mitglieder des Bundestages, ohne dass ein konkreter Fall dazu bei einem Gericht rechtshängig ist, eine Entscheidung des Bundesverfassungsgerichts über die Vereinbarkeit von Bundes- oder Landesgesetzen mit dem Grundgesetz beantragen. In der Praxis geschieht dies vor allem dann, wenn eine in Opposition zur Regierung stehende Partei ein Gesetz für nicht verfassungsgemäß erachtet.[22] In einem solchen Verfahren entschied das BVerfG z.B. auf Antrag der Freien Hansestadt Hamburg mit Urteil vom 21. Juli 2015, dass das vor allem auf Wunsch der bayerischen Landesregierung zustande gekommene Gesetz über das sogenannte *Betreuungsgeld* verfassungswidrig sei.

VII. Vom Naturrecht zum Verfassungspositivismus

1. Monarchisches und demokratisches Recht: In den Monarchien Europas hat man gedacht, dass die christlichen Kaiser, Könige, Herzöge und sonstigen Landesherren *von Gottes Gnaden* in ihre Ämter gekommen seien und auch von Gottes Gnaden die Gesetze beschlossen und dem Volk verkündet hätten, die daher auch von Gottes Gnaden geltendes Recht geworden seien und daher *nicht Unrecht sein könnten.*[23] Die Revolutionäre der Französischen Revolution und ihre philosophischen Vordenker haben an das *Gottesgnadentum* ihres Königs nicht mehr geglaubt, dafür aber in dem festen Glauben gehandelt, dass das Volk und dessen gewählte Vertreter, die nach dem Sturz der Monarchie die Macht übernommen haben, nichts

[21] Vgl. dazu *Zippelius/Würtenberger* StaatsR § 7 I 4.

[22] Vgl. *Zippelius/Würtenberger*, StaatsR § 49 III 2.

[23] *Einen anderen Grund kann niemand legen, außer dem, der gelegt ist, welcher ist Jesus Christus* (1. Kor. 3, 11; 1, 18–25; dazu *Schönfeld*, Grundlegung der Rechtswissenschaft, 1951, S. 482). Mit welcher Wachsamkeit und Strenge auch der *Preußenkönig Friedrich Wilhelm* diese Grundlage seiner Macht bewachte und verteidigte, zeigt seine Abmahnung an seinen „Würdigen und Hochgelahrten, lieben Getreuen“ *Immanuel Kant* v. 1.10.1792 und *Kants* Antwort, abgedruckt in der Vorrede vor „Der Streit der Fakultäten“, in: *Kant*, Werke Bd. 9, S. 267 ff.

anderes getan hätten als von ihren angeborenen Menschenrechten Gebrauch zu machen und dass ihre Gesetze niemals Unrecht sein könnten, weil das Volk nur das Gute und Gerechte wollen und niemals Unrecht schaffen könnte gegen das Volk.[24] Auf diese Weise hat sich das Naturrecht schon in der zivilrechtlichen Kodifikation des Code Napoleon sowie in der französischen und amerikanischen Verfassung in positives Recht verwandelt. Entsprechendes gilt für das *Allgemeinen Preußische Landrecht* und das österreichische *Allgemeine Bürgerlichen Gesetzbuch*, wenngleich diese noch nicht von einem demokratischen Gesetzgeber, sondern von einem Monarchen zum Gesetz gemacht worden sind, was aber den Vorstellungen *Kants* entsprochen hat, dass auch Monarchen republikanisch denken und handeln können. Etwa ein Jahrhundert später ist der Glaube an die naturrechtliche Qualität und Richtigkeit jeder demokratischen Gesetzgebung durch die auf demokratische Weise legal an die Macht gekommene Regierung Hitlers und seine Gesetzgebung im nationalsozialistischen Führerstaat jedoch ein für alle Mal grundlegend zerstört worden.

2. Die Notwendigkeit von Gerechtigkeitsnormen. Das wurde spätestens mit dem Reichsbürgergesetz und dem Gesetz zum Schutz des deutschen Blutes und der Ehre vom 15. September 1935 (RGBl I S. 1146) für jeden erkennbar – wenn auch leider die Mehrheit es nicht erkannt hat oder nicht erkennen wollte. Es ist und bleibt zwar richtig, dass wir die (*göttliche*) Gerechtigkeit nicht erkennen können, aber es wurden beginnend mit dem Gleichheitssatz im Laufe jahrtausendelanger Bemühungen doch einige *Prinzipien allgemein für richtig erkannt*, deren Beachtung notwendige Voraussetzung gerechter Regelungen sind und deren Verletzung grundsätzlich Unrecht entstehen lässt. Zu diesen „Gerechtigkeitsnormen" gehören die in der *UN-Menschenrechtserklärung* aufgeführten Rechte, die in Deutschland in Form der *Grundrechte* in die Verfassung vom 23. Mai 1949 geschrieben worden sind und von der Gesetzgebung, der vollziehenden Gewalt und der

---

24 Auch *Kant* teilte den *Enthusiasmus* über die Revolution eines geistreichen Volkes und erklärte dazu (StrdFak A 155): „Die Idee einer mit dem natürlichen Rechte der Menschen zusammenstimmenden Konstitution: daß nämlich die dem Gesetz Gehorchenden auch zugleich, vereinigt, gesetzgebend sein sollen, liegt bei allen Staatsformen zum Grunde, und das gemeine Wesen, welches, ihr gemäß, durch reine Vernunftsbegriffe gedacht, ein *platonisches Ideal* heißt (*res publica noumenon*), ist nicht ein leeres Hirngespinst, sondern die *ewige Norm* für alle bürgerliche Verfassung überhaupt, und entfernet allen Krieg. Eine dieser gemäß organisierten bürgerlichen Gesellschaft ist die Darstellung derselben nach Freiheitsgesetzen durch ein Beispiel in der Erfahrung (*respublica phaenomenon*)." *Kant* verkannte dabei nicht, dass diese Idee in einer *Monarchie* noch nicht verwirklicht sein konnte, meinte aber, es sei die Pflicht der Monarchen, wenn sie statt Revolution eine Evolution wollten, „ob sie gleich *autokratisch herrschen*, dennoch *republikanisch* (nicht demokratisch) zu *regieren*, d.h. das Volk nach Prinzipien zu behandeln, die dem Geist der Freiheitsgesetze (wie ein Volk mit reifer Vernunft sie sich selbst vorschreiben würde) gemäß sind".

Rechtsprechung als *unmittelbar geltendes Recht* zu beachten sind. *Damit ist das „Naturrecht" im Wesentlichen zum positiven, unmittelbar geltenden Verfassungsrecht geworden.*

Damit die Geltung dieser Grund- und Menschenrechte nicht bloß auf dem Papier steht, wie einst die Grundrechte der Weimarer Reichsverfassung, sondern auch in die *Rechtswirklichkeit umgesetzt* werden kann, ist jedem Bürger, der durch ein verfassungswidriges Gesetz oder eine *staatliche Handlung* (Verwaltungsakt) oder eine *Gerichtsentscheidung* oder in sonstiger Weise in seinen Grundrechten *verletzt wird, z.B. wenn einem Bürger im gerichtlichen Verfahren nicht das erforderliche Gehör gewährt wird (Art. 103 Abs. 1 GG),* das Recht gegeben, diese Verletzung seiner Rechte im gerichtlichen Verfahren durch alle Instanzen geltend zu machen und erforderlichenfalls auch nach voller Ausschöpfung des Rechtswegs gegen das *rechtskräftige Urteil* beim Bundesverfassungsgericht *Verfassungsbeschwerde* zu erheben. Das „Naturrecht" konnte die gesetzlichen Regelungen des positiven Rechts *nicht* außer Kraft setzen, solange die staatliche Macht in Form eines Königs oder eines Tyrannen diese gesetzlichen Regelungen als geltendes Recht betrachtete. Soweit das Naturecht aber in den Grundrechten und grundrechtsgleichen Rechten Ausdruck gefunden hat, und das ist in sehr weitem Umfang geschehen, kann und muss eine Verletzung dieser Verfassungsrechte aufgrund der Verfassung der Bundesrepublik von jedem Gericht beachtet werden. Dazu sind die Rechtsmittel der Verfassungsbeschwerde und des Normenkontrollverfahrens geschaffen worden, damit die verfassungsmäßigen Rechte erforderlichenfalls auch durchgesetzt werden können, solange es mit den Mitteln des Rechts noch möglich ist. Das war die Antwort des Verfassungsgesetzgebers auf die Erfahrungen mit dem gesetzlichen und dem sonstigen Unrecht des nationalsozialistischen Staates.

3. Vom Naturrecht zur verfassungsrechtlichen Rechtsfrage: Es ist davon auszugehen, dass alles nationalsozialistisches Recht, das nach 1945 als „naturrechtswidrig" betrachtet wurde, auch gegen die am 23. Mai 1949 Gesetz gewordenen Grundrechte verstoßen hat. Die Grundrechte erfassen wohl nicht alle, aber die wesentlichen und wichtigsten Gerechtigkeitsprinzipien, welche die Menschen im Laufe der Geschichte als solche erkannt haben. Damit sind die Grundrechte zu „Gerechtigkeitsnormen" des *positiven (Verfassungs-)Rechts* geworden, an das die Gesetzgebung, die vollziehende Gewalt und die Rechtsprechung gebunden sind. Das *rechtsphilosophische Problem* des Naturrechts und sein Verhältnis zum positiven Recht sind damit weitgehend zu der *verfassungsrechtlichen Frage* geworden, ob das positive Recht gegen Grundrechte oder grundrechtsgleiche Rechte verstößt.[25] Die naturrechtliche Frage ist damit im Wesentlichen zu einer Frage des geltenden Rechts geworden, über welche – soweit es um vorkonstitutionelles Recht geht – alle Gerichte nach bestem Wissen und Gewissen entscheiden können. Und der

[25] Dazu oben 5. Kap XI.

Bürger kann, wenn die Fachgerichte gegen ihn entschieden haben, gegen das Urteil Berufung und Revision einlegen und nach voller Ausschöpfung des Rechtswegs auch noch *Verfassungsbeschwerde* erheben, über die das Bundesverfassungsgericht zu entscheiden hat. Darüber hinaus sind nach Art. 100 GG noch das *konkrete* und nach Art. 93 Nr. 2 GG das *abstrakte Normenkontrollverfahren* gegeben. Die Entscheidungen des BVerfG in diesen Verfahren binden die Verfassungsorgane des Bundes und der Länder sowie alle Gerichte und Behörden, haben also nach § 31 BVerfGG Gesetzeskraft. Damit ist das Naturrecht, jedenfalls insoweit als es mit den Grundrechten erfasst werden kann, zu erkennbarem menschlichem Recht geworden und den *menschlichen Entscheidungen* eines Verfassungsgerichts überantwortet worden. Eine bessere Sicherung der Rechte der Bürger mit den Mitteln des menschlichen Rechts erscheint kaum denkbar.

7. Kapitel
BGH-Urteile zum NS-Unrecht

> Der Handelnde ist immer unmoralisch,
> Gewissen hat nur der Betrachtende.
> *Goethe*

> Wehe der Justiz, die erledigte Politiker zu erledigen hat.
> *Max Silberstein*

Nach Gründung der Bundesrepublik Deutschland am 23. Mai 1949, am Tage des Inkrafttreten des Grundgesetzes, und nach der Wiederaufrichtung einer funktionierenden rechtsstaatlichen Gerichtsbarkeit hat die Justiz mit einer in den Umständen der rein tatsächlichen Verfassung des Volkes liegenden Verzögerung damit begonnen, das im nationalsozialistischen Dritten Reich begangene Unrecht aufzuarbeiten und jedenfalls die schlimmsten Untaten mit einer Strafe zu belegen, wodurch das geschehene Unrecht zwar nicht wiedergutzumachen war, aber zumindest deutlich gemacht werden konnte, dass diese Taten nunmehr vom deutschen Volk und seiner Justiz als keinesfalls zu rechtfertigendes Unrecht betrachtet wurden.[1] Dieses Unrecht, wie es vor allem in den *Frankfurter Auschwitz-Prozessen*, aber auch in vielen anderen Prozessen erster Instanz tatsächlich in Erscheinung getreten ist, kann hier unmöglich im Einzelnen geschildert werden. Das Ziel der folgenden Darstellung ist es vielmehr, die Prinzipien der Entscheidungsfindung für eine gerechte Beurteilung dieser Untaten herauszustellen. Ich begnüge mich daher mit einer kurzen, auf die wesentlichen Rechtstatsachen beschränkten Darstellung einiger Fälle, in denen der BGH als Revisionsinstanz die *Grundprinzipien dessen, was Recht ist*, von dem zu unterscheiden versuchte, was im sog. Dritten Reich im äußeren Schein des Rechts als *Unrecht* verübt wurde.

I. BGHZ 3, 94: Tötung auf Führerbefehl ohne Standgericht

1. Zivilrechtliche Schadenersatzklage statt Strafverfahren: Höchst merkwürdigerweise ist das erste Urteil des Bundesgerichtshofs zum nationalsozialistischen Unrecht in einem *Zivilrechtsverfahren* entschieden worden, in welchem auf Antrag von zwei Frauen zwei Mörder zu 1500 bzw. 1000 D-Mark Schmerzensgeld verurteilt worden sind. Offenbar hatte ein sehr kluger Rechtsanwalt den zwei Frauen zu dieser

---

[1] Vgl. *Kerstin Freudiger*, Die juristische Aufarbeitung von NS-Verbrechen, 2002; weitere Nachweise zu NS-Prozessen unter https://de.wikipedia.org/wiki/NS-Prozesse [11.1.2018].

Verfahrensart geraten, weil er fürchtete, dass die Täter in einem Strafverfahren freigesprochen werden könnten mit der Begründung, dass die Taten zur Tatzeit den Befehlen des Führers entsprochen und aufgrund der gegebenen Staatspraxis gerechtfertigt gewesen seien und die Täter nicht hätten erkennen können, dass ihr der Staatspraxis entsprechendes Handeln Unrecht gewesen sein soll,[2] weil *Hitler* es befohlen hatte und dessen Befehle in der Tatzeit als Gesetz verstanden wurden. Vor solchen Unwägbarkeiten eines Strafverfahrens wollte der Anwalt seine Mandantinnen wohl bewahren, die angesichts des ihnen angetanen schweren Unrechts solche Urteile kaum noch hätten ertragen können.

Mit der kurzen Darstellung des Sachverhalts dieses Urteils[3] und seiner wesentlichen Entscheidungsgründe will ich zeigen, in welcher Weise im April 1945, als die alliierten Westmächte den Rhein schon überquert hatten und niemand mehr an den „Endsieg" glauben konnte, „an sich" ganz „normale Bürger" noch zu „gemeinen Verbrechern" wurden.

2. Sachverhalt: Das Ehepaar EM und EF hat ihren neunzehnjährigen Sohn (SM), der sich als Soldat Ende 1944 von seiner Truppe entfernt hatte, auf ihrem Anwesen versteckt gehalten; im Januar 1945 hat das Ehepaar auch eine Frau Jü, die als Halbjüdin von der Gestapo gesucht wurde, bei sich aufgenommen. Das Anwesen gehörte zur „Ortsgruppe" des Ortsgruppenleiters OL, der zum Kommandeur des Volkssturms ernannt und damit beauftragt worden war, Defaitismus zu bekämpfen. Als Volkssturmsoldaten waren ihm sein Sohn SOL und der Kraftfahrer KF unterstellt. Als dem OL kurz vor Kriegsende im April 1945 mitgeteilt wurde, EM würde für die anrückenden Alliierten Listen von Parteimitgliedern anfertigen, erteilte er seinem Sohn und KF den Befehl, EM und andere Verdächtige festzunehmen. Als EM versuchte, sich der Verhaftung durch Flucht zu entziehen, wurde er von SOL und KF verfolgt und von SOL angeschossen. EM stürzte und blieb liegen, andere Leute kamen hinzu, und einer verlangte, einen Arzt zu rufen, aber KF fragte nur: „Wie schießen wir ihn am besten kaputt?", und gab ihm einen *Genickschuss*. Als OL wegen der Schüsse hinzukam, konnte er nur noch den Tod von EM feststellen; auf der von OL ausgestellten „Bescheinigung" notierte er „plötzlicher Herztod". Mitwisser der Erschießung waren SOL, KF, einige andere Volkssturmsoldaten und einige Frauen. Noch am selben Abend erfuhr OL, dass das Ehepaar EM und EF auch ihren fahnenflüchtigen Sohn ES und FH verbor-

2 Mit einer derartigen Begründung sind ca. 40 Jahre später die Tötungen durch DDR-Mauerschützen vom BGH aufgrund der Staatspraxis der DDR für gerechtfertigt erklärt worden, allerdings wurde dieser „*Rechtfertigungsgrund der Staatspraxis*" aufgrund naturrechtlicher Grundsätze und allgemein gültiger Menschenrechte für rechtsunwirksam erklärt, womit die Urteile aber wegen Verletzung des *nulla-poena-Grundsatzes* des Art. 103 Abs. 2 GG verfassungswidrig wurden; dazu 8. Kap. III 4 b; VI 3; VI 3–8.

3 Urteil vom 12.7.1951 – III ZR 168/50, BGHZ 3, 94–111: Tötung des Ehemanns und des fahnenflüchtigen Sohns ohne standgerichtliches Verfahren.

gen hielten, erteilte daher seinem Sohn und einigen anderen den Befehl, den Sohn ES, dessen Mutter EF und Frau Jü festzunehmen. Alle drei wurden in ein Wachlokal verbracht. Am Abend desselben Tages holte OL den SM aus dem Wachlokal heraus und veranlasste ihn, sich von seiner Mutter zu verabschieden. Er fuhr mit ihm, seinem Sohn SOL und einigen anderen auf einen Feldweg. Bei einem Bombentrichter mitten im Weg stieg er aus, ließ sich von seinem Sohn die Pistole fertig machen und schoss den am Rande des Trichters stehenden SM aus kurzer Entfernung erst durch die Brust und dann durch den Kopf. Zur Erschießung des ES hatte er sich entschlossen, weil dieser seine Frage, ob er weiterkämpfen wolle, wiederholt verneint hatte. Der Getötete wurde dann von den beiden Beklagten und zwei Volkssturmsoldaten verscharrt. OL legte allen Beteiligten strenges Stillschweigen über diesen Vorgang auf. Den in der Nacht im Wachlokal verbliebenen Frauen eröffnete OL am nächsten Tag, dass sie erschossen würden. Er forderte beide auf, ihr Testament zu machen; die Testamente nahm er in Verwahrung. Weil Panzeralarm gegeben wurde, gelang den beiden Frauen die Flucht. Die beiden Frauen haben OL und seinen Sohn SOL auf Schadenersatz gemäß den §§ 823, 826, 839, 847 BGB verklagt; den Klagen wurde im Wesentlichen stattgegeben.

3. Entscheidungsgründe: Der Angeklagte OL und sein Sohn SOL wurden antragsgemäß vom *3. Zivilsenat* des BGH zum Schadenersatz verurteilt. Der Senat beurteilte die Taten der Beklagten als *Amtspflichtverletzungen* im Sinne von § 839 BGB, weil sie als Angehörige des Volkssturms Soldaten im Sinne des Wehrgesetzes gewesen seien. Der Schuss auf den flüchtigen EM sei zwar gerechtfertigt gewesen, nicht aber der Genickschuss des KF; SOL hätte KF von dieser Tötung abhalten müssen. Ob SOL wegen dieser Unterlassung als Mittäter oder als Gehilfe der vorsätzlichen Tötung durch KF angesehen werden muss, konnte in diesem Zivilurteil offenbleiben, weil beide Beteiligungsformen eine Schadenersatzpflicht begründen.

OL hat sich zur Rechtfertigung der Erschießung des SM auf den sogenannten *Hartkortbefehl* und den *Katastrophenbefehl Hitlers* vom März 1945 berufen. Nach dem *Hartkortbefehl* durften fahnenflüchtige Wehrmachtsangehörige aufgrund eines *standgerichtlichen Verfahrens* zum Tode verurteilt und erschossen werden; ohne Standgerichtsverfahren blieb eine solche Erschießung aber ein vorsätzlicher Mord im Sinne des § 211 StGB, sofern die Täter nicht in einer den Vorsatz und damit die Schuld ausschließenden Weise glauben durften, dass sie aufgrund dieser Befehle zur Tötung ohne Standgerichtsverfahren berechtigt gewesen seien.

Nach dem sog. *Katastrophenbefehl Hitlers* sollte jeder Deserteur auch ohne standgerichtliches Verfahren erschossen werden dürfen. Diesem Katastrophenbefehl *Hitlers* erkannte der Zivilsenat keine Rechtswirkung zu mit der Begründung:

„Die Meinung ‚gewisser nationalsozialistischer Rechtslehrer',[4] jede rechtserhebliche Willensäußerung Hitlers, die ihrer Art nach als Norm überhaupt in Betracht kommen könne, sei unbeschadet ihrer Form gesetzesgleich und rechtsverbindlich, ist eine entwürdigende Selbstentäußerung der Angehörigen der Rechtsgemeinschaft zugunsten eines Alleinherrschers, die bei rechtsstaatlicher Betrachtungsweise als Rechtsquellenlehre keine Beachtung verdient."

Im Übrigen finde das Gesetz dort seine Grenze, wo es im Widerspruch zu den allgemein anerkannten *Regeln des Völkerrechts* oder zum *Naturrecht* trete oder – entsprechend der *Formel Radbruchs* (SJZ 1946, 105, 107) – „der Widerspruch des positiven Gesetzes zur Gerechtigkeit ein so *unerträgliches Maß* erreicht, dass das Gesetz als unrichtiges Recht der Gerechtigkeit zu weichen hat". Danach komme dem sog. *Katastrophenbefehl keine Gesetzeskraft* zu. Es sei keine Rechtsnorm; seine Befolgung bleibe daher objektiv **rechtswidrig**[5].

Die sehr schwierige Frage, ob OL aufgrund des *Hartkortbefehls* oder des *Führerbefehls* glaubte, zu einer Erschießung des SM ohne standgerichtliches Verfahren berechtigt zu sein, brauchte der 3. Zivilsenat in diesem Fall nicht zu entscheiden, weil auch schon ein bloß *fahrlässiges Verkennen der Rechtslage* die geltend gemachten Schadenersatzansprüche der beiden Frauen begründete; zu einer strafrechtlichen Verurteilung wegen *vorsätzlicher Tötung* hätte das nicht genügt. In vielen anderen Fällen, in denen strafrechtliche Anklagen wegen *vorsätzlicher* Tötung oder sonstiger Vorsatztaten erhoben wurden, haben die Angeklagten geltend gemacht, dass sie aufgrund des im sog. *Dritten Reich* geltenden Rechts zu diesen Taten berechtigt oder aufgrund eines Befehls sogar dazu verpflichtet gewesen seien; soweit man dieses Recht des sog. *Dritten Reiches* nunmehr für *Unrecht* halte, hätten sie jedenfalls geglaubt, zu diesen Taten berechtigt oder gar verpflichtet gewesen zu sein, und sie hätten deshalb auch *nicht vorsätzlich* gehandelt, weil der *Vorsatz voraussetze*, dass man die **Rechtswidrigkeit** *seines Tuns erkennen könne.* Zu diesem schon jahrhundertealten Problem der Frage, ob ein solcher *Rechtsirrtum* (*error iuris*) den Vorsatz ausschließt, war das Reichsgericht in seiner gesamten Rechtsprechung zu keiner überzeugenden Lösung gekommen. Die Strafsenate des BGH mussten dazu eine Lösung finden, ansonsten hätte die juristische Aufarbeitung

---

4 Dazu 5. Kap IV 1.

5 *Strafrechtlich* hätte der Katastrophenbefehl jedoch als ein Rechtfertigungs- oder Strafausschließungsgrund betrachtet werden können, dessen Nichtbeachtung den nulla-poena-Grundsatz verletzt, der als § 2 schon im Strafgesetzbuch von 1871 gestanden hat und auch in Art. 116 WRV. Außerdem war auch Art 103 Abs. 2 GG schon zu beachten, weil im Falle der Änderung eines Gesetzes nach der Tatzeit das günstigere Recht anzuwenden ist. Das stand schon in § 2 Abs. 2 StGB von 1871 und steht heute in § 2 Abs. 3 StGB. Für eine *zivilrechtliche Verurteilung zum Schadenersatz* war der nulla-poena-Grundsatz jedoch *kein Hindernis.* Im „Dritten Reich" war der nulla-poena-Grundsatz allerdings durch die Novelle vom 28.6.1935 dahingehend eingeschränkt worden, dass neben der gesetzlichen auch eine außergesetzliche Bestrafung wegen Verletzung des „gesunden Volksempfindens" im „Rahmen eines Strafgesetzes" für zulässig erklärt wurde (dazu oben 6. Kap I).

des NS-Unrechts unmöglich zufriedenstellend gelingen können. Aufgrund der tiefgründigen Vorarbeit *Welzels* in seiner berühmt gewordenen Schrift *Vom irrenden Gewissen* entschied der *Große Senat* des BGH mit Urteil vom 18. März 1952 (BGHSt 2, 194 ff.) – also erst nach der vorliegenden Entscheidung des *3. Zivilsenats* –, dass eine Vorsatztat strafbar bleibt, wenn der Täter die **Rechtswidrigkeit** seiner Tat *bei gehöriger Gewissensanspannung hätte erkennen können* (Näheres dazu in der Erläuterung der nachstehenden Entscheidung unter II.). Im gegebenen Fall konnte sich der *3. Zivilsenat* mit der Feststellung begnügen: *„Selbst wenn sich der Beklagte im Irrtum über den Hartkortbefehl befunden haben sollte, müsste er sich entgegenhalten lassen, dass keine Rechtsordnung einem Soldaten erlaubt, bei einem schimpflichen Verbrechen dadurch sich der Verantwortung zu entziehen, dass er sich auf einen Vorgesetzten beruft, dessen Anordnungen in Widerspruch zu der menschlichen Moral und dem Recht aller Kulturvölker auch bei Anerkennung gewisser aus den innerstaatlichen Rechtsordnungen sich ergebender Unterschiede stehen.“*

Auf dieser Grundlage konnte der Senat der *zivilrechtlichen Schadenersatzklage* stattgeben, obwohl das Problem des *strafrechtlichen Rechtsirrtums* damit noch nicht gelöst war; aber im Ergebnis wurde durch die zivilrechtliche Entscheidung doch *vorgezeichnet*, in welcher Richtung die Lösung gefunden werden sollte. Man kann es nicht wissen, darf aber vermuten, dass der Anwalt der beiden Frauen, denen so schweres Unrecht angetan worden war, seine Mandantinnen nicht der Gefahr eines Freispruchs der Angeklagten vom Mordvorwurf in einem Strafverfahren wegen *entschuldbaren Irrtums* aussetzen wollte und sich deshalb mit einem Zivilurteil begnügt hat, wenngleich die Höhe des zuerkannten Schmerzensgelds kein Äquivalent für das Maß des verschuldeten Unrechts sein konnte. Wie hätte man aber in dieser Zeit juristischen Laien, denen solches Unrecht widerfahren ist, einen strafrechtlichen Freispruch erklären können? Ob in dieser Sache später noch ein Strafverfahren stattgefunden hat, ist dem Urteil nicht zu entnehmen und konnte auch nicht ermittelt werden.

II. BGHSt 3, 357–368: Judenverschickung in KZs

Dieses Urteil[6] betrifft Vorbereitungshandlungen zum Völkermord an den Juden und klärt die für nahezu alle Urteile über das nationalsozialistische Unrecht grundlegende Frage, ob sich die Täter des Unrechts ihrer Taten angesichts der entgegenstehenden nationalsozialistischen Auffassung in einer Art bewusst gewesen sind, die nach dem Untergang dieses Unrechtssystems und seiner „Weltanschauung“ ihre Bestrafung rechtfertigt.

[6] Urteil vom 19.12.1952, 1 StR 2/52, BGHZ 3, 357–368: Judenverschickung II.

1. Sachverhalt und Freispruch des Schwurgerichts: In diesem Fall war der Angeklagte im November 1941 als damaliger Polizeipräsident damit beauftragt worden, in seinem Amtsbereich die *Zwangsverschickung der Juden* in KZs zu organisieren, und wurde deswegen der Beihilfe zur Freiheitsberaubung mit Todesfolge angeklagt, vom Schwurgericht Nürnberg-Fürth jedoch freigesprochen. Das *Bayerische Oberste Landesgericht* hat auf Revision der Staatsanwaltschaft das Urteil aufgehoben und die Sache zur erneuten Verhandlung zurückverwiesen; aufgrund dessen hat das Schwurgericht zwar erkannt, dass der Angeklagte *objektiv Beihilfe zur Freiheitsberaubung im Amt mit Todesfolge geleistet* hat, hat ihn aber trotzdem freigesprochen, weil er sich der *Widerrechtlichkeit des Eingriffs in die Freiheit* der unter seiner Mitwirkung verschleppten Juden *nicht bewusst* gewesen sei, also nicht vorsätzlich und *nicht schuldhaft gehandelt* habe. Dabei ging das Schwurgericht von der zum Zeitpunkt seines ersten Urteils vom BGH noch nicht aufgegebenen Vorstellung aus, *dass der Vorsatz der Freiheitsberaubung die Widerrechtlichkeit umfassen müsse.* Auf die Revision der Staatsanwaltschaft hat der BGH dieses Urteil aufgehoben und die Sache nochmals zurückverwiesen mit der Begründung, dass der Angeklagte der Freiheitsberaubung mit Todesfolge auch dann schuldig zu sprechen sei, wenn er zwar das Unrecht seiner Tat nicht erkannt hat, aber mit der erforderlichen Gewissensanspannung hätte erkennen können.

2. Entscheidungsgründe a) Zur Problematik: Dieser Fall führt in alle Abgründe der Dogmatik der *strafrechtlichen Handlungs- und Irrtumslehre*, die der BGH aber schon vor dieser Entscheidung auf der Grundlage der Schrift von *Hans Welzel*[7] in der Entscheidung des Großen Senats vom 18. März 1952 (BGHSt 2, 194 ff.) bestmöglich geklärt hatte. Aufgrund dieser neuen Irrtumslehre waren zwei Fragen voneinander zu trennen und zu entscheiden, nämlich 1. ob der Angeklagte *die Tatsache* hätte vorhersehen können, dass die verschickten Juden nicht nur der Freiheit beraubt, sondern auch getötet werden würden, allein deswegen, weil sie Juden und keine Arier waren, und 2. ob der Angeklagte sich der **Rechtswidrigkeit** seiner Handlung *bewusst* war oder zumindest bei hinreichender Gewissensanspannung das Unrecht seines Tuns hätte *erkennen* können.

b) Zur Offenkundigkeit des objektiven Unrechts: Der 1. Strafsenat ging davon aus, dass zur Tatzeit nicht allgemein bekannt war, dass in den Konzentrationslagern ein unvorstellbarer Massenmord betrieben werden sollte, weshalb dies dem Angeklagten auch nicht hätte bekannt gewesen sein müssen. Jedoch sei es für jedermann offenkundig gewesen, welcher „Fülle von Belästigungen, Quälereien und offenen Übergriffen" die Juden schon in ihrer vormaligen Heimat ausgesetzt gewesen waren, und es sei daher für jeden Einsichtigen auch klar gewesen, „dass die Quälereien in den dem allgemeinen Blickfeld entzogenen Aufnahmegebieten

7 *Welzel*, Vom irrenden Gewissen, in: Recht und Staat, Heft 145, 1949.

nur größer werden konnten und die dorthin verschleppten Juden willkürlichen Übergriffen jeder Art noch schutzloser als in Deutschland ausgeliefert sein würden". Aufgrund dessen habe „auch nach der Vorstellung des Angeklagten die Zwangsverschickung der Juden in die Ostgebiete nur einen Schritt auf dem Leidenswege des jüdischen Volkes und eine weitere Verfolgungsmaßnahme gebildet, die sich den zahlreichen vorher schon ergangenen ungerechten und entwürdigenden anderen Verfolgungsmaßnahmen anreihte". *Das wusste jedermann*, wie der Senat schon in BGHSt 2, 234, 241 festgestellt hatte, und fügte in diesem Fall hinzu, dass dieses Wissen zwar hinter der „ganzen Wahrheit" noch zurückgeblieben sei, aber auch insoweit schon den *Tatbestand der* ***rechtswidrigen*** *Freiheitsberaubung erfüllt habe*, für die auch die dem Angeklagten vorgegebenen Anordnungen, „die Gerechtigkeit nicht einmal anstrebten" (*Radbruch*), *keinen Rechtfertigungsgrund* bilden könnten. Die Grenze, die jedem Rechtsstaat in Bezug auf seine Rechtsetzung gezogen sei, werde heute durch die *Art. 1–19 des Grundgesetzes* bestimmt (S. 362 f.) und sei zur Zeit der Handlungen des Angeklagten durch den *Grundgedanken der Gerechtigkeit und Menschlichkeit* gebildet worden (S. 363), wie er im Bewusstsein der Allgemeinheit lebte. Das dieser Anordnung entsprechende Verhalten sei daher *Unrecht* gewesen. Die Erlasse des Reichssicherheitshauptamtes (RSHA), die die Zwangsverschickung betrafen, hätten den Inhalt gehabt und den Zweck verfolgt, den sich der Angeklagte vorstellte, sie seien also eine *der Rassenverfolgung dienende Kampfmaßnahme* gewesen, die *nicht* als *Rechtfertigungsgrund* für die Beihilfeleistungen des Angeklagten dienen könne. Bemerkenswert ist, dass der Senat seine Unrechtsbegründung nicht allein auf die zitierte Wendung der Radbruch'schen Formel stützt, sondern auf den *Grundgedanken der Gerechtigkeit und Menschlichkeit*, die schon vor dem Grundgesetz in den *allgemein anerkannten Bürger- und Menschenrechten* enthalten waren.

c) Nulla poena sine lege-Grundsatz: Mit der vorstehenden naturrechtlichen Begründung der Rechtswidrigkeit könnte allerdings der nulla-poena-Grundsatz verletzt worden sein, weil die Tat zur Tatzeit von der NS-Staatsmacht nicht als strafbar, sondern als gerechtfertigt betrachtet wurde. Wie schon in Fall 1 (Fn 5) gesagt, stand der Grundsatz schon in § 2 StGB von 1871 und auch in Art. 116 WRV, war zwar deswegen noch kein verfassungsrechtlicher Grundsatz (dazu oben 5. Kap V 2), aber doch geltendes Recht, wenn auch durch die Novelle vom 28. 6. 1935 in eingeschränktem Maße.

Nach § 2 Abs. 3 StGB (ebenso schon § 2 Abs. 2 StGB von 1871) ist jedoch im Fall der Änderung eines Gesetzes nach der Tatzeit und vor dem Urteil das mildeste Gesetz anzuwenden, was bedeutet, dass auch Art 103 Abs. 2 GG, also der verfassungsrechtliche Grundsatz *nulla poena sine lege* zu beachten gewesen wäre. Der nulla-poena-Grundsatz setzt nicht nur einen gesetzlichen Straftatbestand voraus, erfasst vielmehr auch Rechtfertigungs- und sonstige Strafausschließungsgründe, selbst wenn diese nicht in gesetzliche Rechtssätze gefasst, sondern gewohnheitsrechtlich entstanden sind (dazu unten 8. Kap VI 6 d). Das ist richtig und notwendig, weil es oft zufällig ist, ob die Strafbarkeit einer Handlung schon im Straftatbestand eingeschränkt oder durch einen selbstständigen Rechtfertigungs- oder Strafausschließungstatbestand (teilweise) ausgeschlossen wird. Fällt ein solcher ungeschriebener Rechtfertigungsgrund nachträglich weg, weil erkannt wird, dass er gegen überpositives Naturrecht verstößt, so begründen die überpositiven Grundsätze mit dem Wegfall des Rechtfertigungsgrundes zugleich die Strafbarkeit und verletzen damit den nulla-poena-Grundsatz. Dieser Grundsatz galt – wie schon gesagt – zwar auch schon zur Tatzeit über § 2 StGB a.F. und Art 116 WRV, ist aber durch Art. 103 Abs. 2 GG zu einem *Verfassungsrecht* erhoben worden, dessen Änderung nach Art 79 Abs. 3 GG eines Gesetzes bedarf, das mit zwei Dritteln der Mitglieder des Bundestags und zwei Dritteln der Stimmen des Bundesrates beschlossen wurde. Danach hätte also in einigen Prozessen gegen die NS-Verbrecher Art 103 Abs. 2 GG beachtet werden müssen und diese hätten *nicht* zur Rechenschaft gezogen und bestraft werden können. Diese Rechtsansicht hätte jedoch in den fünfziger Jahren des 20. Jahrhunderts niemand verstanden und niemand verantworten wollen. Der Bundesgerichtshof ist also in den Fällen des NS-Unrechts im Ergebnis doch wohl zu Recht davon ausgegangen, dass die naturrechtliche Begründung der Strafbarkeit auch den *verfassungsrechtlichen* nulla-poena-Grundsatz durchschlägt.

Dieses Loch in der Strafbarkeit ist später auch erkannt worden und in den Art 7 EMRK und 49 EU-Charta, in deren Abs. 1 der nulla-poena-Grundsatz steht mit der Formulierung: „Niemand darf wegen einer Handlung oder Unterlassung verurteilt werden, die zur Zeit ihrer Begehung nach innerstaatlichem oder internationalem Recht nicht strafbar war“, ist ein Abs. 2 angefügt worden mit folgender Ausnahmeregelung:

> „Dieser Artikel schließt nicht aus, dass jemand wegen einer Handlung oder Unterlassung verurteilt oder bestraft wird, die zur Zeit ihrer Begehung nach den von den zivilisierten Völkern anerkannten allgemeinen Rechtsgrundsätzen strafbar war“.

Dieser Abs. 2 des Art 7 EMRK ist von der Bundesrepublik aus nicht erkennbaren Gründen jedoch nicht ratifiziert worden. Der BGH glaubte daher im *Mauerschützenfall* BGHSt 39, 1, 27 (8. Kap Urteil Nr 4) Art 7 Abs. 2 EMRK nicht zur Einschränkung des Art 103 Abs. 2 GG verwenden zu dürfen und das BVerfG wollte den gegen die Strafurteile erhobenen Verfassungsbeschwerden der Mitglieder des nationalen Verteidigungsrats und eines Grenzsoldaten nicht stattgeben und hat den Tatbestand des Art 103 Abs. 2 GG kraft richterlicher Macht entsprechend eingeschränkt; dazu unten 8. Kap. III 4 c; 6 c; VI 5, 6, 8 b.

d) Tatbestands- oder Verbotsirrtum? Zur Prüfung und Entscheidung, ob der Angeklagte *vorsätzlich* den Tatbestand der *widerrechtlichen* Freiheitsberaubung im Amt mit Todesfolge erfüllt hatte oder sich in einem *entschuldbaren Irrtum* hinsichtlich der *Widerrechtlichkeit* seiner Handlungen befunden hatte, gab der Senat dem Schwurgericht unter Berufung auf die Entscheidung des Großen Senats vom 18. März 1952, BGHSt 2, 194 ff., und sein Urteil vom 14. Oktober 1952 – 1 StR 791/51, BGHSt 3, 271 ff., folgende Grundsätze vor:

(1) BGHSt 2, 194: Unterscheidung zwischen Tatbestands- und Verbotsirrtum: Entgegen der überholten Auffassung des Schwurgerichts schließe der *Irrtum über die Widerrechtlichkeit der Freiheitsberaubung* nicht in allen Fällen den *Vorsatz* des Täters aus. Vielmehr sei mit der Entscheidung des *Großen Senats BGHSt 2,194ff.* zu unterscheiden zwischen einem Irrtum, der die *tatbestandlichen Voraussetzungen* (Tatumstände) eines Straftatbestands oder eines Rechtfertigungsgrundes betrifft (*Tatbestandsirrtum*), und einem *Irrtum über die Rechtsfrage*, ob eine bestimmte Tat strafbar ist oder eine an sich strafbare Tat durch einen Rechtfertigungsgrund gerechtfertigt ist (*Verbotsirrtum*; siehe dazu das Lehrbeispiel in der Fußnote).[8] Der Irrtum des Angeklagten, dass eine Beihilfe zur Zwangsverschickung der Juden durch die *Erlasse des Reichssicherheitshauptamtes* gerechtfertigt gewesen sei, betreffe nicht die *tatsächlichen Tatumstände* (tatbestandliche Voraussetzungen) der Freiheitsberaubung, sondern die Rechtsfrage, ob diese Erlasse *rechtmäßig* gewesen sind und also einen *Rechtfertigungsgrund* hätten bilden können. Objektiv seien diese Erlasse *jenseits der Grenze* dessen gewesen, was ein Staat noch für Recht erklären könnte. Der *Irrtum des Angeklagten* über diese *Rechtsfrage* sei daher aufgrund der Rechtsprechung des Großen Senats als *Verbotsirrtum* zu begreifen, der die Strafbarkeit nur

[8] Zur Unterscheidung zwischen einem den Vorsatz ausschließenden *Tatbestandsirrtum* und einem *Verbotsirrtum*, ist im Anschluss an die Lehren Welzels folgendes *Kirschbaum-Lehrbeispiel* gebildet worden: Ein Gartenbesitzer glaubt zu erkennen, dass in seinem Kirschbaum wieder einmal die Waschbären sitzen, holt sein Schrotgewehr und schießt und ein Kind fällt totgeschossen vom Kirschbaum. Wenn der Gartenbesitzer geglaubt hat, einen Waschbären zu erschießen und aufgrund seines Irrtums ein Kind erschossen hat, so hat er nicht vorsätzlich ein Kind erschossen, sondern einen Waschbären zu erschießen versucht (*Tatbestandsirrtum*). Er ist deshalb allenfalls der *fahrlässigen Tötung* und nicht der vorsätzlichen Tötung des Kindes schuldig. Hat der Gartenbesitzer aber geglaubt, er dürfe das Kind zur Verteidigung seines Eigentums in Notwehr erschießen, weil es ihm zum wiederholten Male trotz aller Warnungen Kirschen gestohlen hat, so irrt er nicht über einen tatsächlichen Umstand, sondern über die Rechtsfrage, ob in solchen Fällen der Rechtfertigungsgrund der Notwehr gegeben ist (*Verbotsirrtum*). Die Voraussetzungen der Notwehr sind in einem solchen Falle aber nicht gegeben, weil es im Sinne des § 32 II StGB nicht *erforderlich* ist, Kinder, die Kirschen klauen, vom Baum zu schießen. Das Missverhältnis des verletzten Rechtsgutes des Lebens des Kindes mit dem erforderlichen Schutz der Kirschen ist so offensichtlich, dass jeder Täter einen Irrtum darüber vermeiden kann. Ein *Tatbestandsirrtum* schließt also stets den Vorsatz aus, kann aber wegen fahrlässiger Verletzung des Rechtsguts strafbar sein. Ein *Verbotsirrtum* schließt demgegenüber die vorsätzliche Verletzung des Rechtsguts nicht aus, kann jedoch die Strafbarkeit ausschließen, wenn er *unvermeidbar* ist; wenn der Verbotsirrtum jedoch bei *gehöriger Gewissensanspannung* hätte vermieden werden können, bleibt die Strafbarkeit grundsätzlich bestehen, kann wegen verminderter Schuld aber zu einer milderen Strafe führen.

ausschließe, wenn er vom Angeklagten bei der gebotenen *Anspannung seines Gewissens* nicht hätte vermieden werden können. Dies und dies allein habe das Schwurgericht noch zu entscheiden.

(2) Zur Vermeidbarkeit des Verbotsirrtums bei irrendem Gewissen: Der *1. Strafsenat* wies das Schwurgericht darauf hin, dass die Frage der *Vermeidbarkeit des Verbotsirrtums* nur auf der Grundlage des objektiv von dem Angeklagten begangenen Unrechts und unter Berücksichtigung der ihm eigenen Gaben, Fähigkeiten und Einsichten entschieden und beantwortet werden könne. Das Schwurgericht müsse also berücksichtigen, dass es sich bei dem Angeklagten um einen *humanistisch* und *juristisch gebildeten, lebenserfahrenen hohen Beamten* handele, dem eine einflussreiche Stellung tiefe Einblicke in die Ziele und Pläne seiner Partei gestattet habe. Auf Grund dessen müsse das Schwurgericht bei der Beantwortung der Frage, ob der Angeklagte bei *gehöriger Anspannung seines Gewissens* das Bewusstsein, *Unrecht zu tun*, hätte haben können, Folgendes berücksichtigen: „Je deutlicher der Irrtum des Handelnden sich auf einen Bereich bezieht, den die Rechtsordnung zwar in bestimmter Weise geregelt hat, den sie aber, ohne dass dabei die der rechtsetzenden Gewalt gezogenen Grenzen überschritten würden, auch in anderer Weise hätte regeln können, umso eher wird – je nach der Persönlichkeit des Handelnden – die Annahme begründet sein, dass auch bei gehöriger Anspannung des Gewissens der Irrtum unvermeidbar war. Je deutlicher die Umstände jedoch die Frage nahelegen, ob Maßnahmen der zu prüfenden Art überhaupt noch mit der Achtung vor der Menschenwürde vereinbar sind, umso eher wird bejaht werden müssen, dass der Handelnde bei der zuzumutenden Anspannung seines Gewissens die Frage nach Recht oder Unrecht richtig beantwortet haben würde" (S. 366).

Der BGH hat mit diesen Sätzen die Irrtumsfrage, wie schon *Thomas von Aquin*, der damit *Aristoteles* folgte,[9] dahingehend entschieden, dass zu unterscheiden sei zwischen der Unkenntnis *allgemeiner Regeln* des Handelns und der Unkenntnis besonderer Tatumstände. Darin hat *Welzel*[10] die Unterscheidung von *Verbots- und Tatbestandsirrtum* erkannt, die den Vorzug verdiene vor der römisch-rechtlichen Unterscheidung zwischen *error iuris et facti* (D.22.6.9.pr.), was auch schon von *Thomas von Aquin* richtig erkannt worden sei, der zwischen Rechtsvorschriften unterschieden habe, die jeder kennen müsse und deren Kenntnis daher nicht von Strafe befreit, und *schwierigeren Rechtsvorschriften*, die nicht jeder zu kennen brauche, weshalb ein *Irrtum darüber entschuldigen könne.*[11] Aus mehrhundertjährigen Auseinandersetzungen in der Moraltheologie sei schließlich – gegen den römischen Satz *error iuris nocet* – die Erkenntnis gewonnen worden, dass der „Verbots-

9 *ThvA* F 91, 3 zu 1; F 94, 4A; F 96, 5 und 6; *Aristoteles*, Nik III. 7; dazu 3. Kap III 5 mit Fn 126, 127.

10 Gewissen 7

11 *ThvA*, Kom. zur Nik. Ethik. Liber III Lektion XI Nr. 506; dazu *Welzel* Gewissen 8.

irrtum entschuldigt", weil der Mensch nur für seine freiwilligen Handlungen zur Verantwortung gezogen werden könne.[12] Keine Macht der Erde könne das Gegenteil bestimmen, weil es keine Macht gebe, die die Natur der Dinge ändern und eine unfreiwillige Handlung zu einer freiwilligen machen könne.[13] Hinsichtlich der *Frage des Beweises* des Verbotsirrtums sei unterschieden worden zwischen dem *forum internum* (vor dem Gewissen oder vor Gott, der alles sieht), wo allein die Wahrheit entscheide, und dem *forum externum* (vor einem menschlichen Gericht), wo die Unkenntnis nicht einfach präsumiert werden könne, sondern *bewiesen* werden müsse. Darin erkennt *Welzel* keine Einschränkung des Schuldprinzips, weil es etwas anderes sei, ob man den Rechtsirrtum ohne Beweis nicht vermuten darf oder ob man den Rechtsirrtum überhaupt nicht anerkennt.[14] *Welzel* verweist dazu auf *Philippinus*, der drei Arten von Rechtsirrtümern unterschieden hat: 1. die ganz allgemeinen Prinzipien (*principia communissima*), wie das Gute tun, das Schlechte meiden;[15] was du nicht willst, dass man dir tut …; 2. Grundsätze, die als unmittelbare Folgesätze aus den obersten Prinzipien leicht ableitbar sind; 3. die entfernteren Folgesätze, die nur auf längerem und schwierigerem Wege deduziert werden können. Nur die *allgemeinen Prinzipien* seien „unmittelbar einsichtig", dagegen könne bezüglich der zweiten und dritten Gruppe ein unüberwindlicher Irrtum auftreten. Auf dieser Grundlage habe *Philippinus* sodann eine reiche Kasuistik entschuldigender Irrtumsfälle entwickelt, zum Beispiel zur Zulässigkeit des Selbstmords (unter Bezug auf die Meinung stoischer und christlicher Philosophen), der Abtreibung zur Rettung der Mutter, zum Meineid zur Rettung des eigenen oder fremden Lebens, zur Zulässigkeit der Sterbehilfe, damit ein Mensch rascher sterben kann und nicht länger leiden muss, etc. Ein Soldat sei jedoch nicht verpflichtet, die Rechtmäßigkeit eines Krieges nachzuprüfen.

Diese von *Philippinus* für die Moraltheologie entwickelten Grundsätze hätten, so *Welzel* (S. 12), aber nicht nur für das *forum internum*, sondern auch für das *forum externum* gegolten und seien schließlich von *Grotius*[16] in das *profane Naturrecht* übernommen worden mit den Sätzen (Übersetzung von *Welzel*): „*Wie wir im staatlichen Recht diejenigen entschuldigen, die von Recht keine Kenntnis oder keine Einsicht besaßen, so müssen wir auch hinsichtlich des Naturrechtes die entschuldigen, denen Verstandesschwäche oder schlechte Erziehung im Wege steht. Denn wie das Delikt durch unvermeidbare Rechtsunkenntnis ausgeschlossen wird, so wird es durch schuldhafte Rechtsun-*

[12] *Aristoteles* Nik V 2–4.

[13] So gibt *Welzel* die Erkenntnis des Veroneser Theatinermönches *Joh. Philippinus* wieder (De privilegiis ignorantiae, Bd. 1, Venedig 1678).

[14] *Welzel* Gewissen 10 f., zitiert auch die Gesichtspunkte, die *Philippinus* zur Lösung der Fälle gibt, in denen der Täter einen guten Ruf hat oder ein Laie ist oder die Sache nicht klar und alltäglich ist. In solchen Fällen liege die Annahme eines Irrtums nahe. Entsprechende Gesichtspunkte hat der 1. Strafsenat dem Schwurgericht Nürnberg-Fürth vorgegeben.

[15] *ThvA* F 91, 1.

[16] *Grotius*, De iure belli ac pacis, Prolegomena, 39.

kenntnis gemildert.“ Mit diesem Satz habe *Grotius*, so *Welzel*, den Bruch mit der römischen Rechtsirrtumslehre vollzogen. Was *Welzel* nicht sagt, ihm aber bekannt war, ist die Tatsache, dass das *Reichsgericht* bis zu seiner letzten Entscheidung an dieser unzureichenden römischen Rechtsirrtumslehre festgehalten hat. Erst der *Große Senat des BGH* hat, *Welzel* folgend, mit seinem Beschluss vom 18. März 1952, BGHSt 2, 194 ff., den *Verbotsirrtum* vom *Tatbestandsirrtum* unterschieden und gegen den Satz *error iuris nocet* als einen Irrtum anerkannt, der zwar *unvermeidbar* sein könne und dann die Strafbarkeit wie beim Tatbestandsirrtum mangels Vorsatzes ausschließe, aber als *vermeidbarer Irrtum* die Tat strafbar sein lasse, unter Umständen aber eine *Strafminderung* rechtfertige. Der Senat ist mit der vorstehenden Entscheidung Welzel gefolgt und hat damit ein *Rechtsdenkmal* geschaffen, das die Grundlage bildete für die gesamte nachfolgende Rechtsprechung zum Unrecht des nationalsozialistischen Staates. Darüber hinaus ist die vom Bundesgerichtshof bestätigte Lehre *Welzels* mit der großen Strafrechtsreform 1975 auch zum Gesetz geworden (§§ 16, 17 StGB) und damit zur Rechtsgrundlage für alle weiteren Irrtumsfälle im alltäglichen Strafrecht; nicht zuletzt auch gegen die Mauerschützen und andere Täter, die aufgrund der zur Tatzeit in der DDR geltenden Gesetze im Unrecht waren, aber in der Zeit der DDR nicht beschuldigt und nicht angeklagt, sondern dafür noch belohnt und befördert wurden; auch von ihren Vorgesetzten bewusst falsch dahingehend belehrt worden waren, das es besser sei, einen Flüchtling zu erschießen als einen entkommen zu lassen, weshalb ihnen auch ein Verbotsirrtum zugebilligt wurde, nicht aber ein Befehlnotstand (dazu unten 8. Kap III 4-6; VI 5-8). Im vorliegenden Fall hatte die Tatsacheninstanz auf der dargelegten Grundlage nochmals darüber zu entscheiden, ob der angeklagte Polizeipräsident das Unrecht seiner Tat hätte erkennen können, weil das *Erfordernis des Unrechtsbewusstseins* zur *Feststellung des Sachverhalts* der Entscheidung gehört, die nach der Strafprozessordnung vom Schwurgericht als Tatsacheninstanz, nicht vom Revisionsgericht (BGH) zu entscheiden ist.

III. BGHSt 3, 271: „Kurz- und Sonderbehandlungen“ im KZ

1. Sachverhalt des Urteils:[17] Die beiden Angeklagten Dr. L und A waren Angehörige einer Gestapo-Stelle, Dr. L als deren Leiter, und damit beauftragt, „Kurz- und Sonderbehandlungen“ gemäß einem Geheimerlass des Reichssicherheitshauptamtes (RSHA) vom 5. November 1942 durchzuführen. Die „Kurzbehandlungen“ bestanden in der Durchführung der *Prügelstrafe* anstelle einer kurzfristigen Haft bei Arbeitsverweigerung und Disziplinwidrigkeiten. Mit dem Begriff der „Son-

[17] Urteil v. 14.10.1952, 1 StR 791/54, BGHSt 3, 271–310: „Kurz- und Sonderbehandlungen“ an „Ostarbeitern“ (Juden) in einem Konzentrationslager.

derbehandlung" wurde die *Hinrichtung von „Ostarbeitern"* (überwiegend Juden) *durch den Strang* bezeichnet, die als Strafe für angeblich von ihnen begangene strafbare Handlungen durch die Gestapo angeordnet und durchgeführt wurde, *ohne dass* der Kreis dieser strafbaren Handlung anders als mit den Worten umschrieben worden war, dass es sich um besonders schwere Fälle handeln solle, also ohne einen vor der Tat formulierten Straftatbestand (Art. 103 Abs. 2 GG) und *ohne dass* der Hinrichtung ein *gerichtliches Verfahren* vorausging, das dem Beschuldigten die Sicherung einer ausreichenden Verteidigung, des rechtlichen Gehörs (Art. 103 Abs. 1 GG), und des Spruchs eines befehlsunabhängigen Gerichts geboten hätte.

2. Urteil des Schwurgerichts München: Der Schwurgericht München hat im Sachverhalt seines Urteils festgestellt, dass beide Angeklagte mit ihren „Kurzbehandlungen" den Tatbestand der Körperverletzung im Amt (§ 340 StGB a.F.) erfüllt und wegen ihrer Mitwirkung bei der „Sonderbehandlung" auch Beihilfe zum Totschlag (§§ 212, 49 StGB a.F.) geleistet hätten, hat die Angeklagten aber trotzdem *freigesprochen*, weil die Voraussetzungen eines *Notstands* im Sinne von § 52 StGB a.F. (Drohung mit einer Gefahr für Leib oder Leben des Täters selbst) gegeben gewesen seien. Der 1. Strafsenat des BGH hat das Urteil aufgehoben und die Sache zur erneuten Verhandlung zurückverwiesen.

3. Entscheidungsgründe des Bundesgerichtshofs a) Verbotsirrtum, nicht Tatbestandsirrtum: Im Verfahren vor dem Schwurgericht hatten die Angeklagten zu ihrer Verteidigung behauptet, dass sie ihre Handlungen aufgrund des Erlasses des Reichssicherheitshauptamtes für „gesetzmäßig und rechtmäßig" gehalten hätten. Das Schwurgericht war aufgrund der alten Irrtumslehre, die zur Zeit der Entscheidung des Schwurgerichts noch als herrschende Lehre verstanden wurde, der Auffassung, dass das *Bewusstsein von der Widerrechtlichkeit* der Tat vom *Vorsatz der Täter umfasst* sein müsse, hat aber auf der Grundlage dieser Auffassung den Angeklagten *nicht geglaubt*, dass sie den Erlass des Reichssicherheitshauptamtes für rechtmäßig gehalten hätten. Die dagegen gerichtete Revision der Angeklagten verwarf der Bundesgerichtshof mit der Begründung, die Angeklagten hätten sich *nicht* über die *tatsächlichen Voraussetzungen der Straftat* oder eines *Rechtfertigungsgrundes* geirrt, also nicht über ein *Tatbestandsmerkmal*, was den Vorsatz ausschließen könne, sondern über die *Rechtsfrage*, ob der Erlass des Reichssicherheitshauptamtes einen *Rechtfertigungsgrund* gebildet hat. Dies aber sei ein *Verbotsirrtum*, der weder den Vorsatz der Körperverletzung noch den Vorsatz der Beihilfe zur Tötung ausschließe und daher die Strafbarkeit *nicht* hindere, wenn er vermeidbar gewesen war (mit Verweis auf die Entscheidung des Großen Senats BGHSt 2, 194 ff.; dazu oben II). Da aber das Schwurgericht der Einlassung der Beklagten, dass sie die **Rechtswidrigkeit** des Erlasses des Reichssicherheitshauptamtes nicht erkannt hätten, nicht geglaubt habe, sei auch der *Verbotsirrtum vermeidbar* gewesen.

b) Freiwillig oder abgenötigt? Die Voraussetzungen eines strafausschließenden Nötigungsstandes gemäß § 52 StGB waren nach Ansicht des 1. Strafsenats durch die vom Schwurgericht getroffenen tatsächlichen Feststellungen nicht gerechtfertigt. Die Verteidigung hatte vorgetragen, die Angeklagten seien weisungsgebunden gewesen und wenn sie ihre Mitwirkung bei der geforderten „Sonderbehandlung“ versagt hätten, hätte ihnen die Einweisung in ein Konzentrationslager und als Angehörige der SS nach den damaligen Kriegsgesetzen die Todesstrafe gedroht.

Dagegen erkannte der 1. Strafsenat zu Recht, dass derjenige, der eine ihm angesonnene Handlung ausführt, auch dann, wenn ihm für den Fall der Nichtausführung Leibes- oder Lebensgefahr droht, sie keineswegs zwingend deswegen ausführt, um dieser Gefahr zu entgehen. Es könnten für ihn auch ganz andere Gründe bestimmend gewesen sein als das Bestreben, der Gefahr auszuweichen. *Sie hätten es auch gerne und mit großer Lust tun können.* In solchem Falle sei aber § 52 StGB nicht anwendbar, vielmehr, so der 1. Strafsenat, müsse dem Täter die Handlung durch die Drohung mit gegenwärtiger Gefahr für Leib und Leben *abgenötigt* worden sein, *sein Wille also durch die Drohung gebeugt* werden. Das sei vom Schwurgericht verkannt worden. Das Urteil müsse daher aufgehoben werden und das Schwurgericht müsse bei einer erneuten Verhandlung aufklären, aus welchem Grunde sich die Angeklagten zur Mitwirkung bei der „Sonderbehandlung“ bereitgefunden hatten. Aus den bisherigen Feststellungen würden sich jedoch schon Beweisanzeichen dafür ergeben, dass die Angeklagten möglicherweise aus anderen Gründen zur Mitwirkung bereit waren als aus dem Grunde, dadurch einer ihnen drohenden Gefahr für Leib und Leben auszuweichen. Beide Angeklagten hätten schon seit langer Zeit der Gestapo angehört, die schon lange vor dem Erlass vom 5. November 1942 vom nationalsozialistischen Staat zu einem allgemein gefürchteten Werkzeug der Unterdrückung und der Willkür entwickelt worden sei. Es fehle an jedem Anzeichen dafür, dass den Angeklagten, die schon frühzeitig einflussreiche und leitende Stellungen innerhalb der Staatspolizei bekleidet hatten, diese Umstände verborgen geblieben seien. Auch wenn es den Angeklagten in den Kriegsverhältnissen des Jahres 1943 ohne Gefahr für Leib oder Leben nicht mehr möglich gewesen sein sollte, aus der Gestapo auszuscheiden, so tauche doch die Frage auf, weshalb sie diesen Schritt nicht schon zu einer Zeit getan haben, in der er vielleicht ohne jede Gefahr noch möglich gewesen wäre. Der Umstand, dass sie seit ihrem Eintritt in die Gestapo in rascher Folge in immer bedeutendere und einflussreichere Stellen berufen worden sind, spreche gleichfalls nicht dafür, dass sie während dieser ganzen Zeit nur gezwungene, widerwillige Mitarbeiter gewesen seien. Auch hätten sie sich nach der Feststellung des Schwurgerichts zur Mitwirkung bei der „Kurzbehandlung“ freiwillig entschlossen und dabei habe sich der Angeklagte Dr. L nach den Urteilsfeststellungen „durch besonderen Diensteifer und besondere Brutalität ausgezeichnet“. Bei der erneuten Verhandlung habe das Schwurgericht daher zu prüfen, welches Gewicht allen diesen Umständen bei der Entscheidung der bisher unerörtert gebliebenen Frage nach den Gründen ihres Verhaltens zukommt.

IV. BGHSt 3, 110: Denunziation der Ehefrau eines Soldaten

1. Sachverhalt des Urteils:[18] Ein Soldat S, der seit 1940 im Krieg war, gab wiederholt und zuletzt im Herbst 1944 seiner Ehefrau (FS) gegenüber seinen Unmut über den Hitler-Staat zu erkennen, z.B. indem er sagte: „Goebbels ist ein Lump“ oder „Wäre der 20. Juli geglückt, wäre der Krieg aus“. Weil die Ehefrau einen liederlichen Lebenswandel führte, sich mit anderen Männern einließ, wollte sie ihren Mann loswerden und teilte Anfang 1945 einem SA-Sturmführer die zitierten Äußerungen unter Beifügung von Briefen ihres Mannes mit. Der Ehemann wurde verhaftet und wegen Wehrkraftzersetzung vor dem Kriegsgericht angeklagt. Der Vorsitzende des Kriegsgerichts belehrte in der Verhandlung vom 27. Februar 1945 die Ehefrau über ihr Zeugnis- und Eidesverweigerungsrecht sowie auch darüber, dass es um den Kopf ihres Mannes gehe. Sie wollte aber aussagen. Sie machte die genannten Aussagen, wurde aber nicht vereidigt. Weil der angeklagte Soldat die Aussagen bestritten hat, gab der Vorsitzende zu erkennen, dass er den Angeklagten mangels Beweises freisprechen müsse; darauf sprang die Zeugin auf und verlangte ihre Vereidigung und bestätigte unter Eid ihre Aussage. Der Soldat wurde daher auf der Grundlage des § 5 KSSVO (Kriegssondergerichtsstrafrechtsverordnung) wegen Zersetzung der Wehrkraft zum Tode verurteilt, das Urteil aber nicht mehr vollstreckt.

Der zur Tatzeit geltende § 5 Abs. 1 KSSVO – im Volksmund „*Schreckensgesetz*“ genannt – hatte folgenden Wortlaut:

> (1) Wegen Zersetzung der Wehrkraft wird mit dem Tode bestraft: Wer öffentlich dazu auffordert oder anreizt, die Erfüllung der Dienstpflicht in der deutschen oder einer verbündeten Wehrmacht zu verweigern, oder sonst öffentlich den Willen des deutschen oder verbündeten Volkes zur wehrhaften Selbstbehauptung zu lähmen oder zu zersetzen sucht.
> (2) In minderschweren Fällen kann auf Zuchthaus oder Gefängnis erkannt werden.

2. Urteil des Schwurgerichts: Die Ehefrau wurde des *versuchten Mordes* angeklagt, vom Schwurgericht Würzburg jedoch freigesprochen, weil das Urteil gegen ihren Ehemann zur Tatzeit dem geltenden Recht entsprochen habe. Das Kriegsgericht habe ein *gültiges und allgemein verbindliches Gesetz* angewendet und dabei auch die geltenden Verfahrensvorschriften beachtet. Das Kriegsgericht habe daher *rechtmäßig* gehandelt, also mit dem Todesurteil keinen **rechtswidrigen** Tötungsversuch

[18] Urteil vom 8.7.1952, 1 StR 123/51, BGHSt 3, 110–129: Denunziation eines Soldaten durch seine untreue Ehefrau, um ihn loszuwerden.

begangen. Mit ihrer Strafanzeige habe die Angeklagte auch nicht dadurch den Versuch einer Tötungshandlung begangen, dass sie ihren Mann angezeigt und damit das *rechtmäßige Todesurteil verursacht* hat, weil die Hauptverhandlung nicht hätte zu der Feststellung kommen können, dass sich die Angeklagte der *Rechtswidrigkeit ihrer Handlung bewusst* gewesen ist; die Angeklagte habe – ebenso wie gegenwärtig jeder Staatsbürger – das Recht gehabt, ihren Ehemann wegen einer strafbaren Handlung anzuzeigen. Aus diesem Grunde sei ihre Freisprechung in jedem Falle geboten. Der Angeklagten könne nicht widerlegt werden, dass sie *als* „einfache Frau" ihr Verhalten für rechtmäßig gehalten hat, weil ihr Mann gegen eine gesetzliche Vorschrift verstoßen hatte. Der Vorsatz der Frau sei also nicht nachweislich auf einen *rechtswidrigen* Erfolg gerichtet gewesen.

3. Entscheidungsgründe des Bundesgerichtshofs: Der BGH hat dieses Urteil aufgehoben und zur erneuten Verhandlung zurückverwiesen, weil der beschuldigte Soldat nach § 5 KSSVO bei richtiger Anwendung dieser Strafvorschrift nicht hätte verurteilt werden dürfen, zumindest keinesfalls zur Höchststrafe.

a) Mittelbare Täterschaft durch rechtmäßiges Urteil? Der 1. Strafsenat stellte zunächst klar, dass *im Falle der Rechtmäßigkeit des Todesurteils* des Kriegsgerichts die Frau nicht *mittelbare Täterin* einer *rechtswidrigen* versuchten Tötung hätte sein können, weil sie dann mit ihrer Strafanzeige keine ***rechtswidrige*** Tötung hätte begehen können, sondern nur ein *rechtmäßiges* Todesurteil verursacht hätte. Die in der Literatur erörterte Möglichkeit einer Tötung in *mittelbarer Täterschaft* durch ein *rechtmäßig handelndes Werkzeug* sei abzulehnen.

b) Unrechtsurteil mangels Tatbestandsmäßigkeit: Die Freisprechung der Angeklagten sei daher *berechtigt*, wenn das *Todesurteil rechtmäßig* gewesen wäre; nach zutreffender Ansicht des 1. Strafsenats war das Todesurteil jedoch *nicht* rechtmäßig. Der Straftatbestand sei allenfalls anwendbar gewesen, wenn die dem Urteil des Kriegsgerichts zugrunde liegenden Äußerungen des Ehemannes der Angeklagten „öffentlich" gefallen wären. Allerdings habe sich der Begriff der „Öffentlichkeit" in der Rechtsprechung des Reichskriegsgerichts immer weiter von seinem Wortsinne entfernt. Zunächst seien „öffentliche Äußerungen" auch angenommen worden, wenn der Täter sich in einem begrenzten Personenkreis geäußert hatte, dabei aber den Willen gehabt hat, über den durch die Tat unmittelbar berührenden begrenzten Personenkreis hinaus auf eine unbestimmte Anzahl von Personen einzuwirken. Später sei es für ausreichend erachtet worden, dass sich der Täter entweder gegenüber einer unbestimmten Anzahl von Personen nacheinander geäußert hat oder dass er sich zwar an einen bestimmten Kreis gewendet hat, aber *damit rechnete*, dass seine *Äußerungen an die Öffentlichkeit dringen* würden (RKG 2, 61). Schließlich sei das Merkmal der Öffentlichkeit auch bejaht worden bei Äußerungen *im engsten Kreise*, wenn *keine Gewähr* dafür bestanden hatte, dass die Äußerungen *nicht* über diesen Kreis hinausdringen würden und der Täter deshalb mit der Weitergabe seiner Äußerungen hat rechnen müssen. Auch das Reichsgericht sei schließlich dieser Rechtsprechung des Reichskriegsgerichts gefolgt, habe es aber für notwendig erachtet, dass der Täter mit der Weitergabe der Äußerungen an weitere Kreise und damit an die *Öffentlichkeit gerechnet* hat (RGSt 76, 118).

Der BGH ließ es offen, mit welcher dieser fortschreitenden Erweiterungen des Strafrahmens die Grenze dessen, was noch als Recht betrachtet werden konnte, hinreichend deutlich überschritten wurde, und kam zu dem Ergebnis, dass die *Grenze zum klaren Unrecht* jedenfalls überschritten worden ist in Fällen, in denen das Merkmal der Öffentlichkeit schon bejaht wurde, wenn der Täter *keine Gewähr für die Verschwiegenheit des Empfängers* seiner Äußerung hatte und mit der Weitergabe der Äußerungen *hätte rechnen müssen*, ohne dass festgestellt war, dass er mit einer solchen Möglichkeit *gerechnet und sie gebilligt* hatte. Mit diesem Verständnis sei das Merkmal der öffentlichen Begehung aus dem Tatbestand des § 5 KSSVO gestrichen und damit die Grenze zu einer vertretbaren Gesetzesauslegung klar überschritten worden.[19] Nicht zuletzt hätten die Äußerungen des Ehemannes *allein gegenüber seiner Ehefrau* auch die „wehrhafte Selbstbestimmung des deutschen Volkes nicht lähmen oder zersetzen" können, denn die Frau habe keine für die wehrhafte Selbstbehauptung des Volkes wichtige Aufgabe zu erfüllen gehabt. Im gegebenen Fall seien die Äußerungen des Ehemanns der Angeklagten zwischen Eheleuten erfolgt, also Vorgänge *innerhalb der engsten und vertrautesten Gemeinschaft* gewesen, die es gibt. Das Urteil des Kriegsgerichts sei daher eine *missbräuchliche Anwendung* des § 5 KSSVO, also *Rechtsbeugung* gewesen, die, wenn das Urteil vollstreckt worden wäre, als ***rechtswidrige*** *Tötung* i.S. der §§ 211 ff. StGB zu begreifen gewesen wäre. Nach heutigem Rechtsverständnis hätte in solchem Falle auch ein *Beweisverwertungsverbot* bestanden. Die Begründung der Rechtswidrigkeit des Todesurteils war im Zeitpunkt des Urteils gegen die Angeklagte ebenso richtig wie im Tatzeitpunkt, verletzte also auch nicht den nulla-poena-Grundsatz.

c) Todesstrafe tatunangemessen und grausam: Nicht zuletzt betrachtete der BGH das Urteil schon deswegen als ***rechtswidrig***, weil die verhängte *Todesstrafe tat- und schuldunangemessen* gewesen sei. Die nach § 5 KSSVO angedrohten Strafen reichten von einem Tag Gefängnis bis zur Todesstrafe. Wenn ein Strafgesetz einen *so weiten Strafrahmen* zur Verfügung stellt, gebe es selbst zu erkennen, dass ein Tatbestand durch Handlungen von *sehr unterschiedlichem Schuld-* und *Unrechtsgehalt* verwirklicht werden kann, und spreche damit zugleich den *Grundsatz* aus, dass die angedrohte Höchststrafe nur in Fällen verhängt werden darf, bei denen der *Un-*

19 In einem solchem Fall war auch der *nulla-poena*-Grundsatz des § 2 StGB a.F. und des Art. 116 WRV eindeutig verletzt, der allerdings in diesem Zeitpunkt auch schon weitgehend außer Kraft gesetzt und durch das *„gesunde nationalsozialistische Volksempfinden"* ersetzt worden war; dazu oben Fn 5/129, 168; 6/2, 6/3, 7/2, 7/19.

rechtsgehalt der Tat – gemessen an den möglichen Verwirklichungen des Tatbestandes – *besonders hoch* und die Schuld oder die Gefährlichkeit des Täters besonders groß ist. Da im gegebenen Fall die Handlung des Täters schon *jenseits des Wortlauts* des Tatbestandes gelegen habe, hätte auch zur Tatzeit nur ein *geringes Maß an Schuld* festgestellt und *keinesfalls die Höchststrafe* ausgesprochen werden dürfen.

d) Tötungsversuch in mittelbarer Täterschaft: Auch wenn das Urteil **rechtswidrig** war, so blieb die Strafanzeige bis zum Urteil eine straflose Handlung; erst mit dem **rechtswidrig**en Urteil wurde die Handlung (Strafanzeige) – jedenfalls auf der Grundlage der kausalen Handlungslehre – zu einer **rechtswidrig**en Tötungshandlung, weil nunmehr die Handlung von ihrem Handlungserfolg bestimmt wurde. Auf dieser Grundlage betrachtete der 1. Strafsenat die Strafanzeige der Angeklagten als ***rechtswidrig**e Freiheitsberaubung* (für die Zeit nach dem Urteil) und als ***rechtswidrig**en Tötungsversuch* (S. 121 f.). In der Strafanzeige habe der *Anfang der Ausführung* der von der Angeklagten gewollten **rechtswidrig**en Tötung gelegen. Die Bestätigung und Vollstreckung der Kriegsgerichtsurteile sei in den letzten Kriegsmonaten ihrer Verkündung regelmäßig auf dem Fuße gefolgt. Jedes Todesurteil eines Kriegsgerichts habe daher die Tötung des Verurteilten so nahegerückt, dass bei natürlicher Betrachtung das auf die Herbeiführung der Todesstrafe gerichtete Handeln des Täters, wenn es schon zu einem Todesurteil geführt hatte, im ungestörten Fortgang zu einer Vollstreckung führen musste.

e) Unrechtsbewusstsein der Angeklagten: Die Angeklagte wollte ihren Mann nach den tatsächlichen Feststellungen des Schwurgerichts „loswerden". Dazu hätte vielleicht auch eine Freiheitsstrafe genügt, das Gericht hatte der Angeklagten bei der Belehrung über ihr Zeugnisverweigerungsrecht aber klargemacht, dass es um den Kopf des Mannes ging, also nahm sie, um ihn loszuwerden, auch seinen Tod zumindest billigend in Kauf. Ansonsten hätte sie nicht ihre Vereidigung ausdrücklich verlangt. Die Freiheitsberaubung und der Tötungsversuch geschahen also zweifellos von der Frau bewusst und gewollt, also vorsätzlich.

*(1) Bewusstsein der **Rechtswidrig**keit einer Gerichtsentscheidung:* Die entscheidende Frage, die das Schwurgericht außer Acht ließ und der erste Strafsenat klar erkannte, ist und bleibt, ob der Vorsatz der Frau, deren Aussage der Wahrheit entsprach und die geglaubt haben wollte, dass es ihr Recht und ihre Pflicht als Staatsbürgerin sei, ihren Mann wegen einer strafbaren Handlung anzuzeigen, die ***Rechtswidrig**keit des Urteils des Kriegsgerichts* umfassen musste, ob sie also erkennen konnte und musste, dass das Kriegsgericht ihren Ehemann *zu Unrecht zum Tode verurteilen würde.* Dass das Gericht den Mann zum Tode verurteilen würde, hatte der Vorsitzende der Angeklagten deutlich genug gesagt, sie wusste also, dass sie mit der Beeidigung ihrer Aussage eine Tötungshandlung beging, aber die Frage bleibt, ob sie wusste und wollte, dass ihre *wahrheitsgemäße* Strafanzeige ein ***rechtswidrig**es* Urteil auslösen würde, das ihren Mann *rechtswidrig* der Freiheit beraubt und nach

aller Wahrscheinlichkeit seinen ***rechtswidrigen*** Tod zur Folge haben würde. *Rechtmäßig* darf jeder jeden anderen der Freiheit berauben und töten, zum Beispiel aus Notwehr (§ 33 StGB) oder in einem Notstand (§§ 34, 35 StGB) oder aufgrund eines rechtmäßigen Befehls gemäß § 5 Wehrstrafgesetzbuch (WStG), aber nicht *rechtswidrig.*

Das Schwurgericht war jedoch der Auffassung, der Angeklagten hätte *nicht nachgewiesen* werden können, dass sie sich der ***Rechtswidrigkeit*** *ihrer Handlungsweise bewusst gewesen ist,* und *glaubte anscheinend,* ein mangelndes Verschulden der Angeklagten damit ausreichend begründet zu haben. Aus mehreren Gründen konnte der BGH diese Begründung nicht anerkennen (S. 123 ff.). Der 1. Strafsenat wiederholte daher auch in diesem Fall, dass hinsichtlich der Schuld der Angeklagten nach der Entscheidung des Großen Senats vom 18. März 1952 (BGHSt 2, 194 ff.)[20] zwischen dem (natürlichen) *Vorsatz,* der auf die objektiven Tatbestandsvoraussetzungen (Tötung eines Menschen, Freiheitsberaubung) gerichtet sein müsse, und dem *Bewusstsein der* ***Rechtswidrigkeit*** der mit diesem Vorsatz beabsichtigten Tat unterschieden werden müsse. Wer einen anderen im Keller einsperrt oder ihm ein Messer in den Rücken sticht und ihn damit tötet, weiß in der Regel, dass er damit *Unrecht* tut. In einem solchen Falle könne man sagen, dass die *Begehung einer Tat,* die mit einem schon vor der Tat durch Gesetz festgelegten Straftatbestand mit Strafe bedroht war, die ***Rechtswidrigkeit*** *dieser Tat „indiziert".* Denn der Gesetzgeber hat mit den Straftatbeständen die Taten zu erfassen versucht, die verboten sind und im Falle ihrer Begehung bestraft werden sollen. Wer eine Handlung begeht, die zeitlich vor der Handlung in einem Straftatbestand mit Strafe bedroht war, handelt daher grundsätzlich **rechtswidrig**. Die Faustregel: „die Tatbestandsmäßigkeit indiziert die **Rechtswidrigkeit"**, die den Juristen in ihrer Ausbildung *„indoktriniert"* wird, gilt jedoch nicht für alle Fälle. Wenn zum Beispiel ein Soldat auf Befehl seines Vorgesetzten im Krieg einen anderen erschießt, kann er denken, dass er dem Befehl gehorchen muss (§ 5 WStG) und deswegen nicht **rechtswidrig** tötet. Eine solche Tat ist daher nur strafbar, wenn der Soldat die *Rechtswidrigkeit des Schießbefehls erkennt.* Ebenso wird jemand, der wahrheitsgemäß gegen einen anderen eine Strafanzeige erstattet, unter normalen Umständen nicht denken, auch nicht denken müssen, dass das Gericht ein *rechtswidriges* Urteil fällen wird und er damit den anderen rechtswidrig der Freiheit beraubt oder im Falle eines Todesurteils ihn sogar rechtswidrig tötet. Wenn aber trotzdem ein *rechtswidriges Urteil* gefällt wird, hat er zwar eine *rechtswidrige Freiheitsberaubung* und im Falle eines Todesurteils auch *eine rechtswidrige Tötung* begangen, aber es fehlte ihm das *Unrechtsbewusstsein,* wenn er die wahrheitsgemäße Anzeige nur erstattet hat, damit der andere dem Recht gemäß verurteilt wird. Die Tatbestandsmäßigkeit einer Freiheitsberaubung oder Tötungshandlung indiziert

20 Dazu oben II 2 c (1).

in solchem Falle *nicht* die Rechtswidrigkeit der Handlung, weil grundsätzlich *nicht vermutet werden darf* und muss, dass ein Gericht ein Unrechtsurteil fällt. Deswegen musste auch im gegebenen Fall der Angeklagten *nachgewiesen* werden, dass sie im *Bewusstsein der Rechtswidrigkeit* des Erfolgs ihrer Strafanzeige handelte, also entweder *positive Kenntnis* davon hatte, dass das vom Richter mit der Belehrung über das Zeugnisverweigerungsrecht angedrohte *Todesurteil rechtswidrig* sein würde, oder *bei gehöriger Gewissensanspannung* die *Rechtswidrigkeit* des Todesurteils zumindest *hätte erkennen können*. Diese Rechtslage folgt aus der schon oben dargelegten *Grundsatzentscheidung* des Großen Senats (BGHSt 2, 194 ff.) mit der Unterscheidung zwischen Tatbestands- und Rechtsfolgenirrtum.

(2) Das Unrechtsbewusstsein der Angeklagten im gegebenen Fall: Die Angeklagte war jedoch *nicht* schon deswegen *nicht* der Freiheitsberaubung und der versuchten Tötung schuldig, *weil sie nicht wusste und wollte*, dass das Gericht ein rechtswidriges Urteil sprechen würde; der *Vorsatz* der Angeklagten musste nicht *auf ein rechtswidriges Urteil* gerichtet sein. Sie musste vielmehr nur *erkennen können*, dass das auf ihre Anzeige hin ergehende *Todesurteil* ein *Unrecht* darstellte, sie musste *bei gehöriger Gewissensanspannung* ein *Unrechtsbewusstsein* hinsichtlich der *Tötung ihres Mannes* haben können. Dieses Erkenntnisvermögen der Angeklagten hinsichtlich des Unrechts ist auch nicht allein schon deswegen auszuschließen, weil sie nach den Feststellungen des Schwurgerichts eine „einfache Frau“ war (S. 127). Zu Recht erkannte der 1. Strafsenat, dass es in einem funktionierenden Rechtsstaat in aller Regel fernliegend sei, anzunehmen, dass ein Gerichtsurteil nicht Recht, sondern *Unrecht* schaffen könnte. Wenn es aber in einigen Fällen trotzdem Fehlurteile gebe – zumeist aufgrund unrichtiger Tatsachenfeststellungen oder von Rechtsirrtümern –, so sei es in der Regel nur *rechtskundigen Personen* möglich, dies zu erkennen oder gar vorauszusehen.

Zur Zeit der *nationalsozialistischen Herrschaft* sei es jedoch nicht selten gewesen, dass insbesondere bei der Beurteilung von Sachverhalten, die eine der Staatsführung *missliebige Gesinnung oder Haltung* verrieten, Urteile ergangen seien, die in einer derartigen Weise *übermäßig alle Vorstellungen von Recht verletzt hätten*, dass auch *Laien dies hätten erkennen können*. Das Schwurgericht habe zutreffend festgestellt, dass die Bevölkerung die Kriegsstrafrechtsverordnung, insbesondere § 5 Kriegsstrafverfahrensordnung (KStVO), als „Schreckensgesetz“ betrachtet und die auf dieser Grundlage ausgesprochenen Todesurteile in solchen und ähnlichen Fällen als *grausam und ungerecht* empfunden habe. Das Schwurgericht habe daher bei der erneuten Verhandlung zu prüfen, „ob die Angeklagte – wenn ihr auch die Kenntnisse gefehlt haben mögen, den Rechtsbruch zu erkennen, der in der Beurteilung des Verhaltens ihres Mannes als Verbrechen nach § 5 Abs. 1 Nr. 1 KStVO lag – nicht wenigstens mit dem überwiegenden Teil der Bevölkerung, die Todesstrafe als Antwort auf die allenfalls eine Beleidigung darstellenden, in der eigenen Wohnung unter vier Augen gefallenen Unmutsäußerungen ihres Mannes als *gro-*

bes Unrecht empfand. Und zwar deshalb, weil sie *ganz offensichtlich außer jedem Verhältnis zum Schuld- und Unrechtsgehalt der Tat stand* und nicht mehr als Sühne für begangenes Unrecht, sondern nur als *Mittel der Unterdrückung* jeder unerwünschten Gesinnung zur Einschüchterung der dieser Gewalt unterworfenen Bürger verstanden und erklärt werden konnte."

Bei dieser Prüfung seien auch die *Beweggründe der Angeklagten* zu berücksichtigen, die nach den Feststellungen des Landgerichts die Äußerungen ihres Mannes offenbar nicht als todeswürdiges Verbrechen ansah und deshalb auch nicht glaubte, ihn, obwohl es sich um ihren Ehemann handelte, der für verdient gehaltenen Strafe zuführen zu müssen; vielmehr sei sie von der Überlegung geleitet worden, *„dass sie sich auf diese Weise am besten ihres Mannes entledigen könne, um ungestört ihrem ehebrecherischen Treiben nachgehen zu können"*. Ob die *moralische Verwerflichkeit* der mit der Strafanzeige verfolgten Absicht der Angeklagten auch ein *brauchbares Indiz* für ihr *Unrechtsbewusstsein* bilden kann, mag hier dahinstehen. Aber auch gestandene und erfahrene Richter sind Menschen und konnten in diesem Fall offenbar – angesichts der bodenlosen Gemeinheit dieser Angeklagten – den Rückfall in die „Schweinehundtheorie" nicht völlig vermeiden.

Völlig *de lege artis* unterschied der *1. Strafsenat* jedoch in Bezug auf das Unrechtsbewusstsein der Angeklagten zutreffend zwischen der Schwierigkeit, auch in einem Rechtsstaat vorkommende Fehlurteile als solche zu erkennen, was in der Regel nur rechtskundigen Personen möglich sei, und der Fähigkeit, das *offenkundige und übermäßige Unrecht zu erkennen*, das in der Zeit der nationalsozialistischen Herrschaft vom Staat und auch von manchen Gerichten – wie im gegebenen Fall – ausgeübt worden ist. Diese Unterscheidung deckt sich weitgehend mit der (oben unter II.2 c) dargestellten), von *Welzel* überlieferten Unterscheidung von *Philippinus*, der unterschieden hat zwischen *ganz allgemeinen Prinzipien* und *entfernteren Folgesätzen*, die nur auf längerem und schwierigerem Wege deduziert werden können. Diese Tradition hinsichtlich der juristischen Beachtung des „irrenden Gewissens" bietet zweifellos eine hohe Richtigkeitsgewähr für die vertretene Auffassung, auf deren Grundlage die Meinung richtig erscheint, dass auch eine „einfache Frau" im Februar 1945 in der Regel erkennen konnte und spätestens aufgrund der Erklärung des Vorsitzenden, dass es um den Kopf ihres Mannes gehe, auch erkennen musste, dass die nur ihr gegenüber gemachten Äußerungen ihres Ehemanns nicht hätten mit dem Tode bestraft werden dürfen, gleichgültig, wozu sie die dadurch gewonnene Freiheit benutzen wollte. Im Einzelfall muss die Frage allerdings nach den Regeln unseres bewährten Verfahrensrechts vom Tatrichter, also vom Schwurgericht, auf der Grundlage seiner Feststellungen in der Hauptverhandlung entschieden werden. Das Schwurgericht muss allerdings als Tatsacheninstanz die vom Revisionsgericht dargelegten Rechtsgrundsätze beachten, weil ansonsten das Urteil nochmals aufgehoben werden kann.

V. BGHSt 2, 173: Standgericht gegen Verschwörer des 20. 7. 1944

1. Sachverhalt des Urteils:[21] Der *Angeklagte* war zuletzt Regierungsdirektor im Reichssicherheitshauptamt (RSHA) und SS-Standartenführer. Er hat als *Ankläger* an zwei Standgerichtsverfahren teilgenommen und in allen Fällen die Todesstrafe gegen die Angeklagten beantragt. Das Standgerichtsverfahren gegen *von Dohnanyi* hat am 6. April 1945 im KZ O, das Standgerichtsverfahren gegen die Angeklagten *Generalstabsrichter Dr. S*, *Admiral Canaris*, *General O*, *Pastor B* und *Hauptmann G* im April 1945 im KZ Fl. stattgefunden. Allen Angeklagten wurde vorgeworfen, an der *Verschwörung vom 20. Juli 1944* beteiligt gewesen zu sein. Alle Angeklagten sind in den beiden Verfahren zum Tode verurteilt und die Urteile unverzüglich vollstreckt worden. Als Richter haben auch die beiden Kommandanten der Konzentrationslager an dem Verfahren mitgewirkt. Alle Richter gehörten der SS an, obwohl keiner der Angeklagten Mitglied der SS war. Nach § 51 Abs. 2 KStVO hätte jedem Angeklagten ein Verteidiger bestellt werden müssen, was nicht geschah. Noch vor Abschluss der Verhandlungen des Standgerichts wurde der Angeklagte Admiral *Canaris* aus seiner Zelle geholt, nochmals verhört und schwer misshandelt. Nach dieser Vernehmung konnte *Canaris* einem überlebenden Zeugen per Morsezeichen noch mitteilen: „Letzte Vernehmung. Nasenbein gebrochen. Meine Zeit ist um."

2. Urteil des Schwurgerichts München: Das Schwurgericht München hatte den Angeklagten freigesprochen mit der Begründung, das „Standgerichtsverfahren" habe jedenfalls das „gerichtliche Gesicht" gewahrt und alle Angeklagten seien nach dem damaligen Rechtszustand der Tatbestände des *Hoch-* und *Landesverrats* oder des *Feindverrats* schuldig gewesen. Die sechs *Todesurteile* seien daher rechtens gewesen, weswegen die Tätigkeit des Angeklagten als Vertreter der Anklage nicht als Beihilfe zum Mord betrachtet werden könne. Der BGH hat das Urteil aufgehoben und die Sache zur erneuten Verhandlung zurückverwiesen.

3. Entscheidungsgründe des Bundesgerichtshofs a) Standgerichtsverfahren zur „Gesichtswahrung": Der *1. Strafsenat* beanstandet vor allem die Begründung des Schwurgerichts München, das Standgerichtsverfahren habe jedenfalls das „gerichtliche Gesicht" gewahrt, und die daraus gezogene Folgerung, eine Beihilfe zum Mord scheide aus, weil ein Standgerichtsverfahren, das „unter Wahrung des gerichtlichen Gesichts" stattfindet, auch gemäß dem geltenden Recht entscheide. Der BGH bemerkte dazu, es dürfe zwar nicht verkannt werden und entspreche der geschichtlichen Überlieferung und übereinstimmender Übung aller Kulturvölker, dass ein Staatswesen in Zeiten höchster kriegerischer und politischer Gefahr Ge-

[21] Urteil vom 12.2.1952, BGHSt 2, 173–180: Standgerichtsverfahren gegen Verschwörer des 20. Juli 1944.

richte walten lasse, die sachlich mit größter Strenge arbeiten müssten und weitgehende Verfahrensfreiheiten hätten. Die bloße Mitwirkung an einem Standgerichtsverfahren könne daher noch keinen Straftatbestand bilden. Wenn aber die Art und Weise der Todesurteile schon durch das in dieser Kriegsnot geltende positive Recht nicht gedeckt gewesen ist oder gegen *allgemein verbindliche Grundsätze*, die unabhängig von staatlicher Anerkennung gelten, verstoßen worden ist und der Angeklagte das gewusst hat, könne die Mitwirkung als Beihilfe zum Mord oder zum Totschlag verstanden werden.

b) Mindestanforderungen eines Standgerichtsverfahrens: Auch wenn die in den Standgerichtsverfahren angeklagten Widerstandskämpfer Taten begangen haben, die zur Tatzeit ein Todesurteil rechtfertigten, sei dem Angeklagten der Vorwurf zu machen, an einem Verfahren mitgewirkt zu haben, in dem die keine Ausnahmen duldenden *Mindestanforderungen eines Standgerichtsverfahrens* missachtet worden sind. Ein Todesurteil und dessen Vollstreckung setze einen Richterspruch voraus, zu dessen *unabdingbarem Wesen* es gehöre, dass er von *befehlsunabhängigen Richtern* als Entscheidung ihres *freien Rechtsgewissens* aufgrund eines Verfahrens gefällt wird, das dazu dient, die *Wahrheit zu erforschen*, *Schuld und Unschuld* zu ermitteln und das *Maß der Schuld festzustellen*, so dass das nach bestem Wissen und Gewissen der beteiligten Richter zu fällende Urteil allein von den *Feststellungen dieses Verfahrens* abhängt und nicht etwa auf im Laufe des Verfahrens durch Folterung erzwungenen Geständnissen oder auf schon vor dem Verfahren festgesetzten Urteilen, Befehlen oder Anweisungen von außerhalb des Gerichts stehenden höheren Stellen beruht. An den beiden Standgerichtsverfahren hätten jedoch der jeweilige Kommandant des Konzentrationslagers als „Richter“ mitgewirkt, Männer also, deren Aufgabe, wie auch dem Schwurgericht nicht gut unbekannt gewesen sein könne, darin bestanden habe, verbrecherische Weisungen auszuführen. Die Vollstreckung eines derart zustande gekommenen Urteils sei eine ***rechtswidrige** Tötung*, unabhängig davon, welcher Vorwurf den auf diese Weise Getöteten gemacht worden sei. Mit der Feststellung, dass das Standgericht das „gerichtliche Gesicht“ gewahrt habe, habe sich das Schwurgericht die *Prüfung erspart*, ob das durchgeführte Standgerichtsverfahren *nur zum Schein durchgeführt wurde*, um den Befehl oder Wunsch eines außerhalb des Gericht stehenden „Auftraggebers“ (*Hitlers*) zu erfüllen. In einem solchen Falle sei das Todesurteil nur eine *in die Form des Urteils gekleidete Tötungshandlung*. Zwar mache nicht schon jede Verletzung einer Verfahrensregel das Standgerichtsverfahren zu einem „willkürlichen“ Verfahren, aber viele und grobe Verstöße könnten zu dieser Feststellung führen. Auch sei zu beachten, dass nicht allen damals angewendeten *gesetzlichen Regelungen* „Rechtsnatur“ zugesprochen werden könne (S. 177):

> „Denn die Machthaber des nationalsozialistischen Staates haben, wie offenkundig ist und auch damals schon allen Einsichtigen klar war, zahlreiche Vorschriften erlassen und

Anordnungen getroffen, die mit dem Anspruch auftraten, ‚Recht' zu setzen und dem ‚Recht' zu entsprechen, aber trotzdem der Rechtsnatur ermangelten, weil sie jene rechtlichen Grundsätze verletzen, die unabhängig von jeder staatlichen Anerkennung gelten und stärker sind als ihnen entgegenstehende obrigkeitlichen Akte. ... Obrigkeitliche Akte, die die Gerechtigkeit nicht einmal anstreben (*Radbruch*), den Gedanken der Gleichheit bewusst verleugnen und allen Kulturvölkern gemeinsame Rechtsüberzeugungen von Wert und Würde der menschlichen Persönlichkeit gröblich missachten, schaffen kein Recht und ein ihnen entsprechendes Verhalten bleibt Unrecht" (mit Hinweisen auf BGHZ 3, 94, 106 f., dazu oben I 2; BGHSt 2, 234, 237).

Nimmt man an, dass das Standgerichtsverfahren in der Art, in der es durchgeführt wurde, die Mindestvoraussetzungen eines ordnungsgemäßen Verfahrens nicht erfüllte, so waren die Todesurteile und ihre Vollstreckung rechtswidrige vorsätzliche Tötungen, die auch den nulla-poena-Grundsatz des Art 103 Abs. 2 GG nicht verletzten, weil ein Standgerichtsverfahren durchgeführt werden sollte und d.h. ein ordentliches derartiges Verfahren. Wenn jedoch das Verfahren in der Form des zur Tatzeit geltenden Rechts durchgeführt wurde, das später aufgrund von Verletzungen naturrechtlicher Grundsätze für Unrecht erkannt wurde, so gilt das in II 2 d Gesagte entsprechend. Es gab aber auch im "Dritten Reich" keinen geschriebenen oder allgemein anerkannten Rechtsgrundsatz, wonach die in einem standgerichtlichen Verfahren Angeklagten verprügelt werden durften. Dass Canaris beim Verhör die Nase gebrochen wurde, genügt also zur Begründung der Rechtswidrigkeit des Verfahrens.

c) Wesen des Rechts verkannt: Im Folgenden listete der 1. Strafsenat die Stationen auf, in denen *Adolf Hitler* die Zuständigkeit der *Kriegsgerichte* und des *Volksgerichtshofs* ausgeschaltet und eine solche Art von Standgerichten für zuständig erklärt hatte, mit deren Hilfe die Verschwörer des 20. Juli noch vor Kriegsende und vor seinem eigenen Selbstmord hingerichtet werden konnten:

(1) Mit dem letzten *Beschluss des Reichstags vom 26. April 1942* ließ sich *Hitler ermächtigen*, „jederzeit in der Lage zu sein, nötigenfalls jeden Deutschen, sei er einfacher Soldat oder Offizier, niedriger oder hoher Beamter oder Richter, leitender oder dienender Funktionär der Partei, Arbeiter oder Angestellter mit allen ihm geeignet erscheinenden Mitteln zur Erfüllung seiner Pflichten anzuhalten und bei Verletzung dieser Pflichten nach gewissenhafter Prüfung ohne Rücksicht auf so genannte wohlerworbene Rechte mit der ihm gebührenden Sühne zu belegen, ihn im besonderen *ohne Einleitung vorgeschriebener Verfahren* aus seinem Amte, aus einem Rang und seiner Stellung zu entfernen."

(2) Auf der Grundlage des vorstehenden Reichstagsbeschlusses hat *Hitler* alle Angehörigen der Wehrmacht, die an den Vorgängen des 20. Juli 1944 beteiligt waren, durch einen Ehrenrat aus der Wehrmacht ausgestoßen und die nach § 2 a KStPO bestehende Zuständigkeit der *Wehrmachtsgerichtsbarkeit beseitigt*, weil diese

sich in politischen Strafsachen als unzuverlässig erwiesen hätte, und für die Verschwörer die Zuständigkeit des *Volksgerichtshofs* begründet.

(3) Nach dem sogenannten *Zossener Aktenfund* (wo Tagebücher von *Canaris* entdeckt wurden, die insbesondere *Canaris* selbst, *Hans von Dohnanyi* und die weiteren fünf Angeklagten des zweiten Standgerichtsverfahrens besonders belasteten) verbot *Hitler* in scharfer Form die Anklageerhebung gegen diese Personen vor dem *Volksgerichtshof* und befahl Anfang April 1945 ihre sofortige *Aburteilung durch Standgerichte.*

Aufgrund dieser und einiger anderer Feststellungen im Verfahren des Schwurgerichts sah sich der 1. Strafsenat zu der außergewöhnlichen Feststellung gezwungen: „*Das Schwurgericht München hat das Wesen des Rechts, das der Willkür entgegengesetzt ist, und das Wesen des Richterspruchs völlig verkannt.*" Das Gericht habe sich durch die aufgelisteten Feststellungen nicht einmal veranlasst gesehen, die Frage zu prüfen, ob diese für die *Rechtsnatur des Standgerichts* und das von diesem durchgeführte Verfahren von Bedeutung sein könnten. Bei der rechtlichen Würdigung sonstiger Einzelheiten des Standgerichtsverfahrens seien ähnliche Fehler zu erkennen, zum Beispiel lasse das Urteil auch jede rechtliche Würdigung der Misshandlung von *Canaris* vermissen. Mit dieser ungewöhnlichen, aber völlig berechtigten Tadelung, die den Berufsrichtern des Schwurgerichts letztlich die *Fähigkeit zum Richteramt in einem Rechtsstaat abgesprochen* hat und dem Vorwurf der Rechtsbeugung nahekommt, hat der 1. Strafsenat das Urteil des Schwurgerichts München aufgehoben die Sache zur erneuten Verhandlung zurückverwiesen.

8. Kapitel
BRD-Rechtsprechung zum DDR-Unrecht

Recht ist das Urphänomen irrationaler Rationalität.[1]
Adorno

I. 1945–1989: Sozialistisches Unrecht: Mauerschützenfälle

Weil es der Obersten Deutschen Heeresleitung – anders als im Ersten Weltkrieg – nicht gelungen war, die Ostfront bis zum Waffenstillstand im Westen zu halten, mussten die Deutschen, deren Heimat in der sowjetischen Besatzungszone lag, noch weitere 44 Jahre lang eine andere Diktatur ertragen oder das Land verlassen. Das Maß des Unrechts der sozialistischen Republik blieb zwar weit hinter dem des NS-Staates zurück, aber mehr als einer Generation hat es dennoch die Freiheit genommen, und für diejenigen, die das *sozialistische Unrecht* erdulden mussten, war es auch schlimm genug. Die größte Masse dieses Unrechts bilden zweifellos die Mauerschützenfälle, in denen nach dem Bau der Berliner Mauer (1961) zwei- bis dreihundert Menschen erschossen oder durch Tret- oder Splitterminen getötet worden sind, die nichts anderes wollten als unter Zurücklassung ihrer ganzen Habe die DDR schnellstmöglich zu verlassen. Wie erinnerlich, sind seit Anfang des Jahres 1949 bis Mitte des Jahres 1961 etwa 2,5 Millionen Deutsche aus der DDR in den Westen gegangen. Aufgrund dessen hatte sich die DDR zum Bau einer Mauer und zu starker Bewachung der Grenze entschlossen. Ausreiseanträge wurden in der Regel höchst zögerlich bearbeitet, nur selten genehmigt, die Antragsteller aber zumeist schwer schikaniert und verloren nicht selten auch ihre Arbeitsplätze. Deswegen haben viele versucht, über die Mauer in den Westen zu kommen. Nicht wenige sind auch zu langen Gefängnisstrafen verurteilt worden, nur weil sie ihre Flucht planten und von vermeintlichen *Freunden denunziert* worden sind.[2] Auch die bloße Kritik an dem Grenzregime konnte schon zu einer längeren Gefängnisstrafe führen; denn es gab in der DDR auch

1 Dieses Zitat ist als Definition der marxistischen Rechtslehre zu verstehen. Die Folgen dieses Rechtsbegriffs konnten auch in der von Frankfurt ausgehenden studentischen 68er-Revolution und den Handlungen der RAF bestens erkannt werden. Von denen, die daran geglaubt haben, endeten manche im Wahnsinn und im Selbstmord und viele andere verzweifelten am Unrecht dieser Welt.

2 So z.B. im Fall BGHSt 40, 125, https://www.jurion.de/search/?q=BGHSt+40%2C+125&sort=1 [11.1.2018].

keine *Meinungsfreiheit*,[3] darüber hinaus auch keine *Eigentums- und Berufsfreiheit.* Auch alle anderen in der Bundesrepublik *grundrechtlich gesicherten individuellen Freiheiten* standen in der DDR unter dem Vorbehalt der *sozialistischen Ideologie* und waren damit zumindest weitgehend beschränkt. Was Freiheit für die Menschen in der DDR bedeutete, kann man gar nicht richtig ermessen, wenn man sein Leben lang in der Bundesrepublik wohnte und alle Freiheiten hatte. Welcher Wert schon allein der *Reisefreiheit* zukam, konnte man an dem Freudentaumel erkennen, der losbrach, als *Schabowski* die berühmt gewordene Frage, ab wann das neue Reisegesetz gelten solle, nach einigem Blättern in seinen Zetteln etwas unsicher beantwortete mit: *„Nach meiner Kenntnis sofort, unverzüglich“*! Dieser Satz war das vielleicht gar nicht beabsichtigte *Ende der DDR*. Was dann losbrach, bleibt unbeschreiblich. Binnen Sekunden stürzte die gesamte staatliche Ordnung der DDR wie ein Kartenhaus zusammen. Die Mauer, die zum Sinnbild des Unrechts geworden war, wurde gestürmt. Es fiel kein einziger Schuss. Das sozialistische Experiment der DDR war beendet. Die Genossen haben das verlorene Spiel aufgegeben und mit der bedingungslosen Aufgabe und dem Verzicht auf jeglichen Widerstand ganz zum Schluss noch richtige Größe bewiesen, die großen Respekt verdient. Man darf heute deshalb die Frage stellen, ob die Strafprozesse zur Bewältigung des geschehenen Unrechts überhaupt notwendig waren oder eine große Amnestie hätte gewährt werden können. Die große Mehrheit des Volkes wollte aber wohl, dass das schlimmste Unrecht aufgeklärt und die verantwortlichen Täter verurteilt werden. Im Strafmaß der Urteile kommt aber zum Ausdruck, dass letztlich nur die guten *Prinzipien bestätigt* werden sollten, den einzelnen Tätern in der Regel aber großes Verständnis zugestanden wurde.

Das *Unrecht an der Mauer* und des gesamten Grenzregimes bildete auch die größte Masse der *strafrechtlichen Abrechnung*. Die *Mauerschützen* (dazu die Fälle 1–

---

3 So z.B. im Fall BGHSt 40, 272, https://www.jurion.de/search/?q=BGHSt+40%2C+272&sort=1 [11.1.2018], wo ein Mann, der auf einem Platz in Perleberg anlässlich der öffentlichen *Vereidigung von Grenzsoldaten* ein selbstgefertigtes Plakat entrollt hat, auf dem geschrieben stand: „DDR! Deine Grenzen sind für mich kein Friedensbeitrag!“ Das Plakat wurde ihm 20 Sekunden später entrissen, er aber dafür zu einem Jahr und sechs Monaten Gefängnis verurteilt, obwohl die Tat nach § 213 StGB-DDR auch mit einem öffentlichen Tadel hätte geahndet werden können. Der BGH hat die wegen Rechtsbeugung angeklagte Richterin jedoch mit der Begründung freigesprochen, die Angeklagte hätte als Richterin in der sozialistischen DDR sich an sozialistischen Grundsätzen orientieren und die *Weisungen und Grundsätze höherer Richter* beachten müssen. Auch hätten Richter der DDR wegen „gröblicher Verletzung ihrer Grundpflichten“ abberufen werden können. Grenzsoldaten mussten aber auch „Konsequenzen“ befürchten, wenn sie danebengeschossen haben, wurden vom BGH jedoch wegen vorsätzlicher Tötung verurteilt, obwohl sie die Rechtswidrigkeit ihrer tödlichen Schüsse wegen der falschen Belehrungen und der entsprechenden Befehle ihrer Vorgesetzten nicht erkennen konnten und ihnen daher auch ein Verbotsirrtum zugebilligt, der offensichtliche Befehlsnotstand aber nicht anerkannt wurde (dazu unten III 4–6), Die Richterin wurde dagegen freigesprochen, obwohl sie übermäßige Strafen ausgesprochen hatte, weil sie Nachteile hätte befürchten müssen. Zweierlei Maß? Klassenjustiz?!

5) wurden verurteilt, *Honecker* ließ man laufen. Aber vielleicht geschah es auf eine Bitte oder einen Wink von *Gorbatschow* und ihm konnte und durfte man nichts abschlagen, denn ohne ihn wäre das Unrechtsregime noch viel länger an der Macht geblieben. Die *Mitglieder des Nationalen Verteidigungsrates* (NVR) musste man verurteilen (Fall 6), weil man nicht die Mauerschützen verurteilen und diejenigen ungestraft lassen konnte, von denen die Schießbefehle ausgegangen waren. Wohl aber hätte man *denjenigen mehr Gnade* erweisen können, die am Ende dafür gesorgt hatten, dass nicht geschossen wurde. Aus welchen Gründen die Machthaber der DDR glaubten, trotz ihres Beitritts zum Internationalen Pakt über bürgerliche und politische Rechte (IPbürgR) mit allen durch die Regelungen des § 213 StGB-DDR i.V.m. § 27 Abs. 2 GrenzG-DDR gegebenen Zwangsmitteln ihre Grenzen nicht ausreichend schützen zu können und auch Flüchtlinge erschießen lassen zu müssen, die nichts anderes wollten, als unter Zurücklassung ihrer Angehörigen und Freunde und aller ihrer Habe unbewaffnet auf die andere Seite der Grenzen zu kommen, konnte in keinem der durchgeführten Strafprozesse geklärt werden. Es wurde auch gar nicht versucht.

Sicherlich ist außer dem Unrecht an der Mauer auch noch viel anderes Unrecht geschehen, das nichts mit dem Grenzschutz zu tun hatte, aber dies geschah zumeist heimlich und konnte deshalb nur noch ausnahmsweise aufgeklärt werden. Nicht wenige Menschen, die nicht zu dem Regime passten, verschwanden einfach und wurden nie mehr gesehen. Auch sind viele Straftaten der Stasi und ihrer Mitarbeiter einfach vertuscht worden. Die Entscheidung BGHSt 40, 169[4] betrifft einen Fall solcher Art, in welchem *Militärstaatsanwälte* den feigen Doppelmord ihres *betrunkenen Hausmeisters* verheimlichen wollten und das Verfahren gegen ihn in Kenntnis seiner offensichtlichen Schuld eingestellt haben. Der Doppelmord war auch nach den Gesetzen und der Ideologie der DDR zweifellos strafbar und konnte durch keine sozialistische Gesinnung gerechtfertigt werden. Die Gründe für die nach der Wende als Rechtsbeugung durch Staatsanwälte angeklagte Vertuschung des Doppelmords sind in dem Verfahren nicht geklärt worden; vielleicht waren sie ein Teil jener „irrationalen Rationalität" im Sinne des Rechtsverständnisses von *Adorno*, leichter zu verstehen aber als Kumpanei in einer Verbrecherbande.

Die folgende Darstellung beschränkt sich bewusst auf einige *Urteile in Mauerschützenfällen*, um daran die Problematik aufzuzeigen, vor die das Strafrecht gestellt ist, wenn Täter bestraft werden sollen, die Verbrechen begangen haben, die zur Tatzeit nach dem Recht eines zusammengebrochenen Staates als rechtmäßig betrachtet wurden, aber nach dem Zusammenbruch des Staates nach dem nunmehr geltenden Recht als Mord verstanden werden sollen, und außerdem abgeurteilt werden müssen von den Gerichten eines Staates, in dessen Verfassung der

[4] Vgl. https://www.jurion.de/search/?q=BGHSt+40%2C+169&sort=1 [11.1.2018].

Satz steht: „Eine Tat kann nur bestraft werden, wenn die Strafbarkeit gesetzlich bestimmt war, bevor die Tat begangen wurde“ (Art. 103 Abs. 2 GG).

II. Sachverhalte und Urteile der Mauerschützenfälle 1–5

1. BGHSt 39, 353[5] *– Geschnappt und noch erschossen. Sachverhalt:* Am 18. Oktober 1965 gegen 2:45 Uhr wurden an der Grenze von West-Berlin zwei Ostberliner Flüchtlinge gestellt und ergaben sich; auf Befehl des Grenzsoldaten W mussten beide in den Sperrgraben springen und W und sein Postenkamerad gaben „zur Mahnung“ mehrere Dauerfeuersalven aus ihren Kalaschnikows in den Graben ab, wodurch der Flüchtling KR verletzt wurde. Von den Schüssen herbeigerufen, kam auch der Angeklagte Gruppenführer X zur Stelle und befahl den Flüchtlingen, aus dem Graben zu kommen; der angeschossene KR rief: „Ich kann nicht, ich bin verletzt.“ Der andere Flüchtling K kam aus dem Graben, und der Gruppenführer gab aus seiner Kalaschnikow mindestens drei Feuerstöße (mindestens fünfzehn Schüsse) auf ihn ab, bis sein Magazin leer war und K umfiel. K wurde durch mehrere Schüsse tödlich getroffen. Der Angeklagte X schrie dann sinngemäß: „Ich habe mir geschworen, hier kommt keiner mehr lebend raus.“ Alle beteiligten Grenzsoldaten wurden vom Brigadekommandeur ausgezeichnet, der Angeklagte X zum Feldwebel befördert.

Urteil: Der Angeklagte X ist nach der Wende vom Bezirksgericht Potsdam wegen Totschlags verurteilt worden. Der 5. Strafsenat des BGH hat den Schuldspruch abgeändert und den Angeklagten des Mordes schuldig befunden und zu einer Freiheitsstrafe von zehn Jahren verurteilt.

2. BGHSt 40, 48[6] *– Todesschuss über die Grenze zur BRD. Sachverhalt:* Der angeklagte Hauptmann und stellvertretende Chef einer Pionierkompanie war am 6. August 1969 mit Ausbesserungsarbeiten an der Grenze beauftragt. Ein neunzehnjähriger Pionier seiner Einheit entschloss sich dabei zur Flucht und rannte ca. 30 Meter von seinem Arbeitsplatz bis zur Grenzlinie. Die aufgestellten Sicherungsposten gaben zwei bis drei Feuerstöße ab, zielten dabei aber bewusst an dem Flüchtenden vorbei, der sich 10 Meter hinter der Grenze ins Gras warf. Der Angeklagte bemerkte 100 Meter entfernt stehend den Fluchtversuch, rannte zur Grenze und rief dem im Gras Liegenden zu, er solle zurückkommen, und gab zwei Warnschüsse ab. Die dort befindlichen Wachposten hatten ihr Feuer bereits

5 Urteil vom 20.10.1993 – 5 StR 473/93, BGHSt 39, 353–371 – geschnappt und noch erschossen; abrufbar unter https://www.jurion.de/search/?q=BGHST+40%2C+48&sort=1.

6 Urteil vom 18.1.1994 –1StR 740/ 9, BGHSt 40, 48–59 – Schuss über die Grenze zur BRD; abrufbar unter: https://dejure.org/dienste/vernetzung/rechtsprechung?Gericht=BGH&Datum=18.01.1994&Aktenzeichen=1%20StR%20740%2F93.

eingestellt, weil sie nicht über die Grenze schießen durften und wollten. Der Angeklagte kannte die Dienstanweisung Ziff. 208, wonach der Schusswaffengebrauch nur parallel zur Staatsgrenze erlaubt war, wollte die Flucht jedoch um jeden Preis verhindern: Er nahm an, dass ihm beim Gelingen der Flucht von Vorgesetzten Repressalien drohen würden und eine weitere Karriere bei der Armee nicht möglich sein werde. Er zielte deshalb mit seiner Pistole auf die ihm zugewandten Füße des in Längsrichtung etwas schräg vor ihm liegenden Soldaten und nahm die von ihm erkannte Möglichkeit, den Soldaten tödlich zu treffen, in Kauf. Er traf den Pionier in die Schläfe. Der so Getroffene starb am selben Tag, der Angeklagte wurde wegen dieser Schüsse nicht bestraft, sondern ausgezeichnet und zwei Jahre später zum Major befördert.

Urteil: Das Landgericht verurteilte den Angeklagten wegen Totschlags nach § 212 StGB zu einer Freiheitsstrafe von fünf Jahren und sechs Monaten. Der 1. Strafsenat des BGH hat den Schuldspruch bestätigt, aber den Strafausspruch aufgehoben, weil das Landgericht den langen Zeitablauf von 24 Jahren seit der Tat bei der Strafzumessung nicht berücksichtigt hatte.

3. BGHSt 40, 241–251[7] *– Spree-Schwimmer erschossen. Sachverhalt:* Der angeklagte Postenführer FK entdeckte mit dem ihm zugeordneten Grenzsoldaten K am 14. Februar 1972 gegen 22:30 Uhr, dass ein Mensch in der Spree versuchte, ans andere Ufer nach West-Berlin zu schwimmen. Der Schwimmende reagierte nicht auf ihre Zurufe, und beide schossen aus einer Entfernung von ca. 40 Metern aus der Hüfte mit Dauerfeuer aus ihren Kalaschnikows auf den Schwimmenden, der danach nicht mehr zu sehen war. Er war von einem Geschoss am Kopf getroffen worden und deswegen ertrunken. Von welchem der beiden Soldaten das tödliche Geschoss herrührte, blieb ungeklärt. Zur Tatzeit galt noch nicht § 27 Abs. 2 GrenzG-DDR, vielmehr war der Schusswaffengebrauch durch das Polizeigesetz (§ 17 Abs. 2 PolG-DDR) geregelt, aber auch nur zulässig zur Verhinderung eines Verbrechens, nicht aber zur Verhinderung eines bloßen Vergehens. Eine Flucht allein und unbewaffnet war gemäß § 213 StGB-DDR nur ein Vergehen. Die Soldaten wurden vor ihrem Einsatz nach den *Dienstvorschriften* des Ministers für Nationale Verteidigung vom 8. Februar 1964 (DV 30/10 Nr. 89) belehrt und „vergattert“, wie folgt: „Der Zug … sichert die Staatsgrenze … mit der Aufgabe, Grenzdurchbrüche nicht zuzulassen, Grenzverletzer vorläufig festzunehmen oder zu *vernichten* und den Schutz der Staatsgrenze unter allen Bedingungen zu gewährleisten.“ Nach dem im Urteil festgestellten Sachverhalt handelten beide Soldaten mit dem gemeinsamen Ziel, „den bei der Vergatterung erhaltenen Befehl auszu-

7 Urteil vom 26.7.1994 – 5 StR 167/94, BGHSt 40, 241–251 – Spree-Schwimmer erschossen; abrufbar unter: https://www.jurion.de/search/?q=BGHST+40%2C+241&sort=1.

führen und den vermuteten Grenzdurchbruch zu verhindern"; den Tod des Grenzbrechers nahmen sie dabei billigend in Kauf.

Urteil: Der zur Tatzeit noch jugendliche Angeklagte wurde wegen dieser Tat von der Jugendkammer des Landgerichts Berlin zu einer Jugendstrafe von einem Jahr und zehn Monaten verurteilt und die Vollstreckung der Strafe zur Bewährung ausgesetzt. Der 5. Senat des BGH hat die Revision gegen dieses Urteil zurückgewiesen. Nach Auffassung des Verfassers hätte der Angeklagte freigesprochen werden müssen, weil er die Rechtswidrigkeit des ihm erteilten Schießbefehls nicht erkannt und diese für ihn auch nicht offenkundig gewesen sein konnte, weil er sich also in einem entschuldigenden Befehlsnotstand befunden hatte. Gegen das Urteil des Jugendgerichts Berlin und gegen das die Revision abweisende Urteil des BGH hat der Verurteilte Verfassungsbeschwerde eingelegt, die mit Beschluss vom 24. Oktober 1996 wohl zu Unrecht zurückgewiesen wurde (BVerfGE 95, 96, 118 ff. dazu unten VI).

4. BGHSt 39, 1[8]: Einzelgänger mit Leiter erschossen. Sachverhalt: Die Angeklagten FW (als Postenführer) und H gehörten zur Grenztruppe der DDR[9] und bildeten zur Tatzeit am 1. Dezember 1984 zusammen einen Grenzposten, als ein zwanzigjähriger DDR-Bürger um 3:15 Uhr in der Nacht versuchte, die Grenze nach West-Berlin zu durchbrechen. Zur Tatzeit waren FW 19 Jahre und H 22 Jahre alt. Die Angeklagten wurden über ihre Aufgaben dahingehend belehrt und „vergattert": „Grenzdurchbrüche sind auf keinen Fall zuzulassen. Grenzverletzer sind zu stellen oder zu vernichten." Als Faustregel wurde den Grenzsoldaten der Satz eingeprägt: „Besser der Flüchtling ist tot, als dass die Flucht gelingt." Beide Angeklagten waren vor dem Antritt ihres Dienstes – wie üblich – an der Grenze noch gefragt worden, ob sie bereit seien, gegen Grenzbrecher die Waffe einzusetzen; sie hatten die Frage ohne innere Vorbehalte bejaht. W hatte den Flüchtenden durch Zuruf zum Stehenbleiben aufgefordert und einen Warnschuss abgegeben. Danach gaben beide Angeklagten aus einer Entfernung von ca. 110 bis 150 Meter *Dauerfeuer* aus ihren Kalaschnikows (sie verschossen 27 bzw. 25 Patronen). Beide Angeklagten wollten den Flüchtenden, den sie nicht für einen Spion oder Kriminellen hielten, nicht töten. Sie erkannten aber die Möglichkeit eines tödlichen Treffers und wollten gemäß dem Befehl, den sie für bindend hielten, das

---

8 Urteil vom 3.11.1992 – 5 StR 370/92, BGHSt 39, 1 – Einzelgänger mit Leiter erschossen; abrufbar unter:
https://www.jurion.de/search/?q=BGHST+39%2C+1&sort=1.

9 Die Grenztruppen waren im Jahre 1971 von der Volksarmee ausgegliedert worden, nach der DDR-Verfassung unterstanden sie dem Ministerium für Nationale Verteidigung und letztlich dem Nationalen Verteidigungsrat (NVR); zur strafrechtlichen Verantwortlichkeit der Mitglieder des NVR für die Erschießung der Flüchtlinge an der Mauer vgl. die Fälle 3, 5 u. 6 (dazu III–IV) sowie die unter VI dargestellte Verfassungsbeschwerde gegen die BGH-Urteile 3 und 6.

Gelingen der Flucht verhindern. Als der Angeklagte schon die Hand auf der Mauerkrone hatte, wurde er von FW im Rücken tödlich getroffen; H traf ihn ins Knie, dieser Schuss war nicht tödlich. Der Angeschossene wurde erst um 5:30 Uhr ins Krankenhaus gebracht. Wäre er rechtzeitig ärztlich behandelt worden, so wäre der Tod wahrscheinlich nicht eingetreten. Für diese Verzögerung waren die beiden Angeklagten nicht verantwortlich. Für die Erschießung eines Flüchtenden sind die Soldaten stets gelobt und auch befördert worden, nicht nur, wenn es zweifelhaft war, ob geschossen werden durfte, sondern auch, wenn ganz eindeutig nicht geschossen werden durfte, wie in den Fällen 1 und 2, wo der Flüchtling schon geschnappt oder über die Grenze entkommen war.

Urteil: Beide Angeklagten wurden wegen dieser Taten vom Jugendgericht Berlin des gemeinschaftlichen Totschlags gemäß §§ 212, 213 StGB für schuldig befunden und FW zu einer Jugendstrafe von einem Jahr und sechs Monaten und H zu einer Freiheitsstrafe von einem Jahr und neun Monaten verurteilt und beide Strafen zur Bewährung ausgesetzt. Der 5. Strafsenat des BGH hat die Revisionen der Angeklagten zurückgewiesen und die Schuldsprüche und das Strafmaß bestätigt. Nach Auffassung des Verfassers hätten die Angeklagten freigesprochen werden müssen, weil sie den Befehl für bindend hielten und dessen Rechtswidrigkeit weder erkannt hatten noch dieser für sie offensichtlich rechtswidrig gewesen sein konnte, weil sie sich nach den gerichtlichen Feststellungen in einem Verbotsirrtum und damit auch in einem Befehlsnotstand befunden haben.

5. BGHSt 39, 168[10] *– Zwei mit Räuberleiter. Sachverhalt:* Die Angeklagten R und FR sowie L und FL bildeten in der Nacht vom 5. zum 6. Februar 1989 zwei benachbarte Grenzposten an der Berliner Mauer. R war dem Postenführer FR (im Urteil „Schmi." genannt) und L (H) dem Postenführer FL (Schme.) zugeordnet. Bei den Belehrungen über die Gesetzes- und Befehlslage wurden die Angeklagten *nicht mehr* dahingehend belehrt, dass die Flüchtlinge zu vernichten seien, ihnen wurde aber suggeriert, dass Grenzdurchbrüche auf jeden Fall verhindert werden müssten, auch dass grundsätzlich auf die Füße zu schießen sei, dass aber kein Flüchtling durchkommen dürfe und ein toter Flüchtling allemal besser sei als ein entkommener Flüchtling. Alle Angeklagten waren vor ihrem Einsatz – wie üblich – befragt worden, ob sie an der Grenze notfalls auf Menschen schießen würden, und hatten die Frage bejaht, L allerdings deswegen, weil er die Frage einmal verneint hatte und deswegen im Küchendienst eingesetzt worden war und von den Kameraden als „Küchenschabe" gehänselt wurde. Am 5. Februar 1989 gegen 23:30 Uhr versuchten zwei zwanzigjährige Ost-Berliner die Mauer zu übersteigen. Weil an diesem Tag ein hoher Staatsbesuch in Ost-Berlin war, dachten sie,

10 Urteil vom 25.3.1993 – 5 StR 418/92, BGHZ 39,168–195 – Zwei mit Räuberleiter; abrufbar unter:
http://www.servat.unibe.ch/dfr/bs039168.html.

dass in dieser Nacht an der Grenze nicht scharf geschossen werde. Beide waren nicht bewaffnet. Einen Ausreiseantrag hatten beide nicht gestellt, weil sie die damit verbundenen Unannehmlichkeiten im Berufs- und Privatleben vermeiden wollten. Sie kletterten über den Signalzaun, was Alarm auslöste, und liefen auf den Grenzzaun (Metallgitterzaun) zu. Für einen solchen Fall waren die Grenzsoldaten angewiesen, auf den Grenzzaun zuzulaufen und nur parallel zum Zaun, keinesfalls durch den Zaun über die Grenze zu schießen (Dienstanweisung 208, dazu auch BGHSt 40, 52). Auf diese Weise liefen L und FL *von* links und R und FR von rechts auf die Flüchtlinge zu. L und FL riefen zweimal: „Halt stehen bleiben!", warnten möglicherweise auch davor, dass geschossen werde. Die Flüchtlinge liefen aber weiter zum Grenzzaun. FL schoss dann sechsmal mit Einzelfeuer auf die Füße der Flüchtigen, hat aber möglicherweise nicht getroffen. L hat das Schießen seines Postenführers als Befehl zum Schießen aufgefasst und deshalb auch selbst auf die Flüchtlinge Dauerfeuer aus seiner Kalaschnikow gegeben; er habe zwar auch mit Einzelfeuer schießen wollen, versehentlich aber den Hebel auf Dauerfeuer gestellt. Mit drei oder vier Feuerstößen hat er insgesamt zwölf Patronen verschossen, er habe dabei jeweils nach unten und 3 bis 4 Meter an den Flüchtlingen links vorbeigeschossen. Die Kalaschnikow streute, wie der Angeklagte L wusste, bei Dauerfeuer in starkem Maße, weil sie dann nach rechts oben hochzog. Möglicherweise hat keiner der von L abgegebenen Schüsse getroffen. Der Tatrichter hat bezüglich des *ersten Feuerstoßes keinen Tötungsvorsatz* feststellen können, vom zweiten Feuerstoß an aber wegen der bekannten Streuwirkung der Waffe bedingten Vorsatz angenommen.

Die Flüchtlinge versuchten, mit einer „Räuberleiter" über den Grenzzaun zu kommen. Flüchtling F1 stand mit dem Rücken zum Grenzzaun, F2 versuchte sich an der Oberkante des Zaunes hochzuziehen. Inzwischen hatten sich R und FR von der rechten Seite her auf 39 Meter an die Flüchtlinge angenähert, und FR rief R zu: „Schieß doch!" R schoss mit zwei Schüssen gezielt auf die Füße von F1 und traf mit einem Schuss dessen rechten Fuß. Da F1 aber stehen blieb, schoss er ein drittes Mal gezielt auf den Oberkörper, traf ins Herz und F1 starb nach wenigen Minuten. F2 wurde verhaftet, zu drei Jahren Gefängnis verurteilt, aber schon am 17. Oktober 1989 in den Westen abgeschoben. Im Totenschein für F1 wurde die Todesursache „Herzdurchschuss" auf Anweisung des MfS in „Herzmuskelzerreißung" abgeändert. Die Angeklagten wurden von ihrem Kompaniechef belobigt, zum Schweigen verpflichtet und für gute Leistungen ausgezeichnet, haben auch alle eine Geldprämie und einen Orden erhalten, diesen aber nicht getragen. Eine Untersuchung über die Rechtmäßigkeit des Schusswaffengebrauchs hat nicht stattgefunden, aber alle schriftlichen Unterlagen des Grenzregiments, die Rückschlüsse auf den Vorgang zuließen, wurden vernichtet.

Urteil: Das Schwurgericht Berlin hat die Angeklagten FR und FL vom Vorwurf des Totschlags und des versuchten Totschlags freigesprochen. Der Angeklagte L wurde wegen zweier in Tateinheit begangener Verbrechen des versuchten Totschlags zu einer Freiheitsstrafe von zwei Jahren verurteilt, die zur Bewährung ausgesetzt wurde. Der Angeklagte R wurde wegen Totschlags zu einer Freiheitsstrafe von drei Jahren und sechs Monaten verurteilt, vom Vorwurf des versuchten Totschlags wurde er freigesprochen. Der 5. Strafsenat des BGH bestätigte den Freispruch des Angeklagten FL und auch den des Angeklagten L, weil nicht zu widerlegen war, dass er nicht treffen wollte und bewusst danebengeschossen hat. Den Schuldspruch gegen den Angeklagten R bestätigte der Senat, hob den Strafausspruch jedoch auf und wies den Tatrichter an, die Strafe so zu bemessen, dass sie noch zur Bewährung ausgesetzt werden konnte. Den Freispruch des FR hat der Senat aufgehoben mit der Anweisung zu überprüfen, ob der Befehl „Schieß doch!“ den Inhalt gehabt hatte, zunächst auf die Beine zu schießen, dann aber so, dass die Flucht auf jeden Fall verhindert werden würde. Nach Auffassung des Verfassers waren die Angeklagten R und FR gleichfalls freizusprechen, weil sie die Rechtswidrigkeit des ihnen erteilten Schießbefehls nicht erkannt hatten und ihnen deswegen auch ein Verbotsirrtum zugebilligt wurde, die Rechtswidrigkeit des Schießbefehls für sie also auch nicht offensichtlich gewesen sein konnte, sie sich also in einem Befehlsnotstand befunden hatten.

III. Kritik an den Mauerschützen-Urteilen 3–5

1. Zur Problematik der Darstellung: Die beiden erstgenannten Urteile waren eindeutige Fälle vorsätzlicher Tötung, die keine besonderen Rechtsprobleme aufwerfen, was aber nach einer Darstellung der Problematik der Urteile Nr. 3-5 leichter verständlich ist und daher erst nach einer kritischen Betrachtung der Urteile 3-5 unter IV noch kurz klargestellt wird. Die Urteile Nr. 3-5 gegen Mauerschützen, deren Sachverhalte vorstehend so genau und kurz wie möglich dargestellt wurden, sollen das an der Mauer geschehene typische Unrecht anhand ausgewählter Einzelfälle verdeutlichen und zugleich die juristische Problematik der gerichtlichen Verurteilung der Grenzsoldaten auch für Nichtjuristen verständlich machen. Dieses Vorhaben ist schon deshalb schwierig, weil die ausgewählten fünf Urteile, die in der amtlichen Sammlung des BGH für Strafsachen (BGHSt) abgedruckt sind, zusammen mit dem Urteil Nr. 6 gegen die Mitglieder des Nationalen Verteidigungsrats (NVR) und der Verfassungsbeschwerde gegen die Urteile Nr. 3 und 6 einen Umfang von 176 Seiten haben. Wer wirklich alles verstehen will, muss auch diese Entscheidungen lesen, was aber jedenfalls für Nichtjuristen kaum zumutbar ist. Aber man kann auch bloß einige der genau zitierten Stellen nachlesen, wenn man zu zweifeln beginnt, ob die hohen Richter derartiges wirklich in die Urteile geschrieben haben. Die erstrebte kritische Betrachtung musste sich verständlicherweise streng auf die Wiedergabe der *wesentlichen Grundsätze* dieser Entscheidungen und die *Kritik dieser Grundsätze* beschränken, weil ansonsten dieses 8. Kapitel zu einem ganzen Buch hätte werden müssen. Es sind aber auch nur diese Grundsätze heute noch und sicherlich auch auf lange Zeit wirklich von großer Bedeutung. Die Problematik, ob auf Flüchtlinge geschossen werden darf, die unerlaubt eine Staatsgrenze überschreiten wollen, ist auch in der derzeitigen Flüchtlingsfrage wieder aktuell geworden und dazu bekanntlich von AfD-Funktionären die Meinung vertreten worden, dass man notfalls auf diejenigen schießen dürfe, die unerlaubt über die Grenze kommen wollen. Nach den in den Mauerschützenfällen vom BGH entwickelten und vom BVerfG gebilligten naturrechtlichen Prinzipien und den Bürger- und Menschenrechten unserer Verfassung wäre ein Schießen auf Flüchtlinge, die unerlaubt über unsere Grenze kommen wollen, jedoch strafbar, ob auch das Schießen der einstigen Mauerschützen auf DDR-Flüchtlinge in den Fällen 3-5 strafbar war, bedarf jedoch einer kritischen Untersuchung.

2. Zur Kunstform eines Strafurteils (für Nichtjuristen): Zur Abfassung aller Arten von Schriftwerken haben sich im geschichtlichen Verlauf bestimmte „Kunstformen“ herausgebildet. Das gilt auch für *Strafurteile.* Einige Kenntnisse der üblich gewordenen *Darstellungsform eines Strafurteils* erleichtern das Verständnis, weshalb ich es mit einigen wenigen Sätzen vermitteln will: Ein schriftlich abgefasstes Strafurteil ist grundsätzlich der Struktur des gesetzlichen Tatbestands der strafbaren Handlung des Angeklagten nachgebildet, also wie folgt gegliedert: 1. Sachverhalt, 2. Rechtswidrigkeit, 3. Schuld, 4. Strafzumessung. Auszugehen ist vom gesetzlichen Tatbestand, zum Beispiel: Wer einen anderen Menschen tötet (Tatbestand), wird … bestraft (Rechtsfolge). Im Sachverhalt des Urteils soll das, was der Täter getan hat, so dargestellt werden, dass alle Merkmale des gesetzlichen Tatbestands, dessen der Angeklagte beschuldigt wird, daraus ersichtlich sind. Aus dem Sachverhalt des Urteils muss also zu entnehmen sein, ob das, was der Täter nach dem *Sachverhalt* tatsächlich getan hat, einen zeitlich davor in Form eines Gesetzes gefassten *Straftatbestand* erfüllt, denn nach dem Verfassungsgrundsatz des Art. 103 Abs. 2 GG kann eine Tat nur strafbar sein, wenn sie vor der Tat in einem gesetzlich formulierten Straftatbestand als Straftat hinreichend klar bestimmt ist, zum Beispiel als Mord, Totschlag, Körperverletzung, Freiheitsberaubung im Sinne der §§ 211, 212, 223, 239 StGB zu begreifen ist. Erfüllt die Tat einen solchen *gesetzlich formulierten Straftatbestand* (hat der Täter z.B. einen Menschen getötet), so *begründet* (*indiziert*) dies zugleich die *Rechtswidrigkeit* der Tat, sofern *kein Rechtfertigungsgrund* (z.B. Notwehr; oder weil es aufgrund eines „Grenzgesetzes“ gesetzlich in einem solchen Fall gestattet war, auf einen Flüchtling zu schießen) gegeben ist. Die Tat ist aber *nur strafbar,* wenn sie nicht nur *rechtswidrig,* sondern auch *schuldhaft* ist, das heißt *vorsätzlich* oder *fahrlässig* begangen wurde und der Täter im *Bewusstsein der Rechtswidrigkeit* seiner Handlung gehandelt hat oder zumindest bei gehöriger *Gewissensanspannung* die *Rechtswidrigkeit* seiner Tat hätte *erkennen* können (*Unrechtsbewusstsein*; daran mangelt es z.B., wenn ein Grenzsoldat nicht erkennen konnte, dass der ihm erteilte Schießbefehl rechtswidrig ist). Ist die Tat rechtswidrig und schuldhaft, so ist der Täter strafbar, und das *Strafmaß* ist im Rahmen des gesetzlichen Straftatbestands vom Richter *nach dem Maße der Schuld* des Täters zu bestimmen. Auch diese Strafmaßbestimmung ist im Urteil zu begründen. Auch in Kenntnis dieser allgemeinen Voraussetzungen der Strafbarkeit einer menschlichen Handlung ist es freilich für Nichtjuristen nicht ganz leicht, die nachstehenden kritischen Bemerkungen zu lesen und ohne weiteres völlig zu verstehen. Es sollte aber mit etwas gutem Willen möglich sein, die grundsätzliche Problematik der Urteile ganz gut zu verstehen, ohne sich dabei in alle Einzelheiten verbeißen zu müssen.

3. Die gesetzliche Rechtslage: Voraussetzung für das Verständnis der Urteile in den Mauerschützenfällen ist die Kenntnis der durch die Gesetze der DDR gegebenen Rechtslage, weil die in der DDR von Bürgern der DDR begangenen Straftaten grundsätzlich nach dem *Recht der DDR* zu entscheiden waren und nach dem Recht der Bundesrepublik nur entschieden werden durften, wenn die Anwendung des bundesdeutschen Rechts im Ergebnis für die Angeklagten günstiger war (§ 2 Abs. 3 StGB-BRD; BGHSt 39, 1, 6-8).

a) Die Verfassungs- und Rechtslage der DDR: Nach Art. 11 GG genießen alle Deutschen im Bundesgebiet *Freizügigkeit*, sie können also leben und wohnen und sich aufhalten, wo sie wollen, auch gehen und fahren und ziehen wohin sie wollen, auch ins Ausland. In der DDR gab es *keine* entsprechende verfassungsrechtliche Regelung (dazu BGHSt 39, 1, 23). Die DDR war jedoch mit Wirkung vom 23. März 1976 dem Internationalen Pakt für bürgerliche und politische Rechte (IPbürgR) beigetreten, in dessen Art. 12 Abs. 2 es heißt: *„Jedermann steht es frei, jedes Land, einschließlich seines eigenen zu verlassen.“* Nach Abs. 3 dieses Artikels darf dieses Recht nur *durch Gesetz* (also nicht durch Rechtsverordnungen oder Dienstvorschriften) und nur zu bestimmten Zwecken, darunter *zum Schutz der nationalen Sicherheit und der öffentlichen Ordnung*, eingeschränkt werden. Aufgrund dessen war die DDR völkerrechtlich verpflichtet, die Einschränkungen des Art. 12 Abs. 3 IPbürgR *gesetzlich* – nicht bloß in Dienstvorschriften oder Verordnungen – zu regeln, und musste dabei auch die sonstigen Regelungen dieses Pakts beachten, insbesondere dessen Art. 6, wonach *„jedermann ein angeborenes Recht auf Leben hat“* und *„niemand willkürlich seines Lebens beraubt werden darf“*. Diese *Regelungspflicht des Gesetzesvorbehalts* des Art. 12 Abs. 3 IPbürgR ist in der DDR mit den Regelungen des § 213 StGB-DDR und des § 27 GrenzG-DDR vom 25. März 1982 erfüllt worden. Aufgrund dieser Paragraphen wurde die Flucht aus der DDR strafbar, und zwar gemäß § 213 StGB-DDR unter folgenden Voraussetzungen:

(1) Wer widerrechtlich in das Gebiet der Deutschen Demokratischen Republik eindringt oder sich darin widerrechtlich aufhält, die gesetzlichen Bestimmungen oder auferlegte Beschränkungen über Ein- und Ausreise, Reisewege und Fristen oder den Aufenthalt nicht einhält oder wer durch falsche Angaben für sich oder einen anderen eine Genehmigung zum Betreten oder Verlassen der Deutschen Demokratischen Republik erschleicht oder ohne staatliche Genehmigung das Gebiet der Deutschen Demokratischen Republik verlässt oder in dieses nicht zurückkehrt, wird mit *Freiheitsstrafe bis zu zwei Jahren* [also *Vergehen*!] oder mit Verurteilung auf Bewährung, Geldstrafe oder öffentlichem Tadel bestraft.
(2) [...]
(3) In *schweren Fällen* wird der Täter mit Freiheitsstrafe von einem Jahr *bis zu fünf Jahren* bestraft [also Verbrechen!]. Ein schwerer Fall liegt insbesondere vor, wenn
1. die Tat Leben oder Gesundheit von Menschen gefährdet;
2. die Tat unter *Mitführung von Waffen* oder durch die Anwendung gefährlicher Mittel oder Methoden erfolgt;
3. die Tat mit besonderer Intensität durchgeführt wird;
4. die Tat durch Urkundenfälschung (§ 240), Falschbeurkundung (§ 242) oder durch Missbrauch von Urkunden oder unter Ausnutzung eines Verstecks erfolgt;
5. die Tat *zusammen mit anderen* begangen wird [vor 1986: die Tat von einer *Gruppe* begangen wird];
6. der Täter wegen ungesetzlichen Grenzübertritts bereits bestraft ist.

Nach diesem Straftatbestand war also eine Flucht eines einzelnen unbewaffneten Bürgers nach § 213 Abs. 1 StGB-DDR strafbar mit bis zu zwei Jahren Gefängnis und damit nach § 1 Abs. 2 StGB-DDR nur ein „*Vergehen*". In den Fällen des § 213 Abs. 2 war eine Flucht jedoch mit Gefängnis bis zu fünf Jahren zu bestrafen und daher nach § 1 Abs. 2 StGB-DDR als ein „*Verbrechen*" zu beurteilen, wenn sie unter „Mitführung von Waffen" erfolgte oder „zusammen mit anderen" begangen wurde, wobei *mit anderen* nur *mit mehreren* bedeuten kann, also mindestens mit zwei anderen. DDR-Kommentatoren behaupteten jedoch, dass auch eine Flucht mit *einem* anderen schon ein Verbrechen sei. *Die Unterscheidung ist deshalb sehr wichtig, weil nach § 27 Abs. 2 GrenzG-DDR der Schusswaffengebrauch grundsätzlich nur in Fällen eines „Verbrechens" gerechtfertigt war.*

Dies musste ein Grenzsoldat wissen, um richtig beurteilen zu können, ob er von der Schusswaffe Gebrauch machen durfte oder nicht. Der *Schusswaffengebrauch* war in § 27 GrenzG-DDR wie folgt geregelt:

„(1) Die Anwendung der Schusswaffe ist die äußerste Maßnahme der Gewaltanwendung gegen Personen. Die Schusswaffe darf nur in solchen Fällen angewendet werden, wenn die körperliche Einwirkung ohne oder mit Hilfsmitteln erfolglos blieb oder offensichtlich keinen Erfolg verspricht. Die Anwendung von Schusswaffen gegen Personen ist erst dann zulässig, wenn durch Waffenwirkung gegen Sachen oder Tiere der Zweck nicht erreicht wird.
(2) Die Anwendung der Schusswaffe ist gerechtfertigt, um die unmittelbar bevorstehende Ausführung oder die Fortsetzung einer Straftat zu verhindern, die sich den Umständen nach als ein *Verbrechen* [also mit einer Gefängnisstrafe von mehr als 2 Jahren bestraft wer-

den kann] darstellt. Sie ist auch gerechtfertigt zur Ergreifung von Personen, die eines *Verbrechens* dringend verdächtig sind.
(3) Die Anwendung der Schusswaffe ist grundsätzlich durch Zuruf oder Abgabe eines Warnschusses anzukündigen, sofern nicht eine unmittelbar bevorstehende Gefahr nur durch die gezielte Anwendung der Schusswaffe verhindert oder beseitigt werden kann.
(4) die Schusswaffe ist nicht anzuwenden, wenn a) … b) … c) das *Hoheitsgebiet eines anderen Staates beschossen* würde [wie im Fall 2]. Gegen Jugendliche und weibliche Personen sind nach Möglichkeit Schusswaffen nicht anzuwenden.
(5) Bei der Anwendung der Schusswaffe ist das Leben von Personen *nach Möglichkeit* zu schonen. Verletzten ist unter Beachtung der notwendigen Sicherheitsmaßnahmen erste Hilfe zu erweisen."

b) Ratio legis der rechtsstaatlichen DDR-Regelung: Diese gesetzlichen Regelungen der DDR hatten im Wesentlichen *rechtsstaatlichen Charakter*, was sich daraus erklärt, dass die DDR im Umgang mit den anderen Staaten dieser Welt, vor allem in Handels- und Wirtschaftsbeziehungen, aber auch im kulturellen Austausch, als ein ordentlicher *demokratisch-sozialistischer Rechtsstaat* erscheinen wollte, und auch wusste, dass sie in dieser Hinsicht beobachtet wurde. So ist es zu verstehen, dass die Regelung des § 27 GrenzG-DDR, der den Schusswaffengebrauch auf die Verhinderung von *Verbrechen* und deren Vollendung beschränkte, in etwa konform mit den Regelungen anderer Staaten gehalten war. In einer Anhörung vor dem Menschenrechtsausschuss der Vereinten Nationen hat der Vertreter der DDR auch erklärt, das Grenzgesetz der DDR sei mit den Regelungen des internationalen Pakts für bürgerliche und politische Rechte zu vereinbaren, Grenzsoldaten dürften nur im äußersten Notfall schießen, um Gewalttaten zu verhindern (so BGHSt 39, 1,18).

4. Rechtswidrigkeit a) Nach den Gesetzen der DDR: Versteht man die Regelungen der §§ 213 StGB, 27 Abs. 2 GrenzG-DDR so, wie sie *wörtlich abgefasst* und als *Gesetze* von der Volkskammer beschlossen und verkündet worden sind und von der Weltöffentlichkeit verstanden werden sollten und verstanden worden sind, nach allen Kunstregeln der Auslegung auch nur verstanden werden konnten, so haben die Grenzsoldaten nicht nur in den Fällen 1 und 2, in denen das offensichtlich ist, sondern auch unzweifelhaft in den Fällen 3 bis 5 die Flüchtlinge *rechtswidrig* erschossen. Das kann vernünftigerweise von niemandem anders verstanden werden. Diese Gesetze konnten nach der Verfassung der DDR auch nicht durch eine *abweichende Staatspraxis* geändert, sondern nur unrichtig, also rechtswidrig, angewendet werden. Eine *Änderung dieser Gesetze* hätte *nur durch ein anderes Gesetz* erfolgen können, das von der Volkskammer hätte beschlossen und verkündet werden müssen. Die angeklagten *Grenzsoldaten* handelten demnach in den Fällen 3 bis 5 *rechtswidrig*, wurden deswegen in der DDR aber nicht bestraft, sondern *belobigt* und zumeist auch *befördert*. Letztlich ist auch der 5. Strafsenat zu dem Ergebnis gekommen, dass die Grenzsoldaten in diesen Fällen rechtswidrig getötet hätten, jedoch mit einer *unnötigen „natur- und menschenrechtlichen" „Umweg-*

konstruktion", die zur *Verletzung des nulla-poena-Grundsatzes führen musste*, der mit *Art. 103 Abs. 2 GG* zu einem *grundrechtsgleichen Recht* geworden ist.

b) Nach dem Rechtsverständnis des 5. Strafsenats: Nach der gesetzlichen Grenzregelung der §§ 213 StGB-DDR, 27 Abs. 2 GrenzG-DDR waren die Grenzsoldaten an der Mauer der DDR zum Schießen auf Flüchtlinge, welche über die Mauer in die Freiheit des Westens kommen wollten, ganz eindeutig nur berechtigt, wenn die Flucht ein Verbrechen darstellte, also wenn mindestens drei zusammen fliehen wollten oder wenn die Flüchtigen bewaffnet waren. Die DDR-Führung war jedoch offensichtlich der Auffassung, dass diese Regelung nicht genüge, um die Republikflucht in der erforderlichen Weise zu verhindern. Deswegen entwickelte die SED-Führung die Methode, die Grenzsoldaten abweichend von der dargelegten gesetzlichen Regelung wie folgt zu belehren: *„Grenzdurchbrüche sind auf keinen Fall zuzulassen. Grenzverletzer sind zu stellen oder zu vernichten."* Die für die Grenzsoldaten maßgebliche, von ihnen so verstandene und akzeptierte *Befehlslage* ging dahin, *„auf jeden Fall und letztlich mit allen Mitteln zu verhindern, dass der Flüchtende feindliches Territorium erreicht"*. Die in der Schulung behandelte *Befehlslage* sah das nachfolgend wiedergegebene *Handlungsschema* vor, wobei jeweils zur nächsten Handlungsstufe überzugehen war, wenn die vorherige keinen Erfolg zeigte oder sich von vornherein als nicht Erfolg versprechend darstellte:

> „Anrufen des Flüchtenden – Versuch des Postens, den Flüchtenden zu Fuß zu erreichen – Warnschuss – gezieltes Einzelfeuer, falls erforderlich mehrmals, auf die Beine – Weiterschießen, egal wie, notfalls auch erschießen, bis die Flucht verhindert ist." Zusammengefasst wurde diese von den Grenzsoldaten „Vergatterungen" genannten Handlungsanleitungen mit der Faustregel: „Besser der Flüchtling ist tot, als dass die Flucht gelingt."

Diese „Vergatterungen" sind rechtlich als *Befehle* zu verstehen, wurden von den Grenzsoldaten auch so verstanden. Sie waren also zu befolgen, was auch der 5. Strafsenat nicht verkannte, sondern akzeptierte. In Fall 4, wo die Mauerschützen entsprechend der vorstehenden „Vergatterung" mit Dauerfeuer aus ihren Kalaschnikows auf den einzelnen Flüchtling geschossen hatten, hat der 5. Senat ausdrücklich festgehalten, dass die Soldaten geschossen hätten *„gemäß dem Befehl, den sie für bindend hielten, das Gelingen der Flucht zu verhindern"* (BGHSt 39, 1, 2; ebenso 39, 168, 186 f.). Gemäß § 258 StGB-DDR (im Wesentlichen ebenso § 5 Militärstrafgesetz (MStG-BRD)) war ein Grenzsoldat daher für die Ausführung eines solchen Befehls strafrechtlich nicht verantwortlich, *„es sei denn, die Ausführung des Befehls verstößt offensichtlich gegen die anerkannten Normen des Völkerrechts oder gegen Strafgesetze"*. Da der 5. Strafsenat allen Angeklagten in den Fällen 3 bis 5 jedoch einen *Verbotsirrtum*, also einen *Irrtum über die Rechtswidrigkeit* ihrer Tat, zubilligte, konnte er ohne groben Verstoß gegen Denkgesetze nicht begründen, dass die Rechtswidrigkeit ihrer Taten für die Angeklagten *offensichtlich* gewesen sei, hätte die Grenzsoldaten also wegen Befehlsnotstands freisprechen müssen, hat sie aber wohl zu Unrecht verurteilt; Näheres dazu nachstehend 5 b).

c) Die Fehlentscheidungen des 5. Strafsenats: Der 5. Strafsenat ist auf die Methode der Rechtsumgehung der DDR-Staatspraxis hereingefallen, insofern als er angenommen hat, die Mauerschützen in den Fällen 3 bis 5 hätten die Flüchtenden nach dem Recht der DDR *nicht rechtswidrig* erschossen, sondern rechtmäßig, weil die gesetzlichen Regelungen der §§ 213 Abs. 1 und 3 StGB-DDR, 27 Abs. 2 GrenzG-DDR bzw. § 17 Abs 2 PolG-DDR nicht in der Form *gegolten* hätten, in der es wörtlich in den Gesetzen gestanden hat, sondern in der Form, wie diese Gesetze in der Staatspraxis angewendet worden sind, also so, wie die Grenzsoldaten „vergattert" wurden und wie ihnen zu handeln befohlen worden war, weil durch diese Staatspraxis ein gewohnheitsrechtlicher Rechtfertigungsgrund entstanden sei, aufgrund dessen die Taten der Mauerschützen zur Tatzeit nicht strafbar gewesen seien. Aufgrund dieses „(Un-)Rechtsverständnisses" hätte der 5. Strafsenat die Grenzsoldaten in den Fällen 3 bis 5 aber freisprechen müssen, weil sie danach *nicht rechtswidrig* gehandelt hatten. Das hat der 5. Senat auch nicht verkannt, vielmehr ausdrücklich erklärt, dass nach dieser Staatspraxis „die mit bedingtem Vorsatz und Dauerfeuer aus den Kalaschnikows abgegebenen Schüsse" in den Fällen 3–5 aufgrund des Rechtfertigungsgrundes „Staatspraxis" *nicht rechtswidrig* gewesen seien.[11] Dieses Ergebnis erschien dem 5. Senat aber auf der „naturrechtlichen" Grundlage der Radbruch'schen Formel und der Menschenrechte der Art. 6 und 12 IPbürgR so *„unerträglich, dass es als unrichtiges Recht der Gerechtigkeit zu weichen hat"*,[12] weil „die Erwartung, das Recht werde wie in der Staatspraxis der DDR zur Tatzeit auch in Zukunft so angewandt werden, dass ein menschenrechtswidriger Rechtfertigungsgrund anerkannt wird, nicht schutzwürdig ist".[13] Auch mit dieser Begründung konnte der *nulla-poena*-Grundsatz des Art. 103 Abs. 2 GG aber nicht umgangen werden, weil der Wegfall dieses Rechtfertigungsgrundes und damit die Strafbarkeit der Angeklagten in den Fällen 3–5 und 6 naturrechtlich (mit *Radbruchs* Formel) und mit einer Verletzung von Menschenrechten begründet wurde, was mit dem *nulla-poena-Grundsatz*, der mit Art. 103 Abs. 2 GG zu einem grundrechtsgleichen Recht geworden ist, nicht zu vereinbaren ist, weil diese Rechtsgrundsätze weder dem Bestimmtheitsgebot noch dem ausdrücklichen positivistischen Gesetzesvorbehalt genügen; dazu unten VI 3 c.

5. Verschulden, Verbotsirrtum und Befehlsnotstand a) Verbotsirrtum über offensichtliches Unrecht? Zu Recht ist der 5. Strafsenat jedoch davon ausgegangen, dass die

---

[11] BGHSt 39, 1, 14 – Einzelgänger; bestätigt in: 39, 168 ff. – zu zweit; 40, 241 ff. – Spree-Schwimmer.

[12] BGHSt 39, 1, 16 f.; BGHSt 39, 168, 183 f.; 40, 241, 244.

[13] BGHSt 39, 1, 29 f.; 39, 168, 183; 40, 241, 244.

Grenzsoldaten in den Fällen 3 bis 5 mit *bedingtem Vorsatz* auf die Flüchtenden geschossen haben, also diese zwar nicht *unbedingt* töten, sie aber jedenfalls treffen und fluchtunfähig machen wollten und dabei (billigend) in Kauf nahmen, dass diese tödlich getroffen werden könnten. Das Verschulden einer vorsätzlichen Tötung setzt jedoch nicht nur einen solchen zumindest *bedingten Vorsatz*, sondern auch ein *Bewusstsein seiner Rechtswidrigkeit* voraus. Sofern die Soldaten jedoch auf der Grundlage der in den „Vergatterungen" erhaltenen Befehle glaubten, dass sie berechtigt seien, auf einen Flüchtling zu schießen, notfalls auch tödlich, wenn dieser anders nicht mehr gefasst werden konnte, weil er die Hand schon auf der Mauerkrone hatte und dabei war, über die Mauer zu kommen, so töteten sie diesen, wenn sie nicht mehr auf seine Beine, sondern auf den Oberkörper zielten, mit *bedingtem Vorsatz* (nicht bloß mit *bewusster Fahrlässigkeit*),[14] aber trotzdem nicht schuldhaft, wenn sie aufgrund der „Vergatterung" und also aufgrund der ihnen erteilten *Befehle* glaubten, sie dürften und müssten in solchem Falle die Flüchtlinge notfalls erschießen, damit die Flucht nicht gelingt. Wenn die Soldaten also glaubten, dass sie so handeln mussten, wie es ihnen in den „Vergatterungen" befohlen worden war, so glaubten sie, dass eine solche Tötung durch das Grenzgesetz der DDR gerechtfertigt sei, und handelten deswegen nicht schuldhaft. Die Tatrichter, die in erster Instanz die Angeklagten der Fälle 3 bis 5 verurteilt haben, billigten allen Angeklagten zu, dass sie die *Rechtswidrigkeit der Schießbefehle nicht erkannt* und sich also in einem *Verbotsirrtum*[15] befunden hätten, der aber vermeidbar gewesen sei, weshalb sie nach dem Maß der Vermeidbarkeit dieses Irrtums milder zu bestrafen seien. Diese tatrichterliche Feststellung befand der 5. Strafsenat in den Fällen 3 bis 5 auch für *richtig* (BGHSt 39, 1, 35; 39, 168, 188; 40, 241, 250), er billigte den Angeklagten also gleichfalls einen *Verbotsirrtum zu*, erklärte diesen Verbotsirrtum aber ebenso wie der Tatrichter für *vermeidbar* und bejahte auf dieser Grundlage ein Verschulden der angeklagten Grenzsoldaten. Dies *aber zu Unrecht*, weil die Soldaten sich nicht nur in einem *Verbotsirrtum* befunden haben, sondern als Soldaten aufgrund des ihnen erteilten Befehls ge-

[14] Die Abgrenzung des *bedingten Vorsatzes* (*dolus eventualis*) von der *bewussten Fahrlässigkeit* ist im Einzelfall schwierig. Wenn der Täter die Möglichkeit des Erfolgs (hier der Tötung) erkennt und trotzdem schießt, nimmt die Rechtsprechung bedingten Vorsatz an, wenn der Täter den unerwünschten Erfolg „billigend in Kauf nimmt"; wenn er sich sagt: „Mag es so oder so werden, auf jeden Fall handle ich", so handelt er vorsätzlich. Will der Täter den Erfolg dagegen nicht und hofft, ihn vermeiden zu können, so liegt bewusste Fahrlässigkeit vor. Für zivilrechtliche Schadenersatzklagen ist diese Unterscheidung zumeist bedeutungslos; der Beklagte ist grundsätzlich bei jeder Art des Verschuldens zu vollem Ersatz des verursachten Schadens verpflichtet. Im Strafrecht kann der Täter einer vorsätzlichen Tötung aber zu lebenslänglicher Freiheitsstrafe verurteilt werden und für eine fahrlässige Tötung noch mit einer Gefängnisstrafe auf Bewährung davonkommen. Das Zivilrecht will Schadensausgleich, das Strafrecht Sühne für Unrecht.

[15] Dazu grundlegend 7. Kap II 2 c mit BGHSt 3, 357 im Anschluss an BGHSt – Großer Senat – 2, 194 ff.

handelt hatten und diesem Befehl folgen mussten (*Handeln auf Befehl* gemäß § 258 StGB-DDR), sofern sie nicht dessen *Rechtswidrigkeit* positiv erkannt hatten oder die Rechtswidrigkeit des Befehls „offensichtlich" gewesen war. *Offensichtlich* kann die Rechtswidrigkeit aber *nicht* gewesen sein, wenn die Soldaten sich – wie der Senat ausdrücklich bestätigt hat – in einem *Verbotsirrtum* befunden hatten. Es kann jedenfalls im Zweifel nicht gegen einen Angeklagten vermutet werden, dass er sich über etwas *irrt*, was *offensichtlich* ist. Über eine solche Begründung staunt der Laie, und der Fachmann wundert sich.

b) Strafausschließungsgrund Befehlsnotstand: Der für die Grenzsoldaten in den Mauerschützenfällen geltende *Strafausschließungsgrund des Handelns auf Befehl* war in § 258 StGB-DDR wie folgt formuliert:

> „Eine Militärperson ist für eine Handlung, die sie in Ausführung des Befehls eines Vorgesetzten begeht, *strafrechtlich nicht verantwortlich*, es sei denn, die Ausführung des Befehls verstößt *offensichtlich* gegen die anerkannten Normen des Völkerrechts oder gegen Strafgesetze."

Einen entsprechenden Rechtfertigungsgrund gibt es in den meisten Staaten, in der Bundesrepublik ist es § 5 des Militärstrafgesetzes mit folgendem Wortlaut:

> „(1) Begeht ein Untergebener eine rechtswidrige Tat, die den Tatbestand eines Strafgesetzes verwirklicht, auf Befehl, so trifft ihn eine Schuld nur, wenn er *erkennt*, dass es sich um eine rechtswidrige Tat handelt oder dies nach den *ihm bekannten Umständen offensichtlich* ist.
> (2) Ist die Schuld des Untergebenen mit Rücksicht auf die besondere Lage, in der er sich bei der Ausführung des Befehls befand, gering, so kann das Gericht die Strafe nach § 49 Abs. 1 StGB mildern, bei Vergehen auch von Strafe absehen.

Zutreffend erkannte der 5. Strafsenat, dass für die Grenzsoldaten der DDR in den Fällen 3–5 gemäß § 2 Abs. 3 StGB-BRD der § 5 MStG-BRD angewendet werden musste, weil er für die Angeklagten günstiger war (BGHSt 39, 1, 32 f.). Nach diesem § 5 MStG-BRD können Soldaten nur bestraft werden, wenn sie die Rechtswidrigkeit *erkannt* haben oder diese „offensichtlich" war. Mit der Anerkennung eines Verbotsirrtums war aber schon entschieden, dass die Soldaten die Rechtswidrigkeit nicht erkannt hatten; sie konnten daher nur verurteilt werden, wenn die Rechtswidrigkeit, die sie nicht erkannt hatten, „offensichtlich" gewesen wäre. Aber dann hätten die Soldaten sich doch auch nicht über die Rechtswidrigkeit irren können, denn Menschen irren sich selten oder nie über etwas, was *offensichtlich* ist. Auch der 5. Strafsenat bemerkte: „Wo er (der Soldat) Zweifel hegt, die er nicht beheben kann, darf er dem Befehl folgen; offensichtlich ist der Strafrechtsverstoß nur dann, wenn er jenseits aller Zweifel liegt" (so die amtliche Begründung zum Entwurf des Soldatengesetzes).[16] Aufgrund dieses Satzes hätte der

[16] BT-Drucksache 2/1700 S. 21; dazu BGHSt 39, 1, 33.

Soldat freigesprochen werden müssen, aber der 5. Senat griff auch in diesem Fall 4 nochmals in den „Himmel“ und holte herunter den Satz: *„Die Tötung eines unbewaffneten Flüchtlings durch Dauerfeuer unter den gegebenen Umständen war ein derart schreckliches und jeder vernünftigen Rechtfertigung entzogenes Tun, dass der Verstoß gegen das elementare Tötungsverbot auch für einen indoktrinierten Menschen ohne weiteres einsichtig, also offensichtlich war.“*[17]

Das sind wuchtige, große Worte, die gut klingen, aber völlig verfehlt sind, denn die Grenzsoldaten hatten nicht das „elementare Tötungsverbot“ verletzt, denn sie wollten keinesfalls *ohne jeden rechtfertigenden Grund irgendeinen Menschen töten*, allein weil sie töten wollten. So war es zwar im Fall 1, aber nicht in den Fällen 3 bis 5, wo die Soldaten – wie der 5. Senat ausdrücklich anerkannte – im *Verbotsirrtum*, also im Irrtum über die Rechtswidrigkeit eines Schießbefehls und wohl auch im Befehlsnotstand, auf die Flüchtigen geschossen hatten. Das „elementare Tötungsverbot“ ist also in diesen Fällen kein übergesetzlicher naturrechtlicher Grundsatz, sondern nur eine wohlklingende, leere und hohle Phrase, die dem Fall 4 und den Fällen 3 und 5 nicht gerecht wird.

Im fünf Monate später entschiedenen Fall (BGHSt 39, 168) hat der 5. Senat offenbar seinen Fehler erkannt und dazu erklärt, die Kriterien für die Annahme eines *Verbotsirrtums* und der *Offensichtlichkeit der Rechtswidrigkeit* eines Befehls *„stimmen nicht vollständig überein“*. Diese Behauptung ist aber unrichtig, wenn die Rechtswidrigkeit des Befehls *für den Soldaten offensichtlich* sein muss; richtig allenfalls, wenn die Rechtswidrigkeit für den *Richter* oder einen sonstigen *Dritten* „offensichtlich“ sein muss. Der 5. Senat hat daher die Kunstfigur des *„durchschnittlichen Soldaten“* (BGHSt 39, 168, 189) erfunden und erklärt, *für einen solchen* sei es *nicht offensichtlich* gewesen, begründet aber nicht, warum der *wirklich betroffene Soldat* nicht hatte erkennen können, was jeder „durchschnittliche Soldat“ hätte erkennen können. Der Senat verurteilte aber auch nicht den „durchschnittlichen Soldaten“, sondern den betroffenen wirklichen Soldaten, obwohl dieser doch schuldlos war, aber die Strafe für die irreale Kunstfigur des „durchschnittlichen Soldaten“ zu Unrecht erdulden musste. Zum Schluss wiederholt der Senat auch in diesem Fall 5 nochmals die Phrase (BGHSt 39, 168, 190): *„Für jeden Soldaten war es ohne weiteres einsichtig, dass es ein einer jeden vernünftigen Rechtfertigung entzogener Verstoß gegen das* ***elementare Tötungsverbot*** *war, wenn ein Grenzsoldat mit bedingtem Tötungsvorsatz einen sicher gezielten Schuss auf den Oberkörper eines Flüchtlings abgab.“*

Auch dieser Satz ist weder einsichtig noch richtig, denn ein Soldat darf solche Schüsse abgeben, wenn es aus rechtlichen Gründen *gerechtfertigt* ist, zum Beispiel aufgrund einer rechtmäßigen Grenzregelung, und er bleibt auch jedenfalls dann straffrei, wenn er die Rechtswidrigkeit eines Schießbefehls nicht erkannt hat. Es

[17] Dazu BGHSt 39, 1, 34.

bleibt höchst verwunderlich, dass der Senat nicht erkennen wollte oder nicht erkennen konnte, was auch ohne jede juristische Ausbildung für jeden vernünftigen Menschen leicht erkennbar ist, dass ein Unterschied zwischen der vorsätzlichen Verletzung des *„elementaren Tötungsverbots“* besteht und dem Erschießen eines Menschen durch einen Soldaten aufgrund eines Befehls, über dessen Rechtswidrigkeit er sich in einem Verbotsirrtum befunden hat. Das elementare Tötungsverbot verletzt, wer völlig willkürlich Menschen erschießt ohne irgendeinen Grund, allein weil er töten will. Im Fall 5, in welchem das Urteil mit diesem Satz begründet wurde, hatte der Soldat jedoch auf Befehl („schieß doch!“) geschossen und der Senat hat ihm auch einen Verbotsirrtum zugebilligt, durfte daher auch nicht annehmen, dass die Rechtswidrigkeit des Schießbefehls offensichtlich gewesen sei, hätte vielmehr einen Befehlsnotstand annehmen müssen, den Soldaten, den er wegen Verletzung des „elementare Tötungsverbot“ verurteilt hat, also freisprechen müssen.

6. Die fünf elementaren Fehler der Urteile 3 bis 5 a) Fehler 1: Die Umwegkonstruktion: Der größte Fehler des 5. Strafsenats war zweifellos die ebenso unnötige wie rechtlich unhaltbare Umwegkonstruktion bei der Beurteilung der Rechtswidrigkeit. Die tödlichen Schüsse in den Fällen 3 bis 5 waren objektiv rechtswidrig, weil in diesen Fällen die Flüchtlinge kein *Verbrechen*, sondern nur ein *Vergehen* begangen hatten und daher der Schusswaffengebrauch gegen sie gemäß § 27 Abs. 2 GrenzG-DDR nicht gerechtfertigt gewesen war. Diese gesetzlichen Regelungen konnten auch durch die bewusst falsche „Vergatterungen“ der Grenzsoldaten und sonstige Staatspraktiken nicht außer Kraft gesetzt werden.

b) Fehler 2: Die Missachtung des Art. 103 Abs. 2 GG: Fehler Nr. 1 hatte Fehler Nr. 2 zur Folge. Weil der 5. Senat aus Gründen, die dem Urteil nicht zu entnehmen sind, die Angeklagten jedenfalls verurteilen wollte, begründete er durch einen Rückgriff auf die Radbruch’sche Formel[18] und die Menschenrechte der Art. 6 und 12 IPbürgR die Rechtswidrigkeit der tödlichen Schüsse mit der Verletzung von Natur- und Menschenrechten („elementares Tötungsverbot“), obwohl Art. 103 Abs. 2 GG ausdrücklich ein *Strafgesetz des positiven Rechts*, also einen hinreichend bestimmten, in Form eines Gesetzes formulierten *Rechtssatz*, der vom Gesetzgeber beschlossen und verkündet wurde (*Gesetzesvorbehalt*), zur *verfassungsrechtlichen* Voraussetzung der Strafbarkeit eines Menschen bestimmt hat. Schon allein wegen dieser offensichtlichen Verletzung, die auch vom BVerfG später klar als solche erkannt wurde, sind die Urteile 3 bis 5 ganz *offensichtlich rechtswidrige Fehlurteile.* Das BVerfG hat im Fall 3 die von einem der beiden „Spree-Schützen“ erhobene Verfassungsbeschwerde mit der *bedenklichen Begründung* zurückgewiesen, „der strikte Schutz von Vertrauen durch Art. 103 Abs. 2 GG“ müsse zurücktreten,

[18] Dazu oben 5. Kap VII 2.

wenn der „Träger der Staatsmacht extremes staatliches Unrecht“ begangen habe, „das sich nur solange behaupten kann wie die dafür verantwortliche Staatsmacht faktisch besteht“.[19] Das ist deswegen unrichtig, weil damit der Geltungsbereich des Art. 103 Abs. 2 GG durch eine Entscheidung des BVerfG eingeschränkt wird, obwohl eine solche Verfassungsänderung grundsätzlich nur durch ein verfassungsänderndes Gesetz möglich ist, das einer Zweidrittelmehrheit des Bundestags und des Bundesrats bedarf. Auch ist es nicht richtig, wenn das BVerfG mit dem genannten Satz von *„extremen staatlichen Unrecht“* spricht, weil ein solches nur im Falle der Tötung durch Minen gegeben war, wofür aber nicht die Grenzsoldaten verantwortlich waren, sondern die Mitglieder des nationalen Verteidigungsrates und diese dafür auch zu Recht verurteilt worden sind. . Die unmittelbar handelnden Grenzsoldaten sind auch nicht für ein „extrem staatliches Unrecht“, sondern für ein von ihnen selbst begangenes Unrecht bestraft worden, obwohl sie das auf Befehl begangen haben und sich dabei nicht nur im Verbotsirrtum, sondern auch in einem Befehlsnotstand befunden und also nicht schuldhaft gehandelt haben. Die Grenzsoldaten hatten daher kein kein „extremes staatliches Unrecht“ verübt, weshalb die Verfassungsbeschwerde des Grenzsoldaten, der auf den Spree-Schwimmer geschossen hat, begründet war und nicht hätte abgewiesen werden dürfen; dazu unten VI 8 b.

c) Fehler 3: Verurteilung des "Durchschnitts-Soldaten“: Nach einem ehrwürdigen strafrechtlichen Grundsatz muss jeder Täter nach dem Maße seiner Schuld bestraft werden (§ 46 Abs. 1 S. 1 StGB: Schuldgrundsatz), denn eine Tat kann nur strafbar sein, wenn sie vorsätzlich oder fahrlässig im *Bewusstsein der Rechtswidrigkeit* begangen wurde (§§ 15–21; 46 Abs. 1 StGB).[20] Im Fall 4 hatte der 5. Senat nicht erkannt, dass er dem angeklagten Soldaten einen *Verbotsirrtum* zugebilligt hatte, und deswegen der Irrtum über die Rechtswidrigkeit für ihn *nicht offensichtlich* gewesen sein konnte; zumindest hätte es eine Begründung dafür gebraucht, dass der betroffene Grenzsoldat trotz der Offensichtlichkeit der Rechtswidrigkeit sie aus in seiner Person liegenden Gründen nicht hat erkennen können. Als der 5. Strafsenat in Fall 5 fünf Wochen später diesen Irrtum bemerkte, entwickelte er die Auffassung, dass die *Kriterien* für einen Verbotsirrtum und die *Offensichtlichkeit* des Schießbefehls nicht übereinstimmen würden, weil es für die Beurteilung der *Offensichtlichkeit* der Rechtswidrigkeit des Schießbefehls auf den „durchschnittlichen Soldaten“ ankomme,[21]begründete aber mit keinem Wort, warum der Angeklagte und verurteilte Soldat kein *durchschnittlicher Soldat* gewesen sein soll. Der Senat verurteilte also den von ihm erfundenen „durchschnittlichen Soldaten“, nicht den angeklagten Soldaten, obwohl Letzterer die Strafe verbüßen musste.

19 BVerfGE 95, 96, 133.
20 Zur Schuldtheorie vgl. *Welzel*, StrafR § 22 II Nr. 3, S. 136 ff.
21 BGHSt 39,168, 188.

Im vier Monate später entschiedenen Fall 5 hat der Senat sich dann die eine oder andere fehlerhafte Begründung erspart und verwies nur noch auf die Fehlurteile in den Fällen 3 und 4, freilich auch ohne zu begründen, warum der Angeklagte und verurteilte Soldat *kein durchschnittlicher Soldat* gewesen sein soll.[22] Auch dieses Urteil wurde also in Wirklichkeit nicht begründet, vielmehr nur ein irrealer durchschnittlicher Soldat verurteilt, dessen Strafe aber der Angeklagte erdulden sollte.

d) Fehler 4: Verletzung des elementaren Tötungsverbots? Überhaupt nicht zu begreifen ist, wie ein aus fünf Bundesrichtern bestehender Strafsenat einem Angeklagten, welcher der vorsätzlichen Tötung angeklagt worden ist, *einerseits* einen *Irrtum über die Rechtswidrigkeit* seiner Handlung (Verbotsirrtum) zubilligen und ihm *andererseits* den Vorwurf der *Verletzung des elementaren Tötungsverbots* machen konnte, obwohl nicht der geringste Anhaltspunkt dafür gegeben war, dass die Soldaten in den Fällen 3 bis 5 – wie der Soldat im Falle 1 – Menschen waren, die ohne irgendeinen rechtfertigenden Grund einen anderen Menschen erschießen wollten.

e) Fehler 5: Missachtung des § 11 UZwG: Im Fall 3 (BGHZ 39, 1, 21) hat die Verteidigung den 5. Strafsenat auf die bundesdeutsche Grenzregelung des § 11 des Gesetzes über den unmittelbaren Zwang bei Ausübung öffentlicher Gewalt durch Vollzugsbeamte des Bundes (UZwG) hingewiesen, welcher lautet:

> „Die in § 9 Nr. 1, 2, 7 und 8 genannten Vollzugsbeamten können im Grenzdienst Schusswaffen auch gegen Personen gebrauchen, die sich der wiederholten Weisung, zu halten oder die Überprüfung ihrer Person oder der etwa mitgeführten Beförderungsmittel und Gegenstände zu dulden, durch die Flucht zu entziehen versuchen. Ist anzunehmen, dass die mündliche Weisung nicht verstanden wird, so kann sie durch einen Warnschuss ersetzt werden."

In den Kommentaren und dem sonstigen bundesdeutschen Schrifttum werde, so die Verteidigung im Fall 3, zu dieser Regelung die Auffassung vertreten, dass auch *mit bedingtem Tötungsvorsatz auf Personen geschossen werden dürfe*, wenn *Personen unerlaubt die Grenze überschreiten* und sich trotz Warnung nicht stellen wollen. Mit diesem Hinweis der Verteidigung wird die ganze Haltlosigkeit der natur- und menschenrechtlichen Begründung der Rechtswidrigkeit der Todesschüsse in den Fällen 3–5 nochmals deutlich, weil damit klargestellt wird, dass auch in einer rechtsstaatlichen demokratischen Republik ein Grenzschutz, der notfalls mit Schusswaffengebrauch erfolgt, als rechtlich vertretbar verstanden werden kann und also nicht als „extrem staatliches Unrecht" oder als ein so „unerträglicher Widerspruch" *zur Gerechtigkeit* verstanden werden darf, „dass das Gesetz als unrichtiges Recht der Gerechtigkeit zu weichen hat".[23] Richtig ist nur, dass das

[22] BGHSt 40, 241, 250.
[23] So aber BGHSt 39, 1, 16.

Schießen auf die Flüchtlinge in den Fällen 3–5 schon nach den Gesetzen der DDR (§§ 213 StGB i.V.m. 27 Abs. 2 GrenzG-DDR) rechtswidrig war, weil die Flucht in diesen Fällen aufgrund der zitierten Gesetze kein Verbrechen gewesen ist. Das aber wollte der 5. Strafsenat nicht wahrhaben und glaubte, die Todesschüsse seien in diesen Fällen durch die rechtswidrige Staatspraxis gerechtfertigt gewesen; gerechtfertigt bzw. entschuldigt waren die Todesschüsse aber allenfalls aufgrund des Befehlsnotstands der Grenzsoldaten. Der 5. Strafsenat glaubte aber offensichtlich selbst nicht an seinen „Rechtfertigungsgrund der rechtswidrigen Staatspraxis" und hat den Tatbestand naturrechtlich bzw. wegen Verletzung unveräußerlicher Menschenrechte doch für rechtswidrig erklärt und ist mit dieser Begründung in die „positivistische Falle" des Art. 103 Abs. 2 GG getappt.

Aber auch in der Art, in der die Grenzsoldaten der DDR tatsächlich belehrt und „vergattert" wurden und auch gehandelt haben, blieb die gesetzwidrige Staatspraxis der DDR noch etwa im Rahmen dessen, was auch nach § 11 UZwG der bundesdeutschen Regelung notfalls noch zulässig sein sollte. Das aber bestätigt nur, dass der *oberste strafrechtliche Grundsatz*, der mit Art. 103 Abs. 2 GG zu einem grundrechtsgleichen Recht erhoben wurde, nicht so einfach zugunsten einer „natur- und menschenrechtlichen Begründung" der Strafbarkeit aufgegeben werden darf. Die Grenzsoldaten hatten geschossen, weil es ihnen befohlen worden war und sie die Rechtwidrigkeit der Befehle nicht erkannten, weswegen ihnen auch vom 5. Strafsenat ein Verbotsirrtum zugebilligt worden ist. Über diesen Sachverhalt hatte der 5. Strafsenat zu entscheiden, nicht über einen Fall der Verletzung des „elementaren Tötungsverbots", das in den Fällen 1 u. 2, aber nicht in den Fällen 3–5 verletzt wurde.

IV. Zu den Mauerschützen-Urteilen 1 und 2

Die oben unter II 1 u. 2 wiedergegebenen Sachverhalte beider Urteile verletzen tatsächlich in unmenschlicher Weise das elementare Tötungsverbot. Beide Urteile[24] sind im Ergebnis und in der Begründung im Wesentlichen nicht zu beanstanden.

1. Im Fall 1 BGHSt 39, 354 – geschnappt und erschossen: ist der Täter zu Recht nicht bloß wegen vorsätzlicher Tötung (*Totschlags*), sondern wegen *Mordes* verurteilt worden, weil der Flüchtling schon gefasst war, als der Angeklagte ihn erschossen

[24] Urt. vom 20.10.1993 – 5 StR 473/93, BGHSt 39, 354 – geschnappt und noch erschossen; Urt. vom 18.1.1994 -1StR 740/ 9, BGHSt 40, 48–59 – Schuss über die Grenze zur BRD; weitere Fundstellen: https://www.jurion.de/search/?q=BGHST+40%2C+48&sort=1; https://dejure.org/dienste/vernetzung/rechtsprechung?Gericht=BGH&Datum=18.01.1994&Aktenzeichen=1%20StR%20740%2F93.

hat. Gerechtfertigt war eine Tötung auch nach dem Recht der DDR allenfalls, wenn sie der Verhinderung der Flucht dienen konnte. Eine vorsätzliche Tötung wurde nach dem Recht der DDR ebenso wie in der Bundesrepublik zum Mord, wenn sie *heimtückisch*, d.h. unter Ausnutzung der Arg- und Wehrlosigkeit des Opfers, erfolgte, was der 5. Strafsenat in diesem Falle zu Recht angenommen hat. In diesem Fall ist es erlaubt zu sagen, dass der Täter das elementare Tötungsverbot verletzt hat, nicht jedoch in den Fällen 3–5. Warum der Täter trotzdem nur zur *Mindeststrafe von zehn Jahren* verurteilt wurde, ist den Urteilsgründen bedauerlicherweise nicht zu entnehmen; wahrscheinlich weil die Tat schon 1965 erfolgte (zu dieser Begründung der Strafzumessung im Fall 2 BGHSt 40, 48, 59), also 28 Jahre vor dem Urteil, und der Angeklagte vielleicht inzwischen ein anderer Mensch geworden war. Erwähnenswert bleibt aber noch, dass der Täter – ebenso wie alle anderen Mauerschützen, die tödlich getroffen haben – in der DDR nicht bestraft, sondern vom Brigadekommandeur ausgezeichnet und zum Feldwebel befördert worden war. Auch das ist ein Kennzeichen der moralischen Qualität des DDR-Regimes, das sich insoweit nicht wesentlich von dem des NS-Regimes und deren KZ-Wächtern unterschieden hat.

2. Im Fall 2 BGHSt 40, 48 – über der Grenze erschossen: hat der Angeklagte über die Grenze zur BRD geschossen, obwohl er wusste, dass dies nicht erlaubt war; auch hätte er den Geflüchteten mit der Waffe in der Hand zurückholen können (gegen dieses Argument des Tatrichters wenig überzeugend BGHSt 40, 48, 54), wollte dies aber nicht tun, weil es verboten war, und hat ihn lieber gleich – mit bedingtem (?) Vorsatz – erschossen. Der erste Strafsenat ließ die Frage offen, ob die Tat als *Totschlag* oder *Mord* zu bestrafen ist und hob den Strafausspruch des Tatrichters (5 Jahre und sechs Monate) auf mit der Begründung, der Zeitablauf von 24 Jahren seit der Tat sei stärker zu berücksichtigen; auch dürfe dem Angeklagten nicht angelastet werden, dass er den Flüchtling nicht mit gezogener Waffe über die Grenze zurückgeholt hat (BGHSt 40, 48, 59). Der Angeklagte war wegen dieser Tat in der Armee ausgezeichnet und zwei Jahre später zum Major befördert worden (S. 50).

V. Urteil BGHSt 40, 218 gegen Mitglieder des NVR

Die drei in diesem Verfahren[25] als mittelbare Täter (hinter den unmittelbar handelnden Grenzsoldaten) angeklagten Mitglieder des NVR (A, Ke und S; *Egon Krenz* wurde in einem anderen Verfahren verurteilt) sind nicht der Tötung aller

[25] Urteil vom 26.7.1994 – 5 StR 167 / 94, BGHSt 40, 218–240 – Mitglieder des Nationalen Verteidigungsrats;
abrufbar unter: https://www.jurion.de/search/?q=BGHST+40%2C+218&sort=1.

an der Mauer erschossenen oder durch Minen getöteten Flüchtlinge angeklagt worden, sondern nur der Tötung von *sieben* genau bestimmten *Personen*, von denen eine achtzehnjährige Frau durch eine *Tretmine*, vier Personen durch *Splitterminen* und zwei Personen durch *Dauerfeuer* von Grenzsoldaten aus deren *Kalaschnikows* getötet wurden Die Fälle der zwei Personen, die durch Grenzsoldaten erschossen wurden, sind vorstehend als Fälle 3 und 5 dargestellt worden, in denen die Grenzsoldaten zu Unrecht verurteilt wurden, weil ihnen ein Verbotsirrtum zuerkannt wurde, die Rechtswidrigkeit daher *nicht offensichtlich* sein konnte und sie sich also in einem *Befehlsnotstand* befunden, also nicht schuldhaft gehandelt haben. Dem Urteil vom 26. Juli 1994 gegen die drei Mitglieder des NVR wurde folgender Sachverhalt zugrunde gelegt:

1. Sachverhalt: Die Angeklagten dieses Verfahrens A, Ke und S waren Mitglieder des NVR. Vorsitzender des NVR war seit 1971 der Staatsratsvorsitzende und Generalsekretär des Zentralkomitees der SED *Erich Honecker*, nach dessen Rücktritt *Egon Krenz*. Der NVR war das zentrale staatliche Organ, dem die einheitliche Leitung der Verteidigungs- und Sicherheitsmaßnahmen der DDR oblag. Die Nationale Volksarmee und die Anfang der 1970er Jahre aus der Nationalen Volksarmee ausgegliederten Grenztruppen der DDR unterstanden dem Ministerium für Nationale Verteidigung. Sämtliche Handlungen der Grenztruppen, auch die Einrichtung von Selbstschussanlagen an der Grenze, die Verminung der Grenze und der Schusswaffeneinsatz gegen Flüchtlinge, beruhten auf Befehlen, welche auf die sogenannten „Jahresbefehle“ des *Ministers für nationale Verteidigung* zurückgingen. Notwendige Voraussetzung dieser Jahresbefehle war, dass sie auf vorangegangenen *Beschlüssen des NVR* beruhten. Die drei Angeklagten hatten den Beschlüssen zugestimmt, welche die *Grundlage bildeten für die Befehle* an die Grenzsoldaten, auf alle Flüchtlinge, auch unbewaffneter Einzelgänger, die anders nicht mehr gefasst werden konnten, zu schießen, und auch für die Verminung der Grenzstreifen. Wurde bei einem Fluchtversuch ein Flüchtling verletzt, so wurde dies dem Generalsekretär des Zentralkomitees der SED, dem Minister für Nationale Verteidigung, einigen seiner Stellvertretern und dem Ersten Sekretär der jeweiligen SED-Bezirksleitung gemeldet. Die Mitglieder des NVR wurden durch den Minister für Nationale Verteidigung im Rahmen seiner regelmäßigen Berichte über die Situation an der Grenze von derartigen Vorfällen gleichfalls unterrichtet, haben also die Folgen ihrer Beschlüsse gekannt.

2. Urteile: Das LG Berlin hat die Angeklagten Ke und S der Anstiftung zum Totschlag und den Angeklagten A der Beihilfe zum Totschlag für schuldig befunden. Auf Revision der Staatsanwaltschaft hat der 5. Senat des BGH den Schuldspruch abgeändert und alle drei Angeklagten wegen Totschlags von sieben Flüchtlingen in *mittelbarer Mittäterschaft* verurteilt. Von diesen sieben Flüchtlingen sind fünf durch Tret- und Splitterminen getötet worden, die beiden anderen durch Mauerschützen in den oben dargestellten Fällen 3 und 5 (BGHSt 40, 241– Spree-Schwimmer; BGHSt 39,168 - Zwei mit Räuberleiter). Gegen dieses Urteil des BGH haben die Angeklagten *Verfassungsbeschwerde* eingelegt, die das BVerfG mit Beschluss vom 24. Oktober 1996 zurückgewiesen hat, BVerfGE 95, 96 ff.; dazu unten VI.

3. Kausalität der NVR-Beschlüsse betr. Mauerschützen: Der 5. Strafsenat erkannte in den Beschlüssen der angeklagten Mitglieder des NVR in Verbindung mit der staatlichen Organisation der DDR und den Strukturen der Befehlsgewalt die *Ursache* für die *tödlichen Schüsse der Grenzsoldaten* und deren täterschaftliche Tötungshandlungen sowie die *Ursache* der Verminung des Grenzstreifens und der Tötung von Flüchtenden durch Tret- und Splitterminen. Der Nationale Verteidigungsrat habe in seiner Sitzung vom 14. September 1962 einen Bericht *zustimmend zur Kenntnis genommen*, wonach „*Grenzverletzer in jedem Fall als Gegner gestellt, wenn notwendig, vernichtet werden müssen*" (S. 223). Danach hätten die Grenzsoldaten die Aufgabe gehabt, Grenzdurchbrüche durch Flüchtlinge aus der DDR in jedem Fall und unter Einsatz jeden Mittels zu verhindern. Der Tod eines Flüchtlings sei dabei hingenommen worden, wenn ein Grenzdurchbruch anders nicht hätte verhindert werden können. Auch nach dem Inkrafttreten des Grenzgesetzes am 25. März 1982 mit den in § 27 GrenzG formulierten Voraussetzungen für den Schusswaffengebrauch seien die vor Dienstantritt üblichen „Vergatterungen" noch in der zuvor üblichen Art vorgenommen worden. Die Regelung des § 27 Abs. 2 GrenzG-DDR könne die angeklagten *Mitglieder des Verteidigungsrats* daher *ebenso wenig rechtfertigen wie die Grenzsoldaten*, die an der Grenze geschossen haben, weil die Art, wie diese Regelung in der „*Vergatterung*" dargestellt worden sei, auch *auf ihren Beschlüssen beruht* habe (S. 223) und die Angeklagten auch gewusst hätten, was an der Grenze tatsächlich geschehen ist (S. 232, 237 f.). Die Angeklagten hätten auch gegenüber *Honecker* nicht eine ganz untergeordnete Rolle gespielt, seien jedenfalls nicht derart unter dessen Macht gestanden, dass sie für ihre Beschlüsse nicht mehr verantwortlich gemacht werden könnten (S. 238).

In der Sitzung des Verteidigungsrats vom 3. Mai 1974 habe der Vorsitzende *Honecker* gemäß einem aufgefundenen Protokoll ausdrücklich erklärt, dass nach wie vor bei Grenzdurchbruchsversuchen *von der Schusswaffe rücksichtslos Gebrauch gemacht werden müsse und die Schützen zu belobigen seien* (S. 223). Seit dem 11. Oktober 1976 sei die Formulierung „*Grenzverletzer sind zu vernichten*" zwar vermieden worden,[26] jedoch sollte nach dem Willen der Mitglieder des Verteidigungsrats we-

[26] So BGHSt 40, 218, 224 – gegen Mitglieder der NVR. Diese Feststellung steht im Widerspruch zu der Feststellung im Tatbestand des Falles 4, wonach auch noch im Dezember 1984 die Grenzsoldaten mit dem Satz „vergattert" worden seien, „Grenzverletzer sind zu stellen oder zu vernichten" (siehe oben II 4 a), und dieser Satz erst im Fall 5 (Februar 1989, dazu oben II 5) nicht mehr verwendet wurde.

der dadurch noch als Folge des am 25. März 1982 erlassenen Grenzgesetzes *etwas an der bisherigen Praxis geändert werden* (S. 224). Die Grenztruppen wurden weiterhin derart instruiert, dass ein *gelungener Grenzdurchbruch* für die betreffenden Soldaten „Konsequenzen" habe. Durch diese Befehle sei bei den Soldaten gezielt der Eindruck erweckt worden, die „Unverletzlichkeit der Grenze" habe *Vorrang vor einem Menschenleben* (S. 222). Maßnahmen zur Rettung angeschossener oder durch Minen verletzter Flüchtlinge wurden zudem mit erheblichen *zeitlichen Verzögerungen* durchgeführt und die Krankenhausärzte über die Ursache der Verletzung nicht hinreichend unterrichtet. Auch die ausgestellten *Totenscheine* enthielten keine zutreffenden Angaben über die Todesursache, zum Beispiel wurde die vor Ort gemachte zutreffende Angabe „Herzdurchschuss" in BGHSt 39, 168 – Zwei mit Räuberleiter *abgeändert* in „Herzmuskelzerreißung". Die Soldaten wurden im Falle von Todesschüssen auch *belobigt* und mit *Geldprämien und Orden* ausgezeichnet und/oder befördert. In keinem Fall sei eine Untersuchung dahingehend eingeleitet worden, ob die Erschießung eines Flüchtlings nach dem Wortlaut der bestehenden *gesetzlichen* Regelungen, insbesondere des § 27 Abs. 2 GrenzG-DDR, und nach den auch in der DDR am 23. März 1976 in Kraft getretenen völkerrechtlichen Vereinbarungen des Internationalen Paktes für bürgerliche und politische Rechte (IPbürgR; dazu oben IV 5) und den darin enthaltenen Menschenrechten, insbesondere der Art. 6 und Art. 12 Abs. 2 IPbürgR, erforderlich und gerechtfertigt war.

4. Mittelbare Täterschaft hinter den Mauerschützen: Das Landgericht Berlin hatte in erster Instanz die Angeklagten 2 und 3 wegen *Anstiftung* zum Totschlag und den Angeklagten 1 wegen *Beihilfe* zum Totschlag verurteilt und die Strafe nach dem milderen Recht der Bundesrepublik bemessen. Der 5. Strafsenat hat diesen Schuldspruch aufgehoben und die drei Angeklagten als *mittelbare Täter* verurteilt, was nach dem milderen und deswegen anwendbaren Recht der Bundesrepublik möglich war. Es ist allerdings auch nach dem Recht der Bundesrepublik umstritten, ob und in welchen Fällen mittelbare Täterschaft *hinter* einem *rechtswidrig und schuldhaft* handelnden Täter noch möglich ist. Der 5. Strafsenat begründete jedoch überzeugend, dass mittelbare Täterschaft möglich sei in Fällen, in denen die unmittelbar Handelnden (Befehlsempfänger) der *faktischen* (z.B. in mafiaartigen Organisationen) oder der *rechtlichen* (z.B. militärischen) *Befehlsgewalt der mittelbaren Täter* (Befehlsgeber) unterliegen. Wenn wie im gegebenen Fall die unmittelbar handelnden Grenzsoldaten (Mauerschützen oder Minenleger) in der Hierarchie der militärischen Ordnung der Befehlsgewalt ihrer Vorgesetzten und diese wiederum ihrer Vorgesetzten und letztlich alle den Beschlüssen des Verteidigungsrats unterliegen, so konnten nach dieser Auffassung des 5. Strafsenats die Mitglieder des Verteidigungsrats zu *mittelbaren Tätern* auch dann werden, wenn die vom Verteidigungsrat ausgehenden rechtswidrigen Befehle von den unmittelbar handelnden Grenzsoldaten in schuldhafter Kenntnis der Rechtswidrigkeit befolgt und also die Straftaten von den unmittelbaren Tätern rechtswidrig und schuldhaft begangen worden sind. Diese Begründung wird der Art des durch die Angeklagten 1 bis 3 begangenen Unrechts zweifellos besser gerecht als die Annahme einer Anstiftung oder Beihilfe (S. 237). Das so begründete Ergebnis wird auch völlig unstreitig, wenn die unmittelbar handelnden (schießenden) Soldaten in *unvermeidbarem Verbotsirrtum* oder – was richtigerweise wohl auch anzunehmen gewesen wäre – im *Befehlsnotstand* und daher nicht schuldhaft gehandelt haben, also nicht zu Tätern geworden waren, weil sie die Rechtswidrigkeit der Befehle ihrer Vorgesetzten und ihres eigenen Handelns nicht erkannt hatten[27] und die Rechtswidrigkeit der „Vergatterungen" und Schussbefehle nicht offensichtlich war.

a) Rechtswidrigkeit der Schießbefehle: Der 5. Strafsenat begründet die Rechtswidrigkeit der Beschlüsse des NVR betreffend den Einsatz von Tret- und Splitterminen ebenso wie die Befehle zum Schusswaffengebrauch nicht aufgrund des zur Tatzeit in der DDR geltenden Rechts, sondern „naturrechtlich" und mit der Verletzung von Menschenrechten, und zwar wie folgt:

> „Die Staatspraxis der DDR, die die vorsätzliche Tötung von Flüchtlingen durch Schusswaffen, Selbstschussanlagen oder Minen zur Vermeidung einer Flucht aus der DDR in Kauf nahm, war wegen offensichtlichen unerträglichen Verstoßes gegen elementare Gebote der Gerechtigkeit und gegen völkerrechtlich geschützte Menschenrechte nicht geeignet, die Täter zu rechtfertigen. Dies hat der Senat in BGHSt 39, 1, 15 ff.; 39, 168, 183; 40, 241, 251 für den vorsätzlichen Schusswaffengebrauch näher begründet."

Das Pathos dieser Begründung ist allerdings peinlich, weil es die allein richtige Begründung auf der Grundlage des positiven Rechts der DDR verneint und eine „naturrechtliche" Begründung liefert, die den zum Verfassungsrecht erhobenen *nulla-poena-Grundsatz* des Art. 103 Abs. 2 GG verletzt und daher offensichtlich rechtswidrig ist.

In den Fällen 3 u. 5 war die Erschießung der Flüchtlinge nicht rechtmäßig, weil nach §§ 213 StGB-DDR i.V.m. § 27 GrenzG-DDR bzw. § 17 Abs. 2 PolG-DDR auf Flüchtende nur geschossen werden durfte, wenn die Flucht als ein Verbrechen strafbar war, z.B. also dann, wenn die Flüchtenden bewaffnet oder drei oder mehr zusammen die Grenze durchbrechen wollten, nicht aber wenn ein einzelner unbewaffnet und nur zusammen mit einem anderen über die Grenze wollte. Nicht rechtmäßig war es daher auch, dass die Grenzsoldaten von ihren Vorgesetzten dahingehend belehrt wurden, dass auch in Fällen, in denen unbewaffnete Flüchtlinge allein oder zu zweit über die Grenze wollen; geschossen werden darf und muss; in solchen Fällen waren daher auch die erteilten Schießbefehle rechtswidrig. Wie der 5. Strafsenat zutreffend erkannt hat, befanden sich die Grenzsol-

[27] Dazu oben III 5.

daten aufgrund der falschen Belehrungen jedoch in einem Verbotsirrtum und, weil ihnen das Schießen in diesen Fällen auch *befohlen* worden war, darüber hinaus in einem *Befehlsnotstand*, denn die Rechtswidrigkeit der Schießbefehle war für die Grenzsoldaten nicht offensichtlich, weil sie sich in einem vom BGH anerkannten Verbotsirrtum befunden haben.

Offensichtlich beruhten die von den gesetzlichen Vorschriften abweichenden Belehrungen der Grenzsoldaten durch ihre unmittelbaren Vorgesetzten und deren rechtswidrige Schießbefehle jedoch auf den Beschlüssen des Nationalen Verteidigungsrats, diese waren also die Ursache für die rechtswidrigen Schießbefehle, weshalb die Mitglieder des nationalen Verteidigungsrats als mittelbare Täter in den Fällen 3 u. 5 rechtswidrig den Tod der erschossenen Flüchtlinge verursacht haben.

Der 5. Strafsenat hat jedoch ganz bewusst sowohl die Rechtswidrigkeit der tödlichen Schüsse der Grenzsoldaten als auch der Beschlüsse des NVR, die zu den falschen Belehrungen und den rechtswidrigen Befehlen der Vorgesetzten der Grenzsoldaten führten, nicht in der Verletzung der §§ 213 StGB-DDR i.V.m. § 27 Abs. 2 GrenzG bzw. § 17 Abs. 2 PolG-DDR erkennen wollen, vielmehr „naturrechtlich“ mit einem „offensichtlichen unerträglichen Verstoß gegen elementare Gebote der Gerechtigkeit“ zu begründen versucht. Dieser Begründungsversuch verletzt jedoch den Grundsatz *nulla poena sine lege*, der in der Bundesrepublik mit Art 103 Abs. 2 GG Verfassungsrang erhalten hat, weil auch gewohnheitsrechtlich anerkannte Rechtfertigungsgründe in den Schutzbereich des Art 103 Abs. 2 GG einbezogen werden müssen (dazu näheres unten VI 5). Art 103 Abs. 2 GG hat zwar zur Tatzeit in der DDR nicht gegolten, wohl aber zur Zeit des Urteils und war daher gemäß § 2 Abs. 3 StGB als das für die Angeklagten günstigere Recht anzuwenden. Im Übrigen stand der Grundsatz auch in Art. 4 StGB-DDR mit der Fassung: „Eine Handlung zieht strafrechtliche Verantwortung nur nach sich, wenn dies zur Zeit ihrer Begehung durch Gesetz vorgesehen ist, der Täter schuldhaft gehandelt hat und die Schuld zweifelsfrei nachgewiesen ist.“ Daher konnte die „naturrechtliche“ Begründung des 5. Strafsenats die Rechtswidrigkeit – anders als in den Entscheidungen gegen die NS-Verbrecher zu deren Tatzeit der nulla-poena-Grundsatz noch keinen Verfassungsrang hatte – die Rechtswidrigkeit der für die tödlichen Schüsse ursächlich gewordenen Beschlüsse des NVR nicht verfassungsgemäß begründen.

Selbst wenn man annehmen wollte, dass die naturrechtliche Begründung auch den zum grundrechtsgleichen Recht gewordenen nulla-poena-Grundsatz überwinden könnte, wäre sie aber schon an und für sich falsch und unhaltbar, weil eine Rechtsansicht nicht als unerträglicher Verstoß gegen elementare Gebote der Gerechtigkeit betrachtet werden kann, wenn auch in der Bundesrepublik im Tatzeitraum zu § 11 UZwG[28] die Auffassung vertreten wurde, dass ein unerlaubtes Überschreiten der Grenze notfalls einen Schusswaffengebrauch mit bedingtem Tötungsvorsatz rechtfertigen kann.

b) Verschulden an den Taten der Mauerschützen: Das Verschulden der unmittelbar handelnden (schießenden) Grenzsoldaten, das der Senat in den Entscheidungen der Fälle IV 3 und 5[29] zu Unrecht bejaht hat, lässt er in dieser Entscheidung gegen die mittelbaren Täter dahinstehen (S. 232) und erklärt, es verstehe sich von selbst, dass die Vorgesetzten der unmittelbar handelnden Grenzsoldaten, deren Aufgabe die „Vergatterung" der Grenzsoldaten war, rechtswidrig gehandelt hätten. Das ist wohl auch richtig, versteht sich aber auch nicht von selbst, weil diese Vorgesetzten ebenso wie die Mitglieder des NVR und genauso wie bundesdeutsche Juristen zu § 11 UZwG auch geglaubt haben können, dass das unerlaubte Überschreiten der Grenze notfalls den Schusswaffengebrauch mit bedingtem Tötungsvorsatz rechtfertigen kann. Eine sachgerechte Begründung des Verschuldens der Mitglieder des Verteidigungsrats für die Todesschüsse der Grenzsoldaten lässt sich auch nicht aus dem schon zitierten Satz begründen, „die vorsätzliche Tötung von Flüchtlingen durch Schusswaffen sei wegen offensichtlichen, unerträglichen Verstoßes gegen elementare Gebote der Gerechtigkeit und gegen völkerrechtlich geschützte Menschenrechte nicht geeignet, die Täter zu rechtfertigen."

Der Schusswaffengebrauch an der Grenze konnte in dieser Allgemeinheit auch nicht zu einem offensichtlichen unerträglichen Verstoß gegen elementare Gebote der Gerechtigkeit und gegen völkerrechtlich geschützte Menschenrechte erklärt werden, weil er auch von einem bundesdeutschen Kommentator als gerechtfertigt angesehen wurde und lange Zeit in vielen Staaten auch gerechtfertigt war und jedenfalls nicht unbedingt und unter allen Fällen als rechtswidrig zu erkennen ist. Die gesetzliche Regelung der DDR, die einen Schusswaffengebrauch in schweren Fällen, die als Verbrechen bezeichnet wurden, für geboten erachtete, kann jedenfalls nicht als Verstoß gegen elementare Gebote der Gerechtigkeit betrachtet werden. Zu begründen war also die Antwort auf die Frage, ob den Mitgliedern des nationalen Verteidigungsrat bekannt war oder bekannt sein musste, dass die Grenzsoldaten abweichend von den gesetzlichen Regelungen der §§ 213 StGB, 27 Abs. 2 GrenzG-DDR unrichtig von ihren Vorgesetzten dahingehend belehrt und befehligt wurden, dass auch auf unbewaffnete Einzelgänger geschossen werden darf und erforderlichenfalls geschossen werden muss. Anhaltspunkt für eine derart sachliche und gesetzeskonforme Begründung könnte die im Urteil mitgeteilte Tatsache sein, dass *Honecker* gemäß einem aufgefundenen Protokoll in der Sitzung vom 3. Mai 1974, in welcher beschlossen wurde, die Grenzsoldaten nicht mehr mit dem Satz zu belehren: „Grenzverletzer sind zu vernichten", auch

[28] Dazu oben 8. Kap III 6 e; VI 6 c.
[29] BGHSt 40, 241 – Spree-Schwimmer; 39, 168 – Zwei mit Räuberleiter.

erklärt habe, dass *„an der bisherigen Praxis ansonsten nichts geändert werden soll"*. Daraus könnte unter Umständen geschlossen werden, dass sich die Mitglieder des Verteidigungsrats zu diesem Zeitpunkt bewusst waren, dass auch gegen die sonstige Praxis der Belehrung der Grenzsoldaten und der ihnen gegebenen Schießbefehle Bedenken bestehen könnten, weil sie nicht mit den gesetzlichen Regelungen der DDR übereinstimmten. Aus der Begründung der Verfassungsbeschwerde der Mitglieder des NVR ist allerdings zu entnehmen, dass sie die bestehende Staatspraxis der DDR für das richtige Recht gehalten haben. Ungeklärt blieb allerdings, ob ihnen auch bewusst war, dass diese Staatspraxis durch die gesetzliche Regelungen der §§ 213 StGB-DDR i.V.m. § 27 Abs. 2 GrenzG bzw. § 17 Abs. 2 PolG-DDR insoweit nicht gerechtfertigt war, als auch auf unbewaffnete Einzelgänger oder nur mit einem Begleiter Flüchtende geschossen werden sollte und geschossen wurde. Der 5. Strafsenat hat diese Frage nicht geklärt und brauchte sie nach seiner Ansicht nicht zu klären, weil er die Rechtswidrigkeit und das Verschulden der Mitglieder des nationalen Verteidigungsrats nicht in der bewussten und gewollten Verletzung der genannten gesetzlichen Regelung erkennen wollte, vielmehr „naturrechtlich" erkennen wollte in einem „offensichtlich unerträglichen Verstoß gegen elementare Gebote der Gerechtigkeit und gegen völkerrechtlich geschützte Menschenrechte". Offensichtlich verletzte dieser Verstoß jedoch nur den nulla-poena-Grundsatz des Art 103 Abs. 2 GG und konnte also die Rechtswidrigkeit der fragwürdigen Beschlüsse des NVR nicht begründen.

Die angeklagten Mitglieder des NVR sind allerdings über die Praktiken der Grenzsoldaten regelmäßig und korrekt informiert worden, so dass sie wohl auch erkennen konnten, dass diese nicht im Einklang stehen mit den Regelungen der §§ 213 StGB-DDR i.V.m. § 27 Abs. 2 GrenzG bzw. § 17 Abs. 2 PolG-DDR. Möglicherweise wussten sie zwar nicht, was in diesen Paragraphen steht, aber dann hätten sie sich darüber erkundigen müssen, ansonsten der Verbotsirrtum vermeidbar war. Der Vorwurf „offensichtlich unerträglicher Verstöße gegen elementare Gebote der Gerechtigkeit und gegen völkerrechtlich geschützte Menschenrechte" (S. 232), bleibt angesichts der Regelung des § 11 UZwG und der dazu vertretenen bundesdeutschen Rechtsauffassungen jedoch fragwürdig.

5. Mittelbare Täterschaft hinter den Minenlegern. a) Verminungsbeschlüsse als Tötungsursache: Die drei Angeklagten sind vom LG Berlin auch wegen der Tötung von fünf DDR-Flüchtlingen durch Tret- und Splitterminen im Grenzstreifen verurteilt worden. In den Urteilsgründen hat der 5. Strafsenat dazu ausgeführt, dass der Verteidigungsrat auch die *Verminung der Grenze* und in mehreren Sitzungen zwischen 1971 und 1977 den weiteren Ausbau und die Ausstattung mit der Splittermine SM-70 beschlossen habe, was unter anderem den Tod der fünf genau bestimmten Personen *verursacht* habe (S. 227), weswegen die drei Angeklagten vom LG Berlin wegen vorsätzlicher Tötung verurteilt worden sind. Die Ausstattung mit den Splitterminen war in der Sitzung vom 4. Dezember 1971 beschlossen worden mit der Begründung, dass deren kinetische Energie ausreiche, um mit Sicherheit Personen, die versuchen würden, den Sperrbereich der SM-70 zu durchbrechen, „unschädlich" zu machen; im Erprobungszeitraum habe beschossenes Wild *zu 75 Prozent tödliche Verletzungen* erlitten. Auf die Frage des Angeklagten Ke, ob der Schusstrichter der Mine nicht auch mit Hartgummikugeln gefüllt werden könne, habe *Honecker* entschieden, dass es bei der vorgesehenen Verwendung der SM-70 bleibe (S. 225). Die Beschlüsse des Verteidigungsrats seien demnach *ursächlich* geworden für die *Tötung von Flüchtlingen* in den genannten Fällen. Erst in der Sitzung vom 1. Juli 1983 wurde beantragt, die Splitterminen wieder schrittweise abzubauen, weil die Bergung der Verletzten oder der getöteten Flüchtlinge vom Gegner beobachtet und dokumentiert werden könne (Urt. S. 224). *Honecker* forderte, die Grenzsicherungsanlagen so auszubauen, dass man ohne Minen auskomme, um die Möglichkeiten des Gegners zur Hetze gegen die DDR einzuschränken. Die Selbstschussanlagen und Minen wurden daher bis zum 1. Juli 1985 wieder beseitigt.

b) Rechtswidrigkeit der Verminung: Der 5. Strafsenat referierte, dass das LG Berlin als Tatsacheninstanz die Rechtswidrigkeit der Minenlegung damit begründet hat, dass es nach dem zur Tatzeit geltenden Recht der DDR *keine Rechtsgrundlage* für die Verminung gegeben habe. In § 8 GrenzG-DDR werde zwar gesagt, dass „Grenzeinrichtungen errichtet werden können", aber nicht, dass diese mit *Selbstschussanlagen und Minen* bestückt werden dürfen. Auch in den §§ 26, 27 GrenzG, welche die Verwendung gefährlicher Mittel zur Verhinderung einer Flucht abschließend regeln, gebe es für derartige Tötungsinstrumente keine gesetzliche Regelung. Im Übrigen sei der Schusswaffengebrauch auch nach den Maßstäben der Entscheidungen BGHSt 39, 1 und 39, 168 rechtswidrig gewesen (S. 229). Eine Rechtfertigung habe es auch gar nicht geben können, weil bei der Verwendung von Minen das aus § 27 Abs. 5 GrenzG-DDR und aus allgemeinen Rechtsgrundsätzen gegebene Gebot, das Leben von Personen nach Möglichkeit zu schonen, nicht hätte beachtet werden können. Der 5. Strafsenat machte sich diese zutreffende und völlig ausreichende Begründung jedoch *nicht* zu eigen, hielt also wohl auch hinsichtlich der Verminung die Tötung nach dem zur Tatzeit *in der Staatspraxis der DDR geltenden Recht* für *gerechtfertigt* und *begründete deshalb die Rechtswidrigkeit* der Tötung mittels Minen gleichfalls *natur- und menschenrechtlich*, indem er den schon oben zitierten *„Verstoß gegen elementare Gebote der Gerechtigkeit und gegen völkerrechtlich geschützte Menschenrechte"* anführt und hinzufügt: *„Für die Verwendung von Minen gilt nichts anderes"* (S. 232). Der 5. Strafsenat hat also auch die Rechtswidrigkeit der Tötung mittels Minen nicht nach den Regeln des positiven Rechts, sondern „naturrechtlich" begründet, und damit für das BVerfG auch hier das Problem aufgeworfen, ob damit die Strafbarkeit vor der Tat durch einen

Rechtssatz des positiven Rechts im Sinne des Art. 103 Abs. 2 GG hinreichend bestimmt war.

c) Verschulden bezüglich der Tötung durch Minen: Der 5. Strafsenat ging auch hinsichtlich der Tötung mittels Minen ohne weitere Begründung davon aus, dass die Angeklagten *vorsätzlich und also schuldhaft* gehandelt hätten (BGHSt 40, 218, 232, 237 f.), ohne die Frage zu beantworten, ob die Angeklagten, die freigesprochen werden wollten, weil ihre Taten nach dem zur Tatzeit geltenden Recht gerechtfertigt gewesen seien (was der 5. Strafsenat selbst auch für richtig hielt), sich diesbezüglich in einem Verbotsirrtum befunden haben und dieser vermeidbar war. Wenn der 5. Strafsenat aber der Meinung sein konnte, dass die *von den Angeklagten geschaffene Staatspraxis der Mauerschützen* „geltendes Recht" war, das nur aufgrund natur- und menschenrechtlicher Begründungen für rechtswidrig befunden werden könne, so hätte man auch den Mitgliedern des NVR bezüglich der Tötung durch Mauerschützen einen Verbotsirrtum zubilligen müssen und dessen Vermeidbarkeit nur schwer begründen können. Bezüglich der Tötungen mittels Minen fehlte jedenfalls ein tragfähiger Rechtfertigungsgrund, aber darauf hat der 5. Strafsenat sein Urteil nicht gestützt und also weder die Rechtswidrigkeit noch das Verschulden dieser schrecklichen Taten ordnungsgemäß begründet, vielmehr auch dieses Urteil mit großem Pathos „naturrechtlich" begründet und damit Art. 103 Abs. 2 GG verletzt; dazu BVerfG unten VI 4.

6. Strafmaß: Das beschlossene Strafmaß ist den in der amtlichen Sammlung abgedruckten Urteilgründen nicht zu entnehmen. Aus den Entscheidungsgründen in BVerfGE 95, 96, 97 im Verfahren der Verfassungsbeschwerde ergibt sich aber, dass das Landgericht den Angeklagten 1 zu einer Gefängnisstrafe von vier Jahren und sechs Monaten, den Angeklagten 2 zu sieben Jahren und sechs Monaten und den Angeklagten 3 zu fünf Jahren und sechs Monaten verurteilt hatte und der BGH das Strafmaß gegen den Angeklagten 1 auf fünf Jahre und einen Monat erhöht hat (BVerfGE 95, 97, 111).

VI. BVerfGE 95, 96: Verfassungsbeschwerden gegen BGHSt 40, 218 – NVR und 40, 241 – Schwimmer

1. Sachverhalt: Die drei im Verfahren BGHSt 40, 218 verurteilten Mitglieder des NVR, im Folgenden Beschwerdeführer genannt (BF 1 bis 3), und der im Verfahren BGHSt 40, 241 – Spree-Schwimmer verurteilte Mauerschütze (BF 4) haben gegen diese Urteile Verfassungsbeschwerden eingelegt, im Wesentlichen mit der Begründung, die Urteile verletzten Art. 103 Abs. 2 GG, weil sie für Taten bestraft worden seien, die zum Tatzeitpunkt nicht strafbar gewesen seien (*nullum crimen sine lege*). Das BVerfG hat die verschiedenen Beschwerden zu einem Verfahren verbunden.[30] Der Sachverhalt dieser Verfassungsbeschwerden ergibt sich aus den mit dem Rechtsmittel der Verfassungsbeschwerde angegriffenen Entscheidungen des BGH, die vorstehend (IV 3 u. V) dargestellt wurden. Die Gründe der Entscheidungen des 5. Strafsenats, gegen die sich die Verfassungsbeschwerden richteten, bilden den Sachverhalt der Entscheidung des Verfassungsgerichts. Es ist daher zu unterscheiden zwischen den Verfassungsbeschwerden der drei Mitglieder des NVR gegen die Entscheidung BGHSt 40, 218, die letztlich denselben Sachverhalt betreffen, soweit nicht wegen besonderer persönlicher Gründe des Verhaltens verschiedene Beurteilungen erforderlich sind, und der Verfassungsbeschwerde des BF 4 (dazu unten VI.4), der den Spree-Schwimmer erschossen hat, gegen die Entscheidung BGHSt 40, 241. Bei den Verfassungsbeschwerden von BF 1 bis 3 ist noch zu unterscheiden zwischen deren Verantwortlichkeit für die *Todesschüsse der Mauerschützen* (dazu unten VI 2) und ihrer Verantwortung für die Grenzsicherungen durch Tret- *und Splitterminen* (dazu unten VI 3). In der Verfassungsbeschwerde des Grenzsoldaten BF 4 war anders als bei den Beschwerden von BF 1–3 zusätzlich zu prüfen, ob durch dessen Verurteilung wegen Nichtanerkennung eines Befehlsnotstands nicht das auch verfassungsrechtlich geschützte „Schuldprinzip" verletzt worden ist (VI 8 b).

2. Beschlüsse: Das BVerfG hat sämtliche Verfassungsbeschwerden zurückgewiesen, hätte aber jedenfalls der Verfassungsbeschwerde von BF 4 wegen *Verletzung des Schuldprinzips* stattgeben sollen, konnte auch die Beschwerden von BF 1–3 nur zurückweisen auf der Grundlage einer *richterrechtlichen Einschränkung* des Geltungsbereichs *des grundrechtsgleichen Rechts* des Art. 103 Abs. 2 GG, weil es ansonsten die „Umwegkonstruktion" des 5. Strafsenats nicht hätte billigen können und die Entscheidungen hätte aufheben müssen. Diese Einschränkung des Wortlauts des Art 103 Abs. 2 GG ist jedoch eine Verfassungsänderung und nach Art. 79 GG bedürfen Verfassungsänderungen allerdings eines Gesetzes, das der Zustimmung von zwei Dritteln der Mitglieder des Bundestages und zwei Dritteln der Stimmen des Bundesrates bedarf. Das BVerfG kann die Verfassung zwar auslegen, aber nicht dem klaren Wortlaut verändern.

3. Beschränkte Nachprüfungskompetenz: Einleitend zur Begründung seiner Entscheidung wies das BVerfG ausdrücklich darauf hin (S. 128),[31] dass im Rahmen einer *Verfassungsbeschwerde* die *strafrechtlichen Entscheidungen nicht* einer unbeschränkten *tatsächlichen* und *rechtlichen Nachprüfung* auf die *Richtigkeit der Tatsachenfeststellungen* und der Ordnungsmäßigkeit der Rechtsanwendung unterliegen. Die Gestaltung des Strafverfahrens, die Feststellung und Würdigung des Sachverhalts,

---

30 Beschluss des 2. Senates vom 24.10.1996 – 2 BvR 1851, 1853, 1875, 1892/94, BVerfGE 95, 96–143; abrufbar unter: https://www.jurion.de/search/?q=BVerfG+24.+10+1996&sort=1.

31 Die Seitenangaben zu diesem Zitat und den nachfolgenden gleichartigen Zitaten beziehen sich auf BVerfGE 95, 96–143 über die Verfassungsbeschwerde der Mitglieder des NVR.

die *Auslegung des Straf- und Strafprozessrechts* und seine Anwendung auf den einzelnen Fall seien *allein* Sache der dafür zuständigen Strafgerichte und der *Nachprüfung durch das BVerfG entzogen*. Das BVerfG könne nur eingreifen, wenn die Gerichte *Verfassungsrecht* verletzt haben. Dies sei aber nicht schon dann der Fall, wenn eine Entscheidung, am Straf- oder Strafprozessrecht gemessen, objektiv fehlerhaft sei. Das BVerfG habe auch nicht nachzuprüfen, ob die Strafgerichte Vorschriften des Rechts der DDR zutreffend ausgelegt und angewendet haben. Vielmehr sei nur zu prüfen, ob die Entscheidungen *Grundrechte* oder *grundrechtsgleiche Rechte* verletzt haben. Diese Beschränkung der Verfassungsbeschwerde ist notwendig, weil ansonsten das BVerfG auch im Strafrecht zur „Superrevisionsinstanz" werden müsste. Dass diese Feststellungen in diesem Fall so ausdrücklich hervorgehoben und am Ende der Entscheidung (S. 138) nochmals wiederholt werden, ist nicht rein zufällig, sondern hat wirklich gute Gründe, nicht nur, weil letztlich jedes unrichtige Urteil auch Grundrechte verletzt, sondern weil das BVerfG wohl nicht verkennen konnte, dass in den Fällen 3 und 5 nicht ein *Verbotsirrtum* angenommen und gleichzeitig die *Rechtswidrigkeit* des Schießbefehls als „offensichtlich" betrachtet werden kann, und außerdem den Grenzsoldaten doch nicht ein Verstoß gegen das „elementare Tötungsverbot" zur Last gelegt werden konnte, wenn sie sich in einem Verbotsirrtum befunden hatten und richtigerweise auch ein Befehlsnotstand angenommen werden musste.

4. Beschwerden wg Verurteilung für Taten der Mauerschützen: Die Verfassungsbeschwerden sowohl der drei Mitglieder des NVR (BF 1–3) gegen die vorstehend (8. Kap V) dargestellten Urteile des 5. Strafsenats (BGHSt 40, 218 ff.) als auch eines der beiden Angeklagten (BF 4) im Fall des Spree-Schwimmers gegen das Urteil BGHSt 40, 241 ff.[32] rügten die Verletzung der Rechte aus Art. 2 Abs. 1 und 2, Art. 3 Abs. 1, Art. 19 Abs. 4, Art. 101 Abs. 1 und 2 sowie Art. 103 Abs. 2 GG. Diese Beschwerden wurden vom BVerfG im Wesentlichen als zulässig, aber nicht als begründet erachtet.

Die BF 1–3 begründeten ihre Beschwerden wegen der Verurteilung als mittelbare Täter der tödlichen Schüsse in den Fällen 3 und 5 im Wesentlichen wie folgt: Die gesetzlichen Grenzregelungen über den Schusswaffengebrauch gemäß § 27 GrenzG-DDR seien rechtmäßig gewesen und hätten dem internationalen Standard entsprochen. Das ist zwar richtig, jedoch sind die Belehrungen und „Vergatterungen" und damit die Befehle an die Grenzsoldaten bewusst davon abgewichen, so dass unter anderem in den Fällen 3 und 5 Schießbefehle auch gegeben worden sind, obwohl in beiden Fällen die Flucht nur ein Vergehen und kein Verbrechen war, also nach § 27 GrenzG der Schusswaffengebrauch nicht gerechtfertigt war. Die BF 1 bis 3 behaupteten jedoch (S. 114), dass die Fälle, in denen

[32] Dazu oben II 3; III 1–6 und unten VI 8.

die Angeklagten geschossen hatten, obwohl die gesetzlichen Voraussetzungen für den Schusswaffengebrauch nicht gegeben waren, nur *„Exzesstaten“* gewesen seien. Die Fälle 1 und 2[33] waren in der Tat solche Exzessfälle, wegen derer die BF 1–3 aber nicht angeklagt worden sind. Die Fälle 3–5 waren nach der Beweisaufnahme in den Tatsacheninstanzen keine Exzessfälle. Dass die BF 1–3 dies geglaubt haben könnten, hat man ihnen nicht abgenommen, weil sie stets sehr genau über die Vorfälle an der Grenze informiert worden waren, wie in der Beweisaufnahme im Strafverfahren gegen sie festgestellt worden ist.[34]

Im Übrigen versuchten die BF 1–3 zu ihrer Verteidigung die Methode zu wiederholen, die sie schon zur Tatzeit in der DDR angewendet hatten, indem sie einerseits zu Recht die Meinung vertraten, dass das Grenzgesetz der DDR dem rechtsstaatlichen Standard der Bundesrepublik genügt hätte, andererseits aber zu Unrecht daraus ableiten wollten, die Gesetze, aufgrund deren sie verurteilt wurden, hätten im Verfahren gegen sie so verstanden werden müssen, wie sie zur Tatzeit in der DDR ausgelegt und praktiziert worden sind. Das konnte ihnen nicht abgenommen werden, weil sie ganz bewusst beschlossen hatten, auch nach der Abfassung und Verkündung des Grenzgesetzes die Belehrungen und „Vergatterungen“ der Grenzsoldaten so zu belassen wie vorher und den Grenzsoldaten weiterhin klarzumachen, dass eine Flucht keinesfalls gelingen darf, auch nicht, wenn einer allein und unbewaffnet fliehen will, auf den Flüchtling also nach dem Gesetz nicht geschossen werden durfte.

Hätte der 5. Strafsenat die Mauerschützen in den Fällen 3 und 5 wegen rechtswidriger Erschießung von Flüchtlingen, deren Flucht kein Verbrechen war, verurteilt und auch die BF 1–3 verurteilt, weil sie bewusst abweichend von § 27 GrenzG beschlossen hatten, die Grenzsoldaten weiterhin dahingehend falsch zu belehren, dass sie auf jeden Flüchtling zu schießen haben, der unerlaubt die Mauer überwinden will, so hätte überhaupt kein Zweifel daran bestehen können, dass diese Verurteilungen auch verfassungsgemäß sind. Verfassungsbeschwerden gegen solche Strafurteile hätten als offensichtlich unbegründet zurückgewiesen werden können.

5. Nullum crimen sine lege, Art. 103 II GG: Zu Recht begreift das BVerfG[35] die verfassungsrechtliche Regelung des Art. 103 Abs. 2 GG als verfassungsrechtlich *verschärften Gesetzesvorbehalt* gegen Eingriffe der Strafgewalt des Staates in die Persönlichkeitsrechte der Bürger. Diese Regelung gewährleiste, dass die Bürger nur für solche Handlungen bestraft werden können, deren *Strafbarkeit vor dem Zeitpunkt einer Tat* vom Gesetzgeber durch eine gesetzliche Regelung genau bestimmt worden ist. Der Bürger soll vor seiner Tat durch eine klare Regelung genau wissen

33 BGHSt 39, 353; 40, 48.
34 Fall 6: BGHSt 40, 218, 225 f.
35 BVerfGE 95, 96, 131.

können, was strafrechtlich verboten ist und welche Strafe für den Fall einer bestimmten Tat droht (Bestimmtheitsgrundsatz). In den gegebenen Fällen 3 und 5, gegen deren Urteile Verfassungsbeschwerden erhoben wurden, war der Schusswaffengebrauch jedoch nicht zulässig, weil nach § 27 Abs. 2 GrenzG bzw. § 17 Abs. 2 PolG von der Schusswaffe nur in Fällen Gebrauch gemacht werden durfte, wenn die Flucht als Verbrechen zu bestrafen war, weil die Flüchtenden bewaffnet waren oder einer mit mehr als einem anderen die Flucht versuchte. Deswegen sind die tödlichen Schüsse in diesen Fällen rechtswidrig gewesen und die Grenzsoldaten deswegen wegen vorsätzlicher Tötung verurteilt worden, obwohl man ihnen einen Verbotsirrtum zubilligte, weil sie von ihren Vorgesetzten falsch belehrt und ihnen das Schießen auch befohlen worden war. Der 5. Strafsenat war jedoch der Auffassung, dass diese Rechtslage, nach der der Schießen in diesen Fällen verboten war, durch eine entgegengesetzte Staatspraxis außer Kraft gesetzt worden sei, weswegen die Soldaten wegen dieser Schüsse auch nicht bestraft, sondern gelobt und befördert worden seien.

Diesen „Rechtfertigungsgrund der rechtswidrigen Staatspraxis" hat der 5. Strafsenat jedoch sodann wegen Verletzung naturrechtlicher Grundsätze und unveräußerlicher Menschenrechte für rechtsunwirksam erklärt und damit die Strafbarkeit der Grenzsoldaten und der Mitglieder des NVR mit der Verletzung natur- und menschenrechtlicher Grundsätze begründet, die den Voraussetzungen des zum Verfassungsrecht erhobenen *nulla-poena*-Grundsatzes des Art. 103 Abs. 2 nicht genügen können.

In den Schutzbereich des Art. 103 Abs. 2 GG müssen nämlich grundsätzlich auch *Rechtfertigungsgründe* einbezogen werden, weil es in manchen Fällen nur eine Frage der Gesetzgebungstechnik ist, ob der Straftatbestand so gefasst wird, dass er für bestimmte Taten nicht gegeben ist, oder ob eine weiter gefasste strafbare Handlung, wie zum Beispiel das Töten mittels Schusswaffen, durch einen besonderen Rechtfertigungsgrund des erlaubten Waffengebrauchs ausgeschlossen ist.[36] Das BVerfG erkannte, dass es auch *gewohnheitsrechtlich anerkannte* oder durch die Rechtsprechung begründete *Rechtfertigungsgründe* gibt, für die der *strikte Gesetzesvorbehalt* nicht gilt. Das ist auch richtig so, weil es nicht den Schutzzweck des Art. 103 Abs. 2 GG unterläuft, wenn ein Angeklagter aufgrund eines gegebenen Rechtfertigungsgrundes freigesprochen wird, weil dadurch der *individuelle Freiheitsbereich* nicht *eingeschränkt*, sondern *erweitert* wird. Problematisch wird es jedoch, wenn ein derart nicht gesetzlich hinreichend bestimmter Rechtfertigungsgrund, der zur Tatzeit anerkannt wurde, später nicht mehr anerkannt wird, weil er gegen *naturrechtliche Grundsätze* oder *allgemein anerkannte Menschenrechte* verstößt oder als „offensichtlicher unerträglicher Verstoß gegen elementare Gebote der

[36] BVerfGE 95, 132; z.B. Notwehr oder Notstand gemäß den §§ 32–35 StGB oder gebotene polizeiliche Maßnahmen gemäß § 11 UZwG.

Gerechtigkeit" verstanden wird. In einem solchen Fall *begründen* diese *naturrechtlichen Grundsätze* oder *Menschenrechte* oder die *„elementaren Gebote der Gerechtigkeit"* sodann die *Strafbarkeit der Handlung,* die *zur Tatzeit* wegen des noch gegebenen aber im Urteilszeitpunkt entfallenen Rechtfertigungsgrundes *nicht strafbar* war. Gewohnheitsrechtlich geltende strafrechtliche Rechtfertigungsgründe, die zur Tatzeit gegolten haben, nach der Tat aber aufgrund naturrechtlicher Grundsätze oder aufgrund von „von elementaren Geboten der Gerechtigkeit", die nicht dem Bestimmtheitsgrundsatz des Art. 103 Abs. 2 GG genügen, als unwirksam angesehen werden, können daher die Strafbarkeit nicht begründen. Das ist das Problem, das die unnötige und unsinnige Umwegkonstruktion des 5. Strafsenats dem BVerfG aufgebürdet hat. Das BVerfG konnte das Problem allgemein nicht entscheiden, weil dazu eine Verfassungsänderung notwendig gewesen wäre, und hat daher versucht, eine für den Fall brauchbare Lösung zu finden, die mit Art. 103 Abs. 2 GG noch zu vereinbaren sein könnte (S. 132).

Rechtfertigungsgründe können zwar auch kraft Gewohnheitsrechts entstehen und bedürfen nicht der Gesetzesform, um die Strafbarkeit auszuschließen. Die gewohnheitsrechtliche Entstehung eines Rechts bedarf jedoch eines *Rechtsgeltungswillens* der Gemeinschaft, für die das Recht gelten soll. Wenn der DDR-Gesetzgeber sein Grenzgesetz jedoch nur deshalb rechtsstaatlich verfasst hat, um vor der Völkergemeinschaft als ordentlicher Staat zu erscheinen, diese Gesetze aber gegen seine Bürger bewusst nicht ordnungsgemäß angewendet hat, so konnte kein *Gewohnheitsrecht* entstehen, weil dieses voraussetzt, *dass alle billig und gerecht denkenden Bürger diese Art der Gesetzesanwendung durch Stillschweigen als rechtlich verbindlich anerkennen.*[37] Die Rechtfertigungsgründe des § 27 GrenzG-DDR sind also durch ihre *bewusst unrichtige und ungerechte Anwendung* nicht gewohnheitsrechtlich erweitert worden. Die Tötung der Flüchtlinge durch Mauerschützen in den Fällen 3 und 5 war also zur Tatzeit rechtswidrig und strafbar gemäß den §§ 111, 112 StGB-DDR, weil sie weder durch § 27 Abs. 2 GrenzG noch durch einen gewohnheitsrechtlichen Rechtfertigungsgrund gerechtfertigt werden konnten. Im Verfahren der Verfassungsbeschwerde musste das BVerfG jedoch mit seiner Entscheidung die im Urteil des 5. Strafsenats dafür gegebene Begründung verfassungsrechtlich überprüfen, hatte also nicht zu prüfen, ob die richtige strafrechtliche Entscheidung in diesen Fällen verfassungsrechtlich gerechtfertigt gewesen wäre.

6. Der verf.-rechtl. Ausweg aus dem naturrechtl. Umweg a) Das verfassungswidrige Urteil des 5. Strafsenats: Weil aber der 5. Strafsenat der Auffassung war, dass die Todesschüsse der Grenzsoldaten an der Mauer nach dem zur Tatzeit in der DDR geltenden Recht gerechtfertigt waren, musste er, um zum gewollten Ergebnis zu

[37] *Enneccerus-Nipperdey,* Allg. Teil I, 14. Aufl. 1957, §§ 39, 40.

kommen, diesen Rechtfertigungsgrund als *Verstoß* gegen „elementare Gebote der Gerechtigkeit" begreifen und hat diese Erkenntnis in dem Satz zusammengefasst:

> „Die Erwartung, das Recht werde, wie in der Staatspraxis zur Tatzeit, auch in Zukunft so angewandt werden, dass ein menschenrechtswidriger Rechtfertigungsgrund anerkannt wird, ist nicht schutzwürdig."

Das ist, wie schon oben gesagt,[38] im Ergebnis wohl auch richtig so, aber die Begründung beruht *nicht* auf einem *positiven* „Rechtssatz" und ist also keine hinreichende Begründung, die dem strengen *Gesetzesvorbehalt* und *Bestimmtheitsgrundsatz* des Art. 103 Abs. 2 GG genügt. Der Sinn dieser *Umwegkonstruktion des 5. Strafsenats* ist nicht zu begreifen, hat aber zur Folge, dass die *natur- und menschenrechtliche Begründung* der Strafbarkeit oder die *elementaren Gebote der Gerechtigkeit* den *positivistischen Voraussetzungen des Art. 103 Abs. 2 GG* genügen, also als dem *Bestimmtheitsgrundsatz* genügende, vom *Parlament als Gesetz beschlossene Regelungen sein* müssen. Diese Aufgabe war dem BVerfG durch diese *Umwegkonstruktion* gestellt, aber im Wege der Auslegung nicht mehr zu lösen, weshalb das BVerfG glaubte, mit einer eng begrenzten Ausnahmeregelung den *Geltungsbereich des Art. 103 Abs. 2 GG durch Richterspruch einschränken* zu dürfen, was aber wohl doch eine Verfassungsänderung ist, die nicht den Voraussetzungen des Art. 79 GG genügt.

b) Die verf.-richterl. Einschränkung des Art. 103 II GG: Das BVerfG erkennt völlig zutreffend, dass „im Regelfall" eines auf Demokratie, Gewaltenteilung und einer unmittelbaren Geltung von Grund- und Menschenrechten beruhenden Strafrechts Art. 103 Abs. 2 GG einen absoluten und strikten *Vertrauensschutz für den Bürger* vor der *Strafgewalt* des Staates gewährleistet und damit prinzipiell den Anforderungen der Gerechtigkeit genügt. *Diese Vertrauensgrundlage des Bürgers entfalle jedoch*, so BVerfGE 95, 96, 133,

> „wenn der andere Staat für den Bereich schwersten kriminellen Unrechts zwar Straftatbestände normiert, aber die Strafbarkeit gleichwohl durch Rechtfertigungsgründe für Teilbereiche ausgeschlossen hatte, indem er über die geschriebenen Normen hinaus zu solchem Unrecht aufforderte, es begünstigte und so die in der Völkerrechtsgemeinschaft allgemein *anerkannten Menschenrechte* in *schwerwiegender Weise missachtete.* Hierdurch setzte der Träger der Staatsmacht *extremes staatliches Unrecht*, das sich *nur so lange behaupten kann wie die dafür verantwortliche Staatsmacht faktisch besteht.* In dieser ganz besonderen Situation untersagt das Gebot materieller Gerechtigkeit, das auch die Achtung der völkerrechtlich anerkannten Menschenrechte aufnimmt, die Anwendung eines solchen Rechtfertigungsgrundes. *Der strikte Schutz von Vertrauen durch Art. 103 Abs. 2 GG muss dann zurücktreten.* Andernfalls würde die Strafrechtspflege der Bundesrepublik zu ihren rechtsstaatlichen Prämissen in Widerspruch geraten. Dem Bürger, der jetzt der Strafgewalt der Bun-

[38] BGHSt 39, 1, 29 f.; 39, 168, 183; 40, 241, 244; dazu oben III 4 c. Es wäre auch rechtens, wenn die BRD den Abs. 2 von Art. 7 EMRK und Art. 49 EU-Charta ratifiziert hätte; dazu unten VI 6 d.

desrepublik unterliegt, wird die Berufung auf einen solchen Rechtfertigungsgrund verwehrt; *im Übrigen bleibt das Vertrauen darauf gewährleistet, nach dem Gesetz bestraft zu werden, das für ihn im Zeitpunkt der Tat galt.*"

Mit diesem ganz *offenen Bekenntnis* zur *Nichtanwendung des Art. 103 Abs. 2 GG* im Falle eines staatlichen Rechtfertigungsgrundes, der klar und eindeutig mit Recht und Gerechtigkeit und mit allen Grund- und Menschenrechten, die zur Tatzeit in allen zivilisierten Staaten schon gegolten haben, nicht zu vereinbaren ist, hat das BVerfG einen *Sprung* vom *positiven Recht* zu *naturrechtlichen Grundsätzen* auch über die *positivistische Sperre des Art. 103 Abs. 2 GG* hinaus gewagt und auf diese Weise den *Gordischen Knoten* der „Umwegkonstruktion" des 5. Strafsenat zerschlagen. Der 5. Strafsenat war demselben Gedanken selbst schon sehr nahegekommen mit dem bereits zitierten Satz, *dass die Erwartung, das Recht werde, wie in der Staatspraxis zur Tatzeit, auch in Zukunft so angewandt werden, dass ein menschenrechtswidriger Rechtfertigungsgrund anerkannt wird, nicht schutzwürdig sei.* Das ist letztlich der gleiche Gedanke, aber die Behauptung *mangelnder Schutzwürdigkeit eines menschenrechtswidrigen Rechtfertigungsgrundes* kann grundsätzlich die *positivistische Sperre des Art. 103 Abs. 2 GG* mit seinen Erfordernissen des strikten Gesetzesvorbehalts und des Bestimmtheitsgrundsatzes *nicht* mit der Wirkung *durchbrechen*, dass ein Bürger wegen einer *zur Tatzeit nicht strafbaren Tat* deswegen *strafbar wird.*

Im Ergebnis hat das BVerfG nur die *unnötige Umwegkonstruktion* des 5. Strafsenats nicht der Sperre des Art. 103 Abs. 2 GG unterworfen. Wäre vom BGH erkannt worden, dass die tödlichen Schüsse in den Fällen 3 und 5 schon nach dem geltenden Recht der DDR rechtswidrig waren, weil die Flüchtlinge in diesen Fällen mit ihrer Flucht kein Verbrechen, sondern nur ein Vergehen begangen haben, so hätten sich die *schießenden Grenzsoldaten* gleichfalls in einem *Verbotsirrtum* und auch in einem schuldausschließenden *Befehlsnotstand* befunden und die *mittelbaren Täter* hinter den (schuldlos handelnden) Grenzsoldaten (sowohl die unmittelbaren Vorgesetzten, die sie „vergattert" hatten, als auch die Mitglieder des NVR), sofern sie bewusst die Befehle abweichend von der tatsächlichen gesetzlichen Regelung gegeben haben, der rechtswidrigen und vorsätzlichen Tötung in *mittelbarer Täterschaft* schuldig gemacht. Letztlich waren die Fälle also sehr einfach und sind nur durch die fehlerhafte naturrechtliche Umwegkonstruktion des 5. Strafsenats unnötig kompliziert und falsch entschieden worden.

Der Satz, mit dem das BVerfG glaubte, die Verletzung des Art. 103 Abs. 2 GG noch als Ausnahme hinnehmen zu können („Der strikte Schutz von Vertrauen durch Art. 103 Abs. 2 GG muss dann zurücktreten, wenn der Träger der Staatsmacht extremes staatliches Unrecht setzt") ist und bleibt bedenklich, *weil der individuelle Schutz der Bürger nicht zurücktreten, sondern gestärkt werden muss, wenn die Staatsmacht extremes staatliches Unrecht setzt.* Die Besonderheit der Schuld der Mitglieder des NVR besteht jedoch darin, dass sie selbst das *staatliche Unrecht* gesetzt haben, weil sie die *oberste staatliche Instanz* waren, deren Beschlüsse sowohl die

Grundlage für die Gesetzgebung als auch für die davon abweichenden Befehle („Vergatterungen") an die Grenzsoldaten und deren aufgrund dieser Befehle begangenen rechtswidrigen Tötungen bildeten; ob es allerdings ein „extremes" Unrecht war, ist angesichts des § 11 UZwG-BRD und dessen Kommentierung höchst zweifelhaft.

Die BF 1–3 haben sich als Mitglieder des NVR mit ihrer Berufung auf Art. 103 Abs. 2 GG letztlich mit sich selbst in Widerspruch gesetzt (*protestatio facto contraria non valet*), weil sie selbst beschlossen haben, die Grenzsoldaten auch nach Inkrafttreten des § 27 GrenzG-DDR *weiterhin* dahingehend zu belehren, dass auch auf allein oder zu zweit flüchtende unbewaffnete Bürger geschossen werden darf und muss, wenn sie anders nicht mehr zu fassen sind. Das durch die Mauerschützen begangene *staatliche Unrecht* ist durch diesen Beschluss der BF 1–3 zur vom Gesetz abweichenden Belehrung der Grenzsoldaten *herbeigeführt* worden, das *staatliche Unrecht* also von den Beschwerdeführern *selbst gesetzt* worden, und es wäre daher vertretbar gewesen zu entscheiden, dass sich die BF 1–3 nicht darauf berufen können, dass die Taten zur Tatzeit nicht strafbar waren, wenn sie selbst vorsätzlich, d.h. im Bewusstsein der Rechtswidrigkeit der zu Unrecht gewordenen Belehrungen an die Soldaten, mit ihren Beschlüssen die Befehle gegeben haben, ohne gesetzliche Grundlage auf flüchtende Bürger zu schießen.

c) Unerträgliches extremes Unrecht und § 11 UZwG: Die natur- und menschenrechtliche Begründung der Strafbarkeit nach der Art des 5. Strafsenats mit dem Satz, der „Rechtfertigungsgrund der Staatspraxis" hätte „wegen offensichtlichen, unerträglichen Verstoßes gegen *elementare Gebote der Gerechtigkeit* und gegen die Menschenrechte keine rechtfertigende Wirkung entfalten können",[39] ist jedoch noch aus anderen Gründen in Frage zu stellen. Der 5. Strafsenat war im Fall des Einzelgängers von der Verteidigung darauf aufmerksam gemacht worden, dass nach § 11 UZwG-BRD (Gesetz über den unmittelbaren Zwang bei Ausübung öffentlicher Gewalt durch Vollzugsbeamte der Bundesrepublik), „*Vollzugsbeamte im Grenzdienst Schusswaffen auch gegen Personen gebrauchen können, die sich der wiederholten Weisung, zu halten oder die Überprüfung ihrer Person oder der etwa mitgeführten Beförderungsmittel und Gegenstände zu dulden, durch die Flucht zu entziehen versuchen.*" Der 5. Strafsenat hatte versprochen, diesen Grundsatz ernst zu nehmen, ihn aber im Urteil mit folgender Begründung wenig überzeugend weggewischt:[40]

> „Der Senat findet es *befremdlich*, dass im Schrifttum bei der Auslegung des § 16 UZwG ein bedingter Tötungsvorsatz als von der Vorschrift gedeckt bezeichnet worden ist (*Jess/Mann*, UZwG, 2. Aufl. § 16 Rn. 4) und pflichtet *Frowein* (in: Kritik und Vertrauen, Festschrift für Peter Schneider, S. 112 ff.) darin bei, dass in der Bundesrepublik der Schuss-

[39] So BGHSt 39, 1, 14 – Einzelgänger; 39, 168, 183 f. – Zwei mit Räuberleiter; ebenso BGHSt 40, 241, 244 – Spree-Schwimmer; dazu oben 8. Kap III 4 b.

[40] BGHSt 39, 1, 21 f. – Einzelgänger; 39, 168, 185 – Zwei mit Räuberleiter.

waffengebrauch gegen Menschen angesichts seiner unkontrollierbaren Gefährlichkeit (vgl. BGHSt 35, 379, 386) auch im Grenzgebiet (§ 11) auf die Verteidigung von Menschen beschränkt werden sollte (aaO, S. 117), also auch auf Fälle, in denen von demjenigen, auf den geschossen wird, eine Gefährdung von Leib oder Leben zu befürchten ist. Der Umstand, dass die derzeitige Auslegung der Schusswaffenvorschriften des geltenden Rechtes im Lichte des Verhältnismäßigkeitsprinzips nicht in jeder Weise befriedigend ist (vgl. BGH St 26, 99), rechtfertigt indessen kein Verständnis für den Schusswaffengebrauch durch die Grenztruppen der DDR; dieser war durch eine Konstellation gekennzeichnet, die in der Bundesrepublik Deutschland angesichts ihrer offenen Grenzen keine Parallelen hat."

Dieser Rechtsauffassung des 5. Strafsenats kann im Ergebnis letztlich zugestimmt werden, unverständlich bleibt jedoch, dass eine in der Bundesrepublik noch *vertretbare Rechtsauffassung*, mit der man sich ernsthaft auseinandersetzen kann und muss, in der DDR ein *„offensichtlicher, unerträglicher Verstoß gegen elementare Gebote der Gerechtigkeit und gegen die Menschenrechte"* gewesen sein soll, der *„in der Bundesrepublik Deutschland angesichts ihrer offenen Grenzen keine Parallele hat"*. Das ist nur noch *politisch*, aber nicht mehr *rechtlich* zu verstehen, und weicht der Frage aus, ob auf unerlaubt über die Grenze gehende unbewaffnete Menschen, die auf Anruf nicht stehen bleiben, notfalls mit bedingtem Tötungsvorsatz geschossen werden darf. Wer die Bejahung dieser Frage für die Bundesrepublik als „befremdlich" und für die DDR als einen *unerträglichen Verstoß gegen elementare Gebote der* Gerechtigkeit, gar des „elementaren Tötungsverbots" bewertet, richtet über dieselbe Frage mit verschiedenen Maßstäben.

d) Art. 7 Abs. 2 EMRK und Art. 49 Abs. 2 EU-Charta: Der *nulla-poena*-Grundsatz des Art. 103 Abs. 2 GG ist mit etwas abweichender Formulierung auch in Art. 7 EMRK und Art. 49 EU-Charta enthalten und in beiden Artikeln ergänzt mit folgender Ausnahmeregelung:

„Dieser Artikel schließt nicht aus, dass jemand wegen einer Handlung oder Unterlassung verurteilt oder bestraft wird, die zur Zeit ihrer Begehung nach den von den zivilisierten Völkern anerkannten allgemeinen Rechtsgrundsätzen strafbar war."

Würde dieser Abs. 2 auch in Art. 103 Abs. 2 GG als S. 2 stehen oder kraft Völkerrechts auch in Deutschland gelten, so hätte das BVerfG zweifellos entscheiden können, wie es entschieden hat, denn nach dieser Regelung können gleichfalls solche zur Tatzeit geltende Rechtssätze unbeachtet bleiben, die nach den *allgemeinen Rechtsgrundsätzen zivilisierter Völker* Unrecht sind. In BGHSt 39, 1, 27 findet sich jedoch der Hinweis, dass die Bundesregierung gegenüber Art. 64 EMRK den Vorbehalt gemacht habe, „dass die Vorschrift nur in den Grenzen des Art. 103 Abs. 2 GG angewandt werden" würde (BGBl 1954 II 14). Gegen Art. 15 Abs. 2 IPbürgR habe die Bundesrepublik keinen Vorbehalt erklärt; das ändere jedoch nichts daran, dass auch insoweit Art. 103 Abs. 2 GG als Verfassungsrecht vorgeht.[41] Demnach war also das BVerfG auch nicht berechtigt, interpretativ eine Ausnahmeregelung entsprechend Art. 7 Abs. 2 EMRK und Art. 49 Abs. 2 EU-Charta in Art. 103 Abs. 2 GG hineinzuinterpretieren, weil die Bundesrepublik Deutschland diese Regelungen ganz bewusst nicht ratifiziert hat. Demnach hätte das BVerfG den Beschwerden der BF 1–3 hinsichtlich der Tötung der Flüchtlinge durch Mauerschützen stattgeben, die Urteile aufheben und zur erneuten Verhandlung an die Strafgerichte zurückverweisen müssen.

Allerdings kann man auch denken, dass die Ausnahmeregelung des Abs. 2 von Art. 7 EMRK und Art. 49 EU-Charta eine *vernünftige naturrechtliche Ausnahmeregelung* für den *positivistischen nulla-poena-Grundsatz* darstellt, auf dessen Geltung gar nicht verzichtet werden kann, wenn man daran denkt, dass die meisten NS-Verbrecher, auch die in den Auschwitz-Prozessen, hätten freigesprochen werden müssen, wenn in deren Tatzeit die in § 2 StGB a.F. stehende Regelung schon als „grundrechtsgleiches Recht“ hätte verstanden werden müssen. Das kann man jedenfalls als Deutscher niemals richtig finden. Die Bundesrepublik hätte also auch die zweiten Absätze der zitierten Menschenrechte ratifizieren und Art. 103 Abs. 2 GG entsprechend ergänzen müssen. Die Frage, ob das BVerfG dies an Stelle des Gesetzgebers tun durfte, erscheint im Hinblick auf Art. 79 Abs. 2 GG zumindest zweifelhaft. Angesichts des § 11 UZwG und der dazu vertretenen bundesdeutschen Rechtsauffassungen scheint es außerdem nicht vertretbar, einen Schutz der Staatsgrenze notfalls mit Schusswaffen als „offensichtlichen unerträglichen Verstoß gegen elementare Gebote der Gerechtigkeit“ oder als „schwerwiegende Missachtung anerkannter Menschenrechte“ zu verstehen. Es ist in der Bundesrepublik heute zu Recht rechtswidrig, auf Menschen zu schießen, die die Grenze überschreiten, und es war nach den Gesetzen der DDR auch rechtswidrig, so dass hier kein „Verstoß gegen elementare Gebote der Gerechtigkeit“ vorliegen kann. Soweit waren die Rechtsansichten zwischen der Bundesrepublik und der DDR noch nicht auseinandergedriftet, dass mit so verschiedenem Maß gemessen werden dürfte.

7. Beschwerden wg Verurteilung für Tötung durch Minen: Die BF 1–3 sind vom 5. Strafsenat auch verurteilt worden wegen der Tötung von fünf Personen durch Tret- und Splitterminen. Die äußerst dürftige und nicht hinreichende Begründung dieses Teils des Urteils des 5. Strafsenats beschränkte sich auf den Satz, die Tötung von Flüchtlingen durch Schusswaffen, Selbstschussanlagen oder Minen zur Vermeidung einer Flucht aus der DDR sei *wegen offensichtlichen, unerträglichen Verstoßes gegen elementare Gebote der Gerechtigkeit und gegen völkerrechtlich geschützte Menschenrechte* nicht geeignet, die Täter zu rechtfertigen (S. 232). Dies habe der Senat in den Urteilen BGHSt 39, 1,15 – Einzelgänger mit Leiter; BGHSt 39,

41 Dazu auch *Renzikowski*, Die Hart-Radbruch Kontroverse, in: *Borowski/Paulson* (Fn 312), Die Natur des Rechts bei Gustav Radbruch, S. 75, 77.

168, 183 – Zwei mit Räuberleiter; BGHSt 40, 241 ff. – Spree-Schwimmer (diese Urteile betreffen also ausschließlich Mauerschützen) ausführlich begründet, und fügt hinzu: *„Für die Verwendung von Minen gilt nichts anderes."* Der 5. Strafsenat hat also auch die Rechtswidrigkeit der Tötung durch Minen *natur- und menschenrechtlich* begründet, weshalb das Urteil gemäß Art. 103 Abs. 2 GG – ohne die Anerkennung des Absatzes 2 der Artikel 7 EMRK und 49 EU-Charta – *verfassungswidrig* war, weil die Strafbarkeit nicht durch einen zur Tatzeit geltenden *Rechtssatz des positiven Rechts* begründet worden ist. Einen solchen Rechtssatz hat es aber gegeben, weil die vorsätzliche Tötung mittels Minen auch in der DDR gemäß den §§ 111, 112 StGB strafbar war und es einen Rechtfertigungsgrund für derartige Tötungen in der DDR nicht gegeben hat. Diese allein richtige Begründung war sogar aus den Akten ersichtlich. Das BVerfG zitiert im Sachverhalt seines Beschlusses (S. 124) aus der Stellungnahme des *Bundesministeriums der Justiz* zu den Verfassungsbeschwerden einen Satz, der darlegt, dass das LG Berlin als Tatrichter die Rechtswidrigkeit der Tötung der Flüchtlinge mittels Selbstschussanlagen und Minen damit begründet hat, dass diese Tötungen *mangels Vorliegens von Rechtfertigungsgründen* oder wegen *Fehlens einer Rechtsgrundlage* für diese Art der Grenzsicherung auch nach dem zur Tatzeit in der DDR geltenden Recht rechtswidrig gewesen sei. Aber so hat der 5. Senat sein Strafurteil nicht begründet und das BVerfG musste also die Frage entscheiden, ob die *natur- und menschenrechtliche* Begründung des 5. Strafsenats mit Art. 103 Abs. 2 GG zu vereinbaren ist, und hat „rechtsfortbildend" so entschieden, als ob diese Regelung entsprechend der Absätze 2 der Art. 7 EMRK und Art. 49 EU-Charta eingeschränkt worden sei. Diese Begründung hätte jedoch eine Ratifizierung dieser Regelungen durch die Bundesrepublik vorausgesetzt.

8. Beschwerde von BF 4 wegen Tötung des Schwimmers Die Verfassungsbeschwerde von BF 4 gegen BGHSt 40, 241 – Spree-Schwimmer der der als Postenführer zusammen mit einem anderen Grenzsoldaten den Spree-Schwimmer in Mittäterschaft mit Dauerfeuer aus seiner Kalaschnikow erschossen hat,[42] ist im Wesentlichen auf *zwei Gründe* gestützt:

– Auf die *Verletzung von Art. 103 Abs. 2 GG*, weil es zur Tatzeit nach dem Recht der DDR gerechtfertigt gewesen sei, auf den Schwimmer mit bedingtem Tötungsvorsatz zu schießen, wenn die Flucht anders nicht verhindert werden konnte. Diesem Recht der DDR (im Sinne des 5. Strafsenats) entsprechend war der Beschwerdeführer wie folgt belehrt worden: „Grenzdurchbrüche sind auf keinen Fall zuzulassen. Grenzverletzer sind zu stellen oder zu vernichten. Besser der Flüchtling ist tot, als dass die Flucht gelingt" (BGHSt 40, 241, 242).

[42] Dazu oben II 3.

– Auf die Verletzung des *verfassungsrechtlichen Schuldgrundsatzes*, weil der Schütze sich anerkanntermaßen sowohl in einem – wenn auch vermeidbaren – Verbotsirrtum als auch in einem Befehlsnotstand befunden habe, weil er die Rechtswidrigkeit des erteilten Schießbefehls nicht erkannt habe und sie für ihn auch nicht offen*sichtlich* gewesen sei.

a) Nullum crimen sine lege, Art. 103 Abs. 2 GG: Die auf Art. 103 Abs. 2 GG gestützte Beschwerde des BF 4 hat das BVerfG mit den gleichen Gründen zurückgewiesen wie die Beschwerden von BF 1 bis 3 (S. 130–138), also mit dem Satz, der strikte Schutz des Art. 103 Abs. 2 GG müsse zurücktreten, wenn der Träger der Staatsmacht extremes staatliches Unrecht gesetzt habe (S. 133). Der Satz kann zur Not noch anerkannt werden für die Mitglieder des NVR, weil diese als Mitglieder des höchsten Staatsorgans in dieser Frage dieses staatliche Unrecht auch gesetzt hatten, die Anwendung desselben Grundsatzes auf die Mauerschützen und in diesem Fall auf BF 4 ist jedoch nicht gerechtfertigt, weil dieser das Unrecht nicht gesetzt hatte und ihm sowohl der Tatrichter als auch der 5. Strafsenat einen Verbotsirrtum zubilligten. *Es ist überhaupt nicht einzusehen, warum derart allgemein der individuelle Schutz eines Bürgers zurücktreten soll, wenn der Staat extremes Unrecht gesetzt hat, das der Einzelne nicht erkennen konnte. Erschwerend kommt hinzu, dass dieser Grenzsoldat auch im Befehlsnotstand und also schuldlos handelte.*

b) Keine Strafe ohne Schuld: Ausdrücklich und völlig zutreffend erklärte das BVerfG, dass das Schuldprinzip *Verfassungsrang* habe, weil es letztlich in der unveräußerlichen *Würde des Menschen* (Art. 1 Abs. 1 GG) sowie in der verfassungsrechtlich geschützten *Freiheit* gemäß Art. 2 Abs. 1 GG und im *Rechtsstaatsprinzip* (Art. 20 Abs. 3 GG) *verankert* sei, wonach es nicht gestattet sein könne, einen Menschen für eine Tat zu bestrafen, deren Unrecht er nicht *erkennen* konnte und für welche ihm daher *kein Schuldvorwurf* gemacht werden kann.

Diese *persönliche Schuld* ist im gegebenen Fall aber überhaupt *nicht festgestellt worden*, weil *weder* der Tatrichter *noch* der Strafsenat als Revisionsgericht *begründet* hat, weshalb die *Rechtswidrigkeit* des Schießbefehls *trotz* des anerkannten *Verbotsirrtums* für den konkret betroffenen Grenzsoldaten BF 4, der die Verfassungsbeschwerde erhoben hat, „offensichtlich“ gewesen sein soll. Das BVerfG ging zutreffend davon aus, dass die Rechtswidrigkeit eines Schießbefehls *offensichtlich* ist, wenn die Offensichtlichkeit *jenseits aller Zweifel* liegt, also *den* Soldaten keine Prüfungs- und Erkundigungspflicht trifft. Deshalb könne die Offensichtlichkeit „für *den* Soldaten“ (S. 142, was nur heißen kann, „für *den* Soldaten“, *der geschossen hat*) nicht mit dem objektiven Vorliegen eines schweren Menschenrechtsverstoßes begründet werden; vielmehr müsse dargelegt werden, dass „der *einzelne Soldat* (also der, der geschossen hat) angesichts seiner Erziehung, der Indoktrination und der sonstigen Umstände in der Lage war, den Strafrechtsverstoß zweifelsfrei zu erkennen“. Nach ständiger Rechtsprechung – so das BVerfG – sei diese Voraussetzung dann erfüllt, *„wenn der Strafrechtsverstoß jenseits aller Zweifel liegt; eine Prüfung und Erkundigungspflicht trifft den Soldaten nicht*". Insoweit ist alles richtig, aber der nachfolgende Satz macht alles *unrichtig*: „Entscheidend ist vielmehr, ob der Verstoß gegen das Strafrecht derart auf der Hand lag, dass er für einen *durchschnittlichen Soldaten* mit dem Informationsstand des jeweiligen Befehlsempfängers ohne weiteres Nachdenken und ohne weitere Erkundigungen einsichtig war"[43] (S. 142; vgl. BGHSt 39, 168, 188 f.).

Dieser Satz ist durch die Entscheidung des BVerfG nicht richtig geworden. Er begründet nicht die Schuld des angeklagten Soldaten, sondern die eines *durchschnittlichen Soldaten*, und er begründet auch nicht, warum der angeklagte Soldat kein durchschnittlicher Soldat gewesen sein soll. Der Soldat hat einem Befehl gehorcht und hat sich nach den Feststellungen des 5. Strafsenats in einem *Verbotsirrtum* befunden, also nicht erkannt, dass der Schießbefehl rechtswidrig war, und weder der 5. Strafsenat noch das BVerfG haben begründet, dass es einen schweren Menschenrechtsverstoß darstellt, wenn Grenzsoldaten oder Grenzpolizei auf Bürger schießen, die unerlaubt die Grenze übertreten wollen und auf Anruf nicht stehen bleiben, obwohl bundesdeutsche Juristen zu der entsprechenden Regelung des § 11 UZwG[44] in solchem Falle ein Schießen mit bedingtem Vorsatz für rechtmäßig halten, was von der Verteidigung der Grenzsoldaten auch vorgetragen worden ist, aber unbeachtet blieb. Das BVerfG hätte daher die Strafurteile gegen den Grenzsoldaten aufheben müssen, weil die Rechtswidrigkeit seiner Schüsse auf den Flüchtling auf Befehl erfolgte und er die Rechtswidrigkeit des Befehls nicht erkannt hat, sie für ihn auch nicht offensichtlich war.

VII. Die Grenzsoldaten waren nicht die Bösewichte des Systems

Nicht zu Unrecht beklagte sich der 5. Strafsenat am Ende seiner Entscheidung BGHSt 39, 1, 36 darüber, dass die angeklagten Mauerschützen in der militärischen Hierarchie ganz unten standen und in gewisser Weise auch Opfer der mit der Grenze verbundenen Verhältnisse geworden seien. Dagegen seien *Funktionsträger*, die über einen größeren Überblick und eine differenziertere Ausbildung verfügten, noch *nicht zur Verantwortung gezogen* worden, was zu milden Strafen gedrängt habe. Schließlich wurden aber mit BGHSt 40, 218 ff. auch Mitglieder des Verteidigungsrats, deren Beschlüsse die Ursache der rechtswidrigen Befehle an die Mauerschützen gewesen sind, zur Verantwortung gezogen, soweit ersichtlich jedoch nicht die Vorgesetzten der Grenzsoldaten und deren Vorgesetzte, die die *rechtswidrigen Befehle gegeben* bzw. weitergegeben hatten, deren befehlsgemäße Aus-

[43] BVerfGE 95, 142; dieser Satz ist BGHSt 39, 168, 188 f. – Zwei mit Räuberleiter – entnommen und, wie schon oben III 5 u. 6 c dargelegt, offensichtlich falsch.

[44] Dazu III 6 e; VI 6 c; VI 8 b.

führung die Mitglieder des NVR wiederum als Exzesstaten verstanden wissen wollten, was sie aber nicht waren, jedenfalls dann nicht, wenn ihnen – wie in den Fällen 3 bis 5 – ein *Verbotsirrtum* zugebilligt wurde. Auch bleibt es merkwürdig, dass der 5. Strafsenat trotz seines mit der zitierten Äußerung zu erkennen gegebenen Verständnisses für die unmittelbar handelnden Grenzsoldaten, die aufgrund und im Rahmen der ihnen gegebenen Befehle gehandelt haben, deren *Befehlsnotstand* nicht erkennen wollte und *nicht auf die Bestrafung derer gedrängt hat*, die den Soldaten mit ihren „*Vergatterungen*" rechtswidrige Befehle erteilt haben und damit zu *mittelbaren Tätern* zwischen den Grenzsoldaten und den Mitgliedern des NVR geworden sind.

Den todkranken *Honecker* hat man ziehen lassen, was wohl politisch auch klug war; jedenfalls, wenn es eine Bedingung oder auch nur ein Wunsch *Gorbatschows* gewesen ist. Wer hätte *Gorbatschow*, dem wir doch in erster Linie die Wiedervereinigung zu verdanken haben, einen solchen Wunsch abschlagen können? Insoweit steckt in der *Act-of-State-Doktrin* doch ein richtiger Kern; wenngleich das Volk darin auch die undemokratische Wahrheit des Satzes sehen kann, dass man die Kleinen hängt und die Großen laufen lässt. Auch *Honecker* war jedoch in seiner Jugend ein (marxistischer) *Idealist* gewesen und hat wohl das Unrecht, in das ihn die Entwicklung des Sozialismus hineingezogen hat, nicht ganz verkennen können, vielleicht sogar darunter gelitten. Mitleid ist nicht angebracht, aber der Erkenntnis, dass es für ihn schmerzlich war, seinen Irrtum und sein Scheitern noch eine Weile erkennen zu dürfen, braucht man sich auch nicht zu verschließen.

Für die Mitglieder des Verteidigungsrats können diese Erwägungen selbstverständlich keine Geltung haben. Allerdings muss auch diesen zugutegehalten werden, dass sie die Aufgabe, mit der DDR einen neuen sozialistischen und gerechten Staat zu schaffen, ursprünglich wohl auch als *sozialistische Idealisten* übernommen haben, im Laufe der Zeit aber aufgrund des allen sozialistischen Systemen zugrunde liegenden Irrtums[45] immer tiefer (bis zur Verlegung von Splitterminen im Grenzstreifen) ins Unrecht gesunken sind. Die Selbsterkenntnis dieses Unrechts war vielleicht sogar mitursächlich für die Art, wie sich diese Träger des DDR-Systems am Ende ohne jeden Widerstand der „friedlichen Revolution" gebeugt und die Sache aufgegeben haben: „*sofort, unverzüglich*" (*Schabowski*), ohne dass nur ein einziger Schuss gefallen wäre. Dafür können und sollten wir doch alle nur dankbar sein. Im Übrigen ist und bleibt es eine sehr problematische Aufgabe, wenn die Justiz nach dem Zusammenbruch eines Unrechtsystems die Politiker und deren Handlanger, welche die geschichtliche Entwicklung schon erledigt hat, „nachschlagend" mit den Mitteln des Rechts vollends erledigen soll, insbesondere wenn man die Kleinen zwar verurteilt aber mit milden Strafen schont,

---

[45] Dazu schon *Aristoteles*, Pol, 2, 5; siehe 3. Kap VII 2–4.

obgleich sie genau betrachtet *nicht schuldig* sind, ein paar Große bestraft, aber die „Vergatterer" und die große Masse der Mitschuldigen laufen lässt, weil sonst die Hälfte des Volkes angeklagt und verurteilt werden müsste. Die Grenzsoldaten waren jedenfalls nicht *die Verbrecher*, welche die weitgehende Unfreiheit und das dadurch verursachte Leid und Unglück für Millionen Menschen in den Jahren zwischen 1945 und 1989 auf dem Gebiet der DDR hauptsächlich verursacht und verschuldet haben. Ganz überwiegend waren sie wohl irregeleitete junge Menschen, die auf die Parolen der sozialistischen Propaganda hereingefallen sind; einige wollten allerdings auch nur Karriere machen (s. Fall 2). So sind die Menschen, so waren sie immer – auch im Hitler-Reich – und so werden sie wohl auch immer bleiben.

9. Kapitel
Recht und Religion in christlichen und islamischen Staaten

> Ihr habt gehört, dass gesagt ist:
> Du sollst deinen Nächsten lieben
> und deinen Feind hassen.
> Ich aber sage euch: Liebet eure Feinde;
> segnet, die euch verfluchen;
> tut wohl denen, die euch hassen.
> *Jesus*[1]

I. Menschliche Gesetze und göttliches Recht

Betrachtet man die über dem Gesetz stehende Wertordnung, an der die *Rechtmäßigkeit* der gesetzlichen Ordnung zu messen ist, nicht als aus der *menschlichen Vernunft* entstandenes *Menschenwerk*, sondern als von Gott geschaffenes und *offenbartes göttliches Recht*, was in der Rechtsphilosophie zumeist in der Form geschieht, dass das „Naturrecht" als *göttliches Recht* verstanden wird, so erhöht sich die Spannung zwischen der gesetzlichen und der übergesetzlichen *göttlichen Ordnung* ins Übermenschliche. In Fällen einer Disharmonie oder gar eines Widerspruchs zwischen den menschlichen Gesetzen und dem göttlichen Recht ist ein einzelner Mensch in der Regel verloren, entweder gehorcht er seinem Gott und muss die Sanktionen des Gesetzes erdulden oder er gehorcht dem Gesetz und sündigt gegen seinen Gott und muss dessen Strafe und ewige Verdammnis fürchten. Wenn die staatliche Gesetze und die religiös begründeten Ge- und Verbote verschiedenartig sind, so sind die betroffenen Menschen von weltlichen Strafen und göttlicher Verdammnis bedroht, was immer sie tun oder nicht tun, und können nicht in Frieden leben; auch ist der Streit zwischen den Trägern dieser verschiedenen Ordnungssysteme (dem weltlichen Staat und der kirchlichen Priesterschaft) dann vorprogrammiert.

1. Theokratie oder Staatskirche: So war es jahrhundertelang im *mittelalterlichen* Streit zwischen Kaiser und Papst um die Macht im *Heiligen Römischen Reich.*. Der Papst wollte bestimmen, wer Kaiser wird und bleibt, und der Kaiser wollte bestimmen, wer Papst wird und bleiben darf. Diese Streitigkeiten, die *Heinrich IV.* im Jahre 1077 zum *Gang nach Canossa* und die Stauferkaiser und andere Heerführer zur Vermeidung des päpstlichen Banns und des damit verbundenen Verlustes ihrer

[1] Bergpredigt, Matth. 71, 5, 43 f.

Macht zu grausamen und verlustreichen *Kreuzzügen* zwangen, beherrschten noch die Lebenszeit von *Thomas von Aquin* (1225–1274). Zur Zeit des Kreuzzugs von *Friedrich II.* (1227), den dieser wegen Ausbruch einer Seuche im Kreuzfahrerheer verschieben musste, aber deswegen von Papst Gregor IX gebannt wurde, war *Thomas* noch ein Kind, den 7. Kreuzzug von Ludwig IX. von Frankreich (1270) hat *Thomas* noch erlebt. Diese Kreuzzüge waren zumeist auch begleitet von *Judenprogromen,* weil man den Juden die von ihren Vorfahren veranlasste Kreuzigung von Jesus Christus vorgeworfen hat.[2] Im Jahre 1214 beschloss das Vierte Lateralkonzil, dass Christen von Juden getrennt wohnen sollten und die Juden als Unterscheidungszeichen einen *kreisförmigen gelben Fleck* an der Kleidung tragen müssten; 1941 wurde daraus der *Judenstern.* Nach der großen christlichen Glaubensspaltung der *Luther*-Reformation (1517) beanspruchten die lutherisch gewordenen Fürsten das Recht zu bestimmen, was ihre Untertanen glauben sollen. Der Grundsatz *cuius regio, eius religio* sollte den Gläubigen jedenfalls die Chance der Auswanderung belassen. Auf deutschem Staatsgebiet sind die Menschen heute dagegen durch das *Grundrecht auf Glaubensfreiheit* gemäß Art. 4 GG geschützt. Wenn Glaube und Recht gegeneinanderstehen, wollten zumeist die hohen Priester zugleich Herren des Staates werden (*Theokratie*), und die Herren des Staates, die gerne „Herren von Gottes Gnaden", das heißt nicht vom Volk gewählt, sondern von Gott über das Volk gesetzt sein wollten, wollten auch bestimmen, was die Untertanen zu glauben haben (*Staatskirche*). Die durch diese Gegensätze hervorgerufenen Streitigkeiten beherrschten die christliche Welt lange Zeit und riefen den Dreißigjährigen Krieg hervor, dessen Probleme in Irland heute noch nicht ganz überwunden sind. Derzeit werden derartige Streitigkeiten vor allem in der islamischen Welt mit aller Verbitterung und Grausamkeit ausgetragen.[3] Im Iran, in Saudi-Arabien, im Jemen, in Syrien und in anderen islamischen Staaten ist die *Scharia* geltendes göttliches Recht, und wer sich dort an dieses Recht nicht halten und anderen Glaubens sein will, hat größere Probleme.

Wenn es sinnvoll ist, zwischen *Gesetz* und *Recht* zu unterscheiden, weil viele Einzelfragen so oder so geregelt werden können und oft lange Zeit in einer Weise geregelt wurden, die in späteren Zeiten aufgrund vielfacher Veränderungen nicht mehr sachgerecht erscheint, entsteht mit Notwendigkeit der Gedanke, dass *rechtliche Werturteile* sich im Laufe der Zeit verändern können. So betrachtete man zum Beispiel lange Zeit die männliche Homosexualität als etwas Abartiges, Perverses, erachtete sie für strafwürdig und ahndete sie mit harten Strafen. Heute denkt eine große Mehrheit anders und versteht eine solche Veranlagung als einen „Irrtum der Natur", der für den Betroffenen bedauerlich, aber keinesfalls strafwürdig

2 Dazu 2. Kap IV u. V.

3 Vgl. *Hassan Abu Hanieh, Mohammad Abu Rumman,* IS und Al-Qaida, 2016; *Fawas A. Gorges,* ISIS, 2016.

sei. Deshalb hat man in sehr vielen Ländern diese Strafgesetze gestrichen, zwar noch nicht in allen, betrachtet sie aber auch dort, wo sie noch gelten überwiegend als änderungsbedürftig. Die in der Antike gebräuchliche „Knabenliebe" will man jedoch nicht legalisieren, erkennt vielmehr sexuelle Handlungen eines Erwachsenen mit einem Jugendlichen weiterhin als strafwürdiges Tun. Mit der Regelung des § 176 StGB ist eine vernünftige Abgrenzungslinie gezogen worden, die zum Schutz der Kinder erforderlich ist. Der nicht nur vereinzelte Missbrauch durch Priester der katholischen Kirche hat bedauerlicherweise gezeigt, dass dem entgegenstehende moralische und religiöse Grundsätze und deren Sanktionen allein keinen hinreichenden Schutz gewährleisten können. Die UNO hat den Vatikan-Staat daher aufgefordert, Auskunft über den Missbrauch zu geben, insbesondere auch zu der Frage, welche Maßnahmen der Kirchenstaat ergriffen hat, um mutmaßliche Täter von Kindern fernzuhalten und den Opfern beizustehen. Der Vatikan hat versprochen, darüber Auskunft zu geben, was bisher aber nicht geschehen ist mit der Begründung, es müsse ein möglicher Missbrauch der zur Verfügung gestellten Daten in jedem Fall verhindert werden.[4]

2. Die Ketzerfrage: Wie dargelegt war *Thomas von Aquin* auf der Grundlage der Lehren des *Aristoteles* und der andalusischen Philosophen – schon fünfhundert Jahre vor *Kant* – zu der Auffassung gekommen, dass das göttliche Recht jedenfalls in Einzelfragen nicht erkennbar sei,[5] die menschlichen Gesetze daher der menschlichen Vernunft entsprechen müssten, es jedoch zwischen den menschlichen Gesetzen und dem göttlichen Recht noch eine der Natur des Menschen entsprechende „natürliche" Ordnung, ein *Naturrecht*, geben müsse, die eine Ordnung bildet, an der sich die menschlichen Gesetze messen und beurteilen lassen.[6] Diese Erkenntnisse waren natürlich auch umstritten und beeinflusst vom *Streit zwischen Kirche und Staat*, zwischen *Papst und Kaiser* und deren verhängnisvollen Auseinandersetzungen. Das von *Thomas* auf der Grundlage der Philosophie des *Aristoteles* entwickelte Verständnis des *Rechts als Menschenwerk* ist auf den Widerstand der römischen Kirche gestoßen, die auf der Grundlage der Lehren des *heiligen Augustinus* das Recht als *göttliches Recht* verstehen wollte, das der Mensch nicht ändern darf. Es dauerte daher beinahe fünf Jahrhunderte, bis am Ende des 18. Jahrhunderts die thomistische Lehre sich mit der Französischen Revolution und der amerikanischen Unabhängigkeitsbewegung allgemein durchsetzen konnte. *Thomas* wusste aber auch, dass die Menschen sich irren können und daher das menschliche Recht auch Unrecht sein kann. *Thomas* selbst hatte sich

---

4 https://de.wikipedia.org/wiki/Sexueller_Missbrauch_in_der_römisch-katholischen_Kirche; https://diepresse.com/home/panorama/religion/1428918/Der-Vatikan-gibt-sich-ein-neues-Strafrecht.

5 Dazu oben 4. Kap I; 5. Kap IX.

6 3. Kap III 2–6; IV 1–4; 4. Kap I; 5. Kap XI.

auch geirrt, z.B. in der *Sklaven- und Ketzerfrage.*[7] In der *Sklavenfrage* blieb *Thomas* ebenso wie schon *Aristoteles* weitgehend dem Zeitgeist der Sklavengesellschaft verhaftet. In der *Ketzerfrage* hat Thomas sich von der Autorität des *heiligen Augustin nicht* gelöst und folgte ihm mit dem Satz:[8] *„Es kommt nicht darauf an, ob jemand gezwungen wird, sondern allein darauf, wozu er gezwungen wird, ob es nämlich etwas Gutes oder etwas Böses ist.“* Dem folgend billigte *Thomas* nur *Juden* und *Heiden* ein *schuldlos irrendes Gewissen* zu, nicht aber *Ketzern und Abtrünnigen*, da ein *getaufter Mensch nicht mehr schuldlos irren* könne. Also dürften diese zum *rechten Glauben gezwungen* werden,[9] weil der „Unglaube“ *contra naturam* sei und daher auch mit der *Todesstrafe* gesühnt werden könne. Auf dieser Grundlage ist noch jahrhundertelang bis in die Neuzeit hinein sehr viel *schweres Unrecht* geschehen. *Welzel*[10] erkennt darin die schon bei *Platon* gegebene *Nichtachtung der individuellen Persönlichkeit* und ihrer Autonomie durch diejenigen, die sich im Besitze der *absoluten (göttlichen) Wahrheit* glaubten. Für die heutigen *IS-Krieger des Islamismus* gilt nichts anderes, aber deren Gräueltaten dürfen nicht in allergröbster Verallgemeinerung als Kennzeichen des Islams[11] betrachtet werden. Sie sind es ebenso sehr oder ebenso wenig wie die der NS-Verbrecher ein Kennzeichen christlicher oder deutscher Kultur waren. Diese und jene Verbrechen sind allerdings der Ausdruck von Fehlentwicklungen, die auf einem unzureichenden Rechtsverständnis beruhen. Unsere heutige Rechtsordnung garantiert auf der Grundlage unseres Grundgesetzes auch den Muslimen Religionsfreiheit und alle Menschenrechte, auch Asyl, solange sie sich an die deutschen Gesetze halten und unsere Religion und Sitten respektieren. Das kann allerdings zu großen Konflikten führen, wenn unsere Gesetze zu ihren Glaubenssätzen in Widerspruch stehen und sie glauben, in solchem Falle ihren Glaubenssätzen, die für sie zugleich Rechtssätze sind, folgen zu müssen.

---

7 *ThvA* F 57, 2 A1; dazu 3. Kap VII 2 u. 5.

8 3. Kap VII 5. *Augustin*, Epistulae ad Romanos inchoata expositio, 93 (V. 16): „Non esse cogitandum, quod quisque cogitur, sed quale sit illud, quo cogitur, utrum bonum an malum“; dazu *Welzel*, NaturR, 65 Fn 60.

9 Dazu *Meier ThvA* 622 f.; anders *Schiller* (oben Fn 3/124): Solche Gewalt entwürdigt den Menschen, weil es ihm seinen Willen und damit das nimmt, was sein Wesen bestimmt.

10 NaturR, 65.

11 Für fanatisierte Muslime sind die Terrorakte schon dadurch gerechtfertigt, dass sie gegen Ungläubige gerichtet sind; der Djihâd wird aber auch als faschistische Reaktion auf den globalen Kapitalismus und seinen unvermeidlichen Ausschließungsmechanismus verstanden; dazu *Gilles Kepel*, Der Bruch. Frankreichs gespaltene Gesellschaft, Kunstmann-Verlag, München 2017; dazu *Helmut Mayer*, FAZ vom 19.4.2017, S. 10.

II. Naturrecht – Positivismus – Menschenrechte

1. Der Freiheitsgewinn menschlichen Naturrechts: Wir haben erkannt, dass die Spannung zwischen dem positiven Recht und dem Naturrecht, das den Maßstab bilden soll für die „Rechtheit" der Gesetze des positiven Rechts, verschärft wird, wenn das Naturrecht als *göttliches* Recht verstanden wird. Auch wird dadurch eine Fortbildung und Änderung des Rechts aufgrund geänderter Verhältnisse theoretisch unmöglich gemacht, weil der Wille Gottes sich nicht ändern kann. Es ist das große Verdienst von *Thomas* und seinem Verständnis des Naturrechts als *Menschenwerk*,[12] diese Spannung abgebaut und die Möglichkeit einer Fortentwicklung des Rechts nach Maßgabe der sich ändernden Verhältnisse aufgrund neuer technischer und sonstiger Entwicklungen geschaffen zu haben. Der *Freiheitsgewinn* menschlich verstandenen Naturrechts besteht darin, dass die Menschen sich zu jeder Zeit selbst ihr Recht schaffen können zur Lösung der Probleme, die sich ihnen in dieser Zeit stellen, ohne dabei gebunden zu sein an ein Recht, das in alten Zeiten unter ganz anderen Verhältnissen mit ganz anderen Problemen geschaffen wurde. Das *aristotelisch-thomistische* Verständnis des Rechts hat dem Menschen die *sittliche Autonomie verliehen*, sein eigenes, der jeweiligen Zeit und ihren Bedingungen entsprechendes Recht zu schaffen. Solch neues Recht kann allerdings auch *Unrecht* sein, weil der Mensch sich irren kann, auch weil es böse Menschen gibt, die böses Recht schaffen können. Jedoch können böse Menschen auch gutes altes und göttliches Recht böse anwenden und damit Unrecht schaffen. Wir können nichts daran ändern, dass die *Götter* den *Menschen* jedenfalls die *Freiheit gelassen* haben, sich an geltendes Recht, sei es menschliches oder göttliches Recht, nicht zu halten, sollten auch froh darüber sein, dass wir auch die Freiheit erhalten haben, uns unser eigenes, unseren jeweiligen Kenntnissen und Bedürfnissen entsprechendes Recht selbst zu schaffen. Nicht zuletzt gibt es eine Art von Recht, das von vielen Menschen als *göttliches Recht* verstanden wurde und sich nach menschlicher Erfahrung doch als Unrecht erwiesen hat, zum Beispiel die in den *Inquisitionsprozessen* verfolgten teuflischen Untaten, deren Geständnis mit *Folterungen* erzwungen wurde und die auf *brennenden Scheiterhaufen* gebüßt werden mussten. Wir müssen also mit menschlichen Mitteln, das heißt mit unserer *Vernunft*, dafür sorgen, dass gutes, menschenwürdiges Recht entsteht und richtig angewendet wird. Die Erfahrung lehrt, dass göttliches Recht insbesondere auf Ungläubige zumeist in *teuflischer* Form angewendet wird. In der *Vielgötterei* der Griechen konnte ein von der Wut eines Gottes verfolgter Mensch immerhin noch den Schutz eines anderen Gottes oder einer Göttin erwarten,[13] im *Monotheismus*

---

12 F 92, 2A 1; dazu oben 3. Kap III 4; IV 1–3.

13 Oder ausnahmsweise auch nicht: *Schiller*, Nänie: „Nicht errettet den göttlichen Held die unsterbliche Mutter, wann er, am skäischen Tor fallend, sein Schicksal erfüllt". *Jacob Burck-*

aber ist der Mensch völlig verloren, wenn eine vom Glauben besessene Priesterschaft ihn verfolgt.

2. Entwicklung der Menschenrechte zu geltendem Recht: Viele Jahrtausende lang hat der Mensch als Jäger und Sammler gelebt, dann Jahrtausende als Ackerbauer und Viehzüchter. Seit der Erfindung der Dampfmaschine, des Elektromotors und der Mikroprozessorentechnik überschlagen sich jedoch die technischen Entwicklungen, die mit den rechtlichen Regelungen der einstigen Ackerbauern nicht mehr geordnet werden könnten. Aufgrund dieser historischen Erfahrung hat der Mensch den vernünftigen Gedanken entwickelt, aus den Regelungen, die er in der überschaubaren historischen Zeit gewonnen hat, die rechtlichen Grundsätze herauszuarbeiten, die geeignet erscheinen zur Überprüfung, Bewertung und Beurteilung der Rechtmäßigkeit der Vielzahl neuer gesetzlicher Regelungen, die zur Ordnung der durch die neuen Techniken und Entwicklungen aufgeworfenen Probleme notwendig geworden sind. Zu diesem Zweck sind zu Beginn der neuesten Zeit am Ende des 18. Jahrhunderts aus den schon bekannten naturrechtlichen Prinzipien die Menschenrechte formuliert und in die Verfassungen der fortschrittlichen Staaten (zuerst in Frankreich und USA) aufgenommen worden. Heute gelten diese zum Verfassungsrecht gewordenen Menschenrechte über völkerrechtliche Abkommen (UN-Menschenrechtserklärung; IPbürgR) in verfeinerter Form in nahezu allen zivilisierten Staaten. Wo sie noch nicht gelten, herrscht vielfach Unfrieden und/oder Ungerechtigkeit. Weil es den Menschen aber besser geht, wenn in ihrem Lande Frieden und Recht herrschen als wenn Unfrieden und Unrecht herrscht, besteht die Hoffnung, dass die weitere Entwicklung die Menschen noch besser befähigt, diesen Menschenrechten Geltung zu verschaffen und damit noch mehr Recht und mehr Frieden zu stiften.

3. Vom Rechtspositivismus zurück zum Naturrecht: Der ungeheuerliche Fortschritt der Naturwissenschaften hat die Menschen im 19. Jahrhundert glauben lassen, die Gesetze des Rechts würden wie die Naturgesetze vom „Positiven“, das heißt von den tatsächlichen Gegebenheiten (den „Tatsachen“), nicht von irgendwelchen Ideen ausgehen, und aus diesen Tatsachen müssten sich entsprechend den Kausalgesetzen die Rechtsfolgen ergeben. Nach Abschluss der drei großen naturrechtlichen Kodifikationen (des Allgemeinen Preußischen Landrechts, des Code Napoleon und des österreichischen Allgemeinen Bürgerlichen Gesetzbuchs) ha-

---

hardt betrachtet die griechische Götter- und Heroen-Welt als idealen Reflex der Menschenwelt mit göttlichen Vorbildern für jedes hohe Streben, als eine Vergötterung der Kultur und doch keine Versteinerung (S. 137, 164 ff.). Den Islam bezeichnet *Burckhardt* (S. 134) dagegen seiner „trostlosen Einfachheit“ wegen als eine „furchtbare Religion“, die vorwiegend eher schädlich als nützlich gewesen sei und aller politischen und rechtlichen Entwicklung entgegenstehe; ähnlich schon *Schopenhauer*, Die Welt als Wille und Vorstellung, II 17, S. 209 f.

ben die Menschen geglaubt, irgendwann das gesamte Recht lückenlos erfassen und regeln zu können, so dass ein Richter nur noch *la bouche de la loi* (*Montesquieu*) sein müsse, der ausspricht, was das Gesetz befiehlt. Das hat die Lehre vom Rechtspositivismus hervorgebracht, die letztlich dem Menschen die Freiheit nehmen wollte, seine ganze Geisteskraft einzusetzen, um zu erkennen, was Recht ist, und dieses Recht im *deus ex machina* des Kausalzusammenhangs zwischen den Tatsachen und ihren Rechtsfolgen finden wollte. Dazwischen aber stecken jahrtausendealte Erfahrungen und monumentale Gedankengebäude, Ideen und Weltanschauungen, letztlich die menschliche Kultur in ihrem Wandel, schlichter gesagt die gesamte Jurisprudenz, das heißt *divinarum atque humanarum rerum notitia, iusti atque iniusti scientia*: die Kenntnis der göttlichen und menschlichen Dinge, die Wissenschaft von dem, was Recht und Unrecht ist (*Ulpian* D.1.1.10). Der Positivismus hat zwar kein göttliches Recht geschaffen, aber die menschliche Vernunft gleichfalls weitgehend ausgeschaltet, indem er alles nicht unmittelbar Erfassbare als nicht erkennbare „Metaphysik" glaubte unberücksichtigt lassen zu dürfen, und damit den menschlichen Geist auf die Möglichkeit der Konstruktion eines naturwissenschaftlichen Zusammenhang zwischen den Rechtstatsachen und den Rechtsfolgen reduzieren wollte. Auf dieser Grundlage gibt es neben der durch die Gesetze gebildeten Rechtsordnung keine über dem Gesetz stehende rechtliche Wertordnung, an der die Gesetze auf Rechtmäßigkeit geprüft werden könnten. Nach dem Positivismus sollen alle in die Form eines Gesetzes gebrachten Regelungen ohne Berücksichtigung ihres Inhalts *Recht* sein, und diese falsche Philosophie endet in der Banalität des Satzes „Gesetz ist Gesetz", auch wenn das Gesetz offensichtlich schreiendes Unrecht ist, was im 20. Jahrhundert in Deutschland zweimal, zuerst im NS-Staat und dann in der DDR, unvernünftiger Weise wirklich geworden ist.

Mit der Gleichsetzung von Gesetz und Recht im Positivismus wird die dualistische Spannung zwischen Gesetz und Recht theoretisch und praktisch auf null reduziert. Auf der Grundlage des Positivismus gibt es daher nur noch eine *Spannung* zwischen *Recht und Religion* sowie zwischen *Recht und Moral*; mit fortschreitendem Unglauben vor allem auch eine Spannung von *Recht und Ideologien.* Die Verletzungen von Religion und Moral sind jedoch – jedenfalls in Staaten, die zwischen Recht einerseits sowie Religion und Moral andererseits trennen (Säkularismus) – nicht mit staatlichen Sanktionen (Kriminalstrafen, Schadenersatz) bewehrt, sondern nur durch das Abwehrverhalten anderer Mitbürger gegenüber unmoralischem oder unsittlichem Verhalten sanktioniert; dies kann zum Verlust an Ansehen, Ehre und „Freunden" oder Geschäftspartnern führen, vielleicht auch einen Kreditverlust und/oder Gewissenskonflikte bewirken. Die geschichtliche Erfahrung hat jedoch gelehrt, dass der Positivismus in Gesetzesform gefasstem staatlichem Unrecht die Türen öffnet. In Gesetzesform gefasstes staatliches Unrecht wird selten oder nie bewusst als Unrecht geschaffen, vielmehr auf der

Grundlage von Ideologien als Recht dargestellt, womit das Recht zur Beute einer Ideologie wird. Das gilt für den nationalsozialistischen Faschismus ebenso wie für den marxistisch-leninistisch-stalinistischen Sozialismus, die beide gleichermaßen dem Volk nichts Böses, sondern nur Gutes und Besseres durch ihre neuen Ordnungen versprochen haben. Erst wenn die realen Verhältnisse auf längere Zeit nicht wie versprochen immer besser, sondern immer schlechter werden, erlischt mit der Zeit der Glaube an die Ersatzreligion der Ideologie und den Menschen kommt wieder ins Bewusstsein, dass jenseits von der auf ideologischer Grundlage geschaffenen positiven Rechtsordnung noch eine bessere „natürliche" Rechtsordnung gegeben ist, die entweder *göttlichem Willen* oder *menschlicher Vernunft* entstammt und auf deren Grundlage das geltende Recht als Unrecht zu erkennen ist. So war das 1945 in ganz Deutschland, und auch *Gustav Radbruch* hat mit *gutem Instinkt* für das jeweils Zeitgemäße dem Positivismus wieder abgeschworen und sich mit seinen neuen Formeln zum Naturrecht bekannt, das er 1932 noch als *Irrlehre* betrachtet hatte, aber nach 1945 letztlich wieder als *göttliches Recht* verstehen wollte. Im Prinzip nicht viel anders war es dann 1989, als alle wissen wollten, wer sie bespitzelt und denunziert und wer den Bruder oder Freund an der sozialistischen Mauer erschossen hat. Die Rechtsgrundlage zu einer Verurteilung wurde jedoch nicht mehr im „göttlichen Recht", sondern verstärkt in einer Verletzung der Menschenrechte gesucht und gefunden.

4. Der Volkswille zur Klärung des sozialistischen Unrechts: Als *Schabowski* am 9. November 1989 die Grenze „sofort, unverzüglich" für offen erklärte, brach die DDR zusammen wie ein Kartenhaus. Alsbald entstand auch die Frage, was man mit den Stasi-Akten machen solle. Es gab die Meinung, alles zu verbrennen und alles zu vergessen, weil man doch nichts wiedergutmachen könnte. Durchgesetzt hat sich aber die Meinung, selbst die schon geschredderten Akten wieder zusammenzusetzen und alles sorgfältig abzuarbeiten und die Schuldigen schuldig zu sprechen. Jeder wollte wissen, ob er auch von einem Inoffiziellen Mitarbeiter (IM) des Ministeriums für Staatssicherheit (MfS) ausgelauscht und denunziert worden war, und wer das war. Das war der Wille derer, die das Volk bilden. Nicht anders war die Meinung in Bezug auf die Mauerschützen. Die Schuldigen sollten schuldig gesprochen werden, obwohl viele davon nach den Gesetzen der DDR und deren Handhabung durch die vollziehende Gewalt und die Gesetzgebung die Taten für gesetz- und rechtmäßig gehalten hatten und die Gerichte den Grundsatz *nullum crimen sine lege* unbedingt beachten mussten. Ohne *naturrechtliche Grundsätze* aber war nicht zu begründen, dass die tödlichen Schüsse auf DDR-Bürger, die unbewaffnet über die Grenze in die Freiheit wollten, *Unrecht* war, auch wenn es von der Regierung und der Justiz in der DDR nach deren Verständnis der zur Tatzeit in der DDR geltenden Gesetze für Recht gehalten worden ist. Die Rechtspraxis der DDR wurde als Unrecht angesehen, nicht nur nach dem

Recht und im Verständnis der Gerichtsbarkeit der Bundesrepublik, sondern auch im Verständnis des Volkes der DDR. Und das bundesdeutsche Verfassungsgericht[14] glaubte die Regelung des Art. 103 Abs. 2 GG, also den *positivistischen Gesetzesvorbehalt*, etwas „einschränken" zu dürfen, um die Mitglieder des Nationalen Verteidigungsrats und den Spree-Schützen schuldig sprechen zu können, was freilich auch gesetz- und rechtmäßig möglich gewesen wäre, wenn man die DDR-Gesetze so verstanden hätte, wie sie wörtlich gefasst worden waren, um die Voraussetzungen des Art. 12 IPbürgR (das Menschenrecht, sein Land verlassen zu dürfen) zu erfüllen.

5. Naturrecht und Verfassungspositivismus: Das Grundgesetz trat am 24. Mai 1949 in Kraft, nachdem der vom Parlamentarischen Rat erarbeitete und beschlossene Verfassungsentwurf durch die Parlamente der in der amerikanischen, französischen und britischen Besatzungszone schon gegründeten Länder (außer Bayern, das den Entwurf abgelehnt hatte, aber gleichwohl zur Bundesrepublik gehören wollte) angenommen wurde.[15] In dieser Gründungsurkunde der Bundesrepublik wurde in zwei Artikeln das Naturrecht ins *positive Verfassungsrecht* transformiert, was später als „Verfassungspositivismus" bezeichnet wurde. In Art. 1 Abs. 3 GG werden die nachfolgenden Grundrechte – im Unterschied zur Weimarer Reichsverfassung – als *unmittelbar geltendes Recht* bezeichnet, das Gesetzgebung, vollziehende Gewalt und Rechtsprechung, also die drei Staatsgewalten, bindet. Im Unterschied dazu sollten nach der Weimarer Verfassung die Grundrechte nur „Programmsätze", also nichtbindende *Rechtssätze* sein. Nach Art. 20 Abs. 3 GG sind die vollziehende Gewalt und die Rechtsprechung an „Gesetz *und Recht*" gebunden, wobei *Gesetz und Recht* nicht als *Pleonasmus* zu verstehen ist, sondern gesagt werden sollte, dass neben dem geschriebenen (positiven) Gesetzen auch *naturrechtliche Grundsätze* geltendes Recht sind. Auch diese Artikel wären allerdings weitgehend „Programmsätze" geblieben, wenn nicht gleichzeitig ein V*erfassungsgericht* geschaffen (Art. 92 ff. GG) und diesem die (im 6. Kapitel dargestellte) Befugnis zur *abstrakten* und *konkreten Normenkontrolle* (Art. 93 Abs. 1 Nr. 1–4 GG; Art. 100 GG) und jedem Bürger das Recht eingeräumt worden wäre, bei diesem Gericht eine *Verfassungsbeschwerde* zu erheben, wenn er der Auffassung ist, durch die öffentliche Gewalt in seinen *Grundrechten* verletzt zu sein (Art. 93 Abs. 1 Nr. 4 a GG).

Von diesem Recht haben auch die Mitglieder des Nationalen Verteidigungsrats der DDR und auch ein Grenzsoldat Gebrauch gemacht und gegen ihre Verurteilung (mit den Urteilen BGHSt 40, 219 – Nationaler Verteidigungsrat und BGHSt 40, 241 – Grenzsoldat erschießt Spree-Schwimmer) *Verfassungsbeschwerde* eingelegt mit der Begründung, die Urteile würden Art. 103 Abs. 2 GG verletzen,

---

[14] Dazu 8. Kap VI 5–8.

[15] Dazu *Zippelius/Würtenberger* StaatsR § 2 II m.w.N.

wonach eine Tat nur bestraft werden kann, wenn die Strafbarkeit gesetzlich bestimmt war, bevor die Tat begangen wurde. Wie dargelegt, wurden die Verfassungsbeschwerden vom BVerfG zurückgewiesen.[16] Das mag man für richtig oder falsch halten, jedenfalls haben aber acht hohe und sorgfältig ausgewählte Richter zu der Frage eine Entscheidung gefällt, in der alle in Betracht kommenden rechtlichen und naturrechtlichen Gesichtspunkte geprüft, erörtert und nach bestem Wissen und Gewissen entschieden wurden. Das aber war und ist und bleibt wohl auch noch sehr lange nur möglich, weil die Mitglieder des Parlamentarischen Rats, die den Entwurf des Grundgesetzes erarbeitet haben, nicht mehr nur rein *positivistisch* gedacht, sondern von der 1945 ausbrechenden *Flut des Naturrechts* erfasst, die zum Positivismus entartete relativistische *Rechtsphilosophie Radbruchs* schon überwunden hatten und dem auf menschlicher Vernunft beruhenden Naturrecht Rechtsqualität zuerkennen wollten (Art. 1 Abs. 3 und 20 Abs. 3 GG).

III. Die Trennung von Kirche und Staat

1. Gewissens- und Glaubensfreiheit und deren Schranken: Das *Menschenrecht auf Glaubensfreiheit* setzt eine Trennung von Kirche und Staat, von Religion und Recht voraus. Wenn in einem Gottesstaat (*Theokratie*) das geltende Recht als göttliches Recht verstanden wird, so sind die in diesem Staat lebenden Menschen auch an die Staatsreligion gebunden und nicht mehr frei zu glauben, was sie wollen. Seit der Aufklärung (*sapere aude!*) ist daher die Glaubensfreiheit in viele demokratische Verfassungen geschrieben worden, so vor allem:

- im 1. Amendment zur Verfassung der USA (1787/1791): „Der Kongress soll kein Gesetz erlassen, das eine Einrichtung einer Religion zum Gegenstand hat oder deren freie Ausübung beschränkt, oder eines, das Rede- und Pressefreiheit oder das Recht des Volkes, sich friedlich zu versammeln und an die Regierung eine Petition zur Abstellung von Missständen zu richten, einschränkt."
- in Art. 10 der französischen Erklärung der Menschen- und Bürgerrechte (1789): „Niemand soll wegen seiner Anschauungen, selbst religiöser Art, belangt werden, solange deren Äußerung nicht die durch das Gesetz begründete öffentliche Ordnung stört."
- in Art. 18 der UN-Menschenrechtserklärung (1948): „Jeder hat das Recht auf Gedanken-, Gewissens- und Religionsfreiheit; dieses Recht schließt die Freiheit ein, seine Religion oder Überzeugung zu wechseln, sowie die Freiheit, seine Religion oder Weltanschauung allein oder in Gemeinschaft mit anderen,

[16] Dazu oben 8. Kap VI.

öffentlich oder privat durch Lehre, Ausübung, Gottesdienst und Kulthandlungen zu bekennen."

– in Art. 4 GG (1949): „Die Freiheit des Glaubens, des Gewissens und die Freiheit des religiösen und weltanschaulichen Bekenntnisses sind unverletzlich."

In diesen Formulierungen der Glaubens- und Gewissensfreiheit steckt die Lösung des *Ketzerproblems* in allen seinen Ausprägungen und Erscheinungsformen. Niemand darf bestraft oder verfolgt oder benachteiligt werden, weil er anderen Glaubens oder ungläubig ist. Wenn dieser Satz für *staatliches Handeln* oder im Verhältnis *zwischen Staat und Bürger nicht gegolten hat*, hat er natürlich auch im *privatrechtlichen* und *gesellschaftlichen Bereich* überwiegend nicht gegolten, und Andersgläubige (z.B. Juden oder Muslime oder evangelische Christen in überwiegend katholischen Gebieten und katholische Christen in überwiegend evangelischen Gebieten; Hugenotten in Frankreich) sind in einem solchen Staat entweder gar nicht geduldet worden oder hatten zumindest schwer unter Benachteiligungen zu leiden. Das Menschenrecht auf Glaubens- und Gewissensfreiheit schützt heute die Gläubigen kraft des Verfassungsrechts davor, durch staatliche Maßnahmen wegen ihres Glaubens bestraft oder benachteiligt zu werden, umfasst aber auch das (negative) Recht, *nicht* zu einem anderen Glauben oder zu durch irgendeine Religion vorgeschriebene Handlungen gezwungen werden zu können. In einer staatlichen Schule sollen daher grundsätzlich auch keine Kruzifixe aufgehängt werden und in einem Gerichtssaal grundsätzlich auch nicht, zumindest müssen sie abgehängt werden, wenn einer sich dadurch beschwert fühlt. Auch dürfen - außer in Bekenntnisschulen - die Schüler nicht zu einem Schulgebet gezwungen werden; nach Meinung des BVerfG sollen Schulgebete aber noch gesprochen werden dürfen, wenn den Schülern „zumutbarere Ausweichmöglichkeiten" gegeben werden.[17]

Aufgrund seiner Glaubensfreiheit darf ein Bürger jedoch grundsätzlich keine strafbaren Handlungen begehen, auch dann nicht, wenn diese infolge seines Glaubens geboten erscheinen. Menschenopfer dürfen daher keinem Gott mehr erbracht werden. Leben, Körper und Freiheit des Menschen – geschützt durch Art. 1 und 2 GG – dürfen nicht durch rituelle religiöse Handlungen verletzt werden. Geschützt ist dabei nicht nur die Glaubens- und Gewissensfreiheit *einzelner Bürger*, sondern auch die der christlichen, jüdischen, islamischen und sonstigen religiösen *Glaubensgemeinschaften* (Art. 4 Abs. 2; 140 GG i.V.m. Art. 137 Abs. 2 WRV). Die Kirchenglocken dürfen zwar an Sonn- und Feiertagen geläutet werden, aber nicht zu früh, zu laut und zu lange. Auch die *Muezzins* dürfen vom Minarett (mit Lautsprechern) nicht zu laut zum Gebet aufrufen, weil der Nachtschlaf von Gläubigen und Ungläubigen auch schützenswert ist. Allerdings dürfen diese *Schranken* der menschenrechtlich gesicherten Glaubensfreiheit nicht auf *ein-*

[17] BVerfGE 12, 1, 3 f. - Schulgebete; dazu *Zippelius/Würtenberger* StaatsR § 26 I 1 a, dd.

fachen Gesetzen beruhen, müssen vielmehr dem Schutz *verfassungsrechtlich geschützter Interessen* dienen.[18] Wenn daher ein Ehemann seine Ehefrau aus religiösen Gründen *nicht* zu einer notwendigen ärztlichen Behandlung überredet und diese deswegen stirbt, macht er sich nicht der unterlassenen Hilfeleistung (strafbar nach § 323 c StGB) schuldig, weil die verhängte Gefängnisstrafe „eine seine Menschenwürde verletzende soziale Reaktion darstellen würde".[19] Auch muss das aus Gründen des Tierschutzes verbotene Schächten ausnahmsweise muslimischen Metzgern erlaubt werden, weil Muslime aus religiösen Gründen kein Fleisch von Tieren essen sollen, die vor dem Schlachten betäubt wurden.[20]

2. Laizität in christlichen Rechtsstaaten: Die Kultur eines Volkes und seiner Bürger ist in hohem Maße vom Verhältnis seiner staatlichen Organisation zu der oder den bedeutsamsten religiösen Gemeinschaften abhängig. Dieses Verhältnis bestimmt im Wesentlichen Art und Maß der *geistigen Freiheit* in einem Land und einem Volk und ist in den verschiedenen Staaten Europas und der übrigen Welt rechtlich in sehr verschiedener Weise durch ein *Staatskirchenrecht* geordnet. In den europäischen und vielen anderen Demokratien gilt heute das *Prinzip der Trennung* von Kirche und Staat (*Laizität*), das jedoch rechtlich strenger (*Laizismus*) oder weniger streng geordnet sein kann. Als *Staatskirchenrecht* verstehen wir das staatliche Recht (Gesetze oder Verträge mit den Religionsgemeinschaften), welches das Verhältnis zwischen dem Staat und ursprünglich den christlichen Kirchen regelt, aber heute auch das Recht zu anderen Religionsgemeinschaften erfasst.

In *Frankreich* wurde die Trennung von Staat und Kirche schon während der Revolution am 18. September 1794 beschlossen und unter Napoleon in einem Konkordat vom 15. Juli 1801 näher geregelt und 1905 nach der *Dreyfus-Affäre* im Einzelnen noch strenger gefasst (*Loi Combes*). Aufgrund dessen wurde das *religiöse Leben* weitgehend in den privaten Bereich und in die kirchlichen Räume *zurückgedrängt* und seitens des Staates nicht unterstützt und befördert: kein Religionsunterricht in den staatlichen Schulen, keine vom Staat einzuziehende Kirchensteuer, keine sonstige Förderung kirchlicher Belange mit staatlichen Mitteln etc. Die Laizität entwickelte sich in Frankreich daher zeitweise kirchenfeindlich (*Laizismus*), was in den Jahren zwischen 1904 und 1921 zum Abbruch der diplomatischen Beziehungen zwischen Frankreich und dem Vatikan führte.

In *Deutschland* kam es dagegen erst nach dem verlorenen Ersten Weltkrieg und der Abdankung des Deutschen Kaisers (*von Gottes Gnaden*) zu einer verfassungsrechtlichen Regelung des Staatskirchenrechts in den Art. 136-141 WRV, die über Art. 140 GG unverändert (nur ergänzt durch Art. 4 GG) in die Verfassung der Bundesrepublik übernommen wurden. Nach Art. 137 Abs. 1 WRV besteht *keine*

[18] BVerfGE 33, 23, 30 f. - Eidesverweigerung aus Glaubensgrünen; 112, 227, 231.
[19] BVerfGE 33, 98, 108 - Verweigerung der Bluttransfusion mit Todesfolge.
[20] BVerwGE; 99, 1 - Schächten; BVerfGE 104, 337, 345 ff. - Schächten.

Staatskirche, die christliche Kirche blieb also *unabhängig*. Jeder einzelne Bürger ist und bleibt nach Art. 4 GG frei zu glauben oder nicht zu glauben, was er will. Das wird heute von vielen als *Selbstverständlichkeit* empfunden, ist es aber keineswegs, war vielmehr anders im einstigen Heiligen Römischen Reich Deutscher Nation (Investiturstreit zwischen Kaiser und Papst; Heilige Inquisition; nach der Reformation: *cuius regio, eius religio* – wes der Fürst, des der Glaub) und ist heute noch in vielen Ländern und Völkern völlig anders. In der Bundesrepublik sind die christlichen Kirchen, aber auch andere Religionsgemeinschaften zwar weitgehend vom Staat unabhängig und genießen nicht nur die Vereinsfreiheit des Art. 9 Abs. 2 GG, sondern auch die durch Art. 137 Abs. 2 WRV gesicherte spezielle Freiheit einer Religionsgesellschaft. Die Religionsgesellschaften können auch als *Körperschaften des öffentlichen Rechts* anerkannt werden (Art. 137 Abs. 5 WRV), sofern sie Gewähr dafür bieten, die ihnen damit übertragene Hoheitsgewalt in *Einklang mit Gesetz und Verfassung* auszuüben,[20a] was voraussetzt, dass die Religionsgemeinschaft die *fundamentalen Verfassungsprinzipien* des Art. 79 Abs. 3 GG (Grundrechte und das föderale Prinzip) beachtet. Dass die Zeugen Jehovas den *Staat als Teufelswerk* betrachten und ihren Gläubigen die Teilnahme an staatlichen Wahlen verbieten, soll die Anerkennung als Körperschaft des öffentlichen Rechts jedoch nicht hindern können, wohl aber eine strikte Behinderung ihrer Gläubigen am Austritt aus der Glaubensgemeinschaft, weil damit Art. 4 GG verletzt würde. Die Bundesrepublik *unterstützt und fördert* also grundsätzlich die *Kirchen* und sonstige *religiöse Gemeinschaften* auf der Grundlage der Auffassung, dass religiöser Glauben die für jede *Rechtstreue* erforderliche persönliche und *allgemeine Moral* der Bürger *anhebt* und *verstärkt*. Es ist eine alte Erfahrung, dass eine Rechtsordnung ohne religiöse Verankerung ihrer moralischen und ethischen Grundsätze nicht allein durch deren *rechtliche Sanktionen* (Kriminalstrafen, Schadenersatz u.a.) *praktisch wirksam* erhalten werden kann. Wenn die große Mehrheit der Bürger die Gesetze nicht freiwillig beachtet, weil sie sie richtig findet, sondern nur, weil sie fürchten muss, erwischt zu werden, so müsste man hinter jeden Bürger einen Polizisten stellen, was praktisch unmöglich ist. Das Recht bedarf daher einer *moralischen Grundlage*. Die Moral kann das Recht jedoch nur bestärken, wenn sie inhaltlich gleichgerichtet ist; wenn die Moral des Volkes oder eines größeren Teils des Volkes rechtsfeindlich ist oder wird, verliert die Rechtsordnung weitgehend ihre friedliche Ordnungsfunktion und kann nur noch mit Gewalt durchgesetzt werden. Es droht ein Chaos und schließlich Bürgerkrieg. Wenn in Ländern und Völkern eine große Gottlosigkeit ausbricht, *tanzen die Menschen ums goldene Kalb* (1. Könige 12, 28–30; Exodus 32, 1–14) oder verfallen irgendeiner Ideologie, und Moral und gute Sitten zerfallen und die staatliche Ordnung geht zu Grunde. Wir haben es erlebt von 1933–1945 und in der DDR bis 1989.

[20a] BVerfGE 102, 370, 391 ff. – Zeugen Jehovas.

Das soll nicht heißen, dass jeder *Atheist* ein potentieller Rechtsbrecher ist, aber für alle, die das komplizierte Rechtssystem eines modernen Staates nicht mehr ganz durchschauen können, ist es leichter und einfacher, sich an die gegebenen Gesetze zu halten, wenn sie sich aufgrund ihres *Glaubens* und ihrer *Moral* daran gebunden fühlen. Sie sind dann gegen die gebräuchlichen rabulistischen Rechtfertigungsversuche eines vorteilhaften, aber ungerechten Verhaltens besser gewappnet. Hinzu kommt, dass in der durch die neuen Informations- und Verkehrstechniken *globalisierten Weltwirtschaft*, verbunden mit dem *Niedergang der sozialistischen Sowjetunion* und ihrer Satellitenstaaten, in der westlichen und überwiegend christlichen Welt eine *verschärfte Form des Kapitalismus* ausgebrochen ist, die alle moralischen Werte zu verlieren droht. In diesem „Turbokapitalismus" wird das *Recht* vielfach als *Hemmschuh* für ein übersteigertes Gewinnstreben empfunden. Zu vieles wird nur noch als *Deal* betrachtet, in dem der Stärkere den Schwächeren nach Belieben übervorteilen kann. Das „gesunde Rechtsempfinden" für *ausgleichende und austeilende Gerechtigkeit* droht verloren zu gehen.

Im sog. Dritten Reich haben die Nationalsozialisten zwar eine offene Auseinandersetzung mit der römischen Kirche und den evangelischen Kirchen vermieden, haben aber eine „Glaubensbewegung Deutscher Christen" gefördert und diese als „Deutsche Evangelische Kirche" (DEK) auch staatlich anerkannt. Diese „Deutschen Christen" wollten Jesus zum „Arier" machen und als „Deutschen Heiland" verstehen, der von deutschen Söldnern im römischen Heer abstamme, weshalb es eine *Irrlehre* sei, dass er von jüdischen Eltern (Maria und Josef) abstamme. Dass der Holocaust und die anderen Schandtaten mit christlichem Gedankengut auch dann nicht zu vereinbaren gewesen wären, wenn Jesus von einer „arischen" Mutter geboren worden wäre, bedarf keiner Begründung.

In Russland führte die Oktoberrevolution 1917 zunächst zu einer Trennung von Staat und Kirche, die aber im weiteren Verlauf der marxistisch-leninistischen Revolution in Feindseligkeit und in eine Art Christenverfolgung ausartete. Auch das in der sowjetischen Besatzungszone Deutschlands und später in der DDR errichtete sozialistische Regime war letztlich kirchenfeindlich und jedenfalls in vielen Praktiken mit christlichen Grundsätzen gleichfalls nicht zu vereinbaren. Die Bewegung, die am 9. November 1989 zum Fall der Mauer führte, wurde daher nicht ganz zufällig auch in einem wesentlichen Teil von *evangelischen Christen* getragen: ***„Wir sind das Volk!"*** Dieser Moral des Volkes sowie der daraus abgeleiteten gewaltfreien Widerstandsmethode, die auch bei *Egon Krenz*, *Günter Schabowski* und anderen offenbar eine gewisse Anerkennung gefunden hat, ist es nicht zuletzt auch – neben *Gorbatschow* – zu verdanken, dass nicht geschossen wurde, dass die Revolution unblutig blieb und es eine friedliche Wende zum Guten geworden ist.

3. Gehört der Islam zu Deutschland? In den Staaten des Islams gibt es demgegenüber keine derartigen Übergriffe des Staates auf die Religion, aber auch keine Trennung von Religion, Staat und Kultur, vielmehr beherrscht und bestimmt dort die Religion bzw. die Mullahs und Ayatollahs den Staat und die Kultur. Die wechselseitige Abhängigkeit von Staat, Kultur und Religion hat keiner besser erkannt und eindringlicher beschrieben als der Großmeister der Kulturgeschichte, *Jacob Burckhardt*[21]. Diese wechselseitige Abhängigkeit ist nicht nur verschieden je nach Art der Religion, der Staatsform und der kulturellen Entwicklung, sondern durchläuft in der geschichtlichen Entwicklung auch in jeder Staatsform und jeder Religion verschiedene Formen der Ordnung. Dass einst die Christen blutige Kreuzzüge ins Heilige Land unternahmen und alle Muslime und Juden töteten, die nicht die Flucht ergreifen oder sich zwangstaufen lassen wollten, braucht nicht wiederholt zu werden, weil das Christentum derartige Unternehmen der eigenen Verluste wegen am Ende des 13. Jahrhunderts eingestellt und fünf Jahrhunderte später auch die „Heilige Inquisition" und ihre Folterkammern und Scheiterhaufen überwunden hat. In den meisten islamischen Ländern und bei der Mehrzahl der gläubigen Muslime herrscht dagegen immer noch die Auffassung, dass Un- und Andersgläubige mit Misstrauen zu betrachten und möglichst zu meiden sind. Ein Muslim, der dies nicht beachtet, verstößt gegen Grundsätze des islamischem Glaubens und Rechts. In diesem Glauben sind die Muslime großteils erzogen und ausgebildet worden. Ähnlich verhielten sich jahrhunderte-

21 In seinen weltgeschichtlichen Betrachtungen. *Jacob Burckhardt* (1818 – 1897) wurde in Basel als Sohn eines evangelischen Pfarrers geboren, studierte auf Wunsch seines Vaters zunächst auch Theologie in Basel, wechselte aber im 4. Semester an die Universität in Berlin und studierte dort Geschichte, Kunstgeschichte und Philologie, was sein kritisches Religionsverständnis verständlich macht. *Burckhardt* promovierte 1843 mit einer Arbeit über Karl Martell in Basel, wurde ein Jahr später auch habilitiert und zum Honorarprofessor ernannt. Die weltgeschichtlichen Betrachtungen sind in den Jahren zwischen 1868 und 1873 entstanden, aber erst acht Jahre nach dem Tod *Burckhardts* veröffentlicht worden. Grundlage war eine Vorlesung, die er im Wintersemester 1870/71 gehalten und zwei Jahre später noch einmal wiederholt hat, wobei der junge und frisch nach Basel gekommene Professor *Friedrich Nietzsche* sein Hörer war. *Nietzsche* bekannte, dass er noch nie eine Vorlesung solcher Art gehört hatte und darin „den Geist von seinem Geist gespürt" habe, deswegen auch glaubte, als einziger die Gedankengänge wirklich verstanden zu haben (zitiert nach *Alfred von Martin*, aus einem Nachwort in der Ausgabe des Scherpe-Verlags Krefeld, 1948). Vielfach wird darauf verwiesen, dass Burckhardt ein Zeitgenosse von Bismarck (1815-1898) war, womit nicht nur auf die weithin gemeinsame Lebenszeit, sondern auch gemeinsame politische Vorstellungen hingewiesen sein soll. *Burckhardt* betrachtet *Bismarck* als eine historische Größe wie *Caesar* und *Karl den Großen*: „*Bismarck* einigt Deutschland; *Caesar* unterwirft Gallien; *Karl der Große* Sachsen". Hinter diesem Werturteil steht die Vorstellung: „Große Männer, die als Ideale fortleben, haben einen großen Wert für die Welt und ihre Nationen, denn … sie halten einen hohen Maßstab der Dinge aufrecht, sie helfen zum Aufraffen aus zeitweiliger Erniedrigung" (Weltgeschichtliche Betrachtungen, S. 255 ff.). Vgl. aber auch *Hasso Hofmann*, Jacob Burckhardt und Friedrich Nietzsche als Kritiker des Bismarckreiches, Duncker & Humblot Berlin 1971.

lang auch die Christen trotz des Gebots "du sollst deine Feinde lieben" und in anderen Regionen ist ähnliches zu beobachten. Die Missachtung und Misshandlung von Un- und Andersgläubigen ist also eine Frage der Entwicklung des Verhältnisses von Staat, Kultur und Religion. Selbstverständlich halten auch schon lange viele Muslime die feindselige Einstellung gegenüber Andersgläubigen nicht mehr für die richtige Ordnung, ebenso wie viele Christen den Hexenwahn schon Jahrhunderte lang als Unrecht verstanden haben, bevor die letzte Hexe verbrannt werden musste. Deswegen sollte man auch die Hoffnung nicht aufgeben, dass der Islam sich noch in dieselbe Richtung entwickeln könnte. Aber so weit ist es noch nicht. Deshalb konnte es auch nicht richtig sein, dass ein deutscher Bundespräsident, sich als fortschrittlich und menschenfreundlich gerieren wollte mit dem Satz, „der Islam gehört zu Deutschland!" Deutschland hat sich ohne den Islam entwickelt, von Goethes west-östlichen Divan abgesehen, und der Islam hat die deutsche Kultur in keiner Frage wesentlich beeinflusst, das deutsche Recht schon gar nicht: Der Staat ist ein anderer (demokratischer Rechtsstaat), die Religion ist eine andere (mit Nächstenliebe) und die Kultur ist ebenfalls anders. Wenn die deutsche Bundeskanzlerin dies nicht erkannt und trotzdem geglaubt hat, den Satz wiederholen zu müssen, um ihre unvoreingenommene Menschenfreundlichkeit unter Beweis zu stellen, so zeigte sie damit nur einen völligen Mangel an kulturellem und historischen Bewusstsein, was aber fehlerhafte politische Entscheidungen und sträfliche Unterlassungen zur Folge hatte. Freilich hat sie es später eingesehen und dann den Satz nicht mehr wiederholt. Aber wer zu spät kommt, den bestraft das Leben. Und das ist auch gut so. Das bedeutet freilich nicht, dass man die deutsche Grenze mit Zäunen wie in *Ceuta* oder mit Maschinengewehren hätte schützen sollen, sondern nur, dass man die ankommenden Flüchtlinge, die in ihrer Not völlig zu Recht zunächst aufgenommen wurden nicht nur ordentlich mit Nahrung und einem Dach über dem Kopf versorgt, sondern auch hinreichend dahingehend belehrt werden mussten, dass bei uns zwar manches erlaubt, was bei ihnen verboten ist, aber auch manches verboten ist, was nach ihrer Religion noch als gerechtfertigt angesehen wird. Nicht zuletzt hätte die Identität der Flüchtlinge, so schwer es ist, um einiges besser erforscht und Straftäter und potentielle Terroristen rechtzeitig ausgewiesen und auch fortgebracht oder zumindest sorgfältig überwacht werden müssen. Sofern menschenfreundliche, aber nicht hinreichend problembewusste Politiker glaubten, sich diese Mühe ersparen zu können mit dem Satz, dass der Islam zu Deutschland gehöre, war es ein schwerer Irrtum und wer solches heute noch glaubt, bleibt damit zwar immer noch in den Grenzen seiner in unserem Lande geschützten Meinungsfreiheit, beweist damit aber auch, dass er unfähig ist, ein politisches Amt zu führen, sofern diese seine Meinung seine politischen Entscheidungen beeinflussen könnte. Der Glaube, dass die mit der Flüchtlingswelle zu uns gekommenen Muslime sich alle ebenso verhalten werden wie die zu uns gekommenen türkischen Gastarbeiter, die hergekommen sind, um Arbeit zu finden und dankbar waren, wenn sie welche gefunden hatten, ist gleichfalls ein schwerer Irrtum. Selbstverständlich sind auch viele Flüchtlinge ebenso dankbar, wenn sie in ihrer Not aufgenommen und halbwegs ordentlich versorgt wurden, aber eben nicht alle. Die Nichtbeachtung dieses Unterschieds war und ist und bleibt eine große Dummheit. Das Volk hat dies auch ganz genau erkannt. Das Schrumpfen der einst großen Volksparteien und der Zustrom bei der AfD bringen es zum Ausdruck. CDU und SPD hatten einst ca. 80 % der Wählerschaft hinter sich, heute noch etwa 40 %. Der Zustrom der AfD besteht überwiegend aus Protestwählern. Der Nationalismus ist eine Reminiszenz geworden, die bei Fußballweltmeisterschaften und Olympischen Spielen noch eine gewisse Bedeutung hat, im weltweiten durch die neuen Techniken bestimmten Wirtschaftsverkehr aber nur noch ein Hemmnis ist, das den erreichten Wohlstand gefährdet, den nur wenige vermissen wollen. Die bestehenden europäischen Nationalstaaten sind ein Auslaufmodell. Der Brexit ist eine unverständliche Dummheit, die den Grundsatz *vox populi vox dei* widerlegt, weshalb es besser ist, wenn über solche Fragen die von Parteien ausgewählten und vom Volk gewählten Abgeordneten zu entscheiden haben. Wir brauchen in Europa eine staatliche Ordnung, welche die alten Nationalstaatsgrenzen überspannt, weil wir ansonsten unsere nationale und europäische Kultur nicht bewahren können. Auf dem Weg zu dieser europäischen Ordnung ist allerdings die voreilig eingeführte Währungsunion eher ein Hemmnis als ein Ansporn, das aber überwunden werden muss. In Deutschland gibt es dafür auch eine große Mehrheit, aber unsere Politiker streiten sich jahrelang über die dumme Frage, ob der Islam zu Deutschland gehört oder nicht.

IV. Der Islam: Religion, Recht und Staatslehre

> „Den Ungläubigen wird bei Allah nichts helfen,
> weder Vermögen noch Kinder. Sie werden Bewohner
> des Höllenfeuers und ewig darin bleiben. …
> Oh Gläubige! Schließt keine Freundschaft mit solchen,
> die nicht zu eurer Religion gehören. Sie lassen nicht ab,
> euch zu verführen, und wünschen nur euer Verderben.
> Ihren Hass haben sie bereits ausgesprochen;
> aber Schlimmeres ist in ihrer Brust verschlossen."
> *Koran* 3/116,118

1. Was heißt und was ist Islam? Islam heißt so viel wie *Unterwerfung* unter Allah (Gott) oder völlige *Hingabe* an Allah. Derjenige, der sich Allah *unterwirft*, ist ein Muslim. Grundlage des Islams ist der *Koran*, der von seinen Gläubigen als eine zwischen 610 und 632 n. Chr. von Gott seinem Propheten *Mohammed* offenbarte Rede verstanden wird.

a) Verhältnis zum Juden- und Christentum: Der Koran ist teils noch in Mekka, teils erst in Medina, also unter etwas verschiedenen Voraussetzungen entstanden. Die heutige Islam-Wissenschaft nimmt an, dass *Mohammed* selbst nicht lesen und schreiben konnte und seine Eingebungen verschiedenen Schülern diktiert hat, weshalb es verschiedene Texte gab und es um 650 notwendig geworden sei, eine „kanonische Version" zu schaffen, um Spaltungen zu verhindern.[22] Schriftliche Überlieferungen aus dem 7. Jahrhundert gibt es allerdings nur sehr wenige, z.B. die Inschriften im Felsendom von Jerusalem, der ganz bewusst auf dem Grund und den Trümmern des Salomo-Tempels erbaut wurde; diese Inschriften, mit denen Jesus als Messias, aber nicht als Gottes Sohn anerkannt und auch die *göttliche Dreieinigkeit* ausdrücklich abgelehnt wird, stehen auch im Koran (3/18, 19; 4/171, 172; 19/33–36). Allah soll der einzige und alleinige Gott sein und auch keinen Sohn oder heiligen Geist neben sich haben. Der in Mekka entstandene Islam ist dem Judentum und Christentum nachgebildet und auf die Tradition *Abrahams* gestützt und ursprünglich auch *nicht juden- und christenfeindlich*. Mekka war eine Handelsstadt, in der die Ältesten kein Interesse daran hatten, ihre Religion auf einen einzigen Gott zu beschränken. Vielmehr glaubten sie, dass es besser sei, allen zu erlauben, ihre eigenen Götter, Engel oder Heiligen mitzubringen und sie hier anzubieten, weil sie dann jedes Jahr wieder kommen und das eine Menge Handel und Profit schafft.[23] Diese Voraussetzungen änderten sich jedoch in *Medina*, wo zwar nur wenige Christen lebten, die *Mohammeds* Autorität weder politisch noch militärisch gefährdeten, aber sehr viele Juden, die für *Mohammed* und seine Anhänger hätten gefährlich werden können, weshalb *Mohammed* einen jüdischen Klan ermorden und zwei weitere aus der Stadt verbannen ließ. Darin wird der Grund gesehen für die *Feindseligkeit* der in Medina entstandenen Teile des Korans. Der Koran bestätigt zwar noch, dass die Juden einst von Gott als „auserwähltes Volk" erkoren waren, erklärt diese Zeit aber als vorbei, weil sie gegen Gott rebelliert und gegen seine Gebote verstoßen hätten.

b) Suren und Verse des Korans: Der Koran[24] ist aufgeteilt in Suren und Verse: 3. Sure, Vers 119 wird im Folgenden zitiert: 3/119. Die Suren und Verse des Korans sind jedoch nicht nach ihrer zeitlichen Entstehung oder einem sonstigen erkennbaren sachlichen Prinzip geordnet, so dass z.B. die in Mekka entstandenen Teile mit den in Medina entstandenen zusammengemischt sind und auch nur noch

22 So *Suleiman Mourad*, in: *Mourad/Anderson*, Das Mosaik des Islam,. 13 f.

23 *Mourad* Mosaik 21–29.

24 Im Folgenden wird zitiert aus der im Goldmann-Verlag erschienenen, von *L. Ullmann* bearbeiteten und von *L. W. Winter* erläuterten 13. Aufl. 1982. Die Nummern der Verse weichen gelegentlich plus oder minus eins bis zwei von der Nummerierung anderer Ausgaben ab. Gelegentlich wird nachstehend auch aus der Koran-Ausgabe des Kohlhammer-Verlags, 2. Aufl. 1980, mit der Übersetzung von *Rudi Paret* zitiert. Inhaltlich weichen die Übersetzungen in verschiedenen deutschen Koran-Ausgaben teilweise voneinander ab.

teilweise voneinander unterschieden werden können. Diesem undurchschaubaren Ordnungsprinzip ist lediglich die 1. Sure mit nur 7 Versen vorangestellt. Auch ist der Urtext dieser „kanonischen Version" zwar in Arabisch geschrieben, aber in einer Art, die auch für einen Araber, der das heutige Arabisch beherrscht, nur wenig verständlich ist, weil er teilweise entsprechend dem damals in Mekka gesprochenen Dialekt, teilweise im Dialekt anderer Stämme jener Zeit verfasst ist. Die heutige arabische Hochsprache ist jedoch erst im 19. Jahrhundert von einer Kommission in Ägypten entwickelt worden, um eine einheitliche panarabische – nicht islamische – Einheit schaffen zu können.[25] Es versteht sich von selbst, dass sich diese Schwierigkeiten des arabischen Textverständnisses bei den Übersetzungen in andere Sprachen nur noch vermehren. Trotzdem heißt es in deutscher Übersetzung in Sure 10/38:

> „Dieser Koran konnte von keinem anderen außer Allah verfasst werden; denn er bestätigt das, was vor ihm offenbart wurde, und er erklärt die Schrift; es ist daher kein Zweifel, dass er vom Herrn der Welten gekommen ist. Sollen sie vielleicht sagen: ‚Er (*Mohammed*) hat ihn verfasst (erdichtet)?' Antworte: ‚So bringt doch auch nur eine ähnliche Sure hervor[26] und ruft außer Allah zum Beistand an, wen ihr wollt, wenn ihr wahrhaft seid!'"

(1) Ein Gott für Muslime, Juden und Christen: Das Verhältnis des Islams zum Judentum und Christentum: Die Muslime erkennen *Javeh*, den Gott der Juden und Christen, auch als ihren Gott an und glauben, dieser habe die islamischen Völker berufen, die Spaltung zwischen *Juden* und *Christen* zu überwinden (42/11–19):

> „Die Entscheidung dessen, worüber ihr uneinig seid, kommt allein Allah zu. Allah ist mein Herr; auf ihn vertraue ich, und zu ihm wende ich mich hin. Er ist Schöpfer des Himmels und der Erde, welcher euch Frauen aus euch selbst gegeben (dazu auch 4/2; 75/38–40), auch den Tieren Weibchen zugesendet hat, wodurch er euch vermehrt. Nichts gleicht ihm und er hört und sieht alles. Er besitzt die Schlüssel des Himmels und der Erde. Er versorgt reichlich, wen er will, und ist karg gegen wen er will; er kennt alle Dinge. Er hat für euch dieselbe Religion angeordnet, welche er dem Noah befohlen hat und welche wir dir offenbarten und die wir auch Abraham, Moses und Jesus befohlen hatten – wir sagten: ‚Beobachtet diese Religion und macht keine Spaltungen.' Die Verehrung Allahs, zu welcher du sie lädst, ist den Götzendienern unerträglich, aber Allah erwählt, wen er will, und leitet den zu ihr hin, welcher sich zu ihm wendet. Nicht eher stifteten die Früheren, in Neid und Verkehrtheit (Juden und Christen), Spaltungen unter sich, als bis sie die Erkenntnis erhalten hatten; und wäre nicht der Ratschluss deines Herrn gewesen, ihnen eine bestimmte Frist nachzusehen, so wäre (durch ihren Unter-

[25] *Mourad* Mosaik 18–22. Zur Bedeutung der Sprache für die Religion im Allgemeinen sowie des Lateins für das Christentum und Luthers Übersetzung für den Protestantismus: *Jacob Burckhardt*, S. 77.

[26] Durch die Qualität der Sprache der Suren des Korans sollte bewiesen werden, dass sie nur von Gott dem *Mohammed* eingegeben worden sein konnten; dazu *Said Ramadan*, Das islamische Recht, eine Kölner Diss. betreut und mit einem Vorwort versehen von *Gerhard Kegel*, 2. Aufl. 1996, S. 44.

gang) die Sache längst zwischen ihnen entschieden worden. Und die, welche die Schrift nach ihnen geerbt haben (Juden und Christen), leben in argwöhnischen Zweifeln über ihren Inhalt ... Die aber, welche über Allah streiten, nachdem er (*Mohammed* von Allah) die Lehre erhielt, deren Streit soll von ihrem Herrn vereitelt werden. Zorn und Strafe werden sie treffen. Allah hat in Wahrheit die Schrift mit der Waage (der Gerechtigkeit)[27] herabgesandt, ohne dich aber darüber zu belehren, ob die letzte Stunde nahe sei."

(2) Verhältnis der Muslime zu Un- und Andersgläubigen: Der Islam versteht sich demnach als eine Religion, die über dem Judentum und Christentum steht und diese beiden mit dem Islam vereinigen soll: „*Wir haben euch zu Mittlern unter den Völkern* (zwischen Juden und Christen) *erhoben, damit ihr Wächter unter den Menschen seid*" (2/144). Der Islam versteht sich als die ursprüngliche Religion aller Menschen. Die Konversion zum Islam sei daher in Wahrheit eine Reversion.[28] Muslime verstehen sich nicht aufgrund ihrer Abstammung (als Volk oder Rasse), sondern allein aufgrund ihrer Religion als eine Einheit;[29] allen Menschen, allen Völkern und Erdteilen, die sich Allah unterwerfen, ist daher nach 3/111 offenbart,

„das beste Volk (zu sein), das je unter Menschen entstand:"[30] „Ihr gebietet nur das Rechte und verbietet das Unrecht und glaubt an Allah." ... 3/117: „Den Ungläubigen[31] wird

27 *Gudrun Krämer* (Demokratie im Islam – Der Kampf für Toleranz und Freiheit in der arabischen Welt, 2011, S. 77 mit Fn 59 und Verweis auf Sure 2/83; 3/18; 4/58/135; 6/152; 9/60; 49/9; 55/9; 60/8) zitiert für die *Gerechtigkeit des Islams* einen islamischen Autor (*Farid' Abd al-musavat*), der die islamische Gerechtigkeit definiert als „spiritueller Pol legitimer Politik, die sich im Einklang mit der Scharia befindet": „Auf ihrer Grundlage ist dem Menschen auf Erden ein gerader Pfad bereitet, der ihn ins Jenseits leitet." Soweit *Krämer* meint (S. 79), in der islamischen Gerechtigkeit sei auch die „aristotelische Tradition" berücksichtigt, die seit dem 8. Jahrhundert den islamischen Gelehrten zugänglich gewesen sei, kann ich in keiner der zitierten Stellen eine solche Berücksichtigung erkennen; *Krämer* benennt auch keine Stelle für ihre Behauptung. Eindeutig unrichtig ist ihre Behauptung, das islamische Recht sei vom *römischen Recht* beeinflusst worden, auch davon ist an keiner Stelle irgendetwas zu bemerken, richtig daher *Said Ramadan* IslRecht 49: *„Römisches Recht ist von ganz anderer Art*".

28 So *Krämer* Islam 23.

29 Im islamischen Recht und Staat wird stets nur unterschieden zwischen Muslimen und Nichtmuslimen (insbes. Juden und Christen); wenn Christen zum Islam konvertieren, sind sie Muslime, nicht Deutsche oder Franzosen oder Afghanen. Sure 11/119: „Hätte es deinem Herrn gefallen, so hätten alle Menschen nur *eine Religion* gehabt", lautet in anderen Übersetzungen: „... so hätte er die Menschen zu einem Volk gemacht".

30 Das ist sicherlich ganz bewusst dem jüdischen Glaubenssatz, das auserwählte Volk zu sein, entgegengestellt, was die fortwährenden Auseinandersetzungen zwischen Juden und Muslimen bestimmt.

31 „*Ungläubige können in Affen und Schweine verwandelt werden*" (5/61); zum Verhältnis der Islamisten zu den „Ungläubigen" vgl. *Krämer* Islam 128 ff., 133 mit Hinweisen auf Sure 2/65,120, 217, 256; 3/28; 5/48, 60; 7/166; 9/29; 51, 57; 60,1–3, 8–9. Zur Frage warum der Islam den Westen hasst vgl. *Amir Taheri*, FAZ v. 14. 2. 2002, S. 8; dazu die Nachweise von *Sarrazin* (Fn 9/114), S. 432: Stichwort Hass; zur Toleranz im Islam siehe unten IV 4b(1). Die Feindseligkeit gegenüber den Juden soll darauf beruhen, dass *Mohammed* nach seiner Flucht vor Ungläubigen in Mekka auch in Medina jüdische Clans bekämpfen, töten oder vertreiben musste, so *Krämer*, S. 133, 147 ff.,162ff.; *Mourad* Mosaik 24.

bei Allah nichts helfen, weder Vermögen noch Kinder. Sie werden Bewohner des Höllenfeuers und ewig darin bleiben." ... 3/29: „Oh, Gläubige nehmt keine Ungläubigen zu Freunden, wenn Gläubige vorhanden sind."... 3/119: „Oh Gläubige! Schließt keine Freundschaft mit solchen, die nicht zu eurer Religion gehören. Sie lassen nicht ab, euch zu verführen, und wünschen nur euer Verderben. Ihren Hass haben sie bereits mit dem Mund ausgesprochen; aber noch weit Schlimmeres ist in ihrer Brust verschlossen. Wir haben euch davon schon Beweise gegeben, wenn ihr sie nur verstanden habt. Seht nur, ihr liebt sie – aber sie lieben euch nicht. Ihr glaubt an die ganze Schrift, und sie, wenn sie euch begegnen, sprechen wohl: Wir glauben! Dann heimlich unter sich aber, beißen sie sich aus Zorn gegen euch in die Fingerspitzen. Sprich: Sterbt vor Zorn. Wahrlich, Allah kennt das Innerste des Herzens. Wenn es euch gut geht, werden sie bedrückt sein, aber sich freuen, wenn es euch übel geht. Wenn ihr aber nur standhaft seid und Allah fürchtet, so wird ihre List euch nicht schaden, weil Allah ihr Tun durchkreuzt." 9/71: „Nur die gläubigen Männer und die gläubigen Frauen sind untereinander Freunde, nur sie gebieten, was Recht, und verbieten, was Unrecht ist." ... 3/26: „Bete: Allah, der du Herr der Herrschaft bist, du gibst die Herrschaft, wem du willst, du entziehst sie, wem du willst. Du erhöhst, wen du willst und erniedrigst, wen du willst."... 4/48–58: „Oh ihr, denen die Schrift gegeben wurde, glaubt an das, was wir zur Bestätigung eurer früheren Offenbarungen jetzt offenbarten, bevor wir euer Antlitz zerstören und es dem Hinterteile gleichmachen oder euch verfluchen, wie wir die verfluchten, welche den Sabbat entweihten. Wer irgendein Geschöpf Allah zur Seite setzt, dem verzeiht Allah nicht; andere Sünden aber außer dieser verzeiht er wohl, wenn er will; denn wer ein Geschöpf Allah zur Seite setzt (Götter und Götzen aller Art),[32] der hat eine schwerere Sünde ersonnen. Hast du nicht die beobachtet, welche sich selbst für gerecht halten (die Juden und Christen)? Aber Allah rechtfertigt, wen er will, und tut niemandem Unrecht. Sieh nur, welche Lügen sie gegen Allah ersinnen, und das ist doch offenbare Sünde. Hast du nicht die beobachtet, denen ein Teil der Schrift gegeben worden war (die Juden)? Sie glauben an falsche Götter (an Dschibt und Tagut) und sagen von den Ungläubigen, dass sie auf richtigerem Wege geleitet würden als die Gläubigen. Diese hat Allah bereits verflucht, und wen Allah verflucht, der findet keinen Helfer. Können sie am Himmelreich teilhaben, da sie den Menschen nicht das Geringste zukommen ließen? Und beneiden sie nicht andere um die Vorzüge, welche Allah in seiner Güte diesen verlieh? Wir haben bereits der Familie Abrahams Schrift und Weisheit und ein großes Reich gegeben. Einige von ihnen glauben zwar nunmehr an ihn (*Mohammed*). Andere haben sich aber von ihm wegge-

32 In Sure 17/112 heißt es: „Lob sei Allah, der weder einen Sohn noch sonst einen Gefährten in seiner Herrschaft hat und der auch (etwa wegen irgendeiner Schwäche) keinen Helfer braucht." Im Islam wird jede Art einer „Beigesellung" (*shirk*) an den einzigen und alleinigen Gott (*al-ilah*) abgelehnt, z.B. auch die Trinitätslehre des Christentums (vgl. IV 1 vor a) und IV 1 b); dazu werden in heutiger Zeit auch *Ideologien* gerechnet, wie der *Marxismus-Leninismus*, auch die *Demokratie mit Menschenrechten*, wenn sie über die *Scharia* gestellt werden; wohl aber nicht der *Nationalismus*; dazu *Krämer* Islam 20 f., 108: Im Islam „nach Menschenrechten und Demokratie zu fragen heißt, Koran und Sunna mit eigenen Augen lesen", was aber verboten und gefährlich sei. Die Anziehungskraft des deutschen Faschismus in den islamischen Staaten soll darauf beruhen, dass er als Ausdruck von Modernität, Dynamik, Energie und Willenskraft verstanden wurde und gemäß dem Motto: „Der Feind meines Feindes (Juden, Engländer und Franzosen) ist mein Freund", *Krämer*, S. 162; zur Rolle des Mufti von Jerusalem, *Amin al Husaini*, im sog. Dritten Reich zur Verhinderung der Rückkehr von Juden nach Palästina vgl. *Krämer*, S. 164, 173: „Islamo-Faschismus".

wendet; diesen ist die verzehrende Höllenflamme genügende Strafe. Die welche unser Zeichen nicht glauben, werden in Höllenflammen braten und so oft ihre Haut verbrannt ist, geben wir ihnen andere Haut, damit sie umso peinlichere Strafe fühlen; denn Allah ist allmächtig und allweise. Die, welche glauben und tun, was Recht ist, wollen wir in wasserreiche Gärten führen; ewig sollen sie darin weilen, bei unbefleckten Frauen, unter immerwährendem Schatten dort wohnen."...13/41: „Allah löscht aus, was er will und bestätigt, was er will ...:" 13/41: „Sehen sie denn nicht, dass wir in ihr Land kommen und ihre Grenzen enger machen? Und Allah richtet und niemand kann sein Urteil hemmen."

(3) Zum Verständnis des Korans: Die vorstehend zitierten Stellen[33] sind nicht nur einmal im Koran enthalten, sondern werden in vielen Varianten öfters wiederholt, sind also Kernthesen dieses heiligen Buches. Wie sollen sie verstanden werden? Wie werden sie in der Praxis der islamischen Staaten tatsächlich verstanden? Auch die Antwort auf diese Frage hat Allah nicht den Menschen überlassen, vielmehr die dem *Mohammed* offenbarte Wahrheiten in der „deutlichen arabischen Sprache" vermittelt, die jeder verstehen kann, der Allah vertraut (Koran 16/103; 26/195).[34] Bedauerlicherweise ist allerdings – wie schon oben dargelegt[35] – die damalige Sprache *Mohammeds* den modernen Arabern nicht mehr verständlich, sondern nur noch Altertumsforschern und Islam-Gelehrten. Die Behauptung, die Offenbarung des Korans bedürfe ihrer Klarheit wegen keiner Auslegung, hat sich daher von selbst widerlegt. Jede nähere Befassung mit der Problematik des Verständnisses des Korans und die Kenntnisnahme der Ansichten von seriösen Islamforschern, welche die Pro-

[33] Es gibt aber auch andere Stellen im Koran, die dahingehend verstanden werden können, dass sie zur Toleranz auffordern. *Rainer Hermann* (FAZ vom 2.12.2017) zitiert dafür Sure 49/13: „Wir haben euch zu Verbänden und Stämmen gemacht, damit ihr euch untereinander kennt"; dazu unten V 5 b (1).

[34] In Wahrheit ist das richtige Textverständnis jedoch sehr schwierig und lässt der Auslegung großen Raum, vgl. oben 3. Kap II 4 b; II 5 b und Sure 7/199 und dazu unten IV 3 c mit Fn 632 und 653; dazu *Krämer* Islam 23 f. An anderer Stelle (S. 63, 71, 100, 107 f.) fügt *Krämer* hinzu, dass es in weiten Teilen der islamischen Welt unmöglich und gefährlich sei, über den *Status des Korans als Wort Gottes* öffentlich nachzudenken. *Vereinzelt* würden jedoch *Überlegungen* angestellt, die den *Kernbestand moderner Textkritik* aufgreifen, z.B. die *radikale Auffassung*, dass der Koran in *menschliche* Sprache gefasste *göttliche* Offenbarung sei und diese „Sprache" historisch gebunden und daher historisch-kritisch gelesen werden müsse. Dabei werde auch darauf hingewiesen, dass der Koran von der Möglichkeit der Ersetzung einzelner Weisungen durch „bessere" spreche (2/107): „Verwerfen wir gegebene Zeichen des Buches (im Koran) oder heißen wir sie vergessen, so gibt unsere Offenbarung gleich Gutes dafür oder Besseres." Auf diesem Wege kann man auch zu der Auffassung *Gadamers* kommen, dass es jederzeit Aufgabe der Auslegung ist, einen Text besser zu verstehen als der Verfasser selbst (Wahrheit und Methode 180). Ein derart *kleiner Gedankenschritt* könnte für eine Milliarde Menschen *ein Riesenschritt in größere Freiheit und großen kulturellen und wirtschaftlichen Fortschritt sein.* Noch aber ist es in vielen islamischen Staaten sehr gefährlich, solche Gedanken zu diskutieren.

[35] Vor Fn 25; dazu *Mourad* Mosaik 18–22.

blematik wirklich verstehen, zeigt jedoch in vielen Fällen schier unüberwindliche Schwierigkeiten auf. Hinzu kommt, dass es im Islam keine „Kirche“ oder eine sonstige religiöse Organisation oder Autorität (entsprechend den Bischöfen und dem Papst der katholischen Kirche) gibt, die bestimmen könnten, wie die Verse des Korans in einer bestimmten Zeit und Angelegenheit verstanden werden sollten. Obwohl klar und deutlich geschrieben steht, dass die *Muslime keine Spaltung machen* sollen (42/14) und die arabische Sprache klar sein soll, ist das verschiedene Verständnis vieler Verse jedoch offensichtlich der Grund für die vielen verschiedenen *Schismen des Islams* (Schiiten, Sunniten, Aleviten, Salafisten, Wahhabiten u.v.a.) und deren grausame Streitigkeiten. Im Islam gibt es auch keine theologischen Fakultäten und *keine wissenschaftliche Ausbildung der Priesterschaft*, worin letztlich der Grund zu suchen und zu finden ist, dass z.B. die Lehren von *Averroes* in der *islamischen Kultur*, anders als die Lehren von *Thomas v. Aquin* in der *christlichen Welt*, keinen Anklang finden konnten und der Islam daher seine ursprünglichen Glaubenssätze nahezu unverändert erhalten hat und sie nicht an die neuzeitlichen Verhältnisse anpassen konnte.

c) Konflikte göttl. Rechts mit menschl. Vernunft: Am 9. Juli 2017 berichtete die ARD, dass der ehemalige christliche Gouverneur von Jakarta zu zwei Jahren Gefängnis wegen *Blasphemie* verurteilt worden ist, weil er gesagt hatte, der Koran verbiete es nicht, dass ein Muslim für einen Nichtmuslim stimmt. Die Ansicht des Ex-Gouverneurs ist eine notwendige Folge einer jeden demokratischen Ordnung, weil ansonsten die Wähler des Volkes kein freies Wahlrecht hätten, sondern ebenso wie im Iran nur Personen gewählt werden dürften, die vom höchsten Priester (Großayatollah) dafür ausgewählt wurden. Das war allerdings auch in Indonesien lange anders, aber das Wiederaufleben des Dschidads hat nun auch Indonesien wieder erfasst.[36] Derartiges wäre in Deutschland und den anderen zur Europäischen Union gehörenden Rechtsstaaten aufgrund der seit der Französischen Revolution zum *Verfassungsprinzip* gewordenen Trennung von *Religion und Recht*, von *Kirche und Staat* nicht denkbar. In Deutschland und allen anderen EU-Staaten ist allen Menschen (Christen, Juden und Muslimen) die *Glaubensfreiheit* gleichermaßen zugesichert, auch müssen alle in Deutschland lebenden Menschen das deutsche Recht und alle in Frankreich lebenden das französische Recht und in allen anderen Staaten Europas das Recht des Staates beachten, in dem sie sind und leben wollen. Die Muslime können aber in schwere Konflikte kommen, wenn sie sich – aus welchem Grunde auch immer – in einem Land aufhalten, in welchem die auf menschliche Vernunft gegründete Rechtsordnung Handlungen unter Strafe stellt, die ihr islamischer Glauben von ihnen fordert, z.B. der Auf-

36 Vgl. *Rudolf Peters*, The Doctrin of Jihad in Modern History, 1979; dazu *Joseph Croitoru*, FAZ vom 26.10.2016. *Marco Stahlhut* berichtet (FAZ 17.2.2018), dass in Indonesien für Homosexuelle die Todesstrafe wieder eingeführt werden soll.

trag an den ältesten Sohn, seine Schwester zu zwingen, die Beziehungen zu einem ungläubigen Mann abzubrechen, oder ihnen Handlungen gebietet, die ihr Glauben ihnen verbietet, z.B. einem in große Not geratenen *Un-* oder *Andersgläubigen* erste Hilfe zu leisten (§ 323 c StGB). *Rainer Hermann*[37] meint allerdings, die Koranstelle 7/199 mit der üblichen Übersetzung: „*Übe Nachsicht und gebiete, was recht und billig ist*", und einige andere Koranstellen müssten richtigerweise dahingehend verstanden werden, dass ein Muslim das nichtislamische Recht eines Ortes, an dem er lebt, zu akzeptieren hat. Dieses Verständnis entspricht einem allgemeinen Rechtsprinzip, das in allen zivilisierten Ländern Geltung hat, und es wäre für die Muslime in aller Welt gut und richtig, wenn sie dies auch akzeptieren könnten. Das wäre ein Riesenfortschritt in den Bemühungen um eine gute Integration der islamischen Flüchtlinge in Deutschland und anderen europäischen Ländern. In der modernen, globalisierten und mannigfach verflochtenen Staatenwelt ist alles andere unsinnig, entspricht aber trotzdem nicht der herrschenden Ansicht der Islamgelehrten, weil göttliches Recht nicht aufgrund menschlicher Vernunft geändert werden kann, schon gar nicht von Ungläubigen. Göttlicher Wille kann durch menschliche Vernunft nicht außer Kraft gesetzt werden. Dieser göttliche Grundsatz duldet auch keine Ausnahmen.

d) Integration muslimischer Flüchtlinge: Es ist leicht zu verstehen, dass diese Konflikte zwischen jahrtausendealten Offenbarungen göttlichen Rechts und den Grundsätzen heutiger menschlicher Vernunft die Integration der in den letzten Jahren zu uns gekommenen Flüchtlinge islamischen Glaubens sehr erschweren. Diese Flüchtlinge sind großteils sehr einfache Leute, die oft gar nicht wissen, sich auch gar nicht denken können, dass ein Verhalten oder Handlungen, die aufgrund ihrer Religion geboten sind, durch die Rechtsordnung des Gastlandes verboten sein könnten oder aufgrund des Rechts des Gastlandes von ihnen ein Verhalten oder eine Handlung gefordert wird, welche nach den Glaubensgrundsätze ihrer Religion verboten sind. Selbst wenn sie über solche Verbote ihres Gastlandes informiert werden, können sie aufgrund ihres Glaubens und ihrer Erziehung[37a] oft nicht verstehen, warum zu Recht verboten sein soll, was von ihrer Religion seit aller Ewigkeit gefordert wird (Verbotsirrtum). Das fängt mit der leidigen Kopf-

---

37 *Rainer Hermann*, Der Islam *ist* in Deutschland, FAZ vom 28.3.2018, S. 1. Die Beachtung dieses Prinzips könnte auch die *Ambiguitätstoleranz* (FASZ 17.5.2018, S. 45) deutscher Bürger wesentlich erhöhen; dazu unten IV 3 c mit Fn 9/77, 98 u. 112.

37a Ernst Renan schreibt: Wenn ein muselmanisches Kind sich bis zum 10-12 Lebensjahr gut entwickelt hat, wird es nicht selten „plötzlich fanatisch, von jenem Dünkel gesättigt, es besitze alles, was ihm als absolute Wahrheit gilt, wie über ein Vorrecht über das Glückliche, was gerade seine geistige Inferiorität ausmacht. Dieser dumme Hochmut ist das Laster, welche das ganze Sein des Muselmanns bestimmt. Die scheinbare Einfachheit seines Gottesdienstes flößt ihm eine wenig gerechtfertigte für Achtung vor den anderen Regionen ein" (Der Islam und die Wissenschaft, S. 5).

tuchpflicht an und betrifft auch die Grenzen ihres Erziehungsrechts über ihre Töchter in der Frage, mit welchen Männern sie Freundschaft schließen und verkehren wollen. Darüber hinaus gibt es noch viele andere Handlungen und Verhaltensweisen, welche die Rechtsordnung des Gastlandes anders regelt als die Glaubens- und Rechtsvorstellungen, die den Muslimen von klein auf anerzogen worden sind. Andererseits stören sich nicht wenige Bürger des Gastlandes an dem anderen Verhalten der muslimischen Flüchtlinge, vor allem aber auch an deren Armut und ihren Ansprüchen auf Sozialleistungen, und werden deswegen mehr oder weniger „fremdenfeindlich". *Abdel-Samad* hat in seinem *„Protokoll des Scheiterns"*[38] die Schwierigkeiten aufgezeigt, die einer *Integration* der als Flüchtlinge zu uns gekommenen Muslime entgegenstehen, wobei es aber große Unterschiede geben würde, z.B. müssten die *Sunniten* viele Gebote aus dem Koran befolgen, welche die *Aleviten* nicht beachten würden. Grundsätzlich würden jedoch nicht alle Regeln der Scharia mit der deutschen Verfassung übereinstimmen. *Ein Muslim könne daher in Deutschland nicht verfassungskonform leben. Abdel-Samad* zitiert einen 19-jährigen Türken, der in Deutschland Abitur gemacht hat, ein gläubiger Muslim geblieben sei, aber trotzdem – „aus deutscher Sichtweise" – gesagt habe, *„wir* bezahlen denen die Bildung, damit sie uns hassen und beleidigen". *Abdel-Samad* meint daher, dieses *„System züchtet Feinde der Demokratie heran."*

Aus diesem Stoff bestehen die Probleme, die der Flüchtlingsstrom aus den islamischen Ländern in Westeuropa aufgeworfen hat. Wir schaffen es *nicht,* wir können diese Probleme nicht lösen mit Sprüchen wie „der Islam gehört zu Deutschland" oder „der Islam gehört nicht zu Deutschland". Diese Sprüche und deren Urheber schaffen nur böses Blut und verhindern dadurch schon die Erkenntnis der Art des Problems und damit die Möglichkeit seiner Lösung. Das Problem muss mit Vernunft geklärt, sachgerecht entschieden und die gefundene Lösung tatkräftig durchgesetzt werden. Davon ist zwar auch schon lange die Rede, aber bis jetzt nicht einmal eine vernünftige *Klärung* ersichtlich, eine klare *Entscheidung* und deren praktische *Umsetzung* schon gar nicht. Die einst großen Volksparteien haben sich auls unfähig erwiesen, brauchbare Lösungen zu entwickeln und überbieten sich in ihrer Verzweiflung mit gegenseitigen Schuldzuweisungen. Das Volk hat ihre Unfähigkeit erkannt, wie die Meinungsumfragen und Wahlergebnisse der letzten Zeit zeigen, weiß aber noch nicht, wem es zutrauen kann, die notwendigen und richtigen Entscheidungen zu treffen.

e) Die Säulen des Islams: In der deutschsprachigen Literatur über den Islam wird die Ansicht verbreitet, der Islam beruhe auf fünf Säulen: 1. dem Glaubensbekenntnis, 2. dem Ritualgebet, 3. der Almosengabe, 4. dem Fasten im Monat Ramadan, 5. der Pilgerfahrt nach Mekka. Die Säulen 1, 2, 4 und 5 dienten der Stär-

[38] Dazu *Hamed Abdel-Samad*, Integration – Ein Protokoll des Scheiterns, S. 145 ff.

kung des Glaubens, die Säule 4 auch der Gesundheit der Gläubigen und die Almosengabe habe sozialen Charakter. Weil die Religion auch Grundlage des (göttlichen) Rechts ist, sollen diese Säulen auch der Stärkung der Volks- und Glaubensgemeinschaft dienen, die im Islam als Einheit verstanden wird. *Suleiman Mourad*, ein weltweit anerkannter Islamgelehrter, bemerkt dazu nur, im Koran seien solche Säulen nicht zu finden, und kennzeichnet den Islam selbst mit folgenden Säulen:[39] 1. der Einzigartigkeit Gottes; 2. dem Glauben an Engel, weil ohne Engel keine Kommunikation zwischen Gott und der Menschheit stattfinden könne; 3. der Anerkennung der Propheten *vor Mohammed* und deren Botschaften; 4. dem Glauben an die Wiederauferstehung von den Toten; 5. dem Glauben an das Jüngste Gericht. Auf diesen fünf Säulen kann und muss freilich jeder Monotheismus stehen, auch das Judentum und das Christentum. Auf dieser Grundlage wäre eine große Verbrüderung also möglich und könnte auch durch das christliche *Dogma der Dreieinigkeit* Gottes (Vater, Sohn und Heiliger Geist; dazu Fn 9/32), das ohnehin auch viele Christen nicht richtig verstehen, nicht aufgehalten werden, wenn sonstige Unvereinbarkeiten nicht bestünden. Eine davon deutet *Mourad* selbst an, indem er sagt, *Pflicht des Monotheismus* sei es außerdem, *Gottes Gesetz* zu befolgen, was der Koran jedoch nicht vollständig festlege, weshalb die *Scharia* je nach Rechtsschule unterschiedlich definiert werde. In den christlichen Rechtsstaaten der westlichen Welt werden die Glaubenssätze der christlichen Religion *nicht mehr* als *Rechtssätze* verstanden und außerdem hat *Jesus* gesagt (Matth. 22, 21): *„Gebt des Kaisers, was des Kaisers ist, und Gott, was Gottes ist“*, und *Paulus* hat an die Römer geschrieben (Röm 13,1): *„Jedermann sei untertan der Obrigkeit, die Gewalt über ihn hat, denn es ist keine Obrigkeit ohne von Gott; wo aber Obrigkeit ist, die ist von Gott verordnet.“* Im Falle der Unvereinbarkeit religiöser Vorschriften und staatlichem Recht ist ein Christenmensch also grundsätzlich nicht in der Gefahr, sich stets strafbar zu machen, was immer er tut. Anders ist es jedoch für einen Muslim, wenn er in einem Staat lebt, der Handlungen und Unterlassungen oder ein Verhalten unter Strafe stellt, zu denen er aufgrund seines Glaubens verpflichtet ist. In diesem Problem liegt die große Schwierigkeit der Integration von Muslimen in christlichen Staaten, denen zwar Glaubensfreiheit zugesichert ist, die aber nicht zwischen Rechts- und Glaubenssätzen unterscheiden können, die Rechtssätze des Gastlandes aber beachten müssen, auch wenn diese ihren Glaubenssätzen widersprechen. Diese Problematik wird auch durch die neue Säulentheorie *Mourads* nicht beseitigt.

2. Quellen und Regelungen des islamischen Rechts: a) Koran und Sunna: Das *islamische Recht* wird als *göttliches Recht* verstanden und heißt *Scharia*, was „Weg zur Tränke“ bedeutet, welche die Gesamtheit der Gesetze enthalten soll, die in einer islami-

[39] *Mourad* Mosaik 35.

schen Gesellschaft zu beachten und zu erfüllen sind. Die Primärquellen der Scharia sind der *Koran* und die *Sunna.* Der *Koran* sind die von Allah dem Propheten *Mohammed* offenbarten Zeichen (10/39), die wie alles *göttliche Recht unveränderlich und ewig gültig* sein sollen. *Sunna* heißt in etwa ausgeübte Praxis, Usus, Verhaltensweisen und ist vor allem die juristische Bezeichnung für alles das, was der Prophet *Mohammed* zu Rechtsfragen gesagt, getan und gebilligt hat, und das, was später noch hinzugefügt wurde.

b) Der Begriff der Scharia: Krämer meint, dass die Muslime unter *Scharia* (im Unterschied zu den „Islamisten") recht unterschiedliche Dinge (Anstand, Moral, Gerechtigkeit, aber auch eine saubere Wirtschaft und Gesellschaft oder strikte *law-and-order*-Politik) verstünden.[40] Gemeint ist offenbar, dass die Muslime in den islamischen Staaten im Allgemeinen das für *Scharia* halten, was sie selbst darunter verstehen („Fiktion der Evidenz" der klaren Sprache des Propheten), womit die Menschen natürlich in Schwierigkeiten kommen, wenn die jeweilige Obrigkeit die *Scharia* anders versteht. Die große Mehrheit der Muslime würde jedoch an ihrem Glauben (dem Koran, der Sunna und damit der Scharia) festhalten, und dieser Glauben behalte auch für Moral, Sitten und Anstand große Bedeutung; auch für die Kleidervorschriften und das Verhalten in der Öffentlichkeit (Kopftuch, Burka, Trennung der Geschlechter, Alkoholverbot).[41] Auch Kritik an religiösen Grundsätzen sei „strikt verpönt", „tabubeladen" und „so gut wie unmöglich". Meinungsfreiheit in Bezug auf die Religion werde nicht gewährt. Viele islamische Staaten hätten die *UN-Menschenrechtserklärung* zwar *ratifiziert,* jedoch gegen das Recht auf Religionswechsel Vorbehalte gemacht. Teils würden die Menschenrechte als „unauthentisch" und als *westliche Ideologie* verstanden und wie aller Individualismus als *egoistisch, spalterisch und destruktiv* abgelehnt, teils werde aber auch versucht, sie aus dem Koran 17/71 abzuleiten, wo von der „Würde *der* Menschen" die Rede sei.[42] In der Goldmann-Ausgabe wird die Stelle so übersetzt: *„Und wir haben doch die Kinder Adams mit großen Vorzügen ‚ehrenvoll ausgezeichnet', indem wir ihnen ihre Bedürfnisse zu Land und zu Wasser zuführten und sie mit allem Guten versorgt, und wir haben sie vor manchen übrigen Geschöpfen bevorzugt."* Was in dieser Übersetzung mit *„ehrenvolle Auszeichnung"* gemeint ist, kann man wohl auch mit „Würde" übersetzen. In der Kohlhammer-Ausgabe übersetzt *Paret* aber so: *„Und wir waren gegen die Kinder Adam huldreich und haben bewirkt, dass sie auf dem Festland (von Reittieren) und auf dem Meer (von Schiffen) getragen werden, (haben) ihnen (allerlei) gute Dinge beschert und sie vor vielen von denen, die wir (sonst noch) erschaffen haben, sichtlich ausgezeichnet."* Was „huldreich" bewirkt wird, ist jedoch

---

[40] *Krämer* Islam 97 ff.; 112: „Die Idee der Volkssouveränität hat in einer nomokratischen und theozentrischen, auf Gottes Gesetz und Willen gegründeten Ordnung keinen Platz".

[41] Dazu *Krämer* Islam 97 ff.; 100, 107; *Ramadan* IslRecht 72 ff.

[42] *Krämer* Islam 105, 109, 114; zur Gleichberechtigung: S. 115 f.

nicht mehr „ehrenvoll" und begründet nicht mehr die „Würde des Menschen". *Huldreich* ist stets eine *gnädige Herablassung*. *Huldreich* ist man gegenüber Untertanen, aber das Wort ist eine Übersetzung und kann daher nicht die Grundlage für ein abschließendes Urteil sein. Im Wege der Auslegung können jedenfalls die unveräußerlichen *Menschenrechte* der christlichen Rechtsstaaten aus Formulierungen wie „ehrenvolle Auszeichnung" oder „huldreiche Gabe" nicht abgeleitet werden, weder die *individuelle Freiheit* noch die *Religionsfreiheit*,[43] die *Meinungsfreiheit*, die *Versammlungs- und Vereinsfreiheit* (S. 120), die *Berufs- und Eigentumsfreiheit*, auch nicht der *Gleichheitssatz* und die *Gleichberechtigung der Geschlechter* sowie die *Freizügigkeit*, d.h. die Freiheit, sein eigenes Land zu verlassen, wann immer man will. Da müssen wohl doch noch einige andere Gedanken dazukommen, die der zitierten Sure im Wege der Auslegung nicht entnommen werden können. Diese Rechte und Freiheiten werden in den real existierenden Staaten des Islams jedoch nicht gewährt; auch dann nicht, wenn die UN-Menschenrechtserklärung ratifiziert wurde, weil dieser Verfassungspositivismus mit dem göttlichen Recht der Scharia nicht zu vereinbaren ist. Die Freiheit der Muslime soll *„durch die innere Schranke des Gewissens und die äußere Schranke des Gesetzes (Scharia) eingehegt werden, das (als göttliches Recht) über allen individuellen Rechten steht."*[44]

c) Die rechtlichen Regelungen des Korans (1) Suren/Verse des Korans zum Recht: Der Koran enthält die Offenbarungen Allahs an seinen Propheten *Mohammed* über das Leben der Muslime und ihre Beziehungen zueinander, also notwendigerweise auch über die Grundsätze des Rechts, das in einer islamischen Gemeinschaft gelten soll. *Ramadan*[45] bemerkt dazu, dass sich der Koran „nicht ohne weiteres als Handbuch für das Studium der Rechtswissenschaft verwenden" lasse, vielmehr handle „es sich dabei um einen Aufruf zum rechten Glauben, der sich an das Herz der Menschen wendet" und auch von vielen Muslimen auswendig gelernt wird. Auch gebe es nur eine begrenzte Anzahl von Vorschriften, die sich auf bestimmte Rechtsgebiete beziehen, zum Beispiel auf das Familienrecht etwa 70 Anweisungen, auf das sonstige Zivilrecht weitere 70, auf das Strafrecht etwa 30, auf die Rechtsprechung und das Verfahrensrecht 13, auf das Verfassungsrecht 10, auf das Recht der Internationalen Beziehungen 25 und auf die Wirtschafts- und Finanzordnung etwa 10 Stellen. Das auf dieser Grundlage für die Muslime entwickelte islamische Recht stelle die *Zusammenfassung des islamischen Geistes* dar, es

---

43 *Religionsfreiheit* ist im Islam nicht gegeben. Der Abfall vom Glauben wird in vielen islamischen Staaten dem Hochverrat gleichgesetzt und, wenn er öffentlich bekundet wird, mit Todesstrafe bedroht und mit den zivilrechtlichen Folgen der Auflösung der Ehe, des Verlusts der Erb- und Testierfähigkeit. Muslime dürfen zwar Christinnen heiraten, die gemeinsamen Kinder müssen jedoch Muslime werden; vgl. *Krämer* Islam 137 ff.

44 *Shirin Ebadi*, Bis wir frei sind. Mein Kampf für Menschenrechte im Islam, 2016; dazu *W. G. Lerch*, FAZ vom 26.11. 2016, S. 11; *Krämer* Islam 114.

45 *Ramadan* IslRecht 42 ff., 44.

enthalte „den Kern des Islams selbst".[46] Die verbreitete Auffassung, die Verse des Korans, welche Rechtsfragen betreffen, hätten Vorrang vor der Sunna, entspricht jedoch nicht der Wirklichkeit des im Islam geltenden Rechts.[47]

(2) Zum Familienrecht und zum Kindschaftsrecht heißt es z.B. in 4/35: „Männer sollen vor Frauen bevorzugt werden",[48] und diejenigen Frauen, die durch ihr Betragen ihre Männer erzürnen, sollen in ihre Gemächer eingesperrt und gezüchtigt werden. In 16/59 heißt es zum Sorgerecht für die Kinder: „Wird einem von ihnen die Geburt einer Tochter verkündet, dann färbt sich sein Gesicht aus Kummer schwarz (und wird düster), und er ist tief betrübt. Wegen der üblen Kunde, die ihm zugekommen ist, verbirgt er sich vor den Menschen, und er ist im Zweifel, ob er sie zu seiner Schande behalten oder ob er sie nicht im Sande vergraben soll. Ist ein solches Urteil nicht schlecht?" In *Mohammeds* Zeit soll ein solcher Brauch üblich gewesen sein. Nach 4/4 durften Männer in jener Zeit bis zu vier Ehefrauen haben und auch mit Sklavinnen zusammenleben;[49] Sklavenhaltung habe es bis ins 20. Jahrhundert noch gegeben, soll heute aber in allen islamischen Staaten verboten sein. Insoweit werde also anerkannt, dass Koran und Scharia nicht mehr zeitgemäß seien; eine Änderung des Korans werde aber nicht in Betracht gezogen, weil dies menschliche Hybris sei.[50]

(3) Zum Erbrecht: Das Erbrecht ist im Unterschied zu anderen Sachgebieten im Koran relativ detailliert geregelt; hier dazu nur die Regelung 4/12: Söhne sollten doppelt so viel erhalten wie Töchter. Sind nur Töchter da und mehr als zwei, so erhalten sie zwei Drittel des Nachlasses; ist nur eine da, so erhält sie die Hälfte. Vater und Mutter des Verstorbenen erhalten je ein Sechstel des Nachlasses, wenn der Erblasser ein Kind zurücklässt. Ist er ohne Kind verstorben und die Eltern sind Erben, erhält die Mutter ein Drittel. Hat er Brüder, erhält die Mutter nach Abzug von Legaten und Schulden ein Sechstel. *Mourad*[51] versteht diese genauen Regelungen als Zeichen dafür, dass der Glaube an das *Jüngste Gericht* geschwun-

---

46 So *Ramadan* IslRecht 26 ff., 66; bedauerlicherweise hat *Ramadan* diese Stellen jedoch nicht aufgelistet, auch keine anderen Quellen dafür angegeben, so dass ihr Aussagegehalt im Einzelnen nicht dargelegt und überprüft werden kann.

47 Näheres nachstehend unter (2) bis (6).

48 *Rohe*, Das islamische Recht, S. 25, meint dagegen, die Ehe werde im islamischen Recht *ausschließlich als zivilrechtlicher Vertrag* angesehen, „auch wenn viele Gelehrte ihr zusätzlich eine religiöse Dimension zusprechen"; *Rohe* weist aber auch auf die Auffassung hin, dass aufgrund der Hadîthe, „das Schweigen einer Jungfrau zu einem Heiratsangebot als Zustimmung zu werten ist" (S. 25). Das *qui tacet consentire videtur* (wer schweigt, stimmt zu) galt aber schon im alten Rom nur in Fällen, in denen der Schweigende hätte sprechen können und müssen (*ubi loqui potuit et debuit*), keinesfalls aber für den Abschluss von Verträgen, die einer Form (Anwesenheit eines Priesters) oder eines realen Vollzugsaktes (*copula carnalis*) bedürfen.

49 Vgl. *Rohe* IslRecht 269; insoweit gilt also doch der Koran, nicht nur der Ehevertrag.

50 Dazu *Krämer* Islam sei 30–33, 72, 74, 81, 82–85: zur Polygamie- und Genderproblematik.

51 Mourad Mosaik 35.

den sei, ansonsten hätte man nicht so viel Mühe auf die Regelung der Erbschaft verwenden müssen. Das überzeugt nicht, denn die Erbschaft fällt mit dem Tod der Eltern an und das Jüngste Gericht findet erst später statt. Sollten die Menschen allerdings glauben, dass es gar nicht mehr stattfindet, so wäre eine wichtige Säule des Glaubens zerbrochen.

(4) Zum Vertragsrecht (4/29): *„Oh Gläubige, verschwendet euer Vermögen nicht untereinander für ein Eitles, doch treibt Handel in beiderseitigem Einverständnis; und mordet euch nicht selbst."* In dieser Sure wird die ausreichende Voraussetzung für den Abschluss eines Vertrags, also das *Prinzip der Vertragsfreiheit*, gesehen, sie soll also dem § 311 Abs. 1 BGB entsprechen. Allerdings ist streitig geblieben, ob ein Kaufvertrag *Real- oder Konsensualvertrag* ist, weil zu jener Zeit im hellenistischen und römischen Recht die Verträge grundsätzlich *Realverträge* gewesen seien. Der Prophet habe jedoch gesagt: *„Die Muslime müssten an dem Zustand festhalten, in dem sie sich befinden, es sei denn, das Verbotene werde zu Erlaubtem und das Erlaubte zu Verbotenem gemacht."*[52] Aufgrund dieses Ausspruchs des Propheten wurde der Grundsatz festgelegt, dass der Abschluss eines Vertrags, solange er sich innerhalb des Rahmens der öffentlichen Ordnung bewegt, keinerlei Bedingungen unterworfen, also *Konsensualvertrag* sein könne. Wenn man jedoch diesen Satz des Propheten für alle Regelungen von Fällen verwenden kann, die im Koran und in der Sunna keine Regelung erfahren haben, so wäre in der Tat alles zulässig, was nicht verboten ist, und wenn der Satz auch gelten soll für Fälle, die im Koran geregelt sind, jetzt aber einer anderen Regelung bedürfen, so wären die Regelungen des Korans *kein göttliches Recht* mehr, könnten vielmehr durch den Menschen geändert werden. Nach allem, was aber auch bei *Ramadan* zum Ausdruck kommt, kann der Satz so weitgehend sicherlich nicht verstanden werden. Inwieweit er Geltung haben kann, müsste von den Schriftgelehrten des Islams geklärt werden. Dazu fehlt einem Ungläubigen die Kompetenz. In jeder Rechtsordnung gibt es jedoch Widersprüche; Gott kann sich zwar nicht irren, aber die Menschen können ihn falsch verstehen. Wenn der Koran keine weiten Regelungen zum Vertragsrecht enthält, lässt er der Vertragsfreiheit jedenfalls einen weiten Spielraum und das ist gut so, kann freilich durch die Regelungen der Sunna ausgestaltet und eingeschränkt sein.

(5) Zur Ehre und zum Eigentum und zu sonstigen absoluten subjektiven Rechten gibt es aus letztlich verständlichen Gründen keine einschlägigen Grundsätze des Korans, weil im göttlichen Recht alles seinen letzten Grund in Gott haben muss. Zur Ehre wird allerdings auf die Verse 3/26, 49/13 und 23/25 hingewiesen. In 3/26 heißt es: „Bete: Allah, der du Herr der Herrschaft bist, du gibst die Herrschaft, wem du willst, du entziehst sie, wem du willst. Du erhöhst, wen du willst, und erniedrigst, wen du willst." In 49/1: „Verdächtigt nicht andere, spioniert

52 *Ramadan* IslRecht 67, gibt dafür das Zitat: *M. Zarka*, Al-Madkhal al Fiqhi al-'Am, 126.

nicht und sprecht nicht hintenherum schlecht voneinander. Argwohn ist manchmal Sünde. Fürchtet Gott, er ist gnädig und barmherzig." Ein Muslim ist also Gott gegenüber verpflichtet, sich anderen Muslimen gegenüber anständig zu verhalten, Ungläubigen gegenüber soll er allerdings misstrauisch sein, vgl. 3/117; dazu oben IV 1b(2).

(6) Zum *Eigentum* ist eine einschlägige Koranstelle nur schwer oder gar nicht zu finden. Aufgrund der *Scharia* ist jedoch allgemein anerkannt, dass jeder Mensch berechtigt ist, entsprechend seinen Bedürfnissen aus den „Gaben der Natur" (dem Holz des Waldes, den Früchten des Ackers, dem Obst der Bäume) seinen Nutzen zu ziehen. Der Staat kann jedoch Abgaben verlangen, wenn Menschen diese natürlichen Güter zu kommerziellen Zwecken nutzen wollen. Auch dürfen durch die Nutzung dieser Güter nicht die Rechte anderer oder des Staates verletzt werden (das entspricht § B MdS-RL). Nach der Scharia soll jedoch niemand sein Land länger als drei Jahre in unbewirtschaftetem Zustand belassen dürfen. Verwendet er es nicht selbst, um etwas darauf anzubauen oder dort Gebäude und dergleichen zu errichten, so wird dieses Land nach einer Zeitspanne von drei Jahren als „aufgegeben" betrachtet. Wenn dieser Satz wirklich ein geltender *Rechtssatz* ist, so ist jedenfalls Grundstückseigentum im Geltungsbereich der Scharia nicht gewährleistet. Ob dies auch für das Eigentum an beweglichen Sachen gelten soll, ist zweifelhaft und wohl zu verneinen. *Rohe* meint (S. 33), Kauf und Miete würden sich dadurch unterscheiden, dass dem Käufer das Eigentum am Kaufgegenstand sofort in vollem Umfang zufällt. Das ist nur schwer oder gar nicht zu verstehen, denn bei einem Mietvertrag wird der Mieter niemals Eigentümer. Unterscheidet man allerdings nicht zwischen Besitz und Eigentum, so sind Kaufvertrag und Mietvertrag nur schwer zu unterscheiden. Auch bei einem Kaufvertrag ist aber ein Eigentumsübergang nach Abschluss des Kaufvertrags grundsätzlich nur denkbar, wenn der Eigentumsübergang ein vom Kaufvertrag abgetrenntes Rechtsgeschäft voraussetzt, z.B. das Eigentum an der Kaufsache erst mit der Zahlung des Kaufpreises übergehen soll, was die Möglichkeit einer bedingten Eigentumsübertragung voraussetzt; dieses Ergebnis kann allerdings auch dadurch erreicht werden, dass die Sache zuerst leih- oder mietweise zur Nutzung übergeben und mit der Zahlung des Kaufpreises ein Kaufvertrag vereinbart wird. Mit diesen Bemerkungen zum Begriff der *Ehre* und des *Eigentums* sollte nur angedeutet werden, dass der Versuch der Erfassung der Scharia mit den Begriffen und Prinzipien unseres Rechts nur schwer möglich ist und jedenfalls gediegene Grundkenntnisse beider Rechtsordnungen und ihrer Geschichte voraussetzt.

(7) *Das islamischen Strafrecht* trennt noch nicht streng zwischen Straf- und Schadenersatztatbeständen, unterscheidet aber zwischen im Koran begründeten (Tötung, Diebstahl, Wegelagerei, Unzucht, Alkoholgenuss) und vom Machthaber für

strafwürdig erklärten Tatbeständen.[53] Der *Verschuldensgrundsatz des Strafrechts* (vgl. §§ 15–17, 46 Abs. 1 StGB) soll enthalten sein in folgenden Suren: *„Jede Seele ist ein Pfand für das, was sie getan hat“* (74/38); *„jede Seele erntet nur das, was sie verdient, keine beladene Seele trägt die Last einer anderen“* (6/165). Im Übrigen sollen die strafrechtlichen Normen des Korans nur noch in wenigen Staaten in der einen oder anderen Form angewendet werden.[54] In einigen islamischen Staaten ist das *Arsenal der Strafen* jedoch mittelalterlich geblieben: Abschneiden von Händen und Füßen für Diebstahl und Raub, bis zu eintausend Peitschenhieben (in Raten) für „Unzucht“, Steinigung für „Unzucht“ von Ehefrauen, für Ketzerei Todesstrafe.[55]

(8) Grundsatz des Verfassungsrechts soll nach *Ramadan*[56] Sure 42/38 sein mit der Übersetzung: *„Und die auf ihren Herrn hören und das Gebet verrichteten und deren Angelegenheiten (durch) gegenseitige Beratung geregelt werden.“ Grundsatz des Völkerrechts* soll 49/13 sein:[57] *„Ihr Menschen! Wir haben euch geschaffen von einem männlichen und einem weiblichen Wesen und wir haben euch zu Verbänden und Stämmen gemacht, damit ihr euch (aufgrund der genealogischen Verhältnisse) untereinander kennt. Als der vornehmste gilt bei Gott derjenige von euch, der am frömmsten ist.“* Aber in 9/71 steht auch geschrieben: *„Nur die gläubigen Männer und die gläubigen Frauen sind untereinander Freunde.“* Was in demokratischen Rechtsstaaten als *Staats- und Verwaltungsrecht* betrachtet wird, ist in den islamischen Staaten weitgehend noch eine Domäne der Staatsmacht. „Diskutiert“ wird jedoch die Frage, wem die Herrschaft im Staate zukommt, und das Verhältnis von Staatsmacht und Rechtswissenschaft.[58]

d) Die rechtlichen Regelungen der Sunna (1) Die Sunna besteht aus einem Corpus von Hadithen, in welchen die Praktiken aufgezeichnet sind, mit denen *Mohammed* den

---

[53] Vgl. die Vorträge bei der Jahrestagung der Gesellschaft für arabisches und islamisches Recht am Freiburger Max-Planck-Institut am 21./22.10.2016; dazu *Joseph Croitoru*, FAZ vom 26.10.2016, Geisteswissenschaft Nr. 3. Auf der Tagung wurde u.a. dargelegt, dass für *Blasphemie* und sonstiger *Schmähung* nach wie vor die Todesstrafe verhängt werden kann und auch verhängt werde, wobei der Begriff der Schmähung im Iran nicht einmal gesetzlich bestimmt sei. Danach wird das Strafrecht der Scharia also allein durch den „Machthaber“ bestimmt! Das bestätigt die Aussagen *Mourads*; vgl. ferner *Rohe* IslRecht 36.

[54] *Krämer* Islam 99. Das kann man auch als Willkürherrschaft verstehen, wenn die Strafen nur gegen die angewendet werden, gegen die man sie anwenden will. Gelegentlich bekommt aber doch der eine oder andere 1000 Schläge in Raten, obwohl dies der Todesstrafe gleichkommt, nur die Vollstreckung länger zu erdulden ist.

[55] Nach Sure 24/3 soll eine Hure und ein Hurer nur 100 Schläge erhalten, nach der Scharia sollen Huren jedoch gesteinigt werden; ebenso gibt es nicht selten eine größere Zahl von Schlägen; dazu *Mourad* Mosaik 32 f., der gegen die allgemein verbreitete Meinung auch erklärt, dass und warum die *Scharia* vielfach dem *Koran* widerspricht; weil nämlich von den Sunniten der *Sunna* Vorrang eingeräumt wird vor dem Koran und die Schiiten vor allem den Worten ihrer *Imamen* folgen, die nach ihrem Glauben unmittelbar von Gott erleuchtet sind.

[56] *Ramadan* IslRecht 67; Übersetzungen und Auslegung dieser Stelle sind jedoch umstritten.

[57] Dazu unten IV 4 e (1) als 42/39 mit etwas abweichender Übersetzung.

[58] *Rohe* IslRecht 40.

Stadtstaat von Medina, den ersten islamischen Staat, organisiert, verwaltet und regiert hat; teils sind diese Regeln allerdings schon in vorislamischer Zeit entstanden. Die Hadithe sind als wesentlicher Teil der Scharia zur Konkretisierung der wenigen rechtlichen Regelungen des Korans im Laufe der Zeit notwendig, auch fortwährend ergänzt und so mit der Zeit zu einer gewaltigen Masse geworden. Die Regelungen der *Sunna* und damit die gesamte *Scharia* werden als ewig gültiges und unveränderliches *von Allah offenbartes göttliches Recht* verstanden (Suren 4/80; 8/20; 16/44),[59] das zur Vermeidung aller Höllenstrafen nicht verfälscht oder verändert werden darf.

(2) Corpus der Hadithe: Unrichtig ist wohl auch die verbreitete Vorstellung, die Hadithe würden ausschließlich oder jedenfalls überwiegend vom Propheten *Mohammed* stammen. *Mourad* stellt überzeugend klar, dass die von *Mohammed* stammenden Hadithe nur einen kleinen Kernbestand des umfangreichen Corpus von Hadithen bilden. Kein muslimischer Rechtsgelehrter würde es wagen zu behaupten, sagt *Mourad*, dass nur die Worte des Propheten Scharia seien und andere Sprüche, Hinweise und Überlieferungen nicht. Jede Aussage eines Gelehrten habe in der islamischen Rechtslehre ihren Platz und daher könnten alle Muslime wählen zwischen den Worten des *Propheten*, des *Kalifen Abu Bakr* und des *Juristen Abu Hanifa*. In den Hadithen der *Schiiten* stünden vor allem die Worte und Handlungen der *Imamen*. Im *Sunnismus* würden die Aussprüche und Handlungen des Propheten durch solche anderer bedeutender Muslime ergänzt. Wenn es im Koran widersprüchliche Regeln gibt, was nicht selten sei, oder Koran und Hadithe voneinander abweichen, so ist nach *Mourad* dem Hadithe *Mohammeds* zu folgen, weil seine Sunna auch von Gott kommt. Deshalb sei es notwendig geworden, möglichst viele „Sprüche" (Hadithe) zu sammeln und sie *Mohammed zuzuschreiben*. Für derartige Rechtstechniken hat man im christlichen Mittelalter den Begriff der *pia fraus* (frommen List) entwickelt. Die Muslime haben sich jedoch bemüht, gefälschte Hadithe auszusieben, aber *Mourad* berichtet, dass schon *Buchari* (gest. 870) 70.000 Hadithe untersucht habe und nur 4.000 davon als echt befunden hätte. Später habe jeder wichtige Hadith-Gelehrte seine eigene Sammlung angelegt, und wenn diese in Umlauf gebracht wurden, seien sie früher oder später auch von anderen Gelehrten anerkannt und angewendet worden. Diese Darstellung *Mourads* erscheint überzeugend, weil Recht in allen Kulturen auf diese und ähnliche Weise entstanden ist. Man kann dann nur noch darüber streiten, ob es auf diese Weise aus menschlicher Vernunft oder durch göttliche Eingebungen entstanden ist. Gefällt einem Rechtsanwender die Regel einer solchen Hadithe nicht, so kann er sie als gefälscht betrachten, wenn er sie anwenden will,

[59] Zur Mehrdeutigkeit des Begriffs „Sunna" und den eingetretenen Begriffsverwechslungen und zur Frage der Fälschungen von Niederschriften der Sunna (Hadithe) vgl. *Ramadan* IslRecht 46 f.; 49 f.

wird er sie als echt verstehen. Auch so kann vernünftiges Recht entstehen, das den Anforderungen seiner Zeit genügt. Die auf solche Weise durch Koran und Sunna offenbarte Scharia regelt also alle Rechte und Pflichten eines Muslims. Die Muslime, die daran glauben und tun, was Recht ist, „werden in wasserreiche Gärten geführt und sollen ewig darin weilen und bei unbefleckten Frauen unter immerwährenden Schatten dort wohnen", diejenigen aber, „welche an diese Zeichen nicht glauben, werden in Höllenflammen braten und so oft ihre Haut verbrannt ist, geben wir ihnen andere Haut, damit sie umso peinlichere Strafe fühlen" (4/57).

(3) Die Sunna hat Vorrang vor dem Koran: *Mourad* erklärt, dass viele in der Sunna überlieferte Regeln dem Koran widersprechen würden; auch gebe es im Koran viele Verse, die sich widersprechen:[60] z.B. bestimme der Koran für *Ehebruch* die Strafe von 100 Peitschenhieben, nach der Scharia sei jedoch die Steinigung vorgeschrieben. Nach der Scharia sei auch der Genuss von *Alkohol verboten*, in 16/67 heißt es jedoch: „Von den Weintrauben und den Palmbäumen erhaltet ihr berauschende Getränke und auch gute Nahrung"; in 5/90 heiße es dagegen: „Oh Gläubige, der Wein, das Spiel, Bilder und Loswerfen sind verabscheuungswürdig und ein Werk des Satans." Sowohl Gott als auch der Satan seien also nach dem Koran Schöpfer des Alkohols. Auch in der Frage, ob der Mensch einen *freien Willen* habe oder einer *göttlichen Vorsehung* unterliege, gebe es Verse für beide Ansichten. *Mourad* meint daher, das gelte „für so gut wie alles, was im Koran vorkommt". Diese Feststellung ist natürlich wirklich teuflisch, wenn man bedenkt, was denen geschehen soll, die an die Zeichen des Korans nicht glauben. *Mourad* erklärt aber, dass Muslime den *Koran nicht als erste Quelle* für Verhaltensregeln betrachten. Für die meisten Sunniten stehe an erster Stelle die Sunna des Propheten, die sich über diverse umfangreiche Sammlungen verteilt und ergänzt wird durch ein noch größeres, vom Sunnismus sanktioniertes Corpus von Ansichten bedeutender Persönlichkeiten aus der Frühzeit des Islams. Wenn eine Regelung aus dem Koran dem Propheten widerspricht, spiele das somit keine Rolle: *„Ausschlaggebend ist das Corpus der Sunna."* Die *Schiiten* würden dagegen den Lehren ihrer Imame folgen, die, wie sie glauben, unmittelbar von Gott erleuchtet werden. Das bedeutet im Ergebnis allerdings, dass für Sunniten und Schiiten, auch wenn sie zu demselben Staat gehören, ein verschiedenes Recht gilt, die verschiedenen Rechte aber als göttliches Recht zu begreifen sind, das der Mensch nicht ändern kann. Wie soll die Rechtspraxis damit zurechtkommen? Unversöhnliche Streitigkeiten müssen die notwendige Folge sein. Und wenn die Integration der zu uns gekommenen Muslime nicht gelingt, sie nicht bereit sind, gemeinsam unser Recht zu akzeptieren, so wird es zwischen ihnen auch bei uns zu solchen Streitigkeiten kommen.

---

[60] *Mourad* Mosaik 32 ff.

(4) Muss Gottes Wort nicht Vorrang haben? Auf die dazu von *Anderson* gestellte Frage, ob Gottes Äußerungen nicht über jedem menschlichen Wort stehen, antwortet *Mourad*:[61] *„So ist es in der muslimischen Welt nie verstanden worden."* Symbolisch zähle zwar das Wort Gottes, in Wahrheit seien aber alle Reformbewegungen, die das durchzusetzen versuchten, in der Bedeutungslosigkeit verschwunden:

> „Für die Schiiten zählen die Worte der Imame, für die Sunniten ein größeres Corpus von Sprüchen des Propheten, seiner Weggefährten, ihrer Nachfolger und einiger weniger wichtiger Gelehrter aus späterer Zeit. Während also der Koran recht flexibel gehandhabt werden kann, sind die Imame und die Sunna unantastbar – werden sie in Frage gestellt oder angezweifelt, bricht das gesamte System zusammen. Das ist auch ein Grund dafür warum Mohammed-Karikaturen in der muslimischen Welt stets Gewalt auslösen."

Das widerspricht zwar den meisten bei uns zugänglichen Islamdarstellungen,[62] scheint aber der Wahrheit näherzustehen, weil anders die islamischen Staaten wohl gar nicht zeitgemäß in Ordnung gehalten werden könnten. Der Widerspruch zwischen Theorie und Praxis bleibt jedoch bestehen und es wäre daher ein Wunder, wenn nicht einige andere anderer Meinung wären, was in der Praxis der islamischen Staaten sicherlich des Öfteren auch zu größeren Problemen führt.

(5) Im Zweifel erlaubt oder verboten? Für die in einer Rechtsordnung bestehende Freiheit des Einzelnen ist die Frage von großer Bedeutung, ob eine bestimmte Handlung im Zweifel erlaubt oder verboten ist. In den demokratischen Rechtsstaaten Europas ist im Zweifel alles erlaubt, was nicht verboten ist. Und jeder Eingriff in die Freiheit eines Bürgers bedarf grundsätzlich einer gesetzlichen Grundlage; für strafrechtliche Eingriffe der Staatsgewalt ist eine dem *Bestimmtheitsgrundsatz* genügende Regelung des *positiven Rechts* erforderlich (*nullum-crimen-Grundsatz*).

Die Rechtsgelehrten des Islams unterscheiden demgegenüber fünf Kategorien menschlicher Handlungen: 1. von der Scharia *geforderte*, 2. *empfohlene*, 3. *zulässige* (weder geforderte noch empfohlene), 4. *tadelnswerte*, 5. *verbotene Handlungen*. Da-

[61] *Mourad* Mosaik 33.

[62] *Krämer* (Islam 97 ff.) meint allerdings, dass nur wenige islamische Staaten die strafrechtlichen Normen der Scharia anwenden würden (S. 99 f.); von zentraler Bedeutung für die Anwendung der Scharia sei all das, was im weitesten Sinne unter *öffentlicher Moral* zu verstehen ist, nicht nur Themen wie Drogen, Alkohol und Prostitution, sondern auch alternative Lebensformen und unkonventionelles Verhalten, auch die Freiheit der Medien, der Wissenschaft oder Kunst. Die prinzipielle Gültigkeit der Scharia würde von den Muslimen nicht in Frage gestellt, wobei sie unter Scharia vor allem Fragen des Anstandes, der Moral und der Gerechtigkeit (S. 97) ganz allgemein verstünden, auch eine saubere Wirtschaft bis zu strikter *law-and-order*-Politik etc. Rohe (S. 9, 12) meint dagegen, den Begriff „Scharia" gäbe es in einem engeren und einem weiteren Sinn. Für die im Islam ebenfalls bestehende Trennung zwischen Recht und Religion sei es jedoch nicht von Bedeutung, dass sowohl religiöse als auch rechtliche Normen nach traditioneller Auffassung als von Gott gegeben angesehen werden. Da staunt der Laie und der Fachmann wundert sich, was alles straflos geschrieben und verbreitet werden darf.

raus ist zu folgern und wird gefolgert, dass nur die Kategorie des *„zulässigen" Handelns* Gegenstand *menschlicher* Gesetzgebung sein könne;[63] was *zulässig*, was *verboten* und *tadelswert* ist, ergibt sich jedoch aus dem Koran und der Sunna.[64]

Auf dieser Grundlage des Islams wird der Grundsatz, dass alles erlaubt ist, was nicht verboten ist, als eine unverzeihliche Verletzung religiöser Pflichten betrachtet, weil damit der unerforschliche göttliche Wille durch einen menschlichen Willen ersetzt werde.[65] Aufgrund der genannten Prämissen muss das Recht des Islams sich auf alle menschlichen Handlungen erstrecken und entscheiden, *ob sie zulässig sind.* Dabei sind die religiösen und rechtlichen Pflichten als Einheit zu verstehen. Wenn aber die Zulässigkeit einer Handlung davon abhängig ist, dass sie nicht verboten oder tadelnswert, sondern geboten oder gefordert oder zulässig ist, so bleibt sie unzulässig, bis sie *als zulässig erklärt* wird. Weil die Menschen aber – anders als Gott – nicht allwissend sind und auch der allwissende Gott nicht jeden seltenen Fall in seiner Offenbarung regeln wollte, um die Menschen nicht zu verwirren, gibt es auch in der Praxis des islamischen Rechts immer wieder Fälle, an die noch nie irgendein Mensch gedacht hat, wofür es daher weder im Koran noch in der Sunna eine Regelung gibt, man deshalb nicht weiß und nicht wissen kann, ob die zweifelhaften und umstrittenen Handlungen oder Verhaltensweisen geboten oder verboten oder zulässig sind, und es muss also eine Regelung gefunden werden. Weil die Muslime jedoch grundsätzlich keine rechtlichen Regelungen aufstellen dürfen, weil das Recht *göttliches Recht* ist und daher das positive Recht einer *Grundlage im Koran* oder der *Sunna* bedarf, mussten die islamischen Schriftgelehrten noch andere Rechtsquellen als Koran und Sunna anerkennen, aus denen sie für solche Fälle Recht schöpfen konnten, das dem Koran und der Sunna nicht widerspricht. Als solche Rechtsquellen werden im Allgemeinen anerkannt: 1. die *(allgemeine, „herrschende") Meinung der Rechtsgelehrten* und der *Rechtsschulen*[66] (*al-idschmā*) in Fällen, in denen Koran und Sunna keine Antwort

[63] *Ramadan* (IslRecht 48, 67) bestreitet allerdings einen solchen Grundsatz und meint, dass auch im islamischen Recht grundsätzlich alles erlaubt sei, was nicht verboten ist. Weil er jedoch die genannten vier Kategorien anerkennt, verstößt er damit gegen die Gesetze der Logik, weil als zulässig nur betrachtet werden kann, was *nach dem Koran zulässig* ist, womit die *Zulässigkeit* also ein *Urteil über die Zulässigkeit auf der Grundlage des Korans voraussetzt* und nicht nur die Tatsache, dass es nicht verboten ist. Deswegen ist und bleibt der Bereich zulässiger Handlungen ein Bereich rechtlicher Entscheidungen *auf der Grundlage des Korans.*

[64] Eine Minderheit ist aber der Auffassung, es gebe Themen und Lebensbereiche, zu denen Gott oder der Prophet *keine* klaren und verbindlichen Weisungen erteilt habe (*mubah*), weshalb Muslime in diesem Bereich im Rahmen des Islams und der Scharia nach Maßgabe des Nützlichen handeln könnten; dazu *Krämer* Islam 29). Die Mindermeinung ist aber mit der Vorstellung eines allwissenden Gottes (42/13) und absoluter Offenbarung allen Rechts nur schwer zu vereinbaren. Gott kann doch nichts vergessen haben. Darum ist im Islam alles verboten, was nicht erlaubt ist.

[65] Dazu oben IV 2 c.

[66] Dazu unten IV 3 c.

auf eine Rechtsfrage geben können; 2. der „*Analogieschluss*"[67] (*al-qijâs* oder *al-maslaha*) und 3. das *selbstständige Nachdenken*,[68] wenn sich weder aus dem Koran noch der Sunna noch aus Analogieschlüssen die gesuchte Lösung ergibt (*al-idschihâd*). Das aus diesen „parakonstitutionellen" Quellen geschöpfte Recht darf dem Koran oder der Sunna jedoch nicht widersprechen (5/3); dazu unten 3 c–e.

3. Islamische Rechtswissenschaft (al-fiqh): Wissenschaft ist ein *menschliches Streben* nach Erkenntnis. Recht ist nach islamischem Dogma jedoch *göttliches Recht*. Rechtswissenschaft ist aufgrund dieser Voraussetzungen also ein Widerspruch in sich, Rechtswissenschaft bleibt dann Theologie. Der Mensch kann nach der *Kant'schen* Philosophie den Willen Gottes nicht erkennen. Das macht eine rein rechtswissenschaftliche Betrachtung göttlichen Rechts problematisch. Auch dafür gilt der Satz, der zur Zerstörung der antiken Bibliothek von Alexandria geführt hat, entsprechend: Steht es im Koran, so braucht man die Rechtswissenschaft nicht, steht es nicht im Koran und kann es auch nicht herausgelesen werden, so ist es Unrecht. Im gefährlichen Niemandsland dieser Gegensätze müssen die islamischen Rechtsgelehrten das Recht suchen und finden, welches sich *nicht unmittelbar* aus dem Koran und der Sunna ergibt, ohne die aus göttlichem Willen entstandenen Glaubenssätze anzuzweifeln.

a) Menschliche Erkenntnis zu göttlichem Recht? Das islamische Recht besteht aus einigen, aber nicht sehr vielen Vorschriften des Korans und der großen Masse von Hadithen sowie den allgemein anerkannten Erkenntnissen der Rechtswissenschaft (*al fiqh*).[69] Es ist aber nicht leicht und nicht jedermann möglich, aus dem Koran oder der Sunna die Regelungen herauszufinden, die zur Lösung eines Falles erforderlich sind, selbst wenn man den Koran auswendig gelernt hat. Deswegen musste sich auch im Islam eine Art von Rechtswissenschaft entwickeln, die *al-fiqh* genannt wird. *Al fiqh* heißt wörtlich *Intelligenz*. Diese „Rechtsintelligenz" kann in den islamischen Staaten anders als die Rechtswissenschaft des christlichen Abendlandes jedoch auf der Grundlage der *menschlichen Vernunft* kein Recht schaffen, weil das Recht *göttliches Recht* ist;[70] sie kann aber aus den offenbarten Regeln des Korans rechtliche Regelungen erkennen, die teils unmittelbar einsichtig sein, aber teils nur nach langem Studium im Wege der Auslegung erkennbar gemacht werden können. Was diese „Schriftgelehrten" in ihrem Bemühen als Recht erkennen, darf aber dem Koran oder den *Hathide* der *Sunna* nicht wider-

[67] Dazu unten IV 3 d.
[68] Dazu unten IV 3 e.
[69] Die Meinung von *Ramadan* (IslRecht 63), dass nur die Hadithe des Propheten zur Sunna gehören, ist jedenfalls überholt, war aber wohl nie richtig; ansonsten müsste die Rechtswicklung in den Staaten des Islams im Jahre 632 n. Chr. stehen geblieben sein.
[70] Zur Verschiedenheit der Bedeutung *göttlicher und menschlicher Vernunft* im Christentum und im Islam vgl. *Thomas Thiel* zum Vortrag *Tilman Nagels*, in: FAZ vom 17.2.2017; dazu *ThvA*, in: 3. Kap III 2–5; V 1–4.

sprechen, ansonsten ist es – sofern es nicht „verfassungskonform", d.h. entsprechend dem göttlichen Willen verstanden werden kann – als rechtsunwirksam zu erkennen mit der Folge, dass die Abweichler von Höllenstrafen bedroht sind: *„Jeder der einen anderen Weg befolgt als den der Gläubigen, dem wollen wir geben, was er erstrebt (4/116): den Irrtum. Dafür aber werfen wir ihn in Höllenflammen."*[71] Wer vom göttlichen Recht abweicht, macht sich der *Ketzerei* schuldig und kann daher als Ketzer mit dem Tode bestraft werden. Rechtsdenken ist in islamischen Staaten eine lebensgefährliche Angelegenheit.

b) Al-fiqh zwischen Glaube und Wissenschaft: Unter *al-fiqh* werden die Werke islamischer Juristen verstanden, in denen aus dem Koran und der Sunna die für die rechtliche Praxis abgeleiteten Regelungen für das Familienrecht (Eheschließung, Ehescheidung, Kindschaftsrecht, Unterhaltspflichten, Vormundschaft, Pflegschaft etc.), für das Erbrecht, für das Vertragsrecht usw. abgeleitet werden. Die durch solche Ableitungen gewonnenen Regelungen könnten jedoch als *Menschenwerk* verstanden werden und bedürfen daher, um als (göttliches) Recht gelten zu können, zusätzlicher Voraussetzungen. Das wirft natürlich für die Muslime viele Fragen auf: Sind diese Ableitungen mit dem Koran und der Sunna zu vereinbaren? Können diese Regelungen auf den Koran gestützt werden, haben sie im Koran eine Grundlage? Besteht die Sicherheit, dass das so durch den Menschen gewonnene Recht dem göttlichen Willen entspricht? Gibt es verschiedene Meinungen in einer Rechtsfrage? Wenn ja, welche ist dann richtig? Gibt es Unterschiede zwischen dem Recht der *Scharia* und dem durch *eigenes Nachdenken* (Auslegung, *al-idschtihâd*) gewonnenen Recht? Diese und viele andere Fragen dieser Art sind deshalb nur schwer zu beantworten, weil das Recht nicht nur dem *Koran* und der *Sunna* nicht widersprechen darf, sondern *göttliches Recht* sein muss, also nicht bloßes *Menschenwerk* sein darf.[72] Den islamischen Juristen ist daher die Aufgabe gestellt, etwas als *göttliches Recht* erkennen zu müssen, was *Kant* als unerkennbar erkannt hat. Diese Aufgabe ist nur schwer oder gar nicht zu lösen und birgt die Gefahr in sich, etwas für Recht zu erklären, was nach *Koran* und *Sunna* verboten oder tadelswert oder jedenfalls nicht zulässig ist und göttliches Recht zu verletzen droht. Diese Problematik lässt sich nicht allein dadurch ausräumen, dass der gemeinsame Gott der Muslime, Christen und Juden *für jedermann das Rechte* will:

---

[71] Dazu *Ramadan* IslRecht 90 ff., 102; *W. J. Bauer*, Bausteine des Fiqh. Quellen und Methodik der Begründung islamischer Beurteilungen, 2013; *G. Bergsträßer*, Grundzüge des islamischen Rechts,1935; *Krämer* Islam 182 ff.

[72] *Rohe* (IslRecht 10) meint dagegen, die Vorstellung, der Fiqh sei göttliches Recht, sei inzwischen weitgehend überholt; anders *Ramadan, Krämer, Muqtedar* u.a., anders auch *Rohe* selbst, S. 11, 13.

Gottes ist der Orient!
Gottes ist der Okzident!
Er der einzige Gerechte
Will für jedermann das Rechte.

Nicht verwirren will das Irren;
Doch du weißt mich zu entwirren
Wenn ich handle, wenn ich dichte
Gib du meinem Weg die Richte.

Ob ich Ird'sches denk und sinne
Das gereicht zu höherem Gewinne
Mit dem Staube nicht der Geist zerstoben
Dringet, in sich selbst gedrängt, nach oben.
Goethe, Talismane

Goethe wollte sich also durch die Irrtümer seines irdischen Denkens nicht verwirren lassen und vertraute darauf, dass er jedenfalls beim Dichten das Rechte stets erkenne und dieses auch nach oben dringe. *Goethe* hat dabei sicherlich nicht verkannt, dass es beim Rechten noch schwieriger ist als beim Dichten, wusste er doch, wie es um diese Lehre steht.

c) Konsens der Schriftgelehrten, Rechtsschulen: Weil natürlich immer dann Zweifel an der „Rechtheit" („Richte") einer Rechtsmeinung entstehen, wenn verschiedene Juristen verschiedener Meinung sind, gehen islamische Schriftgelehrten davon aus, dass jedenfalls solche Auffassungen als von Gott eingegebenes Recht verstanden werden könnten, in denen viele oder sogar alle Juristen in einer Rechtsfrage derselben Meinung sind (*al-idschmâ*), denn dann liege es doch nahe, dass die gemeinsame Meinung eine gemeinsame Quelle habe, also offenbartes göttliches Recht sein könne, gar müsse. So denken auch bei uns viele, dass es jedenfalls Recht sein müsse, wenn es allgemeine Meinung oder zumindest „herrschende" Meinung ist. Wie bei uns, so sind auch bei den Muslimen jedoch selten oder nie zu einer etwas schwierigen Frage alle derselben Meinung und oft viele verschiedener Meinung und daher ist es oft nicht möglich, auf diese Weise das *richtige Recht* zu finden. Deswegen sind im Islam *Rechtsschulen* gegründet worden, die für eine gemeinsame Meinung sorgen sollten. Aber es sind *fünf sunnitische* und *ein paar schiitische Schulen* gegründet worden[73] und die waren des Öfteren verschiedener Meinung. Zu dem erstrebten *rechtswissenschaftlich-islamischen Zentrum* ist es daher aus leicht verständlichen Gründen nie gekommen. Die *Schiiten* lehnten das *al-idschmâ* generell ab und auch bei den *Sunniten* sind im Laufe der Zeit Zweifel entstanden, ob das *al-idschmâ* als *Rechtsquelle* je anerkannt worden ist. *Al-Schafi'i*, der das erste große Werk zum Recht des Islams geschrieben hat, bestreitet, dass es *al-idschmâ* je gegeben hat, außer im Zusammenhang mit religiösen Grundsätzen, die von Generation zu Generation weitergegeben worden seien und deren Gültigkeit auf einigen authentischen Texten beruhe. So ist man schließlich zu der Auffassung gekommen, dass die Methode des *al-idschmâ* zur *Wahrung der nationa-*

[73] *Mourad* Mosaik 35; *Rohe* (IslRecht 22) meint, vier von den Sunniten und nur eine von den Schiiten.

len Einheit auch gegen Abweichungen einzelner Juristen entwickelt worden sei, aber wegen einer verfehlten Ausübung auch diesen Zweck nicht erreicht habe. *Ramadan*[74] meint daher, die richtige Ausübung des *al-idschmâ* habe aufgrund einer Beratung möglichst durch eine Beteiligung des ganzen Volkes zu erfolgen. Der Gedanke wurde zwar von einigen anderen aufgegriffen, konnte aber faktisch nichts bewegen.

Mourad meint, der Grund dafür, dass in der muslimischen Welt heute so viel Chaos herrsche, sei darin begründet, dass man nicht mehr wisse, was die *Scharia* ist.[75] Es gebe nicht mehr eine *islamische Scharia*, vielmehr lege *jede Rechtsschule ihre eigene* fest und man folge dem Islam entsprechend der Scharia seiner jeweiligen Schule. Der Gelehrte *Mahmud Taha* aus dem Sudan habe einmal versucht, eine Lösung für den Islam der Moderne zu entwickeln, und zwar ausgehend davon, dass der Koran zwei verschiedene Botschaften enthalte, die Offenbarung in Mekka und diejenige in Medina. Die zweite, „verwässerte" Botschaft in Medina habe Gott nur gegeben, weil die Muslime die in Mekka gegebene Botschaft damals nicht verstehen wollten. Die Medina-Botschaft hätte nur so lange gelten sollen, bis eine Generation von Muslimen herangewachsen sein würde, welche die Mekka-Botschaft und den Islam in seiner „wahren Form" verstehen könnte. Bedauerlicherweise sei *Taha* jedoch 1985 wegen Abfall vom Glauben (*Apostasie*) gehängt worden. *Abdullah an Na'im* habe sich seine Gedanken jedoch zu eigen gemacht und schlage vor, dass die Muslime die klassische Scharia hinter sich lassen und ein System einführen sollten, das so furchtbare Gepflogenheiten wie Sklaverei, die rechtliche Unterwerfung religiöser Minderheiten, die Einschränkung von Menschenrechten und dergleichen abschafft. Die Scharia sei für das *Mittelalter* gemacht worden und habe damals auch ihren Zweck erfüllt, sei aber für das *moderne Zeitalter* völlig ungeeignet. *Mourad* meint dazu,[76] dass so gut wie alle muslimischen Regierungen erstaunlicherweise damit einverstanden gewesen seien, es aber nicht gewagt hätten, dies öffentlich auszusprechen. *Mourad* fragt daher, warum die Muslime die Scharia noch für relevant halten, obwohl sie ihre Verfassung und ihre rechtlichen Institutionen an einem anderen Rechtssystem und an einer anderen Philosophie orientieren. Er gibt dazu auch die Antwort: Denker wie *Taha* und *Abdullah an Na'im* würden nur deswegen begrenzt Anklang finden, weil sich die islamische Lehre heutzutage überwiegend in einem politisch aufgeladenen Umfeld bewege, in dem ein muslimischer Gelehrter schnell des Verrats beschuldigt wird, wenn er oder sie vermeintlich die islamische Solidarität unterwandert. Sogar an westlichen Universitäten sei die Tendenz zu beobachten, den Islam von allen peinlichen Ansichten und Lehren freizusprechen und muslimische

---

74 *Ramadan* IslRecht 103, 107, 153–155.
75 Mourad Mosaik 35.
76 Mosaik S. 123.

Reformer, die abweichend argumentieren, zu verunglimpfen und auszugrenzen. Persönlichkeiten wie *Taha* und an *Na'im* seien verfolgt oder ins Abseits gedrängt worden, weil sie den Muslimen und ihrer Religion eine Mitschuld an Praktiken gaben, die mit der Moderne nicht zu vereinbaren sind. Damit ist sicherlich viel Richtiges gesagt, sogar der *Begriff Menschenrechte* ins Feld geführt, aber der wichtigste Begriff in dieser Problematik wird auch von *Mourad* nicht ein einziges Mal (sofern ich es nicht einmal überlesen habe) in den Mund genommen: *Freiheit. Individuelle Freiheit statt kollektivem Gehorsam* und völliger *Unterworfenheit* unter eine dem Menschen vorgegebene *göttliche* Ordnung.

Was in der islamischen Entwicklung fehlt, ist ein *Thomas von Aquin*. Der Islam hatte zwar mit *Ibn Rushd* alias *Averroes* einen im Rang zumindest gleichstehenden Philosophen, er hat aber in der islamischen Kultur nicht die erforderliche Achtung und Beachtung gefunden. Auch eine Periode der Aufklärung, vergleichbar der Entwicklung des 18. Jahrhunderts in Europa, fehlt im Islam. Die Bücher darüber liegen jedoch alle auf dem Tisch, müssten aber mit Sorgfalt studiert werden. So einfach wie *Mahmud Tacha* und *Abdullah Na'im* sich das vorstellten, geht es offenbar nicht. Auch die *Ratifikation* irgendeiner Formulierung *von Menschenrechten* genügt nicht, wenn man es nicht versteht, den Buchstaben dieser Menschenrechte Leben und Verständnis einzuhauchen, wozu man ihre Entstehungsgeschichte kennen muss. *Nur wer die Vergangenheit kennt und die Gegenwart versteht, kann die Zukunft gestalten.* Wenn man jedoch die Geschichte der Entstehung und Entwicklung der heutigen islamischen Staaten kennt, muss man auch Verständnis haben für ihre Abneigung gegenüber diesem westeuropäischen Gedankengut, aber die Muslime müssen trotzdem zu ihrem eigenen Vorteil von dem imperialistischen Missbrauch abstrahieren lernen und sollten auch stolz sein, auf den *Ausbruch individueller Freiheit*, weil sie in *al-Andalus* an seiner Entwicklung doch maßgeblich beteiligt waren. Das Werk von *Thomas* ist ohne *Averroes* und dessen *Aristoteles*-Kommentierung kaum zu denken. Recht ist zu verstehen als Abgrenzung der schützenswerten Freiheit eines jeden Bürgers von der ebenso schützenswerten Freiheit aller anderen Bürger. Recht ist also rechtlich geschützte Freiheit: Was du nicht willst, dass man dir tut, das tue einem anderen auch nicht (Tobias 4,16). Dieser Satz müsste eigentlich auch im Koran stehen. Leider habe ich aber die Stelle nicht gefunden, wahrscheinlich ist sie bisher nicht richtig verstanden und oder nicht zutreffend übersetzt worden. Wenn Koran 7/199 dahingehend verstanden werden kann, dass die Muslime die Gesetze des Staates und des Ortes, in welchem sie leben, als *Recht* beachten müssen,[77] so steckt in 7/199 auch die

[77] So *Rainer Hermann*, FAZ vom 28.3.2018, Leitartikel, S. 1. Zur Problematik der Auslegung und Übersetzung der Stelle vgl. Fn 5/77 u. 5/98. Die Stelle kann sowohl als Ausfluss des *Allgemeinen Verhältnismäßigkeitsgrundsatzes* im Sinne *praktischer Konkordanz* entsprechend § 92 ALR – Einleitung (dazu 4. Kap I 2 d) oder BVerfGE 7, 192 (dazu 4. Kap I 5) oder auch

Goldene Regel und der *kategorische Imperativ Kants*.[78] Wenn man dies aus dieser und/oder anderen Koranstellen nicht herauslegen kann, so muss man es hineinlegen, weil der Satz vernünftig ist und von allen Menschen dieser Welt als vernünftig akzeptiert wird. Der liebe Gott kann also auch nicht anderer Meinung sein; für die gottgläubigen Menschen schon deswegen nicht, weil er ihnen ihre guten und vernünftigen Gedanken eingegeben hat. Wie *Kant* gezeigt hat, lässt sich philosophisch auf den Satz der *goldenen Regel* die gesamte freiheitliche Rechtsordnung gründen, in den islamischen Staaten also ebenso wie in den auf christlicher Grundlage entstandenen rechtsstaatlichen Demokratien Westeuropas.

d) Analogieschluss (al-mashalah): Ebenso wie *al-idschmâ* wird im islamischen Recht auch *al-qijâs oder al-mashalah* als „Rechtsquelle" verstanden.[79] Wir verstehen demgegenüber einen *Analogieschluss* als eine logische Form des Denkens und als eine besondere *Methode* der Rechtsfindung. Mit der islamischen Bezeichnung „Rechtsquelle" soll dagegen wohl zum Ausdruck gebracht werden, dass das daraus entstehende Recht *nicht Menschenwerk* ist, sondern gleichfalls aus *göttlichen* Quellen stammt. Es gibt also außer den Primärquellen des *Korans* und der *Sunna* noch weitere Quellen des islamischen Rechts. Was aus diesen Quellen stammt, darf aber dem Koran und der Sunna keinesfalls widersprechen. Diese *weiteren Rechtsquellen* werden anerkannt, weil daraus schon *Mohammed* und seine Mitstreiter Rechtssätze entwickelten. Die Rechtsmethode des Analogieschlusses (*al-qijâs*) wird auf die *Nützlichkeit* (*al-mashalah*) zurückgeführt mit der Begründung, jede Anweisung in der *Scharia* beruhe auf dem Prinzip der Nützlichkeit. Wenn dieses Prinzip eindeutig erkennbar sei, dann sollte sich die Anwendbarkeit des Textes logischerweise auf jeden neuen Tatbestand erstrecken, bei dem sich dieses Prinzip der Nützlichkeit in gleicher Weise ergibt.[80] Es verwundert etwas, dass das *Prinzip der Nützlichkeit* Grundlage eines Analogieschlusses sein soll, wo doch nach der durch *Kant* geprägten, aus reiner, ganz allgemeiner Vernunft abgeleiteter Auffassung ein *kategorischer* (nicht ein hypothetisch-nützlicher) Imperativ Grundlage von Moral und Sittlichkeit, auch möglichst aller Rechtssätze sein sollte, der freilich auch unter der stillschweigenden Bedingung steht, dass der Mensch grundsätzlich das Gute will. Ohne Analogieschlüsse ist eine Rechtsordnung jedenfalls kaum denkbar, weil nie alle möglichen Fälle voraussehbar und also auch nicht regelbar sind, weshalb rechtliche Regelungen zumeist auch mit allgemeinen Begriffen operieren, die vielerlei verschiedene konkrete Handlungen erfassen können, wobei mit der Subsumtion der speziellen Fälle unter den allgemeinen Tatbestand

als eine etwas ungeschickte Formulierung der *Goldenen Regel* i.S.v Tobias 4,16 oder Kants *kategorischen Imperativ* verstanden werden: „Handle nur nach derjenigen Maxime, durch die du zugleich wollen kannst, dass sie ein allgemeines Gesetz werde".

78 Dazu ausführlich 4. Kap. I.

79 *Ramadan* IslRecht 33 ff.

80 *Ramadan* IslRecht 105.

auch dessen Rechtsfolgen entsprechend angewendet werden. In Fällen „echter“ Analogie werden die Rechtsfolgen eines speziellen Tatbestands auf einen ähnlichen (analogen) Tatbestand entsprechend angewendet; gleichgültig, ob die eine oder andere Rechtsfolge für irgendjemanden „nützlich“ ist. Es genügt, wenn sie *rechtens* ist, auch dann, wenn sie dem einen oder anderen unnütz erscheint. *Fiat justitia, pereat mundus.* Wer die Gerechtigkeit durchsetzen will, darf grundsätzlich keine Rücksicht nehmen auf entgegenstehende andere Interessen und deren Nützlichkeit, es sei denn, dass die anderen auch gerechte Interessen sind und deren Wert in der Abwägung höher zu achten und also vorrangig ist. Wer genügend Aktenstaub eingeatmet hat und in praktischen Fällen schon des Öfteren zu entscheiden hatte, ob ein Rechtssatz *analog* angewendet werden kann, weiß aber auch, dass die Abweichungen des gegebenen Falles von den tatsächlichen Voraussetzungen der *analog* anzuwendenden Regelungen nicht selten auch ein *argumentum et contrario* rechtfertigen können und die Entscheidung zwischen den beiden Methoden nicht mehr rein logisch, sondern nur aufgrund einer wertenden Entscheidung, also einer Interessenabwägung möglich ist.

e) Nachdenken - beraten - urteilen (al-idschtihâd): Nicht zuletzt wird im Islam auch *eigenes Nachdenken*, selbstständige Meinungs- und Urteilsbildung (*al-idschtihâd*) als eine „Rechtsquelle“ anerkannt. *Ramadan* erzählt dazu eine schöne Geschichte, die in der *Sunna* über *Mu'adh Jbn Jabal* berichtet wird, der vom Propheten zum Richter im Jemen ernannt und vor seiner Abreise von *Mohammed* gefragt wurde:[81] „Worauf wird dein Urteil fußen?“ Und dieser antwortete: „Es wird auf dem Buch Gottes fußen.“ „Und wenn du dort nichts Entsprechendes findest?“ „Dann wird es auf der *Sunna* des Propheten Gottes fußen.“ „Und wenn du dort nichts Entsprechendes findest?“ „Dann werde ich mir ein eigenes Urteil bilden!“ Daraufhin sagte der Prophet: „Gelobt sei Allah, der den Beauftragten seines Propheten so geleitet hat, dass es seinem Propheten wohl gefällt.“

(1) Auslegung und vorherige Beratung: Ramadan erklärt zur Übersetzung dieser Geschichte, die letzte Antwort *Jabals* laute auf Arabisch: *adschtahidu ra'yi wala alu*, und müsse übersetzt werden wie zitiert, *Asaf Fyzee* aber habe es so übersetzt: „Dann werde ich mit meinem Verstand *interpretieren.*“ Das aber sei unrichtig, denn in dem arabischen *ra'yi* sei das Wort „überlegen“ oder „denken“ enthalten, was sich aus dem Kontext ergebe, woraus folge, dass es sich hier um einen „schöpferischen Akt“ handelt, der sich vollziehen soll, wenn es im Koran oder im prophetischen Text (Sunna) keine entsprechende Vorlage gibt. Das Wort *idschtihâd* bedeute wörtlich „Anstrengung“ in dem Sinne, dass man sich bemüht, die richtige Anwendung der Lehren des Korans und der Überlieferung auf eine bestimmte Situation herauszufinden, wobei sich diese *nicht im Widerspruch* zum ein-

81 *Ramadan* (IslRecht 77 ff.) zitiert dafür *Ibn Abd al-Bar*, Jami' Bayan al-ilm wa-Fadlih II, S. 56.

deutigen Sinn dieser Lehren (des Korans und der Sunna) befinden darf. *Interpretieren* setzt freilich auch ein gewisses *eigenes Nachdenken* voraus: „Im Auslegen seid frisch und munter, legt ihr's nicht aus, so legt was unter" (*Goethe*). Im Islam soll die Methode des *al-idschtihâd* jedoch *keine Urteilsfreiheit* für den Interpreten gewähren, weil das *nicht zulässig* wäre; worin zum Ausdruck kommt, dass im Zweifel etwas nicht erlaubt, sondern verboten ist, und im Zweifel auch eigenes Nachdenken nicht erlaubt, sondern verboten ist. Das durch eigenes Nachdenken gewonnene Ergebnis wird jedenfalls dann als *unrichtig* betrachtet, wenn es Rechtssätzen des Korans oder der Sunna widerspricht. Dazu gehört aber auch 3/159: *„Ziehe zu Rat in wichtiger Sache; hast du dich beratschlagt, dann vertraue ganz auf Allah."* Ebenso 42/39, wonach Allah Beistand leistet denjenigen, die sich vor ihren Handlungen oder Entscheidungen *beraten* lassen. Diese Koranstelle wird auch als Rechtsquelle der *Schura*, das heißt als *Pflicht zur Beratung* vor einer wichtigen Entscheidung verstanden.[82] Die eigene Urteilsfindung in wichtigen Angelegenheiten im Wege angestrengten eigenen Nachdenkens setze also auch eine Beratung mit anderen voraus. *Ramadan* verweist in diesem Zusammenhang des *al-idschtihâd* darauf, dass der Prophet selbst sich des Öfteren vor einer Entscheidung von *Abu Bakr* und *Omar* habe beraten lassen und dazu gesagt habe: „Gebt mir euren Rat, denn ohne Offenbarung bin ich ein Mensch wie ihr."

(2) Tatsächliche Wahrheit und Wahrheitsstreben: Auf die Frage nach dem Unterschied zwischen dem Recht der Scharia und dem durch solche Auslegung (*al-idschtihâd*) gewonnenen Recht gibt *Al-Schafi'i* in *Al-Risalah* – dem ältesten Werk der islamischen Jurisprudenz – die Antwort:[83] Wissen beziehe sich auf zwei Formen der Wahrheit, auf die „tatsächliche Wahrheit" und auf das, was *wahrscheinlich die Wahrheit* ist. Die „tatsächliche Wahrheit" könne nur aus dem Koran und der Sunna entnommen werden; Wissen, das mit *al-idschtihâd* gewonnen werde, sei die „Wahrheit der zweiten Art", die daher nur für den verbindlich sei, der sie gewonnen habe, aber nicht für andere, die Wissen besitzen. *Al-Schafi'i* erläutert seine Antwort an einem Gleichnis auf der Grundlage von 2/150 und 16/16: Er fragt: „Wenn wir uns in der heiligen Moschee in Mekka befinden und die Ka'ba vor uns sehen, müssen wir uns dann ganz genau in ihre Richtung wenden?" – Antwort: „Ja!" – Er fragt weiter: „Müssen wir uns, wo immer wir uns auch befinden mögen, in unserem Gebet zur Ka'ba wenden?" – Antwort: „Ja!" – Er fragt weiter: „Sind wir in einem solchen Fall dann sicher, dass wir uns genau in Richtung der Ka'ba gewendet haben?" Und er antwortet auf diese Frage selbst: „Wenn du damit meinst, dass du dich in diesem Fall ebenso genau zu ihr gewendet habest, wie dann, als du sie vor dir selbst gesehen hast, so ist die Antwort: Nein! Doch in diesem Fall hast du deine Pflicht erfüllt!" – Zu dieser eingeschränkten

[82] Dazu *Ramadan* IslRecht 159; *Krämer* Islam 117 ff.
[83] Entnommen bei *Ramadan* IslRecht 99 ff.

Verpflichtung der einfachen Menschen war auch *Ibn Tufail*[84] schon gekommen, weil die Menschen, die zwar guten Willens sind, aber nicht hinreichend befähigt, den Weg zur Erkenntnis des Notwendig-Seienden zu finden, mit einem derartigen Bemühen nur Schaden erleiden könnten und sie orientierungslos hin und her treiben würden und ein schlimmes Ende finden müssten:

> „Wenn sie aber bis an ihr Lebensende so wie sie es gewohnt waren, weiterleben, dann würden sie gerettet und zu denen gehören, die auf der rechten Seite sitzen und Allah am nächsten sind und in den vollen Gärten wohnen und auf Kissen ruhen, welche mit Gold und Edelsteinen geschmückt sind und Becher voll fließenden Weins sie umkreisen und Jungfrauen mit großen schwarzen Augen gleich Perlen, die noch in ihren Muscheln verborgen sind, als Lohn bekommen“ (56/9–26).

Al- Schafi'i erläuterte diese Beschränkung der Verpflichtung des Menschen bei der Suche nach Wahrheit und Gerechtigkeit dahingehend: „Es ist nur diese ‚Anstrengung‘, die Gott von den Gläubigen fordert, nicht die ‚Gewissheit der Genauigkeit‘, die zu erreichen ihnen vielleicht gar nicht möglich ist. Allerdings dürfen sie andererseits auch nicht sagen: ‚Da die Gewissheit über diese Genauigkeit unerreichbar ist, können wir ja genauso gut unsere Gesichter in irgendeine Richtung wenden, die uns gerade einfällt.‘“

Ramadan berichtet dazu noch *eine andere Geschichte*,[85] in der ein Kalif einen Kläger nach dem Ausgang seines Verfahrens gefragt hat und zu der erhaltenen Antwort bemerkte, „wenn ich der Richter gewesen wäre, hätte ich anders entschieden!“ Worauf der Kläger fragte: „Warum setzt du dann deine Entscheidung nicht durch, wo du doch der Kalif bist?“ Der Kalif antwortete: „Wenn es eine Entscheidung wäre, die auf einer bestimmten Vorschrift aus dem Buch der Sunna fußt, dann hätte ich es getan, doch hier handelt es sich um eine Ansichtssache, darum sind wir alle gleichberechtigt.“ *Ramadan* will aus dieser Geschichte den Schluss ziehen, dass dem islamischen Richter doch eine gewisse *Urteilsfreiheit* gegeben sei, was sicherlich vernünftig ist, aber mit der unveränderlichen und lückenlosen und ewigen Gültigkeit des Rechts eines Gottes nur schwer zu vereinbaren ist. Aber man kann auch denken, dass sich die *participatio* am göttlichen Willen auch aus dem Munde eines rangniederen Menschen offenbaren kann und höchste Anerkennung findet, wenn nichts Gegenteiliges zu erkennen ist.

(3) Unnötige und hypothetische Fragen: Weil diese Methode der Rechtsgewinnung (*al-idschtihâd*) jedoch stets die Gefahr in sich birgt, vom rechten Wege abzukommen und in die Hölle transportiert zu werden, soll sie mit größter Vorsicht und

---

84 Dazu oben 3. Kap II 5.

85 *Ramadan* IslRecht 82. Es sei erlaubt, hierzu in Erinnerung zu rufen, dass *Ramadan* in Deutschland studiert und mit der hier zitierten Arbeit (in Köln bei *Kegel*!) promoviert hat, aber ein gläubiger Muslim geblieben ist und alles in seiner Macht stehende tun wollte, damit die *Scharia* als ein gutes und freiheitliches, vernünftiges Recht verstanden werden kann, womit er in der guten Tradition von *Ibn Tufail*, *Ibn Rushd* u.a. Andalusier steht.

nur notfalls angewendet werden, also grundsätzlich nicht zur Klärung bloß *hypothetischer Fragen,* denen kein konkreter Fall zugrunde liegt, weil eine Antwort auf hypothetische Fragen stets die Gefahr in sich birgt, dass zur Beantwortung ein zu allgemeines Prinzip entwickelt wird, das für die hypothetische Frage zwar hilfreich sein, in anderen Fällen aber zu ungerechten Lösungen führen kann. *Ramadan* zitiert dazu Äußerungen des Propheten und Koranstellen, die vor unnützen Fragestellungen warnen. *Mohammed* sagte: *„Die schlimmste Schuld, die ein Muslim den anderen Muslimen gegenüber auf sich laden kann, ist, wenn er durch sein ungebührliches Fragen ein Verbot für etwas herbeiführt, was erlaubt geblieben wäre, wenn er nicht gefragt hätte.“*[86] In demselben Sinne kann verstanden werden 5/101 f.: *„Oh Gläubige! Fragt nicht nach Dingen, die, würden sie euch enthüllt, euch nur Wirrnis*[87] *brächten; wiewohl sie euch (trotzdem) enthüllt werden sollen, wenn ihr euch nach der Offenbarung des Korans danach erkundigt. Es haben schon vor euch Leute danach gefragt, dann aber die Antwort doch nicht geglaubt.“* Solche Lebensweisheiten sind auch im Abendland verbreitet, zum Beispiel in der Form des Sprichworts „Wer lange fragt, geht lange irr!“ Oder: „Nicht verwirren will das Irren: … Gib du meinem Weg die Richte!“

(4) Rationale und orthodoxe Auslegung: „Im Auslegen seid frisch und munter! Legt ihr's nicht aus, so legt was unter!“ Wie das berühmte Zitat deutlich macht, kann die Methode der Auslegung immer zu allerlei Spitzfindigkeiten führen, die im Interesse des einen oder anderen liegen und dafür „nützlich“ sein können. Deswegen wird gemahnt, sich mit *al-idschtihâd* nicht in solchen Spitzfindigkeiten oder schwer verständlichen Formulierungen zu verlieren, welche die unmittelbare Bindung der Muslime an die Scharia beeinträchtigen oder deren „herrliche Klarheit trüben“ könnten. Dennoch hat diese Methode der Auslegung zu einem Streit geführt zwischen „Rationalisten“, die die Selbstständigkeit und Urteilsfreiheit als „Prinzip der Beweglichkeit im Gefüge des Islams“ betrachten, und den „Orthodoxen“, die in den aufkommenden Spitzfindigkeiten der zeitgenössischen Rechtsgelehrten eine Bedrohung des *Wesens des Islams* erkennen. Dieser Streit hat wiederum den *Sufismus* und andere Spaltungen ausgelöst, die eine Gegenbewegung zur Folge hatten, die alle Neuerungen aus dem Gesetz der Scharia entfernen wollte, die aufgrund von Auslegungen der frühen Rechtsgelehrten dort Eingang gefunden hatten. Viele dieser rechtlichen, philosophischen und historischen Streitfragen,[88] die alsbald zu politischen Streitfragen und schließlich auch zu kriegerischen Auseinandersetzungen führen können und auch schon geführt haben, beruhen letztlich auf der *Unvereinbarkeit göttlichen Rechts* mit der Notwendigkeit, das geltende Recht an die sich *veränderten Umstände* des Wandels einer Agrar- in

---

[86] *Ramadan* (IslRecht 77) zitiert dazu *Khallaf,* Ilm Usul al-Fiqh, 7. Aufl., Kairo, 1956.
[87] Dazu *Goethe* (West-östl. Divan, Talismane): „Nicht verwirren will das Irren“.
[88] *Ramadan* IslRecht 82–89.

eine Industrie- und schließlich in eine globale Handels- und Informationsgesellschaft anzupassen.

(5) Antike Regelungen und heutige Regelungsbedürfnisse: Woher soll man die Regelungen für die Veränderungen nehmen, welche die Atom- und Mikroprozessorentechnik und der moderne weltweite Handelsverkehr mit sich gebracht haben? *Neue Technik bringt neues Recht hervor.*[89] Von welchen Grundsätzen der *Scharia* soll man die rechtlichen Regelungen ableiten, die für den Bau eines Atomkraftwerks und die friedliche Verwendung der Atomenergie unbedingt erforderlich sind? Woher soll man das Datenschutz- und sonstiges Internetrecht nehmen, das zur Verwendung der modernen Informatiostechnik, zur Sicherung der verarbeiteten Daten und der Abwehr der aus dieser Verwendung entstehenden Gefahren erforderlich ist? Ein allwissender und allmächtiger Gott hat selbstverständlich schon zu Zeiten der Offenbarung des Korans (610–632 n. Chr.) gewusst, was zur Beherrschung dieser Technik an rechtlichen Regelungen erforderlich ist, aber entweder hat er es seinem Propheten *Mohammed* damals nicht offenbart, um ihn nicht in allzu große Verwirrung zu bringen, oder er hat es offenbart, aber *Mohammed* hat es nicht richtig verstanden oder es ist nicht mehr verständlich, was die Schreiber des Propheten aufgeschrieben haben. Dann muss der heutige Interpret des Korans *Gott* besser verstehen, als *Mohammed* ihn bei seiner Offenbarung verstehen konnte.[90] Warum soll ein Interpret des Korans, der aus den vielen Versen[91] brauchbare Regelungen für den Umgang mit den modernen Techniken entwickeln kann, unbedingt ein *Ketzer* sein? Wenn die Regeln gut und richtig sind, sollte er in wasserreiche Gärten geführt werden, wo er bei unbefleckten Frauen unter immerwährendem Schatten wohnen und Allahs Segen genießen darf (4/58), weil er doch wirklich getan hat, was rechtens ist.

Wenn die islamische Welt jedoch aus durchaus verständlichen Gründen diese Auslegungsmethode für unzulässig hält, so bleibt nichts anderes übrig, als entweder auf den Nutzen der modernen Techniken zu verzichten oder das dafür erforderliche Recht als Menschenwerk und als solches als rechtmäßig zu betrachten. Die Bürger Westeuropas sind zumeist mit den Regierungen ihres Staates unzufrieden. Eines der Ärgernisse besteht in der tagtäglich über uns hereinbrechenden Gesetzesflut, aufgrund derer niemand mehr richtig wissen kann, was eigentlich Recht ist. Einige sehnen sich nach dem guten alten Recht und seinen wenigen Regelungen zurück, denken aber nicht darüber nach, welche Unordnung herrschen würde, wenn es die tägliche Gesetzesflut zur Bewältigung der tagtäglich neu auftretenden Probleme aufgrund neuer technischer, wirtschaftlicher, sozialer,

---

89 *Jaspers* Ursprung 109 ff.

90 Dazu *Gadamer* Wahrheit und Methode180.

91 Die Zahl der Verse des Korans ist umstritten, weil bei einigen Stellen unklar ist, ob sie aus einem oder mehreren Versen bestehen. Die Zählung schwankt zwischen 6217 und 6236 Versen, es sind jedenfalls nicht 6666.

politischer und sonstiger Entwicklungen nicht geben würde. Es ist völlig unvorstellbar, wie der Bedarf eines modernen Staates an rechtlichen Regelungen mit aus dem 7. Jahrhundert entstandenem Recht und dessen durch seinen göttlichen Charakter beschränkten Auslegungsmöglichkeiten befriedigt werden kann. Irgendwie scheint es in der Wirklichkeit des Lebens aber doch halbwegs zu funktionieren, ansonsten müssten die islamischen Staaten noch rückständiger sein. In der Praxis müssen also Lösungen entwickelt worden sein, welche zwar den Dogmen des Islams nicht entsprechen, aber den praktischen Bedürfnissen genügen und vernünftigerweise theoretisch nicht hinterfragt und im Schrifttum auch nicht erörtert werden. Auf diese Weise kann auch wirklich werden, was vernünftig ist.

4. Islamische Staatslehre a) Staatsreligion und Theokratie: Der *Säkularismus*, der die abendländischen demokratischen Rechtsstaaten prägt, ist dem Islam fremd. Im Islam sind Religion, Recht und Politik untrennbar miteinander verbunden. Die Kurzformel dafür heißt: „Der Islam ist Religion und Staat", und die Scharia, das göttliche Gesetz, ist alleinige rechtliche Grundlage individuellen Verhaltens und öffentlicher Ordnung.[92] Die *staatliche Ordnung* ist ebenso von Gott auf ewig gegeben und *unveränderlich* wie das sonstige Recht.[93] Der Islam ist also *Staatsreligion*,[94] und einige islamische Staaten (z.B. Iran und Saudi-Arabien) sind auch *Theokratien*,[95] in denen die höchsten Priester auch die höchste Macht im Staate haben, ebenso wie *Mohammed* nicht nur als Prophet der geistige Führer, sondern auch

92 So *Krämer* (Islam 87 ff., 92 ff., 97, 105 ff., 108 f.), die jedoch auch darauf hinweist, dass die individuelle Lebensführung der Muslime sehr verschieden sein könne: *Sunniten* unterschieden sich von *Schiiten*, schriftgläubige Muslime von liberalen, die einen suchten einen spirituellen Weg zu Gott, andere seien Mystiker, manche lebten puritanisch, andere lebensfroh. Den *Säkularismus* würden Islamisten jedoch grundsätzlich der *Gottlosigkeit* gleichsetzen und dessen Grundsätze als eine Lehre der imperialistischen westlichen Feinde verstehen, weil sie Religion und Staat als Einheit betrachteten. Weil es *keine Kirche* gibt, werde im Islam die Problematik des Säkularismus und Laizismus nicht als Spannung zwischen Institutionen (Kirche und Staat), sondern vor allem als Frage der *Gültigkeit der Scharia* als Grundlage individueller Lebensführung, gesellschaftlicher Ordnung und politischen Handelns betrachtet. *Ali Abd ar-Râziq* (Der Islam und die Grundlage der Herrschaft) ist allerdings der Ansicht, dass auch im Islam eine Trennung von Recht und Religion möglich sei, was auch der *Entscheidenden Abhandlung* von *Ibn Rushd* (*Averroes*) schon entnommen werden könne; dazu oben 3. Kap I 6.

93 *Krämer* Islam 72.

94 *Krämer* Islam 112, 142.

95 *Ramadan* (IslRecht 54 ff.) bestreitet allerdings, dass der islamische Staat eine *Theokratie* sei, weil es anders als im Christentum mit seinem Papst *keine Priesterherrschaft* gebe. In den christlichen Staaten sei jahrhundertelang zwischen Papst und Kaiser um die Herrschaft gekämpft worden. Derartiges könne es im Islam nicht geben, weil es den *Gegensatz von Religion und Recht* nicht gebe. Faktisch hatte aber doch *Khomeini* und haben auch seine Nachfolger die Macht im Iran: Sie bestimmten und bestimmen, wer gewählt werden darf und wer nicht. In Saudi-Arabien ist es im Wesentlichen nicht anders. Demgegenüber hat der Papst des Christentums weltliche Macht nur über den Vatikanstaat. Es ist höchst aufschlussreich, dass auch Ramadan diesen Unterschied nicht erkennen konnte oder wollte.

der oberste staatliche Führer des Stadtstaates Medina war. Diese Ordnung ergibt sich aus dem Koran und der *Sunna*, ist also als göttliches Recht zu verstehen. Die islamischen Staatsführer sind also wie die einstigen christlichen Monarchen Herrscher von „Gottes Gnaden".

b) Ermöglicht der Islam eine demokratische Staatsordnung? (1) Pluralismus und Toleranz im Islam möglich? Die Frage, ob in einem islamischen Staat eine *demokratische* Ordnung möglich ist, wird von islamischen Gelehrten kontrovers diskutiert. *Krämer* meint pauschal, eine Theorie der Toleranz, der Menschenwürde und der Menschenrechte suche man im Islam vergeblich.[96] Könnten die zu uns gekommenen islamischen Flüchtlinge unser Recht nicht anerkennen, so wäre ihre Integration unmöglich und wir würden es also nicht schaffen. *Rainer Hermann*[97] meint, dass der Islam jedenfalls eine Integration der Flüchtlinge zulasse, jedoch Hürden aufstelle. Die Sure 7/199 sei dahingehend zu verstehen, dass die Muslime dort, wo sie leben, das nichtislamische Recht akzeptieren müssten. Das wird nach deutschem Recht von ihnen auch verlangt, denn unsere Verfassung garantiert ihnen zwar Glaubensfreiheit gemäß Art. 4 GG, verpflichtet sie aber wie jeden anderen in Deutschland lebenden Menschen, das hier geltende Recht zu beachten, grundsätzlich selbst dann, wenn ihnen ihr Glaube andere Verhaltensregeln vorschreibt. Folgt man der Auslegung *Hermanns*, so würde in solchem Falle auch nach dem Recht des Islams kein Konflikt auftreten, der Integration also keine rechtlichen Probleme entgegenstehen. Die Auslegung von 7/199 ist allerdings schwierig[98] und die *Toleranzfrage* wird unter den Islam-Gelehrten kontrovers diskutiert. *Muq-*

[96] Vgl. *Krämer* Islam 128. Es gibt allerdings nicht wenige Stellen im Koran, die wenig Toleranz erkennen lassen: 42/21: „*Wäre nicht der Ratschluss Allahs zwischen Gläubigen und Ungläubigen erst einstens entscheiden zu wollen, so wäre schon längst zwischen ihnen entschieden; die Frevler aber wird qualvolle Strafe treffen. Dann wirst du die Frevler wegen ihres Tuns in großem Schrecken sehen, wenn die Strafe sie befallen wird. Die Gläubigen aber, welche rechtschaffen handeln, werden in den Lustgefilden des Paradieses wohnen und dort von ihrem Herrn erhalten, was sie nur wünschen.*" Sure 56/1–56: über die Gefährten zur linken Hand, die in glühendem Winde wohnen und siedend heißes Wasser trinken müssen, während die Gefährten zur rechten Hand in dornenlosen Lotusbäumen zusammen mit Jungfrauen wohnen mit großen schwarzen Augen. 16/106: „*Die, welche nicht an die Zeichen Allahs glauben, die will Allah nicht leiten, und ihrer erwartet peinvolle Strafe*".

[97] FAZ vom 28.3.2018, S. 1: Der Islam *ist* in Deutschland.

[98] Im Kontext der Stelle 7/199 geht es um das Verhältnis zu Andersgläubigen. In der Ausgabe des Goldmann-Verlags übersetzen *Ullmann* und *Winter* die Stelle so: „*Gebrauche Nachsicht und gebiete nur, was recht ist* und entferne dich von den Unwissenden." In der Ausgabe des Kohlhammer-Verlags übersetzt *Parit* dieselbe Stelle so: „Übe Nachsicht (?) (w. *Halte dich an das Verzeihen*?); oder: Nimm den Überfluss (d.h. was die einzelnen entbehren können, für dich und die Allgemeinheit in Anspruch?), gebiete, was recht und billig ist, und wende dich von den Toren ab!" Diese Übersetzung lässt die großen Schwierigkeiten des richtigen Verständnisses dieser Stelle erkennen. *Bobzin* übersetzt: „*Sei nachsichtig und gebiete was Recht ist.*" Diese Formel ist also den drei Übersetzungen und auch anderen gemeinsam. In dieser Formel kann mit *Rainer Hermann* durchaus der „*allgemeine Verhältnismäßigkeits-*

tedar Khan[99] *will dagegen die Hoffnung* nicht aufgeben, dass es für die Muslime möglich wäre, eine rechtschaffene Republik entweder auf der Grundlage *universeller Normen* oder von auf dem Glauben an *islamische Werte* beruhenden *Vorstellungen* zu schaffen. Er bleibt aber zugleich *skeptisch*, ob es gelingen kann. *Khan* stützt seine Überzeugung hauptsächlich auf die – freilich schon etwas länger zurückliegenden – *historischen Tatsachen* des von *Mohammed* selbst regierten *Stadtstaates von Medina* sowie auf den von den Muslimen in al-Andalus geschaffenen Staat,[100] der ein Zentrum der Gelehrsamkeit gewesen ist, wie es zu dieser Zeit (711–1212) in Europa kein anderes gab, und dessen kultureller und wirtschaftlicher Stand als „Goldenes Zeitalter der Mauren" verstanden wird, in welchem Schriftbesitzer (Juden und Christen) als „Schutzbefohlene" (*Dhimma*) betrachtet wurden, weshalb al-Andalus auch zu einem Zufluchtsort für anderswo verfolgte Juden geworden sei.[101] Ebenso wird die Herrschaftsstruktur und Ordnung des *Osmanischen Reiches* als Beweis dafür angeführt, dass der Islam eine pluralistische und tolerante Staatsführung ermöglicht.[102]

(2) Grundsätze des Stadtstaates von Medina: Muqtedar Khan glaubt, im Stadtstaat von Medina auch die „Schlüsselmerkmale" islamischer Staatsführung erkennen zu können: *Verfassung, Konsens und Konsultationen sowie den Schutz religiöser Freiheit.* Nach seiner *Flucht von Mekka nach Medina* im Jahre 622 habe *Mohammed* mit den Bürgern von Medina einen *Vertrag* geschlossen. In diesem Vertrag hätten alle Bürger – Muslime, auch Juden und andere Nichtmuslime – ihre *Zustimmung* dazu erteilt, dass *Mohammed* nicht nur als Prophet und geistiger Führer, sondern *auch als „politisches Oberhaupt"* Herrscher in Medina sein und die Gerichtshoheit über

---

grundsatz" im Sinne *„praktischer Konkordanz"* entsprechend der Formel BVerfGE 7, 198 – Veit Harlan (dazu 4. Kap. I 5) gesehen werden, wie er auch schon in § 97 ALR (dazu 5. Kap. X 8 c) enthalten war. Dieser Grundsatz *praktischer Konkordanz* ist aber sicherlich auch der Grundsatz, der dem international allgemein anerkannten Prinzip zugrunde liegt, wonach jeder grundsätzlich das Recht des Staates beachten muss, in dem er sich aufhält, sofern dieses Recht nicht gegen den *ordre puplic* verstößt. Es kann allerdings nicht erwartet werden, dass einfache Menschen, die in einem Land des Islams aufgewachsen und auf ihrer Flucht zum ersten Mal in ein anderes Land gekommen sind, dieses Prinzip verinnerlicht haben. Dies ist und bleibt die Aufgabe der deutschen Politik, die zu uns gekommenen Menschen in aller Ruhe und größtmöglichem Frieden von der Richtigkeit dieses Grundsatzes zu überzeugen. Ansonsten kann die Integration nicht gelingen.

99 Professor im „Department of Political Science and International Relations" an der University of Delaware, http:// www.bpb.de/apuz/30396/demokratie-und-islamische-staatlichkeit. Dazu *Krämer* Islam 35–59, 125.

100 Dazu oben 3. Kap II.

101 *André Clot*, Das maurische Spanien, 800 Jahre islamische Hochkultur in Al-Andalus, 2004.

102 *E. Leuschner/Th. Wünsch* (Hrsg.), Das Bild des Feindes. Konstruktion von Antagonismen und Kulturtransfer im Zeitalter der Türkenkriege, 2013, mit Beiträgen insbes. von *Srodecki*, Der Kreuzzug von Nikopolis und das abendländische Türkenbild um 1400; *Suraiya Faroqi*, Im Angesicht des Feindes? – Die osmanische Elite und Venedig: Ein Überblick über die Forschungslandschaft.

Muslime und Nichtmuslime ausüben soll. Muslime und Nichtmuslime seien demnach *gleichberechtigte Bürger* in einem islamischen Staat gewesen, und Gemeinschaften mit unterschiedlicher Religion hätten *religiöse Autonomie* genossen. Dieser *Vertrag von Medina* sei, so *Muqtedar Khan*, als ein „Gesellschaftsvertrag" im später von *Hobbes*, *Locke* und *Rousseau* entwickelten Sinne zu verstehen, sei also eine *Verfassung mit konstitutionellem Charakter* gewesen.[103] Der Prophet *Mohammed* habe in Medina daher kraft der in dem Vertrag erteilten *Zustimmung* seiner Bürger, von Muslimen und Nichtmuslimen, regiert. Nach diesem Beispiel könnten die Muslime in aller Welt eine Verfassung ausarbeiten, die den zeitgemäßen Bedingungen entspricht. Jedes politische Gemeinwesen, das den Anspruch erhebt, ein islamisches Regierungssystem zu sein, müsse demnach über eine Verfassung verfügen, die ihrem Wesen nach *pluralistisch* ist und die Menschen ungeachtet der Verschiedenheit ihrer Religion oder Volkszugehörigkeit gleich behandelt und die Religionsfreiheit aller Bürger schützt. Letztlich fordert *Khan* damit die Trennung von Religion und Recht, von Staat und Religionsgemeinschaften, die Gewährleistung der Glaubensfreiheit, also Regelungen, die in den Verfassungen der Vereinigten Staaten von Amerika, der französischen Republik und wohl aller westeuropäischen Staaten stehen und auch beachtet werden.

Eine derartige Zustimmung der Bürger will *Khan* verstehen als ein Verfahren im Sinne des *bayah*, was eine Art *Treuegelöbnis* ist, welches die *Zustimmung der Bürger* zur Herrschaftsausübung bekräftigt. In den alten Zeiten sei ein Anführer, dem es *nicht* gelungen ist, ein solches „Treuegelöbnis" zu erhalten, in seiner Autorität und Legitimität beeinträchtigt gewesen. Dieser vorislamische Brauch sei in die islamische Tradition aufgenommen worden (Sunna). Die frühen Kalifen hätten das Verfahren des *bayah* durch eine Art „Wahlgremium" praktiziert, um ihre Autorität zu stärken. Die demokratischen Wahlen der Neuzeit in Volksgemeinschaften mit

103 Kritisch dagegen *Max Weber* (Wirtschaft und Gesellschaft, 2. Teil Kapitel IV § 12): die Einwohner Medinas seien keine Bürger im modernen Sinne gewesen, sondern Mitbewohner eines umgrenzten Territoriums, die sich unter der Oberhoheit *Mohammeds* zu politischer Solidarität und militärischem Beistand verpflichtet hätten. *Krämer* Islam 53 f., meint dagegen, die islamischen Verfassungen des 19. und 20. Jahrhunderts basierten keineswegs alle auf der *Scharia*, diese bildete jedoch selbstverständlich ihr „normatives Fundament", auf das alle Verfassungsorgane verpflichtet seien. Der darin liegende *Widerspruch* bleibt ungeklärt. *Krämer* meint ferner, der Unabhängigkeit der Justiz komme in solchen Verfassungen ein hohes Gewicht zu, müssten sie doch über die Einhaltung der für Gesellschaft und Staat konstitutiven Normen und Werte wachen. Wie das geschehe, könne aber sehr unterschiedlich konzipiert werden: „Die Vorstellungen reichten von einem islamischen Verfassungsgericht bis zu einem klerikalen Wächterrat iranischen Musters." Entscheidend für die Praxis sei „auf jeden Fall nicht allein das Verständnis von *Scharia* und „Juristenrecht" (*al-fiqh*), sondern *„die Art und Weise, wie sie selbst ausgewählt und abgewählt werden*". So ist die Schönrednerei wohl zu verstehen, entweder werden die Anweisungen derjenigen befolgt, welche die Kompetenz haben zu bestimmen, was sich aus der *Scharia* ergibt, oder man wird zumindest abgewählt oder gar als „Ketzer" verurteilt.

Millionen von Bürgern könnten als eine Modernisierung des *bayah*-Verfahrens verstanden werden.

(3) Staatliche Entscheidungen mit/ ohne Beratung (Schura)? In jeder menschlichen Gemeinschaft müssen viele Entscheidungen getroffen werden und die Menschen müssen nicht nur Gott gehorchen, sondern auch denjenigen, die zu diesen Entscheidungen berufen sind. Das gilt nach Vers 4/60 auch für islamische Staaten: *„Oh Gläubige, gehorcht Allah, gehorcht seinem Gesandten und euren Vorgesetzten, und seid ihr in irgendetwas uneinig untereinander, so bringt es vor Allah und seinen Gesandten, wenn ihr an Allah und den jüngsten Tag glaubt. Das ist die beste und schönste Entscheidung (Auslegung).“* *Khan* erkennt jedoch zu Recht, dass in einem demokratischen Verfahren vor jeder Entscheidung eine Beratung (*Konsultation*) erforderlich ist. Im Islam wird eine solche Beratung *schura baynahum* genannt. Als Quelle dieses Prinzips gilt die Regelung 3/159: *„... ziehe sie zu Rat in wichtiger Sache; hast du dich beratschlagt, dann vertraue ganz auf Allah; denn Allah liebt die, welche ihm vertrauen.“* Ähnlich 42/39: *„Allah ist bei denen, welche ihrem Herrn gehorchen und das Gebet verrichteten und sich bei ihren Handlungen in Beratungen beistehen.“*[104] Das entspricht dem *ora et labora* der christlichen Welt, wobei man zuerst beten soll, weil man vorher nachdenken müsse, wie zu entscheiden ist und was und wie es zu tun ist. Die Stelle 42/39 wird von den Schriftgelehrten dahingehend verstanden, dass die *Schura obligatorisch* sei; die Regelung 3/159 jedoch dahin, dass eine *Beratung nur wünschenswert*, aber nicht notwendig sei. Eine herrschende Meinung darüber hat sich noch nicht gebildet.[105] Wenn die Beratung (*Schura*) als Norm für islamische Staaten und Institutionen derart geboten wäre, müssten diese eigentlich demo-

104 Einprägsam erklärt *Ramadan*, wie ein solcher Entscheidungsprozess in einer Rechtssache ablaufen soll (IslRecht 35): Zuerst sucht der Kalif im Koran: wenn er eine passende Stelle findet, wendet er sie an, wenn er keine findet, sucht er in der Sunna, wenn er da auch nichts findet, berät er sich mit auserwählten Volksvertretern und entscheidet danach im Vertrauen auf Allah. Das ist dann Recht, wenn es dem Koran und der Sunna nicht widerspricht. Dabei muss der Richter immer alle Menschen gleichbehandeln und darf sich niemals durch Zorn oder Ängstlichkeit oder durch Geschenke beeinflussen lassen. Diese Struktur des islamischen Rechts war nach der Auffassung Ramadans schon zu Lebzeiten des Propheten vollendet und gelte bis heute unverändert.

105 Dazu auch *Krämer* (Islam 56 f.) mit dem Hinweis, dass die ägyptischen Muslimbrüder (zu deren Bedeutung für die demokratische Entwicklung der islamischen Staaten vgl. *Krämer* S. 10, 39, 53, 57, 58, 118 f.) aus der *Schura* auch den Gedanken ableiten, die Gewalt gehe vom Volk aus, wobei aber unklar bleibe, wer das Volk ist und wer als Volksvertreter in Frage kommt. Krämer meint jedoch unter der Überschrift „Kann eine islamische Ordnung demokratisch sein?“ (S. 117 ff.), dass *Koran* und *Sunna* mit dem *Beratungsprinzip der Schura*, der *Verantwortlichkeit vor Gott als Rechenschaftspflicht* und der *Unabhängigkeit der Justiz* wegen der Unverfügbarkeit des *göttlichen Gesetzes* einige allgemeine Prinzipien enthalte, die eine „gute Regierungsführung“ ermöglichen. Auch wenn sie eine Volkssouveränität nicht gewährleisten könnten, würden sie doch gute Ansatzpunkte für die Ableitung politischer Mitbestimmung bieten. Setzt man in der Überschrift an die Stelle „islamischer“ Ordnung „göttliche Ordnung“, was die *Scharia* doch zweifellos sein will, so ist die *Widersprüchlichkeit offensichtlich*, denn eine *göttliche Ordnung* kann niemals eine *demokratische Ord-*

kratisch organisiert sein. *Khan* jedoch bezweifelt diese Folgerung, weil er meint, dass *Schura und Demokratie nicht Institutionen gleicher Art* sein könnten, weil sie sich in *drei grundlegenden Dingen* unterscheiden würden: 1. Die Demokratie erlaube die *Abänderung fundamentaler Texte* (Gesetze), der Koran oder die Sunna tue dies nicht; auch unterliege die Scharia dem früheren Verständnis islamischer Texte.[106] 2. In der Demokratie könnten Gesetze nur in einem *demokratischen Verfahren* durch andere Gesetze aufgehoben werden. Die *Schura* sei für die Regierenden jedoch nicht bindend. *Es gebe also keine Gewaltenteilung im Recht des Islams.* 3. Der Herrscher könne bei der *Schura* allein bestimmen, von wem er sich beraten lässt. Die Schura verlaufe also von oben nach unten, die Demokratie dagegen von unten nach oben. Außerdem könne der Herrscher, wenn er sich hat beraten lassen, letztlich doch entscheiden, wie er will: „... *hast du dich beratschlagt, dann vertraue ganz auf Allah; denn Allah liebt die, welche ihm vertrauen*" (3/160).

c) Die Hoffnung bleibt in der Büchse der Pandora: Trotz dieser Bedenken und aller Skepsis *Khans* sollte man seiner Überzeugung zustimmen, dass es keinesfalls unmöglich ist, auf der Grundlage des Islams eine demokratische, rechtsstaatliche Ordnung mit gleichen Rechten aller Bürger, Muslime und Nichtmuslime, sowie geschützter Religions- und sonstiger persönlicher Freiheit zu schaffen.[107] *Das muss als Hoffnung bleiben.* Unter *Atatürk* war dies in der Türkei möglich und unter

---

nung sein; ansonsten müsste das *Volk* der *Gott* sein. An diesem Widerspruch müssen alle Versuche scheitern, Koran und Sunna sowie die Scharia mit Menschenrechten und demokratischen Ordnungen in Einklang zu bringen. Die Umsetzung einer solchen „demokratisch-islamischen Ordnung" könne, meint *Krämer*, in einem *Kalifat* geschehen, sei aber auch in einer *islamischen Republik* oder *Monarchie* möglich (S. 118 f.). Was aber eine „islamische Republik" sein soll, ist nur schwer zu erklären, weil eine Republik eine Staatsform ist, in der das *Staatsvolk höchste Gewalt des Staates* und *oberste Quelle der Legitimität* ist, was mit dem göttlichen Recht der Scharia ebenso wenig zu vereinbaren ist, wie die Gleichberechtigung des Art. 3 Abs. 2 GG mit der Sure 4/35: „Männer sollen vor Frauen bevorzugt werden." *Krämer* schreibt (S. 119): „Mehrparteiendemokratie kann als eine zeitgemäße Form von *Schura* gelten, *solange sie sich im Rahmen des Islams bzw. der Scharia bewegt.*"; erkennt aber auch: „Das Mehrheitsprinzip hat im Islam keine Tradition; Gewaltenteilung ist nicht zulässig. ... Nach islamischer Lehre gibt es streng genommen keine Legislative, da Gott als höchster Souverän die Normen, Werte und Gesetze irdisches Leben für alle Zeiten verbindlich festgelegt hat" (S. 121). Trotz alledem, ich wiederhole es, in *al-Andalus* hatten die Muslime eine *vernünftige menschliche Ordnung* errichtet und eine Hochkultur hervorgebracht. Aber diese Kultur ging nicht von den Mullahs aus, auch nicht vom Volke, sondern von den Herrscher-Dynastien, welche sich Philosophen zu Ratgebern genommen haben; dazu *Bossong* 23 ff.

106 Zur Erinnerung: *Dieses Dogma des Islams hat Th. v. Aquin für das Christentum überwunden*; dazu 3. Kap III.

107 Vgl. *Shirin Ebadi* (Bis wir frei sind); dazu *W. G. Lerch*, FAZ vom 26.11. 2016, S. 11; *Krämer* (S. 52 f.) meint, dass die ägyptische Muslimbrüderschaft sich den konstitutionellen Gedanken zu Eigen gemacht habe und mit Verfassungsentwürfen hervorgetreten sei. Auch der Irak und Afghanistan hätten sich eine Verfassung gegeben, die den islamischen Charakter der Gesellschaft wahre; bedauerlicherweise skizziert sie den Inhalt dieser Verfassun-

Schah Pahlavi zeitweise auch im Iran. Eine lange und mächtige historische Linie zeigt diesen Weg. *Aristoteles* war schon zu der Überzeugung gekommen, dass das Recht Menschenwerk ist und mit der menschlichen Natur Veränderungen unterliegt. Für die alten Römer war es eine Selbstverständlichkeit, dass die eroberten Völker weiterhin an ihre alten Götter glauben durften;[108] selbstverständlich mussten sie aber das römische Recht beachten oder dessen Sanktionen erdulden. Auch als die Römer mit *Konstantin* (312) das Christentum zur Staatsreligion machten, dachten sie nicht daran, ihr gutes altes Recht aufzugeben; dies ist vielmehr unverändert und bis in die Neuzeit hinein *ratio scripta* geblieben und konnte es bleiben, weil es als *Menschenwerk* gedacht war, das von Menschen auch geändert werden konnte, wenn es vernünftigerweise erforderlich erschien. Auch *Jesus* hat dies erkannt und gesagt: „Gebt des Kaisers, was des Kaisers ist, und Gott, was Gottes ist" (Matth. 22, 21). *Paulus* hat dieses Wort für die Christenheit verdeutlicht: *„Jedermann sei untertan der Obrigkeit"* (Römer 13, 1); er hat also auch unterschieden zwischen Recht und Religion. Erst später haben die Christen dies wieder vergessen und der römische *Papst* wollte zugleich *Kaiser* sein, hat *Kreuzzüge* angeordnet und *Ketzerverfolgungen* und *Judenpogrome*.[109] *Thomas von Aquin* hat jedoch auf der Grundlage der Ethik des *Aristoteles* die theologischen Voraussetzungen des derart organisierten Massenmords wieder beseitigt. Die *Muslime* kannten die Schriften des *Aristoteles* schon *vor Thomas* und haben sie in al-Andalus auch zur Grundlage ihrer Kultur gemacht (*Ibn Rushd* alias Averroes). Der Staat und die Hochkultur von al-Andalus sind aber durch den von *Innozenz III.* organisierten Kreuzzug (1212) zerstört worden. Für die christliche Welt hat jedoch *Thomas von Aquin* (1225–1274) die antike Erbschaft des *Aristoteles* gegen die Lehren des *hl.*

gen aber nicht. Vielmehr bringen ihre Ausführungen alle Widersprüchlichkeiten der verschiedenen islamistischen Bewegung zum Ausdruck, welche der Koran, die Sunna sowie die göttliche Scharia einer *Gewaltenteilung* in *einer rechtsstaatlichen Demokratie* entgegenstellen. Anders als die skeptischen Ausführungen *Khans* (oben IV 5 b) enthält *Krämers* Darstellung, obwohl sie wohl das Gegenteil beabsichtigt, nicht einmal einen hoffnungsvollen Schimmer auf eine vernünftige rechtsstaatliche Ordnung der islamischen Staatenwelt. *Krämer* meint, die Politik diene den Islamisten insgesamt als Mittel zum Zweck, und der *Zweck bestehe in der Verwirklichung einer auf die Scharia gegründeten islamischen Ordnung*, die man als *„Tugendstaat"* verstehen könne. Man kann so viel Worte machen, wie man will, aber ein „demokratischer Rechtsstaat" und ein „Gottesstaat mit Staatsreligion und göttlichem Recht" lassen sich nicht miteinander vereinbaren. Uns bleibt *Thomas von Aquin* und den Muslimen zu danken, die die Schriften *Aristoteles'* nach Westeuropa trugen und in al-Andalus eine aufgeklärte Hochkultur geschaffen haben, zu einer Zeit als der christliche Papst die deutschen Kaiser noch zu Kreuzzügen zwang. Der heutige Papst hat diese Macht nicht mehr und die heutigen Protestanten protestieren auch nicht mehr.

108 Auf ihren Eroberungszügen im 7. und 8. Jahrhundert sollen sich auch die Muslime noch entsprechend verhalten haben und jedenfalls die Schriftbesitzer (Juden und Christen) als „Schutzbefohlene" betrachtet haben, andere Ungläubige hatten die Wahl zwischen Bekehrung, Tod oder Versklavung, *Krämer* Islam 134 f.

109 Was es im Islam nicht gegeben haben soll, *Krämer* Islam 120, 141, 144.

Augustin bewahrt, zwischen göttlichem und menschlichem Recht unterschieden und dem Menschen wieder *sittliche Autonomie*[110] verliehen und damit für die christlich-europäische Welt ein *neues Menschenbild* geschaffen. Aber auch im Christentum wurden die Lehren des *Aquinaten* zeitweise wieder vergessen oder verdrängt (Hexen- und Ketzerverfolgungen, heilige Inquisition), bis in der Zeit der Aufklärung der volle Durchbruch gelungen ist (Französische Revolution; US-Verfassung etc.). Merkwürdigerweise haben die islamischen Völker diese Entwicklung nicht mitgemacht und sind, obwohl sie einst den Völkern des Abendlandes kulturell weit überlegen waren, vor allem in der modernen technischen Entwicklung und demzufolge auch in der wirtschaftlichen und militärischen Kraft rückständig geblieben und deswegen in eine politische Abhängigkeit von den westeuropäischen Staaten und den Vereinigten Staaten von Amerika gekommen (*Imperialismus*). Diese Demütigung hat offenbar die gegensätzlichen Grundstrukturen der verschiedenen staatlichen und religiösen Ordnungssysteme verstärkt und verschärft, wobei die waffentechnische Überlegenheit der westlichen Staatenwelt mit ein Grund dafür sein kann, dass das aufgestaute Konfliktpotential zur Methode der Selbstmordattentate (beginnend in Palästina und gerichtet gegen die Juden) und schließlich zu diesen fürchterlichen Glaubenskriegen (mit aus dem Westen gelieferten Waffen) zwischen verschiedenen islamischen Staaten und in verschiedenen islamischen Staaten zwischen verschiedenen Glaubensrichtungen des Islams geführt hat.[111] Der ungerechtfertigte zweite Irakkrieg hat diese Entwicklung noch weiter verschärft. Der arabische Frühling ist gescheitert. Al-Qaida wurde zwar hart geschlagen, aber daraus ist der „Islamische Staat" entstanden und der Syrien-Krieg mit der gesamten daraus sich ergebenden Katastrophe, die nunmehr auch den Jemen erfasst hat.

Warum, so wiederholt *Krämer* die Fragen und Antworten von *Shakip Arslan* (1869–1946), sind die Muslime zurückgeblieben? „Ist es wegen des Islams oder gerade umgekehrt deshalb, weil sie sich von ihm abgewandt und entfremdet haben?" Die Antworten darauf seien umstritten. Für die *einen* sei die Hoffnung allein auf den *Kant'schen* „Ausgang von der selbstverschuldeten Unmündigkeit" gerichtet, die letztlich in der *Scharia* als *göttlichem Recht* bestehe. Deshalb sei auch eine Reform nicht ausreichend, es bedürfe einer echten „Reformation", die zur

110 *Krämer* Islam 73) erkennt zutreffend, dass es *Schiiten* und *Sunniten* schwerfalle, „die sittliche Autonomie des Individuums anzuerkennen", weshalb auch die *Vernunft* sich gegen das *göttliche Recht* der Scharia nicht durchsetzen könne.

111 *Krämer* Islam 176 f.: *„Begriffe wie Freiheit, Menschenrechte, Sozialismus oder Demokratie lehnen sie (die Muslime) allein deswegen ab, weil sie von außen kommen."* Für *Krämer* ist „islamische Reform jedenfalls nicht identisch mit Aufklärung" (S. 175). Das ist wohl so, aber ohne Aufklärung, d.h. ohne die Erkenntnis, dass das Recht eines Staates nicht göttliches Recht sein kann, kann es keine Menschenrechte und keine Demokratie geben. Solange dies nicht erkannt und allgemein anerkannt wird, kann eine sinnvolle Reform der islamischen Staaten nicht gelingen.

Aufklärung führe und letztlich in einer säkularisierten Staats- und Gesellschaftsordnung nach europäischem Vorbild münden müsse. *Krämer* meint jedoch, vorherrschend sei die Auffassung, die *Schwäche* der Muslime beruhe allein auf ihrer *Abwendung vom Glauben*, sie könnten zu alter Kraft und Stärke nur durch eine *Rückbesinnung auf den Islam* finden: „Allerdings nicht den real existierenden, von Aberglauben, Laxheit und Zersplitterung entstellten Islam, sondern den reinen, ursprünglichen Islam der Frühzeit, der Zeit des Propheten und der Prophetengenossen … ."[112] Nach dieser Auffassung gilt: *„Der Islam ist die Lösung"*! Die Meinungen zu der alles entscheidenden Frage bleiben also gespalten, ungeachtet dessen, dass geschrieben steht: „Macht keine Spaltungen!" (42/14).

Ein Chefideologe des IS-Staates leitet aus den *Hadithe* das Recht ab, *jeden Ungläubigen zu töten.*[113] Dem widerspricht *Seyed Mustafa Azmayesch*, der aus dem Koran den Auftrag ableitet, in der Gesellschaft Gerechtigkeit herzustellen und dem Einzelnen ein *Leben in Würde* zu ermöglichen. Wie *Rainer Hermann* berichtet, begründe *Azmayesch* den gegensätzlichen Charakter des Islams damit, dass *Mohammed* nach seiner Flucht von Mekka nach Medina dort eine Gemeinschaft habe schaffen wollen, in der die *Würde des Einzelnen* respektiert und *Gerechtigkeit* herrschen sollte. Die Mekkaner, die sich erst nach der Flucht (622) und vor dem Tode *Mohammeds* (632) ihm angeschlossen hätten, seien jedoch nur formal Muslime geworden, denn sie hätten weiter die alten Werte ihrer Stammesgesellschaft praktiziert. Diese „Heuchler" hätten nach dem Tode *Mohammeds* die Aussagen des Korans mit dem Ziel verdreht, die neuentstandene Gemeinschaft zu ihren eigenen Überzeugungen zu führen. *Die meisten Hadithe seien daher gefälscht.*

---

[112] *Krämer* Islam 178 f.; *Max Weber* (Fn 103 § 12) ist allerdings der Auffassung, dass der Islam schon in der ersten mekkanischen Periode von einem weltabgewendeten „Pietistenkonventikel" in eine *national-arabische Kriegerreligion* umgeschlagen sei, der das religiöse Gebot des Heiligen Krieges nicht in erster Linie zu Bekehrungszwecken gedient habe, „vielmehr: Bis sie (Juden und Christen) in Demut den Zins (*dschizja*) zahlen". Das stimmt mit der Auffassung von *Jacob Burckhardt* überein, der den Islam als eine „Religion von Siegern" versteht, die nicht missioniert, sondern sich durch Eroberungen ausdehnt und das Dasein zinsender Giaurs (Ungläubiger) gut findet und sie durch Mißachtung und Misshandlung straft und in Wutanfällen auch tötet. *Mourad* (S. 24) bestätigt dies, jedenfalls für die Zeit der Herrschaft in Medina. *Rainer Hermann* (FAZ v. 4.8.2018, S. 8) erkennt dagegen in dieser Praxis des Islams zutreffend eine Übernahme christlicher Praktiken von *Konstantin* über *Justinian bis Herakleios*, die ihre Kriege im Vertrauen darauf geführt und gewonnen hätten, dass ihr Glaube an Jesus Christus ihnen dazu die weltliche Macht verliehen habe und auch das Recht von den besiegten Ungläubigen entweder Tribut zu verlangen oder sie zwangsweise zu taufen oder zu töten. Das Christentum habe sich im Mittelalter jedoch verändert (aufgrund der Lehren des *Thomas von Aquin*), im Islam habe dieser Prozess zwar eingesetzt, stecke aber noch in den Anfängen. So wie im Christentum könne es auch im Islam gelingen.

[113] *Abdullah al Muhadschir*, Die Rechtfertigung zum Töten, zit. v. *R. Hermann*, in FAZ v. 19.10.2016 und v. 28.9.2016; *Hassan Abu Hanieh*, *Mohammed Abu Rumman*, IS und AL-QAIDA – Die Krise der Sunniten im globalen Deutschland, 2016; *Olivier Hanne*, *Thomas Flichy de la Neuville*, Der islamische Staat, 2015.

Das ist eine mögliche Erklärung der scharfen Wertgegensätze des Islams, aber auch der Koran selbst enthält vieles, worauf sich die Weltanschauung des IS gründen lässt, und es bleibt merkwürdig, dass diese Art des Koranverständnisses in den frühen Eroberungen (z.B. in Andalusien) und auch im Osmanischen Reich nicht derartig in Erscheinung getreten ist. Jedenfalls wäre es aber ein Segen, wenn die islamische Kultur zu den Werken und Werten der andalusischen Kultur zurückfinden und so den Ausgang aus der Unmündigkeit des göttlichen Rechts finden könnte. Dies kann aber wohl nicht mit der rationalistischen Methode *Kants* erreicht werden, sondern nur in einer Verbindung der Aufklärungsmethode mit einer Rückbesinnung auf die Glaubenssätze des Islams, also auf einem Parallelweg zu demjenigen, den der *heilige Thomas* – als gläubiger Christ – für das Christentum gegangen ist. Er wollte sein neues Rechtsverständnis *nicht als Revolutionär* gegen die römische Kirche, sondern geschützt durch seinen Dominikanerorden als *Philosoph* auf der Grundlage der Lehren des *Aristoteles* gegen die Lehren des *heiligen Augustin* durchsetzen, und konnte dies auch, wenn auch erst posthum. Im *Aristoteles-Kommentar* des *Ibn Rushd* (alias *Averroes*) und seiner *„Entscheidenden Abhandlung“* sind dazu auch schon brauchbare Grundlagen gelegt, die in der Kultur des Islams fast ein Jahrtausend lang weitgehend vergessen worden sind. Auf deren Grundlage könnte jedoch auch die *Scharia* zu *Fiqh*, also zu menschlichem Recht werden, wie einst *Thomas von Aquin* mit seiner *Summa Theologica* das Rechtsverständnis des *heiligen Augustin* wieder in ein *menschliches Rechtsverständnis* verwandelt hat ohne damit dem christlichen Glauben Abbruch zu tun. Ebenso könnte in den Staaten des Islams das Recht als Menschenwerk verstanden werden ohne damit die Grundsätze des Islams aufgeben oder ändern zu müssen. Das als Menschenwerk verstandene Recht könnte dann auch in den islamischen Staaten geändert werden, wenn es aufgrund einer Veränderung der Verhältnisse notwendig erscheint. Die Verhältnisse werden sich aber in absehbarer Zukunft in der gesamten Welt aufgrund des Bevölkerungswachstums, der fortwährenden Verschlechterung der Umweltverhältnisse und der neuen Techniken in beschleunigter Weise verändern, was weltweit eine große Masse neuer rechtlicher Regelungen erforderlich macht. Nach den Berechnungen der Vereinten Nationen droht 22 arabischen Staaten, die im Jahre 1950 eine Bevölkerung von 72,9 Millionen hatten bis 2050 ein Wachstum um etwa das Neunfache also bis ca. 650 Millionen. Ägypten würde demnach von 20,7 Millionen auf 150 Millionen, der Irak von 5,7 auf 81 Millionen, der Jemen von vier auf 48 Millionen wachsen[114]. Eine derartige

[114] *Rainer Hermann*, Die Zeitbombe tickt, in: FAZ vom 8.4.2018, S. 6; *ders.*, Arabisches Beben - Die wahren Gründe der Krise im Nahen Osten - Stuttgart 2018, 378 S; ferner (erschienen nach Drucklegung) *Sarrazin*, Feindliche Übernahme –Wie der Islam den Fortschritt behindert und die Gesellschaft bedroht; dazu Bespr. *R. Hermann*, FAZ 31.8.2018, S. 8: Haarsträubendes zum Islam, dagegen *Sarrazin* FAZ 31.8.2016, S. 6, dagegen *R. Hermann* FAZ 31.8.2018, S. 6; dazu oben Fn 9/31.

Bevölkerung können diese Länder mit ihrem derzeitigen Wirtschaftssystem, das durch das Verfassungs- und Verwaltungssystem dieser Staaten bestimmt ist, nicht beschäftigen und nicht ernähren. Eine Umstellung auf ein effizienteres Staats- und Wirtschaftssystem ist aber mit dem im 7. Jahrhundert entstandenen Rechtssystem völlig unmöglich.

Von der Lehre des *Thomas von Aquin* bis zu deren praktischen Umsetzung im 18. Jahrhundert in der französischen und US-amerikanischen Verfassung und damit zu geltendem Recht hat es allerdings nahezu fünf Jahrhunderte gedauert. Weil die Entwicklungszeiten sich inzwischen gewaltig beschleunigt haben, könnte das in der Welt des Islams vielleicht schon in Jahrzehnten oder jedenfalls in einem Jahrhundert geschafft werden, aber es bedarf dazu eines *„gläubigen islamischen Thomas"*, dessen Glaubensstärke ihn vom *Ketzervorwurf*[115] schützt. Viele Christen glauben auch heute noch, dass *Thomas* das, was er als „natürliches" menschliches Recht bezeichnete, letztlich selbst doch als *göttliches Recht* verstanden habe, und wir haben keine Schwierigkeiten damit, solchen Menschen ihren Glauben zu lassen. Einige Islamgelehrte sollten sich jedenfalls wieder einmal ernsthaft mit den Lehren von *Ibn Tufail* und *Ibn Rushd* (*Averroes*), wenn möglich auch mit der *Summa Theologica* des *Aquinaten*, befassen. Daraus könnten sie sicherlich vieles lernen, was ihnen helfen könnte, den gesuchten Ausgang zu finden, ohne von ihrem Glauben abfallen zu müssen. Diese Hoffnung steckt noch in der Büchse der Pandora.[116]

---

[115] Weshalb sich in der Regel nur im Exil lebende islamische Schriftgelehrte kritisch zum Islam und seinem Recht äußern; dazu der ehemalige Justizminister Pakistans, *Allah Buksh K. Brohi* in einer Einführung zur Dissertation von *Said Ramadan*.

[116] *Krämer* (Islam 35–58) beendigt ihre Ausführungen zu dem Kapitel des islamischen Staates mit der Feststellung: „Der islamische Staat ist ausdrücklich als Alternative zum säkularen Staat konzipiert. … Abgeschlossen ist das Projekt des islamischen Staates weder auf theoretischer noch auf praktischer Ebene." Was soll das heißen? Kann das Werk Gottes unvollendet sein oder wird es von den Menschen fälschlicherweise als unvollendet betrachtet? Gibt es eine theoretische und praktische Ebene im göttlichen Bereich oder nur den richtigen Glauben und Unglauben?

Fazit

Es war ein langer Weg zur Erklärung dessen, was Recht ist und wie es sich historisch aus seinen sakralen Wurzeln von göttlichem Recht zu menschlichem Recht entwickeln konnte, gegründet auf menschlicher Vernunft. Weil das Recht *Menschenwerk* ist, blieb es freilich von Rückschlägen nicht verschont. Gezeigt wurde, wie schwer es in der christlichen Staatenwelt war, eine vernünftige menschliche Ordnung vom Dogma der Ewigkeit einer göttlichen Ordnung zu befreien, aber auch wie dieses vernünftige Menschenwerk über den Positivismus zur Beute von Ideologien werden konnte und sich auf deren Grundlage in neues Unrecht verwandelt hat, was wiederum eine naturrechtliche Rückbesinnung auslöste. Auf der Grundlage dieser Erfahrungen ist schließlich die Erkenntnis gewachsen, die inzwischen entwickelten Bürger- und Menschenrechte als *unmittelbar geltendes Recht* (Art. 1 Abs. 3 GG) zu begreifen, deren Verletzung entgegenstehendes positives Recht rechtsunwirksam machen kann. Dieses Rechtsverständnis ermöglicht es, rechtsfeindlichen Entwicklungen rechtzeitig mit staatlicher Macht entgegenzutreten.

In der Staatenwelt des Islams wird dagegen weiterhin der Koran in Verbindung mit der in der Vergangenheit auf dessen Grundlage entwickelten Rechtspraxis als Quelle des geltenden göttlichen Rechts verstanden, das der Mensch nicht ändern darf. Weil aber der Islam trotz des Gebotes: „Macht keine Spaltungen!", nicht nur in *Schiiten* und *Sunniten*, sondern in weiteren Schismen (Salafisten, Wahhabiten u.a.) zerfallen ist, werden die einschlägigen Rechtssätze des Korans verschiedenartig verstanden und die jeweilige Auffassung andersgläubiger Muslime als ketzerisches Unrecht begriffen, das mit dem eigenen Rechtsverständnis nicht zu vereinbaren ist. Das ist wiederum eine Quelle ständiger Konflikte, die nicht selten in Kriegen und Bürgerkriegen ausgefochten werden müssen.

Demgegenüber haben sich in Westeuropa im Laufe der Zeit auf der Grundlage der aristotelisch-thomistischen Erkenntnisse rechtsstaatliche demokratische Staaten entwickelt, die eine *Europäische Union* werden wollen, was eine weitgehend übereinstimmende Rechtsordnung voraussetzt, die mit gutem Willen auf dieser Grundlage auch geschaffen werden kann, wenn das nationalstaatliche Denken und die dem zugrunde liegenden Vorstellungen, die eigentlich längst einer vernünftigen Grundlage entbehren, noch etwas weitergehend verblassen und zurückgedrängt werden können. Ein Europa der Vaterländer – wie es *de Gaulle* noch vorschwebte – kann allerdings nicht mehr gelingen. Gelingen sollte jedoch ein *föderales Europa*, bestehend aus den Regionen, die von ihren Bürgern als Heimat begriffen werden, wie Bayern, Baden-Württemberg; Elsass-Lothringen, Normandie, Cote d'Azur, Aquitanien; Flandern, Wallonien; Niederlande; Schlesien; Tschechien; Slowakei; Kroatien; Serbien; Lombardei, Toskana; Katalonien, Andalusien, Kastilien; Portugal; Irland, Schottland – ein *Europa* also, das die Teilung anno 843 und die Entwicklung der europäischen Nationalstaaten endlich wieder überwindet. England will die Vorteile der europäischen Gemeinschaft genießen, aber den Preis dafür nicht bezahlen; wenn das Volk jedoch die Nachteile des Brexit zu spüren bekommt, wird es die Politiker verjagen, die damit Karriere machen wollten. Vielleicht fällt die bisherige europäische Gemeinschaft aber auch völlig auseinander, wenn Frankreich und Deutschland sich nicht endlich in einer vernünftigen Weise zu einigen verstehen. Einigen sich Frankreich und Deutschland so werden sich einige anschließen, die anderen mögen ihren eigenen Weg gehen. So wie bisher kann es jedenfalls nicht weitergehen, dass jeder nur herauspickt, was ihm nützlich erscheint und sich im übrigen auf seine nationale Souveränität beruft. Für den Weltfrieden bleibt es darüber hinaus von großer Bedeutung, ob die islamischen Staaten, anknüpfend an die einstige philosophische Hochkultur von *al-Andalus*, gleichfalls den Weg aus den Schranken des göttlichen Rechts zu einer menschlichen Ordnung finden, in der die Menschen auch die *Freiheit* erhalten, sich *kraft ihrer Vernunft ihr eigenes Recht selbst schaffen* zu können und nicht länger an Regelungen gebunden zu sein, die vor etwa 1400 Jahren offenbart wurden und den Regelungsbedürfnissen der heutigen Zeit nicht mehr genügen können. Das setzt freilich voraus, dass die Islamgelehrten unterscheiden lernen zwischen Glaubens- und Rechtssätzen, zwischen Religion und aus der Vernunft des Menschen entwickeltem Recht, das zur Gestaltung der neuzeitlichen Verhältnisse geeignet ist.

Personenverzeichnis

Personenverzeichnis Abkürzungen: 3/VI 4 = 3.Kap VI 2; Fn 4/7= 4. Kap Fn 7; v = vor; um; n = nach; Fn v 8/3= im Text 8.Kap vor Fn 3; 4.A3 = 5/VI 4. Min Anm 3. Diese Abkürzungen werden auch im Text und in den Fußn. zum Verweis auf andere Stellen verwendet.

Sachverzeichnis

Abkürzungen: Personenverzeichnis Abkürzungen: 3/VI 4 = 3.Kap VI 2; Fn 4/7= 4. Kap Fn 7; v = vor; um; n = nach; Fn v 8/3= im Text 8.Kap vor Fn 3; 4.A3 = 5/VI 4. Min Anm 3. Diese Abkürzungen werden auch im Text und in den Fußn. zum Verweis auf andere Stellen verwendet.

FSC
www.fsc.org
MIX
Papier | Fördert gute Waldnutzung
FSC® C083411

Kolibri 360 GmbH
Ferdinand-Jühlke-Straße 7
99095 Erfurt, Deutschland
produktsicherheit@kolibri360.de